MBA、MPA、MPAcc、MEM管理类
联考（199科目）综合能力

逻辑高分突破

杨武金　主编

中国人民大学出版社
·北京·

图书在版编目（CIP）数据

MBA、MPA、MPAcc、MEM管理类联考（199科目）综合能力逻辑高分突破/杨武金主编．—北京：中国人民大学出版社，2020.7

ISBN 978-7-300-28202-2

Ⅰ.①M… Ⅱ.①杨… Ⅲ.①逻辑－研究生－入学考试－自学参考资料 Ⅳ.①B81

中国版本图书馆CIP数据核字（2020）第100352号

MBA、MPA、MPAcc、MEM管理类联考（199科目）综合能力逻辑高分突破

杨武金 主编

MBA、MPA、MPAcc、MEM Guanlilei Liankao（199 Kemu）Zonghe Nengli Luoji Gaofen Tupo

---

出版发行	中国人民大学出版社		
社 址	北京中关村大街31号	**邮政编码**	100080
电 话	010－62511242（总编室）		010－62511770（质管部）
	010－82501766（邮购部）		010－62514148（门市部）
	010－62515195（发行公司）		010－62515275（盗版举报）
网 址	http://www.crup.com.cn		
经 销	新华书店		
印 刷	北京七色印务有限公司		
规 格	185 mm×260 mm 16开本	**版 次**	2020年7月第1版
印 张	25.25	**印 次**	2020年7月第1次印刷
字 数	684 000	**定 价**	59.00元

前言

MBA（全国工商管理硕士）、MPA（全国公共管理硕士）、MPAcc（全国会计管理硕士）、MEP（全国工程管理硕士）、MTA（全国旅游管理硕士）、MLIS（全国图书情报硕士）和MAud（全国审计硕士）等七大管理类硕士联考统称为“管理类研究生联考”，其考试大纲和试卷是一样的：管理类综合能力（200分）和英语（二）（100分）。

管理类硕士联考中的综合能力考试大纲指出，综合能力考试中逻辑推理部分“题材涉及自然、社会和人文等各个领域，但不考查相关领域的专业知识”，而是“主要考查学生对各种信息的理解、分析、判断和综合，以及相应的判断、推理、论证等逻辑思维能力”。目标是要考查学生是否“具有较强的分析、推理、论证等逻辑思维能力”。这就是说，逻辑考试的试题内容虽然广泛涉及自然和社会的各个领域，但是并不考查这些领域的专门知识。它重点测试的是考生对各种信息的理解、分析、判断、综合、推理和论证能力，特别是重点测试考生的分析、推理和论证能力。

管理类逻辑推理试题从1997年至2002年都是考50题，每题1分，共50分。2003年至2004年为25题，每题2分，共50分。2004年10月起改为30题，每题2分，共60分。值得注意的是，2016年起，MBA、MPA、MPAcc、MEM等统一进行联考，统一命题、统一考试。逻辑一科为综合（数学、逻辑、作文）能力科目之一，即综合能力考试试题中的逻辑推理能力试题。

	题数	分数	答题时间
数学	1题到25题	75	68分钟
逻辑	26题到55题	60	52分钟
作文	56题到57题	65	60分钟
合计	57题	200分	180分钟

管理类逻辑推理题型都是单项选择题，即要求考生从A、B、C、D、E五个选项中选择一个正确的选项。考试时间为52分钟，但是，这只是理论时间。如果扣除填答题卡等花去的时间，考生实际用来解题的时间不到52分钟。这就要求考生在考试之前必须有良好的准备和训练。

根据考试大纲所要求，MBA、MPA、MPAcc、MEM等联考逻辑推理试题的内容从根本上可分为三个部分：论证、推理和分析。论证部分主要考查考生对于基本论证结构的把握，相应题型为削弱、加强、假设、解释和评价等。推理部分主要考查考生对基本的逻辑结构是否清楚，能否从形式结构方面来快速判断和分析推理的问题，相应的内容包括归纳推理、抽象概括、简单句推理（直言命题的对当关系推理和三段论推理）、复合句推理（基本命题推理和复合命题推理）等。分析部分包括列表分析、排序分析、组队分析、数据分析、概念关系分析等。

以下是1997年到2020年MBA、MPA、MPAcc、MEM等联考逻辑试题类型的大致分布情况：

年份	分数	题数	削弱	加强	假设	解释	评价	归纳	简单	复合	分析
1997	50	50	6	2	6	0	8	3	9	7	9
1998	50	50	13	3	4	3	2	4	7	10	4
1999	50	50	8	5	3	2	3	2	4	8	15
2000	50	50	13	4	3	5	1	10	6	4	4
2001	50	50	11	5	6	1	6	6	5	5	5
2002	50	50	8	3	7	2	7	3	1	10	9
2003	50	25	3	1	4	2	1	1	2	4	7
2004	50	25	4	1	5	0	4	2	1	7	1
2005	60	30	6	3	5	3	1	2	2	5	3
2006	60	30	3	4	5	1	3	2	4	3	5
2007	60	30	2	1	2	1	5	3	2	8	6
2008	60	30	4	1	1	1	8	2	2	8	3
2009	60	30	3	0	3	0	10	0	2	7	5
2010	60	30	3	4	1	0	4	5	1	8	4
2011	60	30	4	4	2	2	2	5	4	6	1
2012	60	30	2	2	0	2	4	2	4	11	3
2013	60	30	1	1	1	1	2	2	4	11	7
2014	60	30	3	1	1	2	1	3	2	8	9
2015	60	30	2	2	3	1	1	1	2	12	6
2016	60	30	7	3	2	2	2	1	1	6	6
2017	60	30	1	6	2	1	1	1	1	9	8
2018	60	30	1	3	0	1	2	1	3	12	7
2019	60	30	2	5	2	0	2	1	1	10	7
2020	60	30	1	6	2	0	1	1	2	8	9

从历年 MBA、MPA、MPAcc、MEM 等联考逻辑推理能力测试试题的具体情况来分析，我们可以发现这样一些带有规律性的东西。

首先，逻辑性强的试题和逻辑性较弱的试题平分天下。逻辑推理能力测试试题可以大致分为两个最基本的部分，即逻辑性强的试题和逻辑性较弱的试题。逻辑性强的试题具有严格的逻辑结构，这些逻辑结构可能是通过一定的逻辑概念构成的，也可能是通过一些具体的数字数据、元素关系构成的，提问一般带有"一定""必然"等字眼。逻辑性较弱的试题没有严格的逻辑结构，没有具体的数字数据，提问一般带有"最可能"这样的字眼。整个来看，逻辑性强的试题和逻辑性较弱的试题每年都必定占有一定的量。值得注意的是，命题推理每年都会考查好些题，尤其是条件关系推理试题每年的题量都比较大，自 2012 年以来管理类联考逻辑试题的最大特点就是整个来说特别强调对逻辑性强的逻辑推理试题的考查，这一点必须引起考生的充分注意。

其次，关于逻辑性较弱的试题的考查，削弱和加强一直是考查重点。2010 年和 2011 年削弱和加强的试题都各考了 3 题以上，2012 年各考了 2 题，2013 年各考了 1 题，2014 年各考了 3 题和 1 题，2015 年各考了 2 题，2016 年削弱考了 7 题、加强考了 3 题，2017 年加强考了 6 题，2019 年加强考了 5 题，2020 年加强考了 6 题。评价型问题在 2008 年考了 8 题，而 2009 年居然考了10题之多，但近年来则逐渐减少。评价型问题对考生的考查是比较全面的，既要求知道一些关于逻辑错误的基本知识，也需要考生具有一定的分析方法和分析技术，具有排除干扰项的能力。

最后，归纳问题和分析能力的考查一直是考试重点。归纳问题是论证能力考查的一个重要方面，在这类问题的求解中，认识到是归纳问题才能更好地把握其精神，其中重点要认识枚举归纳和因果归纳，特别是求异法。分析能力的考查自2012年后考查力度越来越大，2012年考了3题，2013年考了7题，2014年则考了9题，2015年和2016年都考了6题，2017年考了8题，2018年和2019年都考了7题，2020年考了9题。其中主要是加强对列表、排序、组队、数据关系分析、概念关系分析等分析能力的考查。考生不要忽视对它们的把握。

以下几点也是考生需要注意的：

第一，考生需要懂得一些基本的逻辑推理模式、基本解题思路和方法。考生在使用本书时，需要注意看书的方法。本书是辅导教材而不是一般的书，阅读它的根本目的是为了考试，即提高逻辑分析能力和考试能力。所以，我建议考生在阅读本书时，应该先做每一章节后面的练习题，看自己的水平如何，正确率有多高，速度怎么样，是否能够悟出一些解题的方法来。如果发现自己有些题不会解，再去看练习题前边的例题。如果对例题存有疑问，就得去学习前面的相关内容了。提醒注意的是，学习每一章节的根本目的是要学会更好更快地解题，学习全部相关内容的最终目的都要落实到做题上。

第二，考生在学习了论证、形式推理和非形式推理的相关内容，做好相应的同步训练题，觉得自己解题能力和解题水平都有了一定的提高之后，希望对自己的情况摸摸底，这时就需要进行一些模拟测试。本书附录提供的3套模拟试题就是为此做准备的。考生在做测试题的时候，一定要严格要求，比如，一定要在52分钟甚至50分钟内完成一套试题。做模拟测试题的时候，绝对不能干别的事情，更不能边看答案边做题。对于自己做错了的题，应该找到原因所在。如果自己实在想不通，应该问问别的同学有些什么思路。实际上，考生在做完每一道逻辑试题的时候，都应该大致能感觉到一个逻辑试题所要测试问题的实质。之后，还要加以总结。通过循序渐进的练习，考生很快就会感觉到自己的分析能力和解题能力在不知不觉中得到了提高。

第三，考生在进行每一次逻辑试题训练的时候，要特别注意养成先做易题、后做难题的好习惯。因为逻辑考试是一种能力型考试，同时也是一种测查快速反应能力的考试。全部逻辑试题难易程度的大致分布情况为1∶3∶1。即在5道逻辑试题中最容易的题有1道，最难的题有1道，中等难度的题有3道。作为考生来说，关键就是要在尽可能短的时间内拿到最多的分数。所以，考生最好将容易做的题和中等难度的题挑出来先做，后面再做最难的题。先做易题，把分数先拿到，心里也就更踏实一些。千万不要在难题上花太多的时间，如果没有时间，难题实际上是可以放弃的。先做易题后做难题的好习惯，需要考生在平时做题时就加以注意，到考试的时候就是一件很自然的事情了。

本书在写作过程中，得到了刘畅、刘冰心、杨玥、刘仁炜、刘玉艳、杨武进等同志的特别帮助，在此表示感谢。

本书原为北京航空航天大学出版社出版，现在改由中国人民大学出版社出版。

杨武金

2020年1月25日

管理类专业学位联考综合能力考试大纲

Ⅰ. 考试性质

综合能力考试是为高等院校和科研院所招收管理类专业学位硕士研究生（主要包括 MBA、MPA、MPAcc、MEM、MTA）而设置的具有选拔性质的全国联考科目，其目的是科学、公平、有效地测试考生是否具备攻读专业学位所必需的基本素质、一般能力和培养潜能，评价的标准是高等学校本科毕业生所能达到的及格或及格以上水平，以利于各高等院校和科研院所在专业上择优选拔，确保专业学位硕士研究生的招生质量。

Ⅱ. 考查目标

1. 具有运用数学基础知识、基本方法分析和解决问题的能力。
2. 具有较强的分析、推理、论证等逻辑思维能力。
3. 具有较强的文字材料理解、分析及书面表达能力。

Ⅲ. 考试形式和试卷结构

一、试卷满分及考试时间

试卷满分为 200 分，考试时间为 180 分钟。

二、答题方式

答题方式为闭卷、笔试。不允许使用计算器。

三、试卷内容与题型结构

数学基础	75 分，有以下两种题型：
问题求解	15 小题，每小题 3 分，共 45 分；
条件充分性判断	10 小题，每小题 3 分，共 30 分。
逻辑推理	30 小题，每小题 2 分，共 60 分。
写作	2 小题，其中论证有效性分析 30 分，论说文 35 分，共 65 分。

Ⅳ. 考查内容

一、数学基础

综合能力考试中的数学基础部分主要考查考生的运算能力、逻辑推理能力、空间想象能力和数据处理能力，通过问题求解和条件充分性判断两种形式来测试。

试题涉及的数学知识范围有：

(一) 算术

1. 整数：整数及其运算/整除、公倍数、公约数/奇数、偶数/质数、合数。

2. 分数、小数、百分数。

3. 比与比例。

4. 数轴与绝对值。

(二) 代数

1. 整式：整式及其运算/整式的因式与因式分解。

2. 分式及其运算。

3. 函数：集合/一元二次函数及其图像/指数函数、对数函数。

4. 代数方程：一元一次方程/一元二次方程/二元一次方程组。

5. 不等式：不等式的性质/均值不等式/不等式求解，一元一次不等式（组），一元二次不等式，简单绝对值不等式，简单分式不等式。

6. 数列：等差数列、等比数列。

(三) 几何

1. 平面图形：三角形/四边形（矩形、平行四边形、梯形）/圆与扇形。

2. 空间几何体：长方体/柱体/球体。

3. 平面解析几何：平面直角坐标系/直线方程与圆的方程/两点间的距离公式与点到直线的距离公式。

(四) 数据分析

1. 计算原理：加法原理、乘法原理/排列与排列数/组合与组合数。

2. 数据描述：平均值/方差与标准差/数据的图表表示，直方图，饼图，数表。

3. 概率：事件及其简单运算/加法公式/乘法公式/古典概型/伯努利概型。

二、逻辑推理

综合能力考试中的逻辑部分主要考查考生对各种信息的理解、分析、判断和综合，以及相应的推理、论证、比较、评价等逻辑思维能力，不考查逻辑学的专业知识。试题内容涉及自然、社会和人文等各个领域，但不考查相关领域的专业知识。

试题涉及的内容主要包括：

(一) 概念

1. 概念的种类。

2. 概念之间的关系。

3. 定义。

4. 划分。

(二) 判断

1. 判断的种类。

2. 判断之间的关系。

(三) 推理

1. 演绎推理。

2. 归纳推理。

3. 类比推理。

4. 综合推理。

（四）论证

1. 论证方式分析。

2. 论证评价：（1）加强；（2）削弱；（3）解释；（4）其他。

3. 谬误识别：（1）混淆概念；（2）转移论题；（3）自相矛盾；（4）模棱两可；（5）不当类比；（6）以偏概全；（7）其他谬误。

三、写作

综合能力考试中的写作部分主要考查考生的分析论证能力和文字表达能力，通过论证有效性分析和论说文两种形式来测试。

（一）论证有效性分析

论证有效性分析试题的题干为一段有缺陷的论证，要求考生分析其中存在的问题，选择若干要点，评论该论证的有效性。

本类试题的分析要点是：论证中的概念是否明确，判断是否恰当，推理是否严密，论证是否充分等。

（二）论说文

论说文的考试形式有两种：命题作文和基于文字材料的自由命题作文。每次考试为其中一种形式。要求考生在准确、全面地理解题意的基础上，对命题或材料所给观点进行分析，表明自己的观点并加以论证。

文章要求思想健康，观点明确，论据充足，论证严密，结构合理，语言流畅。

目 录

第一章 削 弱

论证包括证明和反驳。证明是用一个或一些已知为真的判断来确定另一个判断的真实性的思维过程，反驳则是用一个或一些已知为真的判断来确定另一个判断的虚假性或论证过程不能成立的思维过程。论证是推理的运用，论证的论题或论点也就是推理的结论，论证的论据或证据也就是推理的前提。论题的前边一般有“所以”“因此”等为标志，论题的后边一般有“由于”“因为”等为标志。一个论证有时可以有好几个论题，这时论题有主论题和次论题的区分。论据的前边一般有“因为”“由于”等标志，论据的后边一般有“所以”“因此”等标志。论据一般有理论论据和事实论据，事实论据“摆事实”，理论论据“讲道理”。论证的过程就是通过论据来“摆事实，讲道理”，证明或反驳论题的过程。

逻辑试题就是围绕论点和论据来设问的。有时是题干中给出了论据，要求考生去归结论题或论点，表现为如前所述的结论型试题。有时是题干中给出了论题和一部分论据，要求寻找另一部分论据来加强题干的论证，表现为加强型或支持型，如果另一部分论据对于论题来说是必不可少的，这时的题型可能表现为前提型。有时题干给出了一个论证，要求对该论证进行反驳和批评，表现为削弱型。有时题干的陈述在表面上包含着不一致或者矛盾，要求对之进行解释或说明，这时的题型表现为解释型。有时要求对题干的论证效果、论证方法和方式进行评价，这时的题型表现为评价型。

在各种题型的求解中，记住以下几句话非常重要：结论假设得从弱，其他题型选强的；削弱要使结论假，加强结论要真实；假设题型选隐含，起码条件必具备；解释要把原因找，评价要从识错起。结论和假设这两种题型，要尽可能选弱的选项，因为过强的选项往往会超出题干的范围而难以被推导出来，假设题型从根本上要找到题干论证成立的最起码的条件，而选项过强则往往不是题干论证所必须要求的。削弱、加强、解释、评价等题型则尽可能要选择比较强的选项。评价问题最为复杂，但认识一些逻辑错误有助于把握评价问题。当然，在所有题型的求解中，相关性都是非常重要的。具体情况可列表如下：

题型	要点	原则
结论型	把题干最可能要陈述的思想概括出来	从弱
削弱型	使题干的结论假	从强
加强型	使题干的结论真	从强
假设型	寻找题干论证的隐含前提	从弱
解释型	把题干表面上看来矛盾的原因说清楚	从强
评价型	逻辑漏洞、有效性、论战焦点、论证方式	从强

第一节　考试要点及内容精析

一、削弱型试题的基本特征

削弱型试题通常是题干中给出一个完整的论证或者表达某种观点，要求从备选项中寻找到最能反驳或削弱题干的选项。最能削弱型试题的提问方式一般是："以下哪项如果为真，最能削弱上述论证？""以下哪项如果为真，能够最有力地削弱上述论证的结论？""以下哪项如果为真，最可能削弱上述推断？"解答该种试题时，考生可以直接去寻找最能削弱题干的选项。所谓削弱题干，也就是要与题干唱反调，即反驳题干。对于反驳一个论证来说，可以反驳其论点，也可以反驳其论据，还可以反驳其论证方式。但在这三种方式中，以反驳论点最为重要，所以，削弱型试题从根本上说就是要尽可能找到使得题干论点为假的选项。

有时，削弱型试题通过"最不能削弱"的方式表现出来。如："以下哪项如果为真，最不可能削弱上述论证的结论？""以下哪项如果为真，最不可能质疑上述推断？""以下各项都是对上述看法的质疑，除了"解答此类试题应该首先使用排除法。即把可能质疑题干、削弱题干的选项一一排除，最后剩下的不论是支持题干的选项还是与题干不相干的选项，都最不能削弱题干。像这种题型，如果直接去寻找"最不可能削弱"的选项，是很费力的。

二、直接否定论点与间接否定论点

削弱的英文名称是 weaken，即弱化。有些削弱型问题直接找到否定题干论点的选项即可。有些削弱型问题，则需要间接地来否定论证中的论点。间接否定论证中的论点又分为两种情况，即通过肯定论据来否定论点和通过否定论据来否定论点。前者又称为截断关系法，后者也称为弱化论据法。

所谓截断关系法，从根本上就是要肯定题干的论据但同时却否定题干的论点，即题干的论据和论点之间没有逻辑关系或者没有本质上的逻辑关系。所谓弱化论据法也称为釜底抽薪法，就是指所要寻找的选项能够起到将题干的论据抽掉，或者使题干中的论据的支持作用减弱，从而使题干中的论题不成立或者使题干中的论题得不到充分的论证。

作为一个论证来说，论点比论据更重要，所以，不论是采用截断关系法还是采用弱化论据法，最终目的都是为了否定题干中的论点。如果将题干中的论据称为 A，论点称为 B，则直接否定题干中的论点就是要指出 B 是假的；截断关系法就是要指出 A 与 B 之间没有联系或者 A 与 B 没有本质上的联系；弱化论据法则是要指出 A 不可行或者 A 没有意义。特殊情况是，当题干是通过什么计划来达到什么目的的论证关系时，削弱题干就是要指出计划不可行或目的达不到，尤其是否定目的；当题干是如前所述的因果关系时，最重要的是要否定这种因果关系。具体情况列表如下：

削弱的类型	要求	要领
一般的论证关系	指出论据没有意义，或论据和论点没有本质关系	使得结论为假
计划达到目的关系	使得计划不可行，目的达不到	使目的达不到
原因和结果的关系	否定题干的因果关系	否定原因

第二节 题型归纳和专题点睛

一、削弱因果关系

因果关系是客观存在的事物情况之间的原因和结果之间的关系。因果关系的削弱，从根本上就是要否定题干中所说的因果关系。

【例 1.1】某研究机构以约 2 万名 65 岁以上的老人为对象，调查了笑的频率与健康状态的关系。结果显示，在不苟言笑的老人中，认为自身现在的健康状态“不怎么好”和“不好”的比例分别是几乎每天都笑的老人的 1.5 倍和 1.8 倍。爱笑的老人对自我健康状态的评价往往较高。他们由此认为，爱笑的老人更健康。

以下哪项如果为真，最能质疑上述调查者的观点？

A. 乐观的老年人比悲观的老年人更长寿

B. 病痛的折磨使得部分老人对自我健康状态的评价不高

C. 身体健康的老年人中，女性爱笑的比例比男性高 10 个百分点

D. 良好的家庭氛围使得老年人生活更乐观，身体更健康

E. 老年人的自我健康评价往往和他们实际的健康状况之间存在一定的差距

【解析】答案是 E。题干中某调查机构从“爱笑的老人对自我健康状态的评价往往较高”，推出结论：“爱笑的老人更健康”。选项 E 则指出“老年人的自我健康评价往往和他们实际的健康状况之间存在一定的差距”，从而质疑了题干中的观点，因为评价不一定就能够符合事实。选项 D 和 A 加强了题干。选项 B 和 C 均与题干论证无直接关系。

【例 1.2】最近一项调研发现，某国 30 岁至 45 岁人群中，去医院治疗冠心病、骨质疏松等病症的人越来越多，而原来患有这些病症的大多是老年人。调研者由此认为，该国年轻人中“老年病”发病率有不断增加的趋势。

以下哪项如果为真，最能质疑上述调研结论？

A. 尽管冠心病、骨质疏松等病症是常见的“老年病”，老年人患的病未必都是“老年病”

B. 近年来，由于大量移民涌入，该国 45 岁以下年轻人的数量急剧增加

C. 由于国家医疗保障水平的提高，相比以往，该国民众更有条件关注自己的身体健康

D.“老年人”的最低年龄比以前提高了，“老年病”的患者范围也有所变化

E. 近几十年来，该国人口老龄化严重，但健康老龄人口的比重在不断增大

【解析】答案是 B。题干根据“某国 30 岁至 40 岁的人群中，去医院治疗冠心病、骨质疏松等病症的人越来越多”，推出“该国年轻人中‘老年病’发病率有不断增加的趋势”。选项 B 则指出：近年来，由于大量移民涌入，该国 45 岁以下年轻人的数量急剧增加。这就是说，分子不变，分母增大，则比例变小，从而减少了题干结论的证据支持度。注意，不能选 C，因为该项说“相比以往，该国民众更有条件关注自己的身体健康”，这里的“该国民众”包括所有人群，不足以质疑题干结论。选项 D 中说的“患者范围也有所变化”属于论据不足。选项 A、E 均缺乏相关性。

【例 1.3】在我国北方严寒冬季的夜晚，车辆前挡风玻璃会因低温而结冰霜。第二天对车辆发动预热后，玻璃上的冰霜会很快融化。何宁对此不解，李军解释：因为车辆仅有的除霜孔位于前挡风玻璃，而车辆预热后除霜孔完全开启，因此，是开启除霜孔使车辆玻璃冰霜融化。

以下哪项如果为真，最能质疑李军对车辆玻璃冰霜迅速融化的解释？

A. 车辆一侧玻璃窗没有出现结冰霜现象

B. 尽管车尾玻璃窗没有除霜孔，其玻璃上的冰霜融化速度与前挡风玻璃没有差别

C. 当吹在车辆玻璃上的空气气温增加，其冰霜的融化速度也会增加

D. 车辆前挡风玻璃除霜孔排出的暖气流排出后可能很快冷却

E. 即使启用车内空调暖风功能，除霜孔的功用也不能被取代

【解析】 答案是B。该项意味着，既然车尾玻璃窗没有除霜孔，其玻璃上的冰霜融化速度与前挡风玻璃没有差别，那就说明，开启除霜孔并不是前窗挡风玻璃上的冰霜很快融化的原因，从而削弱了题干的解释。

【例1.4】 自1940年以来，全世界的离婚率不断上升。因此，目前世界上的单亲儿童，即只与生身父母中的某一位一起生活的儿童，在整个儿童中所占的比例，一定高于1940年。

以下哪项关于世界范围内相关情况的断定如果为真，最能对上述推断提出质疑？

A. 1940年以来，特别是70年代以来，相对和平的环境和医疗技术的发展，使中青年已婚男女的死亡率极大地降低

B. 1980年以来，离婚男女中的再婚率逐年提高，但复婚率却极低

C. 目前全世界儿童的总数，是1940年的两倍以上

D. 1970年以来，初婚夫妇的平均年龄在逐年上升

E. 目前每对夫妇所生子女的平均数，要低于1940年

【解析】 答案是A。题干中从1940年以来全世界离婚率不断上升，就推出目前世界上的单亲儿童所占的比例一定高于1940年，但是造成单亲儿童数量变化的原因，除了离婚率的变化外，还有战争、疾病等因素。选项A正好指出了，相对和平的环境和医疗技术的发展，已经使得中青年已婚男女的死亡率极大地降低，因此，即使从1940年以来全世界离婚率不断上升，但目前世界上的单亲儿童所占的比例不一定就高于1940年。

【例1.5】 据统计，西式快餐业在我国主要大城市中的年利润率，近年来稳定在2亿元左右。扣除物价浮动因素，估计这个数字在未来数年中不会因为新的西式快餐网点的增加而有大的改变。因此，随着美国快餐之父艾德熊大踏步迈入中国市场，一向生意火爆的麦当劳的利润肯定会有所下降。

以下哪项如果为真，能够最有力地削弱上述结论？

A. 中国消费者对艾德熊的熟悉和接受要有一个过程

B. 艾德熊的消费价格一般稍微高于麦当劳

C. 随着艾德熊进入中国市场，中国消费者用于肯德基的消费将有明显下降

D. 艾德熊在中国的经营规模，在近年内不会超过麦当劳的四分之一

E. 麦当劳一直注意改进服务，开拓品种，使之在保持传统的基础上更适合中国消费者的口味

【解析】 答案是C。该项意味着，即使艾德熊大踏步迈入中国市场，但是麦当劳的利润并不肯定会有所下降，因为中国消费者用于肯德基的消费将有明显下降。一个原因出现，可能会导致多方面的结果，不一定就是某一种结果。B不能削弱题干，因为题干并没有说麦当劳的利润马上就会下降。D不能削弱题干，因为题干并没有说麦当劳的利润会下降多少。选项A和E也都不能削弱题干。

【例1.6】 黑脉金斑蝶的幼虫以乳草植物为食，这种植物所含的毒素使得黑脉金斑蝶对它的一些捕食动物有毒。副王峡蝶的外形和黑脉金斑蝶非常相似，但它的幼虫并不以乳草植物为食。因此可以得出结论，副王峡蝶之所以很少被捕食，是因为它和黑脉金斑蝶在外形上相似。

以下哪项如果为真，最能削弱上述论证？

A. 有些动物在捕食了以乳草植物为食的昆虫后并不中毒

B. 仅仅单个蝴蝶对捕食者有毒并不能对它产生保护作用

C. 有些黑脉金斑蝶捕食动物也捕食副王峡蝶

D. 副王峡蝶对大多数捕食动物都有毒

E. 只有蝴蝶才具有通过自身的毒性来抵御捕食者的保护机制

【解析】 答案是D。副王峡蝶很少被捕食，不是因为它和黑脉金斑蝶在外形上相似，而是副王峡蝶对大多数捕食动物都有毒。

【例 1.7】 加利福尼亚的消费者在寻求个人贷款时可借助的银行比美国其他州少，银行间竞争的缺乏解释了为什么加利福尼亚的个人贷款利率高于美国其他地区。

以下哪项如果为真，最能削弱上述结论？

A. 个人贷款比银行做的其他种类贷款如住房按揭贷款风险大

B. 因为要支付相对高的工资来吸引胜任的员工，加利福尼亚的银行因为它们提供的许多服务向储户收取的费用比其他地方银行高

C. 因为加利福尼亚的银行存款和美国其他地区银行存款都受相同的保险保障，它们的安全性并不比其他地区的银行存款差

D. 加利福尼亚的消费者不能归还私人贷款的比率比美国其他地区低

E. 加利福尼亚的银行向储户支付的利率比美国其他地区的银行低，因此在加利福尼亚，吸收储户的竞争较少

【解析】 答案是B。该项意味着不是银行间竞争的缺乏，而是银行对所提供的许多服务收费才是加利福尼亚的个人贷款利率高于美国其他地区的真正原因。

【例 1.8】 据国际卫生与保健组织 2019 年年会“通讯与健康”公布的调查报告显示，68%的脑癌患者都有经常使用移动电话的历史。这充分说明，经常使用移动电话将会极大地增加一个人患脑癌的可能性。

以下哪项如果为真，将最严重地削弱上述结论？

A. 进入 21 世纪以来，使用移动电话者的比例有惊人的增长

B. 有经常使用移动电话历史的人在 2009 年到 2019 年超过世界总人口的 68%

C. 在 2019 年全世界经常使用移动电话的人数比 2018 年增加了 68%

D. 使用普通电话者与移动电话通话者同样有导致脑癌的危险

E. 没有使用过移动电话的人数在 2010 年超过世界总人口的 50%

【解析】 答案是B。题干中论证，由于脑癌患者中有68%的人都使用移动电话，所以，使用移动电话是导致脑癌的原因。要削弱题干，关键要看一般人的情况。如果一般人中也有差不多68%甚至更多的人使用移动电话，这就削弱了题干。如果一般人中远远没有68%的人使用移动电话，那就加强了题干。选项E意味着，使用移动电话的人数在 2010 年不到 50%，加强了题干。其他选项也都不能削弱题干。

【例 1.9】 由风险资本家融资的初创公司比通过其他渠道融资的公司失败率要低。所以，与诸如企业家个人素质、战略规划质量或公司管理结构等因素相比，融资渠道在初创公司的成功上是更为重要的原因。

以下哪项如果为真，最严重地削弱了上述结论？

A. 风险资本家对初创公司财务需要的变化比其他融资渠道更为敏感

B. 在公司的长期成功方面，初创公司的战略规划比起企业家个人的素质来说是一个相对不重要的因素

C. 所有的新公司中有超过一半在 5 年内倒闭了

D. 一般来说，初创公司的管理结构不如发展中的公司正式

E. 风险资本家在决定为初创公司提供资金时依据以下因素，如企业家素质和公司的战略规划质量

【解析】答案是E。题干中的结论强调，融资渠道与企业家个人素质等方面比起来对于初创公司的成功是更为重要的。选项E则指出了融资渠道又要依赖于企业家个人素质等。这就说明了，企业家个人素质等才是初创公司成功的更为重要的原因，从而否定了题干的结论。选项B强调初创公司的战略规划比起企业家的个人素质来说相对不重要，并不意味着融资渠道就不重要，削弱力度不如E。选项A、C、D均与题干无直接关系

【例1.10】赵青一定是一位出类拔萃的教练。她调到我们大学执教女排才一年，球队的成绩突飞猛进。

以下哪项如果为真，最有可能削弱上述论证？

A. 赵青以前曾经入选过国家青年女排，后来因为伤病提前退役

B. 赵青之前的教练一直是男性，对于女运动员的运动生理和心理了解不够

C. 调到大学担任女排教练之后，赵青在学校领导那里立下了军令状，一定要拿全国大学生联赛的冠军，结果只得了一个铜牌

D. 女排队员尽管是学生，但是对于赵青教练的指导都非常佩服，并自觉地加强训练

E. 大学准备建设高水平的体育代表队，因此，从去年开始，就陆续招收一些职业队的退役队员。女排只招到了一个二传手

【解析】答案是E。题干断定：球队成绩突飞猛进的原因是赵青教练执教带来的。选项E指出，球队成绩突飞猛进的原因不是赵青教练的执教，而是招收到了一些职业队的退役队员的结果，尽管只招到了一个二传手，但也说明了这个问题。选项A、B、C、D都是讲的赵青教练的优点，说明球队的成绩突飞猛进是与赵青教练有关的，所以都支持了题干。

【例1.11】一项对某高校教员的健康调查表明，80%的胃溃疡病患者都有夜间工作的习惯。因此，夜间工作易造成的植物神经功能紊乱是诱发胃溃疡病的重要原因。

以下哪项如果为真，将严重削弱上述论证？

A. 医学研究尚不能清楚揭示消化系统的疾病和神经系统的内在联系

B. 该校的胃溃疡病患者主要集中在中老年教师中

C. 该校的胃溃疡病患者近年来有上升的趋势

D. 该校只有近五分之一的教员没有夜间工作的习惯

E. 该校胃溃疡病患者中有近60%患有不同程度的失眠症

【解析】答案是D。题干中用“80%的胃溃疡病患者都有夜间工作的习惯”，来论证夜间工作是诱发胃溃疡病的重要原因。要削弱此论证，关键是要看一般人的情况如何。如果一般人中也是“80%都有夜间工作的习惯”，则题干中的论证就失去了依据。选项D指出“该校只有近五分之一的教员没有夜间工作的习惯”，即该校教员也是“80%都有夜间工作的习惯”，这样就削弱了题干论证。选项A说“医学研究尚不能清楚揭示”，并不能否认客观事实的存在。选项B、C、E均不能削弱题干。

二、削弱计划与目的

解答这样的问题需要首先弄清楚题干论证中要达到的目的是什么，计划又是什么，然后找到答案能够达到使得题干中的计划不可行、目的达不到，尤其是目的达不到。

【例1.12】某乡间公路附近经常有鸡群聚集。这些鸡群对这条公路上高速行驶的汽车的安全造成了威胁。为了解决这个问题，当地交通部门计划购入一群猎狗来驱赶鸡群。

以下哪项如果为真，最能对上述计划构成质疑？

A. 出没于公路边的成群猎狗会对交通安全构成威胁

B. 猎狗在驱赶鸡群时可能伤害鸡群

C. 猎狗需要经过特殊训练才能驱赶鸡群

D. 猎狗可能会有疫病，有必要进行定期检疫

E. 猎狗的使用会增加交通管理的成本

【解析】答案是A。该项指出了，通过购入一群猎狗来驱赶鸡群，以解决鸡群对于公路上高速行驶汽车所造成的安全问题是不可行的。其他选项均为无关选项。

【例1.13】口腔癌对那些很少刷牙的人是危险的。为了能在早期发现这些人的口腔癌，一些城镇的公共卫生官员向所有的该镇居民散发了一份小册子，上面描述了如何进行每周口腔的自我检查以发现口腔的肿瘤。

以下哪项如果为真，最好地批评了把这份小册子作为一种达到公共卫生目标的官员的方法？

A. 有些口腔疾病的病征靠自检难以发现

B. 预防口腔癌的方案因人而异

C. 经常刷牙的人也可能患口腔癌

D. 口腔自检的可靠性不如在医院所做的专门检查

E. 很少刷牙的人不大可能每周对他们的口腔进行检查

【解析】答案是E。题干论点是通过“公共卫生官员向所有的该镇居民散发了一份小册子，上面描述了如何进行每周口腔的自我检查以发现口腔的肿瘤”来达到“能在早期发现这些人的口腔癌”的目的。削弱该论点就是要指出：通过这样的途径达不到该目的。选项E意味着，很少刷牙的人不大可能每周对他们的口腔进行检查，这样即使公共卫生官员向所有居民发了小册子，上面描述如何进行每周口腔的自我检查等，也是不可能在早期发现这些人的口腔癌的。

【例1.14】产自蒙古的纯种奶牛每年平均出产400升牛奶；如果蒙古种的牛与欧洲种的牛进行杂交，杂交生出的牛每年平均可出产2 700升牛奶。一家国际机构计划通过鼓励推广把蒙古种的牛与欧洲种的牛进行杂交来提高蒙古奶牛行业的利润。

以下哪项如果为真，对该机构的计划的可行性提出了最严重的质疑？

A. 并非所有欧洲种的牛都可以成功地与蒙古本地牛杂交

B. 许多年轻的蒙古人认为饲养牛是低等工作，因为养牛的利润比其他可选择的工作低

C. 蒙古的地形适宜放牧本地的牛群，但不适宜种植保持杂交动物健康所需的饲料

D. 牛皮和皮革制品——而非牛奶——是蒙古向欧洲出口的动物产品

E. 许多欧洲种的牛可以取得超过2 700升的平均牛奶产量

【解析】答案是C。该项意味着题干的计划不可行。注意，选项A不能削弱题干，因为虽然并非所有欧洲种的牛都可以成功地与蒙古牛杂交，还可以有些欧洲种牛能够成功与蒙古牛杂交。

【例1.15】S城的人非常喜欢喝酒，经常出现酗酒闹事，影响了S城的治安环境。为了改善城市的治安环境，市政府决定：减少S城烈酒生产量。

以下哪项最能对市政府的决定构成质疑？

A. 影响S城治安环境的不仅仅是酗酒闹事

B. 有些喝低度酒的人也酗酒闹事

C. S城市场上的烈酒大多数来自其他城市

D. S城的经济收入主要来源于烈酒生产

E. 喜欢喝酒是S城的人的传统习惯

【解析】 答案是C。该项意味着，即使减少S城烈酒生产的产量，也不能改善城市的治安环境。

【例 1.16】 长期以来，手机产生的电磁辐射是否威胁人体健康一直是极具争议的话题。一项长达10年的研究显示，每天使用移动电话通话30分钟以上的人患神经胶质癌的风险比从未使用者要高出40%。因此，某专家建议，在取得进一步证据之前，人们应该采取更加安全的措施，如尽量使用固定电话通话或使用短信进行沟通。

以下哪项如果是真，最能表明该专家的建议不切实际?

A. 大多数手机产生的电磁辐射强度符合国家规定标准

B. 现有在人类生活空间中的电磁辐射强度已经超过手机通话产生的电磁辐射强度

C. 经过较长一段时间，人们的身体能够逐渐适应强电磁辐射的环境

D. 在上述实验期间，有些人每天使用移动电话通话超过40分钟，但他们很健康

E. 即使以手机短信进行沟通，发送和接收信息瞬间也会产生较强的电磁辐射

【解析】 答案是B。题干中专家的建议是：人们应该采取更加安全的措施，如尽量使用固定电话通话或使用短信进行沟通。理由是：一项长达10年的研究显示，每天使用移动电话通话30分钟以上的人患神经胶质癌的风险比从未使用者要高出40%。选项B如果为真，即如果现有的人类生活空间中的电磁辐射强度已经超过手机通话产生的电磁辐射强度，则专家的建议就变得没有意义。选项D削弱力度不足。选项A、C、E均不能削弱题干。

【例 1.17】 1991年6月15日，菲律宾吕宋岛上的皮纳图博火山突然大喷发，2 000万吨二氧化碳气体冲入平流层，形成的霾像毯子一样盖在地球上空，把部分要照射到地球的阳光反射回太空。几年之后，气象学家发现这层云使得当时地球表面的温度累计下降了0.5℃，而皮纳图博火山喷发前的一个世纪，因人类活动而造成的温度效应已经使地球表面温度升高1℃。某位持“人工气候改造论”的科学家提议，可以用火箭弹等方式将二氧化碳充入大气层，阻挡部分阳光，达到地球表面降温的目的。

以下哪项如果为真，最能对该科学家提议的有效性构成质疑?

A. 如果利用火箭弹将二氧化碳充入大气层，会导致航空乘客呼吸不适

B. 如果在大气层上空放置反光物，就可以避免地球表面强烈阳光的照射

C. 可以把大气层中的碳取出来存储在地下，减少大气层的碳含量

D. 不论何种方式，“人工气候改造”都将破坏地区的大气层结构

E. 火山喷发形成的降温效应只是暂时的，经过一段时间温度将再次回升

【解析】 答案是D。题干断定：人类活动而造成的温度效应是地球表面温度升高的原因。于是，科学家根据火山喷发形成的降温效应就提议，通过将二氧化碳充入大气层的途径来达到地球表面降温的目的。选项D指出，“人工气候改造”将破坏地球的大气层结构，从而达不到地球表面降温的目的，削弱了题干中科学家提议的有效性。选项B指出通过在大气层上空放置反光板可以避免地球表面强烈阳光的照射，并不构成对科学家建议的否定。注意，选项E虽然指出，火山喷发形成的降温效应只是暂时的，经过一段时间温度将再次回升，但不能否定可以用火箭弹等方式将二氧化碳充入空气，阻挡部分阳光，以达到地球表面降温的目的，故不能削弱科学家的提议。

【例 1.18】 现在能够纠正词汇、语法和标点符号使用错误的中文电脑软件越来越多，记者们即使不具备良好的汉语基础也不妨碍撰稿。因此培养新闻工作者的学校不必重视学生汉语能力的提高，而应注重新闻工作者其他素质的培养。

以下哪项如果为真，最能削弱上述论证和建议?

A. 避免词汇、语法和标点符号的使用错误并不一定能确保文稿的语言质量

B. 新闻学课程一直强调并要求学生能够熟练应用计算机并熟悉各种软件

C. 中文软件越是有效，被盗版的可能性越大

D. 在新闻学院开设新课要经过负责的论证与报批程序

E. 目前大部分中文软件经常更新，许多人还在用旧版本

【解析】答案是 A。题干的结论是“培养新闻工作者的学校不必重视学生汉语能力的提高”，理由是：“现在能够纠正词汇、语法和标点符号使用错误的中文电脑软件越来越多，记者们即使不具备良好的汉语基础也不妨碍撰稿”。选项 A 说“避免词汇、语法和标点符号的使用错误并不一定能确保文稿的语言质量”，避免词汇、语法和标点符号的使用错误只是确保文稿语言质量的一个基本方面而已，并不能必然确保文稿的语言质量，从而有力地削弱了题干。

【例 1.19】高脂肪、高糖含量食物有害人的健康。因此，既然越来越多的国家明令禁止未成年人吸烟和喝含酒精的饮料，那么，为什么不能用同样的方法对待那些有害健康的食品呢？应该明令禁止 18 岁以下的人食用高脂肪、高糖食品。

以下哪项如果为真，最能削弱上述建议？

A. 许多国家已经把未成年人的标准定为 16 岁以下

B. 烟、酒对人的危害比高脂肪、高糖食物的危害要大

C. 并非所有的国家都禁止未成年人吸烟和喝酒

D. 禁止有害健康食品的生产，要比禁止有害健康食品的食用更有效

E. 高脂肪、高糖食品主要危害中老年人的健康

【解析】答案是 E。题干的建议是：应该明令禁止 18 岁以下的人食用高脂肪、高糖食品。选项 E 如果为真，则意味着高脂肪、高糖食品主要危害的是中老年人的身体健康，并不像吸烟和喝含酒精的饮料那样，对青少年人的身体健康有很大的害处，因此，题干的建议是十分荒唐的。

【例 1.20】阔叶树的降尘优势明显，吸附 PM2.5 的效果最好，一棵阔叶树一年的平均滞尘量达 3.16 公斤。针叶树叶面积小，吸附 PM2.5 的功效较弱。全年平均下来，阔叶林的吸尘效果要比针叶林强不少。阔叶树也比灌木和草的吸尘效果好得多。以北京常见的阔叶树国槐为例，成片的国槐林吸尘效果比同等面积的普通草地约高 30%。有些人据此认为，为了降尘，北京应该大力推广阔叶树，并尽量减少针叶树面积。

以下哪项如果为真，最能削弱上述有关人员的观点？

A. 阔叶树与针叶树比例失调，不仅极易暴发病虫害、火灾等，还会影响林木的生长和健康

B. 植树造林既要治理 PM2.5，也要治理其他污染物，需要合理布局

C. 建造通风走廊，能把城市和郊区的森林连接起来，让清新的空气吹入，降低城区的 PM2.5

D. 阔叶树冬天落叶，在寒冷的冬季，其养护成本远高于针叶树

E. 针叶树冬天虽然不落叶，但基本处于“休眠”状态，生物活性差

【解析】答案是 A。题干有关人员从阔叶树吸附 PM2.5 的效果比针叶树好，吸尘效果比灌木和草地好的论据，推出结论“为了降尘，北京应该大力推广阔叶树，并尽量减少针叶树面积”。选项 A 指出所提出的方法无效，即该方案会影响林木的生长和健康，那么就无法达到降尘的效果了。选项 B、C、E 均与题干观点无直接关系。选项 D 为负效应，不能反驳正效应。

三、削弱结论

削弱结论就是要指出，某一个选项和题干的论据加在一起就能够使得题干中的结论为假。

【例1.21】随着新税收改革法令的通过，低收入纳税人每年将平均减少100元到300元的财税负担。所以，税收改革有益于低收入纳税人。

以下哪项如果为真，最严重地动摇上述结论？

A. 税收改革通过简化税收代码将为许多人节省他们计算税收的费用

B. 税收改革通过取消对住房的补贴而使低收入纳税人平均每月增加80元的房租

C. 低收入纳税人支持新税收改革法令

D. 在新的税收下，有少量高收入的纳税人也会减少财税负担

E. 在新的税收下，有许多低收入的纳税人将不再缴税

【解析】答案是B。题干的结论是：税收改革有益于低收入纳税人。选项B意味着，低收入纳税人虽然每年平均减少了100元到300元的财税负担，但每年却增加了960元的房租，这就严重地动摇了题干中的结论。选项D说“有少量高收入的纳税人也会减少财税负担”，这个“也”字就意味着认可了题干的观点，即肯定了题干的观点：税收改革使低收入纳税人减少了财税负担，有益于低收入纳税人。选项C和E都显然支持了题干。选项A和题干无直接关系，不能削弱题干结论。

【例1.22】足球是一项集体运动，若想不断取得胜利，每个强队都必须有一位核心队员。他总能在关键场次带领全队赢得比赛。友南是某国甲级联赛强队西海队队员。据某记者统计，在上赛季参加的所有比赛中，有友南参加的场次，西海队胜率高达75.5%，只有16.3%的平局，8.2%场次输球；而在友南缺阵的情况下，西海队胜率只有58.9%，输球的比率高达23.5%。该记者由此得出结论，友南是上赛季西海队的核心队员。

以下哪项如果为真，是能质疑该记者的结论？

A. 上赛季友南上场且西海队输球的比赛，都是西海队与传统强队对阵的关键场次

B. 西海队队长表示：“没有友南我们将失去很多东西，但我们会找到解决办法”

C. 本赛季开始以来，在友南上阵的情况下，西海队胜率暴跌20%

D. 上赛季友南缺席且西海队输球的比赛，都是小组赛中西海队已经确定出线后的比赛

E. 西海队教练表示：“球队是一个整体，不存在有友南的西海队和没有友南的西海队”

【解析】答案是A。题干中记者的结论是：友南是上赛季西海队的核心队员。选项A如果为真，即如果友南上场后西海队的关键场次都输球的话，则说明友南不是上赛季西海队的核心球员。选项C不能削弱题干，因为该项说的是本赛季，而题干说的是上赛季，属于无关选项。选项D说的是小组赛中西海队已经确定出线后的比赛，不属于关键场次，不能否定友南是核心球员。选项B是说没有友南表示什么，但不等于他所表示什么就是真的，故均不能质疑题干中记者的结论。

【例1.23】田先生认为，绝大部分笔记本电脑运行速度慢的原因不是CPU性能太差，也不是内存容量太小，而是硬盘速度太慢，给老旧的笔记本电脑换装固态硬盘可以大幅提升使用者的游戏体验。

以下哪项如果为真，最能质疑田先生的观点？

A. 少部分老旧笔记本电脑的CPU性能很差，内存也小

B. 固态硬盘很贵，给老旧笔记本换装硬盘费用不低

C. 使用者的游戏体验很大程度上取决于电脑的显卡，而老旧笔记本电脑显卡较差

D. 一些笔记本电脑使用者的使用习惯不好，使得许多运行程序占据大量内存，导致电脑运行速度缓慢

E. 销售固态硬盘的利润远高于销售传统的笔记本电脑硬盘

【解析】答案是C。题干中田先生的观点是，游戏体验不好是因为硬盘速度太慢，所以给老旧的笔记本电脑换装固态硬盘能大幅提升使用者的游戏体验。选项C指出，游戏体验取决于电脑的显卡，这就意味着换装固态硬盘达不到大幅提升游戏体验的目的，从而有力地削弱了田先生的观点。选项D削弱力度不如C。

【例 1.24】随着互联网的发展，人们的购物方式有了新的选择。很多年轻人喜欢在网络上选择自己满意的商品，通过快递送上门，购物足不出户，非常便捷。刘教授据此认为，那些实体商城的竞争力会受到互联网的冲击，在不远的将来，会有更多的网络商店取代实体商店。

以下哪项如果为真，最能削弱刘教授的观点？

A. 网络购物虽然有某些便利，但容易导致个人信息被不法分子利用

B. 有些高档品牌的专卖店，只愿意采取街面实体商店的销售方式

C. 网络商店与快递公司在货物丢失或损坏的赔偿方面经常互相推诿

D. 购买黄金珠宝等贵重物品，往往需要现场挑选，且不适宜网络支付

E. 通常情况下，网络商店只有在其实体商店的支撑下才能生存

【解析】答案是E。题干论点是：在不远的将来，会有更多的网络商店取代实体商店。选项E说“通常情况下，网络商店只有在其实体商店的支撑下才能生存”，意味着网络商店难以取代实体商店。其余选项均削弱力度不足。

【例 1.25】根据现有物理学定律，任何物质的运动速度都不能超过光速，但是最近一次天文观测结果向这条定律发起了挑战。距离地球遥远的IC310星系拥有一个活跃的黑洞，掉入黑洞的物质产生了伽马射线冲击波。有些天文学家发现，这束伽马射线的速度超过了光速，因为它只用了4.8分钟就穿越了黑洞边界，而且光要25分钟才能走完这段距离。由此，这些天文学家提出，光速不变定律需要修改了。

以下哪项如果为真，最能质疑上述天文学家所作的结论？

A. 光速不变定律已历经多次实践检验，没有出现反例

B. 天文观测数据可能存在偏差，毕竟IC310星系离地球很远

C. 要么天文学家的观测有误，要么有人篡改了天文观测数据

D. 或者光速不变定律已经过时，或者天文学家的观测有误

E. 如果天文学家的观测没有问题，光速不变定律就需要修改

【解析】答案是C。题干根据“天文观测的结果”，得出结论认为：光速不变定律需要修改了。选项C“要么天文学家的观测有误，要么有人篡改了天文观测数据”，即天文观测的结果有问题，弱化论据，从而构成了对天文学家结论的质疑。选项D的削弱力度不如C。

【例 1.26】近年来，越来越多的机器人被用于在战场上执行侦察、运输、拆弹等任务，甚至将来冲锋陷阵的都不再是人，而是形形色色的机器人。人类战争正在经历自核武器诞生以来最深刻的革命。有专家据此分析指出，机器人战争技术的出现可以使人类远离危险，更安全、更有效率地实现战争目标。

以下哪项如果为真，最能质疑上述专家的观点？

A. 现代人类掌握机器人，但未来机器人可能会掌控人类

B. 机器人战争技术有助于摆脱以往大规模杀戮的血腥模式，从而让现代战争变得更为人道

C. 掌握机器人战争技术的国家为数不多，将来战争的发生更为频繁也更为血腥

D. 因不同国家军事科技实力的差距，机器人战争技术只会让部分国家远离危险

E. 全球化时代的机器人战争技术要消耗更多资源，破坏生态环境

【解析】 答案是C。题干专家的观点是：机器人战争技术的出现可以使人类远离危险。选项C说“掌握机器人战争技术的国家为数不多，将来战争的发生更为频繁也更为血腥”，即题干专家的观点不能成立。选项D的削弱力度不如C。选项E为负效应，不能反驳正效应。选项B加强了题干。选项A削弱力度不足。

【例1.27】 研究人员发现，人类存在3种核苷酸基因类型：AA型、AG型以及GG型。一个人有36%的几率是AA型，有48%的几率是AG型，有16%的几率是GG型。在1 200名参与实验的老年人中，拥有AA型和AG型基因类型的人都在上午11时之前去世，而拥有GG型基因类型的人几乎都在下午6时左右去世。研究人员据此认为：GG型基因类型的人会比其他人平均晚死7个小时。

以下哪项如果为真，最能质疑上述研究人员的观点？

A. 拥有GG型基因类型的实验对象容易患上心血管疾病

B. 有些人是因为疾病或者意外事故等其他因素而死亡的

C. 对人死亡时间的比较，比一天中的哪一时刻更重要的是哪一年、哪一天

D. 平均寿命的计算依据应是实验对象的生命存续长度，而不是实验对象的死亡时间

E. 当死亡临近的时候，人体会还原到一种更加自然的生理节律感应阶段

【解析】 答案是C。题干中研究人员根据GG型基因类型的人与前两种基因类型的人的死亡时刻不同，就得出结论说“GG型基因类型的人会比其他人平均晚死7个小时”。选项C指出，“对人死亡时间的比较，比一天中的哪一时刻更重要的是哪一年、哪一天”，即死亡时间是一个属概念，而死亡时刻只是一个种概念，某一个种概念不足以说明整个属概念的情况。注意，选项D说“平均寿命的计算依据应是实验对象的生命存续长度，而不是实验对象的死亡时间”，但题干结论并不是要说人均寿命问题，而仅仅是说平均晚死的问题，与题干论证缺乏直接的相关性。其他选项也都属于无关选项。

【例1.28】 人们普遍认为适量的体育运动能够有效降低中风的发生率，但科学家还注意到有些化学物质也有降低中风风险的效用，番茄红素是一种让番茄、辣椒、西瓜和番木瓜等果蔬呈现红色的化学物质。研究人员选取一千余名年龄在46岁至55岁之间的人，进行了长达12年的跟踪调查，发现其中番茄红素水平最高的四分之一的人中有11人中风，番茄红素水平最低的四分之一的人中有25人中风，他们由此得出结论：番茄红素能降低中风的发生率。

以下哪项如果为真，最能针对上述研究结论提出质疑？

A. 番茄红素水平较低的中风者中有三分之一的人病情较轻

B. 吸烟、高血压和糖尿病等会诱发中风

C. 如果调查56岁至65岁之间的人，情况也许不同

D. 番茄红素水平高的人约有四分之一喜爱进行适量的体育运动

E. 被跟踪的另一半人中有50人中风

【解析】 答案是E。题干论证到，四分之一番茄红素水平高的人中风数量为11人，而四分之一番茄红素水平低的人中风数量却是25人，于是得出结论：番茄红素能够降低中风发生率。选项E如果为真，即如果被跟踪的另一半人中有50人中风，则这另一半番茄红素水平中等的人中风的比率和番茄红素水平低的人中风的比率相同，则题干断言番茄红素能降低中风的发生率就不成立了。注意选项D削弱力度不足，因为即使番茄红素水平高的人约有四分之一喜爱进

行适量的体育运动，即可能喜欢进行适量的体育运动使得这部分人不中风，但整个来说还是因为番茄红素高才是中风率发生低的原因，部分不能反驳整体。选项A、C均论据不足。选项B未否定题干的原因。

【例1.29】随着光纤网络带来的网速大幅度提高，高速下载电影、在线看大片等都不再是困扰我们的问题。即使在社会生产力发展水平较低的国家，人们也可以通过网络随时随地获得最快的信息、最贴心的服务和最佳体验。有专家据此认为：光纤网络将大幅提高人们的生活质量。

以下哪项如果为真，最能质疑该专家的观点？

A. 网络上所获得的贴心服务和美妙体验有时是虚幻的

B. 即使没有光纤网络，同样可以创造高品质的生活

C. 随着高速网络的普及，相关上网费用也随之增加

D. 人们生活质量的提高仅决定于社会生产力的发展水平

E. 快捷的网络服务可能使人们将大量时间消耗在娱乐上

【解析】答案是D。题干专家的观点是："光纤网络将大幅提高人们的生活质量。"选项D如果为真，即如果"人们生活质量的提高仅决定于社会生产力的发展水平"，则说明对于社会生产力发展水平低的国家，光纤网络并不能提高人们的生活质量，从而使得题干的结论不能成立。选项B不能否定光纤网络的作用。其他选项均为负效应，不能削弱题干。

【例1.30】学者张某说："问题本身并不神秘，因与果也仅仅是哲学家的事。每个凡夫俗子一生之中都将面临许多问题，但分析问题的方法与技巧却很少有人掌握，无怪乎华尔街的分析大师们趾高气扬、身价百倍。"

以下哪项如果为真，最能反驳张某的观点？

A. 掌握分析问题的方法与技巧对多数人来说很重要

B. 凡夫俗子中很少有人掌握分析问题的方法与技巧

C. 华尔街的分析大师们大都掌握分析问题的方法与技巧

D. 有些凡夫俗子一生之中将要面临的问题并不多

E. 有些凡夫俗子可能不需要掌握分析问题的方法与技巧

【解析】答案是D。题干中张某断言：（1）每个凡夫俗子一生之中都要面临许多问题；（2）分析问题的方法与技巧很少有人掌握；（3）华尔街的分析大师们大都掌握了分析问题的方法与技巧（"无怪乎华尔街的分析大师们趾高气扬、身价百倍"所隐含的意思）。选项A讲的是分析问题的方法与技巧重不重要的问题，与张某的观点无关。选项B讲的凡夫俗子中很少有人掌握分析问题的方法与技巧，与张某的观点（2）一致。选项C与张某的断言（3）一致。选项D说"有些凡夫俗子一生之中将要面临的问题并不多"，正好与题干的断定（1）矛盾，从而否定了题干的观点。选项E与题干无关。

四、削弱论证

削弱一个论证，就是要指出，即使题干中的论据成立，但还存在别的论据题干没有注意，所以，题干的论点和论证都还是不能成立的。

【例1.31】自从《行政诉讼法》颁布以来，"民告官"的案件成为社会关注的热点。人们普遍担心的是，"官官相护"会成为公正审理此类案件的障碍。但据H省本年度的调查显示，凡正式立案审理的"民告官"案件，65%都是以原告胜诉结案。这说明，H省的法院在审理"民告官"的案件中，并没有出现社会舆论所担心的"官官相护"。

以下哪项如果为真，最能削弱上述论证？

A. 在“民告官”案件中，原告如果不掌握能胜诉的确凿证据，一般不会起诉

B. 有关部门收到的关于司法审理有失公正的投诉，H 省要多于周边省份

C. 所谓“民告官”的案件，在法院受理的案件中，只占很小的比例

D. 在“民告官”的案件审理中，司法公正不能简单地理解为原告胜诉

E. 由于新闻媒介的特殊关注，“民告官”案件的审理的透明度要大大高于其他的案件

【解析】 答案是 A。题干论证的根本依据是：在正式立案审理的“民告官”案件中，65% 都是以原告胜诉结案，但是关键是要看这类案件中原告本来应该得到的胜诉率。如果原告本来应该得到的胜诉率远远高于 65%，即选项 A 为真，则说明还是出现了社会舆论所担心的“官官相护”。

【例 1.32】 在目前财政拮据的情况下，在本市增加警力的动议不可取。在计算增加警力所需的经费开支时，光考虑到支付新增警员的工资是不够的，同时还要考虑到支付法庭和监狱新雇员的工资，由于警力的增加带来的逮捕、宣判和监管任务的增加，势必需要相关机构同时增员。

以下哪项如果为真，将最有力地削弱上述论证？

A. 增加警力所需的费用，将由中央和地方财政共同负担

B. 目前的财政状况，不至于拮据到连维护社会治安的费用都难以支付的地步

C. 湖州市与本市毗邻，去年警力增加 19%，逮捕个案增加 40%，判决个案增加 13%

D. 并非所有侦查都导致逮捕，并非所有逮捕都导致宣判，并非所有宣判都导致监禁

E. 当警力增加到与市民的数量达到一个恰当的比例时，将会减少犯罪

【解析】 答案是 E。题干中的论点是：在目前财政拮据的情况下，在本市增加警力的动议不可取。选项 E 意味着，即使目前财政拮据，但是该市增加警力的动议还是可取的。选项 D 并不能有力地削弱题干，因为“并非所有侦查都导致逮捕，并非所有逮捕都导致宣判，并非所有宣判都导致监禁”，但是，可能有些侦查会导致逮捕，有些逮捕会导致宣判，有些宣判会导致监禁。

【例 3.33】 研究发现，市面上 X 牌香烟的 Y 成分可以抑制 EB 病毒。实验证实，EB 病毒是很强的致鼻咽癌的病原体，可以导致正常的鼻咽部细胞转化为癌细胞。因此，经常吸 X 牌香烟的人将减少患鼻咽癌的风险。

以下哪项如果为真，最能削弱上述论证？

A. 不同条件下的实验，可以得出类似的结论

B. 已经患有鼻咽癌的患者吸 X 牌香烟后并未发现病情好转

C. Y 成分可以抑制 EB 病毒，也可以对人的免疫系统产生负面作用

D. 经常吸 X 牌香烟会加强 Y 成分对 EB 病毒的抑制作用

E. Y 成分的作用可以被 X 牌香烟的 Z 成分中和

【解析】 答案是 E。题干论证的结论是：经常吸 X 牌香烟的人将减少患鼻咽癌的风险。题干得出这一结论的基本理由是：X 牌香烟中存在一种能够抑制 EB 病毒的 Y 成分。但题干论证很可能是“只知其一，不知其二”。选项 E 指出：X 香烟中还包含一种 Z 成分，而这种 Z 成分完全可以将 Y 成分中和掉，从而使 Y 成分失去了其作用，使经常吸 X 牌香烟的人并不会减少患鼻咽癌的风险。选项 A 意味着题干中的实验是可靠的，因而加强了题干论证。选项 B 说的是已经患上了鼻咽癌的患者的情况，讲的是“治”的问题，而题干则讲的是“防”的问题，用这样的选项来削弱题干，犯了“偷换概念”的错误。选项 C 说 Y 成分“也可以对人的免疫系统产生负面作用”，讲的是 Y 成分的负效应问题，并不能否定题干所说的 Y 成分的正面作用。选项 D 加强了题干论证。

【例 3.34】 番茄红素、谷胱甘肽、谷氨酰胺是有效的抗氧化剂，这些抗氧化剂可以中和人体内新陈代谢所产生的自由基。体内自由基过量会加速细胞的损伤从而加速人的衰老。因而为了延缓衰老，人们必须在每天饮食中添加这些抗氧化剂。

以下哪项如果为真，最能削弱上述论证？

A. 体内自由基不是造成人衰老的唯一原因

B. 每天参加运动可有效中和甚至清除体内的自由基

C. 抗氧化剂的价格普通偏高，大部分消费者难以承受

D. 缺乏锻炼的超重者在体内极易出现自由基过量

E. 吸烟是导致体内细胞损伤的主要原因之一

【解析】 答案是 B。该项意味着，不必通过在每天饮食中添加这些抗氧化剂，也能延缓衰老。

【例 3.35】 本世纪初，小普村镇建立了洗涤剂厂，当地村民虽然因此提高了收入，但工厂每天排出的大量污水，使村民们忧心忡忡：如果工厂继续排放污水，他们的饮用水将被污染，健康将受到影响。然而，这种担心是多余的。因为 2014 年对小普村镇的村民健康检查发现，几乎没人因水污染而患病。

以下哪项如果为真，最能质疑上述论证？

A. 2014 年，上述洗涤剂厂排放的污水量是历年中较小的

B. 2014 年，小普村镇的村民并非全体参加健康检查

C. 在 2014 年，上述洗涤剂厂的生产量减少了

D. 合成洗涤剂污染饮用水导致的疾病需要多年后才会显现出来

E. 合成洗涤剂污染饮用水导致的疾病与一般疾病相比更难检测

【解析】 答案是 D。该项意味着，村民的担心并不是多余的。选项 B 和 E 都不足以削弱题干。

【例 3.36】 小丽在情人节那天收到了专递公司送来的一束鲜花。如果这束花是熟人送的，那么送花人一定知道小丽不喜欢玫瑰而喜欢紫罗兰，但小丽收到的是玫瑰。如果这束花不是熟人送的，那么花中一定附有签字的名片，但小丽收到的花中没有名片。因此，专递公司肯定犯了以下的某种错误：或者该送紫罗兰却误送了玫瑰；或者失落了花中的名片；或者这束花应该是送给别人的。

以下哪项如果为真，最能削弱上述论证？

A. 女士在情人节收到的鲜花一般都是玫瑰

B. 有些人送花，除了取悦对方外，还有其他目的

C. 有些人送花是出于取悦对方以外的其他目的

D. 不是熟人不大可能给小丽送花

E. 上述专递公司在以往的业务中从未有过失误的记录

【解析】 答案是 C。该项直接否定了题干中的论点“或者……或者……或者……”。注意，选项 B 不足以削弱题干，因为该项认为取悦对方还是目的。其他选项也都不足以削弱题干。

【例 3.37】 一位海关检查员认为，他在特殊工作经历中培养了一种特殊的技能，即能够准确地判定一个人是否在欺骗他。他的根据是，在海关通道执行公务时，短短的几句对话就能使他确定对方是否可疑；而在他认为可疑的人身上，无一例外地都查出了违禁物品。

以下哪项如果为真，能削弱上述海关检查员的论证？

Ⅰ. 在他认为不可疑而未经检查的入关人员中，有人无意地携带了违禁物品

Ⅱ. 在他认为不可疑而未经检查的入关人员中，有人有意地携带了违禁物品

Ⅲ. 在他认为可疑并查出违禁物品的入关人员中，有人是无意地携带了违禁物品

A. 仅Ⅰ B. 仅Ⅱ C. 仅Ⅲ

D. 仅Ⅱ和Ⅲ E. Ⅰ、Ⅱ和Ⅲ

【解析】答案是D。题干中海关检查员的论点是：他通过短短的几句话就能够准确地判定对方是否在欺骗他。要削弱这个论点，就是要指出，海关检查员并不能准确地判定对方是否在欺骗他。选项Ⅱ中，有人有意地携带，是在欺骗他，但是他却认为对方不可疑，说明不能准确判定。选项Ⅲ中，有人无意地携带，不是在欺骗他，但是他却认为对方可疑，也说明不能准确判定。选项Ⅰ中，有人无意地携带，不是在欺骗他，他认为对方不可疑，说明他能够准确判定，加强了题干。

【例 1.38】我国科研人员经过对动物和临床的多次试验，发现中药山茱萸具有抗移植免疫排斥反应和治疗自身免疫性疾病的作用，是新的高效低毒免疫抑制剂。某医学杂志首次发表了关于这一成果的论文。多少有些遗憾的是，从杂志社收到该论文到它的发表间隔了6周。如果这一论文能尽早发表的话，这6周内许多这类患者将可以避免患病。

以下哪项如果为真，最能削弱上述论证？

A. 上述医学杂志在发表此论文前，未送有关专家审查

B. 只有口服山茱萸超过2个月，药物才具有免疫抑制作用

C. 山茱萸具有抗移植免疫排斥反应和治疗自身免疫性疾病的作用有待进一步证实

D. 上述杂志不是国内最权威的医学杂志

E. 口服山茱萸可能会引起消化系统的不适

【解析】答案是B。该项意味着，即使论文能够即时发表，即没有间隔这6周，但是由于这6周没有超过两个月，药物根本没有免疫作用，所以这6周内许多这类患者并不可以避免患病。A和D犯了“诉诸权威”的错误。C犯了“诉诸无知”的错误。E为无关选项。

【例 1.39】北方航空公司实行对教师机票六五折优惠，这实际上是吸引乘客的一种经营策略，该航空公司并没有实际让利，因为当某天航班的满员率超过90%时，就停售当天优惠价机票，而即使在高峰期，航班的满员率也很少超过90%。有座位空着，何不以优惠价促销它呢？

以下哪项如果为真，将最有力地削弱上述论证？

A. 绝大多数教师乘客并不是因为票价优惠才选择北方航空公司的航班

B. 该航空公司实施优惠价的7月份的营业额比未实施优惠价的2月份增加了30%

C. 实施教师优惠票价表示对教师职业的一种尊重，不应从功利角度对此进行评价

D. 该航空公司在实施教师优惠价的同时，实施季节性调价

E. 该航空公司各航班全年的平均满员率是50%

【解析】答案是A。题干的论点是：该航空公司并没有实际让利。要削弱题干中的论证，就需要指出该航空公司实际上还是让了利。选项A意味着，对于绝大多数教师来说，即使不实行票价优惠，他们也会选择北方航空公司的航班，所以，该航空公司实行对教师机票六五折优惠，实际上还是让了利。

【例 1.40】不仅人上了年纪会难以集中注意力，就连蜘蛛也有类似的情况。年轻蜘蛛结的网整齐均匀，角度完美；年老蜘蛛结的网可能出现缺口，形状怪异。蜘蛛越老，就越没有章法。科学家由此认为，随着时间的流逝，这种动物的大脑也会像人一样退化。

以下哪项如果为真，最能质疑科学家的上述论证？

A. 优美的蛛网最容易受到异性蜘蛛的青睐

B. 年老蜘蛛的大脑较之年轻蜘蛛，其脑容量明显偏小

C. 运动器官的老化会导致年老蜘蛛结网能力下降

D. 蜘蛛结网只是一种本能的行为，并不受大脑控制

E. 形状怪异的蛛网较之整齐均匀的蛛网，其功能没有大的差别

【解析】 答案是D。题干中科学家从蜘蛛结网越老越没有章法，得出结论：蜘蛛的大脑也会像人一样退化。意味着蜘蛛的大脑退化是其结网越老越没有章法的原因。选项D说“蜘蛛结网只是一种本能的行为，并不受大脑控制”，说明蜘蛛结网越老越没有章法与其大脑退化没有关系，从而否定了科学家的结论。其他选项均与题干无直接关系。

【例 1.41】 在某次课程教学改革的研讨会上，负责工程类教学的程老师说，在工程设计中，用于解决数学问题的计算机程序越来越多了，这样就不必要求工程技术类大学生对基础数学有深刻的理解。因此，在未来的教学体系中，基础数学课程可以用其他重要的工程类课程替代。

以下哪项如果为真，能削弱程老师的上述论证？

Ⅰ. 工程类基础课程中已经包含了相关的基础数学内容

Ⅱ. 在工程设计中，设计计算机程序需要对基础数学有全面的理解

Ⅲ. 基础数学课程的一个重要目标是培养学生的思维能力，这种能力对工程设计来说很关键

A. 仅Ⅱ B. 仅Ⅰ和Ⅱ C. 仅Ⅰ和Ⅲ

D. 仅Ⅱ和Ⅲ E. Ⅰ、Ⅱ和Ⅲ

【解析】 答案是D。题干中的论点是：“在未来的教学体系中，基础数学课程可以用其他重要的工程类课程替代”，即基础数学课程不重要。选项Ⅱ说“在工程设计中，设计计算机程序需要对基础数学有全面的理解”，强调基础数学课程重要，削弱了题干。选项Ⅲ说“基础数学课程的一个重要目标是培养学生的思维能力，这种能力对工程设计来说很关键”，强调基础数学课程重要，削弱了题干。选项Ⅰ说“工程类基础课程中已经包含了相关的基础数学内容”，说明在未来的数学教学中，基础课程完全可以用其他重要的工程类课程替代，从而加强了题干。

【例 1.42】 2005年打捞公司在南川岛海域调查沉船时意外发现一艘载有中国瓷器的古代沉船，该沉船位于海底的沉积层上。据调查，南川岛海底沉积层在公元1000年形成。因此，水下考古人员认为，此沉船不可能是公元850年开往南川岛的“征服号”沉船。

以下哪项如果为真，最严重地弱化上述论证？

A. 在南川岛海底沉积层发现的沉船可能是搁浅在海底礁盘数百年后才落到沉积层上的

B. 历史学家发现，“征服号”既未到达其目的地，也未返回其出发的港口

C. 通过碳素技术测定，在南海沉积层发现的沉船是在公元800年建造的

D. 经检查发现，“征服号”船的设计有问题，出海数周几乎肯定会沉船

E. 公元700—900年间某些失传的中国瓷器在南川岛海底沉船中发现

【解析】 答案是A。该项如果为真，则说明不能仅仅根据南川岛海底沉积层在公元1000年形成，就得出结论说该沉船不可能是公元850年开往南川岛的“征服号”沉船。

五、最不能削弱

解答最不能削弱的问题，通常需要考虑首先将能够削弱题干的选项加以排除。

【例 1.43】 据S市的卫生检疫部门统计，和去年相比，今年该市肠炎患者的数量有明显下降。权威人士认为，这是由于该市的饮用水净化工程正式投入了使用。

以下哪项，最不能削弱上述权威人士的结论？

A. 和天然饮用水相比，S市经过净化的饮用水中缺少了几种重要的微量元素

B. S市的饮用水净化工程在五年前动工，于前年正式投入了使用

C. 去年S市对餐饮业特别是卫生条件较差的大排档进行了严格的卫生检查和整顿

D. 由于引进了新的诊断技术，许多以前被诊断为肠炎的病案，今年被确诊为肠溃疡

E. 全国范围的统计数字显示，我国肠炎患者的数量呈明显下降的趋势

【解析】答案是A。要削弱权威人士的结论就是指，不是由于饮用水净化工程正式投入了使用，而是别的原因导致该市肠炎患者的数量明显下降的。首先，选项E说本来“我国肠炎患者的数量呈明显下降的趋势”，所以S市肠炎患者数量下降的原因并不是什么“饮用水净化工程正式投入了使用”，削弱了权威人士的结论。选项D指出，S市肠炎患者数量明显下降的原因是由于引进了新的诊断技术，从而削弱了题干。选项C说明，是严格的卫生检查和整顿使该市肠炎患者的数量明显下降的。选项B指出，既然饮用水净化工程于前年就已经正式投入了使用，那么去年该市的肠炎患者的数量就应该下降了，但为什么今年才明显下降呢？说明还有别的更为根本的原因在起作用，故削弱了题干。选项A为无关选项，最不能削弱题干。

【例1.44】过去5年中，在澳大利亚驾车年龄段的人口增加了，但是，每年因车祸而丧生的人数却有所下降。由此可以得出结论：总体上说，现在澳大利亚驾车年龄段的人口中熟练驾乘者比5年前要多。

如果以下陈述为真，除哪项外，均能削弱上面的论证？

A. 3年前，一项强制使用安全带的法律在澳大利亚生效

B. 由于油价上涨，澳大利亚人驾车里程数逐年递减

C. 在过去的5年中，澳大利亚医院的急救设施增加了一倍

D. 为应付交通事故丧生人数的增加，5年前澳大利亚开始实施一项强制性的司机教育活动

E. 在过去的5年中，澳大利亚的一些公路的路况比以前有了比较明显的改善

【解析】答案是D。题干断定，澳大利亚过去5年中因车祸而丧生的人数减少的原因是熟练驾乘者人数增多。选项A、B、C、E都指出了别的原因，削弱了题干。选项D说是实施了一项强制性的司机教育活动，这很可能就包含熟练驾驶在内。

【例1.45】探望病人通常会送上一束鲜花。但某国曾有报道说，医院花瓶养花的水可能含有很多细菌，鲜花会在夜间与病人争夺氧气，还可能影响病房里电子设备的工作。这引起了人们对鲜花的恐慌，该国一些医院甚至禁止在病房内摆放鲜花。尽管后来证实鲜花并未导致更多的病人受感染，并且权威部门也澄清，未见任何感染病例与病房里的植物有关，但这并未减轻医院对鲜花的反感。

以下除哪项外，都能减轻医院对鲜花的担心？

A. 鲜花并不比病人身边的餐具、饮料和食物带有更多可能危害病人健康的细菌

B. 在病房里放置鲜花让病人感到心情愉悦、精神舒畅，有助于病人康复

C. 给鲜花换水、修剪需要一定的人工，如果花瓶倒了还会导致危险产生

D. 已有研究证明，鲜花对病房空气的影响微乎其微，可以忽略不计

E. 探望病人所送的鲜花大都花束小、需水量少、花粉少，不会影响电子设备工作

【解析】答案是C。医院对鲜花的担心是：鲜花在医院可能带来各种负面的影响。所以，凡是意味着鲜花并不会造成什么负面影响的选项都能够削弱医院对鲜花的担心。选项A和D都意味着鲜花不会有什么太大的危害，从而削弱了医院的担心。选项B意味着鲜花对病人反而有好处，从而削弱了医院的担心。选项E意味着鲜花不会有什么坏处，也削弱了题干。选项

C则意味着，鲜花可能会导致某些危险发生，加强了题干医院的担心。

【例1.46】开车上路，一个人不仅需要有良好的守法意识，也需要有特别的“理性计算”：在拥堵的车流中，只要有“加塞”的，你开的车就一定要让着它；你开着车在路上正常直行，有车不打方向灯在你近旁突然横过来要撞上你，原来它想要变道，这时你也得让着它。

以下除哪项外，均能质疑上述“理性计算”的观点？

A. 有理的让着没理的，只会助长歪风邪气，有悖于社会的法律与道德

B. 如果不让，就会碰上；碰上之后，即便自己有理，也会有许多麻烦

C.“理性计算”其实就是胆小怕事，总觉得凡事能躲则躲，但有的事很难躲过

D. 一味退让也会给行车带来极大的危险，不但可能伤及自己，而且也有可能伤及无辜

E. 即便碰上也不可怕，碰上之后如果立即报警，警方一般会有公正的裁决

【解析】答案是B。题干中“理性计算”的意思是要“让”。选项A、C、D、E都是说的“不让”，质疑了题干。只有选项B说的是“让”，加强了题干。

【例1.47】越来越多的计算机软件被开发用于机械工程，这使得该领域操作流程中原来需要通过复杂数学计算得到的结果，现在只要通过机械操作电脑就能得到。因此，对于操作性的机械工程师来说，理解和掌握数学知识变得越来越没有必要；在培养机械工程师的院校中，应大大缩减数学课程，以腾出空间，加强其他课程的教学。

以下各项如果为真，哪项最不能削弱上述论证？

A. 用于机械工程的计算机软件，其功能不仅是数学计算

B. 机械工程学院的培养目标，不仅是纯操作性人才，而且是具有操作能力的理论性人才

C. 数学知识是学习和掌握机械工程一系列基础课程的重要工具

D. 数学教学的目的，不仅是传授数学知识，而且是训练锐利、敏捷、清晰和准确的思维能力，这对于提高操作性人员的素质，同样具有重要的作用

E. 用于机械工程的计算机软件的开发研究，不仅需要机械工程的专业知识，而且需要数学专业知识

【解析】答案是A。题干的结论是：对于操作性的机械工程师来说，理解和掌握数学知识变得越来越没有必要。选项B、C、D、E均强调了学习数学知识对于机械工程师的重要性，都削弱了题干。选项A与题干的论点完全一致，支持题干。

【例1.48】现在越来越多的人拥有了自己的轿车，但他们明显地缺乏汽车保养的基本知识。这些人会按照维修保养手册或4S店售后服务人员的提示做定期保养。可是，某位有经验的司机会告诉你，每行驶5 000公里做一次定期检查，只能检查出汽车可能存在问题的一小部分，这样的检查是没有意义的。

以下哪项不能削弱该司机的结论？

A. 每行驶5 000公里做一次定期检查是保障车主安全所需要的

B. 每行驶5 000公里做一次定期检查能发现引擎的某些主要故障

C. 在定期检查中所做的常规维护是保证汽车正常运行所必需的

D. 赵先生的新车未做定期检查行驶到5 100公里时出了问题

E. 某公司新购的一批汽车未做定期检查，均安全行驶了7 000公里以上

【解析】答案是E。题干中该司机的结论是：每行驶5 000公里做一次定期检查是没有意义的。选项A、B、C、D都意味着，每行驶5 000公里做一次定期检查是非常必要而有意义的，从而削弱了题干。选项E则支持了题干。

第三节 阶梯化训练题及解析

一、基础能力题

1. 有人对某位法官在性别歧视类案件审理中的公正性提出了质疑。这一质疑不能成立。因为有记录表明，该法官审理的这类案件中60%的获胜方为女性，这说明该法官并未在性别歧视类案件的审理中有失公正。

以下哪项如果为真，将对上述论证构成质疑？

Ⅰ. 在性别歧视案件中，女性原告如果没有确凿的理由和证据，一般不会起诉

Ⅱ. 一个为人公正的法官在性别歧视案件的审理中保持公正也是件很困难的事情

Ⅲ. 统计数据表明，如果不是因为遭到性别歧视，女性应该在60%以上的此类案件的诉讼中获胜

A. 仅Ⅰ　　B. 仅Ⅰ和Ⅱ　　C. 仅Ⅰ和Ⅲ

D. 仅Ⅱ和Ⅲ　　E. Ⅰ、Ⅱ和Ⅲ

2. 一项对30名年龄在3岁的独生孩子与30名同龄非独生的第一胎孩子的研究发现，这两组孩子日常行为能力非常相似，这种日常行为能力包括语言能力，对外界的反应能力，以及和同龄人、他们的家长及其他大人相处的能力等等。因此，独生孩子与非独生孩子的社会能力发展几乎一致。

以下哪项如果为真，最能削弱上述论证的结论？

A. 进行对比的两组孩子是不同地区的孩子

B. 独生孩子与母亲的接触时间多于非独生孩子与母亲接触的时间

C. 家长通常在第一胎孩子接近3岁时怀有他们的第二胎孩子

D. 大部分参与此项目的研究者没有兄弟姐妹

E. 独生孩子与非独生孩子与母亲的接触时间和与父亲接触的时间是各不相同的

3. 从国外引进的波尔山羊具有生长速度快、耐粗饲、肉质鲜嫩等特点，养羊效益高。我国北方某地计划鼓励当地农民把波尔山羊与当地的山羊进行杂交，以提高农民养羊的经济效益，满足发展高效优质肉羊的生产需要。

以下哪项如果为真，最能对上述计划的可行性提出质疑？

A. 波尔山羊耐高温不耐低温，杂交羊不能适应当地气候条件

B. 并非所有的波尔山羊都可以与当地的山羊成功杂交

C. 当地许多年轻人认为饲养羊是低等的工作，因为养羊的利润比其他工作的利润低

D. 当地许多人不喜欢波尔山羊

E. 当地一些山羊也具有生长快、耐粗饲、屠宰率高、肉质鲜嫩的优点

4. 一位计算机行业的资深分析专家认为，新型的超里格微机质量高、运转快，而且价格比市场上任何其他一种品牌都低。因此，我们可以这样认为，超里格微机会很快发展成为销售快、价格低的现有微机的替代品。

以下哪个选项如果为真，将最不能削弱上述观点？

A. 超里格公司的微机可以与其他公司生产的高价格的微机一比高低

B. 一些运转速度快、价格更低的微机将很快引入其他公司（特别是超里格公司的竞争对手公司）的生产中

C. 大多数零售商已经销售了一种或多种的低价微机，不愿意再销售别的低价微机

D. 市场调查结果显示，超里格微机潜在市场的大多数需求者已经解决了他们的微机需求问题

E. 这位计算机行业的分析专家进行评论所使用的质量衡量标准是不被广大的微机购买者所接受的

5. 3D 立体技术代表了当前电影技术的尖端水准，由于使电影实现了高度可信的空间感，它可能成为未来电影的主流。3D 立体电影中的银屏角色虽然由计算机生成，但是那些包括动作和表情的电脑角色的“表演”，都以真实演员的“表演”为基础，就像数码时代的化妆技术一样。这也引起了某些演员的担心：随着计算机技术的发展，未来计算机生产的图像和动画会替代真人表演。

以下哪项如果为真，最能减弱上述演员的担心？

A. 所有电影的导演只能和真人交流，而不是和电脑交流

B. 任何电影的拍摄都取决于制片人的选择，演员可以跟上时代的发展

C. 3D 立体电影目前的高票房只是人们一时图新鲜的结果，未来尚不可知

D. 掌握 3D 立体技术的动画专业人员不喜欢去电影院看 3D 电影

E. 电影故事只能用演员的心灵、情感来表现，其表现形式与导演的喜欢无关

6. 一种新型飞机发动机的广告称：实验表明，其安全性明显高于旧机型发动机，只是燃料消耗略高。去年，两种发动机同时销售，结果旧型发动机的销售明显高于新型发动机。这说明，飞机发动机的购买者并不把安全性作为首要考虑的因素。

依据以下哪项原则，最有助于反驳上述论证？

A. 所陈述的是事实，并不等于这个陈述广为人知

B. 所陈述的是事实，并不等于所陈述的事实被广泛认同

C. 所陈述的是事实，并不等于该事实最重要

D. 所陈述的是事实，并不等于其他陈述就不符合事实

E. 所陈述的是事实，并不等于未经陈述的就不是事实

7. 春江师范大学的同学们普遍抱怨各个食堂的伙食太差。然而唯独一年前反映最差的风味食堂，这一次抱怨的同学人数比较少。学校后勤部门号召其他各个食堂向风味食堂学习，共同改善学生关心的伙食问题。

下列哪项如果为真，将表明学校后勤部门的这个决定是错误的？

A. 各个食堂的问题不同，不能一刀切，要因地制宜，采取不同的措施

B. 风味食堂的进步也是与其他各个食堂的支持分不开的

C. 粮食价格一天天上涨，蔬菜供应也很难保质保量，食堂再努力，也是“难为无米之炊”啊

D. 因为差，风味食堂就餐的人数比起其他食堂要少得多

E. 风味食堂的花样多，但是价格高，困难同学可吃不起

8. 据调查，滨洲市有 24%的家庭拥有电脑，但拥有电脑的家庭中的 12%每周编写程序 2 小时以上，23%的在 1～2 小时，其余的都不到 1 小时。可见，滨洲市大部分购买电脑的家庭并没有充分利用他们的家庭电脑。

以下哪种说法如果为真，最能构成对上述结论的质疑？

A. 过多地使用电脑会对眼睛产生危害，对孕妇身体也有影响

B. 许多人购买电脑是为了娱乐或其他用途，而不是编程序

C. 在调查中，会有相当比例的被调查对象夸大他们的电脑知识

D. 使用电脑需要不断地学习与动手实践，有一个循序渐进的过程

E. 家庭电脑的普及和充分利用肯定需要一个过程，不可操之过急

9. 去年全国通货膨胀率为17%，而今年到目前为止平均为11%，由此我们可以得出这样的结论：全国通货膨胀率正呈下降趋势，明年的通货膨胀率将会更低。

以下哪项如果为真，将严重削弱上述结论？

A. 去年通货膨胀率大幅度上升的主要原因是因为全国遭受了历史罕见的严重自然灾害

B. 在发展中国家，通货膨胀率比较高是正常现象

C. 消费者对于高通货膨胀率越来越适应了

D. 政府开始把抑制通货膨胀看成是宏观控制的主要目标之一

E. 由于抑制通货膨胀，现在失业人数和居民平均收入都有所下降

10. 在H国，实行死刑的州，其犯罪率要比不实行死刑的州低。因此，死刑能够减少犯罪。

以下哪项如果为真，最可能质疑上述推断？

A. 犯罪的少年，较之守法的少年更多出自无父亲的家庭。因此，失去父亲能够引发少年犯罪

B. H国的法律规定了在犯罪地起诉并按其法律裁决，许多罪犯因此经常流窜犯罪

C. 在最近几年，H国民间呼吁废除死刑的力量在不断减弱，一些政治人物也已经不再像过去那样在竞选中承诺废除死刑了

D. 经过长期的跟踪研究发现，监禁在某种程度上成为酝酿进一步犯罪的温室

E. 调查结果表明：犯罪分子在犯罪时多数都曾经想过自己的行为可能会受到死刑或常年监禁的惩罚

11. 研究表明，高纤维食物对于预防心脏病、直肠癌和糖尿病有重要的作用。但是，目前食品包装袋上没有把纤维素的含量和其他营养成分一起列出。因此，国家应该规定在食品包装袋上明确列出纤维素的含量，这对于保护民众健康具有重大意义。

以下哪项如果为真，将最有力地削弱上述结论？

A. 绝大多数消费者购买食品时并不注意包装袋上关于营养成分的说明

B. 不但高纤维食品，而且低脂肪食品对于预防心脏病、直肠癌和糖尿病也有重要作用

C. 多食用高纤维食品并不能保证不患心脏病、直肠癌和糖尿病

D. 高纤维食品，一般蛋白质的含量不够丰富

E. 目前采用正式包装袋的食品占整个食品消费的总量还不到35%

12. 市场调查表明，在价格战中，名牌电脑的降价幅度不超过10%。所以，神舟电脑的降价幅度也不超过10%。

以下哪项最能推翻以上论证？

A. 去年神舟电脑没有降价

B. 许多电脑的降价幅度超过10%

C. 神舟电脑不是名牌电脑

D. 神舟电脑的市场占有率提高了10%

E. 市场预测，明年电脑还会降价

13. 与去年相比，某处乡村今年被诊断患有某种肠疾的人大大减少了。卫生部官员将此完全归功于净化水厂卫生条件的改进，水变得更洁净了，也就降低了今年染上这种肠疾的机会。

以下哪项如果为真，最能削弱卫生部官员关于低患病率的解释？

A. 那处乡村在五年内已经修建了许多家净化水厂

B. 患与没患这种肠疾的人所喝的瓶装泉水在数量上相差不大

C. 今年，一种崭新的诊断技术将以前被误诊为患有这种肠疾的许多人确诊为患有胃溃疡

D. 由于今年医学的进步，由这种肠疾发展到更为严重的病症的人将大为减少

E. 这个乡村的用水是按邻村十年前用水的卫生标准引来的

14. 在某报上有一段广告文字非常精彩，但广告在内容上却有许多虚假之处。因此，消费者一定不会相信这个广告。

以下哪项最能削弱上述结论？

A. 消费者不一定会发现其中有虚假之处

B. 消费者可能不会发现其中有虚假之处

C. 消费者不可能发现其中有虚假之处

D. 消费者一定会发现其中有虚假之处

E. 消费者不一定不会发现其中有虚假之处

15. 某航空公司为了增加效益，吸引更多的乘客，决定有条件地将票价下调，条件是：享受优惠票价者必须恰好提前航程两天订票。该公司的这一决策是有失周全的，因为航班乘客很多是因公出差，他们本来是可以支付全额票价，现在却支付了优惠价，从而减少了航空公司的收入。

以下哪项如果为真，能够最有力地削弱上述论证？

A. 统计数据表明，在航运乘客中，因公出差者占航运总数的 50%左右

B. 因公出差者必须提前两天以上安排出差事宜，包括订票

C. 在航运乘客中，因公出差者，无论在绝对量还是在相对比上，都有下降的趋势

D. 因公出差者并非全都不在乎票价的高低

E. 因公出差者中很多是回头客，有些是常年的固定客户

16. 随着中国经济的发展，私人轿车进入家庭，对中国人来说已不是遥远的梦想。然而，随着私家车的日益增多，将使本来就十分严重的交通紧张状况面临雪上加霜的困境，因此，中国的交通问题最终必然限制私人轿车的发展。

以下哪项如果为真，将最能驳斥上述观点？

A. 私人轿车的增多不是交通紧张状况加剧的主要原因

B. 应先发展交通，再发展轿车工业

C. 随着轿车进入家庭，必将带动中国交通的大发展，从来就是先有车，然后才有路

D. 在人口众多、交通不发达的中国，发展私人轿车是愚蠢的

E. 在中国只有发展公共交通和自行车才不会加剧交通紧张状况

17. 波力实业公司总裁的高级助理班子中，李金是一位最不可缺少的人才，因为其他助手仅是公司业务某一方面的专家，他们仅在自己精通的领域有独到的能力，而唯独李金是一位全才，熟悉该公司全方位的业务。

以下哪项如果为真，最能削弱上述论证？

A. 在某一专业领域李金并不比其他助理高明

B. 李金的个人能力比不上其他助理的集体决策能力

C. 李金到波力公司的工作时间要短于其他助理

D. 波力公司的业务几乎都只分别涉及某一专业领域

E. 李金曾经在工作中出现过明显的失误

18. 虽然菠菜中含有丰富的钙，但同时含有大量的浆草酸，浆草酸会有力地阻止人体对于钙的吸收。因此，一个人要想摄入足够的钙，就必须用其他含钙丰富的食物来取代菠菜，至少

和菠菜一起食用。

以下哪项如果为真，最能削弱题干的结论？

A. 大米中不含有钙，但含有中和浆草酸并改变其性能的碱性物质

B. 奶制品中的钙含量要远高于菠菜。许多经常食用菠菜的人也同时食用奶制品

C. 在烹饪的过程中，菠菜中受到破坏的浆草酸要略多于钙

D. 在人的日常饮食中，除了菠菜以外，事实上大量的蔬菜都含有钙

E. 菠菜中除了含有钙以外，还含有其他丰富的营养素，另外，其中的浆草酸只阻止人体对钙的吸收，并不阻止其他营养素的吸收

19. 顾客在选择冰箱的时候非常重视维修的方便程度。A 冰箱生产厂家就在本市，能够提供方便、及时的维修服务；而 B 冰箱生产厂家远在日本，不能在本市设立维修网点。所以，本市顾客一定会选 A 冰箱而不是 B 冰箱。

以下哪项如果为真，能够削弱上述的结论？

Ⅰ. B 冰箱的价格比 A 高

Ⅱ. A 冰箱维修方便，但是需要维修的次数几倍于 B

Ⅲ. B 冰箱是世界名牌，性能享誉全球

A. 仅Ⅰ　　B. 仅Ⅱ　　C. 仅Ⅱ和Ⅲ

D. 仅Ⅲ　　E. 仅Ⅰ和Ⅲ

20. 北大西洋海域的鳕鱼数量锐减，但几乎同时海豹的数量却明显增加。有人说是海豹导致了鳕鱼的减少。这种说法难以成立，因为海豹很少以鳕鱼为食。

以下哪项如果为真，最能削弱上述论证？

A. 海水污染对鳕鱼造成的伤害比对海豹造成的伤害严重

B. 尽管鳕鱼数量锐减，海豹数量明显增加，但在北大西洋海域，海豹的数量仍少于鳕鱼

C. 在海豹的数量增加以前，北大西洋海域的鳕鱼数量就已经减少了

D. 海豹生活在鳕鱼无法生存的冰冷海域

E. 鳕鱼只吃毛鳞鱼，而毛鳞鱼也是海豹的主要食物

21. 在某西方国家，高等学校的学费是中等收入家庭难以负担的，然而，许多家长还是节衣缩食供孩子上大学。有人说，这是因为高等教育是一项很好的投资。

以下哪项最能对上述说法提出质疑？

A. 一个大学文凭每年的利润率是 13%以上，超过了股票的长期利润率

B. 在 25 岁到 29 岁的人中，只有高中学历的人的失业率是受过高等教育的人的 3 倍

C. 科技发展迅速，经济从依赖体力转变为更多地依赖脑力，对大学学历的回报进一步提高

D. 2000 年有大学文凭的人的收入大约比只有高中文凭的人多 43%，到 2016 年增加到 75%以上

E. 随着计算机技术的发展，许多原来需要高技术人才承担的工作可以雇只会操作键盘的技工来干

22. 在人口最稠密的城市中，警察人数占总人口的比例也最大。这些城市中的“无目击证人犯罪”的犯罪率也最低。看来，维持高比例的警察至少可达到有效地阻止此类犯罪的效果。

以下哪项如果为真，最能有效地削弱上述推论？

A. 警察的工作态度和巡逻频率在各个城市是有很大差别的

B. 高人口密度本身使得犯罪现场无目击证人的可能性减少

C. 许多发生在大城市的非暴力犯罪都与毒品有关

D. 人口稠密的城市中，大多数罪犯并不是被警察抓获的

E. 无目击证人犯罪在所有犯罪中本来就只占很小的比例

23. 我国多数软件开发工作者的“版权意识”十分淡漠，不懂得通过版权来保护自己的合法权益。最近对500多位软件开发者的调查表明，在制订开发计划时也同时制订了版权申请计划的仅占20%。

以下哪项如果为真，最能削弱上述结论？

A. 制订了版权申请计划并不代表有很强的“版权意识”。是否有“版权意识”要看实践

B. 有许多软件开发者事先没有制订版权申请计划，但在软件完成后申请了版权

C. 有些软件开发者不知道应该到什么地方去申请版权，有些版权受理机构服务态度也不怎么样

D. 版权意识的培养需要有一个好的法制环境，人们既需要保护自己的版权，也要尊重他人的版权

E. 在被调查的500名软件开发者以外还有上万名计算机软件开发者，他们的“版权意识”如何，有待进一步观察

24. 以下是某报刊登的一则广告：

对咽喉炎患者，有五分之四的医院都会给开“咽喉康含片”。因此，你若患了咽喉炎，最佳的选择是“咽喉康含片”。

以下哪项如果为真最能对该广告的论点提出质疑？

A. 一些其他名牌药品，不但对咽喉炎有较好的疗效，对治疗其他疾病也有益处

B. 其他五分之一的医院，也给病人开“咽喉康含片”，只是不像广告说的那样频繁

C. “咽喉康含片”的味道有些怪，刚含时有些苦，等一会就变成有点甜味了

D. 有的药厂以很低的价格向医院推销药品，甚至采取给回扣等办法进行促销

E. 对10名患者的临床实验的结果表明，“咽喉康含片”没有明显的副作用

25. 广告：中国最好的橘子产于浙江黄岩。在橘子汁饮料的配方中，浙江黄岩蜜橘含量越高，则配置的橘子汁的质量越好。可口笑公司购买的浙江黄岩蜜橘最多，因此，有理由相信，如果你购买了可口笑公司的橘子汁，你就买到了中国配置最好的橘子汁。

以下哪项如果为真，最能削弱上述广告中的结论？

A. 可口笑公司生产的橘子汁饮料比其他公司多得多，销路也不错

B. 许多没有配置的橘子汁比配置的橘子汁饮料要好，当然，价格也贵些

C. 可口笑公司制造橘子汁的设备与众不同，是1992年从德国进口的

D. 可口笑公司的橘子汁饮料的价格高于大多数竞争对手

E. 有些生产厂家根本不用浙江黄岩蜜橘作原料，而是用价格较低的橘子

26. 长天汽车制造公司的研究人员发现，轿车的减震系统越“硬”，驾驶人员越是在驾驶中感到刺激。因此，他们建议长天汽车制造公司把所有的新产品的减震系统都设计得更“硬”一些，以提高产品的销量。

以下哪项如果为真，最能削弱该研究人员的建议？

A. 长天公司原来生产的轿车的减震系统都比较“软”

B. 驾驶汽车的刺激性越大，车就容易开得越快，越容易出交通事故

C. 大多数人买车是为了便利和舒适，而“硬”的减震系统让人颠得实在难受

D. 目前“硬”减震系统逐步流行起来，尤其是在青年开车族中

E. 买车的人中有些年长者不是为了追求驾驶中的刺激

27. 旅游是一种独特的文化体验。游客可以跟团游，也可以自由行。自由行游客虽避免了

跟团游的集体束缚，但也放弃了人工导游的全程讲解，而近年来他们了解旅游景点的文化需求却有增无减。为适应这一市场需求，基于手机平台的多款智能导游APP被开发出来。它们可定位用户位置，自动提供景点讲解、游览问答等功能。有专家就此指出，未来智能导游必然会取代人工导游，传统的导游职业行将消亡。

以下哪项如果为真，最能质疑上述专家的论断？

A. 好的人工导游可以根据游客需求进行不同类型的讲解，不仅关注景点，还可表达观点，个性化很强，这是智能导游APP难以企及的

B. 至少有95%的国外景点所配备的导游讲解器没有中文语音，中国出境游客因为语言和文化上的差异，对智能导游APP的需求比较强烈

C. 国内景区配备的人工导游需要收费，大部分导游讲解的内容都是事先背好的标准化内容。但是，即便人工导游没有特色，其退出市场也需要一定的时间

D. 目前发展较好的智能导游APP用户量在百万级左右，这与当前中国旅游人数总量相比还只是一个很小的比例，市场还没有培养出用户的普遍消费习惯

E. 旅行中才会使用的智能导游APP，如何保持用户黏性、未来又如何取得商业价值等都是待解问题

28. 有些家长对学龄前的孩子束手无策，他们自愿参加了当地的一个为期六周的“家长培训”计划。家长们在参加该项计划前后，要在一份劣行调查表上为孩子评分，以表明孩子到底给他们带来了多少麻烦。家长们报告说，在参加了该计划之后他们遇到的麻烦确实比参加之前要少。

以下哪项如果为真，最可能怀疑家长们所受到的这种培训的真正效果？

A. 这种训练计划所邀请的课程教授尚未结婚

B. 参加这项训练计划的单亲家庭的家长比较多

C. 家长们通常会在烦恼不堪、情绪落入低谷时才参加什么“家长培训”计划，而孩子们的捣乱和调皮有很强的周期性

D. 填写劣行调查表对于这些家长来说不是一件容易的事情，尽管不花费太多的时间

E. 学龄前的孩子最需要父母亲的关心，起码，父母亲应当在每天都有和自己的孩子相处谈话的时间，专家建议，这个时间的低限是30分钟

29. 某中学发现有学生课余用扑克玩带有赌博性质的游戏，因此规定学生不得带扑克进入学校，不过即使是硬币，也是可以用作赌具，但禁止学生带硬币进入学校是不可思议的，因此，禁止学生带扑克进入学校是荒谬的。

以下哪项如果为真，最能削弱上述论证？

A. 禁止学生带扑克进入学校不能阻止学生在校外赌博

B. 硬币作为赌具远不如扑克方便

C. 很难查明学生是否带扑克进入学校

D. 赌博不但败坏校风，而且影响学习成绩

E. 有的学生玩扑克不涉及赌博

30. 在疟疾流行的地区，很多孩子在感染几次疟疾后才对疟疾具有免疫力。显然，孩子的免疫系统在受到疟原虫的一次攻击后只能产生微弱的反应，而必须被攻击多次后才能产生有效的免疫反应。

以下哪项如果为真，将最严重地削弱上面的假设？

A. 在一个孩子一旦感染了疟疾后，孩子的监护人提高了避免使孩子再次感染疟疾的警惕，但是这种警惕过不了多久就降低了

B. 疟疾是通过蚊子从一个人传播到另一个人的，而蚊子已经对控制它们的杀虫剂产生了越来越大的抵抗性

C. 某一种基因如果可以从孩子的父母之一那里遗传下来，则可以使孩子对疟疾产生免疫力

D. 治疗疟疾的疫苗都是通过激发人体的免疫力来发挥作用的

E. 疟疾有几种截然不同的类型，人体对某一类型的免疫力并不能保护人免受其他类型疟疾的攻击

基础能力题详解

1. 答案是C。题干论证用“该法官审理的这类案件中60%的获胜方为女性”，来说明“该法官并未在性别歧视类案件的审理中有失公正”。选项Ⅰ和Ⅲ都意味着，在性别歧视案件中，女性本来应该得到的胜诉率应该在60%以上，说明该法官在性别歧视类案件的审理中还是有失公正。选项Ⅱ不能削弱题干，因为题干中说的是“某位法官”，该项则说的是“一般”情况，一般不能代替个别。

2. 答案是C。该项意味着，题干中所说的非独生孩子实际上和独生孩子在抚养上没有什么不同，所以研究不能说明他们的社会能力发展几乎一致。

3. 答案是A。该项指出了题干的计划是不可行的。选项B不能削弱题干，因为并非所有都是这样，还可能有些是这样。

4. 答案是A。其他选项均削弱了题干，只有选项A是加强题干的，所以最不能削弱题干。

5. 答案是E。题干中演员的担心是：“随着计算机技术的发展，未来计算机生产的图像和动画会替代真人表演”，即担心因此没有饭吃。选项E如果为真，意味着演员的表演对电影来说是不可替代的，从而削弱了题干中演员的担心。选项A说“所有电影的导演只能和真人交流，而不是和电脑交流”不能削弱演员的担心，因为电影导演虽然交流只能和真人，但在表演时却可以不用真人。其他选项和题干均无直接关系。

6. 答案是B。该项意味着，去年新型发动机销售不如旧型发动机的原因，是广告所陈述的事实还没有得到消费者的普遍认同，所以不能说飞机发动机的购买者就不把安全性作为首要考虑的因素。选项A不足以反驳题干，因为广为人知的广告不一定就被广泛认同。

7. 答案是D。题干中学校后勤部门根据风味食堂抱怨伙食差的学生人数少，于是推出结论，风味食堂的伙食好。但是没有考虑到现在去风味食堂就餐的学生人数本来就很少了，所以，抱怨伙食差的学生人数当然也就少了。这就说明，风味食堂伙食并不是好的。

8. 答案是B。题干假设了一个大前提：只有用电脑来编程序，才能说明充分利用了电脑。选项B正好反驳了这个大前提。

9. 答案是A。该选项指出了，去年通货膨胀率高，是由于全国遭受了历史罕见的严重自然灾害造成的。这种情况具有特殊性，不具有代表性，所以，今年的通货膨胀率低并不意味着明年的通货膨胀率一定会更低。其他选项均为无关选项。

10. 答案是B。题干中的论点是：死刑能够减少犯罪。选项B指出，由于H国的法律规定，在犯罪地起诉并按其法律裁决，于是许多罪犯经常流窜犯罪，这样死刑对罪犯根本起不到什么作用。选项E意味着，死刑能够减少犯罪，加强了题干。

11. 答案是A。题干中的论点是：如果规定在食品包装袋上明确列出纤维素的含量，那么就会对保护民众的健康具有重大的意义。但是这个论点假设了：广大民众一定会注意食品包装袋上所列的纤维素含量。如果按选项A所说的，广大民众并不注意食品包装袋上所列的维生素的含量，那么国家的这一规定对于保护民众的健康又能具有什么重大的意义呢？

12. 答案是C。题干论证隐含了一个论据：神舟电脑是名牌电脑。选项C正好否定该论据，从而削弱了题干。

13. 答案是C。题干中卫生部官员将某村今年患有某种肠疾的人数减少的原因归结为：净化水厂卫生条件的改进。选项C意味着，不是净化水厂卫生条件的改进，而是一种崭新的诊断技术使得某村今年被确定为患有某种肠疾的人数减少的。削弱了题干。选项A意味着是净化水厂卫生条件的改进使得某村今年患有某种肠疾的人数减少的，加强了题干。

14. 答案是C。该项意味着，虽然该广告在内容上有许多虚假之处，但由于消费者不可能发现这些虚假之处，所以不能说消费者就一定不会相信它。

15. 答案是B。该项意味着，因公出差者根本享受不到票价优惠的好处。所以，该公司的决策还是周全的。

16. 答案是C。题干中根据私家车的日益增多，推出结论：中国的交通问题将限制私人轿车的发展。选项C意味着，私家车增多所带来的交通问题并不会限制私人轿车的发展。

17. 答案是D。题干中的论点是：李金是波力实业公司的一位人才。选项D意味着对于波力实业公司来说，李金并不是一位人才。因为波力实业公司所需要的不是全才，而是专才。所以，说李金是一位最不可缺少的人才也就失去了根据。

18. 答案是A。题干断定：必须用其他含钙丰富的食物来取代菠菜，至少和菠菜一起食用，一个人才能摄入足够的钙。要削弱题干就是要指出，不必用其他含钙丰富的食物来取代菠菜，直接食用菠菜就可以补钙。但要达到这个目的，就要将阻止人体吸收钙的浆草酸中和掉。选项A说“大米中不含有钙，但含有中和浆草酸并改变其性能的碱性物质”正好起到这样的作用。选项C只能使人体吸收少量的钙，意思是如果要补钙最终还得用其他含钙丰富的食物来取代菠菜。选项B和D都意味着，可以用其他含钙丰富的食物来取代菠菜，反而加强了题干的结论，所以都不能削弱题干。选项E与题干没有直接关系，不能削弱题干的结论。

19. 答案是C。题干中从A冰箱提供的方便程度比B冰箱大，推出顾客一定会选择A冰箱而不是B冰箱的结论。Ⅱ指出，A冰箱虽然维修方便，但是需要维修的次数却几倍于B冰箱，所以顾客未必会选择A冰箱，削弱了题干。Ⅲ指出，B冰箱的性能好，所以顾客未必会选择A冰箱，削弱了题干。Ⅰ加强了题干。

20. 答案是E。该项意味着，就是海豹导致了鳕鱼的减少。

21. 答案是E。题干中的说法是“高等教育是一项很好的投资”。选项E意味着，高等教育并不是一项很好的投资。

22. 答案是B。题干中把人口稠密的城市中高比例的警察人数看成是“无目击证人犯罪”减少的原因。选项B则指出，人口稠密的城市中，高人口密度本身才是“无目击证人犯罪”减少的原因。

23. 答案是B。该项意味着，我国多数软件开发者还是懂得通过版权来保护自己的合法权益的。选项A和C都加强了题干。

24. 答案是D。该项意味着，虽然五分之四的医院都给咽喉炎患者开“咽喉康含片”，但是给咽喉炎患者开“咽喉康含片”并不是因为它的疗效。

25. 答案是A。该项意味着，虽然可口笑公司购买的浙江蜜橘最多，但由于可口笑公司本身生产的橘子汁也比其他公司多得多，因此平均到每一份橘子汁其所含的浙江蜜橘含量未必就多，所以，可口笑公司生产的橘子汁未必是最好的。

26. 答案是C。该项意味着，如果长天公司把所有新产品的减震系统都设计得更“硬”一些，并不会因此提高产品的销量。

27. 答案是A。题干中的专家从“基于手机平台的多款智能导游APP被开发出来。它们可定位用户位置，自动提供景点讲解、游览问答等功能”，推出结论：“未来智能导游必然会取代人工导游，传统的导游职业行将消亡”。选项A如果为真，即“好的人工导游可以根据游客需求进行不同类型的讲解，不仅关注景点，还可表达观点，个性化很强，这是智能导游APP难以企及的”，从而削弱了专家的结论，即专家的结论只知其一而不知其二。选项B支持了题干。

28. 答案是C。如果该项为真，则题干中所说的培训效果不具有普遍性，犯了“以偏概全”的错误。其他选项均为无关选项。

29. 答案是B。题干从“禁止学生带硬币进入学校是不可思议的”出发，论证“禁止学生带扑克进入学校是荒谬的”。选项B说“硬币作为赌具远不如扑克方便”，意味着即使禁止学生带硬币进入学校不可思议，但禁止学生带扑克进入学校并不荒谬，二者不具有可比性，从而削弱了题干。其他选项均不能削弱题干。

30. 答案是E。题干中的假设是：孩子的免疫系统必须在受到疟原虫攻击多次后才能产生有效的免疫反应。选项E意味着，孩子们不需要对疟疾感染几次后才能对疟疾具有免疫力，即使感染一次也能对疟疾具有免疫力，只不过疟疾有几种截然不同的类型，所以，孩子们对其中一种疟疾有抵抗力，但对另一种疟疾不一定就有抵抗力。

二、综合提高题

1. 据交通部门去年对全国十大城市的统计，S市的汽车交通事故率最低。S市在前年实施了汽车特殊安检制度，提高了安检的标准和力度。为了有效降低汽车交通事故率，其他大城市也应该像S市那样，对本市的汽车实施特殊安检。

以下哪项如果为真，最能削弱上述论证？

A. 在上述十个大城市中，在S市行驶的汽车中外地汽车所占的比例最低

B. 在上述十个大城市中，去年S市的汽车交通事故中外地汽车肇事所占的比例最低

C. 在上述十个大城市中，在S市行驶的汽车的总量最少

D. S市去年的汽车交通事故的数量要少于前年

E. 在上述十个大城市中，H市也实施了和S市同样的特殊安检制度，但去年其汽车交通事故率要高于S市

2～3 基于以下题干：

市政府计划对全市的地铁进行全面改造，通过较大幅度地提高客运量，缓解沿线包括高速公路上机动车的拥堵。市政府同时又计划增收沿线两条主要高速公路的机动车过路费，用以贴补上述改造的费用。这样做的理由是，机动车主是上述改造的直接受益者，应当承担部分开支。

2. 以下哪项相关断定如果为真，最能质疑上述计划？

A. 市政府无权支配全部高速公路机动车过路费收入

B. 地铁乘客同样是上述改造的受益者，但并不承担开支

C. 机动车有不同的档次，但收取的过路费区别不大

D. 为躲避多交过路费，机动车会绕开收费站，增加普通公路的流量

E. 高速公路上机动车拥堵现象不如普通公路严重

3. 以下哪项相关断定如果为真，最有助于论证上述计划的合理性？

A. 上述计划通过了市民听证会的审议

B. 在相邻的大、中城市中，该市的交通拥堵状况最为严重

C. 增收过路费的数额，经过了专家的严格论证

D. 市政府有足够的财力完成上述改造

E. 改造的地铁中，相当数量的乘客都有私人机动车

4～5 基于以下题干：

某校的一项抽样调查显示：该校经常泡网吧的学生中，家庭经济条件优越的占 80%；学习成绩下降的也占 80%。因此，家庭条件优越是学生泡网吧的重要原因；泡网吧是学习成绩下降的重要原因。

4. 以下哪项如果为真，最能削弱上述论证？

A. 该校位于高档住宅区，学生九成以上家庭条件优越

B. 经过清理整顿，该校周边网吧管理规范了

C. 有的家庭条件优越的学生并不泡网吧

D. 家庭条件优越的家长并不赞成学生泡网吧

E. 被抽样调查的学生占全校学生的 30%

5. 以下哪项如果为真，最能加强上述论证？

A. 该校是市重点学校，学生的成绩普遍高于普通学校

B. 该校狠抓教学质量，上学期半数以上学生的成绩都有明显提高

C. 被抽样调查的学生多数能如实填写问卷

D. 该校经常做这种形式的问卷调查

E. 该项调查的结果已见报，受到了市教育局的重视

6. 塑料垃圾因为难以被自然分解一直令人感到头痛。近年来，许多易于被自然分解的塑料代用品纷纷问世，这是人类为减少塑料垃圾的一种努力。但是，这种努力几乎没有成效，因为据全球范围内大多数垃圾处理公司的统计，近年来，它们每年填埋的垃圾中，塑料垃圾的比例不但没有减少，反而有所增加。

以下哪项如果为真，最能削弱上述论证？

A. 近年来，由于实行了垃圾分类，越来越多过去应该被填埋的垃圾现在被回收利用了

B. 塑料代用品利润很低，生产商缺乏投资的积极性

C. 近年来，用塑料包装的商品品种有了很大的增长

D. 上述垃圾处理公司绝大多数属于发达或中等发达国家

E. 由于燃烧时会产生有毒污染物，塑料垃圾只适合填埋地下

7. 讯通驾校希望减少中老年学员的数量。因为一般而言，中老年人的培训难度较大。但统计数据表明，该校中老年学员的比例在逐渐增加。很显然，讯通驾校的上述希望落空了。

以下哪项如果为真，最能削弱上述论证？

A. 讯通驾校关于年龄阶段的划分不准确

B. 国家关于汽车驾驶者的年龄限制放宽了

C. 培训合格的中老年驾驶员是驾校不可推卸的责任

D. 中老年人学习驾车是汽车进入家庭后的必然趋势

E. 讯通驾校附近另一家驾校开设了专招青年学员的低价速成培训班

8. 因为青少年缺乏基本的驾驶技巧，特别是缺乏紧急情况下的应对能力，所以必须给青少年的驾驶执照附加限制。在这点上，应当吸取 H 国的教训。在 H 国，法律规定 16 岁以上就可申请驾驶执照。尽管在该国注册的司机中 19 岁以下的只占 7%，但他们却是 20%的造成死亡的交通事故的肇事者。

以下各项有关 H 国的断定如果为真，都能削弱上述议论，除了：

A. 与其他人相比，青少年开的车较旧，性能也较差

B. 青少年开车时载客的人数比其他司机多

C. 青少年开车的年均公里（即每年平均行驶的公里数）要高于其他司机

D. 和其他司机相比，青少年较不习惯系安全带

E. 据统计，被查出酒后开车的司机中，青少年所占的比例远高于他们占整个司机总数的比例

9～10 基于以下题干：

一般人认为，一个人 80 岁和他在 30 岁时相比，理解和记忆能力都显著减退。最近的一项调查显示，80 岁的老人和 30 岁的年轻人在玩麻将时所表现出的理解和记忆能力没有明显差别。因此：认为一个人到了 80 岁理解和记忆能力会显著减退的看法是站不住脚的。

9. 以下哪项如果为真，最能削弱上述论证？

A. 玩麻将需要的主要不是理解和记忆能力

B. 玩麻将只需要较低的理解和记忆能力

C. 80 岁的老人比 30 岁的年轻人有更多时间玩麻将

D. 玩麻将有利于提高一个人的理解和记忆能力

E. 一个人到了 80 岁理解和记忆能力会显著减退的看法，是对老年人的偏见

10. 以下哪项如果为真，最能加强上述论证？

A. 目前 30 岁的年轻人的理解和记忆能力，高于 50 年前的同龄人

B. 上述调查的对象都是退休或在职的大学教师

C. 上述调查由权威部门策划和实施

D. 记忆能力的减退不必然导致理解能力的减退

E. 科学研究证明，人的平均寿命可以达到 120 岁

11. 某报评论：H 市的空气质量本来应该已经得到改善。五年来，市政府在环境保护方面花了气力，包括耗资 600 多亿元将一些污染最严重的工厂迁走。但是，H 市仍难摆脱空气污染的困扰，因为解决空气污染问题面临着许多不利条件，其中，一个是机动车辆的增加，另一个是全球石油价格的上升。

以下各项如果为真，都能削弱上述论断，除了：

A. 近年来 H 市加强了对废气排放的限制，加大了对污染治理费征收的力度

B. 近年来 H 市启用了大量电车和使用燃气的公交车，地铁的运行路线也有明显增加

C. 由于石油涨价，许多计划购买豪华车的人转为购买低耗油的小型车

D. 由于石油涨价，在国际市场上一些价位偏低的劣质含硫石油进入 H 市

E. 由于汽油涨价和公车改革，拥有汽车的人缩减了驾车旅游的计划

12～13 基于以下题干：

一般人认为，广告商为了吸引顾客不择手段。但广告商并不都是这样。最近，为了扩大销路，一家名为《港湾》的家庭类杂志改名为《炼狱》，主要刊登暴力与色情内容。结果，原先《港湾》杂志的一些常年广告客户拒绝续签合同，转向其他刊物。这说明这些广告商不只考虑经济效益，而且顾及道德责任。

12. 以下各项如果为真，都能削弱上述论证，除了

A.《炼狱》杂志所登载的暴力与色情内容在同类杂志中较为节制

B. 刊登暴力与色情内容的杂志通常销量较高，但信誉度较低

C. 上述拒绝续签合同的广告商主要推销家具

D. 改名后的《炼狱》杂志的广告费比改名前提高了数倍

E.《炼狱》因登载虚假广告被媒体曝光，一度成为新闻热点

13. 以下哪项如果为真，最能加强题干的论证？

A.《炼狱》的成本与售价都低于《港湾》

B. 上述拒绝续签合同的广告商在转向其他刊物后效益未受影响

C. 家庭类杂志的读者一般对暴力和色情内容不感兴趣

D. 改名后《炼狱》杂志的广告客户并无明显增加

E. 一些在其他家庭杂志做广告的客户转向《炼狱》杂志

14. 维护个人利益是个人行为的唯一动机。因此，维护个人利益是影响个人行为的主要因素。

以下哪项如果为真，最能削弱题干论证？

A. 维护个人利益是否是个人行为的唯一动机，值得讨论

B. 有时动机不能成为影响个人行为的主要因素

C. 个人利益之间既有冲突，也有一致

D. 维护个人利益的行为也能有利于公共利益

E. 个人行为不能完全脱离群体行为

15～16 基于以下题干：

陈教授：中世纪初欧洲与东亚之间没有贸易往来，因为在现存的档案中找不到这方面的任何文字记录。

李研究员：您的论证与这样一个论证类似：传说中的喜玛拉雅雪人是不存在的，因为从来没有人作证亲眼看到这种雪人。这一论证的问题在于：有人看到雪人当然能证明雪人存在，但没人看到不能证明雪人不存在。

15. 以下哪项最为准确地概括了李研究员所要表达的结论？

A. 断定中世纪初欧洲与东亚之间存在贸易往来，和断定存在喜玛拉雅雪人一样，缺少科学的证据

B. 尽管缺少可靠的文字记录，但中世纪初欧洲与东亚之间非常可能存在贸易往来

C. 不同内容的论证之间存在可比性

D. 不能简单地根据缺乏某种证据证明中世纪初欧洲与东亚之间有贸易往来，就说这种贸易往来不存在

E. 证明事物不存在要比证明它存在困难得多

16. 以下哪项如果为真，最能反驳李研究员的论证？

A. 中世纪初欧洲与东亚之间存在贸易往来的证据，应该主要依赖考古发现，而不是依赖文字档案

B. 虽然东亚保存的中世纪初文档中有关于贸易的记录，但这一时期的欧洲文档却几乎没有关于贸易的记录

C. 有文字档案记载，中世纪初欧洲与南亚和北非之间存在贸易往来

D. 中世纪初欧洲的海外贸易主要依赖海上运输

E. 欧洲与东亚现存的中世纪初文档中没有当时两个地区贸易的记录，如果有这种贸易往来，不大可能不留贸易记录

17. 对某高校本科生的某项调查统计发现：在因成绩优异被推荐免试攻读硕士研究生的文科专业学生中，女生占有70%。由此可见，该校本科生文科专业的女生比男生优秀。

以下哪项如果为真，能最有力地削弱上述结论？

A. 在该校本科文科专业学生中，女生占30%以上

B. 在该校本科文科专业学生中，女生占30%以下

C. 在该校本科文科专业学生中，男生占30%以下

D. 在该校本科文科专业学生中，女生占70%以下

E. 在该校本科文科专业学生中，男生占70%以上

18. 业余兼课是某高校教师实际收入的一个重要来源。某校的一项统计表明，法律系教师的人均业余兼课周时数为3.5，而会计系则为1.8。因此，该校法律系教师的当前人均实际收入要高于会计系。

以下哪项如果为真，将削弱上述论证？

Ⅰ. 会计系教师的兼课课时费一般要高于法律系

Ⅱ. 会计系教师中当兼职会计的占35%，而法律系教师中当兼职律师的占20%

Ⅲ. 会计系教师中业余兼课的占48%，而法律系教师中业余兼课的只占20%

A. Ⅰ、Ⅱ和Ⅲ　　B. 仅Ⅰ　　C. 仅Ⅱ

D. 仅Ⅲ　　E. 仅Ⅰ和Ⅱ

19. 在“非典”期间，某地区共有7名参与治疗“非典”的医务人员死亡，同时也有10名未参与“非典”治疗工作的医务人员死亡。这说明参与“非典”治疗并不比日常医务工作危险。

以下哪项相关断定如果为真，最能削弱上述结论？

A. 因参与“非典”治疗死亡的医务人员平均年龄，略低于未参与“非典”治疗而死亡的医务人员

B. 参与“非典”治疗的医务人员的体质，一般高于其他医务人员

C. 个别参与治疗“非典”死亡的医务人员的死因，并非是感染“非典”病毒

D. 医务人员中只有一小部分参与了“非典”治疗工作

E. 经过治疗的“非典”患者死亡人数，远低于未经治疗的“非典”患者死亡人数

20. 过去大多数航空公司都尽量减轻飞机的重量，从而达到节约燃油的目的。那时最安全的飞机座椅是非常重的，因此航空公司只安装很少的这类座椅。今年，最安全的座椅卖得最好。这非常明显地证明，现在航空公司在安全和省油这两方面更倾向重视安全了。

以下哪项如果为真，能够最有力地削弱上述结论？

A. 去年销售量最大的飞机座椅并不是最安全的座椅

B. 所有航空公司总是宣称他们比其他公司更重视安全

C. 与安全座椅销售不好的那年相比，今年的油价有所提高

D. 由于原材料成本提高，今年的座椅价格比以往都贵

E. 由于技术创新，今年最安全的座椅反而比一般的座椅重量轻

21. 李教授：目前的专利事务所工作人员很少有科技专业背景，但专利审理往往要涉及专业科技知识。由于本市现有的专利律师没有一位具有生物学的学历和工作经验，因此难以处理有关生物方面的专利。

以下哪项如果为真，最能削弱李教授的结论？

A. 大部分科技专利事务仅涉及专利政策和一般科技知识，不需要太多的专门技术知识

B. 生物学专家对专利工作不感兴趣，因此专利事务所很少与生物学专家打交道

C. 既熟悉生物知识，又熟悉专利法规的人才十分缺乏

D. 技术专家很难有机会成为本专业以外的行家

E. 专利律师的收入和声望不及高科技领域的专家，因此难以吸引他们加入

综合提高题详解

1. 答案是B。题干中的论点是，其他大城市也需要通过对本市的汽车实施特殊安检来有效降低汽车交通事故率。这里的关键是要看造成其他大城市交通事故的根本原因是什么。选项B

说明降低交通事故率的根本手段不是对本市的汽车实施特殊安检，而是对外地汽车实施特殊安检。选项A削弱力度不够，因为汽车比例高不一定汽车肇事比例就高。C讲的是数量不是比例。选项E属于个别情况，不能反驳一般陈述。

2. 答案是D。该项如果为真，则市政府希望通过增收地铁沿线两条主要高速公路的机动车过路费，以补贴对全市地铁进行全面改造的费用的计划就不可行。

3. 答案是E。该项如果为真，则相当数量原来都靠乘私人机动车上班的乘客都坐地铁，则市政府希望通过全面改造地铁来延缓地铁沿线包括高速公路上机动车的拥堵的计划就可以实现。

4. 答案是A。题干中陈述了泡网吧的学生中家庭条件优越的占80%，那么不泡网吧的学生中家庭条件优越的占多少比例呢？如果也是这样的比例，甚至还大于这个比例，则题干论点说家庭条件优越是学生泡网吧的重要原因就失去了依据。选项A正好起到了这样的作用。

5. 答案是B。该项意味着泡网吧确实是学生成绩下降的重要原因，从而加强了题干。

6. 答案是A。题干中的论点是：用易于自然分解的塑料代用品来减少塑料垃圾的努力是没有成效的。论据是：每年填埋的垃圾中塑料垃圾的比例并没有减少。选项A意味着，虽然近年来每年填埋的垃圾中塑料垃圾的比例没有减少，但是由于越来越多的过去应该被填埋的垃圾现在被回收利用了，即现在被填埋的垃圾总量明显减少了，这说明用易于自然分解的塑料代用品来减少塑料垃圾的努力还是有很大成效的。

7. 答案是E。该项意味着，由于附近另一家驾校开设了专招青年学员的低价速成培训班，因此讯通驾校所招收的学员总量就会大大减少。这样，虽然该校中老年学员的比例还在逐渐增加，但中老年学员的数量却可能减少了。因此，讯通驾校的希望并不会因此落空。注意，选项A不一定能削弱题干，因为年龄阶段划分不准确有两种情况：一是将中老年学员错划分为青年学员；二是将青年学员错划分为中老年学员。如果是前者反而加强了题干。

8. 答案是B。题干的论点是：由于青少年缺乏基本的驾驶技巧，所以必须对他们的驾驶执照附加限制。选项A、C、D、E均削弱了这个观点。选项A意味着青少年开的车的性能差。选项C说的是青少年开车的年均公里高于其他司机。选项D说的是青少年开车时较不习惯系安全带。选项E说的是青少年酒后驾车的比例高。选项B为无关选项，不能削弱题干。

9. 答案是B。该项如果为真，则意味着即使一个人到了80岁玩麻将时所表现出来的理解和记忆能力和一个30岁的年轻人没有什么区别，也得不出他们的理解力和记忆力没有显著减退的结论，因为玩麻将不需要什么理解力和记忆力，就像提起1公斤重物不需要多少力气一样。选项A的力度不如B。

10. 答案是A。该项说明现在80岁的人，虽然在50年前即他们在30岁时所表现出来的理解力和记忆力比现在30岁的人差，但是他们现在玩麻将时还能表现出惊人的理解力和记忆力，那么说明今天30岁的年轻人到了80岁以后其理解力和记忆力将更不会显著减退，从而加强了题干。

11. 答案是D。该项加强了题干。其他选项都削弱了题干，都意味着，H市还是可以摆脱空气污染的困扰的。

12. 答案是A。选项B、C、D、E都有助于说明，原先《港湾》杂志的一些常年广告客户转向其他刊物，是出于对广告经济效益的考虑，而非道德方面的考虑。因此，都能削弱题干。选项A不能削弱题干。

13. 答案是E。该项如果为真，说明在《炼狱》杂志上刊登商品广告是有经济效益的。这有利于说明，原先《港湾》杂志的一些常年广告客户拒绝续签合同，转向其他刊物，不是只考虑经济效益。与其他选项比较起来，E最能加强题干。

14. 答案是B。题干论证隐含了一个前提就是：任何个人行为的动机是影响个人行为的主要因素。B项则意味着，这一假设不能成立，从而削弱了题干。

15. 答案是D。该项概括了李研究员所指出的陈教授论证中所存在的“诉诸无知”的错误。

16. 答案是E。削弱李研究员的论证，也就是要加强陈教授的论证。

17. 答案是C。题干中从被推荐免试攻读硕士研究生的文科专业学生中，女生占了70%，就得出结论：该校本科文科专业的女生比男生优秀，需要看该校本科文科专业学生中女生所占的比率。如果这个比率接近或大于70%，则削弱了题干，如果远远小于70%，则加强了题干。选项C说在该校本科文科专业学生中男生占30%以下，即女生占70%以上，从而削弱了题干。选项D说该校本科文科专业学生中，女生占70%以下，加强了题干。

18. 答案是E。Ⅰ能削弱题干，因为虽然教师人均业余兼课的周时数会计系少于法律系，但由于会计系教师的兼课课时费一般要高于法律系，所以法律系教师的人均实际收入不一定高于会计系。Ⅱ能削弱题干，因为题干并没有断定业余兼课是教师实际收入的唯一来源，因此业余兼职也会影响教师的实际收入。Ⅲ不能削弱题干，因为题干中进行比较的是人均兼课周时数和人均实际收入，和兼课教师的人数百分比没有关系。

19. 答案是D。题干的结论是：参与“非典”治疗并不比日常医务工作危险。选项D说“医务人员中只有一小部分参与了‘非典’治疗工作”，意味着和参与治疗“非典”的医务人员相比，未参与“非典”治疗工作的医务人员死亡人数虽然较多，但死亡率却可能明显较低，从而有力地削弱了题干的结论。注意，要说明参与“非典”治疗是否比日常医务工作危险，关键不是用医务人员死亡人数做比较，而是用死亡率做比较。选项B只有在上述两部分人数的死亡率基本相当的情况下才能削弱题干。

20. 答案是E。题干结论断言：航空公司安装更多“安全座椅”是出于安全的考虑。选项E则认为不是如此，而是因为更省油。其他选项都不能削弱。

21. 答案是A。题干中李教授的结论是：“由于本市现有的专利律师没有一位具有生物学的学历和工作经验，因此难以处理有关生物方面的专利”，根据是：“专利审理往往要涉及专业科技知识”。选项A说“大部分科技专利事务仅涉及专利政策和一般科技知识，不需要太多的专门技术知识”，弱化了题干论证的根据，从而削弱了题干的结论。

第二章 加 强

第一节 考试要点及内容精析

加强型试题是在题干中给出一个推理或论证，但由于前提的条件不足以推出结论，或者由于论证的论据不足以得出其论题，因此需要用某个选项去补充其前提或论据，使推理或论证成立的可能性增大。

需要注意的是，能够加强题干的选项不一定就是题干论证成立的充分条件，也不一定就是题干论证成立的必要条件。能够加强题干论证的选项可以是题干论证成立的充分条件，也可以是题干论证成立的必要条件，可以是既非充分条件又非必要条件。只要某一选项放在题干论证的论据和论点之间，对题干论证的成立有支持作用，使题干论证成立的可能性增大，那么这个选项就是能够加强题干的。

加强型试题的提问方式一般是：

“以下哪项如果为真，最能加强上述断定?”

“下述哪项如果为真，最能支持上述观点?”

加强型试题和削弱型试题的基本解题思路是一样的，不同的是其答案对于题干论证的作用刚好相反。

如果题干的论据为A，论点为B，则加强型试题也可以分为三种类型：一是直接肯定B真；二是指出A与B之间有联系或者A与B之间有本质上的联系；三是指出A可行或者A有意义。具体情况可列表如下：

加强的类型	要求	要点
一般的论证关系	指出前提如何有意义，或者前提和结论之间存在本质联系	指出既知其一又知其二，或者前提何以导致结论
通过计划达到目的的关系	使得计划可行，目的可以达到	指出目的如何达到
原因与结果的关系	确定就是这个原因导致了结果	指出原因何以导致结果，或者没有别的原因

第二节 题型归纳和专题点睛

一、加强因果关系

题干是一个因果关系的论证，有原因（A），有结果（B），最能加强该因果关系的选项就是要指出：这个原因（A）为什么会导致这个结果（B）。

【例 2.1】 鸽子走路时，头部并不是有规律地前后移动，而是一直在往前伸。行走时，鸽子脖子往前一探，然后，头部保持静止，等待着身体和爪子跟进。有学者曾就鸽子走路时伸脖子的现象做出假设：在等待身体跟进的时候，暂时静止的头部有利于鸽子获得稳定的视野，看清周围的食物。

以下哪项如果为真，最能支持上述假设？

A. 鸽子行走时如果不伸脖子，很难发现远处的食物

B. 步伐大的鸟类，伸缩脖子的幅度远比步伐小的要大

C. 鸽子行走速度的变化，刺激内耳控制平衡的器官，导致伸脖子

D. 鸽子行走时一举翅一投足，都可能出现脖子和头部肌肉的自然反射，所以头部不断运动

E. 如果雏鸽步态受到限制，功能发育不够完善，那么，成年后鸽子的步伐变小，脖子伸缩幅度则会随之降低

【解析】 答案是 A。题干的假设是：鸽子走路时伸脖子是因为暂时静止的头部有利于鸽子获得稳定的视野，看清周围的食物，即伸脖子就能看清周围食物。选项 A 指出，不伸脖子就不能看清周围的食物，这是从反面场合来加强题干，进一步指出题干假设的所以然。其他选项均与题干论证无直接关系。

【例 2.2】 对常兴市 23 家老人院的一项评估显示，爱慈老人院在疾病治疗水平方面受到的评价相当低，而在其他不少方面评价不错。虽然各老人院的规模大致相当，但爱慈老人院医生与住院老人的比率在常兴市的老人院中几乎是最小的。因此，医生数量不足是造成爱慈老人院在疾病治疗水平方面评价偏低的原因。

以下哪项如果为真，最能加强上述论证？

A. 和祥老人院也在常兴市，对其疾病治疗水平的评价比受慈老人院还要低

B. 爱慈老人院的医务护理人员比常兴市其他老人院都要多

C. 爱慈老人院的医生发表的相关学术文章很少

D. 爱慈老人院位于常兴市的市郊

E. 爱慈老人院某些医生的医术一般

【解析】 答案是 B。题干论点是：医生数量不足是造成爱慈老人院在疾病治疗水平方面评价偏低的原因。选项 B 指出了不是医务护理人员不足的原因，意味着确实是医生数量不足的原因。选项 A 不能加强题干，因为该项是针对题干的结果，而不是针对原因。

【例 2.3】 一份对北方山区先天性精神分裂症患者的调查显示，大部分患者都出生在冬季。专家们指出，其原因很可能是那些临产的孕妇营养不良。因为在一年最寒冷的季节中，人们很难买到新鲜食品。

以下哪项如果为真，最能支持题干中专家的结论？

A. 在精神分裂症患者中，先天性患者只占很小的比例

B. 调查中相当比例的患者有家族史

C. 与引起精神分裂症有关的大脑区域的发育，大部分发生在产前一个月

D. 新鲜食品与腌制食品中营养成分对大脑发育的影响相同

E. 虽然生活在北方山区，但被调查对象的家庭，大都经济条件良好

【解析】 答案是 C。题干的专家们断定：北方山区先天性精神分裂症患者大部分都出生在冬季，因而那些临产的孕妇营养不良很可能是原因。选项 C 说“与引起精神分裂症有关的大脑区域的发育，大部分发生在产前一个月”，意味着北方山区先天性精神分裂症确实与临产的孕妇缺乏营养有关系，加强了专家的结论。其他选项均不支持题干。

【例 2.4】美国黑人患高血压的比美国白人高两倍。把西方化的非洲黑人和非洲白人相比，情况也是如此。研究者们假设，西方化的黑人之所以会患高血压，是两个原因相互作用的结果，一个原因是西方食品含盐量高，另一个原因是黑人遗传基因中对于缺盐环境的适应机制。

以下哪项如果是真的，最能支持研究者的假设？

A. 当代西方化非洲黑人塞内加尔人和冈比亚人后裔的血压通常不高，塞内加尔和冈比亚历史上一直不缺盐

B. 非洲某些地区的不同寻常高盐摄入是危害居民健康的严重问题

C. 考虑到保健，大多数非洲白人也注意控制盐的摄入量

D. 西非约鲁巴人的血压通常不高，约鲁巴人有史以来一直居住在远离海盐的内陆，并远离非洲撒哈拉盐矿

E. 缺盐和不缺盐对于人的新陈代谢过程没发现有什么实质性的不同影响

【解析】答案是A。题干中研究者的假设是：西方化的黑人之所以患高血压病，主要是两个原因（一是西方食品含盐量高，二是黑人遗传基因中对于缺盐环境的适应机制）相互作用的结果，即只有这两个原因的相互作用，西方化的黑人才会患高血压病。选项A说“当代西方化非洲黑人塞内加尔人和冈比亚人后裔的血压通常不高，塞内加尔和冈比亚历史上一直不缺盐”，意味着当代西方化的非洲黑人塞内加尔人和冈比亚人没有这两个原因的相互作用（即只有西方食品含盐量高这个原因，没有黑人遗传基因中对于缺盐环境的适应机制），所以不患高血压，与题干中研究者的假设相一致，加强了题干。选项D没有说是否有这两个原因的相互作用，为无关选项。

【例 2.5】壳牌石油公司连续两年在全球500家最大公司净利润总额排名中位列第一，其主要原因是该公司比其他公司有更多的国际业务。

下列哪项如果为真，最能支持上述说法？

A. 与壳牌公司规模相当但国际业务少的石油公司的利润都比壳牌石油公司低

B. 历史上全球500家大公司的净利润冠军都是石油公司

C. 近两年来全球最大的500家公司都在努力走向国际化

D. 近两年来石油和成品油的价格很稳定

E. 壳牌石油公司是英国和荷兰两国共同拥有的

【解析】答案是A。题干中把壳牌石油公司在全球500家最大公司净利润总额排名中位列第一的原因归结为：该公司比其他公司有更多的国际业务。从求异法的角度来看，这是正面场合。选项A正好是反面场合，即与壳牌石油公司其他情况都相同但国际业务较少的石油公司的利润都比壳牌石油公司低。

【例 2.6】进入冬季以来，内含大量有毒颗粒物的雾霾频繁袭击我国部分地区。有关调查显示，持续接触高浓度污染物会直接导致10%至15%的人患有眼睛慢性炎症或干眼症。有专家由此认为，如果不采取紧急措施改善空气质量，这些疾病的发病率和相关的并发症将会增加。

以下哪项如果为真，最能支持上述专家的观点？

A. 空气质量的改善不是短期内能做到的，许多人不得不在污染环境中工作

B. 上述被调查的眼疾患者中有65%是年龄在20～40岁的男性

C. 眼睛慢性炎症或干眼症等病例通常集中出现于花粉季

D. 在重污染环境中采取戴护目镜、定期洗眼等措施有助于预防干眼症等眼疾

E. 有毒颗粒物会刺激并损害人的眼睛，长期接触会影响泪腺细胞

【解析】答案是E。题干中专家根据“持续接触高浓度污染物会直接导致10%至15%的人

患有眼睛慢性炎症或干眼症”，得出结论认为：如果不改善空气质量，则这些疾病的发病率和相关并发症将会持续增加。选项E说“有毒颗粒物会刺激并损害人的眼睛，长期接触会影响泪腺细胞”，给出了充足的原因或理由。选项D有削弱题干结论的意思。

【例2.7】19世纪，英国城市人口增加而农村人口下降。一位历史学家推理说，这种变化并不是因为工业化，而是由于人口向城市地区的一系列的迁移，每次迁移都伴随着农业经济的衰退。为证实这一假说，这位历史学家打算比较经济数据与人口普查数据。

以下哪项如果为真，将最有力地支持这位历史学家的假说？

A. 在工业经济增长最快的时期，同时农村人口也相对减小

B. 当农业经济最萧条的时候，整个人口的增长也减慢了

C. 当农业经济相对强劲，工业经济不景气的时候，农村人口会急剧下降

D. 当工、农业经济都比较好的时候，城市人口增长较快

E. 当农业经济最强劲的时候，城市人口增长较慢

【解析】答案是E。题干断定到，农业经济的衰退是城市人口增加的原因。选项E则说，农业经济强劲时，城市人口增加就缓慢，从反面场合加强了题干论证。

【例2.8】发达国家中冠心病的发病率是发展中国家的将近三倍。有人认为，这要归咎于发达国家中人们的高脂肪、高蛋白、高热量的食物摄入。相对来说，发展中国家较少有人具备生这种富贵病的条件。其实，这种看法很难成立。因为它忽略了这样一个事实：目前发达国家的人均寿命高于70岁，而发展中国家则不到50岁。

以下哪项如果为真，最能加强上述反驳？

A. 一般地说，一个人的寿命越长，在其有生之年患有某种疾病的概率越高

B. 统计资料显示，冠心病相对集中在中老年阶段，即45岁以上

C. 发展中国家人们的高脂肪、高蛋白、高热量食物的摄入量，无论是总量还是人均量，都在逐年增长

D. 目前冠心病患者呈年轻化趋势

E. 相对于发展中国家来说，发达国家的人们具有较高的防治冠心病的常识和较好的医疗条件

【解析】答案是B。加强题干的反驳，就是要加强题干中“这种看法很难成立”，也就是要削弱“有人认为”，就是要指出发达国家冠心病发病率高的原因，不是高脂肪、高蛋白、高热量的摄入，而是还有别的原因。选项B指出，冠心病相对集中在45岁以上，而题干中又说目前发达国家人均寿命高于70岁，而发展中国家的人均寿命不到50岁，这就说明，发达国家冠心病发病率高的原因是人均寿命长，而不是高脂肪、高蛋白、高热量的摄入。选项A不能加强题干，因为“一般来说”是这样，但是对于冠心病来说未必如此。

二、通过指出前提何以导致结论来加强论点

题干中由某个前提导出结论来，如果能够进一步指出这个前提是如何导出结论来的，则是确定了前提和结论之间存在着一定的物质联系或本质联系，从而加强了题干论证。

【例2.9】以往的研究认为，火山爆发会释放大量热量，引发全球变暖，但近日的研究发现，火山喷发不仅不会引发全球温度上升，而且还可以削弱全球变暖的影响。

以下哪项如果为真，最能支持上述结论？

A. 研究表明，火山爆发时地下岩溶喷发到地面，与空气接触产生氧化反应，引起局部温度升高

B. 火山爆发能够抑制某种分解有机物的细菌，其分解的有机物中含有甲烷。甲烷是一种

可燃性气体，可产生热量

C. 火山喷发后会带来大规模的酸雨，酸雨能够在短期内降低火山地区气温，但同时也引发了农作物的虫害

D. 研究表明，火山喷发物质二氧化碳可与大气物质形成“水粒”并将阳光反射，减少对地面的热辐射，延缓全球变暖

E. 火山喷发是全球变暖的部分原因，不是主要原因

【解析】答案是D。题干断定：火山喷发会削弱全球变暖。选项D则指出了火山喷发可以延缓全球变暖，从而加强了题干的结论。选项A、B均削弱题干。

【例2.10】人们知道鸟类能感觉到地球磁场，并利用它们导航。最近某国科学家发现，鸟类其实是利用右眼“查看”地球磁场的。为检验该理论，当鸟类开始迁徙的时候，该国科学家把若干知更鸟放进一个漏斗形状的庞大笼子里，并给其中部分知更鸟的一只眼睛戴上一种可屏蔽地球磁场的特殊金属眼罩。笼壁上涂着标记性物质，鸟要通过笼子口才能飞出去。如果鸟碰到笼壁，就会粘上标记性物质，以此判断鸟能否找到方向。

以下哪项如果为真，最能支持研究人员的上述发现？

A. 没戴眼罩的鸟顺利从笼中飞了出去；戴了眼罩的鸟，无论左眼还是右眼，朝哪个方向飞的都有

B. 没戴眼罩的鸟和左眼戴眼罩的鸟顺利从笼中飞了出去，右眼戴眼罩的鸟朝哪个方向飞的都有

C. 没戴眼罩的鸟和左眼戴眼罩的鸟朝哪个方向飞的都有，右眼戴眼罩的鸟从笼中顺利飞了出去

D. 没戴眼罩的鸟和右眼戴眼罩的鸟顺利从笼中飞了出去，左眼戴眼罩的鸟从哪个方向飞的都有

E. 戴眼罩的鸟，不论左眼还是右眼，顺利从笼中飞了出去，没戴眼罩的鸟朝哪个方向飞的都有

【解析】答案是B。题干中研究人员的发现是：鸟类其实是利用右眼“查看”地球磁场的。选项B如果为真，即如果右眼戴眼罩后就分不清方向，则说明鸟类确实是用右眼来“查看”地球磁场的，这样就加强了题干。选项D削弱了题干，该项意味着鸟类是利用左眼“查看”地球磁场的。

【例2.11】某研究中心通过实验对健康男性和女性听觉的空间定位能力进行了研究。起初，每次只发出一种声音，要求被试者说出声音的准确位置，男性和女性都非常轻松地完成了任务；后来多种声音同时发出，要求被试者只关注一种声音并对声源进行定位，与男性相比，女性完成这项任务要困难得多，有时她们甚至认为声音是从声源相反方向传来的。研究人员由此得出：在嘈杂环境中准确找出声音来源的能力，男性要胜过女性。

以下哪项如果为真，最能支持研究者的结论？

A. 在实验使用的嘈杂环境中，有些声音是女性熟悉的声音

B. 在实验使用的嘈杂环境中，有些声音是男性不熟悉的声音

C. 在安静的环境中，女性注意力更易集中

D. 在嘈杂的环境中，男性注意力更易集中

E. 在安静的环境中，人的注意力容易分散，在嘈杂的环境中，人的注意力容易集中

【解析】答案是D。题干中研究人员从“要求被试者只关注一种声音并对声源进行定位，与男性相比，女性完成这项任务要困难得多”，推出结论“在嘈杂环境中准确找出声音来源的能力，男性要胜过女性”。选项D说“在嘈杂的环境中，男性注意力更易集中”，进一步支持了

研究者的结论。

【例 2.12】某外国航空公司经理：“新开发的避撞系统，虽然还未经全面测试以发现潜在的问题，但也必须马上在客机上安装，因为这个系统的机械报警装置可以使飞行员避免撞机事故。”

该公司飞行员：“飞行员不能驾驶一架避撞系统未经全面测试的飞机，因为有故障的避撞系统将会误导飞行员、造成撞机。”

以下哪项如果为真，最能加强飞行员的反对意见？

A. 机械设备总是有可能出故障

B. 喷气式发动机在第一次投入使用之前也未经彻底测试，但是其性能与安全纪录却是有目共睹的

C. 虽然避撞系统能使飞行员避免一些相撞事故，但是未经测试的避撞系统的潜在问题可能会造成更多的撞机事故

D. 许多撞机事故是由于飞行员过度疲劳造成的

E. 处于目前开发阶段的避撞系统，在 6 个月的试用期间，在客机上的工作效果比在货机上好

【解析】答案是 C。该项与题干中飞行员的反对意见完全一致，即都强调了使用未经测试的避撞系统可能会带来的害处，所以最能加强飞行员的反对意见。A 和 B 都加强了航空公司经理的意见，D 和 E 都是无关选项。

【例 2.13】近年来，我国海外代购业务量快速增长。代购者们通常从海外购买产品，通过各种渠道避开关税，再卖给内地顾客从中牟利，却让政府损失了税收收入。某专家由此指出，政府应该严厉打击海外代购行为。

以下哪项如果为真，最能支持上述专家的观点？

A. 去年，我国奢侈品海外代购规模几乎是全球奢侈品国内门店销售额的一半，这些交易大多避开了关税

B. 国内一些企业生产的同类产品与海外代购产品相比，无论质量还是价格都缺乏竞争优势

C. 海外代购提升了人们的生活水准，满足了国内部分民众对于高品质生活的向往

D. 国内民众的消费需求提高是伴随我国经济发展而产生的正常现象，应以此为契机促进国内同类消费品产业的升级

E. 近期，有位前空乘服务员因在网上开设海外代购店而被我国地方法院判定犯有走私罪

【解析】答案是 A。题干论据：代购让政府损失税收。论点：政府应该严厉打击海外代购行为。选项 A 指出了代购现象漏税情况严重，从而提出新论据支持了题干观点。选项 E 的支持力度不如 A。选项 B、C、D 均削弱了专家的观点。

【例 2.14】通识教育重在帮助学生掌握尽可能全面的基础知识，即帮助学生了解各个学科领域的基本常识；而人文教育则重在培育学生了解生活世界的意义，并对自己及他人行为的价值和意义做出合理的判断，形成“智识”。因此有专家指出，相比较而言，人文教育对个人未来生活的影响会更大一些。

以下哪项如果为真，最能支持上述专家的断言？

A. 关于价值和意义的判断事关个人的幸福和尊严，值得探究和思考

B. 没有知识，人依然可以活下去；但如果没有价值和意义的追求，人只能成为没有灵魂的躯壳

C. “知识”是事实判断，“智识”是价值判断，两者不能相互替代

D. 没有知识就会失去应对未来生活挑战的勇气，而错误的价值观可能会误导人的生活

E. 当今我国有些大学开设的通识教育课程要远远多于人文教育课程

【解析】 答案是B。题干专家根据：(1) 通识教育帮助学生尽可能全面地掌握基础知识；(2) 人文教育重在教育学生了解生活的意义，并对行为的价值和意义做出判断，形成“智识”。推出结论：人文教育对未来影响更大。选项B指出“没有知识，人依然可以活下去；但如果没有价值和意义的追求，人只能成为没有灵魂的躯壳”，即人文教育比通识教育更加重要，支持了题干。选项A虽然指出了人文教育的重要性，但没有指出人文教育比通识教育更重要，加强力度不如B。

【例 2.15】 针对癌症患者，医生常采用化疗手段将药物直接注入人体杀伤癌细胞，但这也可能将正常细胞和免疫细胞一同杀灭，产生较强的副作用。近来，有科学家发现，黄金纳米粒子很容易被人体癌细胞吸收，如果将其包上一层化疗药物，就可作为“运输工具”，将化疗药物准确地投放到癌细胞中。他们由此断言，微小的黄金纳米粒子能提升癌症化疗的效果，并降低化疗的副作用。

以下哪项如果为真，最能支持上述科学家所做出的论断？

A. 现代医学手段已能实现黄金纳米粒子的精准投送，让其所携带的化疗药物只作用于癌细胞，并不伤及其他细胞

B. 因为黄金所具有的特殊化学性质，黄金纳米粒子不会与人体细胞发生反应

C. 利用常规计算机断层扫描，医生容易判定黄金纳米粒子是否已投放到癌细胞中

D. 在体外用红外线加热已进入癌细胞的黄金纳米粒子，可从内部杀灭癌细胞

E. 黄金纳米粒子用于癌症化疗的疗效有待大量临床检验

【解析】 答案是A。题干中科学家的推断“微小的黄金纳米粒子能提升癌症化疗的效果，并降低化疗的副作用”，是在将黄金纳米粒子“包上一层化疗药物，就可作为‘运输工具’，将化疗药物准确地投放到癌细胞中”的条件下做出的，因此，最关键地就是这个条件能不能够得到满足。选项A说“现代医学手段已能实现黄金纳米粒子的精准投送，让其所携带的化疗药物只作用于癌细胞，并不伤及其他细胞”正好满足了科学家得出结论的条件，从而加强了科学家的论断。

【例 2.16】 有专家指出，我国城市规划缺少必要的气象论证，城市的高楼建得高耸而密集，阻碍了城市的通风循环。有关资料显示，近几年国内许多城市的平均风速已下降10%。风速下降，意味着大气扩散能力减弱，导致大气污染物滞留时间延长，易形成雾霾天气和热岛效应。为此，有专家提出建立“城市风道”的设想，即在城市里制造几条通畅的通风走廊，让风在城市中更加自由地进出，促进城市空气的更新循环。

以下哪项如果为真，最能支持上述建立“城市风道”的设想？

A. 有风道但没有风，就会让城市风道成为无用的摆设

B. 有些城市已拥有建立“城市风道”的天然基础

C. 风从八方来，“城市风道”的设想过于主观和随意

D. 城市风道不仅有利于“驱霾”，还有利于散热

E. 城市风道形成的“穿街风”，对建筑物的安全影响不大

【解析】 答案是D。该项意味着，题干中建设“城市风道”的设想是可行的。选项A、C削弱了题干。选项B、E论据不足。

【例 2.17】 研究人员安排了一次实验，将100名受试者分为两组：喝一小杯红酒的实验组和不喝酒的对照组。随后，让两组受试者计算某段视频中篮球队员相互传球的次数。结果发现，对照组的受试者都计算准确，而实验组中只有18%的人计算准确。经测试，实验组受试

者的血液中酒精浓度只有酒驾法定值的一半。由此专家指出，这项研究结果或许应该让立法者重新界定酒驾法定值。

以下哪项如果为真，最能支持上述专家的观点？

A. 酒驾法定值设置过低，可能会把许多未饮酒者界定为酒驾

B. 即使血液中酒精浓度只有酒驾法定值的一半，也会影响视力和反应速度

C. 只要血液中酒精浓度不超过酒驾法定值，就可以驾车上路

D. 即使酒驾法定值设置较高，也不会将少量饮酒的驾车者排除在酒驾范围之外

E. 饮酒过量不仅损害身体健康，而且影响驾车安全

【解析】 答案是B。题干根据实验组虽然只喝一小杯红酒但却只有18%的人计算准确，于是推出结论：应该让立法者重新界定酒驾法定值。这里的关键就是，这种计算不准确是否会影响到安全驾车。选项B如果为真，即“即使血液中酒精浓度只有酒驾法定值的一半，也会影响视力和反应速度”，就是说会影响到安全驾车，从而说明确实“应该让立法者重新界定酒驾法定值”，加强了题干。其余选项均不能加强题干。

三、通过指出既知其一又知其二来加强论点

题干中由某个前提或理由就导出结论来，最能加强题干的选项，就是要考虑如果再加上别的前提就确实是可以导出结论来的。

【例 2.18】 飞驰汽车制造公司同时推出飞鸟和锐进两款春季小型轿车。两款轿车以其新颖的造型受到购车族的欢迎。两款轿车销售时都带有轿车安全性能和出现一般问题时的处理说明书以及使用轿车一年后情况反馈表。飞鸟轿车购车族的56%同时购买了轿车保险，锐进轿车购车族的82%同时购买了轿车保险，一年后，锐进轿车出现问题的反馈表是飞鸟轿车出现问题的反馈表的四倍。由此可见，锐进轿车的质量比飞鸟轿车的质量差，锐进轿车的购车者同时购买轿车保险的数量比飞鸟轿车多是有一定道理的。

以下哪项如果为真，最有助于加强上述论证？

A. 飞鸟轿车购车族的平均年龄比锐进轿车购车族的平均年龄低

B. 飞鸟轿车情况反馈表比锐进轿车情况反馈表更完善，需要花费更多时间完成表格的填写

C. 飞驰汽车制造公司收到的飞鸟轿车投诉信数量是锐进轿车的两倍

D. 购买飞鸟轿车的客户数量是购买锐进轿车的两倍

E. 飞鸟轿车的广告是锐进轿车的两倍，其良好的质量广为人知

【解析】 答案是D。题干从锐进轿车出现问题的反馈表是飞鸟轿车出现问题的反馈表的四倍，推出结论：锐进轿车的质量比飞鸟轿车的质量差。选项D指出，飞鸟轿车不但出问题的反馈表少，而且客户数量又多，说明其质量不错，从而加强了题干。

【例 2.19】 转基因食品可能带来副作用，但一种转基因大豆含有有益于人体健康的微量元素，专家建议人们食用用这种大豆加工成的产品。

以下哪项最能支持专家的建议？

A. 加工后的转基因食品副作用会减少

B. 从其他食品中不能得到此种微量元素

C. 没有证据表明转基因食品会带来副作用

D. 这种微量元素对人体健康的益处大于转基因食品副作用带来的害处

E. 人们正在寻找含这种微量元素的天然食品，估计5年内就能成功

【解析】 答案是D。既然这种微量元素对人体健康的益处大于转基因食品副作用带来的害

处，那么题干中专家建议食用就是合理的。选项A不正确，因为如果转基因食品原来的副作用很多，则即使加工后减少也不能食用。选项B也不正确，因为如果转基因食品的副作用很大，则即使只有它才具有某种微量元素，也不能成为食用它的理由。选项C犯了“诉诸无知”的错误，“没有证据表明”不等于就不存在。

【例2.20】建筑历史学家丹尼斯教授对19世纪早期铺有木地板的房子进行了研究，结果发现较大房间铺设的木板条比较小房间的木板条窄得多。丹尼斯教授认为，既然大房子的主人一般都比小房子的主人富有，那么窄木条铺地板很可能是当时有地位的象征，用以表明房主的富有。

以下哪项如果为真，最能加强丹尼斯教授的观点？

A. 欧洲19世纪晚期的大多数房子所铺设的木地板的宽度大致相同

B. 丹尼斯教授的学术地位得到了国际建筑历史学界的公认

C. 欧洲19世纪早期，木地板条的价格是以长度为标准计算的

D. 欧洲19世纪早期，有些大房子铺设的是比木地板昂贵得多的大理石

E. 在以欧洲19世纪市民生活为背景的小说《雾都十三夜》中，富商查理的别墅中铺设的就是有别于民间的细条胡桃木地板

【解析】答案是C。该项意味着，欧洲19世纪早期，木地板条的价格以长度为标准计算，不以宽度为标准计算，这样，既然较大的房间铺设的木板条比较小房间的木板条窄得多，所以，较大房间就需要更多的木板条来铺设，需要花费更多的钱，也就说明了大房间房主的富有。A说的是欧洲19世纪晚期，为无关选项。B犯有“诉诸权威”的错误。D为无关选项。选项E很可能仅仅是个别的特殊情况，支持力度远远不如C。

【例2.21】在塞普西路斯的一个古城蒙科云，发掘出了城市残骸，这一残骸呈现出被地震损坏的典型特征。考古学家猜想，该城的破坏是这个地区公元365年的一次地震所致。

以下哪项如果为真，最能支持上述考古学家的猜想？

A. 经常在公元365年前后的墓穴里发现的青铜制纪念花瓶，在蒙科云城也发现了

B. 在蒙科云城废墟里没有发现在公元365年以后的铸币，但是却有365年前的铸币

C. 多数现代塞普西路斯历史学家曾经提及，在公元365年前后在附近发生过地震

D. 在蒙科云城废墟中发现了公元300—400年风格的雕塑

E. 在蒙科云城发现了塞普西路斯365年以后才使用的希腊字母的石刻

【解析】答案是B。该项意味着古城蒙科云确实是在公元365年的一次地震中被破坏的，从而加强了题干。

【例2.22】一个已经公认的结论是，北美洲人的祖先来自亚洲。至于亚洲人是如何到达北美的呢，科学家们一直假设，亚洲人是跨越在14 000年以前还连接着北美和亚洲，后来沉入海底的陆地进入北美的，在艰难的迁徙途中，他们靠捕猎沿途陆地上的动物为食。最近的新发现导致了一个新的假设，亚洲人是驾船沿着上述陆地的南部海岸，沿途以鱼和海洋生物为食而进入北美的。

以下哪项如果为真，最能使人有理由在两个假设中更相信后者？

A. 当北美和亚洲还连在一起的时候，亚洲人主要以捕猎陆地上的动物为生

B. 上述连结北美和亚洲的陆地气候极为寒冷，植物品种和数量都极为稀少，无法维持动物的生存

C. 存在于8 000年以前的亚洲和北美文化，显示出极大的类似性

D. 在欧洲，靠海洋生物为人的食物来源的海洋文化，最早发端于10 000年以前

E. 在亚洲南部，靠海洋生物为人的食物来源的海洋文化，最早发端于14 000年以前

【解析】答案是B。题干中是一对具有对抗性的假设。要加强后一个假设就是要削弱前一个假设。削弱前一个假设，就是要指出亚洲人不是靠捕猎沿途陆地上的动物为食，跨越14 000年前还连接着亚洲和北美的陆地进入北美的。选项B正好起到这样的作用。

【例2.23】最新研究发现，恐龙腿骨化石都有一定的弯曲度，这意味着恐龙其实并没有人们想象得那么重，以前根据其腿骨为圆柱形的假定计算动物体重时，会使得计算结果比实际体重高出1.42倍。科学家由此认为，过去那种计算方式高估了恐龙腿部所能承受的最大身体重量。

以下哪项如果为真，最能支持上述科学家的观点？

A. 恐龙腿骨所能承受的重量比之前人们所认为的要大

B. 恐龙身体越重，其腿骨也越粗壮

C. 圆柱形腿骨能够承受的重量比弯曲的腿骨大

D. 恐龙腿部的肌肉对于支撑其体重作用不大

E. 与陆地上的恐龙相比，翼龙的腿骨更接近圆柱形

【解析】答案是C。该项如果为真，即如果圆柱形腿骨能够承受的重量比弯曲的腿骨大，考虑题干的论据“恐龙腿骨化石都有一定的弯曲度”，则题干中的结论“恐龙其实并没有人们想象的那么重”足以推出，即过去的那种计算方式确实高估了恐龙腿部所能承担的最大重量。选项A削弱了题干。选项B、D、E均与题干无直接关系。

【例2.24】据碳14检测，卡皮瓦拉山岩画的创作时间最早可追溯到3万年前。在文字尚未出现的时代，岩画是人类沟通交流、传递信息、记录日常生活的主要方式。于是今天的我们可以在这些岩画中看到：一位母亲将孩子举起嬉戏，一家人在仰望并试图碰触头上的星空……动物是岩画的另一个主角，比如巨型犰狳、马鹿、螃蟹等。在许多画面中，人们手持长矛，追逐着前方的猎物。由此可以推断，此时的人类已经居于食物链的顶端。

以下哪项如果为真，最能支持上述推断？

A. 岩画中出现的动物一般是当时人类捕猎的对象

B. 能够使用工具使得人类可以猎杀其他动物，而不是相反

C. 对星空的敬畏是人类脱离动物、产生宗教的动因之一

D. 3万年前，人类需要避免自己被虎豹等大型食肉动物猎杀

E. 有了岩画，人类可以将生活经验保留下来供后代学习，这极大地提高了人类的生存能力

【解析】答案是B。如果该项为真，则加上题干断定：当时的许多画面中人们手持长矛追逐着前方的猎物，即可推出结论：此时的人类已经居于食物链的顶端。选项A支持力度不足。

四、最不能加强

与题干意思相同或一致的选项就能加强题干，反之，削弱题干或与题干意思不一致则不能加强题干。这种问题往往是以最不能加强的形式出现的。

【例2.25】译制片配音，作为一种特有的艺术形式，曾在我国广受欢迎。然而时过境迁，现在许多人已不喜欢看配过音的外国影视剧。他们觉得还是听原汁原味的声音才感觉到位。有专家由此断言，配音已失去观众，必将退出历史舞台。

以下各项如果为真，则除哪项外都能支持上述专家的观点？

A. 很多上了年纪的国人仍习惯看配过音的外国影视剧，而在国内放映的外国大片有的仍然是配过音的

B. 现在有的外国影视剧配音难以模仿剧中演员的出色嗓音，有时也与剧情不符，对此观

众并不接受

C. 许多中国人通晓外文，观赏外国原版影视剧并不存在语言困难；即使不懂外文，边看中文字幕边听原声也不影响理解剧情

D. 随着对外交流的加强，现在外国影视剧大量涌入国内，有的国人已经等不及慢条斯理、精工细作的配音了

E. 配音是一种艺术再创作，倾注了配音艺术家的心血，但有的人对此并不领情，反而觉得配音妨碍了他们对原剧的欣赏

【解析】 答案是A。题干专家的观点是：配音已失去观众，必将退出历史舞台。选项B、C、D、E均支持了这个观点。选项A指出配音仍然存在一定的市场，对专家观点有削弱作用。

【例2.26】 某研究人员在2014年对一些12～16岁的学生进行了智商测试，测试得分为77～135分，4年之后再次测试，这些学生的智商得分为87～143。仪器扫描显示，那些得分提高了的学生，其脑部比此前呈现更多的灰质（灰质是一种神经组织，是中枢神经的重要组成部分）。这一测试表明，个体的智商变化确实存在，那些早期在学校表现不突出的学生仍有可能成为佼佼者。

以下除哪项外，都能支持上述实验结论？

A. 有些天才少年长大后智力并不出众

B. 言语智商的提高伴随着大脑左半球运动皮层灰质的增多

C. 学生的非言语智力表现与他们的大脑结构的变化明显相关

D. 部分学生早期在学校表现不突出与其智商有关

E. 随着年龄的增长，青少年脑部区域的灰质通常也会增加

【解析】 答案是D。题干结论是：早期在学校表现不突出的学生随着年龄的增大，脑部灰质就会增加，从而仍有可能成为佼佼者。选项D则指出，部分学生早期在学校表现不突出是因其智商差的原因导致的，这就意味着他们即使年龄增大也不可能成为佼佼者，从而削弱了题干的结论。选项A、B、C、E均与题干断定一致，都支持了题干。

【例2.27】 比较文字学者张教授认为，在不同的民族语言中，字形与字义的关系有不同的表现。他提出，汉字是象形文字，其中大部分是形声字，这些字的字形与字义相互关联；而英语是拼音文字，其字形与字义往往关联度不大，需要某种抽象的理解。

以下哪项如果为真，最不符合张教授的观点？

A. 汉语中的“日”“月”是象形字，从字形可以看出其所指的对象；而英语中的sun与moon则感觉不到这种形义结合

B. 汉语中“日”与“木”的结合，可以组成“東”“杲”“杳”等不同的字，并可以猜测其语义，而英语中不存在与此类似的sun与wood的结合

C. 英语中，也有与汉语类似的象形文字，如，eye是人的眼睛的象形，两个e代表眼睛，y代表中间的鼻子；bed是床的象形，b和d代表床的两端

D. 英语中的sunlight与汉语中的“阳光”相对应，而英语的sun与light和汉语中的“阳”和“光”相对应

E. 汉语的“星期三”与英语中的Wednesday和德语中的Mitwoch意思相同

【解析】 答案是C。找出与题干张教授的观点不一致的选项，需要将与题干张教授的观点相一致的选项排除。题干的意思是，汉语中的字形和字义相互关联，而英语中的字形和字义则关联不大。选项C则意味着，英语中的字形和字义之间也有密切的联系，与题干的意思相违背，最不符合题干张教授的观点。

【例2.28】 统计数字表明，近年来，民用航空飞机的安全性有很大提高。例如，某国2018

年每飞行 100 万次发生恶性事故的次数为 0.2 次，而 1999 年为 1.4 次。从这些年的统计数字看，民用航空恶性事故发生率总体呈下降趋势。由此看出，乘飞机出行越来越安全。

以下哪项不能加强上述结论？

A. 近年来，飞机事故中“死里逃生”的几率比以前提高了

B. 各大航空公司越来越注意对机组人员的安全培训

C. 民用航空公司的空中交通控制系统更加完善

D. 避免“机鸟互撞”的技术与措施日臻完善

E. 虽然飞机坠毁很可怕，但从统计数字上讲，驾车仍然要危险得多

【解析】 答案是 E。题干从民用航空恶性事故发生率总体呈下降趋势，推出结论：乘飞机出行越来越安全。选项 A、B、C、D 均加强题干论证，都意味着乘飞机出行越来越安全。选项 E 说“从统计数字上讲，驾车仍然要危险得多”，与题干论证没有关系，最不能加强题干论证，因为题干比较的是以前、现在和将来飞机自身的安全性问题，不涉及将飞机和其他交通工具进行比较。

【例 2.29】 抚仙湖虫是泥盆纪直虾动物群中的一种，属于真节肢动物中比较原始的类型，成虫长 10 厘米，有 31 个体节，外骨骼分为头、胸、腹三部分，它的背、腹分节数目不一致。泥盆纪直虾是现代昆虫的祖先，抚仙湖虫化石与直虾类化石类似，这间接表明了抚仙湖虫是昆虫的远祖。研究者还发现，抚仙湖虫的消化道充满泥沙，这表明它是食泥的动物。

以下除了哪项外，均能支持上述论证？

A. 昆虫的远祖也有不食泥的生物

B. 泥盆纪直虾的外骨骼分为头、胸、腹三部分

C. 凡是与泥盆纪直虾类似的生物都是昆虫的远祖

D. 昆虫是由真节肢动物中比较原始的生物进化而来的

E. 抚仙湖虫消化道中的泥沙不是在化石形成过程中由外界渗透进去的

【解析】 答案是 A。题干所陈述的主要论证是：泥盆纪直虾是现代昆虫的远祖，抚仙湖虫化石与直虾类化石类似，所以，抚仙湖虫是现代昆虫的远祖。选项 A 削弱了论点。其余选项均支持了题干。选项 B 说“泥盆纪直虾的外骨骼分为头、胸、腹三部分”，与题干陈述抚仙湖虫的外骨骼分为头、胸、腹三部分一致，支持了题干。选项 D 说“昆虫是由真节肢动物中比较原始的生物进化而来的”，与题干陈述抚仙湖虫属于真节肢动物中比较原始的类型一致，支持了题干论证。选项 E 说“抚仙湖虫消化道中的泥沙不是在化石形成过程中由外界渗透进去的”，与题干陈述抚仙湖虫是食泥的动物相一致，支持了题干。选项 C 显然与题干论证一致。

第三节 阶梯化训练题及解析

一、基础能力题

1. 洛杉矶市市长任命了一名黄种人当教育厅厅长，许多白种人和黑种人指责这一任命是为了显示种族平等的政治姿态。后来市长又任命了一名黑人商人担任市财政总监，许多白种人和黄种人又做出了同样的指责。的确，在很大程度上，市长做上述任命时是处于政治考虑，但这又有什么错呢？做出上述任命，完全是在该城市宪章赋予市长的权力范围之内。

以下哪项如果为真，最能加强上述论证？

A. 评价一项任命，其根据不仅是看这一任命是否符合法律程序，而且要看其是否有利于

公众的需要

B. 在做出上述任命以后，市长又紧接着任命了一名白种人担任警事总监

C. 上述任命的教育厅长和财政总监对于他们的职位完全能够胜任

D. 种族平等是一项业已受到宪法和公众确认的普遍原则

E. 洛杉矶市市长已经连任两届，其以往的政绩受到了普遍的赞许

2. 雄性园丁鸟构筑装饰精美的巢。同一种类的不同园丁鸟群建筑的巢具有不同的建筑和装饰风格。根据这一事实，研究人员认为园丁鸟的建筑风格是一种后天习得的，而不是先天遗传的特性。

以下哪项如果为真，最有助于加强研究者的结论？

A. 通过对园丁鸟的广泛研究发现，它们的筑巢风格中的共性多于差异

B. 年轻的雄性园丁鸟在开始筑巢时是很笨拙的，很显然要花许多年来观察年长者的巢才能成为行家能手

C. 有一种园丁鸟的巢缺少其他园丁鸟的巢都具有的塔形和装饰风格

D. 园丁鸟只在新几内亚和澳大利亚被发现，很显然，两地之间的园丁鸟没什么联系

E. 众所周知，一些演唱语调是后天习得的，而不是先天遗传的

3. 据世界卫生组织2015年的调查报告显示，70%的肺癌患者有吸烟史，其中有80%的人吸烟的历史多于10年。这说明吸烟会增加人们患肺癌的危险。

以下哪项最能支持上述论断？

A. 1970年至1990年期间男性吸烟者人数增加较快，女性吸烟者也有增加

B. 虽然各国对吸烟有害进行大量宣传，但自70年代以来，吸烟者所占的比例还是呈明显的逐年上升的趋势。到2010年代，成人吸烟者达到成人数的50%

C. 没有吸烟史或戒烟时间超过5年的人数在2015年超过了人口总数的40%

D. 2015年未成年吸烟者的人数也在增加，成为一个令人挠头的社会问题

E. 医学研究工作者已经用动物实验发现了尼古丁的致癌作用，并从事开发预防药物的研究

4. 调查表明，最近几年来，成年人中患肺结核的病例逐年减少。但是，以此还不能得出肺结核发病率逐年下降的结论。

以下哪项如果为真，最能加强上述论证？

A. 上述调查的重点是在城市，农村中肺结核的发病情况缺乏准确的统计

B. 肺结核早就不是不治之症

C. 和心血管病、肿瘤等比较，近年来对肺结核的防治缺乏足够的重视

D. 防治肺结核病的医疗条件近年来有较大的改善

E. 近年来未成年人中的肺结核病例明显地增多

5. 去年，冈比亚从第三世界国际基金会得到了25亿美元的贷款，它的国民生产总值增长了5%；今年，冈比亚向第三世界国际基金会提出两倍于去年的贷款要求，它的领导人并因此期待今年的国民生产总值将增加10%。但专家认为，即使上述贷款要求得到满足，冈比亚领导人的期待也很可能落空。

以下哪项如果为真，将支持专家们的意见？

Ⅰ. 去年该国5%的GNP增长率主要得益于农业大丰收，而这又主要是难得的风调雨顺所致

Ⅱ. 冈比亚的经济还未强到足以吸收每年30亿美元以上的外来资金

Ⅲ. 冈比亚不具备足够的重工业基础以支持每年6%以上GNP增长率

A. 仅Ⅰ　　B. 仅Ⅱ　　C. 仅Ⅰ和Ⅱ
D. 仅Ⅱ和Ⅲ　　E. Ⅰ、Ⅱ和Ⅲ

6. 有着悠久历史的肯尼亚国家自然公园以野生动物在其中自由出没而著称。在这个公园中，已经有10多年没有出现灰狼了。最近，公园的董事会决定引进灰狼。董事会认为，灰狼不会对游客造成危害，因为灰狼的习性是避免与人接触的；灰狼也不会对公园中的其他野生动物造成危害，因为公园为灰狼准备了足够的家畜如山羊、兔子等作为食物。

以下各项如果为真，都能加强题干中董事会的论证，除了

A. 作为灰狼食物的山羊、兔子等，和野生动物一样在公园中自由出没，这增加了公园的自然气息和游客的乐趣
B. 灰狼在进入公园前将经过严格的检疫，事实证明，只有患有狂犬病的灰狼才会主动攻击人
C. 自然公园中，游客通常坐在汽车中游览，不会遭到野兽的直接攻击
D. 麋鹿是一种反应极其敏捷的野生动物。灰狼在公园中对麋鹿可能的捕食将减少其中的不良个体，从总体上有利于麋鹿的优化繁衍
E. 公园有完备的排险设施，能及时地监控并有效地排除人或野生动物遭遇的险情

7. 经A省的防疫部门检测，在该省境内接受检疫的长尾猴中，有1%感染上了狂犬病。但是只有与人及其宠物有接触的长尾猴才接受检疫。防疫部门的专家因此推测，该省长尾猴中感染有狂犬病的比例，将大大小于1%。

以下哪项如果为真，将最有力地支持专家的推测？

A. 在A省境内，与人及其宠物有接触的长尾猴，只占长尾猴总数的10%
B. 在A省，感染有狂犬病的宠物，约占宠物总数的0.1%
C. 在与A省毗连的B省境内，至今没有关于长尾猴感染狂犬病的疫情报告
D. 与和人的接触相比，健康的长尾猴更愿意与人的宠物接触
E. 与健康的长尾猴相比，感染有狂犬病的长尾猴更愿意与人及其宠物接触

8. 陈先生：昨天我驾车时被警察出具罚款单，理由是我超速。警察这样做是不公正的。我敢肯定，当时我看到很多车都超速，为什么受罚的只有我一个？

贾女士：你并没有受到不公正的对待，因为警察当时不可能制止所有的超速汽车。事实上，当时每个超速驾驶的人都同样可能被出具罚单。

确定以下哪项原则，最能支持贾女士的观点？

A. 任何处罚的公正性，只能是相对的，不是绝对的。绝对公正的处罚，是一种理想化的标准，不具有可操作性
B. 对违反交通规则的处罚不是一种目的，而是一种手段
C. 违反交通规则的处罚对象，应当是所有违反交通规则的人
D. 任何处罚，只要有法规依据，就是公正的
E. 如果每个违反交通规则的人被处罚的可能性均等，那么，对其中任何一个人的处罚都是公正的

9. 几年来，我国许多餐厅使用一次性筷子，这种现象受到越来越多的批评。许多资源环境工作者在报刊上呼吁：为了保护森林资源，让山变绿、水变清，是采取坚决措施，禁用一次性筷子的时候了。

以下除哪项外，从不同方面对批评者的观点提供了支持？

A. 我国森林资源十分匮乏，把大好的木材用来做一次性筷子，实在是莫大的浪费
B. 1998年的特大水灾造成的损失既与天气有关，也与多年的滥砍滥伐有很大关系

C. 森林和各种绿色植被对涵养水分、调节气候、防止水土流失具有不可替代的作用

D. 禁用一次性筷子既需要大张旗鼓的宣传，又需要制定相应的法规，建立完善的监督机制

E. 保护森林不能只保不用。合理使用，适量采伐，发展林区经济，还能促进保护

10. W－12是一种严重危害谷物生长的病毒，每年要造成谷物的大量减产。科学家们发现，把一种从W－12提取的基因植入易受其感染的谷物基因中，可以使该谷物产生对W－12的抗体，从而大大减少损失。

以下各项如果为真，都能加强上述结论，除了：

A. 经验证明，在同一块土地上相继种植两种谷物，如果第一种谷物不易感染某种病毒，则第二种谷物通常也如此

B. 病毒的感染能力越强，则其繁衍能力越强；反之，则越弱

C. 植物通过基因变异获得的抗体会传给后代

D. 植物通过基因变异获得对某种病毒的抗体的同时，会增加对其他某些病毒的抵抗力

E. 植物通过基因变异获得对某种病毒的抗体的同时，会改变其某些生长特性

11. 近十年来，青岛冰箱厂通过不断引进先进设备和技术，使得劳动生产率大为提高，即在单位时间里，较少的工人生产了较多的产品。

以下哪项如果为真，一定支持上述结论？

Ⅰ. 和2011年相比，2020年青岛冰箱厂的年利润增加了一倍，工人增加了10％

Ⅱ. 和2011年相比，2020年青岛冰箱厂的年产量增加了一倍，工人增加了100人

Ⅲ. 和2011年相比，2020年青岛冰箱厂的年产量增加了一倍，工人增加了10％

A. 仅Ⅰ　　B. 仅Ⅱ　　C. 仅Ⅲ

D. 仅Ⅰ和Ⅲ　　E. Ⅰ、Ⅱ和Ⅲ

12. 爱尔兰有大片泥煤蕴藏量丰富的湿地。环境保护主义者一直反对在湿地区域采煤。他们的理由是开采泥煤会破坏爱尔兰湿地的生态平衡，其直接严重后果是会污染水源。然而，这一担心是站不住脚的。据近50年的相关统计，从未发现过因采煤而污染水源的报告。

以下哪项如果为真，最能加强题干的论证？

A. 在爱尔兰的湿地采煤已有200年的历史，其间从未因此造成水源污染

B. 在爱尔兰，采煤湿地的生态环境和未采煤湿地没有实质性的不同

C. 在爱尔兰，采煤湿地的生态环境和未开采前没有实质性的不同

D. 爱尔兰具有足够的科技水平和财政支持来治理污染，保护生态

E. 爱尔兰是世界上生态环境最好的国家之一

13. 为降低成本，万通公司考虑对中层管理者大幅减员。这一减员准备按如下方法完成：首先让50岁以上、工龄满15年者提前退休，然后解雇足够多的其他人使总数缩减为以前的50％。

以下除了哪项外，都可能是公司这一计划的缺点？

A. 由于人心浮动，经过这次减员后员工的忠诚度将会下降

B. 管理工作的改革将迫使商业团体适应商业环境的变化

C. 公司可以从中选拔未来高层管理人员的候选人数将减少

D. 有些最好的管理人员在不知道其是否被解雇的情况下选择提前退休

E. 剩下的管理人员的工作负担加重，使他们产生过分的压力而最终影响其表现

14. “万物生长靠太阳”，这是多少年来人们从实际生活中总结出来的一个公认的事实，然而，近年来科学家们研究发现：月球对地球的影响远远大于太阳；孕育地球生命的力量，来自

月球而非太阳。

以下哪项不能作为上述论断的证据?

A. 在月照下，植物生长快且长得好，月照特别是对几厘米高、发芽不久的植物如向日葵、玉米等最有利

B. 当花枝因损伤出现严重伤口时，月光能清除伤口中那些不能再生长的纤维组织，加快新陈代谢，使伤口愈合

C. 植物只有靠了太阳光才能进行光合作用，动物也只有在阳光下才能茁壮成长

D. 月球在地球形成之初，影响地球产生一个巨大磁场，屏蔽来自太空的宇宙射线对地球的侵袭

E. 科学家在太平洋加拉帕戈斯群岛附近的深海海底，发现并采集了红色的蠕虫，张着壳的蛤、白色的蟹等，这可能和月照有关

15. 有一家电力公司，靠着建造发电量较大、效率较高的电厂，以及刺激该地区用电量这两种方法，已经使得利润大为增加，并能够向消费者提供价格低廉的电力。为了维持这种兴旺局面，该公司计划以一座新电厂来取代一座旧电厂，而新电厂的发电量是该公司原有电厂的3倍。

下面哪项不在该公司的上述计划考虑之内?

A. 该公司供电地区的电力供应量未来将会增加

B. 新建电厂的开支额度不能超过提高经营效率或扩大规模带来的收益水平

C. 拟议中的新电厂完全能够提高整个公司的效益

D. 新电厂的安全措施设计将与原来的老电厂一样

E. 发电量增加两倍不会有什么技术上的障碍

16. 某西方国家高等院校的学费急剧上涨，其增长率几乎达到通货膨胀率的两倍。从2000年到2015年中等家庭的收入只提高了82%，而公立大学的学费的涨幅比家庭收入的涨幅几乎大了3倍，私立院校的学费在家庭收入中所占的比例几乎是2000年的2倍。高等教育的费用已经令中产阶级家庭苦恼不堪。

以下除哪项外都为上文的观点进一步提供论据?

A. 私立学校的学费上涨比公立学校慢，从2000年到2016年上涨了219%

B. 如果学费继续保持过去的增长速度，2016年新做父母的将来他们的子女上私立大学每年的学费和食宿费总额将多达9万美元

C. 政府对公立学校每个学生的补贴在学校收入中的比例从1998年的66%下降到2013年的51%，而同一时期，学费在学校收入中所占比例从16%上升到24%

D. 高教市场已经开始显露竞争迹象。几家私立学校和公立学校已通过缩短攻读学位时间的办法来间接地降低学习费用

E. 尽管2000年到2016年间消费价格指数缓慢增长了80%，公立四年制大学的学费上涨了250%

17. 科学研究中使用的形式语言和日常生活中使用的自然语言有很大的不同。形式语言看起来像天书，远离大众，只有一些专业人士才能理解和运用。但其实这是一种误解，自然语言和形式语言的关系就像肉眼与显微镜的关系。肉眼的视域广阔，可以从整体上把握事物的信息；显微镜可以帮助人们看到事物的细节和精微之处，尽管用它看到的范围小。所以，形式语言和自然语言都是人们交流和理解信息的重要工具，把它们结合起来使用，具有强大的力量。

以下哪项如果为真，最能支持上述结论?

A. 通过显微镜看到的内容可能成为新的“风景”，说明形式语言可以丰富自然语言的表

达，我们应重视形式语言

B. 正如显微镜下显示的信息最终还是要通过肉眼观察一样，形式语言表述的内容最终也要通过自然语言来实现，说明自然语言更基础

C. 科学理论如果仅用形式语言表达，很难被普通民众理解；同样，如果仅用自然语言表达，有可能变得冗长且很难表达准确

D. 科学的发展很大程度上改善了普通民众的日常生活，但人们并没有意识到科学表达的基础——形式语言的重要性

E. 采用哪种语言其实不重要，关键在于是否表达了真正想表达的思想内容

18. 现在许多人很少在深夜 11 点以前安然入睡，他们未必都在熬夜用功，大多是在玩手机或看电视，其结果就是晚睡，第二天就会头晕脑胀、哈欠连天。不少人常常对此感到后悔，但一到晚上他们多半还会这么做。有专家就此指出，人们似乎从晚睡中得到了快乐，但这种快乐其实隐藏着某种烦恼。

以下哪项如果为真，最能支持上述专家的结论？

A. 晚睡者内心并不愿意睡得晚，也不觉得手机或电视有趣，甚至都不记得玩过或看过什么，但他们总是要在睡觉前花较长时间磨蹭

B. 大多数习惯晚睡的人白天无精打采，但一到深夜就感觉自己精力充沛，不做点有意义的事情就觉得十分可惜

C. 晚睡其实是一种表面难以察觉的、对“正常生活”的抵抗，它提醒人们现在的“正常生活”存在着某种令人不满的问题

D. 晚睡者具有积极的人生态度。他们认为，当天的事须当天完成，哪怕晚睡也在所不惜

E. 晨昏交替，生活周而复始，安然入睡是对当天生活的满足和对明天生活的期待，而晚睡者只想活在当下，活出精彩

19. 美国某大学医学院研究人员在《小儿科杂志》上发表论文指出，在对 2 720 个家庭的孩子进行跟踪调查后发现，如果孩子在 5 岁前每天看电视超过 2 小时，他们长大后出现行为问题的风险将会增加 1 倍多。所谓行为问题是指性格孤僻、言行粗鲁、侵犯他人、难与他人合作等。

以下哪项如果为真，最能支持上述结论？

A. 电视节目会使孩子产生好奇心，容易导致孩子出现暴力倾向

B. 电视节目中有不少内容容易使孩子长时间处于紧张、恐惧的状态

C. 看电视时间过长，会影响儿童与他人的交往，久而久之，孩子便会缺乏与他人打交道的经验

D. 儿童模仿力强，如果只对电视节目感兴趣，长此以往，会阻碍他们分析能力的发展

E. 每天长时间地看电视，容易使孩子神经系统产生疲劳，影响身心健康

20. 近年来，手机、电脑的使用导致工作与生活的界限日益模糊，人们的平均睡眠时间一直在减少，熬夜已成为现代人生活的常态。科学研究表明，熬夜有损身体健康，睡眠不足不仅仅是多打几个哈欠那么简单。有科学家据此建议，人们应该遵守作息规律。

以下哪项如果为真，最能支持上述科学家所作的建议？

A. 长期睡眠不足会导致高血压、糖尿病、肥胖症、抑郁症等多种疾病，严重时还会造成意外伤害或死亡

B. 熬夜会让人的反应变慢、认知退步、思维能力下降，还会引发情绪失控，影响与他人的交流

C. 所有的生命形式都需要休息与睡眠。在人类进化过程中，睡眠这个让人短暂失去自我意识、变得极其脆弱的过程并未被大自然淘汰

D. 睡眠是身体的自然美容师，与那些睡眠充足的人相比，睡眠不足的人看上去面容憔悴，缺乏魅力

E. 缺乏睡眠会降低体内脂肪调节瘦素激素的水平，同时增加饥饿激素，容易导致暴饮暴食、体重增加

21. 研究人员使用脑电图技术研究了母亲给婴儿唱童谣时两人的大脑活动，发现当母亲与婴儿对视时，双方的脑电波趋于同步，此时婴儿也会发出更多的声音尝试与母亲沟通。他们据此认为，母亲与婴儿对视有助于婴儿的学习与交流。

以下哪项如果为真，最能支持上述研究人员的观点？

A. 当部分学生对某学科感兴趣时，他们的脑电波会渐趋同步，学习效果也随之提升

B. 在两个成年人交流时，如果他们的脑电波同步，交流就会更顺畅

C. 当母亲和婴儿对视时，她们都在发出信号，表明自己可以且愿意与对方交流

D. 当父母与孩子互动时，双方的情绪与心率可能也会同步

E. 脑电波趋于同步可优化双方对话状态，使交流更加默契，增进彼此了解

基础能力题详解

1. 答案是C。题干的论点是：市长所做出的任命是不会错的。如果选项C为真，即被任命的教育厅长和财政总监对于他们的职位完全能够胜任，那么这种任命就不会错。

2. 答案是B。题干中研究者的结论是：园丁鸟的建筑风格是一种后天习得，而不是先天的遗传。选项B说“年轻的雄性园丁鸟在开始筑巢时是很笨拙的，很显然要花许多年来观察年长者的巢才能成为行家能手”，与题干的观点相一致。其余选项均不支持题干。

3. 答案是B。题干指出，2015年的报告显示，肺癌患者中的56%都有10年以上的吸烟史。题干接着推出，吸烟会增加人们患肺癌的危险。要保证这一推论是可靠的，最主要的是要看一般人的情况。选项B指出，一般人即成人到2010年代才有50%吸烟，自70年代以来吸烟者所占的比例还是呈明显上升的趋势，这说明在2005年以前一般成人中的吸烟者所占的比例还远远不到50%，但是在2005年时肺癌患者中已经有56%的人是吸烟者（2015年的报告显示，肺癌患者中的56%都有10年以上的吸烟史），这就更充分地说明了题干中的结论，即吸烟会增加人们患肺癌的危险。选项C意味着有吸烟史的人在2015年占人口总数的比例多于60%，实际上有可能削弱题干；选项E所指出的科学研究工作者只是发现了尼古丁有致癌作用，但有多大作用呢？再说只是对动物有致癌作用，未必对人也是如此。

4. 答案是E。该项意味着，由于近年来未成年人中的肺结核病例明显地增多，所以，即使成年人中患肺结核的病例逐年减少，也还不能得出肺结核发病率逐年下降的结论。

5. 答案是E。题干中专家们的意见是：即使冈比亚提出的两倍于去年的贷款要求得到满足，但冈比亚领导人的期待也很可能落空。选项Ⅰ、Ⅱ、Ⅲ都与专家们的意见一致，所以都加强了题干。

6. 答案是A。题干中董事会的论点是：引进灰狼是合理的。论据是：(1) 灰狼不会对游客造成危害；(2) 灰狼不会对公园中的其他野生动物造成危害。选项B和C都意味着灰狼不会对人造成危害。选项D意味着灰狼不会对野生动物造成危害。选项E意味着灰狼不会对人或野生动物造成危害。选项A与题干论证无关。

7. 答案是E。题干中专家从A省境内接受检疫的长尾猴中有1%感染上了狂犬病，推测出该省长尾猴中感染有狂犬病的长尾猴的比例将大大小于1%。这里，关键还要看该省没有接受检疫的长尾猴中感染有狂犬病的情况如何。如果没有接受检疫的长尾猴基本上没有感染狂犬病，则支持了题干专家的推测。如果没有接受检疫的长尾猴中感染有狂犬病的比例也差不多是

1%或者更高，则削弱了题干。显然，选项E说感染有狂犬病的长尾猴比健康的长尾猴更愿意与人及其宠物接触，说明没有与人及其宠物接触的长尾猴是健康的长尾猴，而题干中说只有与人及其宠物接触的长尾猴才接受检疫，即没有与人及其宠物接触的长尾猴没有接受检疫，所以该省没有接受检疫的长尾猴是健康的长尾猴，加强了提干。选项A意味着，至少还有90%的长尾猴没有接受检疫，情况如何还不清楚，削弱了题干。选项D也削弱了题干。

8. 答案是E。该项意味着贾女士的观点“你并没有受到不公正的对待”是成立的。

9. 答案是E。选项A、B、C、D都是对批评者的观点的支持，只有E与批评者的意见不一致。

10. 答案是E。题干属于“通过什么途径可以达到什么目的”的论证类型。选项A、B、C、D都意味着，通过题干所说的方法，可以大大减少谷物的损失，都加强了题干。选项E为无关选项。

11. 答案是C。只有选项Ⅲ意味着，较少的工人生产了较多的产品，工人增加10%，但产量却增加了一倍，支持了题干的论点。选项Ⅱ不一定支持题干，工人增加100人，不一定工人增加的量就少。选项Ⅰ也不一定支持题干，因为利润增加一倍，不一定增加的产品就多。

12. 答案是C。题干论证的结论是：担心开采泥煤会破坏爱尔兰湿地的生态环境是站不住脚的。开采泥煤会不会破坏爱尔兰湿地的生态环境，关键是要看采煤湿地的生态环境和未开采前有没有实质性的不同。选项C说，在爱尔兰，采煤湿地的生态环境和未开采前没有实质性的不同，说明开采泥煤不会破坏爱尔兰湿地的生态环境，加强了题干。选项B说，在爱尔兰，采煤湿地的生态环境和未采煤湿地没有实质性的不同，不能加强题干，因为很可能采煤湿地的生态环境本来就好，而未采煤湿地的生态环境本来就很恶劣。

13. 答案是B。选项A、C、D、E都讲的是万通公司考虑对中层管理者大幅减员这一计划的缺点，只有B讲优点。

14. 答案是C。选项A、B、D、E都讲的是月球的作用，只有C讲太阳的作用。

15. 答案是D。选项A、B、C、E都是题干中电力公司新建一座发电量是旧电厂3倍的新电厂所必须考虑的，只有D不必考虑，因为新电厂的安全措施不必与旧电厂的一样。

16. 答案是D。选项A、B、C、E都在说费用将上涨，只有D讲的是费用在下降。

17. 答案是C。题干的论点：形式语言和自然语言有必要结合起来。选项C最能起到对这个论点的支持作用。选项A仅说明形式语言的重要性。选项B仅说明自然语言的重要性。选项D强调形式语言的重要性。选项E则和题干论证没有直接关系，不能加强题干。

18. 答案是C。题干从晚睡者大多是在看手机或者看电视，推出结论：这种快乐隐藏着某种烦恼。选项C提供了理由：因为现在的“正常生活”中存在着某种令人不满的问题。选项D、E均与题干相冲突，选项A、B均与题干无关。

19. 答案是C。题干中的结论是：如果孩子在5岁前每天看电视的时间超过2小时，他们长大后出现行为问题的风险将会增加。选项C指出看电视时间过长会影响孩子与他人交往，加强了题干。选项A和B讲的是电视节目，不是看电视时间过长的问题，与题干无关。选项D和E讲的不是对孩子长大后出现行为问题的风险问题，而是对孩子的分析能力和身心健康的影响问题，与题干无关。

20. 答案是A。题干中的科学家根据熬夜即长期睡眠不足有损身体健康，得出结论说人们应该遵守作息规律。选项A对此提供了理由，即人们如果不遵守作息规律，即长期睡眠不足将导致各种疾病。选项B说的是熬夜会导致人们心理问题甚至认知问题的出现，与题干论证缺乏紧密相关性。

21. 答案是E。题干中的研究人员根据“母亲与婴儿对视时，双方的脑电波趋于同步”，得出结论：母亲与婴儿对视有助于婴儿的学习与交流。选项E“脑电波趋于同步可优化双方对话状态，使交流更加默契，增进彼此了解”为此提供了理由。选项A说的是成人之间的交流，属于无关选项。

二、综合提高题

1. 据统计，被指控抢劫的定罪率要远高于被指控贪污的定罪率。其重要原因是贪污案的被告能聘请收费昂贵的律师，而抢劫案的被告主要由法庭指定的律师辩护。

以下哪项如果为真，最能支持题干的叙述？

A. 被指控抢劫的被告，远多于被指控贪污的被告

B. 被告聘请的律师与法庭指定的律师一样，既忠实于法律，又努力维护委托人的合法权益

C. 被指控抢劫的被告中事实上犯罪的比例，不高于被指控贪污的被告相应的比例

D. 一些被指控抢劫的被告有能力聘请收费昂贵的律师

E. 司法腐败导致对有权势的罪犯的庇护，而贪污等职务犯罪的构成要件是当事人有职权

2. 汽油酒精，顾名思义，是一种汽油和酒精的混合物。作为一种汽车燃料，和汽油相比，燃烧一个单位的汽油酒精能产生较多的能量，同时排出较少的有害废气一氧化碳和二氧化碳。以汽车日流量超过200万辆的北京为例，如果所有汽车都使用汽油酒精，那么，每天产生的二氧化碳，不比北京的绿色植被通过光合作用吸收的多。因此，可以预计，在世界范围内，汽油酒精将很快进军并占领汽车燃料市场。

以下各项如果为真，都能加强上述论证，除了：

A. 汽车每公里消耗的汽油酒精量和汽油基本持平，至多略高

B. 和汽油相比，使用汽油酒精更有利于汽车的保养

C. 使用汽油酒精将减少对汽油的需求，有利于缓解石油短缺的压力

D. 全世界汽车日流量超过200万辆的城市中，北京的绿色植被覆盖率较低

E. 和汽油相比，汽油酒精的生产成本较低，因而售价也较低

3. 一个密码破译员截获了一份完全由阿拉伯数字组成的敌方传递军事情报的密码，并且确悉密码中每个阿拉伯数字表示且只表示一个英文字母。

以下哪项是最无助于破译这份密码的？

A. 知道英语中元音字母出现的频率

B. 知道英语中两个元音字母结合在一起出现的频率

C. 知道英语中绝大多数军事专用词汇

D. 知道密码中奇数数字相对于偶数数字的出现频率接近于英语中R相对E出现的频率

E. 知道密码中的数字3表示英语字母A

4. 在H国前年出版的50 000部书中，有5 000部是小说。H国去年发行的电影中，恰有25部是由这些小说改编的。因为去年H国共发行了100部电影，因此，由前年该国出版的书改编的电影，在这100部电影中所占的比例不会超过四分之一。

基于以下哪项假设能使上述推理成立？

A. H国去年发行电影的剧本，都不是由专业小说作家编写的

B. 由小说改编的电影的制作周期不短于一年。

C. H国去年发行的电影中，至少25部是国产片

D. H国前年出版的小说中，适合于改编成电影的不超过0.5%

E. H国去年发行的电影，没有一部是基于小说以外的书改编的

5. 在距离摩洛哥东部边境数千里处一座古代约旦城市的遗址中，发现了一个钱袋，其中

有32个刻着摩洛哥文字的金币。当时这个城市是联结中国和欧洲的丝绸之路上的一个重要商贸中心，并且又是经摩洛哥去麦加的朝圣者一个重要的中途停留地。因此，上述这个钱袋中很可能装有其他种类的硬币。

以下哪项如果为真，最能支持上述论证？

A. 当时，摩洛哥货币比约旦货币更流行

B. 当时，金币是唯一的流通货币

C. 上述钱袋的主人是经摩洛哥去麦加的朝圣者

D. 上述钱袋的主人是约旦人

E. 当时的朝圣者中很多是商人

6. 某市教育系统评出了十所优秀中学，名单按它们在近三年中毕业生高考录取率的高低排序。专家指出不能把该名单排列的顺序作为评价这些学校教育水平的一个标准。

以下哪项如果是真的，能作为论据支持专家的结论？

Ⅰ. 排列第五名的学校所得到的教育经费是后五名平均的八倍

Ⅱ. 名列第二的金山中学的高考录取率是75%，其中录取全国重点院校的占10%；名列第六的银湖中学的高考录取率是48%，但其中录取全国重点院校的占35%

Ⅲ. 名列前三名的学校位于学院区，学生的个人素质和家庭条件普遍比其他学校要好

A. Ⅰ、Ⅱ和Ⅲ　　B. 仅Ⅰ和Ⅱ　　C. 仅Ⅰ和Ⅲ

D. 仅Ⅱ和Ⅲ　　E. Ⅰ、Ⅱ和Ⅲ都不能

7. 如今，孩子写作业不仅仅是他们自己的事，大多数中小学生的家长都要面临陪孩子写作业的任务，包括给孩子听写、检查作业、签字等。据一项针对3 000余名家长进行的调查显示，84%的家长每天都会陪孩子写作业，而67%的受访家长会因陪孩子写作业而烦恼。有专家对此指出，家长陪孩子写作业，相当于充当学校老师的助理，让家庭成为课堂的延伸，会对孩子的成长产生不利影响。

以下哪项如果为真，最能支持上述专家的论断？

A. 家长是最好的老师，家长辅导孩子获得各种知识本来就是家庭教育的应有之义，对于中低年级的孩子，学习过程中的父母陪伴尤为重要

B. 大多数家长在孩子教育上并不是行家，他们或者早已遗忘了自己曾经学过的知识，或者根本不知道如何将自己拥有的知识传授给孩子

C. 家长通常有自己的本职工作，有的晚上要加班，有的即使晚上回家也需要研究工作、操持家务，一般难有精力认真完成学校老师布置的“家长作业”

D. 家长辅导孩子，不应围绕老师布置的作业，而应着重激发孩子的学习兴趣，培养孩子良好的学习习惯，让孩子在成长中感到新奇、快乐

E. 家长陪孩子写作业，会使得孩子在学习中缺乏独立性和主动性，整天处于老师和家长的双重压力下，既难生发学习兴趣，更难养成独立人格

8.《淮南子·齐俗训》中有曰：“今屠牛而烹其肉，或以为酸，或以为甘，煎熬燎炙，齐味万方，其本一牛之体。”其中的“熬”便是熬牛肉制汤的意思。这是考证牛肉汤做法的最早文献资料，某民俗专家由此推测，牛肉汤的起源不会晚于春秋战国时期。

以下哪项如果为真，最能支持上述推测？

A.《淮南子·齐俗训》完成于西汉时期

B. 早在春秋战国时期，我国已经开始使用耕牛

C.《淮南子》的作者中有来自齐国故地的人

D. 春秋战国时期我国已经有熬汤的鼎器

E.《淮南子·齐俗训》记述的是春秋战国时期齐国的风俗习惯

9. 有研究发现，冬季在公路上撒盐除冰，会让本来要成为雌性的青蛙变成雄性，这是因为这些路盐中的钠元素会影响青蛙的受体细胞并改变原可能成为雌性青蛙的性别。有专家据此认为，这会导致相关区域青蛙数量的下降。

以下哪项如果为真，最能支持上述专家的观点？

A. 雌雄比例会影响一个动物种群的规模，雌性数量的充足对物种的繁衍生息至关重要

B. 如果一个物种以雄性为主，该物种的个体数量就可能受到影响

C. 如果每年冬季在公路上撒很多盐，盐水流入池塘，就会影响青蛙的生长发育过程

D. 在多个盐含量不同的水池中饲养青蛙，随着水池中盐含量的增加，雌性青蛙的数量不断减少

E. 大量的路盐流入池塘可能会给其他水生物造成危害，破坏青蛙的食物链

10. 分心驾驶是指驾驶人为满足自己的身体舒适、心情愉悦等需求而没有将注意力全部集中于驾驶过程的驾驶行为，常见的分心行为有抽烟、饮水、进食、聊天、刮胡子、使用手机、照顾小孩等。某专家指出，分心驾驶已成为我国道路交通事故的罪魁祸首。

以下哪项如果为真，最能支持上述专家的观点？

A. 近来使用手机已成为我国驾驶人分心驾驶的主要表现形式，59％的人开车过程中看微信，31％的人玩自拍，36％的人刷微博、微信朋友圈

B. 一项研究显示，在美国超过1/4的车祸是由驾驶人使用手机引起的

C. 开车使用手机会导致驾驶人注意力下降20％；如果驾驶人边开车边发短信，则发生车祸的概率是其正常驾驶时的23倍

D. 一项统计研究表明，相对于酒驾、药驾、超速驾驶、疲劳驾驶等情形，我国由分心驾驶导致的交通事故占比最高

E. 驾驶人正常驾驶时反应时间为0.3～1.0秒，使用手机时反应时间则延迟3倍左右

11. 人们通常不使用基本的经济原则来进行决策，该原则理性地衡量所有的可能性，而后做出预计能够将利益最大化、并将损失最小化的选择。常规上讲，人们在这方面是以非理性的方式处理信息的。

以下各项如果为真，都将为上述观点提供论据，除了：

A. 人们倾向于依赖可看到的相对好处对新信息采取行动，而不是依据他们已有的信息

B. 人们更愿意选择一个他们主动选择的大的冒险，即使他们知道主动采取的冒险从统计上讲更危险

C. 人们倾向于形成有潜在危害的习惯，即使他们有清楚的证据显示他们的同辈以及专家反对这种行为

D. 人们更注意避免卷入有很多人在内的事故境况中，而不那么注意避免可能发生少数人受害的事故的境况，虽然他们也能认识到在后一种情况下，发生事故的可能性更大

E. 人们通常对医生关于某种疾病最佳治疗的意见给予更多的重视，而不对邻居的观点给予重视，如果他们意识到邻居不是疾病治疗的专家

综合提高题详解

1. 答案是C。该项必须假设，否则，如果被指控抢劫的被告中事实上犯罪的比例，高于被指控贪污的被告相应的比例，那么就没有理由认为，被指控抢劫的定罪率高于被指控贪污的定罪率是由于律师的原因造成的。

2. 答案是A。该项为不确定的选项，不能加强题干。其他选项均能加强题干。选项E意

味着，汽油酒精不但物美，而且价廉，当然也就能够很好地占领汽车燃料市场。选项B和C都意味着，汽油酒精还有其他作用，当然它也就容易更好地占领汽车燃料市场。选项D意味着，汽油酒精对于北京这样一个绿色植被覆盖率较低的城市都起作用，那么对于其他城市来说更能起作用。

3. 答案是D。题干中断定被截获的密码中，每个阿拉伯数字表示且只表示一个英文字母。因此，以下两类信息有助于破译这份密码：第一，能够揭示有关英语的知识或特征；第二，能够揭示密码中数字和英语字母之间的对应关系。显然，A和B都反映了第一类信息，有助于破译这份密码。例如，如果知道英语中元音字母出现的频率，那么就有助于推测，如果密码中某些数字的出现的频率接近于这一频率，它们表示的英语字母就可能是元音字母。C也属于第一类信息，有助于破译。因为这份密码传递的是军事情报，如果对英语中的军事专用词汇所知甚少，那么即使掌握了密码中数字和字母之间的对应关系，也仍然无法准确破译。E属于第二类信息，显然直接有利于破译密码。D看起来属于第二类信息，但实际上不是。因为该项中提及的密码中奇数数字相对于偶数数字的出现频率接近于英语中R相对于E出现的频率，显然纯粹是一种偶然的巧合，决不能依此推测，密码中的偶数表示R而奇数表示E。因为密码中只有两类数字，奇数或偶数，如果上述推测成立，则这份密码破译后通篇只包含两个字母R和E，显然不能承载任何内容。所以，D无助于破译密码。

4. 答案是E。在题干给出的100部电影中，恰有25部是由小说改编的。要由此得出结论：由出版的书改编的电影，在这100部电影中所占的比例不会超过1/4，还必须假设：这100部电影中没有一部是基于小说以外的书改编的，否则题干论证就不能成立。

5. 答案是C。该项如果为真，即钱袋主人如果是经摩洛哥去麦加的朝圣者，则它需要携带多个国家的货币，从而支持了题干。

6. 答案是D。题干断定学校的高考录取率的高低排序不能作为评价这些学校教育质量高低的标准。选项Ⅱ以具体实例对比支持了这个观点。选项Ⅲ指出了学校的较高的录取率不能全部归功于学校自身的教育质量，从而支持了题干观点。选项Ⅰ不能支持专家的意见，因为一般来说，教育经费的多少直接关系教育质量的高低。

7. 答案是E。题干中专家的论断是：家长陪孩子写作业，相当于充当学校老师的助理，让家庭成为课堂的延伸，会对孩子的成长产生不利影响。选项E指出，家长陪孩子写作业，会使得孩子在学习中缺乏独立性和主动性，整天处于老师和家长的双重压力下，既难生发学习兴趣，更难养成独立人格，指出了专家所指出的论断的理由之所在。

8. 答案是E。题干中某民俗专家从《淮南子·齐俗训》是考证牛肉汤做法最早的文献资料，推出结论：牛肉汤的起源不会晚于春秋战国时期。选项E说《淮南子·齐俗训》记述的是春秋战国时期齐国的风俗习惯，正好起到连接上述前提和结论的作用。

9. 答案是A。题干从冬季在公路上撒盐除冰，会让本来要成为雌性的青蛙变成雄性，推出这会导致相关区域青蛙数量的下降。选项A为此提供了理由。注意，不要选D，因为即使雌性青蛙数量减少，但未必青蛙数量就会因此下降。选项B支持度不足。

10. 答案是D。该项说相对于酒驾、药驾、超速驾驶、疲劳驾驶等情形，我国由分心驾驶导致的交通事故占比最高，从而为题干中专家的观点提供了理由：分心驾驶已成为我国道路交通事故的罪魁祸首。其他选项均不足以支持题干。

11. 答案是E。该项意味着人们还是以理性的方式来处理信息的。而其他选项则都属于非理性的情况。

第三章 假 设

第一节 考试要点及内容精析

假设型试题是在题干中给出结论和部分前提，要求从备选项中找到另一部分前提来将论证补充完整的试题。假设型试题的提问方式一般是：

“上述推论基于以下哪项假设？”

“以下哪项都可能是上述论证所假设的，除了”

“上述陈述隐含着下列哪项前提？”

“上述论断是建立在以下哪项假设的基础上？”

一个论证的假设具有以下特点：

(1) 假设型试题需要寻找的假设就是题干论证中论据A和论点B的连接性条件。假设型试题的题干中往往给出小前提（即推理的条件）和结论，要求寻找到一个大前提将题干中的小前提和结论连接起来，这也就是人们通常说的“搭桥”。

(2) 一个论证的假设是使该论证得以成立的必要条件。一般地说，如果题干论证在没有某一个条件时，这个论证就必然不成立，那么这个条件就是题干论证的大前提。但是，必要条件并不就是充分的。这就是说，即使有了某一个选项作为大前提，题干论证也未必就是正确的。但是没有这个选项作为大前提，即如果这个选项不成立，那么题干论证肯定是不正确的。所以，寻找大前提也就是要考虑，如果没有某个选项，题干是否还能成立，如果不能成立，那么该项就是题干论证的大前提，否则就不是。

(3) 需要寻找的题干论证成立的必要前提必须是题干论证中所隐含着，题干中已经表达的命题不能作为隐含前提，也不是题干论证所必须假设的。

(4) 作为题干论证成立的必要前提，实际上也是能够从题干中推出来的结论。从这一点来说，假设型试题和结论型试题是相通的。

如果令题干所给出的论据为A，论点为B，则假设型试题可分为A与B有本质联系、A可行或者A有意义、除了A没有别的因素影响B等三种类型来进行分析。

如果题干中的论证存在着从A到B的逻辑跳跃，A讨论的对象和B所讨论的对象之间有差异，那么我们所要寻找的就是讨论A和B之间存在着本质联系的选项作为大前提。

如果题干论证中的论据A不可行或者A没有意义，则题干推理就不能成立，题干论证的论点就是假的，这时，题干论证的大前提就是能够指出论据A是可行的或者A是有意义的。指出A可行或者A有意义的前提型试题有时也用加强型的提问方式来体现。

有时题干论证中的论据A对于论点B来说是可行的或者是有意义的，需要与论点B相关的其他因素来保证，这时题干论证成立的大前提就是要指出除了论据A以外没有别的因素影响B。

第二节　题型归纳和专题点睛

一、指出A和B之间存在本质联系

当题干推理给出的已知前提A和结论B之间存在明显的逻辑跳跃，这时，寻找推理所隐含的假设就是要指出，A和B之间有本质的联系或者在本质上是相关的或相同的。这样，假设才能真正地将已知前提和结论连接起来。

例如，盗窃是一种伤害别人的行为，因此，盗窃是不道德的。推理中前提和结论的共同概念是“盗窃”，假设则需要将前提和结论中的不同概念连接起来，即将“一种伤害别人的行为”和“不道德的”连接起来。这就是“伤害别人的行为是不道德的”，这也就是整个论证的假设。

【例3.1】婴儿通过触碰物体、四处玩耍和观察成人的行为等方式来学习，但机器人通常只能按照编定的程序进行学习。于是，有些科学家试图研制学习方式更接近于婴儿的机器人。他们认为，既然婴儿是地球上最有效率的学习者，为什么不设计出能像婴儿那样不费力气就能学习的机器人呢？

以下哪项最可能是上述科学家观点的假设？

A. 成年人和现有的机器人都不能像婴儿那样毫不费力地学习

B. 即使是最好的机器人，它们的学习能力也无法超过最差的婴儿学习者

C. 通过触碰、玩耍和观察等方式来学习是地球上最有效率的学习方式

D. 婴儿的学习能力是天生的，他们的大脑与其他动物幼崽不同

E. 如果机器人能像婴儿那样学习，它们的智能就有可能超过人类

【解析】答案是C。题干从前提（1）婴儿通过碰触物体、四处玩耍和观察成人的行为等方式来学习和前提（2）婴儿是地球上最有效率的学习者，得出结论：科学家应该设计出接近于婴儿的机器人。即设计出世界上最有效率的学习机器，其中隐含着的假设是：通过触碰、玩耍和观察等方式来学习是地球上最有效率的学习方式。也就是在题干中婴儿的学习方式和最有效率的学习者之间进行搭桥。

【例3.2】长期以来，人们认为地球是已知唯一能支持生命存在的星球，不过这一情况开始出现改观。科学家近期指出，在其他恒星周围，可能还存在着更加宜居的行星。他们尝试用崭新的方法开展地外生命搜索，即搜寻放射性元素钍和铀。行星内部含有的这些元素越多，其内部温度就会越高，这在一定程度上有助于行星的板块运动，而板块运动有助于维系行星表面的水体，因此板块运动可被视为行星存在宜居环境的标志之一。

以下哪项最有可能是科学家的假设？

A. 行星内部温度越高，越有助于它的板块运动

B. 没有水的行星也可能存在生命

C. 虽然尚未证实，但地外生命一定存在

D. 行星如能维系水体，就可能存在生命

E. 行星板块运动都是由放射性元素钍和铀驱动的

【解析】答案是D。科学家的结论是：板块运动可被视为行星存在宜居环境的标志之一；论据是：板块运动有助于维系行星表面的水体。选项D“行星如能维系水体，就可能存在生命”，正好起到连接题干论据和结论的作用。选项A题干已说过。选项B的说法与题干不协调。选项C和E均过强。

【例 3.3】香蕉叶斑病是一种严重影响香蕉树生长的传染病，它的危害范围遍及全球。这种疾病可由一种专门的杀菌剂有效控制，但喷洒这种杀菌剂会对周边人群的健康造成危害。因此，在人口集中的地区对小块香蕉林喷洒这种杀菌剂是不妥的。幸亏规模香蕉种植园大都远离人口集中的地区，可以安全地使用这种杀菌剂。因此，全世界的香蕉产量，大部分不会受到香蕉叶斑病的影响。

以下哪项最可能是上述论证所假设的？

A. 人类最终可以培育出抗叶斑病的香蕉品种

B. 全世界生产的香蕉，大部分产自规模香蕉种植园

C. 和在小块香蕉林中相比，香蕉叶斑病在规模香蕉种植园中传播得较慢

D. 香蕉叶斑病是全球范围唯一危害香蕉生长的传染病

E. 香蕉叶斑病不危害其他植物

【解析】答案是 B。题干的前提是：规模香蕉种植园大都远离人口集中的地区，可以安全地使用这种杀菌剂，结论是：全世界的香蕉产量大部分不会受到香蕉叶斑病的影响。所依赖的假设是：全世界生产的香蕉大部分产自规模香蕉种植园，否则如果全世界生产的香蕉并非大部分产自规模香蕉种植园，则题干结论就不能成立。

【例 3.4】人们一直认为管理者的决策都是逐步推理，而不是凭直觉。但是最近一项研究表明，高层管理者比中、基层管理者更多地使用直觉决策，这就证实了直觉其实比精心的、有条理的推理更有效。

上述结论是建立在以下哪项假设基础上的？

A. 有条理的、逐步的推理对于许多日常管理决策是不适用的

B. 高层管理者制定决策时，有能力凭直觉决策，或者有能力，逐步分析推理决策

C. 中、基层管理者采用有条理决策和直觉决策同样简单

D. 高层管理者在多数情况下采用直觉决策

E. 高层管理者的决策比中、基层管理者的决策更有效

【解析】答案是 E。题干中从高层管理者比中、基层管理者更多地使用直觉决策，就推出直觉比推理更有效，需要假设高层管理者的决策比中、基层管理者的决策更有效，否则就谈不上直觉比推理更有效了。

【例 3.5】生活成本与一个地区的主导行业支付的工资平均水平呈正相关。例如，某省雁南地区的主导行业是农业，而龙山地区的主导行业是汽车制造业，由此，我们可以得出结论：龙山地区的生活成本一定比雁南地区高。

以下哪项最可能是上文所做的假设？

A. 龙山地区的生活质量比雁南地区高

B. 雁南地区参与汽车制造业的人比龙山地区少

C. 汽车制造业支付的工资平均水平比农业高

D. 龙山地区的生活成本比其他地区都高

E. 龙山地区的居民希望离开龙山地区，到生活成本较低的地区生活

【解析】答案是 C。题干从龙山地区的主导行业是汽车制造业和雁南地区的主导行业是农业，推出结论：龙山地区的生活成本一定比雁南地区高，所依赖的假设是：汽车制造业地区的生活成本比农业地区的高，即前者支付的平均工资水平比后者高。

【例 3.6】人类学家发现早在旧石器时代，人类就有了死后复生的信念。在发掘出的那个时代的古墓中，死者的身边有衣服、饰物和武器等陪葬物，这是最早的关于人类具有死后复生信念的证据。

以下哪项，是上述议论所假定的？

A. 死者身边的陪葬物是死者生前所使用过的

B. 死后复生是大多数宗教信仰的核心信念

C. 宗教信仰是大多数古代文明社会的特征

D. 放置陪葬物是后人表示对死者的怀念与崇敬

E. 陪葬物是为了死者在复生后使用而准备的

【解析】答案是E。题干的论据是：那个时代的死者身边有衣服、饰物和武器等陪葬物，论点是：那个时代的人类有了死后复生的信念，所依赖的假设就是将论据和论点连接起来，即：这些陪葬物是为死者复生后使用而准备的。如果陪葬物不是为了死者在复生后使用，而是为了别的原因而准备的，那么题干中的论点人类在旧石器时代就有了死后复生的信念就不能成立。

【例3.7】20世纪50年代以后，日本学生基本上每天都要喝牛奶。近年来的一项调查显示，50岁以上的中国男子比同龄的日本男子平均高1.3厘米，而8岁到23岁所有年龄组的男子平均身高都要低于日本男子；女子各年龄段身高仍高于日本同龄女子，但随着年龄降低，差距越来越小。因此，如果不改善中国学生的饮食习惯，每天喝牛奶，他们就不能健康地发育成长。

以下哪项是上述论证所必须假设的？

A. 每天喝牛奶是使中国学生健康发育成长所不可缺少的因素

B. 每天喝牛奶有可能使所有学生都健康地发育成长

C. 每天喝牛奶能够使所有学生都健康地发育成长

D. 中国学生除了每天喝牛奶之外还应该加强身体锻炼

E. 中国学生的饮食习惯如果得到了改善，每天都喝牛奶，他们就能够健康地发育成长

【解析】答案是A。题干中从不改善中国学生的饮食习惯，即不每天喝牛奶，推出中国学生不能健康地发育成长，必须假设中国学生只有每天喝牛奶才能健康地发育成长，即选项A，每天喝牛奶是使中国学生健康发育成长所不可缺少的因素。题干从否定的前提推出否定的结论，通常需要假设一个必要条件的判断来做大前提或者假设。选项B、C、E都过强，不是题干论证所必须假设的。

二、指出A可行或A有意义

一个论证从A推出B，要求A对于B来说，必须可行或者具有实际意义，否则如果A不可行或者没有实际意义，则该论证必然不成立。

例如，某学校为了精减教师的数量，决定把最无效的教师去掉。这是一个通过某种方法来达到某个目的的推理。即减少教师数量是目的，将无效的教师去掉是方法。该推理所依赖的假设就是：该学校能够决定老师是否有效。因为如果该学校不能决定老师是否有效，则这个学校就不可能辨别出谁是最无效的老师，因此也就不可能达到精减教师的目的。

【例3.8】一些国家为了保护储户免受因银行故障造成的损失，由政府给个人储户提供相应的保险。有的经济学家指出，这种保险政策应对这些国家的银行高故障率承担部分责任。因为有了这种保险，储户在选择银行时就不关心其故障率的高低，这极大地影响了银行通过降低故障率来吸引储户的积极性。

为使上述经济学家的论证成立，以下哪项是必须假设的？

A. 银行故障是可以避免的

B. 储户有能力区分不同银行的故障率的高低

C. 故障率是储户选择银行的主要依据

D. 储户存入的钱越多，选择银行就越谨慎

E. 银行故障的主要原因是计算机病毒

【解析】答案是B。题干推理从政府给个人储户提供相应保险的政策使储户在选择银行时就不关心其故障率的高低，推出这种保险政策应对这些国家的银行高故障率承担部分责任，所依赖的假设是储户有能力区分不同银行的故障率的高低，否则就谈不上这种政策使储户在选择银行时不关心其故障率的高低，也就谈不上这种保险政策应对这些国家的银行高故障率承担部分责任。

【例3.9】人类经历了上百万年的自然进化，产生了直觉、多层次抽象等独特智能。尽管现代计算机已具备了一定的学习能力，但这种能力还需要人类指导，完全的自我学习能力还有待进一步发展。因此，计算机要达到甚至超过人类的智能水平是不可能的。

以下哪项最可能是上述论证的预设？

A. 计算可以形成自然进化能力

B. 计算机很难真正懂得人类的语言，更不可能理解人类

C. 理解人类的社会关系，有自我学习能力，就能形成直觉、多层次抽象等智能

D. 计算机具备完全的自我

E. 直觉、多层次抽象等这些人类的独特智能无法通过学习获得

【解析】答案是E。题干的前提是：计算机虽然具备一定的学习能力，但人类具有直觉、多层次抽象等独特智能。结论是：计算机要达到甚至超过人类的智能水平是不可能的。选项E正好是其假设。

【例3.10】没有一个植物学家的寿命长到足以研究一棵长白红松的完整生命过程。但是，通过观察处于不同生长阶段的许多棵树，植物学家就能拼凑出一棵树的生长过程。这一原则完全适用于目前天文学对星团发展过程的研究。这些由几十万个恒星聚集在一起的星团，大都有100亿年以上的历史。

以下哪项最可能是上文所做的假设？

A. 在科学研究中，适用于某个领域的研究方法原则上都适用于其他领域，即使这些领域的研究对象完全不同

B. 天文学的发展已具备对恒星聚集体的不同发展阶段进行研究的条件

C. 在科学研究中，完整地研究某一个体的发展过程是没有价值的，有时也是不可能的

D. 目前有尚未被天文学发现的星团

E. 对星团发展过程的研究是目前天文学研究中的紧迫课题

【解析】答案是B。题干论证从通过观察处于不同生长阶段的许多棵树，植物学家就能拼凑出一棵树的生长过程，推出这一原则完全适用于目前天文学对星团发展过程的研究。选项B天文学的发展已具备对恒星聚集体的不同发展阶段进行研究的条件是必须假设的，否则，即如果天文学的发展并不具备对恒星聚集体的不同发展阶段进行研究的条件，那么题干中的论点，这一原则适用于目前天文学对星团发展过程的研究，就不能成立。选项A说“在科学研究中，适用于某个领域的研究方法原则上都适用于其他领域，即使这些领域的研究对象完全不同”，过强，不是题干论证成立的必要条件。

【例3.11】《星岛日报》和《星岛晚报》都有一个专门的校对小组负责防止错别字出现在每天刊出的报纸中。但是，《星岛日报》发表的文章中2%的文字有错误，而《星岛晚报》却没有出现此类错误。因此，《星岛晚报》的校对小组在发现错别字方面比《星岛日报》的校对小组更有效率。

以下哪项是上述论证所必须假设的？

A. 大多数在《星岛日报》上发表的文章中都或多或少有错别字出现

B. 在《星岛晚报》上发表的文章，在校对之前至少是有错别字存在的

C. 总体上看，《星岛晚报》校对小组的成员比《星岛日报》校对小组的成员素质更高

D. 一份报纸错别字数量的多少是衡量该报纸编辑工作是否细致的一个重要标准

E.《星岛晚报》的记者和给该报投稿的作者比《星岛日报》的记者和给该报投稿的作者更认真

【解析】 答案是B。题干从《星岛日报》发表的文章中2%的文字有错误，而《星岛晚报》却没有出现此类错误，就得出结论：《星岛晚报》的校对小组在发现错别字方面比《星岛日报》的校对小组更有效率。这一论证需要假设二者所发表文章的稿件在错别字方面差不多，否则就有可能是因为稿件本身的原因而不是校对小组的原因造成了它们所发表的文章在错别字方面的差异。选项B，在《星岛晚报》上发表的文章在校对之前至少有错别字存在，是必须假设的，否则就谈不上《星岛晚报》在发现错别字方面更有效。

【例3.12】 超市中销售的苹果常常留有一定的油脂痕迹，表面显得油光滑亮。牛师傅认为，这是残留在苹果上的农药所致，水果在收摘之前都喷洒了农药，因此，消费者在超市购买水果后，一定要清洗干净方能食用。

以下哪项最可能是牛师傅看法所依赖的假设？

A. 超市里销售的水果并未得到彻底清洗

B. 在水果收摘之前喷洒的农药大多数会在水果上留下油脂痕迹

C. 许多消费者并不在意超市销售的水果是否清洗过

D. 只有那些在水果上能留下油脂痕迹的农药才可能被清洗掉

E. 除了苹果，其他许多水果运至超市时也留有一定的油脂痕迹

【解析】 答案是A。题干中牛师傅从超市的水果在收摘之前都喷洒了农药，推出结论：消费者在超市购买水果后，一定要清洗干净方能食用，意味着超市里销售的水果并未得到彻底清洗，否则，如果超市里销售的水果已经得到彻底清洗，则牛师傅因为水果在收摘之前都喷洒了农药而建议消费者在超市购买水果后一定要清洗干净方能食用就不能成立，因为这些农药很可能因为经过彻底清洗而不存在了。选项C、D、E均与题干断定无关。选项B不是牛师傅论证的前提和结论之间的假设，而只是牛师傅前提的前提。

【例3.13】 张教授指出，生物燃料是指利用生物资源生产的燃料乙醇或生物柴油，它们可以替代由石油制取的汽油和柴油，是可再生能源开发利用的重要方向。受世界石油资源短缺、环保和全球气候变化的影响，20世纪70年代以来，许多国家日益重视生物燃料的发展，并取得显著成效。所以，应该大力开发和利用生物燃料。

以下哪项最可能是张教授论证的预设？

A. 发展生物燃料可有效降低人类对石油等化石燃料的消耗

B. 发展生物燃料会减少粮食供应，而当今世界有数以百万计的人食不果腹

C. 生物柴油和燃料乙醇是现代社会能源供给体系的适当补充

D. 生物燃料在生产与运输的过程中需要消耗大量的水、电和石油等

E. 目前我国生物燃料的开发和利用已经取得很大成绩

【解析】 答案是A。题干中张教授论证的前提是：受世界石油资源短缺、环保和全球气候变化的影响。结论是：应该大力开发和利用生物燃料。选项A"发展生物燃料可有效降低人类对石油等化石燃料的消耗"是必须假设的，否则如果发展生物燃料并不能有效降低人类对石油等化石燃料的消耗，则张教授的论证不能成立。

【例 3.14】人们一直在争论猫与狗谁更聪明。最近，有些科学家不仅研究了动物脑容量的大小，还研究其大脑皮层神经细胞的数量，发现猫平常似乎总摆出一副智力占优的神态，但猫的大脑皮层神经细胞的数量只有普通金毛犬的一半。由此，他们得出结论：狗比猫更聪明。

以下哪项最可能是上述科学家得出结论的假设?

A. 动物大脑皮层神经细胞的数量与动物的聪明程度呈正相关

B. 猫的脑神经细胞数量比狗少，是因为猫不像狗那样“爱交际”

C. 狗可能继承了狼结群捕猎的特点，为了互相配合，它们需要做出一些复杂行为

D. 棕熊的脑容量是金毛犬的 3 倍，但其脑神经细胞的数量却少于金毛犬，与猫很接近，而棕熊的脑容量却是猫的 10 倍

E. 狗善于与人类合作，可以充当导盲犬、陪护犬、搜救犬、警犬等，就对人类的贡献而言，狗能做的似乎比猫多

【解析】答案是 A。题干从前提猫的大脑皮层神经细胞的数量只有普通金毛犬的一半出发，推出结论“狗比猫更聪明”，即猫没有狗聪明。这就意味着动物大脑皮层神经细胞的数量与动物的聪明程度呈正相关。

三、指出除了 A 以外没有别的因素影响 B

一个论证要保证从 A 能够推出 B 来，要求 A 对于 B 来说必须具有唯一性，即必须假设没有别的因素影响 B。否则，论证就难以成立。

【例 3.15】在西西里的一处墓穴里，发现了一只陶瓷花瓶。考古学家证实这只花瓶原产自希腊。墓穴主人生活在 2 700 年前，是当时的一个统治者。因此，这说明在 2 700 年前，西西里和希腊间已有贸易往来了。

以下哪项是上述论证所必须假设的?

A. 当时西西里的陶瓷匠人的水平不及希腊陶瓷匠人

B. 在当时用来制造陶瓷的黏土，西西里产的和希腊产的很不一样

C. 墓穴主人活着的时候，已经有大批船队能够往来于西西里和希腊

D. 在西西里墓穴里发现的这只花瓶不是墓穴主人的后裔在后来放进去的

E. 墓穴主人不是西西里皇族的成员

【解析】答案是 D。题干从在西西里的一处墓穴里发现了一只原产自希腊的陶瓷花瓶，而墓穴主人生活在 2 700 年前，是当时的一个统治者，推出：在 2 700 年前，西西里和希腊间已有贸易往来了。选项 D“在西西里墓穴里发现的这只花瓶不是墓穴主人的后裔在后来放进去的”是必须假设的，否则，如果西西里墓穴里发现的这只花瓶是墓穴主人的后裔在后来放进去的，那么题干的论点就不能成立。选项 C 说“墓穴主人活着的时候，已经有大批船队能够往来于西西里和希腊”，过强，不必假设。其他选项均不适合作为假设。

【例 3.16】面试是招聘的一个不可取代的环节。因为通过面试，可以了解应聘者的个性。那些个性不适合的应聘者将被淘汰。

以下哪项是上述论证最可能假设的?

A. 应聘者的个性很难通过招聘的其他环节来展示

B. 个性是确定录用应聘者的最主要因素

C. 只有经验丰富的招聘者才能通过面试准确把握应聘者的个性

D. 在招聘的各个环节中，面试比其他环节更重要

E. 面试的唯一目的就是了解应聘者的个性

【解析】答案是 A。题干论证的结论是：面试是招聘的一个不可取代的环节。理由是：通

过面试可以了解应聘者的个性。选项A是必须假设的，因为如果应聘者的个性还可以通过招聘的其他环节来展示的话，就不能说面试是招聘的一个不可取代的环节了。其他选项都断定过强，不适合作为题干论证的假设。

【例3.17】类人猿和其后的史前人类所使用的工具很相似。最近在东部非洲考古所发现的古代工具，就属于史前人类和类人猿都使用过的类型。但是，发现这些工具的地方是热带大草原，热带大草原有史前人类居住过。而类人猿只生活在森林中。因此，这些被发现的古代工具是史前人类而不是类人猿使用过的。

为使上述论证有说服力，以下哪项是必须假设的？

A. 即使在相当长的环境生态变化过程中，森林也不会演变为草原

B. 史前人类从未在森林中生活过

C. 史前人类比类人猿更能熟练地使用工具

D. 史前人类在迁移时并不携带工具

E. 类人猿只能使用工具，并不能制造工具

【解析】答案是A。题干给出的第一个前提是：在东部非洲发现古代工具的地方是热带大草原，第二个前提是：类人猿只生活在森林中，即不生活在热带大草原中，结论是：这些工具不是类人猿使用过的。整个三段论推理是完整的，但作为论证还需要假设：在相应的过程中，森林没有演变为草原。因为如果森林曾经变化为草原，则题干论证的可靠性就值得怀疑了。

第三节　阶梯化训练题及解析

一、基础能力题

1. 当前的大学教育在传授基本技能上是失败的。有人对若干大公司人事部门负责人进行了一次调查，发现很大一部分新上岗的工作人员都没有很好掌握基本的写作、数量和逻辑技能。

上述论证是以下列哪项为前提的？

A. 现在的大学里没有基本技能方面的课程

B. 新上岗人员中极少有大学生

C. 写作、数量、逻辑方面的基本技能对胜任工作很重要

D. 大公司的新上岗人员基本代表了当前大学毕业生的水平

E. 过去的大学生比现在的大学生接受了更多的基本技能教育

2. 林教授的身体状况恐怕不宜继续担任校长助理的职务。因为近一年来，只要林教授给校长写信，内容只有一个，不是这里不舒服，就是那里有毛病。

为使上述论证成立，以下哪项是必须假设的？

Ⅰ. 胜任校长助理的职务，需要有良好的身体条件

Ⅱ. 林教授给校长的信的内容基本上都是真实的

Ⅲ. 近一年来，林教授经常给校长写信

A. 仅Ⅰ　　B. 仅Ⅱ　　C. 仅Ⅲ

D. 仅Ⅰ和Ⅱ　　E. Ⅰ、Ⅱ和Ⅲ

3. 政府的教育投入不见得真正有利于学生。在上世纪末到本世纪初，美国政府用于教育项目的投入的总量增加了150%，在此期间，学生在标准考试中的成绩却下降了。

上述论证基于以下哪项假设?

A. 学生在标准考试中的成绩是衡量教育项目有效性的重要标准

B. 在上世纪末到本世纪初,越来越多的学生对各种教育项目包括政府资助的项目失去了兴趣

C. 在上世纪末到本世纪初,学生在美国人口中的比例没有很大的提高

D. 上世纪末美国的教育投入本来是可较好地用于健康和福利事业的

E. 上世纪末美国大学毕业生中选择教师职业的人数有很大的下降

4. 在新一年的电影节的评比上,准备打破过去的只有一部最佳影片的限制,而按照历史片、爱情片等几种专门的类型分别评选最佳影片,这样可以使电影工作者的工作能够得到更为公平的对待,也可以使观众和电影爱好者对电影的优劣有更多的发言权。

根据上述信息,这种评比制度的改革隐含了以下哪项假设?

A. 划分影片类型,对于规范影片拍摄有重要的指导作用

B. 每一部影片都可以按照这几种专门的类型来进行分类,没有遗漏

C. 观众和电影爱好者在进行电影评论时喜欢进行类型的划分

D. 按照类型来进行影片的划分,不会使有些冷门题材的影片被忽视

E. 过去因为只有一部最佳影片,影响了电影工作者参加电影节评比的积极性

5. 近来,信用卡公司遭到了很多顾客的指责,他们认为公司向他们的透支部分所收取的利息率太高了。事实上,公司收取的利息率只比普通的银行给个人贷款的利息率高两个百分点。但是,顾客忽视了信用卡给他们带来的便利,比如,他们可以在货物削价时及时购物。

上文是以下列哪个选项作为前提的?

A. 购物折扣省下来的钱至少可以弥补以信用卡付款超出普通银行个人贷款利息率的那部分花费

B. 信用卡的申请人除非有长期的拖欠历史或其他信用问题,否则申请很容易批准

C. 消费者在削价时购买的货物价格并不很低,无法使消费者抵消高利率成本,并有适当盈利

D. 那些用信用卡付款买削价货物的消费者可能不具有在银行以低息获得贷款的资格

E. 信用卡使用者所能透支的总量是有限制的,因此,其支付的利息也是有限的

6. 以前有几项研究表明,食用巧克力会增加食用者患心脏病的可能性。而一项最新的、更为可靠的研究得出的结论为:食用巧克力与心脏病发病率无关。估计这项研究成果公布之后,巧克力的消费量将会大大增加。

上述推论基于以下哪项假设?

A. 大量食用巧克力的人中,并不是有很高的比例患心脏病

B. 尽管有些人知道食用巧克力会增加患心脏病的可能性,却照样大吃特吃

C. 人们从来也不相信进食巧克力会更容易患心脏病的说法

D. 现在许多人吃巧克力是因为他们没听过巧克力会导致心脏病的说法

E. 现在许多人不吃巧克力完全是因为他们相信巧克力会诱发心脏病

7. 政府应该不允许烟草公司在其营业收入中扣除广告费用。这样的话,烟草公司将会缴纳更多的税金。它们只好提高自己的产品价格,而产品价格的提高正好可以起到减少烟草购买的作用。

以下哪个选项是上述论点的前提?

A. 烟草公司不可能降低其他方面的成本来抵销多缴的税金

B. 如果他们需要付高额的税金,烟草公司将不再继续做广告

C. 如果烟草公司不做广告，香烟的销售量将受到很大影响

D. 政府从烟草公司的应税收入增加所得的收入将用于宣传吸烟的害处

E. 烟草公司由此所增加的税金应该等于价格上涨所增加的盈利

8. 据最近统计，在需要同等学历的十个不同职业中，教师的平均工资五年前排列第九，而目前上升到第六；另外，目前教师的平均工资是其他上述职业的平均工资的 96%，而五年前只占 55%。因此，教师工资偏低的状况有了很大的改善，教师的相对生活水平有了很大的提高。

上述论证基于以下哪项假设？

Ⅰ. 近五年来的通货膨胀率基本保持不变

Ⅱ. 和其他职业一样，教师中的最高工资与最低工资的差别并不悬殊

Ⅲ. 学历是确定工资标准的主要依据

Ⅳ. 工资是实际收入的主要部分

A. 仅Ⅰ和Ⅲ　　B. 仅Ⅱ和Ⅳ　　C. 仅Ⅲ

D. 仅Ⅳ　　E. 仅Ⅲ和Ⅳ

9. 李工程师：在日本，肺癌病人的平均生存年限（即从确诊至死亡的年限）是 9 年，而在亚洲的其他国家，肺癌病人的平均生存年限只有 4 年。因此，日本在延长肺癌病人生命方面的医疗水平要高于亚洲的其他国家。

张研究员：你的论证缺乏充分的说服力。因为日本人的自我保健意识总体上高于其他的亚洲人，因此，日本肺癌病患者的早期确诊率要高于亚洲其他国家。

张研究员的反驳，基于以下哪项假设？

Ⅰ. 肺癌患者的自我保健意识对于其疾病的早期确诊起到重要作用

Ⅱ. 肺癌的早期确诊对延长患者的生存年限起到重要作用

Ⅲ. 对肺癌的早期确诊技术是衡量防治肺癌医疗技术水平的一个重要方面

A. 仅Ⅰ　　B. 仅Ⅱ　　C. 仅Ⅲ

D. 仅Ⅰ和Ⅱ　　E. Ⅰ、Ⅱ和Ⅲ

10. 一词当然可以多义，但一词的多义应当是相近的。例如，“帅”可以解释为“元帅”，也可以解释为“杰出”，这两个含义是相近的。由此看来，把“酷（cool）”解释为“帅”实在是英语中的一种误用，应当加以纠正，因为“酷”在英语中的初始含义是“凉爽”，和“帅”丝毫不相及。

以下哪项是题干的论证所必须假设的？

A. 一个词的初始含义是该词的唯一确切的含义

B. 除了“酷”以外，在英语中不存在其他的词具有不相关的多种含义

C. 词语的多义将造成思想交流的困难

D. 英语比汉语更容易产生语词歧义

E. 语言的发展方向是一词一义，用人工语言取代自然语言

11. 国产片《英雄》显然是前两年最好的古装武打片。这部电影是由著名导演、演员、摄影师、武打设计师和服装设计师参与的一部国际化大制作的电影。票房收入的明显领先说明观看该部影片的人数远多于进口的美国大片《卧虎藏龙》的人数，尽管《卧虎藏龙》也是精心制作的中国古装武打片。

为使上述论证成立，以下哪项是必须假设的？

Ⅰ. 国产影片《英雄》和美国影片《卧虎藏龙》的票价基本相同

Ⅱ. 观众数量是评价电影质量的标准

Ⅲ. 导演、演员、摄影师、武打设计师和服装设计师的阵容是评价电影质量的标准

A. 仅Ⅰ　　B. 仅Ⅱ　　C. 仅Ⅲ

D. 仅Ⅰ和Ⅱ　　E. Ⅰ、Ⅱ和Ⅲ

12. 政府用于支持纯理论研究的投入经常被认为是浪费，似乎只有直接的技术应用可以证明科学的价值。但是，如果没有纯理论研究，应用技术终将成为日见枯竭的无源之水。今天的纯理论研究可能看来没什么用，但是谁也说不准某一天它会产生什么样的应用奇迹。这正如人们完全可以问："新生的婴儿有什么用?"

上述议论基于以下哪项假设?

Ⅰ. 理论发现和它的实际应用之间存在时间上的差距

Ⅱ. 纯理论研究比技术应用更费时间和金钱

Ⅲ. 理论转化为实际应用的时间越长，这种理论就越有价值

A. 仅Ⅰ　　B. 仅Ⅱ　　C. 仅Ⅲ

D. 仅Ⅰ和Ⅲ　　E. Ⅰ、Ⅱ和Ⅲ

13. 以下是一份商用测谎器的广告：

员工诚实的个人品质，对于一个企业来说至关重要。一种新型的商用测谎器，可以有效地帮助贵公司聘用诚实的员工。著名的3Q公司在一次招聘面试时使用了测谎器，结果完全有理由让人相信它的有效功能。有1/3的应聘者在这次面试中撒谎。当被问及他们是否知道法国经济学家道尔时，他们都回答知道，或至少回答听说过。但事实上这个经济学家是不存在的。

以下哪项最可能是上述广告所假设的?

A. 上述应聘者中的2/3知道所谓的法国经济学家道尔是不存在的

B. 上述面试的主持者是诚实的

C. 上述应聘者中的大多数是诚实的

D. 上述应聘者在面试时并不知道使用了测谎器

E. 该测谎器的性能价格比非常合理

14. 万通公司制作的正版音乐光盘每张售价为25美元，赢利10美元。而这样的光盘的盗版制品每张仅售价5美元。因此，如果这样的光盘销售10万张，就会给万通公司造成100万美元的利润损失。

要使上述论证成立，以下哪项是必须假设的?

A. 每个已购买各种盗版制品的人，若没有盗版制品可买，都仍会购买相应的正版制品

B. 如果没有盗版光盘，万通公司的上述正版光盘的销售量不会少于10万张

C. 上述盗版光盘的单价不可能低于5美元

D. 与上述正版光盘相比，盗版光盘的质量无实质性的缺陷

E. 万通公司制作的上述正版光盘价格偏高是造成盗版光盘充斥市场的原因

15. 以下是一场关于"安乐死是否应合法化"的辩论中正方辩手的发言：

反方辩友反对"安乐死合法化"的根据主要是在什么条件下方可实施安乐死的标准不易掌握，这可能会给医疗事故甚至谋杀造成机会，使一些本来可以挽救的生命失去最后的机会。诚然，这样的风险是存在的。但是我们怎么能设想干任何事情都排除所有风险呢。让我提一个问题，我们为什么不把法定的汽车时速限制为不超过自行车，这样汽车交通事故发生率不是几乎可以下降到0吗?

请问上述论证预设了以下哪项?

Ⅰ. 实施安乐死带来的收益比可能产生的风险损失总体上说要大

Ⅱ. 尽可能地延长病人的生命并不是医疗事业的绝对宗旨

Ⅲ. 总有一天医疗方面可以准确无误地把握何时方可实施安乐死的标准

A. 仅Ⅰ　　B. 仅Ⅰ和Ⅱ　　C. 仅Ⅱ和Ⅲ

D. 仅Ⅰ和Ⅲ　　E. Ⅰ、Ⅱ和Ⅲ

16. 实业钢铁厂将竞选厂长。如果董来春参加竞选，则极具竞选实力的郝建生和曾思敏不参加竞选。所以，如果董来春参加竞选，他将肯定当选。

为使上述论证成立，以下哪项是必须假设的？

Ⅰ. 当选者一定是竞选实力最强的竞选者

Ⅱ. 如果董来春参加竞选，那么，他将是唯一的候选人

Ⅲ. 在实业钢铁厂，除了郝建生和曾思敏，没有其他人的竞选实力比董来春强

A. 仅Ⅰ　　B. 仅Ⅱ　　C. 仅Ⅲ

D. 仅Ⅰ和Ⅲ　　E. Ⅰ、Ⅱ和Ⅲ

17. 莱布尼茨是 17 世纪伟大的哲学家。他先于牛顿发表了他的微积分研究成果。但是当时牛顿公布了他的私人笔记，说明他至少在莱布尼茨发表其成果的 10 年前已经运用了微积分的原理。牛顿还说，在莱布尼茨发表其成果的不久前，他在给莱布尼茨的信中谈起过自己关于微积分的思想。但是，事后研究表明，牛顿的这封信，有关微积分的几行字几乎没有涉及这一理论的任何重要之处。因此，可以得出结论，莱布尼茨和牛顿各自独立地发现了微积分。

以下哪项是上述论证所必须假设的？

A. 莱布尼茨在数学方面的才能不亚于牛顿

B. 莱布尼茨是个诚实的人

C. 没有第三个人不迟于莱布尼茨和牛顿独立地发现了微积分

D. 莱布尼茨在发表微积分研究成果前从没有把其中的关键性内容告诉任何人

E. 莱布尼茨和牛顿都没有从第三渠道获得关于微积分的关键性细节

18～19 基于以下题干：

小红说：如果中山大道只允许通行轿车和不超过 10 吨的货车，大部分货车将绕开中山大道。小兵说：如果这样的话，中山大道的车流量将减少，从而减少中山大道的撞车事故。

18. 以下哪项是小红的断定所假设的？

A. 轿车和 10 吨以下的货车仅能在中山大道行驶

B. 目前中山大道的交通十分拥挤

C. 货车司机都喜欢在中山大道行驶

D. 大小货车在中山大道外的马路行驶十分便利

E. 目前行驶在中山大道的大部分货车都在 10 吨以上

19. 以下哪项如果为真，最能加强小兵的结论？

A. 中山大道的撞车事故主要发生在 10 吨以上的货车

B. 在中山大道上，大客车很少发生撞车事故

C. 中山大道因为常发生撞车事故，交通堵塞严重

D. 许多原计划购买 10 吨以上货车的单位转而购买 10 吨以下的货车

E. 近来中山大道周围的撞车事故减少了

20. 新近一项研究发现，海水颜色能够让飓风改变方向。也就是说：如果海水变色，飓风的移动路径也会变向。这也就意味着科学家可以根据海水的“脸色”判断哪些地区将被飓风袭击，哪些地区会幸免于难，值得关注的是，全球气候变暖可能已经让海水变色。

以下哪项最可能是科学家做出判断所依赖的前提？

A. 海水温度升高可导致生成的飓风数量增加

B. 海水温度变化会导致海水改变颜色

C. 海水颜色与飓风移动路径之间存在某种相对程度的联系

D. 全球气候变暖是最近几年飓风频发的重要原因之一

E. 海水温度变化与海水颜色变化之间的联系尚不明确

21. 在英语和汉语中，"塔"的发音是一样的，这是英语借用了汉语；"幽默"的发音也是一样的，这是汉语借用了英语。而在英语和姆巴拉拉语中，"狗"的发音也是一样的，但可以肯定，使用这两种语言的人的交往只是近两个世纪的事情，而姆巴拉拉语（包括"狗"的发音）的历史几乎和英语一样古老。另外，这两种语言属于完全不同的语系，没有任何的亲缘关系。因此，这说明，不同的语言中出现意义和发音相同的词，并不一定是由于语言间的相互借用，或是由于语言的亲缘关系所致。

以下哪项是上述论证所必须假设的？

A. 汉语和英语中，意义和发音相同的词都是互相借用的结果

B. 除了英语和姆巴拉拉语以外，还有多种语言对"狗"有相同的发音

C. 没有第三种语言从英语中借用"狗"一词

D. 如果两种不同语系的语言中有的词发音相同，则使用这两种语言的人一定在某个时期彼此接触过

E. 使用不同语言的人互相接触，一定会导致语言的互相借用

22. 张勇认为他父亲生于 1934 年，而张勇的妹妹则认为父亲生于 1935 年。张勇的父亲出生的医院没有 1934 年的产科记录。据记载，该医院没有张勇父亲的出生记录。因此，可以得出结论：张勇的父亲出生于 1934 年。

为使上述论证成立，以下哪项是必须假设的？

Ⅰ. 上述医院 1935 年的产科记录是完整的

Ⅱ. 张勇和他妹妹关于父亲的出生年份的断定，至少有一个是真的

Ⅲ. 张勇的父亲已经过世

A. 仅Ⅰ　　B. 仅Ⅱ　　C. 仅Ⅲ

D. 仅Ⅰ和Ⅱ　　E. Ⅰ、Ⅱ和Ⅲ

23. 在近现代科技的发展中，技术革新从发明、应用到推广的循环过程不断加快。世界经济的繁荣是建立在导致产业诞生的连续不断的技术革新之上的。因此，产业界需要增加科研投入以促使经济进一步持续发展。

上述论证基于以下哪项假设？

Ⅰ. 科研成果能够产生一系列新技术和新发明

Ⅱ. 电讯、生物制药、环保是目前技术革新循环最快的产业，将会在未来几年中产生大量的新技术、新发明

Ⅲ. 目前产业界投入科研的资金量还不足以确保一系列新技术和新发明的产生

A. 仅Ⅰ　　B. 仅Ⅲ　　C. 仅Ⅰ和Ⅱ

D. 仅Ⅰ和Ⅲ　　E. Ⅰ、Ⅱ和Ⅲ

24. 某些精神失常患者可以通过心理疗法而痊愈，例如，癔病和心因性反应等。然而，某些精神失常是因为大脑神经递质化学物质不平衡，例如精神分裂症和重症抑郁，这类患者只能通过药物进行治疗。

上述论述是基于以下哪项假设？

A. 心理疗法对大脑神经递质化学物质的不平衡所导致的精神失常无效

B. 对精神失常患者，药物治疗往往比心理疗法见效快

C. 大多数精神失常都不是由脑神经递质化学物质的不平衡导致的

D. 对精神失常患者，心理疗法比药物治疗疗效差些

E. 心理疗法仅仅是减轻精神失常患者的病情，根治还是需要药物治疗

25. 一种对偏头痛有明显疗效的新药正在推广。不过服用这种药可能加剧心脏病。但是只要心脏病患者在服用该药物时严格遵从医嘱，它的有害副作用完全可以避免。因此，关于这种药物副作用的担心是不必要的。

上述论证基于以下哪项假设？

A. 药物有害副作用的产生都是因为患者在服用时没有严格遵从医嘱

B. 有心脏病的偏头痛患者在服用上述新药时不会违背医嘱

C. 大多数服用上述新药的偏头痛患者都有心脏病

D. 上述新药有多种副作用．但其中最严重的是会加剧心脏病

E. 上述新药将替代目前其他治疗偏头痛的药物

26～27 基于以下题干：

区别与知识型考试，能力型考试的理想目标，是要把短期行为的应试辅导对于成功应试所起的作用降低到最低的限度。能力型考试从理念上不认同应试辅导。一项调查表明，参加各种专业硕士考前辅导班的考生的实考平均成绩，反而低于未参加任何辅导的考生。因此，考前辅导不利于专业硕士考生的成功应试。

26. 以下哪项相关断定如果为真，能削弱上述论证？

Ⅰ. 参加考前辅导而实考成绩较差的考生，如果不参加考前辅导，实考成绩会更差

Ⅱ. 未参加考前辅导而实考成绩较好的考生，如果参加考前辅导，实考成绩会更好

Ⅲ. 基础较差的考生更会选择考前辅导

A. 仅Ⅰ　　B. 仅Ⅱ　　C. 仅Ⅲ

D. 仅Ⅰ和Ⅱ　　E. Ⅰ、Ⅱ和Ⅲ

27. 为使上述论证成立，以下哪项是必须假设的？

A. 专业硕士考试是能力型考试

B. 上述辅导班都由名师辅导

C. 在上述调查对象中，经过考前辅导的考生在辅导前的平均水平和未参加辅导的考生大致相当

D. 专业硕士考试对于考生的水平有完全准确的区分度

E. 在上述调查对象中，男女比例大致相当

28. 一个随机抽取的顾客样本群体对一项市场调查中的问题做了回答。六个月后，另一个随机顾客样本群体回答了相同的问题，只是问题排列的顺序有所调整。两组样本对许多单个问题的回答方式有很大的差别，这表明有时只因排在前面的问题不同就会导致对后面问题的不同回答。

上述论证依赖于以下哪项假设？

A. 对问题的重新排列并没有使六个月前的每一个问题的前后顺序都发生变化

B. 回答市场调查问题的顾客六个月后通常记不住他们当初的回答

C. 第二次调查的目的是为了使市场调查更加精确

D. 顾客不会在一年中的不同时间对这些问题做出不同的回答

E. 第一次调查样本中的顾客与第二次调查样本中的顾客不是完全不同的

29. 交通部科研所最近研制了一种自动照相机，它对速度有敏锐的反应，只要（并且只有）违规超速汽车经过镜头时，它就自动按下快门。在某条单向行驶的公路上，在一个小时

内，这样一架照相机摄下了50辆超速汽车的照片。在这条公路前方，距这架照相机约1公里处，一批交通警察于隐蔽处正在进行目测超速汽车的能力测试。在这同一个小时内，某个警察测定，共有25辆汽车超速通过。由于经过那架自动照相机的汽车一定经过目测处，可以推定，该警察对超速汽车的目测准确率不高于50%。

要使题干的推断成立，以下哪项是必须假设的？

A. 在该警察测定为超速的汽车中，包括在照相机处不超速而到目测处超速的汽车

B. 在上述一个小时中，在照相机前超速的汽车，都一定超速通过目测处

C. 在上述一个小时中，在照相机前不超速的汽车，到目测处不超速

D. 在该警察测定为超速的汽车中，包括在照相机处超速而到目测处不超速的汽车

E. 在上述一个小时中，通过目测处的非超速汽车一定超过25辆

30. 为了有助于人们选择最满意的城市居住，有关部门实施了一项评选“最舒适城市”的活动。方法是，选择十个方面，包括社会治安、商业设施、清洁程度、绿化程度、教育设施、旅游文化景点等等，每个方面按实际质量的高低，评以1分至10分之间的某一分值，然后求得十个分值的平均数即是这个城市的舒适性指数。

以下哪项是实施上述活动需要预设的前提？

Ⅰ. 城市的各种舒适性质量程度都可以用准确的数字表达

Ⅱ. 城市的各种舒适性对于居民来说都是同等重要的

Ⅲ. 居民有自由选择居住城市的权利并且大都乐于这样做

A. 仅Ⅰ　　B. 仅Ⅱ　　C. 仅Ⅲ

D. 仅Ⅰ和Ⅱ　　E. Ⅰ、Ⅱ和Ⅲ

31. 根据一种心理学理论，一个人要想快乐就必须和周围的人保持亲密的关系。但是，世界上伟大的画家往往是在孤独中度过了他们的大部分时光，并且没有亲密的人际关系。所以，这种心理学理论的上述结论是不成立的。

以下哪项最可能是上述论证所假设的？

A. 该心理学理论是为了揭示内心体验与艺术成就的关系

B. 有亲密人际关系的人几乎没有孤独的时候

C. 孤独对伟大的绘画艺术家来说是必需的

D. 有些著名画家有亲密的人际关系

E. 获得伟大成就的艺术家不可能不快乐

32. 某地区过去三年日常生活必需品平均价格增长了30%。在同一时期，购买日常生活必需品的开支占家庭平均月收入的比例并未发生变化。因此，过去三年中家庭平均收入也一定增长了30%。

以下哪项最可能是上述论证所假设的？

A. 在过去三年中，平均每个家庭购买的日常生活必需品数量和质量没有发生变化

B. 在过去三年中，除生活必需品外，其他商品平均价格的增长低于30%

C. 在过去三年中，该地区商品的数量增长了30%

D. 在过去三年中，家庭用于购买高档消费品的平均开支明显减少

E. 在过去三年中，家庭平均生活水平下降了

33. 今年所有向甲大学申请奖学金的学生同时也向乙大学申请奖学金。甲、乙两个大学各同意给予半数的申请者每人一个全奖。因此，所有这些申请者就都获得了一份全奖。

上述推论基于以下哪项假设？

A. 所有申请者既符合甲大学的入学要求，又符合乙大学的入学要求

B. 所有的申请者都愿意接受甲、乙大学的奖学金资助

C. 甲、乙两个大学没有给同一个申请者以全额奖学金

D. 没有任何一个申请者向第三家大学申请奖学金

E. 没有任何一个申请者在今年以前向甲大学或是乙大学提过申请

34. 许多影视放映场所为了增加其收入，把一些并不包含有关限制内容的影视片也标以“少儿不宜”。

他们这样做是因为确信以下哪项断定？

Ⅰ. 成人观众在数量上要大大超过少儿观众

Ⅱ. “少儿不宜”的影视片对成年人无害

Ⅲ. 成年人普遍对“少儿不宜”的影视片感兴趣

A. 仅Ⅰ　　B. 仅Ⅱ　　C. 仅Ⅰ和Ⅲ

D. 仅Ⅱ和Ⅲ　　E. Ⅰ、Ⅱ和Ⅲ

基础能力题详解

1. 答案是D。题干中要从若干大公司很大一部分新上岗的工作人员都没有很好掌握基本的写作、数量和逻辑技能，推出：当前的大学教育在传授基本技能上是失败的，还需要假设一个大前提：大公司的新上岗人员基本代表了当前大学毕业生的水平，即指出前提和结论之间存在本质联系。选项B和C都与题干不相关，选项A和E都只是讲了当前教育中存在的问题，而没有能够把这个问题与“大公司的新上岗人员”的情况联系起来，故都不能起到保证题干论证成立的作用。

2. 答案是E。选项Ⅰ必须假设，否则不能因为身体状况说林教授不宜继续担任校长助理的职务。选项Ⅱ必须假设，因为如果林教授给校长写的信的内容并不都是真实的，则不能说林教授的身体状况就不好。选项Ⅲ必须假设，因为如果林教授并不经常给校长写信，则不能说林教授的身体就不好。

3. 答案是A。如果学生在标准考试中的成绩不是衡量教育项目有效性的标准，那么题干中用学生在标准考试中的成绩下降，来论证政府的教育投入不见得有利于学生就不能成立。

4. 答案是B。如果有些影片不能按照这几种专门的类型来进行分类，那么即使按照历史片、爱情片等几种专门的类型分别评选最佳影片，电影工作者的工作并非就能得到更为公平的对待。

5. 答案是A。如果购物折扣省下来的钱并不能够弥补以信用卡付款超出普通银行个人贷款利率的那部分花费，即使信用卡给顾客带来了在货物削价时及时购物的便利，但是信用卡公司向顾客的透支部分所收取的利息率还是太高了。

6. 答案是E。如果现在许多人不吃巧克力并不完全是因为他们相信食用巧克力会导致患心脏病，那么即使公布“食用巧克力与心脏病发病率无关”这一最新研究结论，巧克力的消费量也不会因此大大增加。

7. 答案是A。如果公司还可能降低其他方面的成本来抵消多缴的税金，那么即使烟草公司会缴纳更多的税金，也不会起到减少烟草购买的作用。

8. 答案是E。题干就是以学历和工资为根据来展开论证的，如果学历不是确定工资标准的主要依据，或者工资不是实际收入的主要部分，那么题干中所说的“教师工资偏低的状况有了很大的改善，教师的相对生活水平有了很大的提高”，也就失去了依据。选项Ⅰ不必假设，通货膨胀率对大家都一样。选项Ⅱ不必假设，因为题干是把教师作为一个整体和非教师进行比较，而不是在教师内部进行比较。

9. 答案是D。Ⅰ必须假设，因为如果肺癌患者的自我保健意识对于其疾病的早期确诊没有起到什么作用，则张研究员用日本人自我保健意识高于其他的亚洲人，来论证日本肺癌患者的早期确诊率要高于亚洲其他国家，也就失去了依据。Ⅱ必须假设，因为如果肺癌的早期确诊对延长患者的生存年限没有起到重要作用，则张研究员用日本肺癌患者的早期确诊率要高于亚洲其他国家，来反驳李工程师的论点：日本在延长肺癌病人生命方面的医疗水平要高于亚洲的其他国家，也就是失去了依据。Ⅲ不必假设，因为该项加强了李工程师的论证，削弱了张研究员的论证。

10. 答案是A。如果一个词的初始含义并不是该词的唯一确定的含义，即还可以有别的含义的话，则题干中就不能根据"酷"在英语中的初始含义是"凉爽"，和"帅"丝毫不相及，就说把"酷"解释为"帅"是英语中的误用了。

11. 答案是D。选项Ⅰ必须假设，否则不能因为票房收入明显领先就说观看的人数多。选项Ⅱ必须假设，否则不能因为观看人数多就说影片质量高。选项Ⅲ不必假设，因为题干已经陈述，两者的阵容是一样的。

12. 答案是A。Ⅰ必须假设，因为如果理论发现和它的实际应用之间不存在时间上的差距，则题干中关于纯理论研究的作用的论证也就失去了依据。Ⅱ和Ⅲ都是无关选项，不必假设。

13. 答案是D。如果面试者在面试时知道了使用测谎器，则广告中对测谎器的功能所做的宣称也就失去了依据。

14. 答案是B。题干论证从"万通公司制作的正版音乐光盘每张售价为25美元，赢利10美元"，推出"如果这样的光盘销售10万张，就会给万通公司造成100万美元的利润损失"。选项B"如果没有盗版光盘，万通公司的上述正版光盘的销售量不会少于10万张"是必须假设的，否则如果没有盗版光盘，万通公司的正版音乐光盘的销量也会少于10万张，则万通公司就不会因此损失100万元了，即不是盗版光盘的原因，而是还有别的原因。

15. 答案是B。Ⅰ必须假设，因为如果实施安乐死带来的收益比可能产生的风险损失总体上并不大，则正方关于"安乐死合法化"的主张也就失去了依据。Ⅱ必须假设，因为如果尽可能地延长病人的生命是医疗事业的绝对宗旨，那么正方关于"安乐死合法化"的论证也就不能成立。Ⅲ与题干中正方的主张没有关系，不必假设。

16. 答案是D。选项Ⅰ必须假设，否则题干从竞选实力来立论就不成立。选项Ⅲ必须假设，因为如果还有其他人的竞选实力比董来春强的话，则董来春就不一定当选了。选项Ⅱ不必假设，因为董来春肯定当选，不必假设他是唯一的候选人，即使他不是唯一的候选人，只要其他候选人的实力差，就可以保证董来春肯定当选。

17. 答案是E。该项是必须假设的，因为如果该项为假，即如果莱布尼茨和牛顿中有一人已经从第三渠道获得关于微积分的关键性细节，则题干论点"莱布尼茨和牛顿各自独立地发现了微积分"就不能成立。

18. 答案是E。因为如果目前行驶在中山大道上的货车大部分不在10吨以上，则小红所做的断定"大部分货车将绕开中山大道"就不能成立。

19. 答案是A。因为如果中山大道的撞车事故主要发生在10吨以上的货车，则由于中山大道不允许10吨以上的货车通过，这样自然就减少了中山大道的撞车事故，从而加强了小兵的论证。

20. 答案是C。题干从海水变色，推出飓风移动路径的变化。选项C"海水颜色与飓风移动路径之间存在某种相对程度的联系"是必须假设的，即需要假设海水颜色和飓风移动路径之间存在一定的逻辑关系。

21. 答案是 C。题干从“在英语和姆巴拉拉语中，‘狗’的发音也是一样的，但可以肯定，使用这两种语言的人的交往只是近两个世纪的事情，而姆巴拉拉语（包括‘狗’的发音）的历史几乎和英语一样古老。另外，这两种语言属于完全不同的语系，没有任何的亲缘关系”，推出“不同的语言中出现意义和发音相同的词，并不一定是由于语言间的相互借用，或是由于语言的亲缘关系所致”。选项 C“没有第三种语言从英语中借用‘狗’一词”是必须假设的，因为如果存在第三种语言从英语中借用“狗”一词，则还是可以说不同的语言中出现意义和发音相同的词是由于语言间的相互借用的结果。

22. 答案是 D。选项Ⅰ必须假设，否则张勇的父亲很可能是出生于 1935 年。选项Ⅱ也必须假设，因为如果张勇和他妹妹关于父亲出生年份的断定都是假的，则张勇的父亲可能出生于其他年份。选项Ⅲ不必假设，题干的断定与张勇的父亲是否过世没有直接关系。

23. 答案是 D。题干从技术革新是经济持续发展的前提，推出“产业界需要增加科研投入”。Ⅰ必须假设，因为如果科研成果不能产生一系列新技术和新发明，则增加科研投入也就不能促使经济进一步持续发展，题干论证也就失去了依据。Ⅲ也必须假设，因为如果目前产业界投入科研的资金量足以确保一系列新技术和新发明的产生，那就没有必要为促进经济持续发展来增加科研投入。Ⅱ为无关选项，不必假设。

24. 答案是 A。题干从“某些精神失常患者可以通过心理疗法而痊愈”，推出：因为大脑神经递质化学物质不平衡而导致的精神失常只能通过药物治疗。选项 A“心理疗法对大脑神经递质化学物质的不平衡所导致的精神失常无效”是必须假设的，否则不能说因为大脑神经递质化学物质不平衡而导致的精神失常只能通过药物治疗，不能通过心理治疗。

25. 答案是 B。题干论据是：一种对偏头痛有明显疗效的新药只要心脏病患者在服药时严格遵从医嘱，它就不会加剧心脏病，论点是：关于这种药物副作用的担心是不必要的。选项 B“有心脏病的偏头痛患者在服用上述新药时不会违背医嘱”是必须假设的，即患者能够遵从医嘱，否则题干的结论不能成立。

26. 答案是 E。选项Ⅰ、Ⅱ和Ⅲ都意味着，考前辅导班还是有利于专业硕士考生的成功应试的，从而都削弱了题干论证。

27. 答案是 C。该项是必须假设的，因为如果经过考前辅导的考生在辅导前的平均水平和未参加辅导的考生并不大致相当，比如要差，则题干论点说“考前辅导不利于专业硕士考生的成功应试”就不成立。

28. 答案是 D。题干断定“问题排列的顺序有所调整”是“对许多单个问题的回答方式有很大的差别”的原因。需要假设没有别的因素影响。否则，很可能是顾客在这一年中改变了对这些问题的观点呢？

29. 答案是 B。题干中根据在同一个小时内，照相机发现了 50 辆超速汽车，而警察仅仅发现了 25 辆超速汽车，因此推出该警察对超速汽车的目测准确率不高于 50%。这需要假设所有超速经过照相机的汽车也必须超速通过警察的目测处，否则就不好说。假如超速通过照相机前的汽车只有 25 辆超速通过警察的目测处，则警察对超速汽车的目测准确率就是 100%了。

30. 答案是 E。选项Ⅰ需要作为假设，因为如果城市的各种舒适性质量程度不可以用准确的数字表达，那么都评以 1 分至 10 分之间的某一分值就不可能了。选项Ⅱ也需要作为假设，因为如果城市的各种舒适性对于居民来说不是同等重要的，就不能都按实际质量的高低评以 1 分至 10 分之间的某一分值了。选项Ⅲ也需要作为假设，因为如果居民没有自由选择居住城市的权利并且不是大都乐于这样做，这样一项活动也就谈不上有助于人们选择最满意的城市居住了。

31. 答案是 E。题干论点是：一个人要想快乐不必和周围的人保持亲密关系。论据是：世界上伟大的画家往往没有亲密的人际关系。选项E“获得伟大成就的艺术家不可能不快乐”是必须假设的，即世界上伟大的画家都是快乐的。

32. 答案是A。题干从“某地区过去三年日常生活必需品平均价格增长了30%。在同一时期，购买日常生活必需品的开支占家庭平均月收入的比例并未发生变化”，推出“过去三年中家庭平均收入也一定增长了30%”。选项A必须假设。

33. 答案是C。如果甲、乙两个大学给同一个申请者以全额奖学金，那么题干中的论点“所有这些申请者就都获得了一份全奖”就不能成立了。

34. 答案是C。选项Ⅰ必须假设，因为如果成人观众在数量上不会大大超过少儿观众，则许多放映场所把一些并不包含有关限制内容的影视片也标以“少儿不宜”，就不是为了增加收入。选项Ⅲ必须假设，因为如果成年人并不是普遍对“少儿不宜”的影视片感兴趣，则许多放映场所把一些并不包含有关限制内容的影视片也标以“少儿不宜”，就不是为了增加收入。Ⅱ是无关选项，不必假设。

二、综合提高题

1. 小红装病逃学了一天，大明答应为她保密。事后，知道事情底细的老师对大明说，我和你一样，都认为违背承诺是一件不好的事情；但是，人和人的交往，事实上默认一个承诺，这就是说真话，任何谎言都违背这一承诺。因此，如果小红确实装病逃学，那么，你即使已经承诺为她保密，也应该对我说实话。

要使老师的话成立，以下哪项是必须假设的？

A. 说谎比违背其他承诺更有害

B. 有时，违背承诺并不是一件坏事

C. 任何默认的承诺都比表达的承诺更重要

D. 违背默认的承诺有时要比违背表达的承诺更不好

E. 每一个人都不应该违背承诺

2. 西方航空公司由北京到西安的全额票价一年多来保持不变，但是，目前西方航空公司由北京到西安的机票90%打折出售，只有10%全额出售；而在一年前则是一半打折出售，一半全额出售。因此，目前西方航空公司由北京到西安的平均票价比一年前要低。

以下哪项最可能是上述论证所必须假设的？

A. 目前和一年前一样，西方航空公司由北京到西安的机票，打折的和全额的，有基本相同的售出率

B. 目前和一年前一样，西方航空公司由北京至西安的打折机票售出率，不低于全额机票

C. 目前西方航空公司由北京至西安的打折机票的票价和一年前基本相同

D. 目前西方航空公司由北京至西安航线的服务水平比一年前下降

E. 西方航空公司所有航线的全额票价一年多来保持不变

3. 天文学家一直假设，宇宙中有些物质是看不见的。研究显示，许多星云如果都是由能看见的星球构成的话，它们的移动速度要比在任何条件下能观测到的快得多。专家们由此推测：这样的星云中包含着看不见的巨大质量的物质，其重力影响着星云的运动。

以下哪项是题干论证所假设的？

Ⅰ. 题干所说的看不见，是指不可能被看见，而不是指离地球太远，不能被人的肉眼或借助天文望远镜看见

Ⅱ. 上述星云中能被看见的星球的总体质量可以得到较为准确的估计

Ⅲ. 宇宙看不见的物质，除了不能被看见这点以外，具有看得见的物质的所有属性，例如

具有重力

A. 仅Ⅰ　　B. 仅Ⅱ　　C. 仅Ⅲ

D. 仅Ⅰ和Ⅱ　　E. Ⅰ、Ⅱ和Ⅲ

4～5 基于以下题干：

据 2019 年所做的统计，在美国 35 岁以上的居民中，10%患有肥胖症。因此，如果到 2029 年美国的人口将达到 4 亿的估计是正确的话，那么，到 2029 年美国 35 岁以上患肥胖症的人数将达到 2 000 万。

4. 以下哪项最可能是题干的推测所假设的？

A. 在未来的 10 年中，世界的总人口将有大的增长

B. 在未来的 10 年中，美国人饮食方式将不会有任何变化

C. 在未来的 10 年中，世界上将不会有大的战争发生

D. 到 2029 年，美国人口中 35 岁以上的将占一半

E. 到 2029 年，对肥胖症的防治仍没有任何进展

5. 以下哪项如果为真，最能削弱题干的推测？

A. 肥胖症对健康的危害，已日益引起美国和其他发达国家的重视

B. 据 2018 年所做的统计，在美国 35 岁以上的居民中，肥胖症的比例是 12%

C. 权威人士指出，对到 2029 年美国人口将达到 4 亿的推测缺乏足够的根据

D. 到 2029 年，美国人口的年龄结构中，35 岁以上所占的比例将比目前的有所下降

E. 一个设计有误的统计，将不可避免地提供错误的数据

6～7 基于以下题干：

山奇是一种有降血脂特效的野花，它数量特别稀少，正濒临灭绝。但是，山奇可以通过和雏菊的花粉自然杂交产生山奇—雏菊杂交种子。因此，在山奇尚存的地域内应当大量地人工培育雏菊。虽然这种杂交品种会失去父本或母本的一些重要特征，例如不再具有降血脂的特效，但这是避免山奇灭绝的几乎唯一的方式。

6. 如果上述论证成立，最能说明以下哪项原则成立？

A. 为了保护一个濒临灭绝的物种，即使使用的方法会对另一个物种产生负面影响，也是应当的

B. 保存一个物种本身就是目的，至于是否能保存该物种的所有特性则无关紧要

C. 改变一个濒临灭绝的物种的类型，即使这种改变会使它失去一些重要的特征，也比这个物种的完全灭绝要好

D. 在两个生存条件激烈竞争的物种中，只保存其中的一个，也比两个同时灭绝要好

E. 保存一个有价值的物种，即使这种保存是个困难的过程，也比接受这个物种的一个没有什么价值的替代品要好

7. 上述论证依赖于哪项假设？

Ⅰ. 只有人工培育的雏菊才能和山奇自然杂交

Ⅱ. 在山奇尚存的地域内没有野生雏菊

Ⅲ. 山奇—雏菊杂交种子具有繁衍后代的能力

A. 仅Ⅰ　　B. 仅Ⅱ　　C. 仅Ⅲ

D. 仅Ⅱ和Ⅲ　　E. Ⅰ、Ⅱ和Ⅲ

8. 为了提高运作效率，H 公司应当实行灵活工作日制度，也就是充分考虑雇员的个人意愿，来决定他们每周的工作日与休息日。研究表明，这种灵活工作日制度，能使企业员工保持良好的情绪和饱满的精神。

上述论证依赖以下哪项假设?

Ⅰ. 那些希望实行灵活工作日的员工，大多是H公司的业务骨干

Ⅱ. 员工良好的情绪和饱满的精神，能有效提高企业的运作效率

Ⅲ. H公司不实行周末休息制度

A. 仅Ⅰ　　B. 仅Ⅱ　　C. 仅Ⅲ

D. 仅Ⅱ和Ⅲ　　E. Ⅰ、Ⅱ和Ⅲ

9. 肖群一周工作五天，除非这周内有法定休假日。除了周五在志愿者协会，其余四天肖群都在大平保险公司上班。上周没有法定休假日。因此，上周的周一、周二、周三和周四肖群一定在大平保险公司上班。

以下哪项是上述论证所假设的?

A. 一周内不可能出现两天以上的法定休假日

B. 大平保险公司实行每周四天工作日制度

C. 上周的周六和周日肖群没有上班

D. 肖群在志愿者协会的工作与保险业有关

E. 肖群是个称职的雇员

10. 通常的高山反应是由高海拔地区空气中缺氧造成的，当缺氧条件改变时，症状可以很快消失。急性脑血管梗阻也具有脑缺氧的病征，如不及时恰当处理会危及生命。由于急性脑血管梗阻的症状和普通高山反应相似，因此，在高海拔地区，急性脑血管梗阻这种病特别危险。

以下哪项最可能是上述论证所必须假设的?

A. 普通高山反应和急性脑血管梗阻的医疗处理是不同的

B. 高山反应不会诱发急性脑血管梗阻

C. 急性脑血管梗阻如及时恰当处理不会危及生命

D. 高海拔地区缺少抢救和医治急性脑血管梗阻的条件

E. 高海拔地区的缺氧可能会影响医生的工作，降低其诊断的准确性

11. 张珊：不同于“刀”“枪”“箭”“戟”，“之”“乎”“者”“也”这些字无确定所指。

李思：我同意。因为“之”“乎”“者”“也”这些字无意义，因此，应当在现代汉语中废止。

以下哪项最可能是李思认为张珊的断定所含的意思?

A. 除非一个字无意义，否则一定有确定所指

B. 如果一个字有确定所指，则它一定有意义

C. 如果一个字无确定所指，则应当在现代汉语中废止

D. 只有无确定所指的字，才应当在现代汉语中废止

E. 大多数的字都有确定所指

12. 在高速公路上行驶时，许多司机都会超速。因此，如果规定所有汽车都必须安装一种装置，这种装置在汽车超速时发出声音提醒司机减速，那么，高速公路上的交通事故将会明显减少。

上述论证依赖于以下哪项假设?

Ⅰ. 在高速公路上超速行驶的司机，大都没有意识到自己超速

Ⅱ. 高速公路上发生交通事故的重要原因，是司机超速行驶

Ⅲ. 上述装置的价格十分昂贵

A. 仅Ⅰ　　B. 仅Ⅱ　　C. 仅Ⅲ

D. 仅Ⅰ和Ⅱ　　E. Ⅰ、Ⅱ和Ⅲ

13. 有位美国学者做了一个实验，给被试儿童看三幅图画，鸡，牛，青草，然后让儿童将其分为两类。结果大部分中国儿童把牛和青草归为一类，把鸡归为另一类，大部分美国儿童则把牛和鸡归为一类，把青草归为另一类。这位美国学者由此得出：中国儿童习惯于按照事物之间的关系来分类，美国儿童则习惯于把事物按照各自所属的“实体”范畴进行分类。

以下哪项是这位学者得出结论所必须假设的？

A. 马和青草是按照主辅之间的关系被列为一类

B. 鸭和鸡蛋是按照各自所属的“实体”范畴被归为一类

C. 美国儿童只要把牛和鸡归为一类，就是习惯于按照各自所属“实体”范畴进行分类

D. 美国儿童只要把牛和鸡归为一类，就不是习惯于按照事物之间的关系来分类

E. 中国儿童只要把牛和青草归为一类，就不是习惯于按照各自所属“实体”范畴进行分类

14～15 基于以下题干：

有钱并不意味着幸福。有一项覆盖面相当广的调查显示，在自认为有钱的被调查者中，只有 1/3 的人感觉自己是幸福的。

14. 要使上述论证成立，以下哪项是必须假设的？

A. 在不认为自己有钱的被调查者中，感觉自己是幸福的人多于 1/3

B. 在自认为有钱的被调查者中，其余的 2/3 都感觉自己很不幸福

C. 许多自认为有钱的人，实际上并不有钱

D. 上述调查的对象全部是有钱人

E. 是否幸福的标准是当事人的自我感觉

15. 以下哪项有关上述调查的断定如果为真，最能支持上述论证？

A. 绝大多数自认为有钱的人，实际上都达到中等以上的富裕程度

B. 许多感觉不幸福的人，实际上十分幸福

C. 许多不认为自己有钱的人，实际上很有钱

D. 被调查的有钱人绝大多数是合法致富

E. 被调查的有钱人中，许多是非法致富

16. 由陨石撞击地球所形成的陨石坑在地球上的不同地区都有，但是，在地球较稳定地区出现的陨石坑最为密集。这种陨石坑相对密集的现象，肯定是由于地质稳定地区有较少的地表变化所造成的。

假设以下哪项，上文的结论就能适当地被推出？

A. 一个落在先前陨石所落下的同一地点的陨石，会抹掉上一次碰撞的所有痕迹

B. 任何一个地区的地表变化节奏在不同的地质时期都不相同

C. 在整个地球的历史上，陨石的撞击均匀地分布在地球表面的各个地方

D. 地质学家对地球上地质较稳定地区的研究比缺乏稳定性地区的研究更广泛

E. 地球表面上受地表变化影响最少的陨石坑往往不太为人们所注意

17. 研究显示，大多数有创造性的工程师，都有在纸上乱涂乱画，并记下一些看来稀奇古怪想法的习惯。他们的大多数最有价值的设计都直接与这种习惯有关，而现在的许多工程师都用电脑工作，在纸上乱涂乱画不再是一种普遍的习惯。一些专家担心，这会影响工程师的创造性思维，建议在用于工程设计的计算机程序中匹配模拟的便条纸，能让使用者在上面涂鸦。

以下哪项最可能是上述建议所假设的？

A. 在纸上乱涂乱画，只可能产生工程设计方面的灵感

B. 对计算机程序中所匹配的模拟便条纸，只能用于乱涂乱画，或记录看来稀奇古怪的

想法

C. 所有用计算机工作的工程师都不会备有纸笔以随时记下有意思的想法

D. 工程师在纸上乱涂乱画所记下的看来稀奇古怪的想法，大多数都有应用价值

E. 乱涂乱画所产生的灵感，并不一定通过在纸上的操作获得

综合提高题详解

1. 答案是D。题干中老师陈述，大明虽然已答应为小红逃学保密，但大明和老师交往又默认了必须说真话的承诺，所以，大明即使已经承诺为小红逃学保密，也应该对老师说真话。选项D“违背默认的承诺有时要比违背表达的承诺更不好”是必须假设的，否则，如果违背默认的承诺总是比违背表达的承诺更好的话，则小明就不应该对老师说真话，题干中老师的话就不能成立。

2. 答案是C。题干中从目前西方航空公司由北京到西安航线的打折机票比例比一年前多，推出其目前的平均票价比一年前要低，需要确定打折机票的折扣率是多少。如果目前打折机票的折扣率很低，则平均票价不一定比一年前低。选项D为无关选项。A讲的是售出率，和平均票价没有直接关系。

3. 答案是D。题干中专家们从“研究显示，许多星云如果都是由能看见的星球构成的话，它们的移动速度要比在任何条件下能观测到的快得多”，推测“这样的星云中包含着看不见的巨大质量的物质，其重力影响着星云的运动。”选项Ⅰ必须假设。因为如果题干所说的“看不见”仅仅是指不能被人的肉眼所看见的话，则题干论点说该星云中包含着巨大质量的物质就不能成立。选项Ⅱ必须假设。因为如果上述星云中能被看见的星球的总体质量并不可以得到较为准确的估计的话，则题干中的论点说该星云中包含着巨大质量的物质也不能成立。选项Ⅲ不必假设。因为题干中的论点并不需要假设宇宙中看不见的物质必须具有看得见的物质的所有属性。

4. 答案是D。题干的论据是：2019年美国35岁以上的人中有10%患有肥胖症。根据这个比例进行推理，到2029年美国总共有4亿人，如果其中35岁以上的为2亿的话，则患有肥胖症的人应该为2 000万，所以，最可能的假设是：到2029年，美国人口中35岁以上的人将占了一半。

5. 答案是B。题干论证要成立，需要假设在未来十年中，美国35岁以上的人中肥胖症患者的比例保持不变。如果B为真，则说明这一假设难以成立，从而有力地削弱了题干。

6. 答案是C。该项正好是题干论证原则的体现，注意选项B说“是否能保存该物种的所有特性则无关紧要”并不是题干的意思。

7. 答案是C。选项Ⅲ是题干论证必须假设的，因为如果山奇—雏菊杂交种子并不具有繁衍后代的能力，则题干论点为了避免山奇灭绝“在山奇尚存的地域内应当大量地人工培育雏菊”就不成立。Ⅰ和Ⅱ都是无关选项，都不是题干论证所必须假设的。

8. 答案是D。题干论证试图通过实行灵活的工作日制度，来使企业员工保持良好的情绪和饱满的精神，进而提高H公司的运作效率。选项Ⅱ必须假设，因为题干论点说，这种灵活的工作日制度能使企业员工保持良好的情绪和饱满的精神，而最终目的是要提高运作效率。选项Ⅲ也必须假设，否则，如果H公司实行周末休息制度，就无法实行灵活的工作制度，也就无法提高运作效率。选项Ⅰ和题干无直接关系，不必假设。

9. 答案是C。题干论证，只有某周有法定休假日，肖群才会不工作五天；除了周五在志愿者协会，其余四天肖群都在大平保险公司上班；但上周没有法定休假日，显然肖群上周只工作五天。由于他周五在志愿者协会上班，所以，上周的周一、周二、周三和周四肖群一定在大平

保险公司上班。选项C“上周的周六和周日肖群没有上班”是必须假设的，因为肖群也可能一周工作的五天并不是在周一到周五，而是周六或周日工作。休息的两天恰好在周一到周五中的两天。

10. 答案是A。题干论证根据“通常的高山反应是由高海拔地区空气中缺氧造成的，当缺氧条件改变时，症状可以很快消失”和“由于急性脑血管梗阻的症状和普通高山反应相似”，推出“在高海拔地区，急性脑血管梗阻这种病特别危险”。选项A“普通高山反应和急性脑血管梗阻的医疗处理是不同的”是必须假设的，否则在高海拔地区，急性脑血管梗阻这种病就不会特别危险。选项D加强了题干，但不是题干论证成立的必要条件。

11. 答案是A。题干李思根据：“之”“乎”“者”“也”这些字无意义，推出：应当在现代汉语中废止这些字。那为什么“之”“乎”“者”“也”这些字无意义呢？张珊只是说“之”“乎”“者”“也”这些字无确定所指。所以，在李思看来，如果一个字无确定所指，则一定无意义。选项A说“除非一个字无意义，否则一定有确定所指”的意思是，“只有一个字无意义，才一定无确定所指”，进而可以推出“如果一个字无确定所指，则一定无意义”。这正是李思认为张珊的断定所含的意思。

12. 答案是D。题干从“在高速公路上行驶时，许多司机都会超速。因此，如果规定所有汽车都必须安装一种装置，这种装置在汽车超速时发出声音提醒司机减速”，推出“高速公路上的交通事故将会明显减少”。选项Ⅰ“在高速公路上超速行驶的司机，大都没有意识到自己超速”必须假设，否则高速公路上的交通事故不会因此减少。选项Ⅱ“高速公路上发生交通事故的重要原因，是司机超速行驶”必须假设，否则高速公路上的交通事故减少的目的就不能达到。选项Ⅲ为无关选项。

13. 答案是C。该项中“美国儿童只要把牛和鸡归为一类，就是习惯于按照各自所属的‘实体’范畴进行分类”，是题干论证中的前提“大部分美国儿童则把牛和鸡归为一类”和结论“美国儿童则习惯于把事物按照各自所属的‘实体’范畴进行分类”直接相加的结果，体现了论证的假设在论证中的“桥梁”作用。从“大部分”推出“都习惯于”必须做出上述假设。否则题干推理就不成立。选项A和B都与题干没有直接关系。选项D和E都不足以保证题干推理的成立。

14. 答案是E。题干中从2/3的人感觉自己不幸福，推出有钱并不意味着幸福，需要假设是否幸福的标准是当事人的自我感觉，否则题干的结论就不成立。

15. 答案是A。如果该项为真，即绝大多数自认为有钱的人事实上都有钱，则题干的论证就能够成立。

16. 答案是C。题干认为“地球上较稳定地区出现的陨石坑最为密集”的原因，是“地质稳定地区有较少的地表变化”。这一论证需要假设“陨石的撞击均匀地分布在地球表面的各个地方”，否则“地球上较稳定地区出现的陨石坑最为密集”的原因，很可能就会是陨石的撞击并不均匀地分布在地球表面的各个地方。

17. 答案是E。题干中的前提是：工程师在一般纸上涂鸦能够产生灵感，结论是：工程师应该在计算机程序中匹配模拟的便条纸上涂鸦，所依赖的假设是：灵感也能够通过在计算机程序中匹配模拟的便条纸上涂鸦产生，即并非只有通过在纸上的操作才能获得，从而将前提和结论连接起来。如果E项为假，即如果乱涂乱画所产生的灵感一定需要通过在纸上的操作才能获得，则题干的建议就是不合理的。

第四章　解　释

第一节　考试要点及内容精析

一、解释要把原因找

解释型试题的一般特征是，题干给出关于某些事实或现象的客观描述，通常是给出一个似乎矛盾实际上并不矛盾的现象，要求从备选项中寻找到能够解释的选项。

解释型试题的提问方式一般是：

“以下哪项如果为真，能最好地解释上面的矛盾？”

该类试题在题干中描述了事物现象间表面上的矛盾或差异，而本质上这种矛盾是不存在的。这种表面上的矛盾或者是同一个事物的两个不同方面，或者所探讨的是两个不同的对象。但是，题干中为何又显得很矛盾呢？原因可能是还有某方面的细节没有考虑到。

解释型试题也可能需要解释一个事件发生的原因，也可能需要解释一个行为的目的等，都和解释题干论证中存在的表面性矛盾现象有关。

解释型试题有时会以最不能解释的方式来提问。最不能解释题型的提问方式一般是：

“以下各项如果是真的，都有助于解释上述看来矛盾的断定，除了”

针对这种提问，应该首先使用排除法，即先将能够解释题干的选项排除掉，最后剩余的选项就是不能解释题干的。

二、解答解释型问题的方法及值得注意的方面

1. 首先读出题干存在着的表面上的矛盾现象是什么，然后再寻找能够将这个表面上的矛盾现象说清楚的选项，即表面上看起来矛盾但实际上并不矛盾的原因是什么。

2. 最能解释题干的选项，是能够将矛盾说清楚、道明白的选项。所以，解释的选项，不一定就是最能够解释的选项。

3. 加深矛盾的选项一定不能解释矛盾。

第二节　题型归纳和专题点睛

一、最能解释

解答最能解释题干中存在的表面上的矛盾现象的问题，首先需要读出题干陈述中存在的表面上的矛盾现象，然后再寻找最能解释清楚题干中存在的矛盾现象的选项。

【例 4.1】某公司办公室茶水间提供自助式收费饮料。职员拿完饮料后，自己把钱放到特

设的收款箱中。研究者为了判断职员在无人监督时，其自律水平会受哪些因素的影响，特地在收款箱上方贴了一张装饰图片，每周一换。装饰图片有时是一些花朵，有时是一双眼睛。一个有趣的现象出现了：贴着“眼睛”的那一周，收款箱里的钱远远超过贴其他图片的情形。

以下哪项如果为真，最能解释上述实验现象？

A. 在无人监督的情况下，大部分人缺乏自律能力

B. 在该公司工作的职员，其自律能力超过社会中的其他人

C. 眼睛是心灵的窗口，该公司职员看到“眼睛”图片时会有一种莫名的感动

D. 该公司职员看到“花朵”图片时，心情容易变得愉快

E. 该公司职员看到“眼睛”图片时，就能联想到背后可能有人看着他们

【解析】 答案是E。题干陈述的现象是：贴着“眼睛”的那一周，收款箱里的钱远远超过贴其他图片的情形。选项E：该公司职员看到“眼睛”图片时，就能联想到背后可能有人看着他们，正好解释了题干的现象。选项C：眼睛是心灵的窗口，该公司职员看到“眼睛”图片时会有一种莫名的感动，解释力度不足。其他选项均缺乏紧密相关性。

【例 4.2】 通常情况下，长期在寒冷环境中生活的居民可以有更强的抗寒能力。相比于我国的南方地区，我国北方地区冬天的平均气温要低很多。然而有趣的是，现在许多北方地区的居民并不具有我们所以为的抗寒能力，相当多的北方人到南方来过冬，竟然难以忍受南方的寒冷天气，怕冷程度甚至远超过当地人。

以下哪项如果为真，最能解释上述现象？

A. 南方地区冬天虽然平均气温比北方高，但也存在极端低温的天气

B. 有些北方人是从南方迁过去的，他们还没有完全适应北方的气候

C. 南方地区湿度较大，冬天感受到的寒冷程度超出气象意义上的温度指标

D. 北方地区在冬天通常启用供暖设备，其室内温度往往比南方高出很多

E. 一些北方人认为南方温暖，他们去南方过冬时往往对保暖工作做得不够充分

【解析】 答案是D。题干中存在的矛盾现象是，通常长期在寒冷环境中生活的居民可以有更强的抗寒能力，北方地区温度低于南方地区，但北方人到南方来过冬，他们的抗寒能力却不如南方人。选项D解释为，南北室内温度存在差异，故实际上处于真正意义上寒冷环境的是南方人，解释了上述现象。注意选项C为干扰项，超出气象意义的温度指标不意味着南方就比北方更冷。

【例 4.3】 日本脱口秀表演家金语楼曾获多项专利。有一种在打火机上装一个小抽屉代替烟灰缸的创意，在某次创意比赛中获得了大奖，倍受推崇。比赛结束后，东京的一家打火机制造厂家将此创意进一步开发成产品推向市场，结果销路并不理想。

以下哪项如果为真，能最好地解释上面的矛盾？

A. 某家烟灰缸制造厂商在同期推出了一种新型的烟灰缸，吸引了很多消费者

B. 这种新型打火机的价格比普通的打火机贵20日元，有的消费者觉得并不值得

C. 许多抽烟的人觉得随地弹烟灰既不雅观，也不卫生，还容易烫坏衣服

D. 参加创意比赛后，很多厂家都选择了这项创意来开发生产，几乎同时推向市场

E. 作为一个脱口秀表演家，金语楼曾经在他主持的电视节目上介绍过这种新型打火机的奇妙构思

【解析】 答案是D。题干存在的表面上的矛盾现象是，在打火机上装一个小抽屉代替烟灰缸的创意既然在创意比赛中获得大奖，那么为什么东京一家打火机制造厂家将之开发成产品推向市场的时候结果却销路不理想呢？选项D解释为，因为很多厂家都来生产该种产品并且同时推向市场，这样使得题干中所说的这家打火机制造厂家遇到了激烈的竞争对手，从而解释了题

干中存在的矛盾。选项A说的产品是烟灰缸，而题干中讲的产品是装有烟灰缸的打火机，所以不能构成对题干有充分说服力的解释。选项B说“这种新型打火机的价格比普通的打火机贵20日元”，实际上并不贵多少，所以该项也不能构成对题干有充分说服力的解释。按选项C和E的说法，题干中所说的产品应该销路不错才对。

【例4.4】以优惠价出售日常家用小商品的零售商通常有上千雇员，其中大多数只能领取最低工资。随着国家法定的最低工资额的提高，零售商的人力成本也随之大幅度提高。但是零售商的利润非但没有降低，反而提高了。

以下哪项如果为真，最有助于解释上述看来矛盾的现象？

A. 上述零售商的基本顾客，是领最低工资的人

B. 人力成本只占零售商的经营成本的一半

C. 在国家提高最低工资额的法令实施后，除了人力成本以外，其他零售商经营成本也有所提高

D. 零售商的雇员有一部分来自农村，他们基本都拿最低工资

E. 在国家提高最低工资额的法令实施后，零售商降低了某些高薪雇员的工资

【解析】答案是A。既然零售商的人力成本提高了，零售商的利润就会受到损失，怎么不但利润没有降低，反而提高了呢？选项A解释为，是因为上述零售商的基本顾客是领取最低工资的人，这些人工资提高了，他们相应地就有更多的钱来购买零售商的商品，所以，虽然零售商的人力成本会增加一些，但是所售出商品获得的收益更多，利润也就增加了。注意不要选E，因为个别情况不能解释一般，即使这些零售商降低了某些高薪雇员的工资，但从根本上解释不了因成本增加所带来的利润减少问题。

【例4.5】棕榈树在亚洲是一种外来树种，长期以来，它一直靠手工授粉，因此棕榈果的生产率极低。1994年，一种能有效地对棕榈花进行授粉的象鼻虫引进了亚洲，使得当年的棕榈果生产率显著提高，在有的地方甚至提高了50%以上。但是，到了1998年，棕榈果的生产率却大幅度降低。

以下哪项如果为真，最有助于解释上述现象？

A. 在1994—1998年，随着棕榈果产量的增加，棕榈果的价格在不断下降

B. 1998年秋季，亚洲的棕榈树林区开始出现象鼻虫的天敌赤蜂

C. 在亚洲，象鼻虫的数量在1998年比1994年增加了一倍

D. 果实产量连年不断上升会导致孕育果实的雌花无法从树木中吸取必要的养分

E. 在1998年，同样是外来树种的椰果的产量在亚洲也大幅度低于往年的水平

【解析】答案是D。题干包含的矛盾是：1994年亚洲引进象鼻虫使得当年的棕榈果生产率显著提高，可是到1998年棕榈果的生产率却大幅度下降了，这是为什么呢？选项D作了恰当的解释。选项A和E都是无关选项。选项C加深了题干中的矛盾。选项B的解释力度不如D，因为秋季开始出现象鼻虫的天敌赤峰时，棕榈花的授粉时期早已结束，棕榈果应该不会因此受什么影响。

【例4.6】晴朗的夜晚可以看到满天星斗，其中有些是自身发光的恒星，有些是自身不发光但可以反射附近恒星光的行星。恒星尽管遥远，但是有些可以被现有的光学望远镜“看到”。和恒星不同，由于行星本身不发光，而且体积远小于恒星，所以，太阳系外的行星大多无法用现有的光学望远镜“看到”。

以下哪项如果为真，最能解释上述现象？

A. 如果行星的体积够大，现有的光学望远镜就能“看到”

B. 太阳系外的行星因距离遥远，很少能将恒星光反射到地球上

C. 现有的光学望远镜只能“看到”自身发光或者反射光的天体

D. 有些恒星没有被现有光学望远镜“看到”

E. 太阳系内的行星大多可用现有光学望远镜“看到”

【解析】 答案是 B。题干存在着的表面上的矛盾现象是：太阳系外的恒星距离遥远，但由于自身发光又体积大，所以有些可以被现有的光学望远镜“看到”。但是，太阳系外的行星同样遥远，虽然体积小但不是可以反射附近恒星的光吗？那为什么太阳系外的行星大多不能用现有的光学望远镜“看到”呢？选项 B 告诉我们，原因是太阳系外的行星因距离遥远，很少能将恒星光反射到地球上。注意，选项 C 不能解释题干中的矛盾，因为该项还是在说自身发不发光或者能不能反射光的问题，而没有解释行星为何能反射光而大多不能被“看到”的问题的。

【例 4.7】 有气象专家指出：全球变暖已经成为人类发展最严重的问题之一，南北极地区的冰川由于全球变暖而加速融化，已导致海平面上升；如果这一趋势不变，今后势必淹没很多地区。但近几年来，北半球许多地区的民众在冬季感到相当寒冷，一些地区甚至出现了超强降雪和超低气温，人们觉得对近期气候的确切描述似乎更应该是“全球变冷”。

以下哪项如果为真，最能解释上述现象？

A. 除了南极洲，南半球近几年冬季的平均温度接近常年

B. 近几年来，由于两极附近海水温度升高导致原来的洋流中断或者减弱，而北半球经历严寒冬季的地区正是原来的暖流影响的主要区域

C. 近几年来，全球夏季的平均气温比常年偏高

D. 近几年来，由于赤道附近海水温度升高导致了原来的洋流增强，而北半球经历严寒冬季的地区正是原来的暖流影响的主要区域

E. 北半球主要是大陆性气候，冬季和夏季的温差通常比较大，近年来冬季极地寒流入侵比较频繁

【解析】 答案是 B。题干存在着的表面上的矛盾是：既然已经全球变暖，那么为什么北半球许多地区却变得异常寒冷呢？选项 B 解释说，近几年来，由于两极附近海水温度升高，导致原来的洋流中断或者减弱，而北半球经历严寒冬季的地区正是原来的暖流影响的主要区域，即冬季原来影响北半球这一地区的暖流因全球变暖而被中断或减弱造成了这一地区异常寒冷，正好解释了题干中存在的矛盾现象。选项 D 加深矛盾，不能解释。A、C、E 项均论据不足。

二、最不能解释

首先读清楚题干中所存在的表面上的矛盾现象，然后将能够解释清楚题干中矛盾现象的选项一一排除，最后选择最不能解释题干矛盾的选项。这个选项或者是加深题干矛盾的，或者是与题干不相干的，或者是解释力度不强的。

【例 4.8】 随着数字技术的发展，音频、视频的播放形式出现了革命性转变。人们很快接受了一些新形式，比如 MP3、CD、DVD 等。但是对于电子图书的接受并没有达到专家所预期的程度，现在仍有很大一部分读者喜欢捧着纸质出版物。纸质书籍在出版业中依然占据重要地位。因此有人说，书籍可能是数字技术需要攻破的最后一个堡垒。

以下哪项最不可能对上述现象提供解释？

A. 人们固执地迷恋着阅读纸质书籍时的舒适体验，喜欢纸张的质感

B. 在显示器上阅读，无论是笨重的阴极射线管显示器，还是轻薄的液晶显示器，都会让人无端地心浮气躁

C. 现在仍有一些怀旧爱好者喜欢收藏经典图书

D. 电子书显示设备技术不够完善，图像显示速度较慢

E. 电子书和纸质书籍的柔软沉静相比，显得面目可憎

【解析】答案是C。题干需要解释的是：为什么电子数字读物有那么大的优势，而很大一部分读者却仍喜欢阅读纸质的出版物呢？选项C说的是收藏，和题干所述没有直接关系，不能解释题干。其他选项均能解释。

【例4.9】烟草业仍然是有利可图的。在中国，尽管今年吸烟者中成人人数减少，烟草生产商销售的烟草总量还是增加了。

以下哪项不能用来解释烟草销售量的增长和吸烟者中成人人数的减少？

A. 今年，开始吸烟的妇女数量多于戒烟的男子数量

B. 今年，开始吸烟的少年数量多于同期戒烟的成人数量

C. 今年，非吸烟者中咀嚼烟草及嗅鼻烟的人多于戒烟者

D. 今年和往年相比，那些有长年吸烟史的人平均消费了更多的烟草

E. 今年中国生产的香烟中用于出口的数量高于往年

【解析】答案是A。选项E能够解释题干，它说明虽然今年中国“吸烟者中成人人数减少”，但由于“今年中国生产的香烟中用于出口的数量高于往年”，所以，烟草生产商销售的烟草总量还是增加了。选项D能解释题干，虽然“今年吸烟者中成人人数减少”，但由于今年“那些有长年吸烟史的人平均消费了更多的烟草”，因而烟草生产商销售的烟草总量还是增加了。选项C能解释题干，因为“非吸烟者中咀嚼烟草及嗅鼻烟的人”消费了更多的烟草。选项B能解释题干，由于“开始吸烟的少年数量多于同期戒烟的成人数量”，因此烟草生产商销售的烟草总量还是增加。选项A不能解释题干，因为虽然今年“开始吸烟的妇女数量多于戒烟的男子数量”，但是由于妇女也是成人，因而改变不了题干中所说的“今年吸烟者中成人人数减少”这一根本情况。

【例4.10】西双版纳植物园中有两种樱草，一种自花授粉，另一种非自花授粉，即需依靠昆虫授粉。近几年来，授粉昆虫的数量显著减少。另外，一株非自花授粉的樱草所结的种子比自花授粉的要少。显然，非自花授粉樱草的繁殖条件比自花授粉的要差。但是，游人在植物园多见的是非自花授粉樱草，而不是自花授粉樱草。

以下哪项断定最无助于解释上述现象？

A. 和自花授粉樱草相比，非自花授粉樱草的种子发芽率较高

B. 非自花受粉樱草是本地植物，而自花受粉樱草是前几年从国外引进的

C. 前几年，上述植物园中非自花授粉樱草和自花授粉樱草的数量比大约是5∶1

D. 当两种樱草杂生时，土壤中的养分更易于被非自花授粉樱草吸收，这又往往导致自花授粉樱草的枯萎

E. 在上述植物园中，为保护授粉昆虫免受游客伤害，非自花授粉樱草多植于园林深处

【解析】答案是E。题干存在的矛盾情况是：近几年来，授粉昆虫的数量显著减少，一株非自花授粉的樱草所结的种子比自花授粉的要少，非自花授粉樱草的繁殖条件比自花授粉的要差，等等，既然非自花授粉樱草存在这么多不利因素，那么游人在西双版纳植物园中多见的应该是自花授粉樱草，而不是非自花授粉樱草。但是，实际情况却与此相反，游人多见的却是非自花授粉樱草，而不是自花授粉樱草。选项A、B、C、D均解释了上述矛盾现象。选项E说“在上述植物园中，为保护授粉昆虫免受游客伤害，非自花授粉樱草多植于园林深处”，那就应该更加难以看到非自花授粉樱草了，因此该项不但不能解释题干中的矛盾，反而加深了矛盾，所以最不能解释题干。

【例4.11】S市餐饮业经营点的数量自1997年的约20 000个，逐年下降到2002年的约5 000个。但是，这五年来，该市餐饮业的经营资本在整个服务业中所占的比例并没有减少。

以下哪项最不能解释上述表面上的矛盾现象？

A. S市 2002 年餐饮业的经营资本总额比 1997 年略高

B. S市 2002 年餐饮业经营点的平均经营资本额比 1997 年有显著增长

C. 1997 年以来，S市服务行业的经营资本总额逐年下降

D. 1997 年以来，S市服务行业的经营资本占全市产业经营总资本的比例逐年下降

E. 作为激烈竞争的结果，近五年来来，S市的餐馆有的被迫停业，有的则努力扩大经营规模

【解析】 答案是 D。显然 A、B、C、E 都解释了题干。D 讲的是服务行业之外的问题，而题干讲的是服务行业之内的事情，不能解释题干。

【例 4.12】 某市一项对健身爱好者的调查表明，那些称自己每周固定进行二至三次健身锻炼的人近两年来由 28%增加到 35%，而对该市大多数健身房的调查则显示，近两年来去健身房的人数明显下降。

以下各项如果为真，都有助于解释上述看来矛盾的断定，除了：

A. 进行健身锻炼没什么规律的人在数量上明显减少

B. 健身房出于非正常的考虑，往往少报光顾人数

C. 由于简易健身器的出现，家庭健身活动成为可能并逐渐流行

D. 为了吸引更多的顾客，该市健身房普遍调低了营业价格

E. 室外健身逐渐流行

【解析】 答案是 D。选项 A 指出，虽然每周固定进行二至三次健身锻炼的人数在增加，但是由于进行健身锻炼没什么规律的人在数量上明显减少，所以，近两年来去健身房的人数明显下降了，能够解释题干。选项 B 指出，是健身房没有说真话，能够解释题干。选项 C 指出，虽然每周固定进行二至三次健身锻炼的人在增加，但是，由于家庭健身活动逐渐流行，使得近两年来去健身房的人数明显下降了，也能够解释题干。选项 D 加深了题干中的矛盾，按说该市健身房普遍调低了营业价格，近两年来去健身房的人数就应该增加，怎么还会下降了呢？

【例 4.13】 2014 年，为迎接 APEC 会议的召开，北京、天津、河北等地实施“APEC 治理模式”，采取了有史以来最严格的减排措施。果然，令人心醉的“APEC 蓝”出现了。然而，随着会议的结束，“APEC 蓝”也渐渐消失了。对此，有些人表示困惑，既然政府能在短期内实施“APEC 治理模式”取得良好效果，为什么不将这一模式长期坚持下去呢？

以下除哪项外，均能解释人们的困惑？

A. 如果 APEC 会议期间北京雾霾频发，就会影响我们国家的形象

B. 如果近期将“APEC 治理模式”常态化，将会严重影响地方经济和社会发展

C. 任何环境治理都需要付出代价，关键在于付出的代价是否超出收益

D. 最严格的减排措施在落实过程中已产生很多难以解决的实际困难

E. 短期严格的减排措施只能是权宜之计，大气污染治理仍需从长计议

【解析】 答案是 A。选项 B、C、D 均解释了题干中人们的困惑。选项 E 的解释力度稍弱，但也还是能够解释。选项 A 不能解释。

【例 4.14】 若成为白领的可能性无性别差异，按正常男女出生率 102∶100 计算，当这批人中的白领谈婚论嫁时，女性和男性数量应当大致相等。但实际上，某市妇联近几年举办的历次大型白领相亲活动中，报名的男女比例约为 3∶7，有时甚至达到 2∶8，这说明文化程度越高的女性越难嫁，文化低的反而好嫁；男性则正好相反。

以下除哪项外，都有助于解释上述分析与实际情况的不一致？

A. 男性因长相、身高、家庭条件等被女性淘汰的多于女性因长相、身高、家庭条件等被

男性淘汰的

B. 与男性白领不同，女性白领要求高，往往只找比自己更优秀的男性

C. 大学毕业后出国的精英分子中，男性多于女性

D. 与本地女性竞争的外地优秀女性多于与本地男性竞争的外地优秀男性

E. 一般来说，男性参加大型相亲会的积极性不如女性

【解析】 答案是A。题干断定，白领阶层在谈婚论嫁时，女性与男性数量大致相等，但报名参加相亲活动，男性数量却很低，这是为什么呢？选项E说男性缺乏集体相亲的积极性，选项C说男性白领出国数量多，选项B说男性已结婚的数量多，选项D说外地前来参加集体相亲的男性数量少，都解释了题干中存在的矛盾现象。选项A与题干断定无关，不能解释题干。

第三节 阶梯化训练题及解析

一、基础能力题

1. 甲市的劳动力人口是乙市的十倍。但奇怪的是，乙市各行业的就业竞争程度反而比甲市更为激烈。

以下哪项如果为真，最有助于解释上述现象？

A. 甲市的人口是乙市人口的十倍

B. 甲市的面积是乙市的面积的五倍

C. 甲市的劳动力主要在外省寻求再就业

D. 乙市的劳动力主要在本市寻求再就业

E. 甲市的劳动力主要在乙市寻求再就业

2. 日本电器80年代在我国十分畅销。进入90年代以来，人民币对西方主要货币（包括日元）汇率不断下调，这样会使进入我国市场的日本电器人民币价格上升。然而，日本电器在中国的销量却并未因此下降。

以下哪项如果为真，最能解释日本电器销量居高不下？

A. 日本国内电器生产厂家把成本的增幅控制在一定范围内

B. 日本电器生产厂家成本增幅比我国国产电器增幅小

C. 尽管目前日本电器销量未下降，未来两三年内就会显现下降趋势

D. 我国消费者更加注重日本电器的优秀质量，弥补了价格上涨的不利方面

E. 我国的国货宣传不够

3. 事实1：电视广告已经变得不是那么有效。在电视上推广的品牌中，观看者能够回忆起来的比重在慢慢下降。

事实2：电视的收看者对由一系列连续播出的广告组成的广告段中第一个和最后一个商业广告的回忆效果，远远比对中间广告的回忆效果好。

以下哪项如果为真，事实2最有可能解释事实1？

A. 由于因特网的迅速发展，人们每天用来看电视的平均时间减少了

B. 为了吸引更多的观众，每个广告段的总时间长度减少了

C. 一般电视观众目前能够记住的电视广告的品牌名称，还不到他看过的一半

D. 在每一小时的电视节目中，广告段的数目增加了

E. 一个广告段中所包含的电视广告的平均数目增加了

4. 尽管是航空业萧条的时期，各家航空公司也没有节省广告宣传的开支。翻开许多城市的晚报，最近一直都在连续刊登如下广告：“飞机远比汽车安全！你不要被空难的夸张报道吓破了胆，根据航空业协会的统计，飞机每飞行 1 亿公里死 1 人，而汽车每走 5 000 万公里死 1 人。”汽车工业协会对这个广告大为恼火，他们通过电视公布了另外一个数字：“飞机每 20 万飞行小时死 1 人，而汽车每 200 万行驶小时死 1 人。”

如果以上资料均为真，以下哪项最能解释上述这种看起来矛盾的结论？

A. 安全性只是人们在进行交通工具选择时所考虑问题的一个方面，便利性、舒适感以及某种特殊的体验都会影响消费者的选择

B. 尽管飞机驾驶员所受的专业训练远远超过汽车司机，但是，因为飞行高度的原因，飞机失事的生还率低于车祸

C. 飞机的确比汽车安全，但是，空难事故所造成的新闻轰动要远远超过车祸，所以，给人们留下的印象也格外深刻

D. 两种速度完全不同的交通工具，用运行的距离做单位来比较安全性是不全面的，用运行的时间来比较也会出偏差

E. 媒体只关心能否提高收视率和发行量，根本不尊重事情的本来面目

5. 有一商家为了推销其家用电脑和网络服务，目前正在大力开展网络消费的广告宣传和推广促销。经过一定的市场分析，他们认为手机用户群是潜在的网络消费的用户群，于是决定在各种手机零售场所宣传、推销他们的产品。结果两个月下来，效果很不理想。

以下哪项如果为真，最有助于解释出现上述结果的原因？

A. 刚刚购买手机的消费者需要经过一段时期后才能成为网络消费的潜在用户

B. 最近国家在有关规定中对国家机关人员使用手机加以限制，购买手机的人因此有所减少

C. 购买电脑或是办理网络服务对中国老百姓来说还是件大事，一般来说，消费者对此的态度比较慎重

D. 家用电脑和网络服务在知识分子中已经比较普及，他们所希望的是增强自己计算机的功能

E. 目前家用电脑更新换代速度快，广告宣传和推广促销要收到效果，必须特色鲜明，能够打动消费者的心

6. H 国的工业界存在着一种看来矛盾的现象：一方面，根据该国的法律，工人终生不得被解雇，工资标准只能升不能降；但另一方面，这并没有阻止工厂主引进先进的生产设备，这些设备提高了劳动生产率，使得一部分工人事实上被变相闲置。

以下哪项如果为真，最能合理地解释上述现象？

A. 每个工人在被雇佣之前，都经过严格的技术考核和培训

B. 先进设备提高劳动生产率所创造的利润，高于重新培训工人从事其他工作的费用

C. 先进设备的引进，提高了产品的最终成本

D. H 国面临着修改上述法律的压力

E. H 国的产品具有很强的国际竞争力

7. 统计数据表明，相对于各种交通工具，包括人力驱动的自行车，飞机的事故率最低，因而安全系数最高，即便了解这一点，很多乘客登机后仍有不同程度的恐惧感，而这种恐惧感在他们骑自行车时是不会有的。

以下哪项最合理地解释了上述现象？

A. 在避免空难的发生方面，乘客几乎是无能为力的。而自行车交通事故的肇事者大都是

骑车人自身

B. 空难的影响比自行车交通事故大得无法比拟

C. 很多航空乘客缺乏飞行经验，并且往往没有得到足够的服务

D. 大多数航班乘客都买了人身保险

E. 有些乘客有恐高症

8. 经济学家与考古学家就货币的问题展开了争论。

经济学家：在所有使用货币的文明中，无论货币以何种形式存在，它都是因为其稀缺性而产生其价值的。

考古学家：在索罗斯岛上，人们用贝壳作货币，可是该岛上贝壳遍布海滩，随手就能拾到。

以下哪项能对二位专家论述之间的矛盾做出解释？

A. 索罗斯岛上的居民节日期间在亲密的朋友之间互换货币，以示庆祝

B. 索罗斯岛上的居民认为鲸牙很珍贵，他们把鲸牙串起来当作首饰

C. 索罗斯岛上的男女居民使用不同种类的贝壳作货币，交换各自喜爱的首饰

D. 索罗斯岛上的居民只使用由专门工匠加工的有美丽花纹的贝壳作货币

E. 即使在西方人将贵金属货币带上索罗斯岛之后，贝壳仍然是商品交换的媒介物

9. 获得奥斯卡大奖的影片《泰坦尼克号》在滨洲上映，滨洲独家经营权给了滨洲电影发行放映公司，公司各部门可忙坏了。宣传部投入史无前例的170万进行各种形式的宣传，业务部组织了8家大影院超前放映和加长档期，财务部具体实施与各影院的收入分账，最终几乎全市的老百姓都去看了这部片子，公司赚了750万元。而公司在总结此项工作时却批评了宣传部此次工作中的失误。

以下哪项如果为真，最能合理地解释上述情况？

A. 公司宣传部没有事先跟其他部门沟通，宣传中缺少针对性

B. 由于忽视了奥斯卡获奖片自身具有免费宣传效应，公司宣传部的投入事实上过大

C. 公司宣传部的投入力度不足，《泰坦尼克号》在滨海上映时，滨海公司宣传投入了300万元

D. 公司宣传部的宣传在创意和形式上没有新的突破

E. 公司宣传部的宣传对今年其他影片的发行也产生了很大的影响

10.《都市青年报》准备在5月4日青年节的时候推出一种订报有奖的营销活动。如果你在5月4日到6月1日之间订了下半年的《都市青年报》的话，你就可以免费获赠下半年的《都市广播电视导报》。推出这个活动之后，报社每天都在统计新订户的情况，结果非常令人失望。

以下哪项如果为真，最能够解释这项促销活动没能成功的原因？

A. 根据邮局发行部门的统计，《都市广播电视导报》并不是一份十分有吸引力的报纸

B. 根据一项调查的结果，《都市青年报》的订户中有些已经同时订了《都市广播电视导报》

C.《都市广播电视导报》的发行渠道很广，据统计，订户比《都市青年报》的还要多1倍

D.《都市青年报》没有考虑很多人的订阅习惯。大多数报刊订户在去年底已经订了今年一年的《都市广播电视导报》

E.《都市青年报》推出这个活动，伤害了那些《都市青年报》老订户的感情，影响了它的发行工作

11. 全国各地的航空公司目前开始为旅行者提供因特网上的订票服务。然而，在近期内，

电话订票并不会因此减少。

除了以下哪项外，其他各项均有助于解释上述现象？

A. 正值国内外旅游旺季，需要订票的数量剧增

B. 尽管已经过技术测试，这种新的因特网订票系统要正式运行还需要进一步测试

C. 绝大多数通过电话订票的旅行者还没有条件使用因特网

D. 在因特网订票系统的试用期内，大多数旅行者为了保险起见愿意选择电话订票

E. 因特网上订票服务的成本大大低于电话订票，而且还有更多的选择

12. 为了更好地理解人类个性的特征及其发展，一些心理学家对动物的个性进行了研究。

以下各项如果为真，都能对上述行为提供解释，除了：

A. 人类和动物的行为都产生于类似的本能，但动物的本能较为明显

B. 对人的某些实验受到法律的限制，但对动物的实验一般不受限制

C. 和对动物的实验相比，对人的实验的费用较为昂贵

D. 在数年中可完成对某些动物个体从幼年至老年个性发展的全程观察

E. 对人的个性的科学理解，能为恰当理解动物的个性提供模式

13. 某市一项对交谊舞爱好者的调查表明，那些称自己每周固定去跳交谊舞 1～2 次的人近三年来由 28%增加到 35%，而对该市多数舞厅的调查则显示，近三年来交谊舞厅的顾客人数明显下降。

以下各项如果为真，都有助于解释上述看来矛盾的断定，除了：

A. 上舞厅没什么规律的人在数量上明显减少

B. 舞厅出于非正常的考虑，往往少报光顾的人数

C. 迪斯科舞厅的兴起抢了交谊舞厅的生意

D. 受调查的交谊舞爱好者只占全市交谊舞爱好者的 10%

E. 家庭交谊舞会逐渐流行

14. 某公司为了扩大其网上商店的销售收入，采取了各种各样的广告宣传和促销手段，但是效果并不明显。该公司重金聘请了专业人士进行市场分析，专业人士认为开通了网上银行的人群才是真正潜在的网上商店的顾客群。于是该公司决定与商业银行合作，在新开通网上银行业务的人群中开展宣传和促销活动。但是三个月后，效果并不理想。

以下哪项如果为真，最能解释上述结果？

A. 开通网上银行在中国还是一件新鲜事，一般来说，消费者对此的态度比较谨慎

B. 最近网上银行用户被盗的案件频发，开通网上银行的人因此有所减少

C. 一般来说，刚刚开通网上银行的人需要经过一段时间后才有可能进行网上消费

D. 网上金融服务在知识分子中已经比较普及，他们更希望网上商店能够提供一些特色服务

E. 目前网上商店数量增长很快，广告宣传和推广促销要想有成效，必须有鲜明的特色，才能够打动消费者的心

15. 新疆的哈萨克人用经过训练的金雕在草原上长途追击野狼。某研究小组为研究金雕的飞行方向和判断野狼群的活动范围，将无线电传导器放置在一只金雕身上进行追踪。野狼为了觅食，其活动范围通常很广。因此，金雕追击野狼的飞行范围通常也很大。然而两周以来，无线电传导器不断传回的信号显示，金雕仅在放飞地 3 公里的范围内飞行。

以下哪项如果为真，最有助于解释上述金雕的行为？

A. 金雕放飞地周边山峦叠嶂，险峻异常

B. 在金雕的放飞地 2 公里范围内有一牧羊草场，成为狼群袭击的目标

C. 由于受训金雕的捕杀，放飞地广阔草原的野狼几乎灭绝了

D. 无线电传导信号仅能在有限的范围内传导

E. 无线电传导器的安装并未削弱金雕的飞行能力

16. 研究表明，很少服用抗生素的人比经常服用抗生素的人有更强的免疫力。然而，没有证据表明，服用抗生素会削弱免疫力。

以下哪项如果为真，最能解释题干中似乎存在的不一致？

A. 抗生素药物对于治疗病毒引起的疾病没有疗效

B. 抗生素药物的价格比较费，病人只在病重时才服用抗生素药物

C. 尽管抗生素会产生许多副作用，有些人依然不断使用这类药

D. 免疫力差的人，如果不服用抗生素药物，很难从细菌感染的疾病中恢复过来

E. 免疫力强的人很少感染上人们通常需要用抗生素进行治疗的疾病

17. “试点综合症”的问题屡见不鲜。每出台一项改革措施，先进行试点，积累经验后再推广，这种以点带面的工作方法本来是人们经常采用的。但现在许多项目中出现了“一试点就成功，一推广就失败”的怪现象。

以下哪项不是造成上述现象的可能原因？

A. 为保证试点成功，政府往往给予试点单位许多优惠政策

B. 在试点过程中，领导往往比较重视，各方面的问题解决得快

C. 试点尽管成功，但许多企业外部的政策、市场环境却并不相同

D. 全社会往往比较关注试点和试点的推广工作

E. 在选择试点单位时，一般选择工作基础比较好的单位

18. 美国研究各类精神紧张症的专家们发现，越来越多的人在使用 Internet 之后都会出现不同程度的不适反应。根据一项对 10 000 个经常上网的人的抽样调查，承认上网后感到烦躁和恼火的人数达到了三分之一；而 20 岁以下的网迷则有百分之四十四的承认上网后感到紧张和烦躁。有关心理专家认为确实存在着某种“互联网狂躁症”。

根据上述资料，以下哪项最不可能成为导致“互联网狂躁症”的病因？

A. 由于上网者的人数剧增，通道拥挤，如果要访问比较繁忙的网址，有时需要等待很长时间

B. 上网者经常是在不知道网址的情况下搜寻所需的资料和信息，成功的概率很小，有时花费了工夫也得不到预想的结果

C. 虽然在有些国家使用互联网是免费的，但在我国实行上网交费制，这对网络用户的上网时间起到了制约作用

D. 在 Internet 上能够接触到各种各样的信息，但很多时候信息过量会使人们无所适从，失去自信，个人注意力丧失

E. 由于匿名的缘故，上网者经常会受到其他一些上网者的无礼对待或接收到一些莫名其妙的信息垃圾

19. 厄尔尼诺和拉尼娜是热带海洋和大气相互作用的产物。拉尼娜的到来将对全球气候产生相反的影响，厄尔尼诺现象造成的许多反常气候就会改变。美国沿海遭受飓风袭击的可能性会上升，澳大利亚东部可能发生洪水，南美和非洲东部地区可能出现干旱，南亚将出现猛烈的季风雨，英国气温将会下降，大西洋西岸可能提前出现暴雨和大雪，并使该地区的产粮区遭受破坏性旱灾，东亚的雨带将往北移，秋冬季雨水将会增多。拉尼娜在将冷水从海底带到水面的同时，也把海洋深层营养丰富的物质带到水面，加快浮游植物和动物繁殖，将使东太平洋沿岸国家渔业获得丰收。

以下除哪项外，都是上文所描述的拉尼娜现象可能带来的影响？

A. 非洲某些地区的干旱不但没有缓解，而且有加重的趋势，非洲一些国家的生活仍然艰难

B. 澳大利西部可能发生洪水，对该地区的牧业将产生不良的影响，世界羊绒的价格可能上涨

C. 美国东海岸地区的冬天会变冷，降雪量会有明显的增加，影响该地区的粮食生产，世界粮食价格有上涨的趋势

D. 由于冬季雨水的充沛，我国北方冬小麦的生长条件得到改善，小麦产量将会有所增加

E. 墨西哥、智利等国家的渔业将走出多年徘徊的局面，世界的渔产品的价格有可能下降

20. 成品油生产商的利润很大程度上受国际市场原油价格的影响，因为大部分原油是按国际市场价购进的。近年来，随着国际原油市场价格的不断提高，成品油生产商的运营成本大幅度增加，但某国成品油生产商的利润并没有减少，反而增加了。

以下哪项如果为真，最有助于解释上述看似矛盾的现象？

A. 原油成本只占成品油生产商运营成本的一半

B. 该国成品油价格根据市场供需确定，随着国际原油市场价格的上涨，该国政府为成品油生产商提高相应的补贴

C. 在国际原油市场价格不断上涨期间，该国成品油生产商降低了个别高薪雇员的工资

D. 在国际原油市场价格上涨之后，除进口成本增加以外，成品油生产的其他运营成本也有所提高

E. 该国成品油生产商的原油有一部分来自国内，这部分受国际市场价格波动影响较小

21. 一般商品只有在多次流通过程中才能不断增值，但艺术品作为一种特殊商品却体现出了与一般商品不同的特性。在拍卖市场上，有些古玩、字画的成交价有很大的随机性，往往会直接受到拍卖现场气氛、竞价激烈程度、买家心理变化等偶然因素的影响，成交价有时会高于底价几十倍乃至数百倍，使得艺术品在一次“流通”中实现大幅度增值。

以下哪项最无助于解释上述现象？

A. 艺术品的不可再造性决定了其交换价格有可能超过其自身价值

B. 不少买家喜好收藏，抬高了艺术品的交易价格

C. 有些买家就是为了炒作艺术品，以期获得高额利润

D. 虽然大量赝品充斥市场，但是对艺术品的交易价格没有什么影响

E. 国外资金进入艺术拍卖市场，对价格攀升起到了拉动作用

22. 乘客使用手机及便携式电脑等电子设备会通过电磁波谱频繁传输信号，机场的无线电话和导航网络等也会使用电磁波谱，但电信委员会已根据不同用途把电磁波谱分成了几大块。因此，用手机打电话不会对专供飞机通讯系统或全球定位系统使用的波段造成干扰。尽管如此，各大航空公司仍然规定，禁止机上乘客使用手机等电子设备。

以下哪项如果为真，能解释上述现象？

Ⅰ. 乘客在空中使用手机等电子设备可能对地面导航网络造成干扰

Ⅱ. 乘客在起飞和降落时使用手机等电子设备，可能影响机组人员工作

Ⅲ. 便携式电脑或者游戏设备可能导致自动驾驶仪出现短路或仪器显示发生故障

A. 仅Ⅰ　　B. 仅Ⅱ　　C. 仅Ⅰ、Ⅱ

D. 仅Ⅱ、Ⅲ　　E. Ⅰ、Ⅱ、Ⅲ

基础能力题详解

1. 答案是E。按题干的意思，既然甲市的劳动力人口是乙市的十倍，那么乙市的就业竞争程度就不应该比甲市更激烈。选项E，虽然甲市的劳动力人口是乙市的十倍，但甲市的劳动力主要在乙市就业，所以，造成了乙市的就业竞争程度反而比甲市更加激烈。选项C说，甲市的劳动力主要在外省寻求再就业，解释力度远远不如E。

2. 答案是D。按说，进入我国市场的日本电器人民币价格上升，那么日本电器在中国的销量应该下降，但为什么并没有下降呢？原来是日本电器的质量优秀，弥补了价格上涨的不利方面，所以D解释了题干。

3. 答案是E。题干中的事实2：电视的收看者对广告段中第一个和最后一个商业广告的回忆效果较好，可是题干中的事实1却说：电视广告已经变得不是那么有效了，岂不矛盾？选项E说：一个广告段中所包含的电视广告的平均数目增加了，这就是说，由于一个广告段中所包含的电视广告的平均数目增加了，而人们对由一系列连续播出的广告组成的广告段中第一个和最后一个商业广告的回忆效果，远远比对中间的广告的回忆效果好，于是就可以说，在电视上推广的品牌中，观看者能够回忆起来的比重在慢慢下降，电视广告已经变得不是那么有效了。所以，在选项E为真的情况下，事实2就可以解释事实1了。选项A虽然有利于说明，随着因特网的迅速发展，人们所看的电视广告的数量在减少，但不能说明，在人们所看过的电视广告中，为什么能记住的比重降低了。

4. 答案是D。题干中第一个统计数字说明飞机比汽车安全，第二个统计数字说明汽车比飞机安全，而题干又断定这两个统计数字都正确，这似乎存在矛盾，其实并不矛盾。因为飞机和汽车的速度明显不同。在不知道二者的速度或速度比的情况下，只以运行距离做单位，或者只以运行时间做单位，无法比较二者的安全性。选项D正确地指出了这一点，其余各项作为对题干的解释均不得要领。

5. 答案是A。按说，既然手机用户群是潜在的网络消费的用户群，那么向手机用户群推销电脑和网络服务，应该效果不错才对。但是，两个月下来，效果很不理想。这不矛盾吗？选项A解释道，由于刚刚购买手机的消费者不会马上成为网络消费的用户，还得等待一段时间。这就是说，手机用户群最终还会是网络消费用户群。

6. 答案是B。题干存在的矛盾现象是：根据该国的法律，工人终生不得被解雇，工资标准只能升不能降，既然如此，工厂主就应该充分发挥这些工人的作用而不是引起新的生产设备，但奇怪的是工厂主却继续引进先进的生产设备，而且由于这些设备提高了劳动生产率，使得一部分工人事实上被变相闲置。选项B意味着，由于先进设备提高劳动生产率所创造的利润，高于重新培训工人从事其他工作的费用，因此，工厂主宁愿让一部分工人闲置，也要引进先进的生产设备。这就合理地解释了题干中存在的矛盾现象。其他选项均不足以解释题干。

7. 答案是A。按说，既然乘飞机的事故发生率比乘其他交通工具的事故发生率要低得多，那么乘客乘飞机就不应该有恐惧感，但为什么很多乘客登机以后还是有不同程度的恐惧感呢？原来是心理因素造成的。选项A正好解释了题干。

8. 答案是D。题干中，经济学家和考古学家的观点好像有矛盾。经济学家认为所有货币都是因为其稀缺性而产生价值的，而考古学家则指出索罗斯岛上居民用贝壳作货币，而贝壳在该岛上很常见。选项D解释道，索罗斯岛上居民用作货币的贝壳是专门经过工匠加工的，没有经过特殊加工的贝壳不能作为货币，这样就解释了题干中所包含的矛盾。

9. 答案是B。按说，既然滨州市宣传部进行了史无前例的投入，公司也因此赚了750万元，那么滨州市宣传部的工作应该受到表彰才对，但为什么却受到了批评呢？选项B正确地解释了这个矛盾。

10. 答案是D。按说，既然在活动期间凡是订了《都市青年报》的订户都可以免费获赠下半年的《都市广播电视导报》，那么《都市青年报》的订户数量应该有较大上升才对，但为什么结果却非常令人失望呢？原来是大多数订户在去年年底就已经订了今年一年的《都市广播电视导报》，就是说赠送给订户《都市广播电视导报》已经失去了意义，所以，造成了非常令人失望的结果。

11. 答案是E。选项A、B、C、D都解释了题干，选项E不但不能解释题干，反而加深了题干中的矛盾，所以，该项最不能解释题干。

12. 答案是E。题干存在的矛盾是，既然是要了解人类个性的特征，为什么不直接研究人，却要对动物的个性进行研究呢？选项A解释，因为动物的个性较明显，容易考察。选项B解释，因为对动物的实验不受法律限制，容易进行。选项C解释，因为对动物的实验在费用上比较便宜。选项D解释，因为对动物的实验能够比较快地完成。选项E说"对人的个性的科学理解，能为恰当理解动物的个性提供模式"，与题干说的情况不同，不能解释题干。

13. 答案是D。A解释了题干，即去跳交谊舞的人中有规律的增加了，但是没有什么规律的人却明显减少了。B解释了题干，即舞厅没有说真话。C和E也都解释了题干。D为什么不能解释题干中的矛盾呢？因为受调查的绝对人数的多少不会从根本上影响到调查结果的正确性，关键是要看考察的范围。

14. 答案是C。该项意味着，虽然开通网上银行的人群是真正潜在的网上商店的顾客群，但新开通网上银行的人需要一段时间以后才可能进行网上消费，所以效果并不理想。

15. 答案是B。题干存在的矛盾是：既然野狼为了觅食，其活动范围通常很广，因此，金雕追击野狼的飞行范围通常也很大，那为什么两周以来金雕仅在放飞地3公里的范围内飞行呢？选项B意味着，由于在金雕的放飞地2公里范围内有一牧羊草场，成为狼群袭击的目标，这样狼群的活动范围在这一段时间内并不很广，于是金雕的飞行范围仅在放飞地3公里的范围内也就不足为奇了。其他选项均不足以解释题干。

16. 答案是E。题干存在的不一致情况是：既然没有证据表明服用抗生素会削弱免疫力，那为什么很少服用抗生素的人反而比经常服用抗生素的人有更强的免疫力呢？选项E意味着，虽然服用抗生素并不会削弱免疫力，但由于不服用抗生素的人很少感染上需要服用抗生素来治疗的疾病，所以他们有更强的免疫力也就不足为奇。选项D说免疫力差的人，如果不服用抗生素药物，很难从细菌感染的疾病中恢复过来，只能解释免疫力差的人为什么需要服用抗生素，但不能解释经常服用抗生素的人为什么反而不及不服用抗生素的人更有免疫力。

17. 答案是D。选项A、B、C、E显然都是"试点综合症"的原因所在。

18. 答案是C。选项A、B、D、E都可能是题干中所说的导致"互联网狂躁症"的病因。

19. 答案是B。选项A、C、D、E都是题干中所描述的拉尼娜现象可能带来的影响，只有B的情况在题干中没有提到。

20. 答案是B。题干中存在的表面上的矛盾现象是，成品油生产商的运营成本增加了，他们的利润就应该减少，但结果却相反，他们的利润反而增加了，这不矛盾吗？选项B指出，原来背后还有该国政府为成品油生产商提供相应的补贴这个根本性的原因在起作用。选项D不但不能解释反而加深了矛盾。选项A、C、E均不足以解释题干中的矛盾。

21. 答案是D。题干需要解释的现象是：艺术品为什么与一般的消费品不同，为什么能够在一次"流通"中就能实现大幅度的增值？选项A、B、C、E都解释了题干现象的原因。选项D说，虽然大量赝品充斥市场，但是对艺术品的交易价格没有什么影响，与题干没有什么关系，不能解释题干。

22. 答案是E。题干中存在的表面上的矛盾现象是，既然用手机打电话不会对专供飞机通讯系统或全球定位系统使用的波段造成干扰，那为什么航空公司还规定禁止乘客使用手机等电子设备。选项Ⅰ，是因为会对地面导航系统造成干扰。选项Ⅱ，是因为会影响机组人员的正常工作。选项Ⅲ，是因为会影响自动驾驶仪或使仪器显示发生故障。

二、综合提高题

1. 城市污染是工业社会的一个突出问题。城市居民因污染而患病的比例一般高于农村。但奇怪的是，城市中心的树木反而比农村的树木长得更茂盛、更高大。

以下各项如果为真，哪项最无助于解释上述现象？

A. 城里人对树木的保护意识比农村人强

B. 由于热岛效应，城市中心的年平均气温明显比农村高

C. 城市多高楼，树木因其趋光性而长得更高大

D. 城市栽种的主要树木品种与农村不同

E. 农村空气中的氧含量高于城市

2. 新华大学在北戴河设有疗养院，每年夏季接待该校的教职工。去年夏季该疗养院的入住率，即全部床位的使用率为87%，来此疗养的教职工占全校教职工的比例为10%。今年夏季来此疗养的教职工占全校教职工的比例下降至8%，但入住率却上升至92%。

以下各项如果为真，都有助于解释上述看来矛盾的数据，除了：

A. 今年该校新成立了理学院，教职工总数比去年有了较大增长

B. 今年该疗养院打破了历年的惯例，第一次有限制地对外开放

C. 今年该疗养院的客房总数不变，但单人间的比例由原来的5%提高至10%，双人间由原来的40%提高至60%

D. 该疗养院去年的部分客房，今年改为足疗保健室或棋牌娱乐室

E. 经过去年冬季的改建，该疗养院的各项设施的质量明显提高，大大增加了对疗养者的吸引力

3. 宏达汽车公司上个世纪80年代出厂的汽车，有10%的车发动机在2000年进行过维修，而该厂70年代出厂的汽车在2000年维修发动机的却只占5%。

以下各项如果为真，哪项将有助于解释上述表面上的矛盾现象？

Ⅰ. 宏达汽车公司的产量每10年翻一番

Ⅱ. 宏达汽车公司的质量每10年上一个台阶

Ⅲ. 汽车的使用年头越久，当大部件出现问题时，越可能选择废弃而不是选择维修

A. 仅Ⅰ　　B. 仅Ⅱ　　C. 仅Ⅲ

D. 仅Ⅰ和Ⅲ　　E. Ⅰ、Ⅱ和Ⅲ

4. 一群在实验室里研究老鼠体内的新陈代谢的科学家发现去除老鼠的甲状旁腺可以导致老鼠血液中钙的水平比正常水平低得多。这个发现使科学家们假设甲状旁腺的功能是调节血液中的钙的水平，当钙的水平降到正常范围之下，它就升高钙的水平。在进一步的实验中，科学家不但去除了老鼠的甲状旁腺，而且去除了它们的肾上腺，他们出人意料地发现老鼠血液中的钙的水平的下降比单是去除甲状旁腺时慢得多。

以下哪项如果为真，能与科学家的假设相一致地解释那个出人意料的发现？

A. 肾上腺的作用是降低血液中钙的水平

B. 肾上腺与甲状旁腺在调节血液中钙的水平时的作用是一致的

C. 甲状旁腺的缺乏能促使肾上腺增加血液中钙的水平

D. 如果只是把老鼠的肾上腺而没有把其他的腺移去，则这只老鼠的血液中钙的水平将会维持不变

E. 甲状旁腺仅有的功能是调节血液中钙的水平

5. 在美国，每年接受治疗的精神抑郁症病人的人数超过 200 万人，是中国的接近 10 倍，而中国的人口则接近美国的 10 倍。

以下各项如果为真，都有助于解释上述现象，除了：

A. 中美两国医学界对何为精神抑郁症的解释不同

B. 考虑到实际收入，和中国相比，美国的医疗费用并不过于昂贵

C. 和中国相比，美国有较好的医疗条件

D. 和中国人相比，美国人有较高的自我保健意识

E. 和中国相比，美国的生活环境较不利于人的精神健康

6. 夜晚点燃艾叶驱蚊曾是龙泉山区引起家庭火灾的重要原因。近年来，尽管使用艾叶驱蚊的人家显著减少，但是，家庭火灾所导致的死亡人数并没有呈现减少的趋势。

以下各项如果为真，能够解释上述情况，除了：

A. 与其他引起龙泉山区家庭火灾的原因比较，夜晚点燃艾叶引起火灾所导致的损害相对较小

B. 夜晚点燃艾叶所导致的火灾一般在家庭成员睡熟后发生

C. 龙泉山区的人对夜晚点燃艾叶导致火灾的防范意识增加了，但对其他火灾隐患的防范并没有加强

D. 随着生活水平的提高，近年来居室内木质家具和家用电器增多，一旦发生火灾，火势比过去更为猛烈

E. 现在龙泉山区家庭住宅一般都是相邻而建，一户失火随即蔓延，死亡人数因而比过去多

7. 改吸“低量型”烟，即用标准机器测量时比一般香烟产生较少的尼古丁、焦油和一氧化碳的香烟，一般来说并不会减少诱发心脏病的机会。这一研究成果是令人惊讶的，因为尼古丁和一氧化碳一直被认为是促发心脏病的原因。

以下哪项如果为真，最有助于解释题干陈述中所存在的矛盾现象？

A. 吸“低量型”烟已经成为时尚，因为相对于较健康的生活方式来说，它比那些一直被看做是有危险的生活方式变得更为普及

B. 对烟民来说，吸进其他人抽的烟是导致心脏病危险的更重要因素

C. 对诱发心脏病来说，尼古丁的危害并不像一氧化碳那样严重

D. 一氧化碳和焦油都不是让人上瘾的物质

E. 从抽“高量型”烟转抽“低量型”烟的人常常是靠增加吐气的次数和吸烟的深度来获得补偿，目的是保持他们习以为常的尼古丁水平

8. 英国有家小酒馆采取客人吃饭付费“随便给”的做法，即让顾客享用葡萄酒、蟹及三文鱼等美食后，自己决定付账金额。大多数顾客均以公平或慷慨的态度结账，实际金额比那些酒水菜肴本来的价格高出 20%。该酒馆老板另有 4 家酒馆，而这 4 家酒馆每周的利润与付账“随便给”的酒馆相比少 5%。这位老板因此认为，“随便给”的营销策略很成功。

以下哪项如果为真，最能解释老板营销策略的成功？

A. 部分顾客希望自己看上去有教养，愿意掏足够甚至更多的钱

B. 如果客人所付金额低于成本价格，就会受到提醒而补足差价

C. 另外 4 家酒馆位置不如这家“随便给”酒馆

D. 客人常常不知道酒水菜肴的实际价格，不知道该付多少钱

E. 对于过分吝啬的顾客，酒馆老板常常也无可奈何

9. 我国中原地区如果降水量比往年偏低，该地区的河流水位就会下降，流速会减缓，这有利于河流中的水草生长，河流中的水草总量通常也会随之而增加。不过，去年该地区在经历了一次极端干旱之后，尽管该地区某河流的流速十分缓慢，但其中的水草总量并未随之而增加，只是处于一个很低的水平。

以下哪项如果为真，最能解释上述看似矛盾的现象？

A. 经过极端干旱之后，该河流中以水草为食物的水生动物数量大量减少

B. 河水流速越慢，其水温变化就越小，这有利于水草的生长和繁殖

C. 如果河中水草数量达到一定的程度，就会对周边其他物种的生存产生危害

D. 该河流在经历了去年极端干旱之后干涸了一段时间，导致大量水生物死亡

E. 我国中原地区多平原，海拔差异小，其地表河水流速比较缓慢

综合提高题详解

1. 答案是E。题干存在的矛盾是，城市居民因污染而患病的比例比农村高，但城市中心的树木并不因污染而比农村的树木矮小，反而更高大。选项A解释了矛盾，因为城市居民对树木的保护意识比农村人强。选项B解释了矛盾，因为城市中心的气温高，因而树木长得更快。选项C解释了矛盾，因为城市高楼多，使得树木容易长高。选项D解释了矛盾，因为城市栽种的树木品种容易长高。选项E不能解释矛盾，因为树木不会因为氧含量低就长得高。

2. 答案是E。题干论证到，今年夏季来疗养院的教职工的比例下降，但疗养院的入住率却上升了，这不矛盾吗？A解释了题干，因为虽然来疗养的教职工占全校教职工的比例下降，但由于全校教职工的总数有了较大增长，所以来疗养的教职工比例下降与入住率上升之间并不矛盾。选项B解释了题干，因为虽然本校来此疗养的教职工减少了，但疗养院对外开放，使得其入住率上升了。选项C解释了题干，因为在客房的总数不变的情况下，如果单人间和双人间的比例增加，则虽然入住的人数减少，但入住率会上升。选项D解释了题干，既然一些客房改作他用，即使入住人数减少，入住率依然会上升。选项E不能解释题干，因为即使疗养院的设施质量明显提高，有很大的吸引力，但如果没有相应的政策，如对外开放等，题干的矛盾还将存在。

3. 答案是C。题干存在的表面上的矛盾现象是：宏达汽车公司上个世纪80年代出厂的汽车，有10%的发动机在2000年进行过维修，而该厂70年代出厂的汽车在2000年维修发动机的却只占5%。选项Ⅰ不能解释题干，因为不能说产量多了质量因此就下降。选项Ⅱ加深了题干的矛盾，因为既然质量好了，为什么需要维修的比例却上升了呢？选项Ⅲ说“汽车的使用年头越久，当大部件出现问题时，越可能选择废弃而不是选择维修”，解释了题干。

4. 答案是A。题干陈述的那个出人意料的发现是：甲状旁腺的作用是升高钙的水平，如果去除甲状旁腺，钙的水平就会下降，但是如果在去除甲状旁腺时同时也去除肾上腺，则钙水平的下降就要慢得多。选项A说“肾上腺的作用是降低血液中钙的水平”，正好解释了题干。其他选项均不足以解释题干。

5. 答案是B。题干存在的表面上的矛盾现象是：既然中国的人口接近美国的10倍，那么中国就应该有更多的精神抑郁症病人接受治疗，但是在美国，每年接受治疗的精神抑郁症病人的人数超过200万人，是中国的接近10倍。选项A、C、D、E都显然解释了题干中的矛盾。选项B说“考虑到实际收入，和中国相比，美国的医疗费用并不过于昂贵”，意味着中国的医疗费用是不昂贵的，不但不能解释反而加深了题干的矛盾。注意，说“美国不过于昂贵”，必

须假设“中国不昂贵”，而不是意味着“中国昂贵”；但当说“美国不昂贵”时则意味着“中国昂贵”。

6. 答案是B。题干陈述的矛盾情况是：尽管使用艾叶驱蚊的人家显著减少，但是，家庭火灾所导致的死亡人数并没有呈现减少的趋势。选项A、C、D、E均能解释这个矛盾。选项B不能解释题干，因为夜晚点燃艾叶所导致的火灾一般发生在家庭成员睡熟以后，这不仅是目前的情况，过去也是这样的。

7. 答案是E。题干存在的矛盾是，改吸“低量型”烟，即用标准机器测量时比一般香烟产生较少的尼古丁、焦油和一氧化碳的香烟，一般来说并不会减少诱发心脏病的机会。但尼古丁和一氧化碳却一直被认为是促发心脏病的原因。选项E解释，是因为从抽“高量型”烟转抽“低量型”烟的人常常是靠增加吐气的次数和吸烟的深度来获得补偿，目的是保持他们习以为常的尼古丁水平，所以，一般来说并不会减少诱发心脏病的机会。

8. 答案是B。该题要求解释老板营销策略成功的原因，即要解释大多数顾客均以公平或慷慨的态度结账的原因，选项B说，如果客人所付金额低于成本价格，就会受到提醒而补足差价，正好可以解释这一现象，说明所谓“随便给”并不是真正的“随便给”。选项A说，部分顾客希望自己看上去有教养，愿意掏足够甚至更多的钱，只是“部分顾客”，解释力度不足。选项C、E均论据不足。选项D不确定。

9. 答案是D。题干中存在的看似矛盾的现象是：我国中原地区的通常情况是降水量偏低，河流水位下降，流速减慢，进而导致河流中的水草总量随之增加；但去年却是极端干旱后，河流水位下降，流速减慢，但河流中的水草总量并没有随之增加。选项D解释了原因，即该河流在经历了去年极端干旱之后干涸了一段时间，导致大量水生物死亡。注意，选项A、B均加深矛盾，不能解释。选项C是不相关的选项。选项E仅仅解释了矛盾的一个方面。

第五章　评　价

第一节　考试要点及内容精析

一、评价型试题的一般特点

评价型试题要求对题干的论证效果、论证方式和方法、论证意图和目的、论证中所可能出现的逻辑错误等进行评价和说明。

评价的核心问题是有效性评价。该类试题的答案方向一般是针对题干论证的隐含前提。当选项为一般疑问句时，对这个问句通常有“是”和“否”两方面的回答。如果对这个问句回答“是”，则对题干构成了支持；如果回答“否”，则对题干构成了削弱。于是，这个问句就对题干论证具有评价作用。总的来说，能够评价题干论证的选项就是对题干论证的正确性具有判定性作用的选项。

评价型试题的提问方式一般是：

“以下哪项如果为真，最能对题干论证的有效性进行评价?”

“以下哪项是对上述论证方法的最为恰当的概括?”

“题干论证中所包含的逻辑漏洞是什么?”

二、评价型试题可能涉及的逻辑错误

1. 混淆概念或偷换概念

逻辑对我们的推理论证有一些最基本的要求，即我们在推理论证的过程中必须遵守同一律、矛盾律和充足理由律等逻辑学的基本规律。同一律要求，在同一思维过程中，概念和命题都必须保持同一性，即具有确定性，不能随意改变。如果概念没有保持同一性，通常会犯“混淆概念”或“偷换概念”的逻辑错误，即把不同的概念当作同样一个概念来使用。例如，王大妈的女儿要出嫁了，王大妈为此到商店去买布，王大妈问：“你们这里有好布卖吗?”营业员回答说：“我们这里的布都是好布，坏布怎么会拿来卖呢?”王大妈为此非常生气，布没买就生气走了。王大妈为什么会很生气呢？原来是营业员偷换了概念。营业员说的“好布”这个概念内涵非常贫乏，凡不是坏布就是好布，而王大妈心目中的“好布”的内涵则要丰富得多，必须是品种、花色、质量等方面都是符合她心意的。

2. 转移论题或偷换论题

同一律还要求，在同一思维过程中所使用的命题必须保持同一，否则就会出现“转移论题”或“偷换论题”的逻辑错误。例如，母亲问：“儿子，你的作业做完了吗?”儿子回答说：“妈妈，你的衣服洗完了吗?”儿子的回答中出现了转移论题的逻辑错误，因为针对母亲的问话儿子必须首先做出回答，然后才能提问，否则就违反了同一律，而作为母亲，此时则应当强调儿子必须首先回答问题。

3. 自相矛盾

矛盾律要求在同一思维过程中，对于两个具有矛盾关系或具有反对关系的命题必须从中否定一个，不能两个都加以肯定，否则就会出现“自相矛盾”的逻辑错误。例如，“这个山洞从来没有人进去过，进去了的人也从来没有出来过”。既肯定了“所有的人都没有进去过”，又肯定了“有的人曾经进去过”，自相矛盾。再如，“所有的话都是假的”，同时也肯定了“有的话不是假的”，即“所有的话都是假的”这句话是假的，自相矛盾。

4. 模棱两可

排中律要求在同一思维过程中，对于两个具有矛盾关系和下反对关系的命题必须从中否定一个，不能两个都加以否定，否则就会出现“模棱两可”的逻辑错误。例如，“要说如果天打雷就下雨这不对，但是要说天打雷却不下雨恐怕也不正确”，由于“如果天打雷就下雨”与“天打雷却不下雨”这两个命题之间具有矛盾关系，显然对此不能都加以否定，否则就会出现“模棱两可”的逻辑错误。

5. 推不出

充足理由律要求，我们断定某个命题为真，必须要有充足的理由。这包括两个方面，一是理由必须真实，二是理由和推断之间要有必然的联系。如果理由和推断之间在结构上没有必然联系，即论据与论题之间在逻辑结构上不正确，推理形式无效，这种错误就称为“推不出”。例如，如果张三是作案者，那么张三有作案时间，现在张三有作案时间，因此，张三是作案者。

6. 论据虚假

这种错误是指用来论证论题真实性的论据本身不成立，即论证的理由不真实。

7. 循环论证

在一个论证中，论据的真实性不应当靠论题的真实性来论证。论题的真实性就是从论据的真实性推出来的，如果论据的真实性反过来还要靠论题来论证，就会形成论题和论据互为论据互为论题的情况，实际上等于没有论证。这样就会犯“循环论证”的逻辑错误。

8. 论据不足

论据不足指从论据不足以能推出论题来。以下各种错误可以看成是论据不足的具体表现。

9. 诉诸权力

诉诸权力也称诉诸强力，是指论证者借助强力或威胁，迫使人接受其论题。其一般公式是“我有强权，所以，我说的是真理”。例如，某国国会开会讨论一个提案，议员们由于不赞成提案，在一片叫骂声中全体愤然起立，主持人见状立马宣布说：“赞成者请起来！好！因为全体赞成，所以本案通过！”这里，会议的主持人显然是在利用自己的权力迫使人接受其论题。

10. 诉诸人身

诉诸人身是指用论证者自身或别人在人身或处境上的优势作为论据来论证某一个命题的真理性。论据与论题之间只具有心理上的相关性，并不具有逻辑上的相关性。如“某某人格高尚，他的话可信”。常言说：“智者千虑，必有一失。”人格优秀的人说话未必全对。再如，某人是共产党员，所以他肯定不会犯政治错误；某人在研究机关工作，所以他写的文章一定有学术价值；某人研究伦理学，所以他的言语和行为一定符合道德规范；某人研究逻辑，所以他的话一定符合逻辑等。人的出身、经历、职业、地位等各种处境优势，都不能成为论证其论题真的充足理由。

11. 诉诸权威

诉诸权威是指在论证中以本人或他人的权威为根据来论证某一论题。诉诸权威也可以看成是诉诸人身的一种情况。其公式是：因为某人是权威，所以他的话是正确的。例如，“地心说”是不能怀疑的，因为亚里士多德就是这么认为的。当然，权威不可随便抹杀，在相当的范围内，权威是应该尊重的。但在相当范围以外，权威就应该受到限制了。

12. 诉诸无知

诉诸无知是指以人们对某一个命题的无知为根据，从而断言该命题是真的或者是假的。其公式是：因为尚未证明A假，所以A是真的。或者因为尚未证明A真，所以A是假的。例如，鬼是存在的，因为还没有人能够证明鬼是不存在的。实际上，人们对某一现象领域的无知，根本不能成为对该领域下断语的逻辑理由。逻辑推论的实质，是由已知推测未知，而不能把未知作为知的理由。

13. 诉诸怜悯

又称诉诸情感。即借助于打动人们的怜悯心、同情心，以诱使人们相信某一命题。例如，学生李某数学没考好，他找到老师说：“如果您给我不及格，我的奖学金就没了。”

14. 诉诸众人

诉诸众人是指援引众人的意见、见解、信念或常识等来进行论证。其一般公式是：因为众人都这么认为，所以是正确的。例如，鬼是存在的，因为很多人都说见到过鬼。当然，多数人的意见是值得尊重的。但是，众人的意见未必都是真理，有时真理掌握在少数人手里，而众人的看法却是谬见。例如，在哥白尼之前，众人认为太阳和其他行星都是绕地球旋转，但这并不符合事实。

15. 人身攻击

人身攻击是指用某人在人身或处境上的缺陷或不足作为反驳他所持的某一个论点的论据。例如，他曾经犯过错误，他说的话不可能是真的。我们通常说：“不能因人以废言”，某人虽然过去曾犯过错误，但他现在所讲的话却未必假。再如，某人很富有，所以他一定在道德修养上有问题；某人很穷，所以他一定见钱眼开；某人当官，所以他一定会“官官相互”，等。人身或处境上的缺陷或不足，和所论证的论题并无逻辑联系，仅仅具有某种心理上的相关性而已。

16. 非黑即白

非黑即白是指在两个极端之间不恰当地二者择一。这里黑、白比喻两个极端。因为在黑、白之间，还有其他多种颜色作为中间体，而非黑即白的思考，却无视这些中间体的存在，把选择的范围仅限于黑和白两个极端，并不恰当地要求在这二者中择一。它又叫作简单二分法或两端思考。其论证形式是：因为不是黑的，所以是白的。例如，公司秘书说：“老总，关于这项计划，有20%的人表示反对。”公司老总接着说：“既然有20%的人表示反对，那就是说有80%的人赞成，就这样执行吧!”有20%的人表示反对，并不一定就意味着有80%的人是赞成此项计划的，因为常常还有很多不表态的人。

17. 平均数

平均数是指以平均数的假象为根据引申出一般结论的错误论证。例如，“既然这条河只有0.5米深，因此不可能淹死一个1.7米高的人”就犯有“平均数”的错误。因为平均情况是这样，并非任何情况都是这样。

18. 断章取义

断章取义是指在引用别人的话时，使其脱离原来的语境，从而具有不同的含义。如有位评论家在谈到一部小说时曾说：“我不喜欢这本书。也许在行至孤岛的情况下，没有了别的书，我才会喜欢它。”而出版商在引用这位评论家的话时，竟然说这位评论家自称“在行至孤岛的情况下”，仍然“喜欢它”，把原话中的贬义篡改成褒义，显然是在断章取义。

19. 稻草人

稻草人是指在论证过程中，通过歪曲对方来反驳对方，或者通过把某种极端的观点强加给对方来丑化对方，就像竖立了一个稻草人做靶子，并自欺欺人地认为：打倒了稻草人就打倒了对方。例如，公司职员："您有些事做得不对。"公司老总："什么？你竟然认为我什么事都做得不对？"职员只是说老总"有些"事做得不对，老总却歪曲为"所有"事都做得不对。老总在回答中犯了"稻草人"的逻辑错误。

20. 虚假原因

虚假原因的谬误，是把本来不是原因的东西误以为是该结果的真实原因。如甲、乙二人去酒馆喝酒。第一晚喝了威士忌和水，第二夜喝了白兰地和水，第三晚喝了伏特加和水，三晚都喝得酩酊大醉。既然三晚都喝了水，并且都醉了，于是认为喝水是醉酒的原因。实际上，三次都喝了大量的高度酒才是导致醉酒的真正原因。

21. 虚假相关

虚假相关的谬误，是指把并非真正相关的两类事件，误认为是密切相关的错误论证。如某国居民喝牛奶的比例与得癌症的比例都很高，于是误以为喝牛奶是患癌症的原因。再如，一项统计表明，大多数杰出数学家是头生子，于是误以为头生子比后生子数学才能高。事实上，在生育率较低的国家里，多数为人子者都是头生子。

22. 数据不可比

数据不可比是指用不可比的两个数据所进行的错误相比论证。如在美国与西班牙作战期间，美国海军强调"海军的死亡率比纽约市民的死亡率还低"，纽约市民的死亡率是每千人有 16 人，而尽管是战时，美国海军士兵的死亡率也不过每千人只有 9 人，于是刊登广告鼓励青年参加海军。可是，每千人有 16 人和每千人只有 9 人这两个数据是不可比的，二者具有明显的区别。因为海军士兵是经过体格检查选拔出来的身强力壮的年轻人，而纽约市民中有不少婴幼儿、老年人和各式各样的病人。正确比较战时海军与普通市民的死亡率，应该选择同等条件的抽样，即在纽约市民中选择与海军士兵同样年龄和健康状况的数据，这样才能得出正确的结论。

23. 合成

合成的谬误是指由部分的性质不恰当地推论整体的性质。整体是由部分按照一定的方式组合起来的，它不是各个部分的简单相加，往往具有部分所不具有而为整体所具有的性质，而部分也具有属于部分而不属于整体的性质。因此，不能因为部分具有某种性质，就推论出整体必然具有该性质。如由一台戏的每一幕在艺术上完美，推论出整台戏在艺术上是完美的，这显然犯了"合成"的错误。

24. 分解

分解的谬误是指由整体的性质不恰当地推论到部分的性质。整体所具有的性质，不一定为其部分所具有。所以，如果由整体的性质必然地推论到部分的性质，就会出现错误。如由大三学生身材高于大一学生，就推论出大三学生中某一矮个子高于大一学生；由鲁迅的著作不是一天能读完的，推出鲁迅的某一篇著作也不是一天能读完的。三段论中的"四概念"或"四词项"错误，就是一种典型的分解谬误。

三、评价型试题可能涉及的论证方式和论证方法

1. 论证及其组成

论证是概念、命题、推理等的综合运用。每一个逻辑试题都可以看成是一个论证，都有论题、论据和论证方式。一般来说，论证某个思想的真实性叫作证明，论证某个思想的虚假性叫

作反驳。通常人们又称证明为论证。

论证是用一个或一些已知为真的命题去确定另一个命题的真实性的思维过程。论证在结构上由论题、论据和论证方式组成。论题是通过论证要确定其真实性的命题，回答的是“论证什么”的问题。论据是用来确定论题真实性的命题，回答的是“用什么来论证”的问题。论证方式是指论据与论题之间的联系方式，即论证过程中所用到推理形式，回答的是“怎样用论据来论证论题”的问题。

根据证明中所运用的推理形式不同，可以把论证分为演绎论证、归纳论证和类比论证。演绎论证是用一般性的原理来论证特殊性或个别性的结论，其中运用的是演绎推理；归纳论证是用个别性的前提来论证一般性的结论，其中运用的是归纳推理；类比论证是运用类比推理形式所进行的论证。论证往往比推理更为复杂，一个论证中往往包含着几个甚至许多推理。如果在一个论证中，既使用了演绎推理，又使用了归纳推理或类比推理，那么这个论证就是一个综合论证。

2. 论证的基本方法

根据论证过程的不同，论证可分为直接论证和间接论证。间接论证又分为反证法和选言证法。直接论证是用论据从正面直接论证论题的真实性的论证方法。一般进行的论证都是直接论证。

反证法是一种间接论证方法，它是通过论证与原论题相矛盾的论断为假，然后根据排中律确定原论题为真的论证方法。由于其中用到了假言推理，所以，反证法又称为假言证法。反证法的第一步是设反论题真，然后由反论题为真推出荒谬的结论，所以假设反论题为真是不能成立的，最后通过排中律确定原论题为真。反证法可以用公式表示如下：

求证：p

证明：(1) 令非 p（非 p 是与 p 相矛盾的论题）成立

(2) 如果非 p，那么 q

(3) 非 q

(4) 所以，并非 p（充分条件假言推理否定后件式）

(5) 所以，p（排中律）

例如，我们必须抓好计划生育工作。如果不是这样，就无法控制我国人口的过快增长，有限的自然资源与人口过多的矛盾将难以解决，就会延缓四化建设的进程，而这是我们所不愿意的。所以，我们必须抓好计划生育工作。

选言证法是另外一种间接论证方法。它是指通过论证与原论题相关的所有其他可能的论断都不成立，从而确定原论题为真的论证方法。选言证法的第一步是要构造一个包括原论题在内的选言论题，然后论证除了原论题外其他论断均不成立，从而根据选言推理的否定肯定式确定原论题为真。选言证法可以用公式表示如下：

求证：p

证明：(1) 令 p 或 q 或 r 成立

(2) 非 q

(3) 非 r

(4) 所以，p（选言推理否定肯定式）

例如，对待历史文化遗产应采取批判继承的态度。对待历史文化遗产的态度，要么是全盘继承，要么是虚无主义，要么是批判继承。全盘继承，不分精华和糟粕，不能推陈出新，不利于文化的发展，这种态度是不可取的。虚无主义，割断了历史，违背了文化发展的规律，同样不利于文化的发展。只有批判继承，去其糟粕，取其精华，才能促进文化繁荣。

3. 反驳及其组成

反驳是用一个或几个已知为真的命题去确定另外一个命题的虚假性或者论证不能成立的思维过程。如果证明称为“立”的话，则反驳就可以称为“破”。例如：

亚里士多德曾经认为，重的物体必定比轻的物体下落速度快。后来，伽利略对此进行了反驳。因为如果重的物体（A）必定比轻的物体（B）下落速度快，那么将 A 和 B 两个物体绑在一起下落的速度到底如何呢？一方面由于 A+B 比 A 重，所以 A+B 的下落速度必定大于 A 下落的速度。但是，另一方面，既然 A 物体下落的速度快于 B 物体下落的速度，那么其合速度 A+B 就应该比 A 慢。由此可知，假设重的物体比轻的物体下落速度快，就会导致重物体加上轻物体的下落速度，既快于重的物体又慢于重的物体的矛盾，所以，假设重的物体比轻的物体下落速度快是不成立的。

反驳在结构上分为被反驳的论题、用来反驳的论据和反驳方式。被反驳的论题就是通过反驳要确定其为假的命题。反驳的论据就是用来确定被反驳的论题不能成立的论断。反驳方式就是在反驳过程中所用到的推理形式。上述反驳中，“重的物体必定比轻的物体下落速度快”就是被反驳的论题。其他陈述都是用来反驳的论据。反驳过程中使用了充分条件否定后件到否定前件的推理形式。

4. 反驳的突破口

反驳的突破口包括反驳论题、反驳论据和反驳论证方式三种。反驳论题是指出对方的论题是假的；反驳论据是指出对方的论据是假的；反驳论证方式是指出对方的论证方式不能成立。例如：

（1）那种认为“人的本性都是善的”观点，其论据是人都有同情心和正义感。其实，这种论据是不值一驳的。因为如果“人都有同情心和正义感”的话，那么法西斯分子对人们也会有同情心和正义感。

（2）那种以为资本主义国家是搞股票市场的，我们国家又不是资本主义国家，因而我们国家就不能搞股票市场的观点是站不住脚的。因为并非只有资本主义国家才能搞股票市场，社会主义也可以有股票市场。

上述反驳中，（1）是反驳论据，（2）是反驳论证方式。在反驳的三个突破口中，反驳论题是最主要的。反驳论据和反驳论证方式只能说明对方的论证不能成立，对方的论题没有得到论证，但并不能说明对方的论题就是假的。这是为什么呢？因为在演绎推理中，前提（论据）假，无论推理形式正确与否，结论（论题）可能是真的，也可能是假的，即不必然假。同样，在演绎推理中，如果推理形式无效，无论前提（论据）真还是假，结论（论题）可能真，也可能假，即结论（论题）的假不是必然的。

5. 反驳的基本方法

反驳方法包括直接反驳、间接反驳和归谬法。

直接反驳是指引用已知事实或科学原理直接从正面论证某一论题的虚假性。例如，有人说：“人人都自私”。这种说法是不对的。现实生活中确实有许多人不自私，因此，并非人人都自私。

间接反驳又称为独立证明的反驳，它是通过先论证与被反驳论题相矛盾或相反对的论题为真，然后根据矛盾律确定被反驳的论题为假的反驳方法。间接反驳不是直接论证对方论题如何假，而是先提出一个与对方相矛盾或相反对的论题，并独立地论证其真实性，然后根据矛盾律确定对方论题是虚假的。例如：“有人认为，生产关系都是阶级关系。这种观点值得商榷。众所周知，原始社会的生产关系就不是阶级关系，原始社会的生产关系也是生产关系呀！可见，有的生产关系就不是阶级关系。”间接反驳可用公式表示为：

被反驳的原论题：p

论证：(1) 设非 p（非 p 与 p 为矛盾或反对关系）

(2) 证明非 p 真

(3) p 假（矛盾律）

归谬法即归谬反驳，是指为了反驳某一论题，先假定该论题为真，然后由此推出荒谬的结论来，最后根据充分条件假言推理的否定后件式和矛盾律，确定被反驳论题为假的反驳方法。例如："有人说，不上大学就是没出息，就成不了才。照此说来，瓦特、高尔基、爱迪生、富兰克林等就都是没出息的人了！因为他们都没有上过大学。然而，瓦特这个钟表店的学徒却是蒸汽机的发明者；高尔基，一个流浪儿，靠自学成了一代文豪；富兰克林，一个普通印刷工人凭着刻苦钻研，成为电学的先驱者；爱迪生只读过 3 个月的书，也是靠自学成了伟大的发明家，你能说他们不是人才?"归谬法可用公式表示为：

被反驳的论题：p

论证：(1) 设 p 真

(2) 如果 p 真，则 q

(3) 非 q

(4) 所以，并非 p 真（充分条件假言推理否定后件式）

(5) 所以，p 假（矛盾律）

6. 论证的基本结构

在我们对论证的基本组成要素做出分析，完成了一个论证重新构造之后，就可以用图解的方法来表示它的结构，也就是前提和结论之间的连接关系。传统上，我们都是用树形图来表示的。

论证的基本结构包括：单前提结构、多前提结构、链式结构和复合结构。

第一种结构是单前提结构。单前提结构就是一前提一结论的结构：前提→结论。

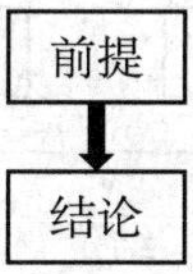

例如：你没有通过这次公务员考试，因为你没有认真准备。

单前提单结论结构的一个变形是单前提多结论结构。例如：前提→结论 1 并且结论 2。

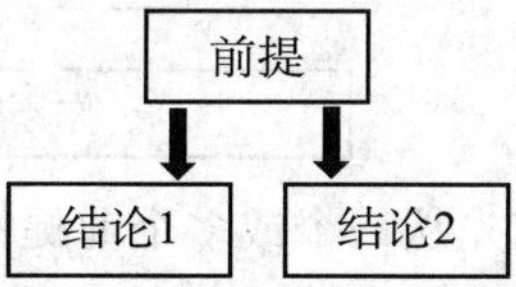

例如：你现在不抓紧时间好好学习外语，那么你就无法通过托福考试，也就不能申请去国外留学。

第二种结构是多前提结构，即由两个或更多的前提来推导一个结论。这个结构有两类：一

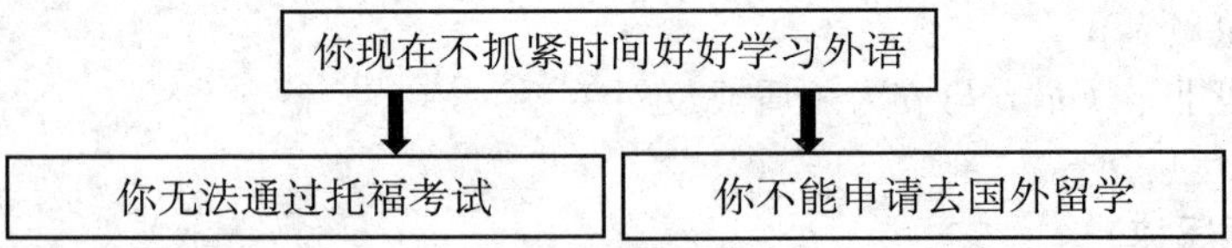

类是“独立的多前提结构”，即前提之间互相独立，每一个前提都可以单独推导出这个结论，不需要另一个的帮助。两个前提一起用是为了加强证据的支持力量。另一类是“相互依赖的多前提结构”，即前提之间互相依赖，缺一，其他前提就不能推导出结论。反驳独立的多前提结构，需要反驳每一个前提；反驳相互依赖的多前提结构，只需要反对其中的一个前提即可。

独立的多前提结构：

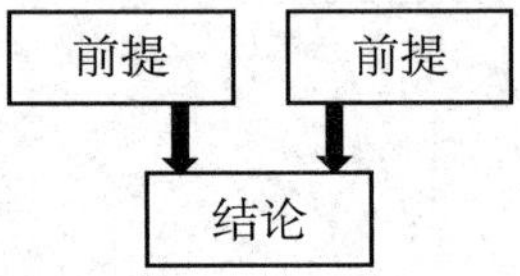

例如：母亲对儿子说：“我不看那部电影，我根本就不喜欢看小孩看的片子，况且也没有票买了”。两个前提各自都可以说明母亲为什么不看那部电影。即使有票买，母亲不喜欢也不会去看；母亲喜欢，没有票买，母亲也不会去看。母亲的论证用树形图表示如下：

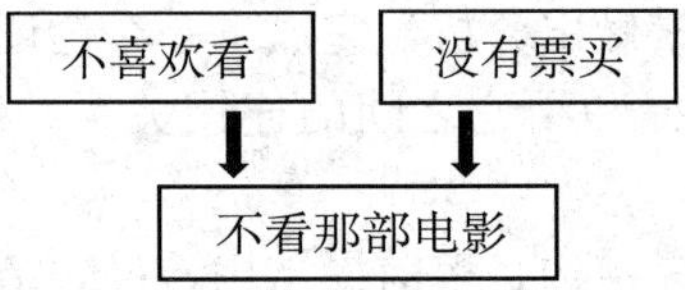

相互依赖的多前提结构：

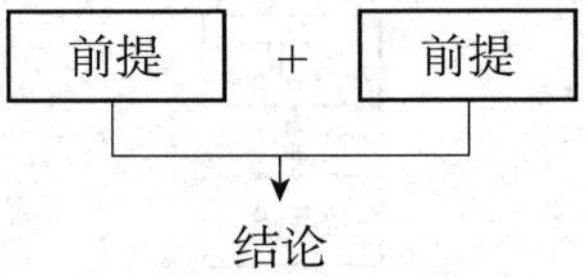

例如：太太对先生抱怨先生新买的戒指不够漂亮，她不喜欢。先生就对太太说：“亲爱的，你不爱我”。太太问理由，先生说：“如果你爱我，那么你就会喜欢我给你买的所有礼物。而你不喜欢这礼物”。先生所给出的太太不爱他的论证中，两个前提互相依赖。对先生而言，“如果你爱我，那么你就会喜欢我给你买的所有礼物”是普遍规律，太太不喜欢戒指则是事实，二者合起来才构成了对结论的支持。树形图表示如下：

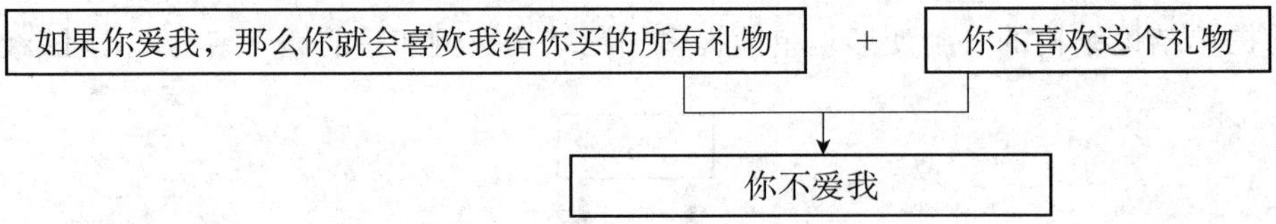

第三种结构是链式结构。就是首先从一个或多个前提推导出一个结论；然后再从这个结论推导出一个新的结论。最开始的前提我们称为“初始前提”；初始前提的结论，又是下一步结论的前提，被称为“中介前提”或“中介结论”；最后的结论则被称为“最终结论”。其最基本的树形图如下：

因为事物的复杂性和人们的好奇心，我们常常刨根问底，因此，从一个结论到另一个结论

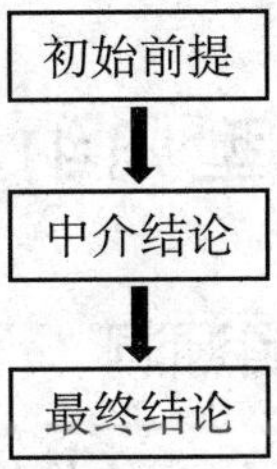

的链式论证结构很普遍。例如："孕妇不要喝酒，据某知名专家说，孕妇哪怕是喝一点点酒都会对胎儿的生长产生危险，因为大量实验证明，酒精对细胞有抑制反应。"这个论证中，"实验证明，酒精对细胞有抑制反应"是"初始前提"，由它我们得到"孕妇哪怕是喝一点点酒都会对胎儿的生长产生危险"，这是"中介前提"或者"中介结论"，最后得到的"孕妇不要喝酒"则是"最终结论"。这个链式结构的树形图如下：

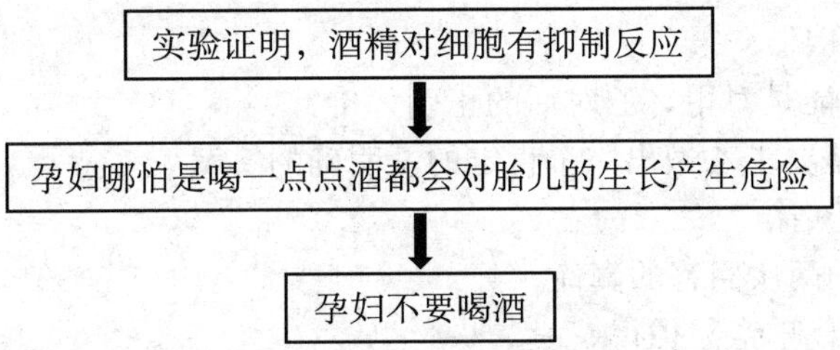

第四种结构是复合结构。实际论证要远比单前提结构、多前提结构和链式结构复杂，但再复杂的论证，都是由这三种结构组合起来的。如有的主要是一个链式推理，但其中的某些部分是多前提的结构；有的是多前提的结构，但其中某些前提本身又有前提，所以它的分支上是链式结构。

绝大多数论证，都由多前提结构和链式结构组合而成，比较复杂。因此，当我们分析一个论证时，就有必要画出它们的结构图。

画结构图时，一般把最终结论放在最下面，最初前提放在最上面。中间结论放在中间。用箭头表示推理。相互依赖的前提用加号连接起来。独立前提则用另外的箭头表示。

例如：如果你现在不抓紧时间好好学习，那么这门课你就不会得高分，老师也不会愿意为你写求职推荐信。另外你其他课程的分数也不高，你的平均分也不高，况且你也没有其他优秀表现，申请研究生也很困难。

用树形图表示这个论证结构是：

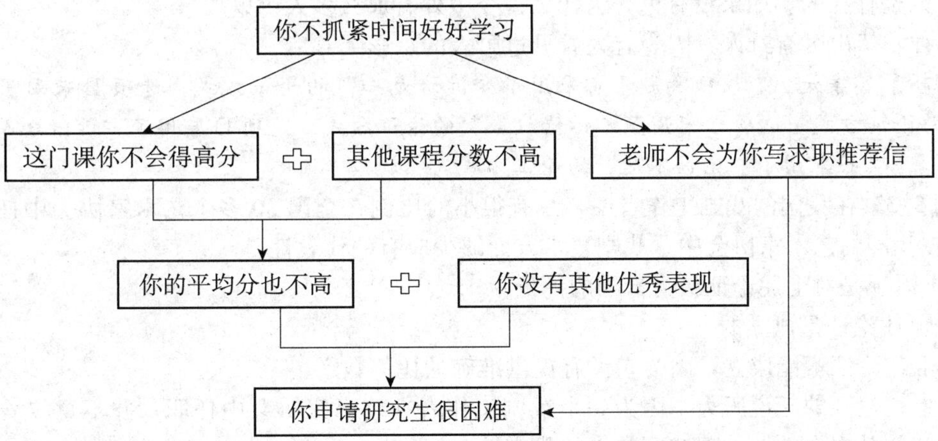

第二节　题型归纳和专题点睛

一、评价论证中可能存在的逻辑漏洞

论证中可能存在逻辑漏洞，特别值得注意的是偷换概念、推不出、诉诸无知、集合、分解、数据不可变、平均数、非黑即白等。

【例 5.1】甲："你认为《末代皇帝》拍得好吗?"

乙："我认为不算好。"

甲："那就是说，你认为坏了?"

乙："不，我并没有说坏。"

甲："说不好就是坏!"

下面哪个选项不可能是对甲、乙对话的正确评价?

A. 甲问话的用意是要求乙做出一个肯定的、明确的答案

B. 乙的回答前后矛盾

C. 甲没有把握乙的两次回答的真谛

D. 在乙看来，《末代皇帝》拍得一般

E. 甲对事物评判一般是采取好与坏两个判定

【解析】答案是 B。在好与坏之间还存在着中间的情况，即既不好也不坏的"一般"情况。排中律只要求在不能都假，其中必有一真的命题中肯定一个是真的，而"好"与"坏"两种事物情况却可能都是假的，所以，乙没有从中肯定一个并没有违反排中律。乙的回答更谈不上是前后矛盾，因此，选项 B 不可能是对甲、乙对话的正确评价。而甲在对话中采取了"好"与"坏"必有一个为真的标准，犯了"非黑即白"的错误。

【例 5.2】有些人坚信飞碟是存在的。理由是：谁能证明飞碟不存在呢?

下列选项中，哪项与上述的论证方式是相同的?

A. 中世纪欧洲神学家论证上帝存在的理由是：你能证明上帝不存在吗?

B. 科学家不是天生聪明的。因为，爱因斯坦就不是天生聪明的

C. 一个哲学家不相信人的神经在脑中汇合。理由是：亚里士多德著作中讲到，神经是从心脏里产生出来的

D. 鬼是存在的。如果没有鬼，为什么古今中外有那么多人讲鬼故事

E. 神农架山区有野人，因为有人看见过野人的踪影

【解析】答案是 A。该项和题干都采用了"诉诸无知"的论证方式。选项 B 采用了"以偏概全"的论证方式。选项 C 采用了"诉诸权威"的论证方式。选项 D 采用了"诉诸众人"的论证方式。选项 E 采用了"论据不足"的论证方式。

【例 5.3】在我国的戏剧工作者中，只有很小的比例在全国 30 多个艺术家协会中任职。这说明，在我国的艺术家协会中，戏剧艺术方面缺少应有的代表性。

以下哪项是对上述论证最为恰当的评价?

A. 上述论证是成立的

B. 上述论证不能成立，因为它没有提供准确的比例数字

C. 上述论证缺乏说服力，因为一个戏剧工作者在艺术家协会中任职，并不意味着他就一定在其中有效地体现戏剧艺术的代表性

D. 上述论证有漏洞，因为我国的戏剧工作者中，只有很少的比例在全国艺术家协会中任职，并不意味着其他艺术种类的工作者中有较高的比例在我国艺术家协会中任职

E. 上述论证有漏洞，因为我国的戏剧工作者中，只有很少的比例在全国 30 多个艺术家协会中任职，并不意味着在我国艺术家协会中戏剧工作者只占很少的比例

【解析】 答案是 E。题干从“在我国的戏剧工作者中，只有很小的比例在全国 30 多个艺术家协会中任职”，推出“在我国的艺术家协会中，戏剧艺术方面缺少应有的代表性”。选项 E 最能评价其漏洞，因为很可能我国的戏剧工作者数量很多，而艺术家协会的会员很少，这样在我国的艺术家协会中，戏剧艺术方面就并不缺少应有的代表性。比如戏剧工作者有 10 万人，而艺术家协会只有 2 000 人。如果戏剧工作者中的 1% 即 1 000 人在艺术家协会中任职，就已经不能说缺乏代表性了。所占比例小，不等于数量就少，因为可能基数很大。

【例 5.4】 在一次聚会上，10 个吃了水果色拉的人中，有 5 个很快出现了明显的不适。吃剩的水果色拉立刻被送去检验。检验的结果不能肯定其中存在超标的有害细菌。因此，食用水果色拉不是造成食用者不适的原因。

如果上述检验结果是可信的，那么以下哪项对上述论证的评价最为恰当？

A. 题干的论证有漏洞，因为它把事件的原因，当成了事件的结果

B. 题干的论证有漏洞，因为它没有考虑到这种可能性：那些吃了水果色拉后没有很快出现不适的人，过不久也出现了不适

C. 题干的论证有漏洞，因为它没有充分利用一个有力的论据：为什么有的水果色拉食用者没有出现不适

D. 题干的论证有漏洞，因为它把缺少证据证明某种情况存在，当作有充分证据证明某种情况不存在

E. 题干的论证是成立的

【解析】 答案是 D。题干论证从“检验的结果不能肯定其中存在超标的有害细菌”，就推出“食用水果色拉不是造成食用者不适的原因”，犯了“诉诸无知”的错误。选项 D 说“题干的论证有漏洞，因为它把缺少证据证明某种情况存在，当作有充分证据证明某种情况不存在”，正好指出了题干论证所存在的漏洞。选项 A 说的是“因果倒置”。选项 B 说是“以偏概全”。选项 C 说的是“虚假原因”。

【例 5.5】 十九世纪有一位英国改革家说，每一个勤劳的农夫，都至少拥有两头牛。那些没有牛的，通常是些好吃懒做的人。因此，他的改革方案便是国家给每一个没有牛的农夫两头牛，这样整个国家就没有好吃懒做的人了。这位改革家明显犯了一个逻辑错误。

以下哪项论证中出现的逻辑错误与题干中出现的类似？

A. 瓜熟蒂落，所以瓜熟是蒂落的原因

B. 这是一本好书，因为它的作者曾获诺贝尔奖

C. 你是一个犯过罪的人，有什么资格说我不懂哲学

D. 有些发达国家一周只工作差不多四天或实行弹性工作制，为了缩短与发达国家的差距，我国也应该照此办理

E. 你说谎，所以我不相信你的话；因为我不相信你的话，所以你说谎是徒劳的

【解析】 答案是 D。该项和题干都犯了“因果倒置”的逻辑错误。选项 B 犯的错误是“诉诸权威”。选项 C 犯的错误是“人身攻击”。选项 E 说“你说谎，所以我不相信你的话；因为我不相信你的话，所以你说谎是徒劳的”，犯了“推不出”（充分条件肯定后件到否定前件的推理）的错误。

【例 5.6】 和平基金会决定中止对 S 研究所的资助，理由是这种资助可能被部分地用于武器

研究。对此，S研究所承诺：和平基金会的全部资助，都不会用于任何与武器相关的研究。和平基金会因此撤销了上述决定，并得出结论：只要S研究所遵循承诺，和平基金会的上述资助就不再会有利于武器研究。

以下哪项最为恰当地概括了和平基金会上述结论中的漏洞？

A. 忽视了这种可能性：S研究所并不遵守承诺

B. 忽视了这种可能性：S研究所可以用其他来源的资金进行武器研究

C. 忽视了这种可能性：和平基金会的资助使S研究所有能力把其他资金改用武器研究

D. 忽视了这种可能性：武器研究不一定危害和平

E. 忽视了这种可能性：和平基金会的上述资助额度有限，对武器研究没有实质性的意义

【解析】答案是C。题干断定了S研究所遵守承诺是和平基金会的资助不再会有利于武器研究的充分条件。C项则指出了这一条件关系并不能成立。

【例5.7】张先生买了块新手表。他把新手表与家中的挂钟对照，发现手表比挂钟一天慢了三分钟；后来他又把家中的挂钟与电台的标准时对照，发现挂钟比电台标准时一天快了三分钟。张先生因此推断：他的手表是准确的。

以下哪项是对张先生推断的正确评价？

A. 张先生的推断是正确的，因为手表比挂钟慢三分钟，挂钟比标准时快三分种，这说明手表准时

B. 张先生的推断是错误的，因为他不应该把手表和挂钟比，应该是直接和标准时比

C. 张先生的推断是错误的，因为挂钟比标准时快三分钟，是标准的三分钟；手表比挂钟慢三分钟，是不标准的三分钟

D. 张先生的推断既无法断定为正确，也无法断定为错误

E. 张先生的推断是正确的，因为他的手表是新的

【解析】答案是C。张先生把手表与家中的挂钟比，一天慢了三分钟的“三分钟”是“不标准的三分钟”。而张先生后来把家中的挂钟和电台的标准时间比，一天快了三分钟的“三分钟”是“标准的三分钟”。两个“三分钟”，虽然语词是一个，但前后却表达了不同的概念。张先生的推断违反了同一律，犯了“偷换概念”的逻辑错误。对于张先生的推断，选项A和E认为是正确的，显然不对。选项D认为不能断定其为正确还是错误，也不对。选项B虽然指出了张先生的推断是错误的，但是关于错误的原因的说明却不正确。

【例5.8】通常认为左撇子比右撇子更容易出操作事故。这是一种误解。事实上，大多数家务事故，大到火灾、烫伤，小到切破手指，都出自右撇子。

以下哪项最为恰当地概括了上述论证中的漏洞？

A. 对两类没有实质性区别的对象做实质性的区分

B. 在两类不具有可比性的对象之间进行类比

C. 未考虑家务事故在整个操作事故中所占的比例

D. 未考虑左撇子在所有人中所占的比例

E. 忽视了这种可能性：一些家务事故都是由个人造成的

【解析】答案是D。事实上大多数家务事故出自右撇子，这没错。问题是，事实上左撇子在所有人中所占的比例也明显低于右撇子。所以，即使事实上大多数家务事故出自右撇子，而不是出自左撇子，但由于左撇子本身人数少，即分母小，所以左撇子出操作事故的比率就高。因此，不能因为左撇子在家务事故中数量少，就说不容易出操作事故。选项D说“未考虑左撇子在所有人中所占的比例”，即左撇子是否更容易出操作事故，不仅仅要看出事故的人中左撇子的比例，还要看所有人中左撇子的比例。

【例 5.9】许多人不仅不理解别人，而且也不理解自己，尽管他们可能曾经试图理解别人，但这样的努力注定会失败，因为不理解自己的人是不可能理解别人的。可见，那些缺乏自我理解的人是不会理解别人的。

以下哪项最能说明上述论证的缺陷？

A. 没有正确把握理解别人和理解自己之间的关系

B. 没有考虑“有些人不愿意理解自己”这样的可能性

C. 间接指责人们不能换位思考，不能相互理解

D. 使用了“自我理解”概念，但并未给出定义

E. 结论仅仅是对其论证前提的简单重复

【解析】答案是 E。题干的初始前提是：不理解自己的人是不可能理解别人的；中间结论即中间前提是：许多人不理解自己，因此他们不可能理解别人。题干的最终结论是：那些缺乏自我理解的人是不会理解别人的。最终结论显然是对前提的简单重复。

【例 5.10】主持人：有网友称你为国学巫师，也有网友称你为国学大师。你认为哪个名称更适合你？

上述提问中的不当也存在于以各项中，除了

A. 你要社会主义的低速度，还是资本主义的高速度

B. 你主张为了发展可以牺牲环境，还是主张宁可不发展也不能破坏环境

C. 你认为人都自私，还是认为人都不自私

D. 你认为“9·11”恐怖袭击必然发生，还是认为有可能避免

E. 你认为中国队必然夺冠，还是认为不可能夺冠

【解析】答案是 D。题干中主持人对于存在中间状态的事物情况做出“非此即彼”的提问。选项 A、B、C、E 都存在中间状态。只有 D“必然发生”和“可能不发生”之间存在矛盾关系，没有中间状态，和题干情况不同。

【例 5.11】这次新机种试飞只是一次例行试验，既不能算成功，也不能算不成功。

以下哪项对于题干的评价最为恰当？

A. 题干的陈述没有漏洞

B. 题干的陈述有漏洞，这一漏洞也出现在后面的陈述中：这次关于物价问题的社会调查结果，既不能说完全反映了民意，也不能说一点也没有反映民意

C. 题干的陈述有漏洞，这一漏洞也出现在后面的陈述中：这次考前辅导，既不能说完全成功，也不能说彻底失败

D. 题干的陈述有漏洞，这一漏洞也出现在后面的陈述中：人有特异功能，既不是被事实证明的科学结论，也不是纯属欺诈的伪科学结论

E. 题干的陈述有漏洞，这一漏洞也出现在后面的陈述中：在即将举行的大学生辩论赛中，我不认为我校代表队一定能进入前四名，我也不认为我校代表队可能进不了前四名

【解析】答案是 E。该项和题干都存在“模棱两可”的错误，对于互相矛盾的命题同时加以否定。注意，选项 E 中，“一定能进”和“可能进不了”之间具有矛盾关系。B、C、D 三个选项都是同时否定两个具有反对关系的命题。

二、评价结构类似

评价结构类似，就是要指出推理或论证在整体框架上的相同性。这里的结构显然是指的逻辑结构，即逻辑概念的结构。所以，在评价结构类似时，一定要从一个推理或论证中所包含的

逻辑概念入手来进行分析。这里的整体框架，也主要是指一个推理或论证中所包含的主要逻辑概念的框架，所以，抓住一个推理或论证中的主要逻辑概念是评价结构类似的关键。

【例5.12】和专门的研究机构不同，高等院校，即使是研究型的高等院校，其首要任务是培养学生。这一任务完成得不好，校园再漂亮，硬件设施再先进，教师科研成果再多，也是没有意义的。

上述议论的结构和以下哪项最不类似？

A. 一个饭店，最重要的是要使顾客感到饭菜好吃。价格的合理，服务的周到，环境的优雅，只有在顾客吃得满意的情况下才有意义

B. 一个人最要紧的是不能穷。一旦没有钱，有学问，有相貌，有品行，又能有什么用呢？

C. 和学术著作不同，对于文艺作品来说，最重要的是它的可读性和观赏性。只要有足够多的读者，高质量的文艺作品就一定能实现它的社会效益和经济效益，同时体现它的学术价值

D. 一个国家要发展，最重要的是保持稳定。一旦失去稳定，经济的发展，政治的改革就失去了可行性

E. 一个品牌最重要的是产品质量。如果广告和其他形式的包装对于某个品牌的产品长期占领市场确实起到实质性的作用，那么该产品一定具有过硬的质量

【解析】答案是C。其他选项和题干论证都运用的是反证法，整体框架上都是认为做好首要任务是做好其他事情的必要条件。注意，选项E也是断定了产品过硬的质量这个首要因素是一个品牌其他因素能够起作用的必要条件。选项C的整体框架则认为，做好首要任务是做好其他事情的充分条件，标志是“只要”，与题干及其他选项均不同。

【例5.13】精制糖高含量的食物不会引起糖尿病的说法是不对的。因为精制糖高含量的食物会导致人的肥胖，而肥胖是引起糖尿病的一个重要诱因。

以下哪项论证在结构上和题干最为类似？

A. 接触冷空气易引起感冒的说法是不对的。因为感冒是由病毒引起的，而病毒易于在人群拥挤的温暖空气中大量繁殖蔓延

B. 没有从济南到张家界的航班的说法是对的。因为虽然有从济南到北京的航班，也有从北京到张家界的航班，但没有从济南到张家界的直飞航班

C. 施肥过度是引发草坪病虫害主要原因的说法是对的。因为过度施肥造成青草的疯长，而疯长的青草对于虫害几乎没有抵抗力

D. 劣质汽油不会引起非正常油耗的说法是不对的。因为劣质汽油会引发发动机阀门的非正常老化，而发动机阀门的非正常老化会引起非正常油耗

E. 亚里山大是柏拉图学生的说法是不对的。事实上，亚里山大是亚里士多德的学生，而亚里士多德是柏拉图的学生

【解析】答案是D。该项和题干都是应用的独立证明的反驳方法。论证关系都是要指出“A是B的原因”。题干要论证的是“精制糖高含量的食物就是引起糖尿病的原因”；选项D要论证的是“劣质汽油就是引起非正常油耗的原因”。选项A和E则是要指出“A不是B的原因”。选项B和C都是直接论证。

【例5.14】玛尔莎的一个在可食花方面非常博学的朋友告诉她，所有的雏菊都不能吃，至少都是不可口的。然而，玛尔莎这样推理，因为存在一种属于菊花的雏菊，又因为存在味美可食的菊花，所以她的朋友告诉她的话肯定不正确。

以下哪项的推理模式与玛尔莎的推理模式最为相似？

A. 杰纳尔是一个城市合唱队的成员，且那个合唱队非常有名，因此，杰纳尔是一个优秀

歌手

B. 罗尔斯是图书馆读书小组的一员，而那个小组的所有成员都是读起书来废寝忘食的人，因此，罗尔斯也是读起书来废寝忘食的人

C. 劳瑞克的某些姐姐参加了那个论述小组，且那个论述小组的某些成员是差生，所以劳瑞克至少有一个姐姐一定是差生

D. 雷恩的大多数朋友都是游泳健将，且游泳健将都十分强壮，所以很有可能，至少有一些雷恩的朋友十分强壮

E. 许多特若沙的同事都出了书，他们的书大多数都写得很好，因此有一些特若沙的同事是优秀的作家

【解析】答案是C。题干推理可整理为一个三段论：有些雏菊是菊花，有些菊花是可口的，所以，有些雏菊是可口的。选项C的大前提、小前提和结论中也都是说的"有些"，和题干结构最为类似。选项B和D都与题干不类似，都是包含"所有"的断定。选项A中包含着单称判断，选项E中包含着"许多""大多数"的断定，都与题干不类似。

【例5.15】大多数飞机都有机翼，但直升机没有机翼。所以，有机翼并不是所有飞机的本质特征。

下面哪一个选项最类似于题干中的推理？

A. 轮盘赌和双骰子赌使用的赔率有利于庄家。既然它们是能够在赌博机上找到的仅有的赌博类型，其赔率有利于庄家就是能够在赌博机上玩的所有游戏的本质特征

B. 多数人都自私，如那些腐败分子。不过，像雷锋这样的人还是存在。总之，不自私者大有人在

C. 动物学发现，鹿偶尔也吃肉。不过，如果鹿不是食草动物，它们的牙齿形状将会与它们现在的很不相同。所以，食草是鹿的一个本质特征

D. 所有的猫都是肉食动物，食肉是肉食动物的本质特征。所以，食肉是猫的本质特征

E. 使用一些骗对手的技巧并不是所有纸牌的本质特征。因为大多数多人玩的纸牌，如扑克和桥牌等，就使用了一些骗对手的技巧。不过，仅由一个人玩的纸牌并非如此

【解析】答案是E。三段论结构类似问题。题干的结论为否定判断，前提的第一个为肯定判断，但第二个为否定判断。选项E的第一句话是结论，正好是否定判断，后两句话为前提，正好前为肯定判断，后为否定判断，与题干的结构完全一致。选项A、C、D的结论都是肯定判断，与题干推理在结构上存在着重大区别。选项B的判断结构似乎是结论为否定判断，前提第一个为肯定判断，第二个为否定判断，但整个推理的结构和题干的相似程度远不如选项E。

【例5.16】尽管目前流行的广告都在试图说服顾客，但只有一小部分这样的广告可以被认为是不道德的，由此可知，有些说服行为可以被认为是不道德的。

以下哪项中的推理与上文的最相似？

A. 有些短诗是主题多样化的，因为某些十四行诗具有这种多样化的特征，并且所有的十四行诗都是短诗

B. 任何优秀的经理总是根据充分的资料来做出重要的决策，然而某些经理并没有这样做，所以，有些经理不是优秀的经理

C. 在重复某件事情的次数与记住这件事情之间有正比的关系，所以，重复总是记忆的关键因素

D. 有些精神病患者被认为是正常人，因为某些精神病患者还在工作岗位上，而所有还在工作岗位上的人一般都被认为是正常人

E. 并非所有的跟踪调查研究都是用来说明公司的投资回报率的，所以，有些这样的研究

是不可靠的

【解析】答案是 A。三段论结构类似。题干断定：只有一小部分广告可以被认为是不道德的，目前流行的广告都在试图说服顾客，由此可知，有些说服行为可以被认为是不道德的。中项都处于前提的主项位置，为第三格的三段论。选项 A 的结构与此类似。即：某些十四行诗具有这种多样化的特征，所有的十四行诗都是短诗，所以有些短诗是主题多样化的。选项 C 和 E 不是三段论。选项 B 的第二个前提和结论都是否定命题。选项 D 的中项为大前提的主项、小前提的谓项，为第一格。

三、评价论证方法和原则

评价论证方法和原则其实就是要指出证明和反驳的基本方式方法、论证过程中可能要运用到的各种推理方法和推理方式。

【例 5.17】语言不能生产物质财富，如果语言能够生产物质财富，那么夸夸其谈的人就会成为世界上的富翁了。

下面哪项论证在方式上与上述论证最类似？

A. 人在自己的生活中不能不尊重规律，如果违背规律，就会受到规律的无情惩罚

B. 加强税法宣传十分重要，这样做可以普及税法知识，增强人们的纳税意识，增加国家财政收入

C. 有些近体诗是要求对仗的，因为有些近体诗是律诗，而所有律诗都是要求对仗的

D. 风水先生惯说空，指南指北指西东，倘若真有龙虎地，何不当年葬乃翁

E. 金属都具有导电的性质，因为，我们研究了金、银、铜、铁等金属，发现它们都能导电

【解析】答案是 D。该项和题干的论证方式都是归谬法，归谬法的论点是否定句，假设是肯定的。题干的论点是“语言不能生产物质财富”，假设是“如果语言能够生产物质财富”。选项 D 的论点是“风水先生惯说空”，假设是“倘若真有龙虎地”。选项 A 的论证方式是反证法，反证法的论点是肯定句，假设是否定句。选项 A 的论点是“人在自己的生活中不能不尊重规律”，双否定句实质上是肯定句，假设“如果违背规律”，即“如果不尊重规律”，为否定句。选项 B、C 和 E 都是直接论证。

【例 5.18】刑法修正案（八）草案规定，对 75 岁以上的老人不适用死刑，这一修改引起了不小的争论。有人说，如果这样规定，一些犯罪集团可能会专门雇用 75 岁以上老人去犯罪。某法学家认为这种说法不能成立。因为如果按照这种逻辑，根据刑法上的规定，凡是不满 18 岁的人都不判处死刑，则一些犯罪集团也会专门雇用不满 18 岁的人去犯罪，那是否也应当判处不满 18 岁人的死刑呢？

上面法学家的论证使用了以下哪一种论证技巧？

A. 通过表明一个观点不符合已知的事实，来论证这个观点为假

B. 通过证明一个观点缺乏事实的支持，来论证这个观点不能成立

C. 通过假设一个观点为正确会导致明显荒谬的结论，来论证这个观点是错误的

D. 通过表明一个观点违反公认的一般性准则，来论证这个观点是错误的

E. 通过证明与已知观点相矛盾的观点是成立的，来论证这个观点是错误的

【解析】答案是 C。评价论证方法，即反驳的方法。题干论证使用了归谬反驳法。即如果假设某个论点为真，会导致矛盾或者荒谬，则原来的假设不能成立。题干论证道：如果对 75 岁以上的老人不适用死刑就会导致一些犯罪集团可能会专门雇用 75 岁以上老人去犯罪的话，那么对不满 18 岁的人不判处死刑也可能导致犯罪集团专门雇用不满 18 岁的人去犯罪，

那是否也应该判处不满18岁的人的死刑？这显然是荒谬的。因此，对75岁以上的老人不适用死刑就会导致一些犯罪集团可能会专门雇用75岁以上老人去犯罪的看法不能成立。选项A、B、D都认为题干运用的是直接反驳法，选项E认为题干运用的是独立证明的反驳法，都不正确。

【例5.19】那些认为在棒球比赛中下手球没有危险的人，一定对查普曼的死不知道或者知道但并没引起注意。1920年，查普曼被由投掷手卡尔投掷的下手球击中，结果死于脑部受伤。在刚进入新的世纪之际，应当呼吁在棒球比赛中正式禁止下手球的投掷方法。

以下哪项最为恰当地概括了题干的论证所使用的方法？

A. 用普遍原理来说明一个具体事例

B. 用一个具体事例来说明一个普遍的结论

C. 用煽动感情的方式来论证自己的观点

D. 用混淆概念的方式来掩饰自己论证中的漏洞

E. 用科学技术的成果来揭示原因和结果之间的联系

【解析】答案是B。题干所要论证的论题是一个普遍性的命题，即应该在棒球比赛中正式禁止下手球的投掷方法。而论据是一个具体事例，即1920年，查普曼被由投掷手卡尔投掷的下手球击中。显然，该论证的方式是用一个具体事例来说明具有普遍性的结论。

【例5.20】美国政府决策者面临的一个头痛的问题就是所谓的“别在我家门口”综合症，例如，尽管民意测验一次又一次地显示公众大多数都赞成建新的监狱，但是，当决策者正式宣布计划要在某地新建一所监狱时，总遭到附近居民的抗议，并且抗议者总有办法使计划搁浅。

以下哪项也属于上面所说的“别在我家门口”综合症？

A. 某家长主张，感染了艾滋病毒素的孩子不能被允许入公共学校，当知道一个感染了艾滋病毒素的孩子进入了他孩子的学校时，他立即办理了自己孩子的退学手续

B. 某政客主张所有政府官员必须履行个人财产公开登记，他自己递交了一份虚假的财产登记表

C. 某教授主张宗教团体有义务从事慈善事业，但他自己拒绝捐款资助索马里饥民

D. 某汽车商主张和外国进行汽车自由贸易，以有利于本国经济，但要求本国政府限制外国制造的汽车进口

E. 某军事战略家认为核战争会毁灭人类，但主张本国保持足够的核能力以抵御外部可能的核袭击

【解析】答案是D。选项A中没有什么矛盾的现象，该家长的主张是前后一致的。选项B中的政客虽然递交的是一份虚假的财产登记表，但这也是履行了个人财产登记手续，没有矛盾。选项C中教授所主张的是宗教团体，而拒绝的是个人，并不矛盾。选项E也不矛盾，因为该军事战略家主张本国保持足够的核能力也可以阻止核战争。只有选项D是矛盾的，既然是自由贸易，那就应该是有来有往，而又要求本国政府限制外国制造的汽车进口，这就谈不上和外国汽车进行自由贸易了。

【例5.21】有一论证（相关语句用序号表示）如下：

①今天，我们仍然要提倡勤俭节约。②节约可以增加社会保障资源。③我国尚有不少地区的人民生活贫困，亟需更多社会保障资源，但也有一些人浪费严重。④节约可以减少资源消耗。⑤因为被浪费的任何粮食或者物品都是消耗一定的资源得来的。

如果用“甲→乙”表示甲支持（或证明）乙，则以下哪项对上述论证基本结构的表示最为准确？

A. 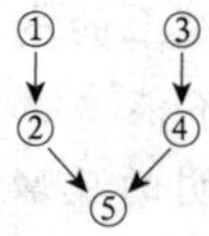

B. 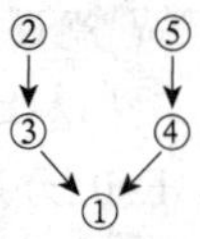

C. 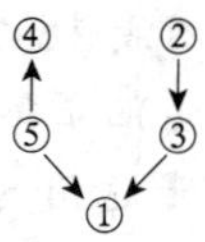

D. 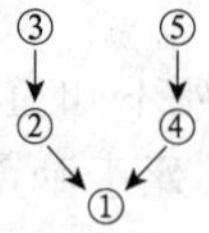

E. 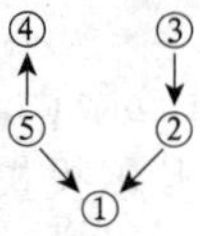

【解析】 答案是 D。评价论证结构和论证方法问题。从题干论证过程可知，题干是根据⑤支持④，③支持②，从而最终得到论点①。

四、评价有效性

评价有效性就是要判断一个推理或论证是否有效，是否正确。一般来说，需要评价的推理或论证还隐含有别的前提。如果肯定这个前提，则推理或论证就是有效的；如果否定这个前提，则推理或论证就是无效的。这样的前提就构成了对一个推理或论证的有效性评价。在一个问题中，能够评价有效性的选项也就是能够对推理或论证的结论构成判定性作用的选项。通常情况是这样的，如果对选项的回答是肯定的，则题干论点就是真的；如果对选项的回答是否定的，则题干论点就是假的。

【例 5.22】 计划委员会决定支持开发城市西区的计划，并且发出一篇报告指出这种重新开发是可行的。王小名是计划委员会的一员，而且从委员会建立之初就是其中一员，所以王小名不可能反对这一重新开发西区的计划。

以下哪一个问题的答案最能帮助我们重新判断上述观点的正确性？

A. 这篇可行性报告是否由独立的顾问委员会成员撰写

B. 委员会的决定是否需要全体通过

C. 王小名是否也在其他委员会任职，而这些委员会又不涉及规划、开发等问题

D. 委员会发布报告是定期的还是有开发问题需要裁决的

E. 其他委员会成员，作为该委员会成员的历史有王小名长吗

【解析】 答案是 B。题干中通过“计划委员会决定支持开发城市西区的计划”和“王小名是计划委员会的成员”，来论证“王小名不可能反对这一重新开发西区的计划”这一论点，关键还要看委员会的决定是否需要每一个成员都同意。如果需要，则题干的论证就是对的；如果不需要，则题干的论证就是不对的。显然，选项 B 刚好起到了评价题干的作用。其他选项都起不到这样的作用。

【例 5.23】 研究者调查了一组大学毕业即从事有规律的工作正好满 8 年的白领，发现他们的体重比刚毕业时平均增加了 8 公斤。研究者由此得出结论，有规律的工作会增加人们的体重。

关于上述结论的正确性，需要询问的关键问题是以下哪项？

A. 该组调查对象的体重在 8 年后是否会继续增加

B. 该组调查对象中男性和女性的体重增加是否有较大差异

C. 为什么调查关注的时间段是对象在毕业工作后 8 年，而不是 7 年或者 9 年

D. 和该组调查对象其他情况相仿但没有从事有规律工作的人，在同样的 8 年中体重有怎样的变化

E. 和该组调查对象其他情况相仿且经常进行体育锻炼的人，在同样的 8 年中体重有怎样的变化

【解析】答案是D。题干从“一组大学毕业即从事有规律的工作正好满8年的白领，发现他们的体重比刚毕业时平均增加了8公斤”，推出“有规律的工作会增加人们的体重”。选项D，需要考虑，和该组调查对象在其他情况相仿但没有从事有规律工作的人在同样的8年中体重有怎样的变化。如果他们体重减少了则说明题干结论是正确的，否则说明题干结论是错误的。其他选项均不能评价题干结论的正确性。

【例5.24】据一项统计显示，在婚后的13年中，妇女的体重平均增加了15公斤，男子的体重平均增加了12公斤。因此，结婚是使人变得肥胖的重要原因。

为了对上述论证做出评价，回答以下哪个问题最为重要？

A. 为什么这项统计要选择13年这个时间段作为依据？为什么不选择其他时间段，例如，为什么不是12年或14年

B. 在上述统计中，婚后体重减轻的人有没有？如果有的话，占多大的比例

C. 在被统计的对象中，男女各占多少比例

D. 这项统计的对象是平均体重较重的北方人，还是体重较轻的南方人？如果二者都有的话，各占多少比例

E. 在上述13年中，处于相同年龄段的单身男女的体重增减状况是怎样的

【解析】答案是E。题干论证中仅仅根据已婚者的情况作为论据，就推出结婚是使人变胖的原因，还需要看单身男女在这一时期的情况。选项E中的问题“在上述13年中，处于相同年龄段的单身男女的体重增减状况是怎样的”对于评价题干论证最为重要，因为如果在上述13年中，处于相同年龄段的单身男女的体重增减状况和题干的统计结果类似，那么题干的结论就不能成立。其他选项均与题干论证不存在直接关系。

五、评价论战焦点

论战焦点是论战双方的火力点，也就是论战双方的真正分歧和对抗所在。论战焦点必须具备两点，一是与双方观点具有相关性，二是双方观点必须构成对抗。所以，论战双方都表示同意的看法不是论战焦点，与论战双方所陈述的观点不相关的论断也不是论战焦点。

【例5.25】王研究员：我国政府提出的“大众创业、万众创新”激励着每一个创业者。对于创业者来说，最重要的是需要一种坚持精神。不管在创业中遇到什么困难，都要坚持下去。

李教授：对于创业者来说，最重要的是要敢于尝试新技术。因为有些新技术一些大公司不敢轻易尝试，这就为创业者带来了成功的契机。

根据以上信息，以下哪项最准确地指出了王研究员与李教授观点的分歧所在？

A. 最重要的是坚持把创业这件事做好，成为创业大众的一员，还是努力发明新技术，成为创新万众的一员

B. 最重要的是需要一种坚持精神，不畏艰难，还是要敢于尝试新技术，把握事业成功的契机

C. 最重要的是坚持创业，有毅力、有恒心把事业一直做下去，还是坚持创新，做出更多的科学发现和技术发明

D. 最重要的是坚持创业，敢于成立小公司，还是尝试新技术，敢于挑战大公司

E. 最重要的是敢于迎接各种创业难题的挑战，还是敢于尝试那些大公司不敢轻易尝试的新技术

【解析】答案是B。题干中王研究员的观点是：创业者最重要的是坚持精神。而李教授的观点则是：创业者最重要的是敢于尝试新技术。选项B指出“最重要的是需要一种坚持精神，不畏艰难，还是要敢于尝试新技术，把握事业成功的契机”，正好评价了论战双方的焦点所在。

【例5.26】张教授：和谐的本质是多样性的统一。自然界是和谐的，例如没有两片树叶是完全相同的。因此，克隆人是破坏社会和谐的一种潜在危险。

李研究员：你设想的那种危险是不现实的。因为一个人和他的克隆复制品完全相同的仅仅是遗传基因。克隆人在成长和受教育的过程中，必然在外形、个性和人生目标等诸方面形成自己的不同特点。如果说克隆人有可能破坏社会和谐的话，我看一个现实危险是，有人可能把他的克隆复制品当作自己的活“器官银行”。

以下哪项最为恰当地概括了张教授与李研究员争论的焦点？

A. 克隆人是否会破坏社会的和谐

B. 一个人和他的克隆复制品的遗传基因是否可能不同

C. 一个人和他的克隆复制品是否完全相同

D. 和谐的本质是否为多样性的统一

E. 是否可能有人把他的克隆复制品当作自己的活“器官银行”

【解析】答案是C。张教授认为一个人和他的克隆复制品完全相同，而李研究员则断定一个人和他的克隆复制品并非完全相同。选项A不恰当，因为李研究员并不否认克隆人有可能破坏社会的和谐。选项B不恰当，因为双方都认为遗传基因相同。选项D不恰当，因为李研究员不回应这个问题。选项E不恰当，因为张教授没有说“器官银行”问题。

【例5.27】赵明与王洪都是某高校辩论协会成员，在为今年华语辩论赛招募新队员问题上，两人发生了争执。

赵明：我们一定要选拔喜爱辩论的人。因为一个人只有喜爱辩论，才能投入精力和时间研究辩论并参加辩论赛。

王洪：我们招募的不是辩论爱好者，而是能打硬仗的辩手。无论是谁，只要能在辩论赛中发挥应有的作用，他就是我们理想的人选。

以下哪项最可能是两人争论的焦点？

A. 招募的标准是对辩论的爱好还是辩论的能力

B. 招募的标准是从现实出发还是从理想出发

C. 招募的目的是为了集体荣誉还是满足个人爱好

D. 招募的目的是为了培养新人还是赢得比赛

E. 招募的目的是研究辩论规律还是培养实战能力

【解析】答案是A。题干中赵明的观点是一定要选拔喜爱辩论的人，王洪则否定这个观点。选项B、C、D、E均与题干中两人争论的分歧点相关性不足。选项E说的招募的目的为了研究辩论规律，题干中赵明的话并没有这样说，而最终还是要参加辩论赛。

第三节　阶梯化训练题及解析

一、基础能力题

1. 哺乳动物是不会灭绝的，东北虎是哺乳动物，所以东北虎是不会灭绝的。

对于这个推理，以下哪项为真？

A. 这个推理是错误的，因为它的结论是错误的

B. 这个推理是错误的，因为它违反了同一律

C. 这个推理是正确的，因为它的前提是正确的

D. 不能确定这个推理正确与否

E. 这根本不是一个推理

2. “世间万物中，人是第一个可宝贵的。我是人，所以，我是世间万物中第一个可宝贵的。”

这个推理中的逻辑错误，与以下哪项中出现的最为类似？

A. 作案者都有作案动机，某甲有作案动机，所以某甲一定是作案者

B. 各级干部都要遵纪守法，我不是干部，所以我不要遵纪守法

C. 中国人不怕死，我是中国人，所以我不怕死

D. 想当翻译就要学外语，我又不想当翻译，何必费力学外语

E. 人贵有自知之明，他没有自知之明，所以，他算不得是个人

3. 我国正常婴儿在3个月时的平均体重在5～6公斤。因此，如果一个3个月的婴儿的体重只有4公斤，则说明其间他的体重增长低于平均水平。

以下哪项如果为真，最有助于说明上述论证存在的漏洞？

A. 婴儿体重增长低于平均水平并不意味着发育不正常

B. 上述婴儿在6个月时的体重高于平均水平

C. 上述婴儿出生时的体重低于平均水平

D. 母乳喂养的婴儿体重增长较快

E. 我国婴儿的平均体重较20年前有了显著的增加

4. 数学系的学生也学了不少文科课程，王颖是数学系的学生，所以她也学了不少文科课程。

以下哪项论证展示的推理错误与上述论证中的最相似？

A. 数学系的学生都学《哲学原理》这门课程，小马是数学系的一名学生。所以她也学习《哲学原理》这门课程

B. 哲学系的教师写了许多哲学方面的论文，老张是哲学系的一名教师，所以他也写过许多哲学方面的论文

C. 所有的旧房子需要经常维修，这套房子是新的，所以不需要经常维修

D. 这个学习小组的成员多是女学生，王颖是这个学习小组的成员，所以她也是女学生

E. 哲学系的教师写了许多哲学方面的论文，老张不是哲学系的一名教师，所以他没有写过哲学方面的论文

5. 小王：“你觉得《碟中课3》拍得好吗？”

小马：“我觉得说不上好。”

小王：“那你的意思是说不好了？”

小马：“不对，我并没有说坏。”

小王：“说不上好就是坏。”

以下各项都可以是对小王和小马二人对话的正确评价，除了：

A. 小王的意思是让小马对《碟中课3》做出明确的评价

B. 小马的话前后矛盾

C. 小王没有正确理解小马两次回答的含义

D. 小马认为《碟中课3》拍得一般

E. 小王的判断标准可能只有好与坏两种

6. 我们能够制造出比现在一般的自行车更结实的自行车，我们也能够制造出比现在一般的自行车更轻便的自行车。所以，我们能够制造出同时具有以上两种优点的自行车。

上述论证中的推理缺陷与以下哪项推理中的缺陷最相似？

A. 现在没有能源利用效率高的汽车，也没有不造成污染的汽车。因此，现在没有能源利用效率高，又不造成污染的汽车

B. 写一部畅销的小说是可能的，写一部能够得到好评的小说也是可能的。因此，一位作者有可能写出一部既畅销又能得到好评的小说

C. 小王说外面很冷，小张说外面下雪了。所以，外面不但很冷，而且下雪了

D. 有用来包饺子的机器，也有用来压果汁的机器。所以，总有一天能够造出同时具有这两种功能的机器

E. 在办公室里，电脑可能损坏，也可能被人误操作。所以办公室里的电脑可能因为被人误操作而损坏

7. 一项全球范围的调查显示，近 10 年来，吸烟者的总数基本保持不变；每年只有 10%的吸烟者改变自己的品牌，即放弃原有的品牌而改吸其他品牌；烟草制造商用在广告上的支出占其毛收入的 10%。在 Z 烟草公司的年终董事会上，懂事 A 认为，上述统计表明，烟草业在广告上的收益正好等于其支出，因此，此类广告完全可以不做。

以下哪项，能构成对懂事 A 的结论的最有力质疑？

A. 懂事 A 的结论忽视了：近年来各种品牌的香烟的价格都有了很大的变动

B. 懂事 A 的结论基于一个错误的假设：每个吸烟者在某个时候只喜欢一种品牌

C. 懂事 A 的结论基于一个错误的假设：每个烟草制造商只生产一种品牌

D. 懂事 A 的结论忽视了：世界烟草业是一个由处于竞争状态的众多经济实体组成的

E. 懂事 A 的结论忽视了：对广告开支的有说服力的计算方法，应该计算其占整个开支的百分比，而不应该计算其占毛收入的百分比

8. 林教授是湖北人，考试时他只把满分给湖北籍的学生。例如，上学期他教的班级中只有张红和李娜得了满分，她们都是湖北人。

以下哪项最可能用来指出上述论证的逻辑漏洞？

A. 循环论证　　B. 自相矛盾　　C. 倒置因果

D. 以偏概全　　E. 定义模糊

9. 小李将自家护栏边的绿地毁坏，种上了黄瓜。小区物业管理人员发现后，提醒小李：护栏边的绿地是公共绿地，属于小区的所有人。物业为此下发了整改通知书，要求小李限期恢复绿地。小李对此辩称："我难道不是小区的人吗？护栏边的绿地既然属于小区的所有人，当然也属于我。因此，我有权在自己的土地上种黄瓜。"

以下哪项论证，和小李的错误最为相似？

A. 所有人都要对他的错误行为负责，小梁没有对他的这次行为负责，所以小梁的这次行为没有错误

B. 所有参展的兰花在这次博览会上被订购一空，李阳花大价钱买了一盆花，由此可见，李阳买的必定是兰花

C. 没有人能够一天读完大仲马的所有作品，没有人能够一天读完《三个火枪手》，因此，《三个火枪手》是大仲马的作品之一

D. 所有莫尔碧骑士组成的军队在当时的欧洲是不可战胜的，翼雅王是莫尔碧骑士之一，所以翼雅王在当时的欧洲是不可战胜的

E. 任何一个人都不可能掌握当今世界的所有知识，地心说不是当今世界的知识，因此，有些人可以掌握地心说

10. 对同一事物，有的人说"好"，有的人说"不好"，这两种人之间没有共同语言。可

见，不存在全民族通用的共同语言。

以下除哪项外，都与题干推理所犯的逻辑错误近似？

A. 甲："厂里规定，工作时禁止吸烟。"乙："当然，可我吸烟时从不工作。"

B. 有意杀人者应处死刑，行刑者是有意杀人者，所以对行刑者应处死刑

C. 象是动物，所以小象是小动物

D. 这种观点既不属于唯物主义，又不属于唯心主义，我看两者都有点像

E. 有的写作教材上讲，写作中应当讲究语言形式的美，我的看法不同。我认为语言就应该朴实，不应该追求那些形式主义的东西

11. 违法必究，但几乎看不到违反道德的行为受到惩罚，如果这成为一种常规，那么，民众就会失去道德约束。道德失控对社会稳定的威胁并不亚于法律失控。因此，为了维护社会的稳定，任何违反道德的行为都不能不受惩治。

以下哪项对上述论证的评价最为恰当？

A. 上述论证是成立的

B. 上述论证有漏洞，它忽略了：有些违法行为并未受到追究

C. 上述论证有漏洞，它忽略了：由违法必究，推不出缺德必究

D. 上述论证有漏洞，它夸大了违反道德行为的社会危害性

E. 上述论证有漏洞，它忽略了：由否定"违反道德的行为都不受惩治"，推不出"违反道德的行为都要受惩治"

12. 昨天冬冬和妞妞都病了，病症也类似。平日两人每天下午都在一起玩，因此，两人可能患的是同一种病，冬冬的病症有点像链球菌感染，但他患的肯定不是这种病。因此，妞妞患的病也肯定不是链球菌感染。

以下哪项最为准确地概括了上述论证中的漏洞？

A. 预先假设了所要证明的结论

B. 颠倒了某个特定现象的结果与原因

C. 把一种判定可能性结论的证据当作判定事实性结论的证据

D. 在缺乏可比性的对象之间进行不当类比

E. 基于某个特例轻率概括出一般性结论

13. 郑兵的孩子即将升高中，郑兵发现，在当地中学，学生与老师的比例低的学校，学生的高考成绩普遍都比较好。郑兵因此决定，让他的孩子选择学生总人数最少的学校就读。

以下哪项最为恰当地指出了郑兵上述决定的漏洞？

A. 忽略了学校教学质量既和学生与老师的比例有关，也和生源质量有关

B. 仅注重高考成绩，忽略了孩子的全面发展

C. 不当地假设，学生总人数少就意味着学生与老师的比例低

D. 在考虑孩子的教育时忽略了孩子本人的愿望

E. 忽略了学校教学质量主要与教师的素质而不是数量有关

14. 南口镇仅有一中和二中两所中学。一中学生的学习成绩一般比二中的学生好。由于来自南口镇的李明在大学一年级的学习成绩是全班最好的，因此，他一定是南口镇一中毕业的。

以下哪项与题干的论证方式最为类似？

A. 如果父母对孩子的教育得当，则孩子在学校的表现一般都较好。由于王征在学校的表现不好，因此他的家长一定是教育失当

B. 如果小孩每天背诵诗歌 1 小时，则会出口成章。郭娜每天背诵诗歌不足 1 小时，因此她不可能出口成章

C. 如果人们懂得赚钱的方法，则一般都能积累更多的财富。因此彭总的财富是来源于他的足智多谋

D. 儿童的心理教育比成年人更重要。张青是某公司心理素质最好的人，因此，他一定在儿童时获得良好的心理教育

E. 北方人个子通常比南方人高，马林在班上最高，因此，他一定是北方人

15. 所有的灰狼都是狼，这一断定显然是真的。因此，所有的疑似新型冠状病毒肺炎病例都是新型冠状病毒肺炎病例，这一断定也是真的。

以下哪项最为恰当地指出了题干论证的漏洞？

A. 题干的论证忽略了：一个命题是真的，不等于具有该命题形式的任一命题都是真的

B. 题干的论证忽略了：灰狼与狼的关系，不同于疑似新型冠状病毒肺炎病例和新型冠状病毒肺炎病例的关系

C. 题干的论证忽略了：在疑似新型冠状病毒肺炎病例中，大部分不是新型冠状病毒肺炎病例

D. 题干的论证忽略了：许多狼不是灰色的

E. 题干的论证忽略了：此种论证方式会得出其他许多明显违反事实的结论

16. 临近本科毕业，李明所有已修课程的成绩均是优秀。按照学校规定，如果最后一学期他的课程成绩也都是优秀，就一定可以免试读研究生。李明最后一学期有一门功课成绩未获得优秀，因此他不能免试就读研究生了。

以下哪项对上述论证的评价最为恰当？

A. 上述论证是成立的

B. 上述论证有漏洞，因为它忽略了：课程成绩只是衡量学生素质的一个方面

C. 上述论证有漏洞，因为它忽略了：所陈述的规定有漏洞，会导致理解的歧义

D. 上述论证有漏洞，因为它把题干所陈述的规定错误地理解为：只要所有学期课程均是优秀，就一定可以免试就读研究生

E. 上述论证有漏洞，因为它把题干所陈述的规定错误地理解为：只有所有学期课程成绩均是优秀，才可以免试就读研究生

17. 舞蹈学院张教授批评本市芭蕾舞团最近的演出没能充分表现古典芭蕾舞的特色。他的同事林教授认为这一批评是个人偏见。作为芭蕾舞技巧专家，林教授考察过芭蕾舞团的表演者，结论是每一位表演者都拥有足够的技巧和才能来表现古典芭蕾的特色。

以下哪项最恰当地概括了林教授反驳中的漏洞？

A. 他对张教授的评论风格进行攻击而不是对其观点加以批驳

B. 他无视张教授的批评意见是与实际相符的

C. 他仅从维护自己的权威地位的角度加以反驳

D. 他依据一个特殊事例轻率概括出一个普遍结论

E. 他不当地假设，如果一个团体每个成员具有某种特征，那么这个团体就总能体现这种特征

18. 居民苏女士在菜市场看到某摊位出售的鹌鹑蛋色泽新鲜、形态圆润，且价格便宜，于是买了一箱。回家后发现有些鹌鹑蛋打不破，甚至丢到地上也摔不坏，再细闻已经打破的鹌鹑蛋，有一股刺鼻的消毒液味道。她投诉至菜市场管理部门，结果一位工作人员声称鹌鹑蛋目前还没有国家质量标准，无法判定它有质量问题，所以他坚持这箱鹌鹑蛋没有质量问题。

以下哪项与该工作人员做出结论的方式最为相似？

A. 不能证明宇宙是没有边际的，所以宇宙是有边际的

B.“驴友论坛”还没有论坛规范，所以管理人员没有权利删除帖子

C. 小偷在逃跑途中跳入 2 米深的河中，事主认为没有责任，因此不予施救

D. 并非外星人不存在，所以外星人存在

E. 慈善晚会上的假唱行为不属于商业管理范围，因此相关部门无法对此进行处罚

19. 公达律师事务所以为刑事案件的被告进行有效辩护而著称，成功率达 90%以上。老余是一位以专门为离婚案件的当事人成功辩护而著称的律师。因此，老余不可能是公达律师事务所的成员。

以下哪项最为确切地指出了上述论证的漏洞？

A. 公达律师事务所具有的特征，其成员不一定具有

B. 没有确切指出老余为离婚案件的当事人辩护的成功率

C. 没有确切指出老余为刑事案件的当事人辩护的成功率

D. 没有提供公达律师事务所统计数据的来源

E. 老余具有的特征，其所在工作单位不一定具有

20. 一个孩子对他的父亲说：“我从来没说过谎。如果我曾经说过谎，那么我现在不说了。如果我现在还在说谎的话，那也是事出有因，不得已而为之。”

以下哪项与上述议论在表述方式上最为类似？

A. 大夫：“这个病人主诉恶心、头昏、胃部痉挛，这是典型的食物中毒的症状。晚餐他用了开胃虾、烤鸭和冰激淋，其中肯定有一样导致食物中毒”

B. 气象学家：“最近北部地区不会出现持续降雪。如果出现持续降雪，只有当西伯利亚有强冷空气南下才有可能。但卫星云图显示，最近西伯利亚不会有强冷空气南下”

C. 律师：“我的当事人不在犯罪现场。如果他在的话，他也没干。如果他干了，那么当时他一定精神错乱了”

D. 邻居：“我没有借过你的吸尘器。如果我借了，我肯定会归还的，现在你说我没归还，这说明我没有借过”

E. 法医：“尸检发现死者在胸部有三处枪伤，每处都可能致命，我把它们分别称为 A、B 和 C。如果不是 A 直接导致毙命，那么就是 B 或 C，如果不是 B，那就一定是 C”

21. 大多数喝酒过量的人都会感到头疼，所以如果小王不喝酒过量，他可能不会头疼。

上述推理与下列哪项相似？

A. 大多数灰狗都很容易训练，所以小王训练他新买的那条狗肯定没问题

B. 大多数国产车的质量都很差，这辆车的质量好，所以它可能不是国产的

C. 大多数名演员表演得都很好，因为老高不是名演员，所以他可能演得不好

D. 大多数工程师都在学校里面学习了很多年，所以老刘可能是一个工程师，因为他在学校里学习了很多年

E. 所有已知的历史社会都有明确的社会等级，所以一个无等级的社会是绝对没有的

22. 海拔越高，空气越稀薄。因为西宁的海拔高于西安，因此，西宁的空气比西安稀薄。

以下哪项中的推理与题干的最为类似？

A. 一个人的年龄越大，他就变得越成熟。老张的年龄比他的儿子大，因此，老张比他的儿子成熟

B. 一棵树的年头越长，它的年轮越多。老张院子中槐树的年头比老李家的槐树年头长，因此，老张家的槐树比老李家的年轮多

C. 今年马拉松冠军的成绩比前年好。张华是今年的马拉松冠军，因此，他今年的马拉松成绩比他前年的好

D. 在激烈竞争的市场上，产品质量越高并且广告投入越多，产品需求就越大。甲公司投入的广告费比乙公司的多，因此，对甲公司产品的需求量比对乙公司的需求量大

E. 一种语言的词汇量越大，越难学。英语比意大利语难学，因此，英语的词汇量比意大利语大

23. 如果你坚持爬山，那么你就不会未老先衰。除非你坚持爬山，否则就会莫名烦恼。因此，你如果未老先衰，那么一定是莫名烦恼。

以下哪项与上述推理最类似？

A. 如果你不下水，那么就不能学会游泳。除非你学会游泳，否则，在船上就不安全。因此，为了上船的安全，你首先必须下水

B. 如果你不蹦迪，那么你在周末就没法放松。除非你周末放松，否则，你下周无法振作精神上班。因此，如果你去蹦迪，下周就能振作精神上班

C. 如果你参加志愿者协会，那总会多多少少影响自己的学业。但除非你参加志愿者协会，否则就没有完全履行一个大学生的义务。因此，如果你想一点不影响自己的学业，那么你就不可能完全履行一个大学生的义务

D. 如果不坚持锻炼，你就不能成为一名好的运动员。但除非坚持锻炼，否则你不会有好的体质。因此，如果你是一名好的运动员，那么一定有好的体质

E. 如果某汽车早上能启动，那么它晚上也能启动。除非该汽车早上能启动，否则它的主人上班就会迟到。因此，为了主人上班不迟到，该汽车必须在早上能启动

24. 一个善的行为，必须既有好的动机，又有好的效果。如果是有意伤害他人，或是无意伤害他人，但这种伤害的可能性是可以预见的，在这两种情况下，对他人造成伤害的行为都是恶的行为。

以下哪项叙述符合题干的断定？

A. P先生写了一封试图挑拨E先生与其女友之间关系的信。P的行为是恶的，尽管这封信起到了与他的动机截然相反的效果

B. 为了在新任领导面前表现自己，争夺一个晋升名额，J先生利用业余时间解决积压的医疗索赔案件，J的行为是善的，因为S小姐的医疗索赔请求因此得到了及时的补偿

C. 在上班途中，M女士把自己的早餐汉堡包给了街上的一个乞丐。乞丐由于急于吞咽而被意外地噎死了。所以，M女士无意中实施了一个恶的行为

D. 大雪过后，T先生帮邻居铲除了门前的积雪，但不小心在台阶上留下了冰。他的邻居因此摔了一跤。因此，一个善的行为导致了一个坏的结果

E. S女士义务帮邻居照看3岁的小孩。小孩在S女士不注意时跑到马路上结果被车撞了。尽管S女士无意伤害这个小孩，但她的行为还是恶的

25. 科学离不开测量，测量离不开长度单位。公里、米、分米、厘米等基本长度单位的确立完全是一种人为约定。因此，科学的结论完全是一种人的主观约定，谈不上客观的标准。

以下哪项与题干的论证最为类似？

A. 建立良好的社会保障体系离不开强大的综合国力，强大的综合国力离不开一流的国民教育。因此，要建立良好的社会保障体系，必须有一流的国民教育

B. 做规模生意离不开做广告。做广告就要有大额资金投入。不是所有人都能有大额资金投入。因此，不是所有人都能做规模生意

C. 游人允许坐公园的长椅。要坐公园长椅就要靠近它们。靠近长椅的一条路径要踩踏草地。因此，允许游人踩踏草地

D. 具备扎实的舞蹈基本功必须经过长年不懈的艰苦训练。在春节晚会上演出的舞蹈演员

必须具备扎实的基本功。长年不懈的艰苦训练是乏味的。因此，在春节晚会上演出是乏味的

E. 家庭离不开爱情，爱情离不开信任。信任是建立在真诚基础上的。因此，对真诚的背离是家庭危机的开始

26. 学生：IQ 和 EQ 哪个更重要？您能否给我指点一下？

学长：你去书店问问工作人员，关于 IQ 和 EQ 的书哪类销得快，哪类就更重要。

以下哪项与上述题干的问答方式最为类似？

A. 员工：我们正制订一个度假方案，你说是在本市好，还是去外地好

经理：现在年终了，各公司都在安排出去旅游，你问问其他公司的同行，他们计划去哪里，我们就不去哪里，不凑热闹

B. 平平：母亲节那天我准备给妈妈送一样礼物，你说是送花好，还是巧克力好

佳佳：你在母亲节前一天去花店看一下，看看买花的人多不多就行了嘛

C. 顾客：我准备买一件毛衣，你看颜色是鲜艳一点，还是素一点好

店员：这个需要结合自己的性格与穿衣习惯，个人可以有自己的选择与爱好

D. 游客：我们前面有两条山路，走哪一条更好

导游：你仔细看看，哪一条山路上车马的痕迹深，我们就走哪一条

E. 学生：我正在准备期末复习，是做教材上的练习重要，还是理解教材内容更重要

老师：你去问问高年级得分高的同学，他们是经常背书，还是做练习

27. 吴大成教授：各国的国情和传统不同，但是对于谋杀和其他严重刑事犯罪实施死刑，至少是大多数人可以接受的。公开宣判和执行死刑可以有效地阻止恶性刑事案件的发生，它所带来的正面影响比可能存在的负面影响肯定要大得多，这是社会自我保护的一种必要机制。

史密斯教授：我不能接受您的见解。因为在我看来，对于十恶不赦的罪犯来说，终身监禁是比死刑更严厉的惩罚，而一般的民众往往以为只有死刑才是最严厉的。

以下哪项是对上述对话的最恰当评价？

A. 两人对各国的国情和传统有不同的理解

B. 两人对什么是最严厉的刑事惩罚有不同的理解

C. 两人对执行死刑的目的有不同的理解

D. 两人对产生恶性刑事案件的原因有不同的理解

E. 两人对是否大多数人都接受死刑有不同的理解

28. 以下是一场关于“安乐死是否应合法化”的辩论中正反方辩手的发言：

正方：反方辩友反对“安乐死合法化”的根据主要是在什么条件下方可实施安乐死的标准不易掌握，这可能会给医疗事故甚至谋杀造成机会，使一些本来可以挽救的生命失去最后的机会。诚然，这样的风险是存在的。但是我们怎么能设想干任何事情都排除所有风险呢。让我提一个问题，我们为什么不把法定的汽车时速限制为不超过自行车，这样汽车交通事故发生率不是几乎可以下降到 0 吗？

反方：对方辩友把安乐死和交通死亡事故作以上的类比是毫无意义的。因为不可能有人会作这样的交通立法。设想一下，如果汽车行驶得和自行车一样慢，那还要汽车干什么？对方辩友，你愿意我们的社会再回到没有汽车的时代？

以下哪项最为确切地评价了反方的论证？

A. 他的发言有力地反驳了正方的论证

B. 他的发言实际上支持了正方的论证

C. 他的发言有力地支持了反安乐死的立场

D. 他的发言完全离开了正方阐述的论题

E. 他的发言是对正方的人身攻击而不是对正方论证的评价

29. 在警察新实施的一个项目中，于某些邻近地区在凌晨1点到5点通常不使用的汽车所有者的汽车窗子上装上一种特殊的贴花，并且准许警察在1点到5点之间拦截带有这种特殊贴花的汽车，检查驾驶员的执照。结果发现：带有这种特殊贴花的汽车的失窃率比从前大大降低。

如果上述汽车失窃率下降这一结论成立，以下哪项对评价结论的有效性最为重要？

A. 汽车所有者是否采取了与警察所实施的项目结合的其他足够谨慎的防止汽车被盗的特殊措施

B. 究竟有多少邻近地区的汽车使用了警察实施的新项目

C. 邻近地区积极参加这个新项目的汽车是否有时在白天被盗

D. 在汽车窗子上有特殊贴花的车主，当他们需要在凌晨1点到5点出车时，是否会受到警察的干扰

E. 在警察实施的项目已有效果的邻近地区，汽车型号在整个地区是否有代表性

30. 雌性斑马和它们的幼小子女离散后，可以在相貌体形相近的成群斑马中很快又聚集到一起。研究表明，斑马身上的黑白条纹是它们互相辨认的标志，而幼小斑马不能将自己母亲的条纹与其他成年斑马的条纹区分开来，显而易见，每个母斑马都可以辨别出自己后代的条纹。

上述论证采用了以下哪种论证方法？

A. 通过对发生机制的适当描述，支持关于某个可能发生现象的假说

B. 在对某种现象的两种可供选择的解释中，通过排除其中的一种，来确定另一种

C. 论证一个普遍规律，并用来说明某一特殊情况

D. 根据两组对象有某些类似的特性，得出它们具有另一个相同特性

E. 通过反例推翻一个一般性结论

31. 小陈：目前1996D3彗星的部分轨道远离太阳，最近却可以通过太空望远镜发现其发出闪烁光。过去人们从来没有观察到远离太阳的彗星出现这样的闪烁光，所以这种闪烁必然是不寻常现象。

小王：通常人们都不会去观察那些远离太阳的彗星，这次发现的1996D3彗星闪烁光是有人通过持续而耐心的追踪观测而获得的。

以下哪项最为准确地概括了小王反驳小陈的观点所使用的方法？

A. 指出小陈使用的关键概念含义模糊

B. 指出小陈的论据明显缺乏说服力

C. 指出小陈的论据自相矛盾

D. 不同意小陈的结论，并且对小陈的论据提出了另一种解释

E. 同意小陈的结论，但对小陈的论据提出了另一种解释

32. 股票市场分析家总是将股市的暴跌归咎于国内或国际的一些政治事件的影响。根据是二者显示出近似的周期性。如果这种见解能够成立的话，我们完全有理由认为，股市的起落和月球的运转周期有关，正是它同时也造成周期性的政局动乱和世界事务的紧张，如同它引起周期性的潮汐一样。

以下哪项最为恰当地概括了题干作者对股票市场分析家的观点提出质疑时所使用的方法？

A. 他运用了科学技术的新发现来说明股市分析家观点的不成立

B. 他援用了被普遍接受的观念来说明股市分析家观点的不成立

C. 他指出了另一种因果关系，通过论证这种因果关系的成立来说明股市分析家观点的不

成立

D. 他从股票市场分析家的论证中引出了一个荒谬的结论，从而对他的观点提出质疑

E. 他提出了一个反例，从而否定股票市场分析家的一般结论

33. 在美国商界，有很多人反对政府对商业的干预。他们认为，这种干预提高了商业成本，削弱了有益的竞争，最终对企业和公众都不利。他们列举了货车运输业、航空业和电讯业这样一些行业，在这些行业中非干预政策带来了明显的经济效益。但这些人所持的观点忽略了诸如金融业这样一些行业，政府干预在这些行业中是至关重要的。事实上在30年代，如果没有政府的干预，这个行业中某些部分会彻底崩溃。

以下哪项，最为恰当地指出了题干所使用的方法？

A. 通过反例来驳斥对方的观点

B. 指出对方的观点中存在着前后矛盾

C. 对对方立论的动机提出疑问

D. 对对方论据的真实性提出质疑

E. 指出对方在论证中运用的是不正确的推理

34. 对生活在化工厂附近地区的居民所作的正常医疗检查发现，这些居民在致命器官上受到的可能导致癌变的伤害的百分比相当高。这可能是由于有毒的化学物质从化工厂流入河床而导致的。

以下哪项所提供的信息对决定化工厂对可能出现器官癌变的当地居民是否应当负责任最有用？

A. 这种对器官的伤害是良性的还是恶性的

B. 这一地区居民的孩子们是否也有这种病

C. 这种病与其他化工厂附近的居民所受的伤害是否相似

D. 没有住在化工厂附近而且也患有这种癌变前期器官损害的人的百分比是多少

E. 这种癌变前期的器官损害将有多长时间的潜伏期

35. 随着年龄的增长，人体对卡路里的日需求量逐渐减少，而对维生素的需求量却日趋增多。因此，为了摄取足够的维生素，老年人应当服用一些补充维生素的保健品，或者应当注意比年轻时食用更多的含有维生素的食物。

为了对上述断定做出评价，回答以下哪个问题最为重要？

A. 对老年人来说，人体对卡路里需求量的减少幅度，是否小于对维生素需求量的增加幅度

B. 保健品中的维生素，是否比日常食品中的维生素更易被人体吸收

C. 缺乏维生素所造成的后果，对老年人是否比对年轻人更严重

D. 一般地说，年轻人的日常食物中的维生素含量，是否较多地超过人体的实际需要

E. 保健品是否会产生危害健康的副作用

36. 任何一篇译文都带有译者的行文风格。有时，为了及时地翻译出一篇公文，需要几个笔译同时工作，每人负责翻译其中的一部分。在这种情况下，译文的风格往往显得不协调。与此相比，用于语言翻译的计算机程序显示出优势：准确率不低于人工笔译，但速度比人工笔译快得多。并且能保持译文风格的统一。所以，为及时译出那些较长的公文，最好使用机译而不是人工笔译。

为了对上述论证做出评价，回答以下哪个问题最不重要？

A. 是否可以通过对行文风格的统一要求，来避免或至少减少合作译文在风格上的不协调

B. 根据何种标准可以准确地判定一篇译文的准确率

C. 机译的准确率是否同样不低于翻译专家的笔译

D. 日常语言表达中是否存在由特殊语境决定的含义，这些含义只有靠人的头脑，而不能靠计算机程序来把握

E. 不同的计算机翻译程序，是否也和不同的人工译者一样，会具有不同的行文风格

37. 在上个打猎季节，在人行道上行走时被汽车撞伤的人数是在树林中的打猎事故中受伤的人数的2倍。因此，在上个打猎季节，人们在树林里比在人行道上行走时安全。

为了评价上述论证，以下哪项是必须知道的？

A. 下个打猎季节，在树林中打猎受伤的人数较上个季节减少的可能性

B. 上个打猎季节，马路上的行人和树林中人数的比例

C. 在上个打猎季节中，打猎事故中受伤的人中有多少在过去类似的事故中也受过伤

D. 如果汽车司机和开枪的猎手都小心点儿，有多少事故可以免于发生

E. 平均来讲，在非狩猎季节，有多少人在打猎事故中受伤

38. 我国博士研究生中女生的比例近年来有显著的增长。说明这一结论的一组数据是：2000年，报考博士生的女性考生的录取比例是30%；而2004年这一比例上升为45%。另外，这两年报考博士生的考生中男女的比例基本不变。

为了评价上述论证，对2000年和2004年的以下哪项数据进行比较最为重要？

A. 报考博士生的男性考生的录取比例

B. 报考博士生的考生的总数

C. 报考博士生的女性考生的总数

D. 报考博士生的男性考生的总数

E. 报考博士生的考生中理工科的比例

39. 人们对于搭乘航班的恐惧其实是毫无道理的。据统计，仅仅在1995年，全世界死于地面交通事故的人数超出80万；但是，从1990年到1999年的10年间，全世界每年死于空难的还不到500人，而在这10年间，我国平均每年死于空难的还不到25人。

为了对上述论证做出恰当评价，回答以下哪个问题最为重要？

A. 在上述10年间，我国平均每年有多少人死于地面交通事故

B. 在上述10年间，我国平均每年有多少人加入地面交通，有多少人加入航运

C. 在上述10年间，全世界平均每年有多少人加入地面交通，有多少人加入航运

D. 在上述10年间，1995年全世界死于地面交通事故的人数是不是最高的

E. 在上述10年间，哪一年死于空难的人数最多，人数是多少

40. 陈先生：未经许可侵入别人电脑，就好像开偷来的汽车撞伤了人，这些都是犯罪行为，但后者性质更严重，因为它既侵占了有形财产，又造成了人身伤害；而前者只是在虚拟世界中捣乱。

林女士：我不同意。例如，非法侵入医院的电脑，有可能扰乱医疗数据，甚至危及病人的生命。因此，非法侵入电脑同样会造成人身伤害。

以下哪项最为准确地概括了两人争论的焦点？

A. 非法侵入别人的电脑和开偷来的汽车是否同样地危及人的生命

B. 非法侵入别人的电脑与开偷来的汽车伤人是否都构成犯罪

C. 非法侵入别人的电脑和开偷来的汽车伤人是否是同样性质的犯罪

D. 非法侵入别人的电脑的犯罪是否和开偷来的汽车伤人一样严重

E. 是否只有侵占有形财产才构成犯罪

基础能力题详解

1. 答案是B。题干是一个三段论，但由于前提中两次出现的“哺乳动物”所表达的是不同概念，第一次表达的是集合概念，第二次表达的是非集合概念，从三段论的角度说犯了“四概念”或“四词项”的错误，从逻辑基本规律的角度看，犯了“混淆概念”的错误，违反了同一律。

2. 答案是C。该项和题干都犯了“四词项”或“四概念”逻辑错误。A的错误是“中项两次不周延”，B和D的错误都是“大项不当周延”。

3. 答案是C。“平均体重”和“体重增长”是两个不同的概念。平均体重低，但是体重增长不一定就低。题干论证犯了“偷换概念”的逻辑错误。

4. 答案是B。该项和题干都是三段论推理。从三段论角度看，都犯有“四词项”错误。从逻辑基本规律看，都违反了同一律，犯了“混淆概念”的错误。题干前提中出现两次的语词“数学系的学生”所表达的概念不同，第一次是集合概念，第二次是非集合概念。选项B的前提中出现两次的语词“哲学系的教师”所表达的也是不同概念，第一次是集合概念，第二次是非集合概念。注意，选项A是一个正确推理。因为前提中出现两次的语词“数学系的学生”所表达的都是非集合概念。

5. 答案是B。小马的话前后并不矛盾，相反，小王的话有“非黑即白”的错误。

6. 答案是D。该项和题干论证的结构都是说的，既然可以制造出分别具有两种各自不同功能的产品，当然也就应该能够制造出同时具备这两种不同功能的机器。这样的推理犯有类似“合成”的错误，因为这些功能可以分别具有，但不一定就能同时具有。注意，B、C、E都属于联言推理的组合式，都是没有问题的推理。

7. 答案是D。题干中董事A从全球范围内烟草业在广告上的收益正好等于其支出，就推出自己公司的烟草广告完全可以不做，犯了“平均数”的逻辑错误。因为很可能Z烟草公司烟草业在广告上的收益远远大于其支出。

8. 答案是D。题干论证用两个得满分的人张红和李娜是湖北人，来论证只有湖北人才得满分，即得满分的都是湖北人，犯了“以偏概全”的逻辑错误。

9. 答案是D。题干小李辩称中的推理是：护栏边的绿地既然属于小区的所有人，我是小区的人，所以，护栏边的绿地也属于我。“小区的所有人”是一个集合概念，但“小区的人”则是一个非集合概念，所以小李辩称中将二者混为一谈，犯了“混淆概念”的错误。选项D中，“莫尔碧骑士组成的军队”是集合概念，而“莫尔碧骑士”则是非集合概念，也犯了同样的错误。其他选项均不存在“混淆概念”的错误。此外，选项D和题干的前提和结论都是肯定判断，选项A、C、E的前提或结论中有否定判断。

10. 答案是D。选项A、B、C、E都和题干一样，犯有“混淆概念”的逻辑错误。题干中前一个“共同语言”是指共同的观点或看法。选项A中甲所说的“工作”，是指工作的这一段时间，是一个时间概念，乙所说的“工作”则是指做某件事情，是一个空间概念。选项B中前一个“杀人”，是指非法杀人，后一个“杀人”则是指合法杀人。选项C中前一个“小”是指年龄小，后一个小则是指体形小。选项E混淆了“语言形式的美”和“形式主义的东西”这两个概念。选项D中的错误是“自相矛盾”和“模棱两个”。

11. 答案是E。题干论证从“几乎看不到违反道德的行为受到惩罚”，即并非所有违反道德的行为都受到惩罚，推出：任何违反道德的行为都不能不受惩治存在，即任何违反道德的行为都要受惩治，犯了“推不出”的错误。选项E说“由否定‘违反道德的行为都不受惩治’，推不出‘违反道德的行为都要受惩治’”，恰当地对题干的论证做了评价。

12. 答案是C。题干论证中，论据只是说冬冬和妞妞“可能患的是同一种病”，而冬冬患的肯定不是链球菌感染，就得出结论说“妞妞患的病也肯定不是链球菌感染”，从“可能”推出“肯定”，犯了“推不出”的错误。选项C说“把一种判定可能性结论的证据当作判定事实性结论的证据”，正好指出了这个漏洞。选项A说的漏洞是“循环论证”。选项B说的漏洞是“因果倒置”。选项D说的漏洞是“机械类比”。选项E说的漏洞是“以偏概全”。

13. 答案是C。题干中郑兵发现，学生与老师的比例低的学校学生的高考成绩普遍都比较好，于是决定，让他的孩子选择学生总人数最少的学校就读。选项C说郑兵“不当地假设，学生总人数少就意味着学生与老师的比例低”，恰当地指出了其中存在的漏洞。因为一个学生总人数少的学校，如果老师人数也少，则学生与老师的比例不一定低。所以，数量少不一定比例就低。

14. 答案是E。该项和题干都存在“分解”的错误，因为集合具有某种特征不一定集合中的某一个元素就一定具有这个特征。题干中“一中学生的学习成绩一般比二中的学生好”，“一中学生”是一个集合概念，但“来自南口镇的李明”只是“一中学生”这个集合的元素。选项E中，“北方人个子通常比南方人高”的“北方人”是集合概念，而马林则是“北方人”这个集合的元素。其他选项的论证方式均和题干有别。

15. 答案是B。题干中的“灰狼”和“狼”之间是真包含于关系，而“疑似新型冠状病毒肺炎病例”和“新型冠状病毒肺炎病例”之间则是真包含关系。选项B最恰当地指出了这个错误。注意，选项A不恰当，因为题干说一个命题是真的，只是说因此具有该命题形式的另外一个命题是真的，并没有说具有该命题形式的任一命题都是真的。

16. 答案是E。显然题干的根本错误就是将充分条件当成必要条件来进行推理了。

17. 答案是E。题干中林教授只是考察了芭蕾舞团的每一位表演者都拥有足够的技巧和才能来表现古典芭蕾舞的特色，就认为整个芭蕾舞团最近的演出能充分表现古典芭蕾舞的特色，这个论证中存在“集合”的错误，即根据集合中的每一个元素都具有某种特征，就以为这个集合就具有这种特征。

18. 答案是A。题干从无法判断鹌鹑蛋有质量问题，推出这箱鹌鹑蛋没有质量问题，犯有“诉诸无知”的逻辑错误。选项A说“不能证明宇宙是没有边际的，所以宇宙是有边际的”，也是犯了同样的错误。选项D说“并非外星人不存在，所以外星人存在”，前提和结论都是客观性的断定，没有犯“诉诸无知”的逻辑错误

19. 答案是A。题干进行的论证可以整理为：公达律师事务所以为刑事案件的被告进行有效辩护而著称，老余不以为刑事案件的被告进行有效辩护而著称，所以老余不可能是公达律师事务所的成员。单从形式上看，该推理属于三段论的区别格，不存在形式方面的问题。但是，由于“以为刑事案件的被告进行有效辩护而著称”这个性质是公达律师事务所这个集合体所具有的，组成该集合的每一个元素不一定具有集合体本身的性质。所以，不能因为没有这个性质，就不能是该集合的一个元素。选项A正好指出了漏洞之所在。

20. 答案是C。题干的论证方式为归谬法，但运用得不正确，选项C也是这样。选项B和D也使用了归谬法，但正确。选项A为直接证明。选项E是选言证法。

21. 答案是C。该项和题干都可以看成是三段论推理。如果结论中没有加上“可能”两字，推理都是不能成立，都犯了“大项不当周延”的错误，但加上“可能”两字，推理都是正确的了。

22. 答案是B。该项和题干的整体论证框架都是，小前提和结论之间的具体论证关系，正好说明了大前提的断定，是大前提的必然推论。注意，选项A容易误选，该项和题干的整体论证框架不同，该项的大前提是讲的一个人自己与自己相比随着年龄的增加会变得越来越成

熟，小前提和结论则是讲一个人自己和别人相比，推论不具有必然性。

23. 答案是C。我们将该项结论中的前边部分作为小前提，代入该项的第一句话，可推出：你不参加志愿者协会。再代入第二句话，可推出：你没有完全履行一个大学生的义务。这是一个正确的推理，与题干推理结构完全相同。选项B中，我们将结论的前边部分作为小前提代入该项第一句话，推不出结论。

24. 答案是E。该项和题干最为类似。题干断定如果没有好的动机或者没有好的效果的行为都不是善的。D项的S女士，虽然她有好的动机，但她的行为没有好的效果，而且这种“没有注意”的行为，是一种完全不作为的行为，对小孩可能造成的伤害是可以预见到的。选项A中P先生的行为、选项B中J先生的行为都没有构成伤害。选项C中M女士的行为、选项D中T先生的行为所构成的伤害都不是可以预见的。

25. 答案是D。该项和题干都具有下述结构：一个事物整体都具有某种最基础的东西，这些最基础的东西具有某种性质，则这个事物整体就具有该性质。其中包含“集合”的错误。

26. 答案是D。该项和题干一样，结构上都是：回答者在两个可供选择的方案中确定地选取了其中的一个。选项A和E的回答者在面对选择时答非所问。选项B的回答者在面对选择时只提出了意见而没有做出选择。选项C的回答者在面对选择时采取了具体问题具体分析的辩证态度。

27. 答案是C。吴大成教授认为执行死刑的目的是有效地阻止恶性刑事案件的发生，而史密斯教授则认为执行死刑的目的是为了给十恶不赦的罪犯以最严厉的惩罚。两人对执行死刑的目的有不同的理解。

28. 答案是B。反方说“如果汽车行驶得和自行车一样慢，那还要汽车干什么？”意思就是说，汽车存在的风险更大，但是为了追求速度，我们冒这样的风险还是值得的。但是这正好是正方的观点。

29. 答案是A。汽车失窃率低，除了警察所采取的特殊措施外，还有汽车主所采取的措施。如果汽车主没有采取与警察所实施的项目结合的其他足够谨慎防止汽车被盗的特殊措施，则题干论证是对的；如果汽车主采取了与警察所实施的项目结合的其他足够谨慎防止汽车被盗的特殊措施，则题干论证不对。

30. 答案是B。题干论证运用了选言证法。具体论证过程是：雌性斑马和它们的幼小子女离散后又能很快聚集到一起这一事实，说明或是小斑马能识别自己母亲的条纹，或是母斑马能识别出自己后代的条纹。既然事实上小斑马不能识别自己母亲的条纹，因此，母斑马能识别出自己后代的条纹。

31. 答案是D。小陈的结论是：远离太阳的彗星出现的闪烁光是不寻常的现象，其根据是这种闪烁光从未被观察到。小王并不否定小陈的论据所陈述的情况存在，只是对这一情况做了另一种解释，基于这一解释，可得出与小陈不同的结论。选项D正好准确地概括了小王所使用的这一方法。

32. 答案是D。题干中的作者为了反驳股票市场分析家的观点，先假设股票市场分析家的这个观点是对的，然后由此引出荒谬的结论。显然是在运用归谬法进行反驳。

33. 答案是A。题干中美国商界很多人通过列举货车运输业、航空业和电讯业等行业，归纳出一般性的结论：政府干预商业是不应该的。但题干作者则举出金融业这个反例来进行反驳，即在金融行业中政府干预是至关重要的。题干的论证属于用一个反例来驳倒对方的一般性论断的直接反驳方法。

34. 答案是D。如果没有住在化工厂附近而且也患有这种癌变前期器官损害的人的百分比低，则题干论证成立；如果没有住在化工厂附近而且也患有这种癌变前期器官损害的人的百分比不低，则题干论证不成立。所以，选项D对决定化工厂对可能出现器官癌变的当地居民是否应当负责任最为有用。选项A和E谈的是受伤害的性质而不是原因。选项B谈的是后果而不是原因。选项C不如D。

35. 答案是D。题干论证：随着年龄的增长，人体对维生素的需求量却日趋增多。因此，为了摄取足够的维生素，老年人应当服用一些补充维生素的保健品，或者应当注意比年轻时食用更多的含有维生素的食物。选项D中的问题：一般地说，年轻人的日常食物中的维生素含量，是否较多地超过人体的实际需要，对于评价题干最为重要，因为如果年轻人的日常食物中的维生素含量较多地超过人体的实际需要，那么题干的论证就是不对的；如果年轻人的日常食物中的维生素含量并不较多地超过人体的实际需要，那么题干的论证就是对的。选项C中的问题不够成对题干论证的全面评价，因为如果缺乏维生素所造成的后果对老年人比对年轻人更严重，那当然需要补充维生素，但如果不更严重，就不需要补充吗？选项A、B和E均与题干论证不存在直接关系。

36. 答案是E。选项A、B、C、D都能评价题干。选项E所涉及的问题和评判题干的论证无关，因为每篇公文的机译在正常情况下是由同一计算机翻译程序完成的，所以，即使不同的计算机翻译程序有不同的风格，也不会影响同一篇译文在行文风格上的统一。

37. 答案是B。如果上个打猎季节马路上的行人和树林中人数的比例大于2倍，则题干论证不对；如果上个打猎季节马路上的行人和树林中人数的比例小于2倍，则题干论证对。A、C、D、E均不能评价题干。

38. 答案是A。题干从报考博士生的女性录取比例有了显著增加，就得出博士生中女性的比例有显著增长，需要看报考博士生的男性录取比例情况。如果报考博士生的男性录取比例持平或下降，则题干论证就是有说服力的，否则题干论证就难以成立。

39. 答案是C。在对航运和地面交通的安全性进行比较时，在事故遇难者的绝对数量之间进行比较是没有意义的，正确的方法是在事故率和事故死亡率之间进行比较。要进行这种比较，除了要知道统计年限内航运和地面交通事故遇难者的绝对数字，还需要知道有多少人加入地面交通，有多少人加入航运。

40. 答案是D。题干中两人的论战集中于论点上，即非法侵入别人的电脑和开偷来的汽车伤人这两种行为，在陈先生看来后者更严重，因为它会造成人身伤害，但前者不会；但林女士却认为前者同样也会造成人身伤害，所以，这两种行为的犯罪一样严重。选项D准确地概括了这一点。

二、综合提高题

1. 在一场魔术表演中，魔术师看来是随意请一位观众志愿者，上台配合他的表演。根据魔术师的要求，志愿者从魔术师手中的一副扑克中随意抽出一张。志愿者看清楚了这张牌，但显然没有让魔术师看到这张牌。随后，志愿者把这张牌插回那副扑克中。魔术师把扑克洗了几遍。最后魔术师从中取出一张，志愿者确认，这就是他抽出的那一张。有好奇者重复三次看了这个节目，想揭穿其中的奥秘。第一次，他用快速摄像机记录下了魔术师的手法，没有发现漏洞；第二次，他用自己的扑克代替魔术师的扑克；第三次，他自己充当志愿者。这三次表演，魔术师无一失手。此好奇者因此推断：该魔术师的奥秘，不在手法技巧，也不在扑克或志愿者有诈。

以下哪项最为确切地指出了好奇者的推理中的漏洞？

A. 好奇者忽视了这种可能性：他的摄像机的功能会不稳定

B. 好奇者忽视了这种可能性：除了摄像机以外，还有其他仪器可以准确记录魔术师的

手法

C. 好奇者忽视了这种可能性：手法技巧只有在使用做了手脚的扑克时才能奏效

D. 好奇者忽视了这种可能性：魔术师表演同一个节目可以使用不同的方法

E. 好奇者忽视了这种可能性：除了他所怀疑的上述三种方法外，魔术师还可能使用其他方法

2. 一些人类学家认为，如果不具备应付各种自然环境的能力，人类在史前年代不可能幸存下来。然而相当多的证据表明，阿法种南猿，一种与早期人类有关的史前物种，在各种自然环境中顽强生存的能力并不亚于史前人类，但最终灭绝了。因此，人类学家的上述观点是错误的。

上述推理的漏洞也类似地出现在以下哪项中？

A. 大张认识到赌博是有害的，但就是改不掉。因此，“不认识错误就不能改正错误”这一断定是不成立的

B. 已经找到了证明造成艾克矿难是操作失误的证据。因此，关于艾克矿难起因于设备老化，年久失修的猜测是不成立的

C. 大李图便宜，买了双旅游鞋，穿不了几天就坏了。因此，怀疑“便宜无好货”是没道理的

D. 既然不怀疑小赵可能考上大学，那就没有理由担心小赵可能考不上大学

E. 既然怀疑小赵一定能考上大学，那就没有理由怀疑小赵一定考不上大学

3. 某出版社近年来出版物的错字率较前几年有明显的增加，引起了读者的不满和有关部门的批评，这主要是由于该出版社大量引进非专业编辑所致。当然，近年来该社出版物的大量增加也是一个重要原因。

上述议论中的漏洞，也类似地出现在以下哪项中？

Ⅰ. 美国航空公司近两年来的投诉率比前几年有明显的下降。这主要是由于该航空公司在裁员整顿的基础上，有效地提高了服务质量。当然，“9.11”事件后航班乘客数量的锐减也是一个重要原因

Ⅱ. 统计数字表明，近年来我国心血管病的死亡率，即由心血管病导致的死亡率在整个死亡人数中的比例，较前有明显增加，这主要是由于随着经济的发展，我国民众的饮食结构和生活方式发生了容易诱发心血管病的不良变化。当然，由于心血管病主要是老年病，因此，我国人口的老龄化，即人口中老年人比例的增加也是一个重要原因

Ⅲ. 某市去年的高考录取率比前年增加 15%，这主要是由于各中学狠抓了教育质量。当然，另一个重要原因是，该市今年参加高考的人数比去年增加了 20%

A. 仅Ⅰ和Ⅱ　　B. 仅Ⅱ和Ⅲ　　C. 仅Ⅰ和Ⅲ

D. 仅Ⅰ　　E. Ⅰ、Ⅱ和Ⅲ

4. 有一种观点认为，到 21 世纪初，和发达国家相比，发展中国家将有更多的人死于艾滋病。其根据是：据统计，艾滋病毒感染者人数在发达国家趋于稳定或略有下降，在发展中国家却持续快速发展；到 21 世纪初，估计全球的艾滋病毒感染者将达到 4 000 万至 1 亿 1 千万人，其中，60%将集中在发展中国家。这一观点缺乏充分的说服力。因为，同样权威的统计数据表明，发达国家艾滋病毒感染者从感染到发病的时间要大大短于发展中国家，而从发病到死亡的平均时间只有发展中国家的二分之一。

以下哪项最为恰当地概括了上述反驳所使用的方法？

A. 对“论敌”的立论动机提出质疑

B. 指出“论敌”把两个相近的概念当作同一概念来使用

C. 对“论敌”的论据的真实性提出质疑

D. 提出一个反例来否定“论敌”的一般性结论

E. 指出“论敌”在论证中没有明确具体的时间范围

5. 张教授：如果没有爱迪生，人类还将生活在黑暗中。理解这样的评价，不需要任何想象力。爱迪生的发明，改变了人类的生存方式。但是，他只在学校中受过几个月的正式教育。因此，接受正式教育对于在技术发展中做出杰出贡献并不是必要的。

李研究员：你的看法完全错了。自爱迪生时代以来，技术的发展日新月异。在当代，如果你想对技术发展做出杰出贡献，即使接受当时的正式教育，全面具备爱迪生时代的知识也是远远不够的。

以下哪项最恰当地指出了李研究员的反驳中存在的漏洞？

A. 没有确切界定何为“技术发展”

B. 没有确切界定何为“接受正式教育”

C. 夸大了当代技术发展的成果

D. 忽略了一个核心概念：人类的生存方式

E. 低估了爱迪生的发明对当代技术发展的意义

6. 使用枪支的犯罪比其他类型的犯罪更容易导致命案。但是，大多数使用枪支的犯罪并没有导致命案。因此，没有必要在刑法中把非法使用枪支作为一种严重刑事犯罪，同其他刑事犯罪区分开来。

上述论证中的逻辑漏洞，与以下哪项中出现的最为类似？

A. 肥胖者比体重正常的人更容易患心脏病。但是肥胖者在我国人口中只占很小的比例。因此，在我国，医疗卫生界没有必要强调肥胖导致心脏病的危险

B. 不检点的性行为比检点的性行为更容易感染艾滋病。但是，在有不检点性行为的人群中，感染艾滋病的只占很小的比例。因此，没有必要在防止艾滋病的宣传中，强调不检点性行为的危害

C. 流行的看法是，吸烟比不吸烟更容易导致癌症。但是，在有的国家，肺癌患者中有吸烟史的人所占比例，并不高于总人口中的吸烟史的比例。因此，上述流行看法很可能是一种偏见

D. 高收入者比低收入者更有能力享受生活。但是不乏高收入者宣称自己不幸福，因此幸福生活的追求者不必关注收入的高低

E. 高分考生比低分考生更有资格进入重点大学。但是，不少重点大学学生的实际水平不如某些非重点大学的学生。因此目前的高考制度不是一种选拔人才的理想制度

7. 在产品检验中，误检包括两种情况：一是把不合格产品定为合格；二是把合格产品定为不合格。有甲、乙两个产品检验系统，它们依据的是不同的原理，但共同之处在于：第一，它们都能检测出所有送检的不合格产品；第二，都有恰好 3% 的误检率；第三，不存在一个产品，会被两个系统都误检。现在把这两个系统合并为一个系统，使得被该系统测定为不合格的产品，包括且只包括两个系统分别工作时都测定的不合格产品。因此，可以得出结论：这样的产品检验系统的误检率为 0。

以下哪项最为恰当地评价了上述推理？

A. 上述推理是必然性的，即如果前提真，那么结论一定真

B. 上述推理是很强的，但不是必然性的。即如果前提真，则为结论提供了很强的证据，但附加的信息仍可能削弱该论证

C. 上述推理很弱，前提尽管与结论相关，但最多只为结论提供了不充分的根据

D. 上述推理的前提中包含矛盾

E. 上述推理不能成立，因为它把某事件发生的必要条件的根据，当作充分条件的根据

8. 某大学的哲学学院和管理学院今年招聘新教师，招聘结束后受到了女权主义代表的批评，因为他们在 12 名女性应聘者中录用了 6 名，但在 12 名男性应聘者中却录用了 7 名。该大学对此解释说，今年招聘新教师的两个学院中，女性应聘者的录用率都高于男性应聘者的录用率。具体情况是：哲学学院在 8 名女性应聘者中录用了 3 名，而在 3 名男性应聘者中录用了 1 名；管理学院在 4 名女性应聘者中录用了 3 名，而在 9 名男性应聘者中录用了 6 名。

以下哪项最有助于解释女权主义代表和大学之间的分歧？

A. 整体并不是局部的简单相加

B. 有些数字不能解释社会现象

C. 人们往往从整体角度考虑问题，不管局部

D. 现代社会提倡男女平等，但实际执行中还有一定难度

E. 各个局部都具有的性质在整体上未必具有

9. 去年经纬汽车专卖店调高了营销人员的营销业绩奖励比例，专卖店李经理打算新的一年继续执行该奖励制度，因为去年该店的汽车销售数量较前年增长了 16%。陈副经理对此持怀疑态度，她指出，他们的竞争对手都没有调整营销人员的奖励比例，但在过去一年也出现了类似的增长。

以下哪项最为恰当地概括了陈副经理的质疑方法？

A. 运用一个反例，否定了李经理的一般性结论

B. 运用一个反例，说明李经理的论据不符合事实

C. 运用一个反例，说明李经理的论据虽然成立，但不足以推出结论

D. 指出李经理的论证对一个关键概念的理解和运用有误

E. 指出李经理的论证包含自相矛盾的假设

10. 张教授：上个世纪 80 年代以来，斑纹猫头鹰的数量急剧下降，目前已有濒临灭绝的危险。木材采伐公司应对此负有责任，它们大量采伐的陈年林区是猫头鹰的栖息地。

李研究员：斑纹猫头鹰数量的下降不能归咎于木材采伐公司。近 30 年来，一种繁殖力更强的条纹猫头鹰进入陈年林区，和斑纹猫头鹰争夺生存资源。

以下哪项最为准确地概括李研究员对张教授观点的反驳？

A. 否定张教授的前提，这一前提是：木材采伐公司一直在大量采伐陈年林区

B. 质疑张教授的假设，这一假设是：猫头鹰只能在陈年林区生存

C. 对斑纹猫头鹰数量下降的原因提出另一种解释

D. 指出张教授夸大了对陈年林区采伐的负面影响

E. 指出张教授把斑纹猫头鹰濒临灭绝偷换为猫头鹰濒临灭绝

11～12 基于以下题干：

张教授：在南美洲发现的史前木质工具存在于 13 000 年以前。有的考古学家认为，这些工具是其祖先从西伯利亚迁徙到阿拉斯加的人群使用的。这一观点难以成立。因为要到达南美，这些人群必须在 13 000 年前经历长途跋涉，而在从阿拉斯加到南美洲之间，从未发现 13 000年前的木质工具。

李研究员：您恐怕忽视了，这些木质工具是在泥煤沼泽中发现的，北美很少有泥煤沼泽。木质工具在普通的泥土中几年内就会腐烂化解。

11. 以下哪项最为准确地概括了张教授与李研究员所讨论的问题？

A. 上述史前木质工具是否是其祖先从西伯利亚迁徙到阿拉斯加的人群使用的

B. 张教授的论据是否能推翻上述考古学家的结论

C. 上述人群是否可能在13 000年前完成从阿拉斯加到南美洲的长途跋涉

D. 上述木质工具是否只有在泥煤沼泽中才不会腐烂化解

E. 上述史前木质工具存在于13 000年以前的断定是否有足够的根据

12. 以下哪项最为准确地概括了李研究员的应对方法？

A. 指出张教授的论据违背事实

B. 引用与张教授的结论相左的权威性研究成果

C. 指出张教授曲解了考古学家的观点

D. 质疑张教授的隐含假设

E. 指出张教授的论据实际上否定其结论

13～14 基于以下题干：

纯种马是昂贵的商品。一种由遗传缺陷引起的疾病威胁着纯种赛马，使它们轻则丧失赛跑能力，重则瘫痪甚至死亡。因此，赛马饲养者认为，一旦发现有此种缺陷的赛马应停止饲养。这种看法是片面的。因为一般地说，此种疾病可以通过饮食和医疗加以控制。另外，有此种遗传缺陷的赛马往往特别美，这正是马术表演特别看重的。

13. 以下哪项最为准确地概括了题干所要论证的结论？

A. 美观的外表对于赛马来说特别重要

B. 有遗传缺陷的赛马不一定丧失比赛能力

C. 不应当绝对禁止饲养有遗传缺陷的赛马

D. 一些有遗传缺陷的赛马的疾病未得到控制，是由于缺乏合理的饮食或必要的医疗

E. 遗传疾病虽然是先天的，但其病变可以通过后天的人为措施加以控制

14. 以下哪项最为准确地概括了题干论证所运用的方法？

A. 质疑上述赛马饲养者的动机

B. 论证上述赛马饲养者的结论与其论据自相矛盾

C. 指出上述赛马饲养者的论据不符合事实

D. 提出新的思路，并不否定上述赛马饲养者的论据，但得出与其不同的结论

E. 构造一种类比，指出上述赛马饲养者的论证与一种明显有误的论证类比

15. 在所有市内文物区的建筑中，泰勒家族的房屋是最著名的。由于文物区是全市最著名的区，所以，泰勒家族的房屋是全市最著名的。

以下哪项与上述论证中的推理错误最为相似？

A. 在海岸山脉所有的山峰中，威廉峰最高，由于整个地区最高的山峰都集中在海岸山脉，所以，威廉峰是全地区最高的山峰

B. 吸烟是最容易造成人们患肺癌的行为，由于玉屏县的人所吸的烟比全世界任何地方的都多，所以，玉屏县患肺癌的人数也居世界之首

C. 张飞是他们家三个孩子中年龄最大的，由于张飞他们家中三个孩子的每一个都比楼里的其他孩子年龄要大，所以，张飞是院子里年龄最大的孩子

D. 在港口地区所有的鱼店中，王宝强的鱼店鱼类品种最多，由于港口地区的鱼店比城里其他地方的都多，所以，王宝强的鱼店是这个城市中鱼类品种最多的店

E. 在学校植物园的所有花中，玫瑰是最漂亮的，而学校的植物园是这一地区最漂亮的花园了，所以，学校植物园中的玫瑰就是这一地区最美的花

16. 王教授：三年前交通管理委员会改善了我镇最繁忙的一个十字路口的可见度，从而减少了那里的交通事故的发生。

李研究员：在过去的三年中那个十字路口每周交通事故增加了而不是减少了。因此，那次改变增加了事故发生的概率。

以下哪个问题的回答对于评价李研究员的论述最有用？

A. 镇里出事的司机受伤的人数与未改善之前的人数之比为多少

B. 当改善措施完成后，交通管理委员会的成员平均值勤多少时间

C. 镇里大多数居民同意交通管理委员会的做法吗

D. 邻近城镇在过去三年中在改善危险路段可见度方面采取了什么样的措施

E. 过去三年中这个镇的最繁忙这个十字路口的车流量的改变情况如何

17. 厂长：采用新的工艺流程可以大大减少炼铜车间所产生的二氧化碳。这一新流程的要点是用封闭式熔炉替代原来的开放式熔炉，同时，在固态下而不是在液态下按照流程把铜从一个熔炉转入下一个熔炉。但是，不仅购置和改造新的设备是笔大的开支，而且运作新流程的成本也高于目前的流程，因为铜在冷却以后还必须重新熔化。因此，总体上说，采用新的工艺流程将大大增加生产成本而使本厂无利可图。

总工程师：我同意您总体上的结论，但不同意您的一个观点，因为最新的封闭式熔炉的熔炼能力是现有的开放式熔炉无法相比的。

在以下哪个问题上，总工程师和厂长最可能有不同意见？

A. 采用新的工艺流程是否确实可以大大减少炼铜车间所产生的二氧化碳

B. 运作新流程的成本是否一定高于目前的流程

C. 采用新的工艺流程是否一定使本厂无利可图

D. 最新的封闭式熔炉的熔炼能力是否确实明显优于现有的开放式熔炉

E. 铜在冷却以后重新熔化的操作步骤，是否确实增加了生产成本

18. 作为一名环保爱好者，赵博士提倡低碳生活，积极宣传节能减排。但我不赞同他的做法，因为作为一名大学老师，他这样做，占用了大量的科研时间，到现在连副教授都没评上，他的观点怎么能令人信服呢？

以下哪项论证中的错误和上述的最为相似？

A. 公司的绩效奖励制度是为了充分调动广大员工的积极性，它对所有员工都是公平的。如果有人对此有不同意见，则说明他反对公平

B. 最近听说你对单位的管理制度提了不少意见，这真令人难以置信！单位领导对你差吗？你这样做，分明是和单位领导过不去

C. 有一种观点认为，只有直接看到的事物才能确信其存在。但是没有人可以看到质子、电子，而这些都被科学证明是客观存在的。所以，该观点是错误的

D. 张某提出要同工同酬，主张在质量相同的情况下，不分年龄、级别一律按件计酬。她这样说不就是因为她年轻、级别低吗？其实她是在为自己谋利益

E. 单位任命李某担任信息科科长，听说你对此有意见。大家都没有提意见，只有你一个人有意见，看来你的意见是有问题的

19. 刀不磨要生锈，人不学要落后。所以，如果你不想落后，就应该多磨刀。

以下哪项与上述论证方式最为相似？

A. 金无足赤，人无完人。所以，如果你想做完人，就应该有真金

B. 有志不在年高，无志空活百岁。所以，如果你不想空活百岁，就应该立志

C. 妆未梳成不见客，不到火候不揭锅。所以，如果揭了锅，就应该是到了火候

D. 马无夜草不肥，人无横财不富。所以，如果你想富，就应该让马多吃夜草

E. 兵在精而不在多，将在谋而不在勇。所以，如果想获胜，就应该兵精将勇

20. 甲：读书最重要的目的是增长知识、开拓视野。

乙：你只见其一，不见其二。读书最重要的是陶冶性情、提升境界。没有陶冶性情、提升境界，就不能达到读书的真正目的。

以下哪项与上述反驳方式最为相似？

A. 甲：文学创作最重要的是阅读优秀文学作品

乙：你只见现象，不见本质。文学创作最重要的是观察生活、体验生活。任何优秀的文学作品都来源于火热的社会生活

B. 甲：做人最重要的是要讲信用

乙：你说得不全面。做人最重要的是要遵纪守法。如果不遵纪守法，就没法讲信用

C. 甲：作为一部优秀的电视剧，最重要的是能得到广大观众的喜爱

乙：你只见其表，不见其里。作为一部优秀的电视剧最重要的是具有深刻寓意与艺术魅力。没有深刻寓意与艺术魅力，就不能成为优秀的电视剧

D. 甲：科学研究最重要的是研究内容的创新

乙：你只见内容，不见方法。科学研究最重要的是研究方法的创新。只有实现研究方法的创新，才能真正实现研究内容的创新

E. 甲：一年中最重要的季节是收获的秋天

乙：你只看结果，不问原因。一年中最重要的季节是播种的春天。没有春天的播种，哪来秋天的收获

21. 甲：知难行易，知然后行。

乙：不对。知易行难，行然后知。

以下哪项与上述对话方式最为相似？

A. 甲：知人者智，自知者明

乙：不对。知人不易，知己更难

B. 甲：不破不立，先破后立

乙：不对。不立不破，先立后破

C. 甲：想想容易做起来难，做比想更重要

乙：不对。想到就能做到，想比做更重要

D. 甲：批评他人易，批评自己难；先批评他人后批评自己

乙：不对。批评自己易，批评他人难；先批评自己后批评他人

E. 甲：做人难做事易，先做人再做事

乙：不对。做人易做事难，先做事再做人

综合提高题详解

1. 答案是 D。好奇者的推断是：该魔术的奥秘不在手法技巧，也不在扑克或志愿者有诈。其漏洞就是：魔术的奥秘就在手法技巧、扑克或者志愿者有诈。因为魔术师的手法技巧没问题的时候，扑克或者志愿者有问题；扑克没问题的时候，手法技巧或者志愿者有问题；志愿者没问题的时候，手法技巧或者扑克有问题。该好奇者把问题简单化了，没有考虑问题的复杂性，还有多种情况存在。选项 E 不能指出题干论证的漏洞，因为它意味着题干论证是对的。

2. 答案是 A。题干中人类学家的观点意味着：只有具有应付各种自然环境的能力，才可能幸存下来，题干认为这一观点是不成立的，理由是：阿法种南猿具有应付各种自然环境的能力，但并没有幸存下来。题干这个理由并不能推翻人类学家的观点，因为必要条件命题在前件为真而后件为假时不是假的，而是真的。选项 A 中推理的漏洞与题干类似。选项 B 错在进行

肯定否定式的相容选言推理。选项C中的漏洞是“以偏概全”。选项D错在下反对关系命题从一个真推另一个真。选项E错在反对关系命题从一个假推另一个真。

3. 答案是C。错字率是单位数量的文字中出现错字的比例。一般地说，它和文字的总量没有确定关系。题干把近年来上述出版社的出版物的大量增加，解释为该社近年来出版物的错字率明显增加的重要原因，是一个漏洞。类似地，航空公司的投诉率是单位数量航班乘客中投诉者的比例。一般地说，它和乘客的总量没有确定关系。选项Ⅰ把“9.11”事件后航班乘客数量的锐减，解释为美国航空公司投诉率有明显下降的重要原因，是一个类似于题干的漏洞。选项Ⅲ也有类似的错误。选项Ⅱ中的论证没有出现任何逻辑漏洞。

4. 答案是B。题干中所反驳的观点是：到21世纪初，和发达国家相比，发展中国家将有更多的人死于艾滋病。其根据是：艾滋病毒感染者人数在发达国家趋于稳定或略有下降，在发展中国家却持续快速上升。题干对此所作的反驳实际上指出：上述观点把“死于艾滋病的人数”和“感染艾滋病毒的人数”这两个相近的概念错误地当作同一概念来使用；艾滋病毒感染者人数在发达国家虽低于发展中国家，但由于发达国家的艾滋病毒感染者从感染到发病，以及从发病到死亡的平均时间要大大短于发展中国家，因此，其实际死于艾滋病的人数仍可能多于发展中国家。因此，B项恰当地概括了题干中的反驳所使用的方法，其余各项均不恰当。

5. 答案是A。题干中张教授讲的“技术发展”是指“当时的技术发展”，而李研究员所说的“技术发展”则是指“当代的技术发展”，犯有“偷换概念”的错误。选项A说“没有确切界定何为‘技术发展’”，恰当地评价了这个漏洞。选项B说“没有确切界定何为‘接受正式教育’”，没有能够恰当评价李研究员反驳中存在的漏洞，因为张教授和李研究员所说的“接受当时的正式教育”的含义相同。

6. 答案是B。题干中，使用枪支的犯罪比其他类型的犯罪更容易导致命案，指的是使用枪支的犯罪导致的命案比其他类型的犯罪导致的命案的比例高，并不要求使用枪支的犯罪多数导致命案。前者为相对概率，后者则为绝对概率，二者是有本质区别的。题干认为没有必要做出区分是犯了“混淆概念”的错误。选项B中，不检点的性行为比检点的性行为更容易导致艾滋病，指的是不检点的性行为感染艾滋病比检点的性行为感染艾滋病的比例高，并不要求不检点的性行为多数感染艾滋病，与题干论证存在的漏洞类似。选项A在结构上和题干存在差别，如果要和题干类似，需要指出，肥胖者比体重正常者更容易患心脏病，即肥胖者患心脏病比体重正常者患心脏病的比例高，而肥胖者多数并不患心脏病，但该项却说肥胖者在我国人口中只占很小的比例。

7. 答案是A。产品误检的第一种情况是把不合格产品定为合格，由于甲、乙合并为一个系统后都能检测出所有送检的不合格产品，所以，第一种误检情况不存在。第二种误检情况是把合格产品定为不合格，甲、乙都仍有3%的误差率就是属于这种情况，但由于不存在一个产品会被两个系统都误检，而且被甲、乙合并系统测定为不合格的产品，包括且只包括两个系统分别工作时都测定的不合格产品，因此，这样的产品检验系统的误检率为0。

8. 答案是E。题干中提供的具体情况是：哲学学院在8名女性应聘者中录用了3名，而在3名男性应聘者中录用了1名，没有歧视女性；管理学院在4名女性应聘者中录用了3名，而在9名男性应聘者中录用了6名，也没有歧视女性。但女权主义代表将两个学院的情况整合后，却发现两个学院在12名女性应聘者中录用了6名，但在12名男性应聘者中却录用了7名，有歧视女性嫌疑。从局部看，都没有歧视女性，但从整体看，女性录用率却要低，这说明：各个局部都具有的性质在整体上未必具有。选项E正好指出了女权主义代表和大学之间的分歧。选项A说“整体并不是局部的简单相加”不能解释题干，因为题干要解释的是各个局部所具有的性质和它们所构成的整体的性质为何不同，而不是仅仅局部和整体之间的数量关系。

9. 答案是C。题干中经纬汽车专卖店李经理打算新的一年继续执行该奖励制度，理由是因为去年专卖店调高了营销人员的营销业绩奖励比例，结果该店的汽车销售数量较前年增长了16%。李经理显然是在做简单枚举归纳推理，从部分情况如何推出所有情况也应该如何。陈副经理对此持怀疑态度，列举出他们的竞争对手都没有调整营销人员的奖励比例，但在过去一年也出现了类似的增长。这意味着经纬汽车专卖店去年汽车销售数量较前年增长了16%可能存在别的原因。选项C说“运用一个反例，说明李经理的论据虽然成立，但不足以推出结论”，恰当地评价了陈副经理的反驳方法。选项A说否定了李经理的结论，这不正确，因为陈副经理只是指出论据推不出结论来，并不意味着李经理的结论就是假的。选项B、D、E均不恰当。

10. 答案是C。李研究员采用了独立证明的反驳方法。

11. 答案是B。张教授认为自己的论据能够推翻考古学家的结论，而李研究员则做了否定的回答。

12. 答案是D。张教授隐含的假设是：木质工具不管在北美洲还是南美洲所存在的地下环境是完全类似的，即都是存在于泥煤沼泽中。

13. 答案是C。该项最能体现题干的整体意图。注意，题干的关键命题是“这种看法是片面的”，什么看法呢？即停止饲养有遗传缺陷的赛马。所以题干的总体意见就是不应该停止饲养有遗传缺陷的赛马。

14. 答案是D。题干的反驳方法属于独立证明的反驳法。

15. 答案是E。题干中存在“偷换概念”的错误。“全市最著名的区”和“区里最著名的建筑”，是两个完全不同的概念。选项E中，“最漂亮的花园”和“园中最漂亮的花”，也是两个完全不同的概念。

16. 答案是E。题干中李研究员用过去三年中十字路口交通事故增加了这个事实，来论证改善十字路口的可见度增加了事故的发生率这个论点，关键是要看过去三年中这个十字路口车流量的改变情况如何？如果车流量不增加，则李研究员的论证是对的，如果车流量增加，则李研究员的论证不正确。其他选项都起不到这样的作用。

17. 答案是B。该项说“运作新流程的成本是否一定高于目前的流程”，即总体成本新的工艺流程是否比目前的工艺流程高，是题干中厂长和总工程师论战的焦点。对这个问题，厂长的回答为“是”，总工程师的回答为“否”。选项A、C和D中的问题，二者的回答都为“是”。选项E中的问题，厂长的回答应该是肯定的，但总工程师并没有否定。

18. 答案是D。该项和题干的论证都犯了“以人身为据”的错误。

19. 答案是D。该项和题干论证在结构上都为充分条件否定后件到否定前件，然后又进行类比，从而得出结论。选项B、C都没有进行类比。选项A、E中的充分条件推理和题干存在区别。

20. 答案是C。该项和题干的结构都是：甲：对A来说最重要的是B；乙：对A来说最重要的是C，因为没有C就没有A。

21. 答案是E。该项和题干的对话中，乙的反驳都是先通过否定前件到否定后件，然后通过肯定后件到肯定前件来进行推理。其他选项中的对话方式与题干均存在较大差别。

第六章　归纳推理

第一节　考试要点及内容精析

一、归纳推理及其种类

逻辑研究论证，但论证离不开推理，所以逻辑也需要研究推理。推理包含必然性的推理与或然性的推理。必然性推理当其前提真时结论不可能假。必然性推理主要是一种从一般性的命题演绎出特殊性或个别性的命题，又叫演绎推理。必然性推理或演绎推理的前提对于结论来说提供了100%的证据支持。但不是所有的推理都是这样的，对于或然性推理或归纳推理来说，前提对于结论的证据支持度往往是小于100%。但是，或然性推理或归纳推理又是非常重要的。一方面，归纳推理是人们进行科学认识和科学决策的重要基础，另一方面，演绎推理、必然性推理也离不开归纳推理，演绎推理大前提的真实性需要通过归纳推理来确定。

那么，人们是怎样通过归纳推理来确定演绎推理大前提的真实性呢？其中最关键的做法是提高归纳推理的前提对于结论的证据支持度。一般地，归纳推理可分为完全归纳推理和不完全归纳推理。完全归纳推理能够保证前提提供给结论的证据支持度等于100%，但是完全归纳的作用范围毕竟是有限度的，实际思维中大量的推理问题需要通过运用不完全归纳推理来解决。不完全归纳推理中的简单枚举归纳推理，最初主要是依靠在考察过程中增加事物对象的绝对数量来提高前提对于结论的证据支持度，后来随着统计学、概率论的发展，人们越来越意识到扩大考察对象的样本分布空间，才是提高前提对于结论的证据支持度的有效方法。但是，对于因果关系问题，如“吸烟是不是患肺癌的原因”等，单纯运用简单枚举归纳推理还是不能从根本上解决问题的。恩格斯说：“十万部蒸汽机并不比一部蒸汽机能更多地证明”热能转化为机械运动。归纳问题最终需要依靠考察一类事物对象与其属性之间的因果必然联系，即通过科学归纳推理来解决。

二、简单枚举归纳推理

简单枚举归纳推理也称简单枚举法。它是以经验认识为主要根据，通过考察一类事物中部分对象具有某种属性，并且没有遇到反例，从而推出该类事物对象都具有某种属性的推理。例如，水稻可以进行光合作用，松树可以进行光合作用，小草可以进行光合作用……水稻、松树、小草等都是绿色植物，所以，绿色植物都可以进行光合作用。简单枚举归纳推理的推理形式可用公式表示为：

S1 是 P

S2 是 P

……

Sn 是 P

S1，S2，…，Sn 是 S 类的部分对象并且没有遇到反例
所有 S 都是 P

简单枚举归纳推理的特点是，其结论的推出依赖于没有遇到反例，但是没有遇到反例并不等于反例不存在，一旦发现反例，结论立刻被推翻。要想提高简单枚举归纳推理的结论的可靠性，应当注意两点：一是一类事物中被考察的对象数量越多，结论的可靠性就越大；二是一类事物中被考察的对象范围越广，结论的可靠性就越大。在进行简单枚举归纳推理时，如果只是根据少量粗略的事实，就推出一般性结论，就会犯“轻率概括”或者“以偏概全”的逻辑错误。有时，即使我们所考察的事物对象在数量上已经很多，但由于所考察的对象范围太窄，即样本分布空间太小，结论还是不可靠的，我们称这种错误为“偏向样本”。例如，1936 年罗斯福与布兰登竞选总统时，美国《文学文摘》杂志举行了一次民意测验。他们根据全国各地的电话簿寄出 1 000 万张样本选票，其中 200 万张寄回的选票的统计结果表明，布兰登比罗斯福占有明显优势。但后来罗斯福却以 60%的选票当选。《文学文摘》的预测为什么会失败呢？原因是 1936 年美国经济正值萧条时期，拥有电话的人往往在经济上属于上层，而收入较低的人，特别是失业者，往往家中不装电话，但这些人却强烈地支持罗斯福。因此，以电话簿为根据进行抽样，偏差太大。由于这次预测的失败，1937 年《文学文摘》不得不宣告停刊。与此形成鲜明对比的是，当时初出茅庐的年轻人盖洛普，仅仅做了 5 万人的调查，就得出了罗斯福将当选总统的预测结果。

三、事物现象之间的因果联系

科学归纳推理是归纳推理中最为重要的推理方法，这种推理的关键是要分析事物之间的因果必然联系。这里，我们首先遇到的问题就是，什么是因果关系，它有些什么特点。

事物现象之间都是互相联系、互相依赖、互相制约的。如果某个现象的存在必然引起另一个现象发生，那么这两个现象之间就具有因果联系。其中，引起某一现象产生的现象叫作原因，而被某一现象引起的现象叫作结果。

因果联系具有以下几个特点：

（1）现象间的因果联系是客观存在的。事物现象之间的因果联系不以人的主观意志为转移。不能因为某人认为存在某种因果联系就存在什么样的因果联系，某人认为不存在某种因果联系就不存在什么样的因果联系。违反这一要求的错误，可以叫作“主观性”。

（2）原因和结果在时间上是前后相继的。原因总是在结果之前，结果总是在原因之后。在探求因果联系的时候，必须在被研究现象出现以前存在的各个情况中去寻找原因，在某个现象出现以前存在的情况称为先行情况；也必须在被研究现象出现之后才存在的各个情况中去寻找结果，在某个现象之后产生的情况叫后行情况。但两个现象在时间上的前后相继，不一定就存在着因果联系。前后相继只是因果联系的必要条件，而不是充分条件。如果只是根据两现象间在时间上前后相继，就做出它们具有因果联系的结论，就会犯“以先后为因果”的逻辑错误。例如，闪电和雷鸣先后相继，但闪电并不是雷鸣的原因。

（3）因果联系是确定的。客观世界的原因和结果的关系是复杂多样的。某一现象发生的原因可能是另一现象所引起的结果，某一现象的结果可能又是引起另一现象的原因。原因和结果的联系构成了客观世界的因果联系的链条。但是，在一定的因果链条上，在一定的因果环节上，原因和结果的联系又是确定的，原因就是原因，不是结果；结果就是结果，不是原因。如果把原因当成结果，把结果当成原因就会犯“因果倒置”的逻辑错误。例如，在 19 世纪的英国，曾经有一位改革家通过调查发现，在英国凡是勤劳的农民都有两头牛，而懒惰的农民都没有两头牛。于是，他的改革方案就是，给每位懒惰的农民两头牛，这样，整个英国的农民都会

勤劳起来了。本来是勤劳之后才有两头牛，而该改革家则倒因为果，有两头牛之后就会勤劳。有两头牛之后未必就会勤劳。这些懒惰的英国农民在得到两头牛以后可能会更懒惰，甚至整个英国农民都可能会变成懒汉。

探求现象间的因果联系的方法主要有求同法、求异法、共变法等方法。

四、求同法

求同法是指在被研究现象出现的若干场合中，如果只有一个情况是在这些场合中共同具有的，那么这个唯一的共同情况就是被研究现象的原因。

例如，从井里向上提水，当水桶还在水中时不觉得重，水桶一离开水面就重得多；在水里搬运木头，要比在岸上搬轻得多；游泳时容易托起一个在水里的人。以上现象虽然各自的情况不尽相同，但都有一个共同的情况，即水对于在它里面的物体能产生浮力，而这正是使得人们感到物体在水中变轻现象发生的原因。

求同法可用下列图式表示：

场合	相关情况	被研究现象
(1)	A，B，C	a
(2)	A，D，E	a
(3)	A，F，G	a
…	…	…

A是a的原因

运用求同法需要注意的是，各场合是否还有其他的共同情况。人们运用求同法时，往往在发现了一个共同情况后，就把它当作被研究现象的原因，而忽略了隐藏着的另一个共同情况，而这个比较隐藏的共同情况又恰好是被研究现象的真正原因。例如，人们最早寻找疟疾病的原因时发现，住在低洼潮湿的环境是患病的原因。经过长期的探索，人们才弄清楚，疟原虫才是疟疾病的真正原因，蚊子是疟原虫的传播者，而低洼潮湿的环境只是蚊子滋生的主要场所。

五、求异法

求异法是指在被研究现象出现和不出现的两个场合中，如果只有一个情况不同，其他情况完全相同，而且这个唯一不同的情况在被研究现象出现的场合中存在，在被研究现象不出现的场合中不存在，那么这个唯一不同的情况就是被研究现象的原因。

例如，有两块土质、品种、耕作技术都相同的油菜田，其中一块用蜜蜂帮助授粉，结果有蜜蜂帮助授粉的田比没有蜜蜂帮助授粉的田油菜籽的单位面积产量增加37.5%。因此，用蜜蜂为油菜授粉可以增产。由于两块田除有无蜜蜂帮助授粉外，其他情况完全相同。有蜜蜂帮助授粉则产量高，无蜜蜂帮助授粉则产量低，因此，可以通过求异法断定，蜜蜂授粉是油菜增产的原因。

求异法可用下列图式表示：

场合	相关情况	被研究现象
(1)	A，B，C	a
(2)	—，B，C	—

A是a的原因

在应用求异法时需要注意，两个场合是否还有其他差异情况。

六、共变法

共变法是说，在被研究现象发生变化的各个场合中，如果只有一个情况是变化着的，其他情况保持不变，那么这个唯一变化着的情况就是被研究现象的原因。

某个生产手表的企业，如果资金利用率为50%，那么利润增加80%；资金利用率为60%，那么利润增加100%；资金利用率为90%，那么利润增加120%。其他情况没有发生变化，那么资金利用率的提高就是利润增加的原因。

共变法可用图式表示如下：

场合	相关情况	被研究现象
(1)	A1，B，C	a1
(2)	A2，B，C	a2
(3)	A3，B，C	a3
…	…	…

A是a的原因

需要注意的是，运用共变法时，只能有一个相关情况随被研究现象发生变化而变化，其他情况应保持不变。如果还有其他的情况在发生变化，那么运用共变法时就有可能出错。例如，在研究温度的变化与气体体积变化之间的关系时，如果气体所受到的压强也在变化，那么通过共变法所得到的结论就会出现差错。

七、类比推理

类比推理就是根据两个或两类事物对象在一系列属性上相同或相似，推出它们在其他属性上也相同或相似的推理方法。

例如，甲厂和乙厂在技术力量、工人素质、资金设备、原料供应、管理水平等方面大体相同，既然甲厂的产品能打入国际市场，那么乙厂也应该能打入国际市场。

类比推理在结构上可以表示为：

A对象和B对象都有属性a，b，c

A对象还具有属性d

B对象也具有属性d

在进行类比推理时，需要注意所要推出的属性应该与前提中提供的相同属性或相似属性具有密切的联系，否则就容易出现“机械类比”的逻辑错误。

具体情况，可列表如下：

归纳的类型	主要内容	逻辑要求	可能出现的错误
枚举归纳	枚举个别情况推出普遍情况	列举的样本要有代表性	以偏概全
因果归纳	用求同、求异等方法分析因果性	没有别的因素在影响	单因、因果倒置
类比推理	在两个或两类对象之间比较	已知与推出属性要相关	不当类比

第二节　题型归纳和专题点睛

一、学会区分运用各种类型的归纳推理

要能够区分各种不同的归纳推理。尤其是要能够充分把握简单枚举归纳推理，注意避免“以偏概全”的错误，关键是进行简单枚举归纳推理时前提中所考察的样本必须具有代表性。

【例 6.1】陈华图便宜花 50 元买了双旅游鞋，不到一个月鞋带就断了。不久，他按市价的几乎一半买了件皮夹克，结果发现原来是仿羊皮的。于是他得出结论：便宜无好货。

陈华得出结论的思维方法，与下列哪项最为类似？

A. 李京是语文教师，他仔细地阅改了每一篇作文，得出结论：全班同学的文字表达能力普遍有提高

B. 王江检验一批产品，第一件合格，第二件是次品，于是得出结论：这批产品不全合格

C. 王强邻居的小男孩，头发有两个旋，脾气很犟；王强的小侄子，头发也有两个旋，脾气也很犟。王强因此得出结论：头发上有两个旋的孩子，脾气很犟

D. 李文认为头发上有两个旋的孩子很犟，因此得出结论：自己的孩子脾气不犟是因为头发上只有一个旋

E. 美国挑战号航天飞机失事的原因或是设备故障，或是操作失误，联邦调查局已经找到了操作失误的证据，因此得出结论：可以排除设备故障的原因

【解析】答案是 C。题干中陈华得出结论运用了简单枚举归纳推理，但犯有“以偏概全”的逻辑错误。选项 A 运用的方法是完全归纳推理，推理正确。选项 B 是一个正确的简单枚举归纳推理。选项 D 运用的是一个错误的三段论推理。选项 E 是一个错误的相容选言推理。只有选项 C 运用的推理方法与题干相同，都犯了“以偏概全”的逻辑错误。

【例 6.2】为了调查当前人们的识字水平，其实验者列举了 20 个词语，请 30 位文化人士识读，这些人的文化程度都在大专以上。识读结果显示，多数人只读对 3 到 5 个词语，极少数人读对 15 个以上，甚至有人全部读错。其中，“蹒跚”的辨识率最高，30 人中有 19 人读对；“呱呱坠地”所有人都读错。20 个词语的整体误读率接近 80%。该实验者由此得出，当前人们的识字水平没有提高，甚至有所下降。

以下哪项如果为真，最能对该实验者的结论构成质疑？

A. 实验者选取的 20 个词语不具有代表性

B. 实验者选取的 30 位识读者均没有博士学位

C. 实验者选取的 20 个词语在网络流行语言中不常用

D. “呱呱坠地”这个词的读音有些大学老师也经常读错

E. 实验者选取的 30 位识读者中约有 50% 入学成绩不佳

【解析】答案是 A。题干中实验者通过列举 20 个语词，请 30 位文化人士识读，结果多数人只读对 3 到 5 个词语，极少数人读对 15 个以上，甚至有人全部读错，得出结论说“当前人们的识字水平没有提高，甚至有所下降”。这里，关键是这“20 个词语”，是不是常用字，是否能够说明当前人们的识字水平，如果它们并不是常用字，就失去了代表性，结论的得出就失去了依据。选项 E 的削弱力度远不如 A。选项 B、C 和 D 均不能削弱题干。

【例 6.3】社会成员的幸福感是可以运用现代手段精确量化的。衡量一项社会改革措施是否成功，要看社会成员的幸福感总量是否增加。S 市最近推出的福利改革明显增加了公务员的幸福感总量，因此，这项改革措施是成功的。

以下哪项如果为真，最能削弱上述论证？

A. 上述改革措施并没有增加 S 市所有公务员的幸福感

B. S 市公务员只占全市社会成员很小的比例

C. 上述改革措施在增加公务员幸福感总量的同时，减少了 S 市民营企业人员的幸福感总量

D. 上述改革措施在增加公务员幸福感总量的同时，减少了 S 市全体社会成员的幸福感总量

E. 上述改革措施已经引起S市市民的广泛争议

【解析】答案是D。该项意味着S市最近推行的福利改革措施不是成功的，从而削弱了题干。该改革措施虽然增加了公务员的幸福感总量，但关键要看公务员能否代表一般社会成员的情况，否则就会出现“以偏概全”的错误。注意，不能选B，因为即使公务员只占全体社会成员很小的比例，但只要能够代表一般社会成员的情况，就不能说题干的论证有问题。

【例6.4】一项时间跨度为半个世纪的专项调查研究得出肯定结论：饮用常规量的咖啡对人的心脏无害。因此，咖啡的饮用者完全可以放心地享用，只要不过量。

以下哪项最为恰当地指出了上述论证的漏洞？

A. 咖啡的常规饮用量可能因人而异

B. 心脏健康不等同于身体健康

C. 咖啡饮用者可能在喝咖啡时吃对心脏有害的食物

D. 喝茶，特别是喝绿茶比喝咖啡有利于心脏保健

E. 有的人从不喝咖啡心脏仍然健康

【解析】答案是B。一个人的身体健康是全方位的，不只是一个心脏健康而已。所以，心脏健康不等于身体就健康，题干存在“以偏概全”的错误。

【例6.5】某市推出一项月度社会公益活动，市民报名踊跃。由于活动规模有限，主办方决定通过摇号抽签方式选择参与者，第一个月中签率为1：20，随后连创新低，到下半年的十月份已达1：70，大多数市民屡摇不中，但从今年7月到10月，“李祥”这个名字连续四个月中签，不少市民据此认为有人作弊，并对主办方提出质疑。

以下哪项如果为真，最能消除市民的质疑？

A. 已经中签的申请者中，叫“张磊”的有7人

B. 曾有一段时间，家长给孩子取名不同避免重名

C. 在报名市民中，名叫“李祥”的近300人

D. 摇号抽签全过程是在有关部门监督下进行的

E. 在摇号系统中，每一位申请人都被随机赋予了一个不重复的编码

【解析】答案是C。题干断定，在某市进行的通过摇号抽签方式选择公益活动的参与者的过程中，大多数市民屡摇不中，但从7月到10月，“李祥”这个名字连续四个月中签，不少市民据此认为有人作弊，并对主办方提出质疑。选项C“在报名市民中，名叫‘李祥’的近300人”如果为真，则意味着名叫“李祥”的重名数量极大，所以，即使这个名字连续四个月都有中签现象，但中签率也只有1：75。

【例6.6】莫大伟到吉安公司上班的第一天，就被公司职工自由散漫的表现所震惊。莫大伟由此得出结论：吉安公司是一个管理失效的公司，吉安公司的员工都缺乏工作积极性和责任心。

以下哪项如果为真，最能削弱上述论证？

A. 当领导不在时，公司的员工会表现出自由散漫

B. 吉安公司的员工超过2万，遍布该省的十多个城市

C. 莫大伟大学刚毕业就到吉安公司，对校门外的生活不适应

D. 吉安公司的员工和领导的表现完全不一样

E. 莫大伟上班的这一天刚好是节假日后的第一个工作日

【解析】答案是B。该项意味着，其中一个子公司管理不行就说整个吉安公司管理上都不行，从而使题干出现“以偏概全”的错误。其他选项均不能充分说明题干论证存在的问题。

【例6.7】某市繁星商厦服装部在前一阵疲软的服装市场中打了一个反季节销售的胜仗。

据统计繁星商厦皮服的销售额在 6、7、8 三个月连续成倍数增长，6 月 527 件，7 月 1 269 件，8 月 3 218 件。市有关主管部门希望在今年冬天向全市各大商场推广这种反季节销售的策略，力争今年 11、12 月和明年 1 月全市的夏衣销售能有一个大突破。

以下哪项如果为真，能够最好地说明该市有关主管部门的这种希望可能会遇到麻烦？

A. 皮衣的价格可以在夏天一降再降，是因为厂家可以在皮衣淡季的时候购买原材料，其价格可以降低 30％

B. 皮衣的生产企业为了使生产销售可以正常循环，宁愿自己保本或者微利，把利润压缩了 55％

C. 今年夏天繁星商厦的冬衣反季节销售并没有使该商厦夏衣的销售获益，反而略有下降

D. 根据最近进行的消费者心理调查的结果，买夏衣重流行、买冬衣重实惠是消费者的极为普遍的心理

E. 在盛夏里搞皮衣反季节销售的不只是繁星商厦一家，但只有繁星商厦同时推出了销售后服务由消协规定的三个月延长到七个月，打消了很多消费者的顾虑，所以在诸商家中独领风骚

【解析】答案是 D。题干中市有关主管部门的建议实际上进行了一个类比推理：既然在夏季反季节销售冬季服装取得了成功，那么在冬季反季节销售夏季服装也应该取得成功。二者都是反季节销售，既然该销售行动在夏季获得了成功，那么在冬季也应该获得成功。但问题是在夏季销售冬季服装与在冬季销售夏季服装有一个根本的不同，那就是消费者“买夏衣重流行、买冬衣重实惠”的普遍心理。由于这一根本的不同点，也就决定了题干中市有关主管部门的推理犯了“机械类比”的逻辑错误。选项 A、B、E 都只是部分地说明了繁星商厦在夏季反季节销售冬季服装取得成功的原因。选项 C 只是陈述了一个事实，即题干中类比推理的结论是假的，并没有说明类比推理不成功的原因。

【例 6.8】核电站所发生的核泄漏严重事故的最初起因，没有一次是设备故障，都是人为失误所致。这种失误，和小到导致交通堵塞，大到导致仓库失火的人为失误，没有实质性的区别。从长远的观点看，交通堵塞和仓库失火几乎是不可避免的。

上述断定最能支持以下哪项结论？

A. 核电站不可能因设备故障而导致事故

B. 核电站的管理并不比指挥交通、管理仓库复杂

C. 核电站如果持续运作，那么发生核泄漏严重事故几乎是不可避免的

D. 人们试图通过严格的规章制度以杜绝安全事故的努力是没有意义的

E. 为使人类免于核泄漏引起的灾难，世界各地的核电站应当立即停止运行

【解析】答案是 C。既然核泄漏是人为失误所致，而人为的失误都没有实质性的区别。因此，如果别的人为失误所造成的灾害是不可避免的，同样，因核泄漏所造成的事故当然也是不可避免的。

【例 6.9】地球和月球相比，有许多共同属性，如它们都属太阳系星体，都是球形的，都有自转和公转等。既然地球上有生物存在，因此，月球上也很可能有生物存在。

以下哪项如果为真，则最能削弱上述推论的可靠性？

A. 地球和月球大小不同

B. 月球上同一地点温度变化极大，白天可上升到 100℃，晚上又降至零下 160℃

C. 月球距地球很远，不可能有生物存在

D. 地球和月球生成时间不同

E. 地球和月球旋转速度不同

【解析】答案是 B。题干中的论证使用了类比推理。它通过地球和月球在许多属性上相同，如都是太阳系的星体，都是球形的，都有公转和自转等，而且地球上有生物存在，从而推出月球上也很可能有生物存在。该推理犯有“机械类比”的逻辑错误。因为题干中提供的相同属性与推出属性之间没有密切联系。与有生物存在有密切联系的属性应该是一定的温度、湿度等。选项 A、C、D、E 所说的大小、距离、生成时间、旋转速度等的不同都是与题干中的推出属性不具有密切联系的属性，均不能削弱题干中的结论，只有选项 B 指出了温度的极大差异，从而削弱了题干中论证的结论。

二、把握各种求因果关系的基本方法

探求因果联系的基本方法有求同法、求异法、求同求异并用法、共变法等基本方法，需要能够分别把握和应用。

【例 6.10】化学课上，张老师演示了两个同时进行的教学实验：一个实验是 $KCLO_3$ 加热后，有 O_2 缓慢产生；另一个实验是 $KCLO_3$ 加热后迅速撒入少量 MnO_2，这时立即有大量的 O_2 产生。张老师由此指出：MnO_2 是 O_2 快速产生的原因。

以下哪项与张老师得出结论的方法类似？

A. 同一品牌的化妆品价格越高卖得越火。由此可见，消费者喜欢价格高的化妆品

B. 居里夫人在沥青矿物中提取放射性元素时发现，从一定量的沥青矿物中提取的全部纯铀的放射性强度比同等数量的沥青矿物中放射性强度低数倍。她据此推断：沥青矿物中还存在其他放射性更强的元素

C. 统计分析发现，30 岁至 60 岁之间，年纪越大胆子越小，有理由相信：岁月是勇敢的腐蚀剂

D. 将闹钟放在玻璃罩里，使它打铃，可以听到铃声；然后把玻璃罩里的空气抽空，再使闹钟打铃，就听不到铃声了。由此可见，空气是声音传播的介质

E. 人们通过对绿藻、蓝藻、红藻的大量观察，发现结构简单、无根叶是藻类植物的主要特征

【解析】答案是 D。该项和题干所运用的都是求异法。选项 A、C 所应用的都是共变法。选项 B 所应用的是剩余法。选项 E 应用了求同法。

【例 6.11】一艘远洋帆船载着 5 位中国人和几位外国人由中国开往欧洲。途中，除 5 位中国人外，其他人全患上了败血症。同乘一艘船，同样是风餐露宿，漂洋过海，为什么中国人和外国人如此不同呢？原来这 5 位中国人都有喝茶的习惯，而外国人却没有。于是得出结论：喝茶是这 5 位中国人未得败血症的原因。

以下哪项和题干中得出结论的方法最为相似？

A. 警察锁定了犯罪嫌疑人，但是从目前掌握的事实看，都不足以证明他犯罪。专案组由此得出结论，必有一种未知的因素潜藏在犯罪嫌疑人身后

B. 在两块土壤情况基本相同的麦地上，对其中一块施氮肥和钾肥，另一块只施钾肥。结果施氮肥和钾肥的那块麦地的产量远高于另一块。可见，施氮肥是麦地产量较高的原因

C. 孙悟空：“如果打白骨精，师父会念紧箍咒；如果不打，师父就会被妖精吃掉。”孙悟空无奈得出结论：“我还是回花果山算了。”

D. 天文学家观测到天王星的运行轨道有特征 a、b、c，已知特征 a、b 分别是由两颗行星甲、乙的吸引造成的，于是猜想还有一颗未知行星造成天王星的轨道特征 c

E. 一定压力下的一定量气体，温度升高，体积增大；温度降低，体积缩小。气体体积与

温度之间存在一定的相关性，说明气体温度的改变是其体积改变的原因

【解析】答案是B。该项和题干都是应用求异法。选项A和D都是应用的排除法或者剩余法。选项C应用的是演绎法中的二难推理。选项E应用的是共变法。

【例6.12】研究人员将角膜感觉神经断裂的兔子分为两组，实验组和对照组。他们给实验组兔子注射了一种从土壤霉菌中提取的化合物。3周后检查发现，实验组兔子的角膜感觉神经已经复合，而对照组兔子未注射这种化合物，其角膜感觉神经都没有复合。研究人员由此得出结论：该化合物可以使兔子断裂的角膜感觉神经复合。

以下哪项与上述研究人员得出的结论的方式最为类似？

A. 一个整数或者是偶数，或者是奇数

B. 绿色植物在光照充足的环境下能茁壮成长，而在光照不足的环境下只能缓慢生长，所以，光照有助于绿色植物生长

C. 年逾花甲的老王戴上老花镜可以读书看报，不戴则视力模糊，所以年龄大的人都要戴老花镜

D. 科学家在北极冰川地区的黄雪中发现了细菌，而该地区的寒冷气候与木卫的冰冷环境有着惊人的相似，所以木卫可能存在生命

E. 昆虫都有三对足，蜘蛛并非三对足，所以蜘蛛不是昆虫

【解析】答案是B。该项和题干都应用了探求因果联系的逻辑方法。题干通过求异法得出结论：一种从土壤霉菌中提取的化合物是兔子断裂的角膜感觉神经复合的原因。选项B通过求异法得出结论：光照是绿色植物茁壮成长的原因。选项A是一个选言判断。选项C是一个枚举归纳推理，犯了“以偏概全”的错误。选项D是一个类比推理。选项E是一个三段论。

【例6.13】在经历了全球范围的股市暴跌的冲击以后，T国政府宣称，它所经历的这场股市暴跌的冲击，是由于最近国内一些企业过快的非国有化造成的。

以下哪项，如果事实上是可操作的，最有利于评价T国政府的上述宣称？

A. 在宏观和微观两个层面上，对T国一些企业最近的非国有化进程的正面影响和负面影响进行对比

B. 把T国受这场股市暴跌的冲击程度，和那些经济情况和T国类似，但最近没有实行企业非国有化的国家所受到的冲击程度进行对比

C. 把T国受这场股市暴跌的冲击程度，和那些经济情况和T国有很大差异，但最近同样实行了企业非国有化的国家所受到的冲击程度进行对比

D. 计算出在这场股市风波中T国的个体企业的平均亏损值

E. 运用经济计量方法预测T国的下一次股市风波的时间

【解析】答案是B。题干中T国政府把它所经历的这场股市暴跌的冲击的原因归结为最近国内一些企业过快的非国有化，该结论可以通过将T国受这场股市暴跌的冲击程度与那些经济情况与T国类似，但最近没有实行企业非国有化的国家所受到的冲击程度进行对比而得到。如果那些经济情况与T国类似但最近没有实行企业非国有化的国家，并没有受到这场股市暴跌的冲击或者所受到的冲击程度较小，就可以说明T国政府的宣称是成立的了。选项C说要将T国受这场股市暴跌的冲击程度和那些经济情况与T国有很大差异并且最近同样实行了企业非国有化的国家所受到的冲击程度进行对比，这只可能说明经济情况的差异是造成受这场股市暴跌冲击的原因。选项A、D、E都不能说明题干中T国政府的宣称。

【例6.14】母亲：这学期冬冬的体重明显下降，我看这是因为他的学习负担太重了。

父亲：冬冬体重下降和学习负担没有关系。医生说冬冬营养不良，我看这是冬冬体重下降的原因。

以下哪项如果为真，最能对父亲的意见提出质疑？

A. 学习负担过重，会引起消化紊乱，妨碍对营养的正常吸收

B. 隔壁松松和冬冬一个班，但松松是个小胖墩，正在减肥

C. 由于学校的重视和努力，这学期冬冬和同学们的学习负担比上学期有所减轻

D. 现在学生的普遍问题是过于肥胖，而不是体重过轻

E. 冬冬所在的学校承认学生的负担偏重，并正在采取措施解决

【解析】答案是A。题干中的父亲认为，冬冬体重下降的原因是营养不良，但是选项A却指出，营养不良又可以是由学习负担过重引起的。这样，营养不良仅仅是冬冬体重下降的表面原因，而真正的原因还是学习负担过重，所以，父亲说的“冬冬体重下降和学习负担过重没有关系”是不对的。

【例6.15】在一项关于“社会关系如何影响人的死亡率”的课题研究中，研究人员惊奇地发现：不论种族、收入、体育锻炼等因素，一个乐于助人、和他人相处融洽的人，其平均寿命长于一般人，在男性中尤其如此；相反，心怀恶意、损人利己、和他人相处不融洽的人70岁之前的死亡率比正常人高出1.5至2倍。

以下哪项如果为真，最能解释上述发现？

A. 心存善念、思想豁达的人大多精神愉悦、身体健康

B. 男性通常比同年龄段的女性对他人有更强的“敌视情绪”，多数国家男性的平均寿命也因此低于女性

C. 那些自我优越感比较强的人通常“敌视情绪”也比较强，他们长时间处于紧张状态

D. 与人为善带来轻松愉悦的情绪，有益身体健康；损人利己则带来紧张的情绪，有损身体健康

E. 身心健康的人容易和他人相处融洽，而心理有问题的人与他人很难相处

【解析】答案是D。题干的发现是：一个乐于助人、和他人相处融洽的人，其平均寿命长于一般人；而心怀恶意、损人利己、和他人相处不融洽的人70岁之前的死亡率比正常人高出1.5至2倍。选项D说“与人为善带来轻松愉悦的情绪，有益身体健康；损人利己则带来紧张的情绪，有损身体健康”，正好解释了题干中的现象。选项A的解释力度不如D。选项B所解释的不是题干中所要解释的主要发现。选项C、E均与题干中的发现缺乏紧密相关性。

三、通过求因果方法得出结论

学会运用探求因果关系的基本方法得出结论，选择在整体上和题干有紧密相关性的选项。

【例6.16】一项对西部山区小塘村的调查发现，小塘村约五分之三的儿童入中学后出现中度以上的近视，而他们的父母及祖辈，没有机会到正规学校接受教育，很少出现近视。

以下哪项作为上述描述的结论最为恰当？

A. 接受文化教育是造成近视的原因

B. 只有在儿童期接受正规教育才易于成为近视

C. 阅读和课堂作业带来的视觉压力必然造成儿童近视

D. 文化教育的发展和近视现象的出现有密切关系

E. 小塘村约五分之二的儿童是文盲

【解析】答案是D。文化越发展，近视现象就越严重。注意，选项A太强。该项似乎意味着，不接受文化教育就不会造成近视。

【例6.17】各品种的葡萄中都存在着一种化学物质，这种物质能有效地减少人血液中的胆固醇。这种物质也存在于各类红酒和葡萄汁中，但白酒中不存在。红酒和葡萄汁都是用完整的

葡萄作原料制作的；白酒除了用粮食作原料外，也用水果作原料，但和红酒不同，白酒在以葡萄作原料时，必须除去其表皮。

上述信息最能支持以下哪项结论？

A. 用作制酒的葡萄的表皮都是红色的

B. 经常喝白酒会增加血液中的胆固醇

C. 食用葡萄本身比饮用由葡萄制作的红酒或葡萄汁更有利于减少血液中的胆固醇

D. 能有效地减少血液中胆固醇的化学物质，只存在于葡萄的表皮之中，而不存在于葡萄的其他部分中

E. 能有效地减少血液中胆固醇的化学物质，只存在于葡萄之中，不存在于粮食作物之中

【解析】答案是D。题干意味着，制作红酒和葡萄汁时，由于没有去掉原料的表皮，所以，具有能有效地减少人血液中胆固醇的物质，而在制作白酒时，由于去掉了原料的表皮，所以，没有这种物质。所以，结论应该是，原料的表皮是产品有这种物质的原因。选项A、B、C、E都是无关选项。

四、因果关系的削弱

题干认为是A导致了B，或者A是B的原因。这时，削弱因果关系就是要指出：B才是A的原因，或者C才是B的原因，或者A不是B的原因。

【例6.18】光线的照射，有助于缓解冬季抑郁症。研究人员曾对九名患者进行研究，他们均因冬季白天变短而患上了冬季抑郁症。研究人员让患者在清早和傍晚各接受三小时伴有花香的强光照射。一周之内，七名患者完全摆脱了抑郁，另外两人也表现出了显著的好转。由于光照会诱使身体误以为夏季已经来临，这样便治好了冬季抑郁症。

以下哪项如果为真，最能削弱上述论证的结论？

A. 研究人员在强光照射时有意使用花香伴随，对于改善患上冬季抑郁症的患者有不小的作用

B. 九名患者中最先痊愈的三位均为女性，而对男性患者治疗效果较为迟缓

C. 该实验均在北半球的温带气候中，无法区分南北半球的实验差异，但也无法预先排除

D. 强光照射对于皮肤的损害已经得到专门研究的证实，其中夏季比起冬季的危害性更大

E. 每天六个小时的非工作状态，改变了患者原来的生活环境，改善了他们的心态，这是对抑郁症患者的一种主要的影响

【解析】答案是E。题干中的结论是：光线照射的增加是缓解冬季抑郁症的原因。要削弱此结论，就是要指出：缓解冬季抑郁症的原因并不是光线照射的增加，而是存在着别的原因。E项强调："每天六小时的非工作状态"是对冬季抑郁症患者的"一种主要的影响"，实际上是指出了：不是强光照射而是每天六小时的非工作状态缓解了患者的冬季抑郁症，用"每天六个小时的非工作状态"这个根本原因否定了"强光照射"这个表面性的原因。选项B讲强光照射对于男性患者治疗的效果较为迟缓，但毕竟还是有缓解作用，所以该项实际上是支持题干的。选项C所讲的情况不影响题干的实验效果。选项D讲强光照射对于皮肤的损害，与题干不相干。选项A虽然讲了"有意使用花香伴随"，但花香也只是伴随，不能否定强光照射的根本性作用。

【例6.19】某保险公司近来的一项研究表明，那些在舒适环境里工作的人比在不舒适工作环境里工作的人生产效率高25%。评价工作绩效的客观标准包括承办案件数和案件的复杂性。这表明：日益改善的工作环境可以提高工人的生产率。

以下哪项如果为真，最能削弱以上结论？

A. 平均来说，生产率低的员工每天在工作场所的时间比生产率高的员工要少

B. 舒适的环境比不舒适的环境更能激励员工努力工作

C. 生产率高的员工通常得到舒适的工作环境作为酬劳

D. 生产率高的员工不会比生产率低的员工工作时间长

E. 在拥挤、不舒适的环境中，同事的压力妨碍员工的工作

【解析】答案是C。题干中根据一项研究的结果：那些在舒适环境里工作的人比在不舒适工作环境里工作的人生产效率高25%，就推出结论：日益改善的工作环境可以提高工人的生产率。但此研究结果中涉及的效率高与工作环境好二者之间谁导致谁并不知道，就由此得出结论说“工作环境好导致效率高”。即“日益改善的工作环境”是原因，“提高工人的生产率”是结果。选项C则把“生产率高的员工”作为原因，把“得到舒适的工作环境”作为结果。如果选项C为真，则题干中的结论就犯了“因果倒置”的错误。选项B和E是支持题干中的结论的，选项A和D则与题干无关。

【例6.20】一项研究将一组有严重失眠的人与另一组未曾失眠的人进行比较，结果发现，有严重失眠的人出现了感觉障碍和肌肉痉挛，例如，皮肤过敏或不停的“跳眼”症状。研究人员的这一结果有力地支持了这样一个假设：失眠会导致周围神经系统功能障碍。

以下哪项如果为真，最能质疑上述假设？

A. 感觉障碍或肌肉痉挛是一般人常有的周围神经系统功能障碍

B. 常人偶尔也会严重失眠

C. 该项研究并非由权威人士组织实施

D. 周围神经系统功能障碍的人常患有严重的失眠

E. 参与研究的两组人员的性别与年龄构成并不完全相同

【解析】答案是D。该项如果为真，意味着不是失眠导致周围神经系统功能障碍，而是周围神经系统功能障碍才导致失眠的，从而使题干出现“因果倒置”的错误。

【例6.21】与那些不参加潜水运动的人相比，经常参加潜水运动的人一般都健康一些。可见，潜水运动能锻炼身体，增进身体健康。

以下哪项最能对上述论证提出质疑？

A. 无论什么人参加潜水运动都是为了锻炼身体，增进健康

B. 锻炼身体、增进健康有许多方式，例如，参加长跑、球类运动、游泳等都能锻炼身体，增进健康

C. 潜水是一项十分危险的运动，每年都有一些人在潜水运动中受伤，甚至有些人的伤势还很严重

D. 改善健康状况不是一件简单的事，需要从多方面着手进行，而且还需要一个漫长的过程

E. 身体健康状况不好的人大多不参加具有一定危险性的潜水运动

【解析】答案是E。题干断定参加潜水运动是身体健康的原因，选项E则断言身体健康才是参加潜水运动的原因，从而使题干出现“因果倒置”的错误。选项C说每年都有一些人在潜水运动中受伤，不能质疑潜水运动能增加身体健康，注意负效应不能反驳正效应。

【例6.22】京华大学的30名学生近日答应参加一项旨在提高约会技巧的计划。在参加这项计划前一个月，他们平均已经有过一次约会。30名学生被分成两组：第一组与6名不同的志愿者进行6次“实习性”约会，并从约会对象得到对其外表和行为的看法的反馈；第二组仅为对照组。在进行实习性约会前，每一组都要分别填写社交忧惧调查表，并对其社交的技巧评定分数。进行实习性约会后，第一组需要再次填写调查表。结果表明：第一组较之对照组表现出

更少社交忧惧，在社交场合更多自信，以及更易进行约会。显然，实际进行约会，能够提高我们社会交际的水平。

以下哪项如果为真，最可能质疑上述推断？

A. 这种训练计划能否普遍开展，专家们对此有不同的看法

B. 参加这项训练计划的学生并非随机抽取的，但是所有报名的学生并不知道实验计划将要包括的内容

C. 对照组在事后一直抱怨他们并不知道计划已经开始，因此，他们所填写的调查表因对未来有期待而填得比较忧惧

D. 填写社交忧惧调查表时，学生需要对约会的情况进行一定的回忆，男学生普遍对约会对象评价较为客观，而女学生则显得比较感性

E. 约会对象是志愿者，他们在事先并不了解计划的全过程，也不认识约会的实验对象

【解析】答案是C。题干将30名学生分为两组：实验组和对照组。为什么实验组较之对照组表现出更少的社交忧惧呢？不同的相关情况是：实验组进行了6次“实习性”约会。该方法要求其他情况必须相同，即不能有别的不同情况。但是，选项C却指出了还有别的不同情况，即“对照组在事后一直抱怨他们并不知道计划已经开始，因此，他们所填写的调查表因对未来有期待而填得比较忧惧”，这一不同的相关情况也就构成了对题干中所得结论进行实习性约会可以表现出更少的社交忧惧的质疑。选项A只是怀疑了题干中所得结论的普遍意义，并没有质疑题干的结论本身。选项B说“参加这项训练计划的学生并非随机抽取”，但这对于实验组和对照组都一样，不影响实验的可靠性。选项D讲的是在参加计划的男学生和女学生对所约会对象的评价不一致，但题干中并没有考察男、女生之间的差异情况，该选项与题干无关。选项E说的是实验对象的共同性，加强了实验的可靠性。

【例6.23】两个实验大棚里种上了相同数量的黄瓜苗，在第一个大棚里施加镁盐，但在第二个里不加。第一个产出了10公斤黄瓜，而第二个产出了5公斤。由于除了水以外没有向大棚施加任何别的东西，所以第一个大棚较高的产量一定是由于镁盐。

以下哪项如果为真，最严重地削弱了上述论证？

A. 两个实验大棚的土壤里都有少量镁盐

B. 第三个实验大棚施加了一种高氮肥料但没有加镁盐，产出了7公斤黄瓜

C. 两个实验大棚里都种植了四种不同的黄瓜品种

D. 两个实验大棚里还种植了其他蔬菜

E. 两个实验大棚的土质和日照量不同

【解析】答案是E。该项指出除了题干所陈述加不加镁盐的差异外，还有土质和日照量的差异，这才是黄瓜产量差异的真正原因。其他选项均不能削弱题干。注意，凡是讲两个场合的共同性的选项都是在加强题干而不能削弱题干。

五、因果关系的加强

题干认为是A导致了B，或者A是B的原因。这时，加强因果关系就是要指出：没有别的因素影响B，A是唯一的因素。这通常可以通过指出，不可能是B导致的A，或者C不是B的原因，或者A是何以导致B的，都能加强题干论证。

【例6.24】考古学家发现，那件仰韶文化晚期的土坯砖边缘整齐，并且没有切割的痕迹，由此他们推测，这件土坯砖应当是使用木质模具压制成形的；而其他5件由土坯砖经过烧制而成的烧结砖，经检测其当时的烧制温度为850℃～900℃。由此考古学家进一步推测，当时的砖是先使用模具将黏土做成土坯，然后再经过高温烧制而成的。

以下哪项如果为真，最能支持上述考古学家的推测？

A. 仰韶文化晚期，人们已经掌握了高温冶炼技术

B. 仰韶文化晚期的年代约为公元前 3 500—公元前 3 000 年

C. 早在西周时期，中原地区的人们就可以烧制铺地砖和空心砖

D. 没有采用模具而成形的土坯砖，其边缘或者不整齐，或者有切割痕迹

E. 出土的 5 件烧结砖距今已有 5 000 年，确实属于仰韶文化晚期的物品

【解析】答案是 D。题干从“那件仰韶文化晚期的土坯砖边缘整齐，并且没有切割痕迹”，得出结论说“这件土坯砖应当是使用木质模具压制成形的”。选项 D 说“没有采用模具而成形的土坯砖，其边缘或者不整齐，或者有切割痕迹”，从反面加强了题干，从而意味着题干中考古学家的推测是成立的。题干断定有因则有果，该项则断定无因则无果，从而加强了题干中专家的推测。选项 A 不足以加强题干考古学家的推测。其他选项均为无关选项。

【例 6.25】如今，电子学习机已全面进入儿童生活。电子学习机将文字与图像、声音结合起来，既生动形象，又富有趣味，使儿童独立阅读成为可能。但是，一些儿童教育专家却对此发出警告，电子学习机可能不利于儿童成长。他们认为，父母应该抽时间陪孩子一起阅读纸质图书。陪孩子一起阅读纸质图书，并不是简单地让孩子读书识字，而是在交流中促进其心灵的成长。

以下哪项如果为真，最能支持上述专家的观点？

A. 在使用电子学习机时，孩子往往更关注其使用功能而非学习内容

B. 接触电子产品越早，就越容易上瘾，长期使用电子学习机会形成“电子瘾”

C. 现代生活中年轻父母工作压力较大，很少有时间能与孩子一起共同阅读

D. 纸质图书有利于保护儿童视力，有利于父母引导儿童形成良好的阅读习惯

E. 电子学习机最大的问题是让父母从孩子的阅读中走开，减少父母与孩子的日常交流

【解析】答案是 E。题干中专家的观点是：电子学习机使儿童能够独立阅读，但不利于儿童成长，父母应该通过陪孩子阅读来与孩子交流。选项 E：电子学习机最大的问题是让父母从孩子的阅读中走开，减少父母与孩子的日常交流，指出了电子阅读减少了父母与孩子的交流，即电子阅读是如何不利于儿童成长的，从而有力地支持了题干专家的观点。

【例 6.26】自闭症会影响社会交往、语言交流和兴趣爱好等方面的行为。研究人员发现，实验鼠体内神经连接蛋白的蛋白质如果合成过多，会导致自闭症。由此他们认为，自闭症与神经连接蛋白质合成量具有重要关联。

以下哪项如果为真，最能支持上述观点？

A. 生活在群体之中的实验鼠较之独处的实验鼠患自闭症的比例要小

B. 雄性实验鼠患自闭症的比例是雌性实验鼠的 5 倍

C. 抑制神经连接蛋白的蛋白质合成可缓解实验鼠的自闭症状

D. 如果将实验鼠控制蛋白合成的关键基因去除，其体内的神经连接蛋白就会增加

E. 神经连接蛋白正常的老年实验鼠患自闭症的比例很低

【解析】答案是 C。题干从正面场合直接推出结论：神经连接蛋白的蛋白质如果合成过多，就会导致自闭症。选项 C 从反面场合加强题干结论：抑制神经连接蛋白的蛋白质合成可缓解实验鼠的自闭症状。选项 A、B、D 均与题干论证无直接关系。选项 E 说的是具体老年实验鼠的情况，不足以支持题干的一般观点。

【例 6.27】实验发现，孕妇适当补充维生素 D 可降低新生儿感染呼吸道合胞病毒的风险，科研人员检测了 156 名新生儿脐带血中维生素 D 的含量，其中 54%的新生儿被诊断为维生素 D 缺乏，这当中有 12%的孩子在出生后一年内感染了呼吸道合胞病毒，这一比例远高于维生素 D

正常的孩子。

以下哪项如果为真，最能对科研人员的上述发现提供支持？

A. 维生素D具有多种防病健体功能，其中包括提高免疫系统功能，促进新生儿呼吸系统发育，预防新生儿呼吸道病毒感染等

B. 科研人员实验时所选的新生儿在其他方面跟一般新生儿的相似性没有得到明确验证

C. 孕妇适当补充维生素D可降低新生儿感染流感病毒的风险，特别是在妊娠后期补充维生素D，预防效果会更好

D. 上述实验中，46%补充维生素D的孕妇所生的新生儿也有一些在出生一年内感染呼吸道合胞病毒

E. 上述实验中54%的新生儿维生素D缺乏是由于他们的母亲在妊娠期间没有补充足够的维生素D造成的

【解析】 答案是A。题干中科研人员的发现是“孕妇适当补充维生素D可降低新生儿感染呼吸道合胞病毒的风险”，论据是：156名新生儿中，54%被诊断为维生素D缺乏，这当中有12%的孩子在出生后一年内感染了呼吸道合胞病毒，这一比例远高于维生素D正常的孩子。选项A如果为真，即：维生素D具有多种防病健体功能，其中包括提高免疫系统功能，促进新生儿呼吸系统发育，预防新生儿呼吸道病毒感染等，就是说维生素D也具有预防新生儿呼吸道病毒感染的作用，从而加强了题干中的科学发现。注意，选项E说“上述实验中54%的新生儿维生素D缺乏是由于他们的母亲在妊娠期间没有补充足够的维生素D造成的”，只是涉及孕妇是如何缺乏维生素D的，没有给题干论证提供任何新的证据，与题干结论无直接关系。选项B、D有削弱之意，选项C论据不足。

第三节 阶梯化训练题及解析

一、基础能力题

1. 某国每年对全国吸烟情况作调查，结果表明：最近三年来，吸烟的中学生人数在逐年下降。于是，调查组的领导得出结论：吸烟的青少年人数在逐年减少。

以下哪项如果为真，将使调查组领导所下的结论不能成立？

A. 由于经费紧张，下一年不再对中学生作此调查

B. 大部分吸烟的青少年都不是中学生

C. 这三年来，社会上帮助吸烟者戒烟的协会、组织在增加

D. 近三年来，社会上帮助吸烟者戒烟的协会、组织在减少

E. 香烟的价格在下降

2. 最近由于在蜜橘成熟季节出现持续干旱，四川蜜橘的价格比平时同期上涨了三倍，这就大大提高了橘汁酿造业的成本，估计橘汁的价格将有大幅度的提高。

以下哪项如果是真的，最能削弱上述结论？

A. 去年橘汁的价格是历年最低的

B. 其他替代原料可以用来生产仿橘汁

C. 最近的干旱并不如专家们估计的那么严重

D. 除了四川外，其他省份也可以提供蜜橘

E. 近年来橘汁生产工艺有了很大改进

3. 据对一批企业的调查显示，这些企业总经理的平均年龄是 57 岁，而在 20 年前，同样的这些企业的总经理的平均年龄大约是 49 岁。这说明，目前企业中总经理的年龄呈老化趋势。

以下哪项，对题干的论证提出的质疑最为有力？

A. 题干中没有说明，20 年前这些企业关于总经理人选是否有年龄限制

B. 题干中没有说明，这些总经理任职的平均年数

C. 题干中的信息，仅仅基于有 20 年以上历史的企业

D. 20 年前这些企业的总经理的平均年龄，仅是个近似数字

E. 题干中没有说明被调查企业的规模

4. 目前的大学生普遍缺乏中国传统文化的学习和积累。根据国家教育部有关部门及部分高等院校最近做的一次调查表明，大学生中喜欢和比较喜欢京剧艺术的只占到被调查人数的 14%。

下列陈述中的哪一个最能削弱上述观点？

A. 喜欢京剧艺术与学习中国传统文化不是一回事，不要以偏概全

B. 14%的比例正说明培养大学生对传统文化的学习大有潜力可挖

C. 有一些大学生既喜欢京剧，又对中国传统文化的其他方面有兴趣

D. 调查的比例太小，恐怕不能反映当代大学生的真实情况

E. 大学生缺少对京剧欣赏方面的指导，不懂得怎样去欣赏

5. 一般人总会这样认为，既然人工智能这门新兴学科是以模拟人的思维为目标，那么，就应该深入地研究人的生理机制和心理机制。其实，这种看法很可能误导这门新兴学科。如果说，飞机发明的最早灵感是来自于鸟的飞行原理的话，那么，现代飞机从发明、设计到不断改进，没有哪一项是基于对鸟的研究之上的。

上述议论，最可能把人工智能的研究，比作以下哪项？

A. 对鸟的飞行原理的研究

B. 对人思维的生理机制和心理机制的研究

C. 飞机的设计制造

D. 飞机的不断改进

E. 对鸟的飞行的模拟

6. 上一次引进美国大片《廊桥遗梦》，仅仅在滨洲市放映了一周时间，各影剧院的总票房收入就达到八百万元。这一次滨洲市又引进了《泰坦尼克号》，准备连续放映 10 天，一千万元的票房收入应该能够突破。

根据上文包括的信息，分析上述推断最可能隐含了以下哪项假设？

A. 滨洲市很多人因为映期时间短都没有看上《廊桥遗梦》，这一次可以得到补偿

B. 这一次各影剧院普遍更新了设备，音响效果比以前有很大改善

C. 这两部片子都是艺术精品，预计每天的上座率、票价等非常类似

D. 连续放映 10 天是以往比较少见的映期安排，可以吸引更多的观众

E. 灾难片加上爱情片，《泰坦尼克号》的影响力和票房号召力是巨大的

7. 地球上之所以有生命存在，至少是因为具备了以下两个条件：一是因与热源保持一定距离而产生出适当的温差范围；二是这种温差范围恒定保持了至少 37 亿年以上。在宇宙的其他地方，这两个条件的同时出现几乎是不可能的。因此，其他星球不可能存在与地球上一样的生命。

该论证是以下面哪项为前提的？

A. 一个确定的温差范围是生命在星球上发展的唯一条件

B. 生命除了在地球上发展外不能在其他星球存在

C. 在其他星球上的生命形式需要像在地球上的生命形式一样的生存条件

D. 对于为什么生命只在地球上出现而不在其他星球上出现尚无满意解释

E. 地球上已绝种的某些生命形式很可能在许多有极端温度的星球上发现

8. 室内荧光灯的连续照射对患有先天性心脏病的仓鼠的健康有益。一群暴露在荧光灯连续照射下的仓鼠平均寿命比另一群同种但生活在黑暗之中的仓鼠长 25%。

上面描述的研究方法最适合回答下列哪一项问题?

A. 阳光照射或荧光灯照射对产业工人的工作也有那么大影响吗

B. 医院的光照疗法能被证明对病人的恢复有促进作用吗

C. 深海鱼怎样在漆黑一片中得以生存

D. 仓鼠患的是什么遗传病

E. 是否有些植物开花前需要一段时间的阴暗

9～10 基于以下题干:

免疫研究室的钟教授说:“生命科学院从前的研究生那种勤奋精神越来越不多见了,因为我发现目前在我的研究生中,起早摸黑做实验的人越来越少了。”

9. 钟教授的论证基于以下哪项假设?

A. 现在生命科学院的研究生需要从事的实验外活动越来越多

B. 对于生命科学院的研究生来说,只有起早摸黑才能确保完成实验任务

C. 研究生是否起早摸黑做实验是他们勤奋与否的一个重要标准

D. 钟教授的研究生做实验不勤奋是由于钟教授没有足够的科研经费

E. 现在的年轻人并不热衷于实验室工作

10. 以下哪项最为恰当地指出了钟教授推理中的漏洞?

A. 不当地断定:除了生命科学院以外,其他学院的研究生普遍都不够用功

B. 没有考虑到研究生的不勤奋有各自不同的原因

C. 只是提出了问题,但没有提出解决问题的方法

D. 不当地假设:他的研究生状况就是生命科学院所有研究生的一般状况

E. 没有设身处地考虑他的研究生毕业后找工作的难处

11. 最近的一项研究指出:“适量饮酒对妇女的心脏有益。”研究人员对 1 000 名女护士进行调查,发现那些每星期饮酒 3～15 次的人,其患心脏病的可能性较每星期饮酒少于 3 次的人低。因此,研究人员发现了饮酒量与妇女心脏病之间的联系。

以下哪项如果为真,最不可能削弱上述论证?

A. 许多妇女因为感觉自己的身体状况良好,从而使得她们的饮酒量增加

B. 调查显示:性格独立的妇女更愿意适量饮酒并同时加强自己的身体锻炼

C. 护士因为职业习惯的原因,饮酒次数比普通妇女要多一些。再者,她们的年龄也偏年轻

D. 对男性饮酒的研究发现,每星期饮酒 3～15 次的人中,有一半人患心脏病的可能性比少于 3 次的人还要高

E. 这项研究得到了某家酒精饮料企业的经费资助,有人检举研究人员在调查对象的选择上有不公正的行为

12. 孩子出生后的第一年在托儿所里度过,会引发孩子的紧张不安。在我们的研究中,有 464 名 12～13 岁的儿童接受了特异情景测试法的测验,该项测验意在测试儿童 1 岁时的状况与对母亲的依附心理之间的关系。其结果:有 41.5%曾在托儿所看护的儿童和 25.7%曾在家看

护的儿童被认为紧张不安，过于依附母亲。

以下哪项如果为真，最没有可能对上述研究的推断提出质疑？

A. 研究中所测试的孩子并不是从托儿所看护和在家看护两种情况下随机抽取的。因此，这两组样本儿童的家庭很可能有系统性的差异存在

B. 这项研究的主持者被证实曾经在自己的幼儿时期受到过长时间来自托儿所阿姨的冷落

C. 针对孩子母亲的另一部分研究发现：由于孩子在家里表现出过度的依附心理，父母因此希望将其送入托儿所予以矫正

D. 因为风俗的关系，在 464 名被测试者中，在托儿所看护的多数为女童，而在家看护的多数为男童

E. 出生后第一年在家看护的孩子多数是由祖父母或外祖父母看护的，并形成浓厚的亲情

13. 老钟在度过一个月的戒烟生活后，又开始抽烟。奇怪的是，这得到了钟夫人的支持。钟夫人说："我们处长办公室有两位处长，年龄差不多，看起来身体状况也差不多，只是一位烟瘾很重，一位绝对不吸，可最近体检却查出来这位绝对不吸烟的处长得了肺癌。看来不吸烟未必就好。"

以下各项如果为真，除哪项外均能反驳钟夫人的这个推论？

A. 癌症和其他一些疑难病症的起因是许多医学科研工作者研究的课题，目前还没有一个确定的结论

B. 来自世界妇女大会的报告表明，妇女由于经常在厨房劳作，因为油烟的原因，患肺癌的比例相对较高

C. 癌症的病因大多跟患者的性格和心情有关，许多并不吸烟的人因为长期心情抑郁，也容易患癌症

D. 烟瘾很重的处长检查身体的结果还未出来，可能他的体检表会暴露更多的问题

E. 根据统计资料，肺癌患者中有长期吸烟史的比例高达 75%，而在成人中有长期吸烟史的只占 30%弱

14. 一个常见的误解认为大学的附属医院比社区医院或私人医院要好。实际上，大学的附属医院救活率比其他医院都小。从这点可以清楚地看到大学附属医院的治疗水平比其他医院都低。

以下哪项如果为真，最强有力地削弱了上文的论证？

A. 在大学附属医院工作的医生赚的钱比私人医院的医生少

B. 大学附属医院和社区医院买不起私人医院里的精密设备

C. 大学附属医院的重点是纯科学研究，而不是治疗和照顾病人

D. 寻求大学附属医院帮助的病人病情通常比在私人或社区医院的病人重

E. 抢救病人的成功率只是评价医院的标准之一，不是唯一的标准

15. 世界卫生组织在全球范围内进行了一项有关献血对健康的影响的跟踪调查。调查对象分为三组。第一组对象中均有二次以上的献血记录，其中最多的达数十次；第二组中的对象均仅有一次献血记录；第三组对象均从未献过血。调查结果显示，被调查对象中癌症和心脏病的发病率，第一组分别为 0.3%和 0.5%，第二组分别为 0.7%和 0.9%，第三组分别为 1.2%和 2.7%。一些专家依此得出结论，献血有利于减少患癌症和心脏病的风险。这两种病已经不仅在发达国家而且在发展中国家成为威胁中老年人生命的主要杀手。因此，献血利己利人，一举两得。

以下哪项如果为真，将削弱以上结论？

Ⅰ. 60 岁以上的调查对象，在第一组中占 60%，在第二中占 70%，在第三组中占 80%

Ⅱ. 献血者在献血前要经过严格的体检，一般具有较好的体质

Ⅲ. 调查对象的人数，第一组为 1 700 人，第二组为 3 000 人，第三组为 7 000 人

A. 只有Ⅰ和Ⅱ　　B. 只有Ⅱ和Ⅲ　　C. 只有Ⅰ和Ⅲ

D. 只有Ⅰ　　E. Ⅰ、Ⅱ和Ⅲ

16. 粮食可以在收割前在期货市场进行交易。如果预测谷物产量不足，谷物期货价格就会上升；如果预测谷物丰收，谷物期货价格就会下降。今天早上，气象学家们预测从明天开始谷物产区里会有非常需要的降雨。因为充分的潮湿对目前谷物的存活非常重要，所以今天的谷物期货价格会大幅下降。

以下哪项如果为真，将最严重地削弱上述观点？

A. 在关键的受粉阶段没有接受足够潮湿的谷物不会取得丰收

B. 本季度谷物期货价格的波动比上季度更加剧烈

C. 气象学家预测的明天的降雨估计很可能会延伸到谷物产区以外

D. 农业专家们今天宣布，一种已经毁坏一些谷物作物的病菌在生长季节结束前会更广泛地传播

E. 许多在谷物期货市场交易的人很少实际拥有他们所交易的谷物

17. 一位社会学家对两组青少年做了研究。第一组成员每周看有暴力内容的影视的时间平均不少于 10 小时；第二组则不多于 2 小时。结果发现第一组成员中举止粗鲁者所占的比例要远高于第二组。因此，此项研究认为，多看有暴力内容的影视容易导致青少年举止粗鲁。

以下哪项如果为真，将对上述研究的结论提出质疑？

A. 第一组中有的成员的行为并不粗鲁

B. 第二组中有的成员的行为比第一组有的成员粗鲁

C. 第一组中有的成员的文明行为是父母从小教育的结果，这使得他们能抵制暴力影视的不良影响

D. 第一组成员中很多成员的粗鲁举止是从小养成的，这使得他们特别爱看暴力影视

E. 第二组中很多成员的行为很文明

18. 如今的音像市场上，正版的激光唱盘和影视盘销售不佳，而盗版的激光唱盘和影视盘却屡禁不绝，销售非常火爆。有的分析家认为，这主要是因为价格上盗版盘更有优势，所以在市场上更有活力。

以下哪项是这位分析人员在分析中隐含的假定？

A. 正版的激光唱盘和影视盘往往内容呆板，不适应市场的需要

B. 与价格的差别相比，正版和盗版质量差别不大

C. 盗版的激光唱盘和影视盘不如正版的盘进货渠道畅通

D. 正版的激光唱盘和影视盘不如盗版的盘销售网络完善

E. 知识产权保护对盗版盘的打击使得盗版盘的价格上涨

19. 一位研究人员希望了解他所在社区的人们喜欢的口味是可口可乐还是百事可乐。他找了些喜欢可口可乐的人，要他们在一杯可口可乐和一杯百事可乐中，通过品尝指出喜好。杯子上不贴标签，以免商标引发明显的偏见，可是将可口可乐的杯子标为“M”，将百事可乐的杯子标为“Q”。结果显示，超过一半的人更喜欢百事可乐，而非可口可乐。

以下哪项如果为真，最可能削弱上述论证的结论？

A. 参加者受到了一定的暗示，觉得自己的回答会被认真对待

B. 多数参加者对于可口可乐和百事可乐的市场占有情况是了解的，并且经过研究证明，他们普遍有一种同情弱者的心态

C. 在对参加实验的人所进行的另外一个对照实验中，发现了一个有趣的结果：这些实验中的大部分人更喜欢英文字母 Q，而不大喜欢 M

D. 在参加实验前的一个星期中，百事可乐的形象代表正在举行大规模的演唱会，演唱会的场地中有百事可乐的大幅宣传画，并且在电视转播中反复出现

E. 参加实验者中很多人都没有同时喝过这两种可乐，甚至其中的 30%的参加者只喝过其中一种可乐

20. 在本年度大学生艺术节期间，某主管部门举办了一次别开生面的音乐会，其中一半的节目是流行音乐，另一半的节目是严肃音乐。演出结束后所做的调查显示，观看演出的大学生半数以上表示更喜欢其中的流行音乐节目。有关人士得出结论：这说明，那种认为对音乐类型的喜好与受教育程度有关，受教育程度较高的人更喜欢严肃音乐的观点，是没有根据的。

以下哪项如果为真，最有可能对上述结论提出质疑？

A. 严肃音乐节目的演员阵容，不如流行音乐的强大

B. 观看演出的大学生中，有一些是艺术系的

C. 目前电视中播出的音乐节目中，流行音乐要远多于严肃音乐

D. 上述音乐会是在某大学的礼堂举行的，该礼堂不具备专业演出的某些条件

E. 音乐会的组织者本人是一个著名的流行歌手

21. 许多研究人员推测：大脑细胞中的 RNA 是记忆的生化基础，即 RNA 的存在使我们能够记忆。已知某一化学物质可抑制体内 RNA 的合成，研究人员将 RNA 抑制物注射到已经练过跳火圈的狗的体内，然后，检验对所学反应的记忆，用这种方法来检验他们的推测是否正确。

以下哪一种实验结果能最有力地推翻研究人员的推测？

A. 注射了 RNA 抑制物后，许多反应（包括跳火圈反应）均受影响

B. 注射了 RNA 抑制物后，许多没学会跳火圈的狗竟能熟练地跳火圈

C. 注射了 RNA 抑制物后，一些狗将学会的跳火圈的全部技巧忘掉了，其他的只忘掉了一部分

D. 当只注射少量的 RNA 抑制物时，对狗的影响不大，但注射大量抑制物时，狗对跳火圈的记忆明显受损

E. 注射了 RNA 抑制物之后，狗再也无法学习新的技巧

22. 过去几年中，娱乐消费在家庭支出中的比例大幅度上升，但是电影院的收入却一直在下降。影院界人士认为这主要是因为录像带出租业的发展抢了电影院的生意。

以下选项若均属实，哪一个能够最有力地削弱上述观点？

A. 租借录像带的费用远远高于看电影

B. 在消费者中仍然有一部分人喜欢看电影

C. 在录像带出租业繁荣之前，电影院的生意就已经呈下降趋势了

D. 许多电影制片厂通过出售他们影片的录像版权获得大笔收入

E. 一些电影院也在开设录像播映厅赚钱

23. 美国联邦所得税是累进税，收入越高，纳税率越高。美国有的州还在自己管辖的范围内，在绝大部分出售商品的价格上附加 7%左右的销售税。如果销售税也被视为所得税的一种形式的话，那么，这种税收是违背累进制原则的：收入越低，纳税率越高。

以下哪项如果为真，最能加强题干中的议论？

A. 人们花在购物上的钱基本上是一样的

B. 近年来，美国的收入差别显著扩大

C. 低收入者有能力支付销售税，因为他们缴纳的联邦所得税相对较低

D. 销售税的实施，并没有减少商品的销售总量，但售出商品的比例有所变动

E. 美国的大多数州并没有征收销售税

24. 在一项实验中，实验对象的一半作为实验组，食用了大量的味精。而作为对照组的另一半没有吃这种味精。结果，实验组的认知能力比对照组差得多。这一不利结果是由于这种味精的一种主要成分——谷氨酸造成的。

以下哪项如果为真，最有助于证明味精中某些成分造成这一实验结论？

A. 大多数味精消费者不像实验中的人那样食用大量的味精

B. 上述结论中所提到的谷氨酸在所有蛋白质中都有，为了保证营养必须摄入一定量这种谷氨酸

C. 实验组中人们所食用的味精数量是在政府食品条例规定的安全用量之内的

D. 两组实验对象是在实验前按其认知能力均等划分的

E. 第二次实验时，只给一组食用大量味精作为实验组，而不设不食用味精的对照组

25. 某组研究人员报告说：与心跳速度每分钟低于 58 次的人相比，心跳速度每分钟超过 78 次者心脏病发作或者发生其他心血管问题的几率高出 39%，死于这类病的风险高出 77%，其整体死亡率高出 65%。研究人员指出，长期心跳过快导致了心血管疾病。

以下哪项如果为真，最能够对该研究人员的观点提出质疑？

A. 各种心血管疾病影响身体的血液循环机能，导致心跳过快

B. 在老年人中，长期心跳过快的不到 19%

C. 在老年人中，长期心跳过快的超过 39%

D. 野外奔跑的兔子心跳很快，但是很少发现它们患心血管疾病

E. 相对老年人，年轻人生命力旺盛，心跳较快

26. 近 10 年来，移居清河界森林周边地区生活的居民越来越多。环保组织的调查统计表明，清河界森林中百灵鸟的数量近 10 年来呈明显下降的趋势。但是，恐怕不能把这归咎于森林周边地区居民的增多，因为森林的面积并没有因为周边居民人口的增多而减少。

以下哪项如果为真，最能削弱题干的论证？

A. 警方每年都接到报案，来自全国各地的不法分子无视禁令，深入清河界森林捕猎

B. 清河界森林的面积虽没减少，但主要由于几个木材集团公司的乱砍滥伐，森林中树木的数量锐减

C. 清河界森林周边居民丢弃的生活垃圾吸引了越来越多的乌鹊，这是一种专门觅食百灵鸟卵的鸟类

D. 清河界森林中除百灵鸟的数量近 10 年来呈明显下降的趋势外，其余的野生动物生长态势良好

E. 清河界森林周边的居民大都从事农业，只有少数经营商业

27. 用蒸馏麦芽渣提取的酒精作为汽油的替代品进入市场，使得粮食市场和能源市场发生了前所未有的直接联系。到 2015 年，谷物作为酒精的价值已经超过了作为粮食的价值。西方国家已经或正在考虑用从谷物提取的酒精来替代一部分进口石油。

如果上述断定为真，对于那些已经用从谷物提取的酒精来替代一部分进口石油的西方国家，以下哪项，最可能是 2015 年后进口石油价格下跌的后果？

A. 一些谷物从能源市场转入粮食市场

B. 一些谷物从粮食市场转入能源市场

C. 谷物的价格面临下跌的压力

D. 谷物的价格出现上浮

E. 国产石油的销量大增

28. 自从20世纪中叶化学工业在世界范围内成为一个产业以来，人们一直担心，它所造成的污染将会严重影响人类的健康。但统计数据表明，近半个世纪以来，化学工业发达的工业化国家的人均寿命增长率，大大高于化学工业不发达的发展中国家。因此，人们关于化学工业危害人类健康的担心是多余的。

以下哪项是上述论证必须假设的？

A. 20世纪中叶，发展中国家的人均寿命，低于发达国家

B. 如果出现发达的化学工业，发展中国家的人均寿命增长率不会因此更低

C. 如果不出现发达的化学工业，发达国家的人均寿命增长率不会因此更高

D. 化学工业带来的污染与它带给人类的巨大效益相比是微不足道的

E. 发达国家在治理化学工业污染方面投入巨大，效果明显

29. 许多孕妇都出现了维生素缺乏的症状，但这通常不是由于孕妇的饮食中缺乏维生素，而是由于腹内婴儿的生长使她们比其他人对维生素有更高的需求。

为了评价上述结论的确切程度，以下哪项操作最为重要？

A. 对某个不缺乏维生素的孕妇的日常饮食进行检测，确定其中维生素的含量

B. 对孕妇的科学食谱进行研究，以确定有利于孕妇摄入足量维生素的最佳选择

C. 对日常饮食中维生素足量的一个孕妇和一个非孕妇进行检测，并分别确定她们是否缺乏维生素

D. 对日常饮食中维生素不足量的一个孕妇和另一个非孕妇进行检测，并分别确定他们是否缺乏维生素

E. 对孕妇的科学食谱进行研究，以确定有利于孕妇摄入足量维生素的最佳选择

30. 一项调查统计显示，肥胖者参加体育锻炼的月平均量，只占正常体重者的不到一半，而肥胖者的食物摄入的月平均量，基本和正常体重者持平。专家由此得出结论，导致肥胖的主要原因是缺乏锻炼，而不是摄入过多的热量。

以下哪项如果为真，将严重削弱上述论证？

A. 肥胖者的食物摄入量总体上和正常体重者基本持平，但肥胖者中有人是在节食

B. 肥胖者由于体重的负担，比正常体重者较为不乐意参加体育锻炼

C. 某些肥胖者体育锻炼的平均量，要大于正常体重者

D. 体育锻炼通常会刺激食欲，从而增加食物摄入量

E. 通过节食减肥有损健康

31. 在法庭的被告中，被指控偷盗、抢劫的定罪率，要远高于被指控贪污、受贿的定罪率。其重要原因是后者能聘请收费昂贵的私人律师，而前者主要由法庭指定的律师辩护。

以下哪项如果为真，最能支持题干的论证？

A. 被指控偷盗、抢劫的被告，远多于被指控贪污、受贿的被告

B. 被指控偷盗、抢劫的被告中罪犯的比例，不高于被指控贪污、受贿的被告

C. 一些被指控偷盗、抢劫的被告，有能力聘请私人律师

D. 司法腐败导致对有权势的罪犯的庇护，而贪污、受贿等职务犯罪的构成要件是当事人有职权

E. 一个合格的私人律师，与法庭指定的律师一样，既忠实于法律，又努力维护委托人的合法权益

32. 最近十年，地震、火山爆发和异常天气对人类造成的灾害比数十年前明显增多，这说

明，地球正变得对人类越来越充满敌意和危险。这是人类在追求经济高速发展中因破坏生态环境而付出的代价。

以下哪项如果为真，最能削弱上述论证？

A. 经济发展使人类有可能运用高科技手段来减轻自然灾害的危害

B. 全球经济发展的不平衡所造成的人口膨胀和相对贫困，使得越来越多的人不得不居住在生态环境恶劣甚至危险的地区

C. 经济发展并不必然导致全球生态环境的恶化

D. 自然灾害对人类造成的危害，远低于战争、恐怖主义等人为灾难

E. W 国和 H 国是两个毗邻的小国，W 国经济发达，H 国经济落后；地震、火山爆发和异常天气所造成的灾害，在 H 国显然比 W 国严重

33. 一项关于婚姻状况的调查显示，那些起居时间明显不同的夫妻之间，虽然每天相处的时间相对较多，但每月爆发激烈争吵的次数，比起那些起居时间几乎相同的夫妻明显要多。因此，为了维护良好的夫妻关系，夫妻之间应当注意尽量保持基本相同的起居规律。

以下哪项如果为真，最能削弱上述论证？

A. 夫妻之间不发生激烈争吵，不一定关系就好

B. 夫妻闹矛盾时，一方往往用不同时起居的方式以示不满

C. 个人的起居时间一般随季节变化

D. 起居时间的明显变化会影响人的情绪和健康

E. 起居时间的不同很少是夫妻间争吵的直接原因

34. 在一项实验中，第一组实验者摄取了大量的人造糖，第二组则没有吃糖。结果发现，吃糖的人比没有吃糖的人认知能力低。这一实验表明，人造糖中所含的某种成分会影响人的认知能力。

以下哪项如果为真，最能支持上述结论？

A. 在上述实验中，第一组被实验者吃的糖大大超出日常生活中糖的摄入量

B. 上述人造糖中所含的该种成分也存在于大多数日常食物中

C. 第一组被实验者摄取的糖的数量没有超出卫生部门规定的安全范围

D. 两组被实验者的认知能力在实验前是相当的

E. 两组被实验者的人数相等

35. 一般认为，出生地间隔较远的夫妻子女的智商较高。有资料显示，夫妻均是本地人，其所生子女的平均智商为 102.45；夫妻是省内异地的，其所生子女的平均智商为 106.17；而隔省婚配的，其所生子女的智商则高达 109.35。因此，异地通婚可提高下一代的智商水平。

以下哪项如果为真，最能削弱上述结论？

A. 统计孩子平均智商的样本数量不够多

B. 不难发现，一些天才儿童的父母均是本地人

C. 不难发现，一些低智商儿童父母的出生地间隔较远

D. 能够异地通婚者是智商比较高的，他们自身的高智商促成了异地通婚

E. 一些情况下，夫妻双方出生地间隔很远，但他们的基因可能接近

36. 一般认为，剑乳齿象是从北美迁入南美洲的。剑乳齿象的显著特征是具有较真的长剑形门齿，颌骨较短，臼齿的齿冠隆起，齿板数目为 7 至 8 个，并呈乳状凸起，剑乳齿象因此得名。剑乳齿象的牙齿结构比较复杂，这表明它能吃草。在南美洲的许多地方都有证据显示史前人类捕捉过剑乳齿象。由此可以推测，剑乳齿象的灭绝可能与人类的过度捕杀有密切关系。

以下哪项如果为真，最能反驳上述论证？

A. 史前动物之间经常发生大规模相互捕杀的现象

B. 剑乳齿象在遇到人类攻击时缺乏自我保护能力

C. 剑乳齿象也存在由南美洲进入北美洲的回迁现象

D. 由于人类活动范围的扩大，大型食草动物难以生存

E. 幼年剑乳齿象的牙齿结构比较简单，自我生存能力弱

37. 某公司去年初开始实施一项“办公用品节俭计划”，每位员工每月只能免费领用限量的纸笔等各类办公用品。年末统计时发现，公司用于办公用品的支出较上年度下降了30%。在未实施该计划的过去五年间，公司年平均消耗办公用品10万元。公司总经理由此得出：该计划去年已经为公司节约了不少经费。

以下哪项如果为真，最能构成对总经理推论的质疑？

A. 另一家与该公司规模及其他基本情况均类似的公司，未实施类似的节俭计划，在过去的5年间办公用品消耗额年平均也为10万元

B. 在过去的5年间，该公司大力推广无纸化办公，并且取得了很大成就

C.“办公用品节俭计划”是控制支出的重要手段，但说该计划为公司“一年内节约不少经费”，没有严谨的数据分析

D. 另一家与该公司规模及其基本情况均类似的公司，未实施类似的节俭计划，但是在过去的5年间办公用品人均消耗额越来越低

E. 去年，该公司在员工困难补助、交通津贴等方面的开支增加了3万元

38. 一些城市，由于作息时间比较统一，加上机动车太多，很容易造成道路早高峰或晚高峰。市民们在高峰时间上下班很不容易。为了缓解人们上下班的交通压力，某政府顾问提议采取不同时间段上下班制度，即不同单位可以在不同的时间段上下班。

下列选项如果为真，哪项最可能使该顾问的提议无法取得预期效果？

A. 有些上班时间段与员工的用餐时间冲突，会影响他们的生活质量，从而影响他们的工作积极性

B. 许多上班时间段与员工的正常作息时间不协调，他们需要较长一段时间来调整适应，这段时间的工作效率难以保证

C. 许多单位的大部分工作通常需要员工们在一起讨论，集体合作才能完成

D. 该市的机动车数量持续增加，即使不在早晚高峰期，交通拥堵也时有发生

E. 有些单位员工的住处与单位很近，步行即可上下班

基础能力题详解

1. 答案是B。题干的结论是“吸烟的青少年人数在逐年减少”，这个结论是通过对中学生的调查得到的。B指出大部分吸烟的青少年都不是中学生，即题干的归纳推理犯了“以偏概全”的逻辑错误，说明了这个结论不成立。

2. 答案是D。题干由前提四川蜜橘价格上涨，推出结论橘汁的价格将有大幅度的提高。要想削弱这个结论，即证明“橘汁的价格不会有大幅度的提高”，只要说明“除了四川外，还有其他地区可以提供蜜橘”即可。

3. 答案是C。题干的结论是涉及包括新老企业在内的各种企业，为确保样本的代表性，应该从各种企业中分层，随机抽样。选项C指出，题干的论据仅仅涉及有20年以上历史的企业，缺乏代表性，特别是当这种老企业在目前的企业中所占比例不大时更是如此。

4. 答案是A。题干根据关于对京剧的喜欢与否的调查数据得出结论“大学生普遍缺乏中国传统文化的学习和积累”。京剧只是中国传统文化的一个方面，它作为样本缺乏代表性，不

能把关于京剧的调查数据直接推广到关于中国传统文化的结论上去。

5. 答案是C。尽管飞机发明的最早灵感是来自于鸟的飞行原理，而现代飞机从发明、设计、制造到不断改进，却没有一项是基于对鸟的研究之上的。同样的道理，尽管人工智能这门新兴学科是以模拟人的思维为目标的，但它的进一步发展却可能与关于人思维的生理机制研究没有关系。因此，从事人工智能研究就应该深入考察人思维的生理机制和心理机制，这种看法很可能误导这门新兴学科。A、B和E显然不对。D也不对，因为题干所说的是飞机从发明、设计、制造到不断改进的整个过程，而不仅仅指飞机的不断改进。

6. 答案是C。题干进行了一个类比推理，由前提“《廊桥遗梦》票房收入好”推出“《泰坦尼克号》票房收入好”。类比推理要求进行推理的两个对象基于相同的起点，要有本质的相似性。如果C为假，则题干论证就不能成立。

7. 答案是C。因为如果其他星球上的生命形式并不需要像在地球上的生命形式一样的生存条件，则不能从其他星球不具有和地球上一样的条件就推出其他星球不存在和地球一样的生命。

8. 答案是B。题干从“室内荧光灯的连续照射对患有先天性心脏病的仓鼠的健康有益”，即室内荧光灯的连续照射在仓鼠身上取得了明显的效果，那么在另一件差不多同样的事情上能不能取得类似的效果？要求在选项中找到可以类比的对象。显然，只有B是可以类比的对象。

9. 答案是C。题干钟教授论证研究生学习勤奋与否的重要根据是“是否起早摸黑做实验”，要是起早摸黑做实验并非衡量勤奋与否的重要标准，则钟教授的论点也就失去了依据。

10. 答案是D。由题干可知，钟教授从自己的研究生勤奋学习的人少了，就推出整个生命科学院的研究生都不勤奋学习了，犯有“以偏概全”的错误。

11. 答案是D。题干的论点是：妇女心脏好的原因是适量饮酒。选项A指出，不是妇女饮酒量大心脏才好的，而是妇女感觉身体好才饮酒量大，意味着题干是“因果倒置”。选项B说妇女心脏好不是因为饮酒量大，而是因为性格独立、注意加强身体锻炼。选项C意味着护士的情况具有特殊性，不能代表一般的妇女，题干犯有“以偏概全”的错误。选项E意味着，题干在调查对象的选样上有问题，比如为了推销酒精饮料，故意找了1 000名既能饮酒，心脏又好的女护士做实验，当然，结论也就不具有代表性，同样是“以偏概全”。选项D说的是男性，为无关选项，最不能削弱题干。

12. 答案是E。题干运用求异法得出结论：孩子第一年在托儿所度过，是孩子以后容易紧张不安的原因。选项A指出，题干在调查对象的选样上有问题，削弱了题干。选项C意味着，不是因为孩子第一年在托儿所度过，以后才容易紧张不安的，而是由于孩子紧张不安，才被送往托儿所的，题干是“因果倒置”。选项D意味着，不是第一年是否在托儿所度过造成孩子以后容易紧张不安的，而是由于在托儿所看护的大多数为女童，在家看护的大多数为男童这个差异造成的结果。选项B为无关选项。选项E意味着，孩子出生后第一年在家看护的好处，加强了题干。所以，该项最不能削弱题干。

13. 答案是A。题干中钟夫人的推论是，两个处长其他情况都相同，唯一不同的就是一个绝对不吸烟，一个烟瘾很重，结果绝对不吸烟的处长得了癌症，所以不吸烟是得癌症的原因。所以，吸烟好，不吸烟不好。选项E意味着，吸烟容易得癌症，削弱了钟夫人的推论。选项D意味着，还是不吸烟好，削弱了钟夫人的推论。选项C意味着，不是不吸烟，而是别的原因导致这个处长得癌症的，削弱了钟夫人的推论。选项B意味着，不是不吸烟，而是由于在厨房劳作导致这个处长得癌症的，这个处长有可能是一个女处长。选项A最不能削弱题干，因为目前医学研究工作者还没有一个确定的结论，不等于情况就不是这样。

14. 答案是D。该项意味着，大学的附属医院救活率比其他医院都小的真正原因，不是大学附属医院的治疗水平比其他医院都低，而是由于寻求大学附属医院帮助的病人病情通常比在私人或社区医院的病人重。指出了背后还有别的根本原因。

15. 答案是A。Ⅰ能够削弱题干。该项意味着，患癌症和心脏病的比例低不低的原因，不是献血不献血，献血次数多不多，而是背后还有调查对象的选样有差异。该项指出了背后还有别的差异，削弱了题干。Ⅱ意味着，患癌症和心脏病的比例低不低的原因，不是献血不献血，献血次数多不多，而是体质好不好，削弱了题干。Ⅲ，调查对象的绝对人数多少的差异，对整个调查研究不起决定性作用，不能削弱题干。

16. 答案是D。该项意味着，仅仅看到气象学家们预测从明天开始谷物产区里会有非常需要的降雨这个对谷物期货价格的影响，没有考虑到农业专家们今天宣布了一种已经毁坏一些谷物作物的病菌在生长季节结束前会更广泛地传播对谷物期货价格所造成的重大影响，从而削弱了题干。

17. 答案是D。该项意味着，不是多看暴力影视才举止粗鲁，而是举止粗鲁才特别爱看暴力影视，使题干出现"因果倒置"的逻辑错误。选项A不能削弱题干，因为第一组中有的成员的行为不粗鲁，并不能否定整个第一组成员的行为是粗鲁的。这是"有些不能削弱一般"的情况。B、C和E的情况类似。

18. 答案是B。如果该项为假，则意味着不是价格，而是质量的原因使得盗版盘在市场上更有活力的。

19. 答案是C。该项意味着，大家更多地喝了百事可乐，不是由于实验者真正地喜欢百事可乐，而是由于喜欢装百事可乐的杯子，从而削弱了题干。

20. 答案是A。该项意味着，观看演出的大学生半数以上表示更喜欢其中的流行音乐节目，并不能说明受教育程度较高的人并不更喜欢严肃音乐，因为还有演员的阵容这个根本性的差异。

21. 答案是B。该项意味着，RNA不是记忆的生化基础，RNA抑制物才是记忆的生化基础。

22. 答案是C。该项意味着，电影院的收入为什么下降，不是录像带出租业的发展，而是还有别的更为根本的原因。因为在没有录像带出租业的时候，电影院的收入就已经下降了。

23. 答案是A。如果人们花在购物上的钱并不一样，比如收入越高，花在购物上的钱也越多，那么即使销售税也被视为所得税的一种形式，也不会违背累进制原则。

24. 答案是D。题干运用了求异法，要求其他情况相同。如果两组实验对象并不是在实验前按其认知能力均等划分的，那么实验组认知能力差的原因可能就不会是由于味精中的一种主要成分——谷氨酸造成的，而是本来实验组的认知能力就差。

25. 答案是A。题干研究人员通过求异法得出结论：长期心跳过快是导致心血管病的原因。选项A则断定：心血管病才是长期心跳过快的原因，从而使题干出现"因果倒置"错误，最能削弱题干研究人员的观点。选项D"野外奔跑的兔子心跳很快，但是很少发现它们患心血管疾病"，说的是兔子的情况，即使情况属实，也未必能够类推到人的情况。选项B、C、E具体说到老年人或年轻人的情况，但不能否定题干所说的整体情况。

26. 答案是C。该项意味着，清河界森林中百灵鸟的数量近10年来呈明显下降趋势的根本原因，就是森林周边地区居民的增多，没有别的原因。

27. 答案是C。对于那些已经用从谷物提取的酒精来替代一部分进口石油的西方国家，2015年后进口石油价格下跌，显然可能导致作为石油替代品的酒精价格的下跌；而酒精价格的下跌，显然可能导致作为酒精原料的谷物价格的下跌。因此，作为2015年后进口石油价格下跌的可能后果，谷物的价格面临下跌的压力，即C项。当酒精价格的下跌幅度大到使得谷物作为酒精原料的价格低于作为粮食的价值，才会发生A项所断定的“一些谷物从能源市场转入粮食市场”，否则，这种现象不会发生。因此，A项断定的后果虽然也有可能，但不如C项。

28. 答案是C。如果该项为假，即没有发达的化学工业，发达国家的人均寿命增长率也会更高，那么就不能根据化学工业发达的工业化国家的人均寿命增长率大大高于化学工业不发达的发展中国家，就得出化学工业并不危害人类健康的结论。

29. 答案是C。该项意味着，如果孕妇缺乏维生素而非孕妇不缺乏维生素，则题干的结论就是对的；否则题干的结论就是错的。

30. 答案是B。该项意味着，不是缺乏锻炼才肥胖，而是肥胖以后才缺乏锻炼的，使题干出现了“因果倒置”的错误。选项C为“有些不能削弱一般”。选项D为无关选项，题干说的是肥胖的原因是什么的问题，而不是体育锻炼会导致什么结果的问题。

31. 答案是B。如果该项为假，则贪污、受贿的定罪率低的原因就不会是由于能够聘请收费昂贵的私人律师，而是犯罪率本身就低。选项D削弱了题干。

32. 答案是B。该项意味着，地震、火山爆发和异常天气近十年来对人类造成的灾害比数十年前明显增多，还另有原因，即不是经济高速发展而是经济发展的不平衡。

33. 答案是B。该项使题干出现了“因果倒置”的逻辑错误。题干以为保持基本相同的起居规律是维护良好的夫妻关系的原因。该项则认为，维护良好的夫妻关系才是保持基本相同的起居规律的原因。

34. 答案是D。该题运用了求异法，要求其他相关情况相同。

35. 答案是D。题干的结论是：异地通婚可以提高下一代的智商水平。选项D则指出，不是异地通婚导致下一代智商水平高，而能够异地通婚的男女自身的高智商使得他们的子女智商高的。其他选项均不足以削弱题干的结论。

36. 答案是A。题干的论点是：人类的过度捕杀可能是剑乳齿象灭绝的原因。选项A指出，史前动物之间经常发生大规模相互捕杀现象，这才是剑乳齿象灭绝的原因。选项B、D都加强了题干。选项C与题干论证无关。选项E说“剑乳齿象的牙齿结构比较简单”，反驳的是题干中的论据，削弱力度不如A项。

37. 答案是D。题干中总经理断言：实施“办公用品节俭计划”，是公司办公经费节省的原因。选项D断定该计划不是公司办公经费节省的原因，削弱了总经理的断言。选项B所说的该公司大力推广无纸化办公并不能否定题干中总经理所断言的原因。选项A所说的过去的5年间办公用品消耗额年平均也为10万元，不等于去年就是10万元，更谈不上否定总经理所断言的原因。选项C说“没有严谨的数据分析”，并不意味着总经理的断言不成立。

38. 答案是D。题干中的政府顾问将作息时间比较统一作为交通拥堵的根本性原因，认为只要采取不同时间段上下班制度就可以解决这个问题了。选项D则指出，机动车数量持续增加才是根本性的原因，从而削弱了题干。选项A、B、C都只是说，不同时间上下班制度会带来其他方面的不便，并不能否定这个制度本身的可行性。

二、综合提高题

1. 临床试验显示，对偶尔食用一定量的牛肉干的人而言，大多数品牌牛肉干的添加剂并不会导致动脉硬化。因此，人们可以放心食用牛肉干而无需担心对健康的影响。

以下哪项如果为真，最能削弱上述论证？

A. 食用大量牛肉干不利于动脉健康

B. 动脉健康不等于身体健康

C. 肉类都含有对人体有害的物质

D. 喜欢吃牛肉干的人往往也喜欢食用其他对动脉健康有害的食品

E. 题干所述临床试验大都是由医学院的实习生在医师指导下完成的

2. 注重对孩子的自然教育，让孩子亲身感受大自然的神奇与美妙，可促进孩子释放天性，激发自身潜能；而缺乏这方面教育的孩子容易变得孤独，道德、情感与认知的发展都会受到一定的影响。

以下哪项与以上陈述方式最为类似？

A. 脱离环境保护搞经济发展是“涸泽而渔”，离开经济发展抓环境保护是“缘木求鱼”

B. 老百姓过去“盼温饱”，现在“盼环保”；过去“求生存”，现在“求生态”

C. 如果孩子完全依赖电子设备来进行学习和生活，将会对环境越来越漠视

D. 注重调查研究，可以让我们掌握第一手资料；闭门造车只能让我们脱离实际

E. 只说一种语言的人，首次被诊断出患阿尔兹海默症的平均年龄约为 74 岁；说双语的人，首次被诊断出患阿尔兹海默症的平均年龄约为 76 岁；说三种语言的人，首次被诊断出患阿尔兹海默症的平均年龄约为 78 岁

3. 受多元文化和价值观的冲击，甲国居民的离婚率明显上升。最近一项调查表明，甲国的平均婚姻存续时间为 8 年。张先生为此感慨，现在像钻石婚、金婚、白头偕老这样的美丽故事已经很难得，人们淳朴的爱情婚姻观一去不复返了。

以下哪项如果为真，最可能表明张先生的理解不确切？

A. 现在有不少闪婚一族，他们经常在很短的时间里结婚又离婚

B. 婚姻存续时间长并不意味着婚姻的质量高

C. 过去的婚姻主要由父母包办，现在主要是自由恋爱

D. 尽管婚姻存续时间短，但年轻人谈恋爱的时间比以前增加很多

E. 婚姻是爱情的坟墓，美丽感人的故事更多体现在恋爱中

4. 科学家对 76 位心脏病患者进行了研究，他们分别采用“一名志愿者带一只狗前去探望病人”“一名志愿者前去探望病人”以及“没有志愿者”三种方法分别测试这些病人的反应。结果发现第一种情况下病人的焦虑程度下降了 24%，第二种情况下病人的焦虑程度只下降了 10%，第三种情况下病人的焦虑程度仍保持原来的水平。因此科学家认为，狗能帮助心脏病人降低焦虑情绪。

以下哪项如果为真，最能对上述科学家的观点提出质疑？

A. 带狗和不带狗探视的试验分别选择在两个不同的时间段

B. 在带狗的志愿者中，绝大多数喜欢并自己饲养宠物狗

C. 在被探视的病人中，绝大多数喜欢并自己饲养宠物狗

D. 志愿者带去探望病人的大多数狗都是性情比较温顺的

E. 志愿者带去探望病人的大多数狗都不是性情比较温顺的

5. 某教育专家认为：“男孩危机”是指男孩调皮捣蛋，胆小怕事，学习成绩不如女孩好等现象。近些年，这种现象已经成为儿童教育专家关注的一个重要问题。这位专家在列出一系列统计数据后，提出了“今日男孩为什么从小学、中学到大学全面落后于同年龄段的女孩”的疑问，这无疑加剧了无数男生家长的焦虑。该专家通过分析指出，恰恰是家庭和学校不适当的教育方法导致了“男孩危机”现象。

以下哪项如果为真，最能对该专家的观点提出质疑？

A. 家庭对独生子女的过度呵护，在很大程度上限制了男孩发散思维的拓展和冒险性格的养成

B. 现在的男孩比以前的男孩在女孩面前更喜欢表现出“绅士”的一面

C. 男孩在发展潜能方面要优于女孩，大学毕业后他们更容易在事业上有所成就

D. 在家庭、学校教育中，女性充当了主要角色

E. 现代社会游戏泛滥，男孩天性比女孩更喜欢游戏，这耗去了他们大量的精力

6. 国外某教授最近指出，长着一张娃娃脸的人意味着他将享有更长的寿命，因为人们的生活状况很容易反映在脸上。从 1990 年春季开始，该教授领导的研究小组对 1 826 对 70 岁以上的双胞胎进行了体能和认知测试，并拍下了他们的面部照片。在不知道他们确切年龄的情况下，三名研究助手先对不同年龄组的双胞胎进行年龄评估，结果发现，即使是双胞胎，被猜出的年龄也相差很大。然后，研究小组用若干年时间对这些双胞胎的晚年生活进行了跟踪调查，直至他们去世。调查表明：双胞胎中，外表年龄差异越大，看起来老的那个就越可能先去世。

以下哪项如果为真，最能形成对该教授调查结论的反驳？

A. 如果把调查对象扩大到 40 岁以上的双胞胎，结果可能有所不同

B. 三名研究助手比较年轻，从事该研究的时间不长

C. 外表年龄是每个人生活环境、生活状况和心态的集中体现，与生命老化关系不大

D. 生命老化的原因在于细胞分裂导致染色体末端不断损耗

E. 看起来越老的人，心理上一般较为成熟，对于生命有更深刻的理解

7. 由于含糖饮料的卡路里含量高，容易导致肥胖，因此无糖饮料开始流行。经过一段时期的调查，李教授认为：无糖饮料尽管卡路里含量低，但不意味着它不会导致体重增加。因为无糖饮料可能导致人们对于甜食的高度偏爱，这意味着可能食用更多的含糖类食物。而且无糖饮料几乎没什么营养，喝得过多就限制了其他健康饮品的摄入，比如茶和果汁等。

以下哪项如果为真，最能支持李教授的观点？

A. 茶是中国的传统饮料，长期饮用有益健康

B. 有些瘦子也爱喝无糖饮料

C. 有些胖子爱吃甜食

D. 不少胖子向医生报告他们常喝无糖饮料

E. 喝无糖饮料的人很少进行健身运动

8. 葡萄酒中含有白藜芦醇和类黄酮等对心脏有益的抗氧化剂。一项新研究表明，白藜芦醇能防止骨质疏松和肌肉萎缩。由此，有关研究人员推断，那些长时间在国际空间站或者宇宙飞船上的宇航员或许可以补充一下白藜芦醇。

以下哪项如果为真，最能支持上述研究人员的推断？

A. 研究人员发现由于残疾或者其他因素而很少活动的人会比经常活动的人更容易出现骨质疏松和肌肉萎缩等症状，如果能喝点葡萄酒，则可以获益

B. 研究人员模拟失重状态，对老鼠进行试验，一个对照组未接受任何特殊处理，另一组则每天服用白藜芦醇。结果对照组的老鼠骨头和肌肉的密度都降低了，而服用白藜芦醇的一组则没有出现这些症状

C. 研究人员发现由于残疾或者其他因素而很少活动的人，如果每天服用一定量的白藜芦醇，则可以改善骨质疏松和肌肉萎缩等症状

D. 研究人员发现，葡萄酒能对抗失重所造成的负面影响

E. 某医学博士认为，白藜芦醇或许不能代替锻炼，但它能减缓人体某些机能的退化

9. 巴斯德认为，空气中的微生物浓度与环境状况、气流运动和海拔高度有关。他在山上的不同高度分别打开装着煮过的培养液的瓶子，发现海拔越高，培养液被微生物污染的可能性越小。在山顶上，20 个装了培养液的瓶子，只有一个长出了微生物。普歇用干草浸液做材料重复了巴斯德的实验，却得出不同的结果：即使在海拔很高的地方，所有装了培养液的瓶子都

很快长出了微生物。

以下哪项如果为真，最能解释普歇和巴斯德实验所得到的不同结果？

A. 只要有氧气的刺激，微生物就会从培养液中自发地生长出来

B. 培养液在加热消毒、密封、冷却的过程中会被外界细菌污染

C. 普歇和巴斯德的实验设计都不够严密

D. 干草浸液中含有一种耐高温的枯草杆菌，培养液一旦冷却，枯草杆菌的孢子就会复活，迅速繁殖

E. 普歇和巴斯德认为，虽然他们用的实验材料不同，但是经过煮沸，细菌都能被有效地杀灭

10. 据一项在几个大城市所做的统计显示，餐饮业的发展和瘦身健身业的发展呈密切正相关。从 2000 年到 2005 年，餐饮业的网点增加了 18%，同期在健身房正式注册参加瘦身的人数增加了 17.5%；从 2005 年到 2010 年，餐饮业的网点增加了 25%，同期参加瘦身健身的人数增加了 25.6%；从 2010 年到 2015 年，餐饮业的网点增加了 20%，同期参加瘦身健身的人数也正好增加了 20%。

如果上述统计真实无误，则以下哪项对上述统计事实的解释最可能成立？

A. 餐饮业的发展扩大了肥胖人群体，从而刺激了瘦身健身业的发展

B. 瘦身健身运动刺激了参加者的食欲，从而刺激了餐饮业的发展

C. 在上述几个大城市中，最近 15 年来，主要从事低收入重体力工作的外来人口的逐年上升，刺激了各消费行业的发展

D. 在上述几个大城市中，最近 15 年来，城市人口的收入的逐年提高，刺激了包括餐饮业和健身业在内的各消费行业的发展

E. 高收入阶层中，相当一批人既是餐桌上的常客，又是健身房内的常客

11. 服用深海鱼油胶囊能降低胆固醇。一项对 6 403 名深海鱼油胶囊定期服用者的调查显示，他们患心脏病的风险降低了三分之一。这项结果完全符合另一个研究结论：心脏病患者的胆固醇通常高于正常标准。因此，上述调查说明，降低胆固醇减少了患心脏病的风险。

以下哪项最为恰当地指出了上述论证的漏洞？

A. 没有考虑到这种情况：深海鱼油胶囊减少了服用者患心脏病的风险，但并不是减低胆固醇的原因

B. 忽视了这种可能性：深海鱼油胶囊有副作用

C. 由“心脏病患者的胆固醇通常高于正常标准”，可直接得出“降低胆固醇能减少患心脏病的风险”。因此，以上述调查结论作为论据是没有意义的

D. 上述调查的结论是有关降低胆固醇对患心脏病的影响，应该揭示的是深海鱼油胶囊对胆固醇的作用

E. 没有考虑普通人群服用深海鱼油胶囊的百分比

12. 有 90 个病人，都患难治疾病 T，服用过同样的常规药物。这些病人被分为人数相等的两组，第一组服用一种用于治疗 T 的试验药物 W 素，第二组服用不含有 W 素的安慰剂。10 年后的统计显示，两组都有 44 人死亡。因此，这种试验药物是无效的。

以下哪项如果为真，最能削弱上述论证？

A. 在上述死亡的病人中，第二组的平均死亡年份比第一组早两年

B. 在上述死亡的病人中，第二组的平均寿命比第一组小两岁

C. 在上述活着的病人中，第二组的比第一组的病情更严重

D. 在上述活着的病人中，第二组的比第一组的更年长

E. 在上述活着的病人中，第二组对比第一组的更年轻

13. H国赤道雨林的面积每年以惊人的比例减少，引起了全球的关注。但是，卫星照片的数据显示，去年H国赤道雨林面积的缩小比例明显低于往年。去年，H国政府支出数百万美元用以制止滥砍滥伐和防止森林火灾。H国政府宣称，以上卫星照片的数据说明，本国政府保护赤道雨林的努力取得了显著成效。

以下哪项如果为真，最能削弱H国政府的上述结论？

A. 去年H国用以保护赤道雨林的财政投入明显低于往年

B. 与H国毗邻的G国的赤道雨林的面积并未缩小

C. 去年H国的旱季出现了异乎寻常的大面积持续降雨

D. H国用于雨林保护的费用只占年度财政支出的很小比例

E. 森林面积的萎缩是全球性的环保问题

14. 一项调查显示，某班参加挑战杯比赛的同学，与那些未参加此项比赛的同学相比，学习成绩一直保持较高的水平。此项调查得出结论：挑战杯比赛通过开拓学生的视野，增加学生的学习兴趣，激发学生的创造潜力，有效地提高了学生的学习成绩。

以下哪项如果为真，最能加强上述调查结论的说服力？

A. 没有参加挑战杯比赛的同学如果通过其他活动开拓视野，也能获得好成绩

B. 整天在课堂内读书而不参加课外科技活动的学生，他们的视野、学习兴趣和创造力都会受到影响

C. 没有参加挑战杯比赛的同学大都学习很努力

D. 参加挑战杯比赛并不以学习成绩好为条件

E. 参加挑战杯比赛的同学约占全班的半数

15. 对东江中学全校学生进行调查发现，拥有MP3播放器人数最多的班集体同时也是英语成绩最佳的班集体。由此可见，利用MP3播放器可以提高英语水平。

以下哪项如果为真，最能加强上述结论？

A. 拥有MP3播放器的同学英语学习热情比较高

B. 喜欢使用MP3播放器的同学都是那些学习自觉性较高的学生

C. 随着MP3播放器性能的提高，其提高英语水平的作用将更加明显

D. 拥有MP3播放器人数最多的班级是最会利用MP3播放器的班级

E. 拥有MP3播放器人数最多的班上的同学更多地利用MP3进行英语学习

16. 拥挤的居住条件所导致的市民健康状况明显下降，是清城面临的重大问题。因为清城和广川两个城市的面积和人口相当。所以清城面临的上述问题必定在广川出现。

以下哪项最为恰当地指出了上述论证的漏洞？

A. 不当地预设：拥挤的居住条件是导致市民健康状况下降的唯一原因

B. 未能准确区分人口数量和人口密度这两个概念

C. 未能准确区分一个城市的面积和它的人口这两个不同的概念

D. 未能恰当地选择第三个比较对象以增强结论的说服力

E. 忽略了相同的人口密度可以有不同的居住条件

17～18 基于以下题干：

一种流行的说法是，多吃巧克力会引起皮肤特别是脸上长粉刺。确实，许多长粉刺的人都证实，他们皮肤上的粉刺都是在吃了大量巧克力以后出现的。但是，这种说法很可能是把结果当成了原因。最近一项科学研究指出，荷尔蒙的改变加上精神压力会引起粉刺，有证据表明，喜欢吃巧克的人，在遇到精神压力时会吃更多的巧克力。

17. 以下哪项最为恰当地概括了题干所要表达的意思？

A. 发生在前的现象和发生在后的现象之间不一定有因果关系

B. 精神压力引起多吃巧克力；多吃巧克力引发粉刺。对于长粉刺来说，多吃巧克力是表面原因，精神压力是内在原因

C. 多吃巧克力是内在原因

D. 多吃巧克力不大可能引发粉刺，多吃巧克力和长粉刺二者很可能都是精神压力造成的结果

E. 一个人巧克力吃得越多，越可能造成荷尔蒙的改变和精神压力的加重

18. 以下哪项最为准确地概括了题干中所运用的方法？

A. 引用反例，对所要反驳的观点之论据做出不同的解释

B. 提出新的论据，对所要反驳的观点之论据做出不同的解释

C. 运用科学权威的个人影响来破除人们对流行看法的盲从

D. 指出所要反驳的观点会引伸出自相矛盾的结论

E. 指出所要反驳的观点是基于小概率事件轻率概括出来的结论

19～20 基于以下题干：

是过于集中的经济模式，而不是气候状况，造成了近年来 H 国糟糕的粮食收成。K 国和 H 国耕地条件基本相同，但当 H 国的粮食收成连年下降的时候，K 国的粮食收成却连年上升。

19. 为使上述论证有说服力，以下哪项是必须假设的？

Ⅰ. 近年来 H 国的气候状况不比 K 国差

Ⅱ. K 国并非采取过于集中的经济模式

Ⅲ. 气候状况不是影响粮食收成的重要因素

A. 仅Ⅰ　　B. 仅Ⅱ　　C. 仅Ⅲ

D. 仅Ⅰ和Ⅱ　　E. Ⅰ、Ⅱ和Ⅲ

20. 以下哪项如果为真，最能削弱上述论证？

A. H 国种植的主要谷物品种不是 K 国种植的主要谷物品种

B. H 国一些谷物不适合在 K 国生长

C. K 国一些谷物不适合在 H 国生长

D. H 国的北方邻国 J 国近年的粮食收成呈下降趋势

E. H 国集中的经济模式使有限的粮食得到了最合理的分配

21～22 基于以下题干：

宏大山钢铁公司由 5 个子公司组成。去年，其子公司火龙公司试行与利润挂钩的工资制度，其他子公司则维持原有的工资制度。结果，火龙公司的劳动生产率比其他子公司的平均劳动生产率高出 13%。因此，在宏大山钢铁公司实行与利润挂钩的工资制度有利于提高该公司的劳动生产率。

21. 以下哪项最可能是上述论证所假设的？

A. 火龙公司与其他各子公司分别相比，原来的劳动生产率基本相同

B. 火龙公司与其他各子公司分别相比，原来的利润率基本相同

C. 火龙公司的职工数量和其他子公司的平均职工数量基本相同

D. 火龙公司原来的劳动生产率与其他各子公司相比不是最高的

E. 火龙公司原来的劳动生产率和其他各个子公司原来的平均劳动生产率基本相同

22. 以下哪项如果为真，最能削弱上述论证？

A. 实行了与利润挂钩的分配制度后，火龙公司从其他子公司挖走了不少人才

B. 宏大山钢铁公司去年从国外购进的先进技术装备，主要用于火龙公司

C. 火龙公司是 3 年前组建的，而其他子公司都有 10 年以上的历史

D. 红塔钢铁公司去年也实行了与利润挂钩的工资制度，但劳动生产率没有明显提高

E. 宏大山公司的子公司金龙公司去年没有实行与利润挂钩的工资制度，但它的劳动生产率比火龙公司略高

23～24 基于以下题干：

大湾公司实施工间操制度的经验揭示：一个雇员，每周参加工间操的次数越多，全年病假的天数就越少。即使那些每周只参加一次工间操的雇员全年的病假天数，也比那些从不参加工间操的要少。因此，如果大湾公司把每工作日一次的工间操改为上、下午各一次，则能进一步降低雇员的病假率。

23. 为使上述论证成立，以下哪项是必须假设的？

Ⅰ. 每工作日两次工间操，不会影响公司的正常工作

Ⅱ. 增加工间操的次数，能增加参加工间操的人数

Ⅲ. 增加工间操的次数，能增加参加工间操的人次

A. 仅Ⅰ　　B. 仅Ⅱ　　C. 仅Ⅲ

D. 仅Ⅱ和Ⅲ　　E. Ⅰ、Ⅱ 和Ⅲ

24. 以下哪项如果为真，最能削弱上述论证？

A. 经常休病假的雇员，大多不参加体育锻炼，包括工间操

B. 每工作日两次工间操，使有些雇员产生怠倦，影响工作效率

C. 有的雇员坚持业余体育锻炼

D. 工间操运动量小，不是一种最佳的群众性体育锻炼方式

E. 一般地说，参加工间操的雇员的工作效率，并不比不参加工间操的雇员高

25. 人们通常认为，幸福能够增进健康，有利于长寿，而不幸福则是健康状况不佳的直接原因，但最近有研究人员对 3 000 多人的生活状况调查后发现，幸福或不幸福并不意味着死亡的风险会相应地变得更低或更高。他们由此指出，疾病可能会导致不幸福，但不幸福本身并不会对健康状况造成损害。

以下哪项如果为真，最能质疑上述研究人员的论证？

A. 幸福是个体的一种心理体验，要求被调查对象准确断定其幸福程度有一定的难度

B. 人的死亡风险低并不意味着健康状况好，死亡风险高也不意味着健康状况差

C. 对少数个体死亡风险的高低难以进行准确评估

D. 有些高寿老人的人生经历较为坎坷，他们有时过得并不幸福

E. 有些患有重大疾病的人乐观向上，积极与疾病抗争，他们的幸福感比较高

综合提高题详解

1. 答案是 B。题干从“大多数品牌牛肉干的添加剂并不会导致动脉硬化”，就推出“人们可以放心食用牛肉干而无需担心对健康的影响”，似乎人们的身体主要就是一个动脉的问题。选项 B“动脉健康不等于身体健康”则意味着，人的身体并不就是一个动脉的问题，从而使题干出现“以偏概全”的错误。选项 A“食用大量牛肉干不利于动脉健康”不能削弱题干，因为题干只是说食用一定量的牛肉干。选项 C“肉类都含有对人体有害的物质”，混淆了概念，因为含有对人体有害的物质不等于就对人的健康有影响。

2. 答案是 D。该项和题干论证结构均为：有 A 则有 B，无 A 则无 B。选项 A 的论证结构是：有 A 则有 B，无 B 则无 A。

3. 答案是 A。题干中张先生从“最近一项调查表明，甲国的平均婚姻存续时间为 8 年”，就得出结论：“现在像钻石婚、金婚、白头偕老这样的美丽故事已经很难得，人们淳朴的爱情婚姻观一去不复返了”。这里，用平均婚姻存续时间的长短作为论据，可能会存在某种特殊性。如果选项 A“现在有不少闪婚一族，他们经常在很短的时间里结婚又离婚”为真，则说明是极少数人的闪婚现象造成了平均婚姻存续时间的缩短，而并不能因此说明现在像钻石婚、金婚、白头偕老这样的美丽故事已经很难得。其他选项均和题干没有直接关系。如选项 B“婚姻存续时间长并不意味着婚姻的质量高”，说的是婚姻质量问题，而题干所说“现在像钻石婚、金婚、白头偕老这样的美丽故事已经很难得”只是说现在婚姻存续时间长的现象少见，并没有说钻石婚、金婚、白头偕老的婚姻质量就高。

4. 答案是 C。题干运用了求异法得出结论：狗是心脏病人焦虑情绪得以降低的原因。选项 C 则指出，不是狗的原因，而是因为被探视的病人绝大多数喜欢并自己饲养宠物狗，这个特殊的情况造成了心脏病人焦虑情绪的降低，从而削弱了题干。选项 B 说志愿者绝大多数喜欢宠物狗，与题干无关。

5. 答案是 E。题干断定：家庭和学校不适当的教育方法（小气候）是导致“男孩危机”现象的原因。选项 E 指出，“现代社会游戏泛滥，男孩天性比女孩更喜欢玩游戏，这耗去了他们大量的精力”（大气候），这才是所谓“男孩危机”现象产生的原因，从而削弱了题干。A 项加强了题干。选项 C 针对的是结果。选项 B 、D 均和题干没有直接关系。

6. 答案是 C。题干中教授的结论是：长着娃娃脸的人将享有更长的生命。选项 C 指出长着娃娃脸这种外表年龄与生命的长短之间关系不大，其实就是没有什么关系，从而削弱了教授的观点。选项 D 说“生命老化的原因在于细胞分裂导致染色体末端不断损耗”，但并没有否定长着娃娃脸这种外表年龄与生命的长短之间存在因果关系。选项 E 与题干教授的观点无关。其余选项均削弱力度不足。

7. 答案是 D。题干中李教授的观点是：无糖饮料不意味着它不会导致体重增加，即无糖饮料也会导致体重增加。选项 D 说“不少胖子向医生报告他们常喝无糖饮料”，意味着这样的观点是成立的。其他选项均和题干无直接关系，不能加强题干。

8. 答案是 B。题干根据白藜芦醇具有防止骨质疏松和肌肉萎缩的作用，推出可以通过补充白藜芦醇，使那些长时间在国际空间站或者宇宙飞船上的宇航员得以防止骨质疏松和肌肉萎缩。选项 B，通过比较发现，在模拟失重状态下，由于每天服用白藜芦醇的老鼠没有出现骨质疏松和肌肉萎缩等症状，而对照组的老鼠由于没有服用白藜芦醇都出现了骨质疏松和肌肉萎缩等症状。这就意味着，在失重状态下，服用白藜芦醇对于防止骨质疏松和肌肉萎缩具有重要作用。其余选项均与题干研究人员的推断无直接关系。

9. 答案是 D。题干陈述中存在的矛盾现象是：巴斯德在山顶上实验，20 个装了培养液的瓶子，只有一个长出了微生物；普歇用干草浸液做材料重复了巴斯德的实验，却得出不同的结果：即使在海拔很高的地方，所有装了培养液的瓶子都很快长出了微生物。原因显然就是两人做实验所用的材料不同，导致了不同现象的发生。选项 D 正好揭示了这个原因。其他选项均不能解释题干。

10. 答案是 D。从表面上看，似乎餐饮业网点增多是瘦身健身业发展的原因，实际上真正的原因是城市人口收入的逐年提高。

11. 答案是 A。深海鱼油胶囊确实减少了患心脏病的风险，但并不是通过降低胆固醇来达到的。虽然心脏病患者的胆固醇通常高于正常标准，但胆固醇含量偏高不一定就是患心脏病的原因，而只是一个伴随现象而已。

12. 答案是 A。该项意味着，虽然两组 10 年后都有 44 人死亡，但由于第二组的平均死亡年份比第一组早两年，因而不能说该药物无效。注意，选项B不足以削弱题干，因为第二组的平均年龄可能比第一组的小，因而平均寿命比第一组小两岁并不能说明什么问题。

13. 答案是C。该项意味着，去年H国赤道雨林面积的缩小比例明显低于往年的原因，并不是本国政府保护赤道雨林的努力导致的，而是由于H国的旱季出现了异乎寻常的大面积持续下雨，从而削弱了题干。

14. 答案是D。该项意味着，题干论证不会出现“因果倒置”的错误，因而加强了题干。选项B的加强力度不如D。

15. 答案是E。该项意味着，拥有MP3播放器确实可以提高英语水平。其他选项的加强力度均不如E。

16. 答案是E。该项清楚地指出了题干的漏洞所在。题干断定清城和广川两个城市的面积和人口相当，这只能得出这两个城市具有相当的人口密度；但由相当的人口密度，不能得出有相同的居住条件，继而依此得出题干的结论，中间存在逻辑跳跃。

17. 答案是D。先吃大量的巧克力，然后脸上长粉刺，但在先的不一定就是原因，而只是伴随现象而已。真正的原因需要做深入分析。选项B不能选，因为很可能多吃巧克力连表面原因都不是。选项A不是题干所要说的。

18. 答案是B。题干论证所运用的基本方法是引用新的证据来反驳一般流行的观点，属于独立证明的反驳方法，是一个恰当的反驳。

19. 答案是D。选项Ⅰ必须假设，否则可能是气候状况的差异造成了粮食收成的差异。选项Ⅱ也必须假设，否则过于集中的经济模式就是H国粮食收成连年下降的原因。Ⅲ为无关选项，不必假设。

20. 答案是A。该项指出了实行过于集中的经济模式只是表面上的差异，真正的差异是所种植的主要谷物品种不同。选项B、C不足以削弱题干。

21. 答案是E。该项指出了与题干所陈述的差异原因相关的其他情况，即平均劳动生产率基本相同，从而保证题干论证的成立。注意，选项A和B都不是题干论证的假设，因为题干论证不需要和其他各子公司“分别”相比。

22. 答案是B。该项意味着，实行与利润挂钩的工资制度只是一个表面的差异，真正的差异是火龙公司应用了从国外进口的先进装备。注意选项A不能削弱题干，因为火龙公司从其他公司挖走不少人才也是在实行了与利润挂钩的工资制度下进行的。

23. 答案是C。题干论证到，一个雇员每周参加工间操的次数越多，则全年请病假的天数也就越少；如果每周参加工间操的次数越少，则全年请病假的天数也就越多。于是得出结论：增加工间操的次数能够降低雇员的病假率。选项Ⅲ必须假设，因为如果增加工间操的次数并不能增加参加工间操的人次，则雇员全年请病假的天数就不会减少，题干论点就不能成立。选项Ⅱ不必假设，因为即使不能增加参加工间操的人数，但也能够增加参加工间操的人次，从而使得雇员全年请病假的天数减少。选项Ⅰ不必假设。

24. 答案是A。该项意味着，不是因为参加工间操的次数少，雇员请病假的天数才多，而是因为雇员请病假的天数多，他们参加工间操的次数才少，从而使题干出现“因果倒置”的错误。选项C不足以削弱题干。

25. 答案是B。题干从“幸福和不幸福的人死亡率没有差别”为根据，推出结论“疾病是不幸福的原因，而不是不幸福的结果”。选项B指出，题干论据中的“死亡率”和论点中的“疾病”概念并不一样，其论据不足以支持其结论。注意不要选A，因为有难度并不意味着就做不到。

第七章 直言命题及其推理

管理类联考逻辑推理测试虽然不考核专门的逻辑知识，但是熟悉一些逻辑学的知识，掌握一些基本的逻辑方法，对于考生解答逻辑试题又是非常有帮助的。逻辑学主要是研究推理的，推理包括演绎推理和归纳推理。归纳推理主要研究从前提得到结论的合理性、一般性、或然性。演绎推理则主要研究从前提得到结论的有效性、必然性。演绎推理主要包括简单句的推理（词项推理）和复合句的推理（命题推理）。

一类推理的正确性，如果只要分析到其中所包含的简单命题即原子命题为止即可判定，则这类推理就称为复合句推理或复合推理。例如：

如果甲是作案者，那么甲有作案时间

甲没有作案时间

甲不是作案者

如果用小写字母“p”“q”分别表示“甲是作案者”“甲有作案时间”，则上述推理的形式结构可以表示为：

如果 p，那么 q

非 q

非 p

其中，“如果……那么……”“非”等是逻辑常项，“p”“q”等是变项。

任何推理形式都由逻辑常项和变项所组成。变项是指推理形式中可变的部分，逻辑常项是指推理形式中固定不变的部分。在逻辑常项和变项中，逻辑常项是判定一种推理形式的类型的唯一根据，也是区别不同类型的推理形式的唯一根据。无论给变项代入何种不同的具体内容，推理形式不会改变。

上述推理中的逻辑常项“如果……那么……”，决定了该种推理在肯定“p”的情况下即可肯定“q”。所以，这种推理是正确的、有效的。

另一类推理的正确性，必须分析到简单命题即原子命题所包含的概念即词项才能判定，则这种推理就称为简单句推理或词项推理。例如：

所有谎言不是可信的

有些谎言不是可信的

如果用大写字母“S”表示“谎言”，用大写字母“P”表示“可信的”，则上述推理的形式结构可以表示为：

所有 S 不是 P

有些 S 不是 P

其中，“所有……不是……”“有些……不是……”都是逻辑常项，“S”“P”是变项。既然“所有 S 不是 P”为真，则可推出“有些 S 不是 P”是真的。

复合句命题或复合判断是由简单命题或简单判断通过联结词构成的。主要的联结词包括“如果……那么”“只有……才”“或者……或者”“要么……要么”“并且”“并非”等。简单命题又包括直言命题和关系命题，直言命题断定事物情况是否具有某种性质，关系命题断定事物之间是否具有某种关系。此外，无论复合命题还是简单命题都可以在其中嵌入模态概念“必然”“可能”等，构成模态命题。相应不同的模态命题，就有不同的模态推理。

第一节　考试要点及内容精析

直言命题也称为性质命题或性质判断，断定的是事物对象是否具有某种性质的命题。本章主要的考查点主要包括直言命题的基本构成部分，即概念的种类和概念之间的关系；直言命题的种类和它们之间的真假关系和推理；词项的周延性即直言命题中主项和谓项的周延性及直言命题的变形推理。

一、概念及其种类和概念之间的关系

1. 概念的本质

概念是反映事物的本质属性的思维形式。本质属性是使一事物之所以为该事物并与他事物区别开来的属性。如能思维是人的本质属性，但进行新陈代谢则不是人的本质属性。非本质属性是对事物不具有决定性意义的属性。概念有两个基本特征：内涵和外延。内涵是概念所反映的事物的本质属性，外延是具有概念所反映的本质属性的事物对象。例如，“商品”的内涵是“用来交换的劳动产品”，外延则是“电器商品、纺织商品、机械商品等”。明确一个概念也就是要明确这个概念的内涵和外延。

2. 概念的种类

从外延看，概念可分为单独概念和普遍概念。单独概念是反映世界上独一无二个事物对象的概念，即只有一个外延的概念。专有名词表达单独概念。专有名词是表示人或事物的名称的词。包括人名、地名、时间名、地点名、事件名、书名等。摹状词也可以表达单独概念。摹状词是通过对某一个别事物某方面特征的描述来指称该事物的词组。普遍概念是反映两个或两个以上事物对象的概念，即外延有两个或两个以上的概念。普通名词或词组表达普遍概念。普遍概念也称类概念，它是把事物作为一类一类地来加以反映的概念。其中，具有相同属性的事物构成相同的类，具有不同属性的事物构成不同的类。组成类的部分叫子类或分子。如张艺谋是导演或名导演的分子，名导演则是导演的子类。在这里，张艺谋是单独概念，名导演和导演都是普遍概念。外延最大的概念叫哲学范畴。

根据概念所反映的是否是事物的总体，可以将概念分为集合概念和非集合概念。集合概念是将事物作为一个整体来加以反映的概念。所谓整体是由许多个体所组成的总体。如中国共产党、“四人帮”、中国工人阶级、中国女子排球队、犯罪团伙等。非集合概念是反映事物的非整体即反映事物的类或其子类或分子的概念。如中国共产党党员、工人、学生、犯罪分子等。集合概念和非集合概念的区分标准是：对集合概念来说，组成总体的个体不一定具有整体的属性；对于非集合概念来说，组成类的子类或分子一定具有类所具有的属性。比较复杂的情况是，同一语词在不同的语言环境下有时表达集合概念，有时则表达非集合概念。例如，北京的风景名胜不是一天能够游览完的，颐和园是北京的风景名胜，所以，颐和园也不是一天能够游览完的。该推理前提中的语词“北京的风景名胜”，前后两次出现，分别表达了不同的概念，第一次表达的是集合概念，第二次表达的则是非集合概念。该推理将两个不同概念当成同一个概念来进行推理，犯了“偷换概念”的错误。

3. 概念间的关系

从外延看，概念间主要存在五种关系。

（1）同一关系

同一关系是两个概念的外延完全重合的关系。例如，“珠穆朗玛峰”与“世界上的最高峰”。前者是专有名词，后者是摹状词，二者的外延完全重合。如果用S表示“珠穆朗玛峰”，用P表示“世界上的最高峰”，则S和P之间具有同一关系可以用欧拉图（一种用圆圈来表示的概念之间在外延上的关系的图解）表示如下：

同一关系也称为全同关系，只是外延相同，并非内涵也完全相同。因为“珠穆朗玛峰”除了是世界上的最高峰之外，还有许多其他的内涵。再如，晨星和暮星，它们都是指的金星，外延完全相同，但内涵不同。晨星也叫启明星，表示白天要来了；暮星也叫长庚星，表示黑夜将要降临了。如果外延相同，内涵也相同，那么就是用不同语词所表达的同一个概念了。如“诉讼”和“打官司”，外延相同，内涵也相同，是同一个概念，只是用来表达的语词不同罢了。

（2）真包含关系

真包含关系是一个概念的部分外延和另一个概念的全部外延相重合。例如，“学生”和“大学生”，“公司”和“有限责任公司”，“嫌疑人”和“罪犯”等。P和S之间具有真包含关系，可以用欧拉图表示如下：

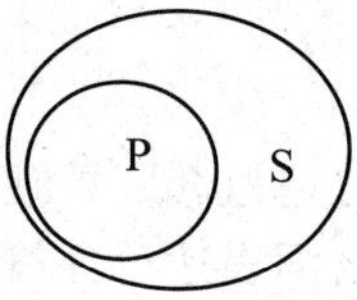

（3）真包含于关系

真包含于关系是一个概念的全部外延与另一个概念的部分外延相重合。例如，“女运动员”和“运动员”，“犯罪行为”和“违法行为”等。

S和P之间具有真包含于关系，可以用欧拉图表示如下：

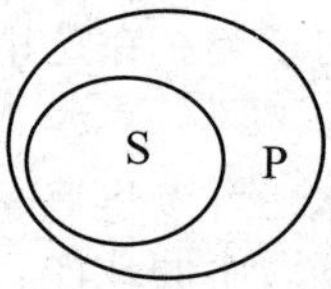

需要注意的是，真包含和真包含于互为逆关系，即当S和P之间具有真包含关系时，P和S之间就具有真包含于关系；反之，如果S和P之间具有真包含于关系，则P和S之间就具有真包含关系。而且，在真包含关系和真包含于关系中，外延较大的概念叫属概念，外延较小的概念叫种概念，所以真包含关系又称属种关系，真包含于关系又叫种属关系。

（4）交叉关系

交叉关系是一个概念的部分外延和另一个概念的部分外延相重合的关系。例如，“大学生”和“共产党员”，“青年人”和“学生”等。S和P之间具有交叉关系，可以用欧拉图表示如下：

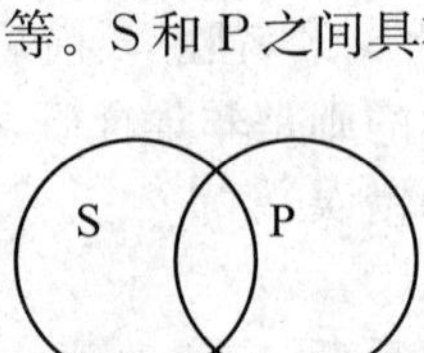

(5) 全异关系

全异关系是两个概念在外延上没有任何部分相重合的关系。如“大学生”和“中学生”。S和P之间具有全异关系，可以用欧拉图表示如下：

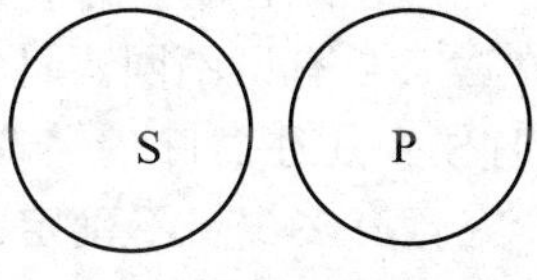

需要注意的是，全异关系中有两种特殊情况，即矛盾关系和反对关系。概念间的矛盾关系是指两个具有全异关系的概念的外延和等于一个共同属概念的外延。概念间的反对关系是指两个具有全异关系的概念的外延和小于一个共同属概念的外延。例如，“学生”和“非学生”为矛盾关系，“学生”和“工人”为反对关系。概念间的矛盾关系和反对关系可以分别用欧拉图表示如下：

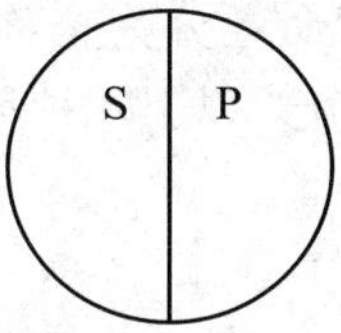

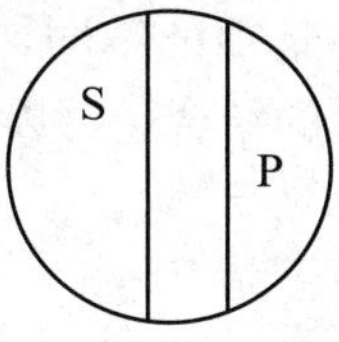

概念间的全异关系也叫不相容关系，概念间的同一关系、真包含关系、真包含于关系、交叉关系也称概念间的相容关系。

二、直言命题及其种类

所有直言命题可分为肯定命题和否定命题，而肯定命题和否定命题都可分为全称命题、特称命题和单称命题。所以，所有的直言命题可分全称肯定命题、全称否定命题、特称肯定命题、特称否定命题、单称肯定命题和单称否定命题。例如：

(1) 所有商品是有价值的。

(2) 所有人不是长生不死的。

(3) 有些玫瑰是红色的。

(4) 有些科学家不是大学毕业的。

(5) 张三是高级工程师。

(6) 某个人不是小偷。

直言命题在结构上由主项、谓项、联项和量项组成。

主项是表示直言命题中事物对象的概念，如上例(1)中的“商品”、(2)中的“人”等。通常用大写字母“S”表示主项。

谓项是表示直言命题中事物性质的概念，如上例(1)中的“有价值的”、例(2)中的“长生不死的”等。通常用大写字母“P”表示谓项。

联项是表示直言命题中联结主项和谓项的概念，包括肯定联项和否定联项。肯定联项为“是”，否定联项为“不是”。

量项是表示直言命题中主项的数量范围的概念，包括全称量项、特称量项和单称量项。全称量项通常用“所有”“一切”“凡”等来表示。特称量项通常用“有些”“某些”“有的”等来表示。单称量项通常用“某个”“这个”“那个”等来表示。全称量项对主项所表示的全部事物范围做了断定，特称量项对主项所表示的部分事物范围做了断定，单称量项对主项所表示的某一个别事物做了断定。当主项是一个单独概念（只反映世界上独一无二个事物对象的概念）时，单称量项总是省略的。例如，在“珠穆朗玛峰是世界上的最高峰”这一命题中，单称量项就已经被省略了。全称量项有时也可省略，例如“人是自私的”这一命题，我们说它是一个假命题，理由就是其量项是全称的，只是已经被省略罢了。尤其需要注意的是，特称量项“有些”与日常用语中所说的“有些”，在含义上有所不同。日常用语中的“有些”，大多指“仅仅有些”，因而当讲“有些是什么”的时候，往往意味着“有些不是什么”。特称量项“有些”，则是指“至少有些”“至少有一个”，究竟有多少？不确定。也许有“一个”，也许有“几个”，也许“所有”。日常语言中所说的“大多数”“绝大多数”“少数”等都属于“有些”的情形。特称量项“有些”只表示一类事物中有对象被断定具有或不具有某种性质，而对这类对象的具体数量，则没有做出断定。如“有些大学生是人”，这只是说“至少有些大学生是人”，它并不意味着“有些大学生不是人”。在这里，逻辑上的“有些”与日常思维中的“有些”存在着差异，日常思维中对于“有些”的理解是不合逻辑的。

如上所述，根据直言命题的质，即联项的不同，可以把直言命题分为肯定命题和否定命题。根据直言命题的量，即量项的不同，可以把直言命题分为全称命题、特称命题和单称命题。根据直言命题的质和量的结合，可以把直言命题分为以下六种形式：

全称肯定命题：所有S是P。

全称否定命题：所有S不是P。

特称肯定命题：有些S是P。

特称否定命题：有些S不是P。

单称肯定命题：某个S是P。

单称否定命题：某个S不是P。

逻辑上通常用26个字母中的前四个元音字母来指称上述各种直言命题。即分别用A、E、I、O、a、e来表示全称肯定命题、全称否定命题、特称肯定命题、特称否定命题、单称肯定命题、单称否定命题。相应的命题形式为：SAP、SEP、SIP、SOP、SaP、SeP。

在日常语言中，直言命题的表达形式并不是那么规范的，存在着大量的不规范的、非标准的表达方式。我们在考察直言命题的特征和直言命题间的关系时，需要把不规范的、非标准的直言命题变换为规范的、标准的直言命题表达形式。例如：

(1) 玫瑰不都是红色的。

(2) 不是所有天鹅都是白的。

(3) 没有人自私。

(4) 没有无因之果。

(5) 不是所有参加测试者都不合格。

在上述例子中，(1) 和 (2) 都是表达的特称否定命题，(3) 表达的是全称否定命题，(4) 表达的是全称肯定命题，(5) 表达的是特称肯定命题。其中，(1) 的意思是“有些玫瑰不是红色的”，(2) 的意思是“有些天鹅不是白的”，(3) 的意思是“所有人不是自私的”，(4) 的意思是“所有结果是有原因的”，(5) 的意思是“有些参加测试者是合格的”。

三、直言命题的真假特征

命题有真假之分。一个命题的断定与客观实际相符合，它就是真的；一个命题的断定与客观实际不相符合，它就是假的。

一个具体直言命题的真假主要是由其主项和谓项之间的关系来确定的。例如，由于“人”和“自私的”这两个概念之间具有真包含关系，所以，“所有人自私”和“所有人不自私”都是假命题，而“有些人自私”和“有些人不自私”都是真命题。

两个概念之间在外延（一个概念的外延是指这个概念所反映的事物范围）上主要存在着五种关系，即全同关系、真包含于关系、真包含关系、交叉关系和全异关系。全同关系也叫同一关系，它是指两个概念的外延完全相重合，如“珠穆朗玛峰”与“世界上的最高峰”这两个概念之间就具有全同关系。真包含于关系是指一个概念的全部外延与另一个概念的部分外延相重合，例如，“学生”与“人”这两个概念之间就具有真包含于关系。真包含关系是指一个概念的部分外延与另一个概念的全部外延相重合，如“学生”与“大学生”这两个概念之间就具有真包含关系。交叉关系是指一个概念的部分外延与另一个概念的部分外延相重合，例如，“女青年”与“运动员”这两个概念之间就具有交叉关系。全异关系是指两个概念之间在外延上没有任何重合部分，例如，“大学生”与“中学生”这两个概念之间就具有全异关系。如果用S、P分别表示两个概念，用圆圈表示概念的外延，那么上述概念间的五种外延关系，可分别用欧拉图具体表示如下：

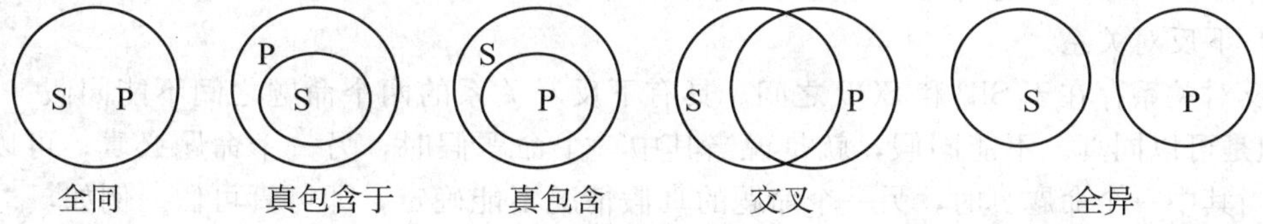

欧拉图是瑞士逻辑学家（Leonhard Euler，1707—1783年）提出的运用圆圈图形来表示概念的外延间的各种关系的图解，是帮助人们理解概念关系的一种直观工具。

直言命题的主项和谓项在外延上所存在的五种关系，决定了一个具体的直言命题的真假特征。其中，全称肯定命题在主项和谓项之间具有全同关系或真包含于关系时真，在其他关系时假；全称否定命题在主项和谓项之间具有全异关系时真，在其他关系时为假；特称肯定命题在主项和谓项之间具有全异关系时为假，在其他关系时为真；特称否定命题在主项和谓项之间具有全同关系或真包含于关系时为假，在其他关系时为真。列表如下：

关系 / 判断	全同	真包含于	真包含	交叉	全异
SAP	真	真	假	假	假
SEP	假	假	假	假	真
SIP	真	真	真	真	假
SOP	假	假	真	真	真

特别需要注意的是，特称肯定命题SIP在全同关系下或真包含于关系下都为真，因为全称肯定命题SAP此时为真，既然“所有S都是P”，当然也可以说“有些S是P”。同理，特称否定命题SOP在全异关系下为真，因为全称否定命题SEP此时为真，既然“所有S都不是P”，当然也可以说“有些S不是P”。例如，“有些大学生是人”为真，因为既然“所有大学生都是人”，当然也可以说“有些大学生是人”。如果“有些大学生是人”为假，就意味着其矛盾命题“所有大学生都不是人”为真，这显然是荒谬的。

四、直言命题间的真假对当关系

具有相同的主项和谓项的直言命题之间在真假方面存在着必然的制约关系，这种关系就叫做直言命题间的真假对当关系。它包括矛盾关系、反对关系、下反对关系和从属关系。

（1）矛盾关系

矛盾关系存在于SAP和SOP之间、SEP和SIP之间、SaP和SeP之间。具有矛盾关系的两个命题之间不能同真（必有一假），也不能同假（必有一真）。不能同真，就是说当其中一个命题真时，另一个命题必假；不能同假，就是说当其中一个命题假时，另一个命题必真。例如，“我们班所有同学考试都及格”与“我们班有些同学考试不及格”之间是矛盾关系，“我们班所有同学考试都不及格”与“我们班有些同学考试及格了”之间也是矛盾关系，“张永考试及格了”与“张永考试不及格”之间也具有矛盾关系。

（2）反对关系

反对关系存在于SAP和SEP之间。具有反对关系的两个命题之间不能同真（必有一假），但是可以同假。不能同真，就是说当其中一个命题真时，另一个命题必假；可以同假，就是说当其中一个命题假时，另一个命题的真假情况不能确定，即可真可假。例如，“我们班所有同学考试都及格了”与“我们班所有同学考试都不及格”之间就具有反对关系。同时，SAP与SeP之间、SEP与SaP之间也具有反对关系。

（3）下反对关系

下反对关系存在于SIP和SOP之间。具有下反对关系的两个命题之间不能同假（必有一真），但是可以同真。不能同假，就是说当其中一个命题假时，另一个命题必真；可以同真，就是说当其中一个命题真时，另一个命题的真假情况不能确定，即可真可假。例如，“我们班有些同学考试及格”与“我们班有些同学考试不及格”之间就具有下反对关系。同时，SeP与SIP之间、SaP与SOP之间也具有下反对关系。

（4）从属关系

从属关系存在于SAP与SIP之间、SEP与SOP之间。具有从属关系的两个命题之间可以同真，也可以同假。可以同真，就是说当全称命题真时特称命题一定真，当特称命题真时全称命题的真假情况不能确定，即可真也可假。可以同假，就是说当特称命题假时全称命题一定假，当全称命题假时特称命题的真假情况不能确定，即可真也可假。例如，当“我们班所有同学考试都及格了”为真时，“我们班有些同学考试及格了”也必然为真；而当“我们班有些同学考试及格”为假时，“我们班所有同学考试都及格”必然为假。但是，当“我们班所有同学考试都及格了”为假时，“我们班有些同学考试及格了”的真假情况不能确定；当“我们班有些同学考试及格了”为真时，“我们班所有同学考试都及格了”的真假情况也不能确定。SAP与SaP之间、SaP与SIP之间、SEP与SeP之间、SeP与SOP之间也存在着从属关系。例如，当“我们班所有同学考试都及格了”为真时，“我们班的某个同学考试及格了”必然为真；当“我们班的某个同学考试及格了”为真时，“我们班有些同学考试及格了”也必然为真。

SAP、SEP、SIP和SOP四种直言命题之间的真假对当关系可以用一个正方图形来表示，这个正方图形就叫作“逻辑方阵”。即

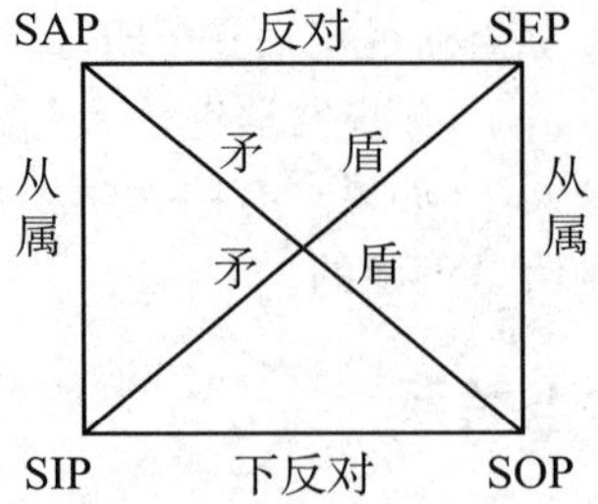

逻辑方阵图

如果再考虑单称肯定命题和单称否定命题，“逻辑方阵”可拓广为“六角方阵”，即

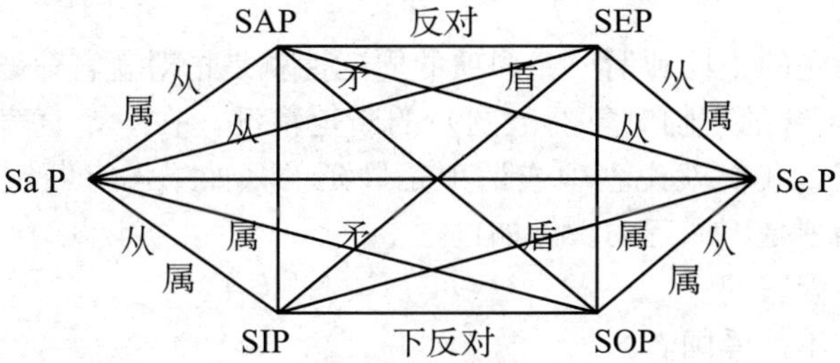

六角阵图

五、对当关系的推理

根据逻辑方阵中的矛盾关系，可以从一个直言命题为真推出与该直言命题具有矛盾关系的命题为假，也可以从一个直言命题为假推出与该直言命题具有矛盾关系的命题为真。即一个直言命题与其具有矛盾关系的命题的否定之间可以互相推出。具体推理形式如下（“↔”表示在两个命题之间可以互推）：

所有 S 都是 P↔ 并非有些 S 不是 P

所有 S 都不是 P↔ 并非有些 S 是 P

有些 S 是 P↔ 并非所有 S 都不是 P

有些 S 不是 P↔ 并非所有 S 都是 P

这个 S 是 P↔ 并非这个 S 不是 P

这个 S 不是 P↔ 并非这个 S 是 P

根据直言命题之间的反对关系，可以从一个直言命题为真推出与该直言命题具有反对关系的命题为假。具体推理公式如下（“→”表示推出关系）：

所有 S 都是 P→ 并非所有 S 都不是 P

所有 S 都不是 P→ 并非所有 S 都是 P

所有 S 都是 P→ 并非这个 S 不是 P

所有 S 都不是 P→ 并非这个 S 是 P

根据直言命题之间的下反对关系，可以从一个直言命题为假推出与该直言命题具有下反对关系的命题为真。这就是：

并非有些 S 是 P→有些 S 不是 P

并非有些 S 不是 P→有些 S 是 P

根据直言命题之间的从属关系，可以从全称命题真推出特称命题真，从特称命题假推出全称命题假，还可以从全称命题真推出单称命题真，从单称命题真推出特称命题真，等等。这就是：

所有 S 都是 P→有些 S 是 P

所有 S 不是 P→有些 S 不是 P

并非有些 S 是 P→并非所有 S 都是 P

并非有些 S 不是 P→并非所有 S 都不是 P

所有 S 都是 P→这个 S 是 P

这个 S 是 P→有些 S 是 P

六、词项的周延性

词项就是指直言命题的主项和谓项。词项的周延性就是指对直言命题的主项或谓项的外延（即作为词项的概念所反映的事物对象的范围）的断定情况。在一个直言命题中，如果断定了主项或谓项的全部外延，我们就说主项或谓项是周延的；如果没有断定主项或谓项的全部外延，我们就说主项或谓项是不周延的。例如：

（1）所有学生都是爱国的。

（2）所有卖国贼都不是爱国者。

（3）有些劳模是冒牌的。

（4）有些领导人不是廉洁的。

上例（1）中的主项“学生”是周延的，因为该直言命题对“学生”的全部外延做出了断定，但谓项“爱国的”是不周延的，因为该直言命题并没有对“爱国的”的全部外延做出断定。只是说“所有学生都是爱国的”，并没有说“所有学生都是所有爱国的”。（2）中的主项“卖国贼”和谓项“爱国者”都是周延的，因为该直言命题不仅对“卖国贼”的全部外延做出了断定，而且对“爱国者”的全部外延做出了断定，即“所有卖国贼不是所有爱国者”。（3）中的主项“劳模”和谓项“冒牌的”都是不周延的，因为该直言命题既没有对主项“劳模”的全部外延做出断定，也没有对谓项“冒牌的”的全部外延做出断定。（4）中的主项“领导人”是不周延的，因为该直言命题没有对“领导人”的全部外延做出断定，但谓项“廉洁的”是周延的，因为该直言命题对“廉洁的”的全部外延做出了断定。

总之，词项的周延性是由常项（直言命题的联项和量项）来决定的。具体来说，主项的周延性由量项来决定，量项是全称的则主项周延，量项是特称的则主项不周延。谓项的周延性由联项来决定，联项是否定的则谓项周延，联项是肯定的则谓项不周延。当我们说“S 是 P”的时候，不需要断定“S 是所有的 P”，但当我们说“S 不是 P”的时候，已经断定了“S 不是所有的 P”。六种直言命题 SAP、SEP、SIP、SOP、SaP、SeP 的主谓项的周延情况如下：

	主项	谓项
SAP	周延	不周延
SEP	周延	周延
SIP	不周延	不周延
SOP	不周延	周延
SaP	周延	不周延
SeP	周延	周延

七、直言命题的变形推理

直言命题的变形推理就是通过改变前提中直言命题的形式，即通过改变前提中直言命题的联项或主项与谓项的位置，从而推出结论的推理。它包括换质推理、换位推理以及二者的综合运用。

1. 换质推理

换质推理是通过改变前提中直言命题的联项，即将“是”改为“不是”或将“不是”改为“是”，从而推出结论的推理方法。换质推理通常又称“换一个说法”，即肯定的命题用否定的方式来表达，或者否定的命题用肯定的方式来表达。

在进行换质推理时需要注意的是，除了需要改变联项外，同时还需要把结论中的谓项变为前提谓项的矛盾概念。直言命题A、E、I、O的换质推理情况如下：

"所有S是P"可以换质为"所有S不是非P"。

"所有S不是P"可以换质为"所有S是非P"。

"有些S是P"可以换质为"有些S不是非P"。

"有些S不是P"可以换质为"有些S是非P"。

例如：

"所有商品都是有价值的"可以换质为"所有商品都不是没有价值的"。

"所有人都不是长生不死的"可以换质为"所有人都是有死的"。

"有些人是自私的"可以换质为"有些人不是不自私的"。

"有些领导人不是廉洁的"可以换质为"有些领导人是不廉洁的"。

2. 换位推理

换位推理就是通过改变前提中直言命题的主项和谓项的位置，从而推出结论的推理方法。换位推理通常又称为"倒过来说"。

在进行换位推理时，除了需要交换主项和谓项的位置外，还需要注意在前提中不周延的词项在结论中也不能周延。直言命题A、E、I、O的换位推理情况如下：

"所有S是P"可以换位为"有些P是S"。

"所有S不是P"可以换位为"所有P不是S"。

"有些S是P"可以换位为"有些P是S"。

"有些S不是P"不能换位为"有些P不是S"。

例如：

"所有无价证券都是不准买卖的物品"可以换位为"有些不准买卖的物品是无价证券"。

"所有大学生不是中学生"可以换位为"所有中学生不是大学生"。

"有些花是红色的"可以换位为"有些红色的是花"。

"有些人不是大学生"不能换位为"有些大学生不是人"。

需要指出的是，全称肯定命题"所有S是P"，通过换位只能推出一个特称肯定命题"有些P是S"，不能推出"所有P是S"，因为"P"在前提中是全称肯定命题的谓项，是不周延的，如果推出"所有P是S"，"P"作为全称命题的主项就是周延的了，违背了"在前提中不周延的词项在结论中不能周延"的要求。例如，我们从"所有无价证券都是不准买卖的物品"出发，通过换位只能得到"有些不准买卖的物品是无价证券"，不能得到"所有不准买卖的物品都是无价证券"，显然，像毒品、人等都是"不准买卖的物品"，但并非"无价证券"。另外，特称否定命题"有些S不是P"不能通过换位推出"有些P不是S"，因为"S"在前提中作为特称命题的主项不周延，如果换位后作为结论的谓项就是周延的了，违背了"在前提中不周延的词项在结论中不能周延"的要求。

3. 换质推理和换位推理的综合运用

通过换质推理得到的结论还可以进行换位，通过换位推理得到的结论还可以进行换质。这关键是要看具体推理过程的需要。例如："既然证人都必须是精神上没有缺陷的人，所以，精神上有缺陷的人都不能作证人。"该推理就是先换质，得到"证人都不是精神上有缺陷的人"，再进行换位得到的。

八、三段论的结构分析

1. 什么是三段论

三段论是由包含着一个共同词项的两个直言命题推出一个新的直言命题的推理，也称直言三段论。例如：

所有树都是植物
所有橡树都是树
所以，所有橡树都是植物

2. 三段论的词项结构

三段论在结构上包括大项、小项和中项。大项是作为结论的谓项的概念。小项是作为结论的主项的概念。中项是在前提中出现两次而在结论中不出现的概念。上例中，“植物”是大项，“橡树”是小项，“树”是中项。

3. 三段论的命题结构

三段论的两个前提分别叫大前提和小前提。其中，包含大项的前提叫大前提，包含小项的前提叫小前提。按照习惯，大前提排在前面，小前提排在后面。但是，排列的顺序不是区分大、小前提的标准。区分大、小前提，只能看它们是包含大项还是包含小项。中项在三段论中非常重要，它起到把大、小前提连接起来，从而推出结论的桥梁和纽带作用。

在三段论中，大项通常用字母P表示，小项用字母S表示，中项用字母M表示。这样，上述推理的公式可以表示为：

所有M都是P
所有S都是M
所以，所有S都是P

上述推理中S、M、P三者之间的关系可用欧拉图表示如下：

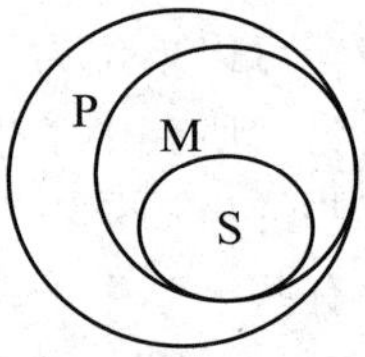

4. 三段论的格

三段论的格就是根据中项在三段论中的不同位置所构成的不同形式的三段论。在三段论的第一格中，中项是大前提的主项、小前提的谓项；在第二格中，中项是大、小前提的谓项；在第三格中，中项是大、小前提的主项；在第四格中，中项是大前提的谓项、小前提的主项。三段论的四个格可以分别表示如下：

第一格	第二格	第三格	第四格
M—P	P—M	M—P	P—M
S—M	S—M	M—S	M—S
S—P	S—P	S—P	S—P

三段论的第一格通常也称为典型格或标准格，其大前提是全称命题，小前提为具体命题，结论也是一个具体命题。三段论第一格体现了演绎推理从一般推演个别的特点。上述的例子就是第一格的三段论。在法庭审判中，通常用第一格的大前提引出法律条文，小前提陈述犯罪事实，结论就是定案，所以，第一格也称为审判格。例如：

凡是持刀抢劫者要判处10年以上有期徒刑
张三持刀抢劫
所以，张三要判处10年以上有期徒刑

三段论的第二格通常也称为区别格，因为它的结论一定是否定的，否则这个三段论就是无效的。例如：

坏人都攻击我
你攻击我
所以，你是坏人

这个三段论是无效的，因为虽然坏人都攻击我，但攻击我的不一定就是坏人。但是，如下的推理就是有效的：

坏人都攻击我
你不攻击我
所以，你不是坏人

第三格通常也称为反驳格，它的结论是特称的。例如：

雷锋不是自私的
雷锋是人
所以，有些人不是自私的

结论为特称，通常用来反驳一个全称命题。

5. 三段论的式

三段论的式就是通过进一步考虑三段论的大前提、小前提和结论的具体不同情况，所得到的不同三段论形式。上述所举第一格三段论的两个例子的式都属于三段论第一格的 AAA 式。因为它们的大前提是 MAP，小前提是 SAM，结论是 SAP。所举的第二格三段论的第一个例子的大前提为 PAM，小前提为 SAM，结论为 SAP，式为 AAA，该式在第二格中是无效式。但第二格三段论所举的第二个例子则是有效的，其大前提为 PAM，小前提为 SEM，结论为 SEP，式为 AEE 式，该式在第二格为有效式 。第三格所举的例子的式为 EAO 式，因为它的大前提是 MEP，小前提是 MAS，结论是 SOP。

九、三段论的一般判定规则

一个三段论是否正确，可以通过下述规则来加以判定。

1. 一个正确的三段论有且只能有三个不同的词项

三段论的实质就是要借助前提中一个共同词项即中项作为媒介，使大、小项发生逻辑关系从而推出结论的。如果一个三段论只有两个不同的项，那么大、小项就找不到这样一个中项来建立关系从而推出结论。如果一个三段论包含有四个不同的词项，那么就有可能大项和一个项存在关系，小项和另一个项存在关系，但找不到一个项分别和大、小项存在关系。至于如果包括五个或六个不同的项，那就更不是三段论了。违反这条规则，通常出现的逻辑错误称为“四词项”或“四概念”。

例如：

鲁迅的小说不是一天能够读完的
《故乡》是鲁迅的小说
《故乡》不是一天能够读完的

上述推理显然是错误的。例子中的“鲁迅的小说”，虽然是同一个语词，但是所表达的概念却不一样。它在大前提中表达的是“集合概念”（整体概念），在小前提中表达的却是“非集合概念”（非整体的类概念）。二者是全异关系。所以，整个推理犯了“四词项”的逻辑错误。

2. 在一个正确的三段论中，中项至少要周延一次

中项要起到媒介作用，必须至少有一部分外延既与大项建立关系，又与小项建立关系。如果中项两次都不周延，那么中项就有可能不存在一部分外延既和大项联系，又和小项联系，这就无法确定大、小项的关系。如果中项至少周延一次，那么，中项的全部外延就与大项或小项建立了联系，这样就能确保至少有一部分外延同大、小项存在关系。违反这条规则，就要犯“中项两次不周延”的逻辑错误。

例如：

数学家都学过数学
我学过数学
我是数学家

上例中的中项“学过数学”，在前提中两次都是肯定命题的谓项，都不周延，犯了“中项两次不周延”的逻辑错误。

3. 在前提中不周延的词项在结论中也不能周延

这条规则是对大项和小项的外延的规定。三段论是一种必然性的推理，它要求，不能从部分推出全部，不能从不周延的词项过渡到周延的词项，否则推理就不具有必然性了。违反这条规则所犯的逻辑错误有“大项不当周延”和“小项不当周延”。

“大项不当周延”是指大项在前提中不周延，而在结论中变得周延了。例如：

①共产党员都应该为希望工程捐款
我不是共产党员
我不应该为希望工程捐款

“小项不当周延”是指小项在前提中不周延，而在结论中变得周延了。例如：

②小王不讲卫生
小王是研究生
研究生不讲卫生

上例①中的大项“应该为希望工程捐款”在前提中是肯定命题的谓项，不周延，但在结论中却是否定命题的谓项，周延了，所以，犯了“大项不当周延”的错误。②中的小项“研究生”在前提中是肯定命题的谓项，不周延，但在结论中是全称命题的主项，周延了，所以，犯了“小项不当周延”的逻辑错误。

4. 两个否定前提推不出结论

如果三段论的两个前提都是否定的，那么小项和大项必然都同中项相排斥，这样，中项就无法起到联结大、小项的作用，做不出形式有效的推导。例如：

中学生不是大学生
这些学生不是中学生
这些学生？

上例不能推出必然性的结论，因为，如果推出“这些学生是大学生”，但也有可能这些学生刚好是小学生呢，小学生显然也不是中学生；如果推出“这些学生不是大学生”，但也有可能这些学生刚好是大学生呢，大学生显然也不是中学生。

5. 如果前提中有一个是否定的，那么结论就是否定的；如果结论是否定的，那么前提中必有一个是否定的

如果前提中有一个是否定的，那么小项和大项之一必然同中项相排斥，无论是小项同中项相排斥，还是大项同中项相排斥，在结论中小项同大项必然相排斥，结论必然是否定的。反过来，如果结论是否定的，那么大项同小项互相排斥，因此，在前提中大项和小项之一必然同中项相排斥，前提中必然有一个是否定的。例如：

凡有效的经济合同必须采取书面形式

这份经济合同没有采取书面形式
这份经济合同不是有效的

6. 两个特称前提推不出结论

两个前提都是特称的，则前提的组合情况无非三种：OO、II、IO（OI）。

（1）OO。根据规则 4，推不出结论。

（2）II。其中没有一个词项是周延的，根据规则 2，犯有“中项两次不周延”的错误，推不出正确的结论。

（3）IO（OI）。其中只有一个词项是周延的，首先这个唯一周延的词项要保证符合规则 2“中项至少要周延一次”的要求，必须作为中项，因而大项在前提中不周延。但是，根据规则 5，结论必然是否定的，所以，大项在结论中是周延的，这就违反规则 3，犯了“大项不当周延”的逻辑错误。如果要保证符合规则 3 的要求，大项在前提和结论中都周延，就会违反规则 2，犯了“中项两次不周延”的逻辑错误。因此，根据规则 2 和规则 3，IO（OI）做前提也推不出结论。

7. 如果前提中有一个是特称的，那么结论就是特称的

根据规则 6，如果两个前提中有一个是特称的，则另一个必须是全称的。因此，包含一个特称命题的两个前提无非以下四种情况：AI、AO、EI、EO。

（1）EO。根据规则 4，推不出正确的结论。

（2）AI。其中只有一个周延的词项，即 A 命题的主项。根据规则 2，前提中这个唯一周延的词项必须作中项，否则就要犯“中项两次不周延”的错误。这样，大、小项在前提中均不周延。根据规则 3，大、小项在结论中也不得周延。所以，结论必然是特称的。

（3）AO、EI。其中都分别有两个词项周延。根据规则 2，其中一个周延的词项必须作中项，否则就会犯“中项两次不周延”的逻辑错误。又根据规则 5，结论必然是否定的，所以，大项在结论中是周延的。根据规则 3，大项在前提中必须周延，否则就会犯“大项不当周延”的逻辑错误。因此，另一个周延的词项必须作大项，小项在前提中不周延。根据规则 3，则小项在结论中也不得周延，所以结论必然是特称的。

综上所述，前提中有一个是特称的，则结论就是特称的。

记住下面几句话将有助于把握上述七条规则：

中有周延词项三，
大项小项不扩展，
一特得特否得否，
否特成双结论难。

第一句话说的其实就是三段论的规则 2 和规则 1 。“中有周延”即中项必须至少周延一次；“词项三”即在一个正确的三段论中，中项必须至少周延一次。第二句话说的就是规则 3。第三句话说的是规则 7 和规则 5。“一特得特”即前提中有一个是特称的则结论必然是特称的，“否得否”即前提中有一个是否定的，则结论必然是否定的。第四句话说的是规则 4 和规则 6。“否成双”即两个否定前提推不出结论；“特成双”即两个特称前提推不出结论。

十、关系命题与关系推理

1. 关系命题

关系命题是断定事物对象之间的关系的命题。例如：

（1）张三和李四是同学。

（2）有些人认识那位司机。

（3）甲和乙是同学。

关系命题在结构上由关系者项、关系项和量项组成。关系者项是表示关系命题中事物对象的概念，如上例（1）中的“张三”和“李四”；关系项是表示关系命题中事物对象之间的关系的概念，如上例（2）中的“认识”；量项是表示关系命题中主项的数量范围的概念，如上例（2）中的“有些”。关系项有二元关系项、三元关系项等，因此，关系命题也可以有二元关系命题、三元关系命题等。这里，我们主要讨论二元关系命题。二元关系有许多性质，我们需要掌握的主要是对称性和传递性。

2. 关系的对称性

关系的对称性是指当事物对象a与b具有某种关系R时，b与a是否也具有这种关系R。

（1）如果b与a一定有关系R，则关系R就是对称的。例如，“是同学”“是朋友”“等于”“相邻”“在……附近”“离……不远”“相对立”“相矛盾”等关系都是对称的。

（2）如果b与a一定没有关系R，则关系R就是反对称的。例如，“大于”“小于”“多于”“早于”“侵略”“战胜”“在……之上”“是……父亲”等关系都是反对称的。

（3）如果b与a不一定有关系R，则关系R就是非对称的。例如，“喜欢”“爱”“认识”“理解”“信任”“帮助”“赞成”等关系都是非对称的。

3. 关系的传递性

关系的传递性是指当事物对象a与b具有某种关系R，并且b与c也具有这种关系R时，a与c是否也有这种关系R。

（1）如果a与c一定有这种关系R，则关系R就是传递的。例如，“大于”“小于”“等于”“早于”“平行”“真包含”“在……以南”等关系都是传递的。

（2）如果a与c一定没有这种关系R，则关系R就是反传递的。例如，“比……年长两岁”“是……父亲”等关系都是反传递的。

（3）如果a与c不一定有这种关系R，则关系R就是非传递的。例如，“认识”“喜欢”“战胜”“侵略”“相邻”“离……不远”“帮助”“爱”等关系都是非传递的。

4. 关系推理

（1）根据关系是对称的，可以进行对称关系推理。例如：

甲与乙是同学

乙与甲是同学

（2）根据关系是反对称的，可以进行反对称关系推理。例如：

甲是乙的父亲

乙不是甲的父亲

（3）根据关系是传递的，可以进行传递关系推理。例如：

甲比乙的年龄大

乙比丙的年龄大

甲比丙的年龄大

（4）根据关系是反传递的，可以进行反传递关系推理。例如：

甲是乙的父亲

乙是丙的父亲

甲不是丙的父亲

第二节　题型归纳和专题点睛

一、利用判断之间的真假关系解答特殊条件下的推理问题

所谓特殊条件下的推理问题是指，题干给出了一些语句，然后告知这些语句只有一真，或只有一假，或者有两真，或者有两假等条件下的推理问题。

解答这种题型的基本方法是矛盾求解三步法，即发现矛盾、绕开矛盾和超越矛盾。

发现矛盾就是要在题干所给出的已知语句中，确定哪两个句子之间具有矛盾关系。由于矛盾关系的语句之间必有一真而且必有一假，这样虽然不能立即确定真话或假话究竟是哪一句，但却可以确定真话或假话就在矛盾的语句之间。

绕开矛盾就是在发现矛盾之后一定不要去假设其中一句真或者假然后如何如何，否则就会陷入矛盾之中。

超越矛盾就是必须从矛盾之外的语句出发进行推理。

需要指出的是，当没有发现矛盾关系的语句时，还需要考察是否存在反对关系或下反对关系。因为反对关系的命题之间必有一个为假，而下反对关系的命题必有一个为真。

当然，如果在全部的语句中，找不到矛盾关系，也找不到反对关系和下反对关系，则这种问题从根本上就不属于特殊条件下的推理问题。这时需要运用假设法来求解。假设法是一种通常问题求解的一种方法，具体针对只有一真或一假的问题时，先假设某一句话为真或者为假然后如何如何。

【例 7.1】一家珠宝店的珠宝被盗，经查可以肯定是甲、乙、丙、丁四人中的某一个人所为。审讯中，他们四人各自说了一句话。

甲说：“我不是罪犯。”

乙说：“丁是罪犯。”

丙说：“乙是罪犯。”

丁说：“我不是罪犯。”

经调查证实，四人中只有一个人说的是真话。

根据以上条件，下列哪个判断为真？

A. 甲说的是假话，因此，甲是罪犯

B. 乙说的是真话，丁是罪犯

C. 丙说的是真话，乙是罪犯

D. 丁说的是假话，丁是罪犯

E. 四个人说的全是假话，丙才是罪犯

【解析】答案是 A。由于乙的话与丁的话之间具有矛盾关系，根据矛盾关系的语句之间必有一真，可知：四人中唯一说真话的就在乙和丁二人之中。于是，甲和丙所说的话都为假。既然甲的话为假，则说明甲是罪犯。

【例 7.2】甲说乙胖，乙说丙胖，丙和丁都说自己不胖。如果四人陈述只有一人错，那么谁一定胖？

A. 仅甲　　B. 仅乙　　C. 仅丙

D. 仅乙和丙　　E. 仅甲、乙和丙

【解析】答案是 B。乙说丙胖和丙说自己不胖，这两个断定之间是矛盾的，二者必有一个

是假的，所以假话就在乙和丙所说的话之中，甲的话和丁的话必然都是真话。由甲的话真，可知：乙胖。

【例7.3】在某次税务检查后，四个工商管理人员各自做出了结论。甲说：“所有个体户都没纳税。”乙说“服装个体户陈老板没纳税。”丙说：“个体户不都没纳税。”丁说“有的个体户没纳税”。

如果四个人中只有一人断定属实，那么以下哪项是真的？

A. 甲断定属实，陈老板没有纳税

B. 丙断定属实，陈老板纳了税

C. 丙断定属实，但陈老板没纳税

D. 丁断定属实，陈老板未纳税

E. 丁断定属实，但陈老板纳了税

【解析】答案是B。题干中丙的话“个体户不都没纳税”即“有的个体户纳了税”，和甲的话之间具有矛盾关系，二者必有一真，所以，真话在甲和丙的话之中。所以，乙的话和丁的话都是假的。根据乙的话为假，可以推出：个体户陈老板纳了税。进而可以推出甲的话为假，丙的话为真。

【例7.4】某仓库失窃，四个保管员涉嫌被传讯。四人的口供如下：

甲：我们四人都没作案。

乙：我们中有人作案。

丙：乙和丁至少有人没作案。

丁：我没作案。

如果四人中有两人说的是真话，有两人说的是假话，那么以下哪项断定成立？

A. 说真话的是甲和丙　　B. 说真话的是甲和丁　　C. 说真话的是乙和丙

D. 说真话的是乙和丁　　E. 说真话的是丙和丁

【解析】答案是C。由于甲和乙的话具有矛盾关系，二者必有一真一假，再根据题干中的已知条件，可知丙和丁的话也必有一真一假。由于甲和乙的话为矛盾关系，所以必须绕开甲和乙，只能从丙和丁这两句话只有一真一假来考虑。如果丙的话为假，那么意味着乙和丁都作了案，此时丁的话也必为假。这就是说，丙的话不能是假的；丙的话必为真，说假话的是丁，丁是作案者。既然丁作了案，则甲说“我们四人都没作案”必为假，乙的话为真。因此，乙和丙的话都是真的，甲和丁的话都是假的。

【例7.5】某公司财务部共有包括主任在内的8名职员。有关这8名职员，以下三个断定中只有一个是真的：

（1）有人是广东人。

（2）有人不是广东人。

（3）主任不是广东人。

以下哪项为真？

A. 8名职员都是广东人　　B. 8名职员都不是广东人　　C. 只有一个不是广东人

D. 只有一个是广东人　　E. 无法确定该部广东人的人数

【解析】答案是A。题干中的“有人是广东人”和“有人不是广东人”为下反对关系，根据对当关系，二者不能都假，必有一真。再根据题意，题干中三个断定只有一个是真的，于是唯一真的命题只能在（1）和（2）这两个命题之中，所以，“主任不是广东人”必假。既然“主任不是广东人”为假，所以“主任是广东人”为真。根据对当关系中的从属关系，由“主任是广东人”为真，可以推出“有人是广东人”为真。再根据题意，题干中三个断定只有一个为真，既然“有人是广东人”是真的，所以，“有人不是广东人”就是假的。再根据对当关系的矛盾关系，由“有人不是广东人”为假，可以推出“所有人是广东人”为真。

【例 7.6】甲、乙、丙和丁进入某围棋邀请赛半决赛，最后要决出一名冠军。张、王和李三人对结果做了如下预测。张说：“冠军不是丙。”王说：“冠军是乙。”李说：“冠军是甲。”

已知张、王、李三人中恰有一人预测正确，以下哪项为真？

A. 冠军是甲　　B. 冠军是乙　　C. 冠军是丙

D. 冠军是丁　　E. 无法确认冠军是谁

【解析】答案是 D。题干中在张、王、李三人中难以找到矛盾关系，故需要使用假设法。首先令王的预测正确，则冠军有丙和乙两人，与题意不符。再令李的预测正确，则冠军有丙和甲两人，也与题意不符。所以，三人的话只有张的正确。其他两人的话均为假。所以，冠军不是丙，不是乙，不是甲，只能是丁。

二、运用直言命题之间的各种对当关系进行推理和反驳

能够运用直言命题之间的矛盾关系、反对关系、下反对关系和从属关系进行推理。同时，由于矛盾关系和反对关系的两个命题之间都必有一个是假的，所以要学会运用直言命题之间的矛盾关系或反对关系来进行反驳。

【例 7.7】这个单位已发现有育龄职工违纪超生。

如果上述断定是真的，那么在下述三个断定中不能确定真假的是：

Ⅰ. 这个单位没有育龄职工不违纪超生

Ⅱ. 这个单位有的育龄职工没违纪超生

Ⅲ. 这个单位所有的育龄职工都未违纪超生

A. 仅Ⅰ和Ⅱ　　B. Ⅰ、Ⅱ和Ⅲ　　C. 仅Ⅰ和Ⅲ

D. 仅Ⅱ　　E. 仅Ⅰ

【解析】答案是 A。选项Ⅰ不能确定真假，该项说“这个单位没有育龄职工不违纪超生”的意思就是说“这个单位所有育龄职工都违纪超生”，而“这个单位有些育龄职工违纪超生”，不一定“这个单位所有育龄职工都违纪超生”。选项Ⅱ不能确定真假，因为“这个单位有些育龄职工违纪超生”，不一定“这个单位有些育龄职工没有违纪超生”，因为“有些”有可能涉及到全部。而选项Ⅲ一定为假，“这个单位所有的育龄职工都未违纪超生”与题干断定“这个单位有些育龄职工违纪超生”之间为矛盾关系。

【例 7.8】所有的三星级饭店都被搜查过了，没有发现犯罪嫌疑人的踪迹。

如果上述断定为真，那么在下面四个断定中可确定为假的是：

Ⅰ. 没有三星级饭店被搜查过

Ⅱ. 有的三星级饭店被搜查过了

Ⅲ. 有的三星级饭店没有被搜查过

Ⅳ. 犯罪嫌疑人藏的三星级饭店已被搜查过

A. 仅Ⅰ和Ⅱ　　B. 仅Ⅰ和Ⅲ　　C. 仅Ⅱ和Ⅲ

D. 仅Ⅰ、Ⅲ和Ⅳ　　E. Ⅰ、Ⅱ、Ⅲ和Ⅳ

【解析】答案是 B。选项Ⅰ一定为假，因为该项的意思是“所有的三星级饭店都没有被搜查过了”，与题干断定“所有的三星级饭店都被搜查过了”之间为反对关系，不能都真，必有一假。选项Ⅱ一定是真的，因为如果“所有的三星级饭店都被搜查过了”为真，则“有的三星级饭店被搜查过了”一定真。选项Ⅲ一定假，因为该项断定“有的三星级饭店没有被搜查过”与题干的断定“所有的三星级饭店都被搜查过了”之间为矛盾关系，必有一假。选项Ⅳ一定

真，因为如果“所有的三星级饭店都被搜查过了”，则“犯罪嫌疑人所藏的那个三星级饭店已被搜查过了”一定为真。注意，这和题干的断定“没有发现犯罪嫌疑人的踪迹”并不矛盾，因为没有发现犯罪嫌疑人的踪迹，不等于就没有搜查过。

【例 7.9】在中唐公司的中层干部中，王宜获得了由董事会颁发的特别奖。

如果上述断定为真，则以下哪项断定不能确定真假？

Ⅰ. 中唐公司的中层干部都获得了特别奖

Ⅱ. 中唐公司的中层干部都没有获得特别奖

Ⅲ. 中唐公司的中层干部中，有人获得了特别奖

Ⅳ. 中唐公司的中层干部中，有人没获得特别奖

A. 仅Ⅰ　　B. 仅Ⅲ和Ⅳ　　C. 仅Ⅱ和Ⅲ

D. 仅Ⅰ和Ⅳ　　E. 仅Ⅰ、Ⅱ和Ⅲ

【解析】答案是 D。题干为 SaP。如果题干为真，则选项Ⅰ为 SAP，不能确定真假，选项Ⅱ为 SEP，一定假，选项Ⅲ为 SIP，一定真，选项Ⅳ为 SOP，不能确定真假。

【例 7.10】通过调查得知，并非所有个体商贩都有偷税、逃税行为。

如果上述调查的结论是真实的，那么以下哪项一定为真？

A. 所有的个体商贩都没有偷税、逃税行为

B. 多数个体商贩都有偷税、逃税行为

C. 并非有的个体商贩没有偷税、逃税行为

D. 并非有的个体商贩有偷税、逃税行为

E. 有的个体商贩确实没有偷税、逃税行为

【解析】答案是 E。题干的意思就是“所有个体商贩都有偷税、逃税行为”为假，可以推出“有的个体商贩确实没有偷税、逃税行为”。

【例 7.11】有人说：“哺乳动物都是胎生的。”

以下哪项最能驳斥上述判断？

A. 也许有的非哺乳动物是胎生的

B. 可能有的哺乳动物不是胎生的

C. 没有见到过非胎生的哺乳动物

D. 非胎生的动物不大可能是哺乳动物

E. 鸭嘴兽是哺乳动物，但不是胎生的

【解析】答案是 E。要反驳某一个命题，也就是要确定某一个命题是假的。题干中是一个全称肯定命题，根据对当关系，当一个特称否定命题为真时，相对应的全称肯定命题一定假，所以，需要寻找一个特称否定命题来反驳题干。如果选项 E 为真，那么可以推出一个特称否定命题：有些哺乳动物不是胎生的。选项 C 和 D 都支持题干，A 项对题干没有提出质疑，B 项虽能削弱题干（只是“可能”），但是远不如 E 项有力。

【例 7.12】以下诸项结论都是根据 2018 年度西单飞舟商厦各个职能部收到的雇员报销单据综合得出的。在此项综合统计做出后，有的职能部门又收到了雇员补交上来的报销单据。

以下哪项结论不可能被补交报销单据这一新的事实所推翻？

A. 超级市场部仅有 14 个雇员交了报销单据，报销了至少 8 700 元

B. 公关部最多只有 3 个雇员交了报销单据，总额不多于 2 600 元

C. 后勤部至少有 8 个雇员交了报销单据，报销总额为 5 234 元

D. 会计部至少有 4 个雇员交了报销单据，报销了至少 2 500 元

E. 总经理事务部至少有 7 个雇员交了报销单据，报销额不比后勤部多

【解析】答案是 D。因为该项只设定了下限（至少有 4 个雇员，报销了至少 2 500 元），而没有设定任何上限，于是它不可能被任何新的报销情况所否定。其他各个选项都至少设定了一个上限，因而可以被新的报销情况所推翻或否定。A 项中“仅有 14 个雇员”，B 项中“只有 3 个雇员”“不多于 2 600 元”，C 项中“总额为 5 234 元”，E 项中“不比后勤部多”等都容易被新的报销单据所推翻。而 D 项中“至少有 4 个雇员”“至少 2 500 元”都不会被新的报销单据所否定。这道题主要考查了特称量项“至少”的含义。

三、根据三段论的格和式分析三段论的结构

【例 7.13】凡金属都是导电的，铜是导电的，所以铜是金属。

下面哪项与上述推理结构最相似？

A. 所有的鸟都是卵生动物，蝙蝠不是卵生动物，所以，蝙蝠不是鸟

B. 所有的鸟都是卵生动物，天鹅是鸟，所以天鹅是卵生动物

C. 所有从事公共管理工作的都要学习行政管理，老杨是学习行政管理的，所以，老杨是从事公共管理工作的

D. 只有精通市场营销理论，才是一个合格的市场营销经理，老张精通市场营销理论，所以，老张一定是合格的市场营销经理

E. 中国是中华人民共和国，中华民国不是中华人民共和国，所以，中华民国不是中国

【解析】答案是 C。该项与题干一样，都是第二格三段论，前提和结论都是肯定的。选项 A 和 E 虽然也是第二格三段论，但小前提和结论却都是否定的。选项 B 是第一格三段论。选项 D 是一个复合推理，变为一个三段论，也是第二格的。

【例 7.14】科学不是宗教，宗教都主张信仰，所以主张信仰都不科学。

以下哪项与上述推理结构最相似？

A. 所有渴望成功的人都必须努力工作，我并不渴望成功，所以我不必努力工作

B. 商品都有使用价值，空气当然有使用价值，所以空气当然是商品

C. 不刻苦学习的人都成不了技术骨干，小张是刻苦学习的人，所以小张能成技术骨干

D. 台湾人不是北京人，北京人都说汉语，所以，说汉语的都不是台湾人

E. 犯罪行为都是违法行为，违法行为都应受到社会谴责，所以应受到社会谴责的行为都是犯罪行为

【解析】答案是 D。该项和题干都是三段论的第四格，大前提和结论都是否定的，小前提是肯定的，都是 EAE 式。选项 A 是第一格。选项 B 是第二格。选项 C 也是第二格，其大前提是：能成技术骨干的人都是刻苦学习的人。选项 E 虽是第四格，但是前提和结论都是肯定的，为 AAA 式。解答类似的题，首先需要明白选项与题干是否属于同一个格，然后再分析前提和结论是否完全一致。

【例 7.15】所有名词都是实词，动词不是名词，所以动词不是实词。

以下哪项与上述推理在结构上最为类似？

A. 凡细粮都不是高产作物。因为凡薯类都是高产作物，凡细粮都不是薯类

B. 先进学生都是遵守纪律的，有些先进学生是大学生，所以大学生都是遵守纪律的

C. 铝是金属，又因为金属都是导电的，因此铝是导电的

D. 虚词不能独立充当语法成分，介词是虚词，所以介词不能独立充当语法成分

E. 实词能独立充当语法成分，连词不能独立充当语法成分，所以连词不是实词

【解析】答案是 A。该项和题干都是三段论的第一格，大前提是肯定的，小前提和结论都是否定的。选项 B 是第三格。选项 C 虽是第一格，但前提和结论都是肯定命题，是正确的推

理。选项D虽是第一格，但大前提是否定的，小前提是肯定的。选项E是第二格的三段论。需要注意的是，选项A的结论被放在了最前边，这是容易被忽视的。

【例7.16】所有的聪明人都是近视眼，我近视得很厉害，所以，我很聪明。

以下哪一项揭示了上述推理是明显错误的?

A. 我是个笨人，因为所有的聪明人都是近视眼，而我的视力那么好

B. 所有的猪都有四条腿，但这种动物有八条腿，所以它不是猪

C. 小陈十分高兴，所以小陈一定长得很胖；因为高兴的人都长得很胖

D. 所有的天才都高度近视，我一定是高度近视，因为我是天才

E. 所有的鸡都是尖嘴的，这种总在树上呆着的鸟是尖嘴的，因此它是鸡

【解析】答案是E。题干是第二格的三段论，该三段论犯了“中项两次不周延”的错误。选项A也是第二格的三段论，但该三段论是正确的。题干的两个前提和结论都是肯定的，而选项A的小前提和结论都是否定的。选项A的规范形式可以整理为：“所有的聪明人都近视，我不近视，所以，我不聪明”。选项B的规范形式可以整理为：“所有的猪都有四条腿，这种动物没有四条腿，所以这种动物不是猪”，虽然也是第二格的三段论，但其小前提和结论与选项A一样都是否定的，也是正确的三段论。选项C的规范形式是：“高兴的人都能长胖，小陈十分高兴，所以小陈一定长得胖”，属于第一格的三段论，是正确的推理。选项D的规范形式是：“所有的天才都高度近视，我是天才，所以我一定是高度近视”，该三段论与选项C一样，也属于形式有效的第一格三段论。选项E的规范形式是：“所有鸡都是尖嘴的，这种鸟是尖嘴的，所以这种鸟是鸡”，与题干一样，是第二格的三段论，也犯了“中项两次不周延”的错误。

四、根据三段论的一般规则推出结论

三段论如何推出结论？关键是要遵守如前所述的推理规则。对于考生来说，如果能够更好地把握下列口诀，就可以更好地来求解三段论的结论。

三段论有三概念，每个两次不能多。

中项不在结论处，大项小项结论合。

前提否来结论否，概念范围不能扩。

中项必有周延处，图解方法来配合。

说的是，三段论推理中有且只能有三个不同的概念，即大项、小项和中项，每个概念各出现两次。中项在前提中起到连接性的桥梁和纽带作用，它不会下到结论中来，所以，三段论通常也称为过河拆桥。结论是大项和小项结合起来的结果。前提中当有一个为否定时结论必然是否定的，在推理过程中概念范围不能扩大，即不能出现大项不当周延和小项不当周延的错误。中项由于在前提中要起到桥梁和纽到的连接作用，所以，中项必须至少有一次涉及到其全部范围，否则就会出现“中项两次不周延”的错误。

【例7.17】血液中高浓度脂肪蛋白含量的增多，会增加人体阻止吸收过多的胆固醇的能力，从而降低血液中的胆固醇。有些人通过有规律的体育锻炼和减肥，能明显地增加血液中高浓度脂肪蛋白的含量。

以下哪项，作为结论从上述题干中推出最为恰当?

A. 有些人通过有规律的体育锻炼降低了血液中的胆固醇，则这些人一定是胖子

B. 不经常进行体育锻炼的人，特别是胖子，随着年龄的增大，血液中出现胆固醇的风险越来越大

C. 体育锻炼和减肥是降低血液中高胆固醇的最有效的方法

D. 有些人可以通过有规律的体育锻炼和减肥来降低血液中的胆固醇

E. 标准体重的人只需要通过有规律的体育锻炼就能降低血液中的胆固醇

【解析】答案是D。题干中的大前提和小前提所包含的中项是：能明显地增加血液中高浓度脂肪蛋白的含量。选项A说“这些人一定是胖子”，远离了题干。选项B说的是必要性，题干要说的是充分性。选项C说的题干所说的方法是“最有效的方法”，过强。选项E中“标准体重的人”不能从题干中的“有些人”推出来。

【例7.18】哈尔滨人都是北方人，有些哈尔滨人不是工人。

如果上述断定为真，则以下哪项一定是真的？

A. 有些北方人是工人

B. 有些北方人不是工人

C. 有些工人是北方人

D. 有些工人不是北方人

E. 有些哈尔滨人不是北方人

【解析】答案是B。根据前提中有一个特称则结论特称，前提中有一个否定则结论否定的规则，可得结论是一个特称否定命题。但不是D，否则会出现“北方人”“概念扩大”的错误。

【例7.19】所有爱斯基摩土著人都是穿黑衣服的；所有的北婆罗洲土著人都是穿白衣服的；没有既穿白衣服又穿黑衣服的人；H是穿白衣服的人。

基于以上事实，下列哪个判断必为真？

A. H是北婆罗洲土著人

B. H不是爱斯基摩土著人

C. H不是北婆罗洲土著人

D. H是爱斯基摩土著人

E. H既不是爱斯基摩土著人，也不是北婆罗洲土著人

【解析】答案是B。本题要求判断H的身份，所以，题干中的“H是穿白衣服的人”应该是推理的一个重要前提，该前提如果与“所有的北婆罗洲土著人都是穿白衣服的”构成三段论，则犯了“中项两次不周延”的错误，因为中项“穿白衣服的人”两次都处于肯定命题的谓项，所以选项A和C均不成立。进行三段论推理，关键是要找到一个共同的中项把前提联结起来。用“H是穿白衣服的人”与另一个前提“所有爱斯基摩土著人都是穿黑衣服的”构成三段论，首先需要将其中的一个命题“换一个说法”（即进行换质推理），例如可以将“H是穿白衣服的人”换质为“H不是穿黑衣服的人”（因为题干中有命题“没有既穿白衣服又穿黑衣服的人”），于是可以推出“H不是爱斯基摩土著人”。根据“前提否来结论否”的口诀，选项D显然不能被推出来。

【例7.20】张教授的所有初中同学都不是博士；通过张教授而认识其哲学研究所同事的都是博士；张教授的一个初中同学通过张教授认识了王研究员。

以下哪项作为结论可以从上述断定中推出？

A. 王研究员是张教授的哲学研究所同事

B. 王研究员不是张教授的哲学研究所同事

C. 王研究员是博士

D. 王研究员不是博士

E. 王研究员不是张教授的初中同学

【解析】答案是B。由“张教授的所有初中同学都不是博士”和“通过张教授而认识其哲学研究所同事的都是博士”，可得：张教授的所有初中同学通过张教授所认识的都不是张教授的哲学研究所同事（只要有一个否定前提则结论为否定）。再考虑“张教授的一个初中同学通

过张教授认识了王研究员”，可得：王研究员不是张教授的哲学研究所同事（只要有一个否定前提则结论为否定）。

【例 7.21】爱书成痴注定会藏书，大多数藏书家也会读一些自己收藏的书；但有些藏书家却因喜爱书的价值和精致装帧而购书收藏，至于阅读则放到了自己以后闲暇的时间，而一旦他们这样想，这些新购的书就很可能不被阅读了。但是，这些受到“冷遇”的书只要被友人借去一本，藏书家就会失魂落魄，整日心神不安。

根据上述信息，可以得出以下哪项？

A. 有些藏书家从不读自己收藏的书

B. 有些藏书家会读遍自己收藏的书

C. 有些藏书家喜欢闲暇时读自己的藏书

D. 有些藏书家不会立即读自己新购的书

E. 有些藏书家将自己的藏书当作友人

【解析】答案是 D。题干断定：(1) 大多数藏书家会读一些自己的藏书。(2) 有的藏书家因喜爱书的价值和精致装帧而购书收藏，至于阅读放到了以后的闲暇时间，从而导致新书很可能不被阅读。(3) 这些很可能不被阅读的书一旦被别人借走了，藏书家就会感到失魂落魄。显然，根据 (2) 可知：D 选项“有些藏书家不会立即读自己新购的书”为真。注意，选项 A 的“从不读”，选项 B 的“读遍”，选项 C 的“喜欢闲暇的时候读书”，均为过度推理。

【例 7.22】为进一步加强对不遵守交通信号等违法行为的执法管理，规范执法程序，确保执法公正，某市交警支队要求：凡属交通信号不一致，有证据证明救助危难等情形，一律不得录入道路交通违法信息系统，对已录入信息系统的违法记录，必须完善异议受理、核查、处理等工作规范，最大限度减少执法争议。

根据上述交警支队要求，可以得出以下哪项？

A. 有些因救助危难而违法的情形，如果仅有当事人说辞但缺乏当时现场的录音录像证明，就应录入道路交通违法信息系统

B. 因信号灯相位设置和配时不合理等造成交通信号不一致而引发的交通违法情形，可以不录入道路交通违法信息系统

C. 如果汽车使用了行车记录仪，就可以提供现场实时证据，大大减少被录入道路交通违法信息系统的可能性

D. 只要对已录入系统的交通违法记录进行异议受理、核查和处理就能最大限度减少执法争议

E. 对已录入系统的交通违法记录，只有倾听群众异议，加强群众监督，才能最大限度减少执法争议

【解析】答案是 B。题干断定：“凡属交通信号不一致，有证据证明救助危难等情形，一律不得录入道路交通违法信息系统”。选项 B 断言“因信号灯相位设置和配时不合理等造成交通信号不一致而引发的交通违法情形，可以不录入道路交通违法信息系统”，正好可以推出，其中运用到了三段论第一格。也可以看成充分条件肯定前件到肯定后件的推理。

五、三段论的假设与加强

有些三段论问题是，前提中给出了小前提和结论，需要我们去寻找大前提。题型表现为假设和加强。其基本求解方法和三段论推结论的情况类似。

【例 7.23】有些导演留大胡子，因此，有些留大胡子的人是大嗓门。

为使上述推理成立，必须补充以下哪项作为前提？

A. 有些导演是大嗓门
B. 所有大嗓门的人都是导演
C. 所有导演都是大嗓门
D. 有些大嗓门不是导演
E. 有些导演不是大嗓门

【解析】答案是C。题干中的前提“有些导演留大胡子”是特称的，另一个前提不能是特称的而必须是全称的，这样，选项A、D、E都必须排除。再考虑，如果补充选项B作为前提，就会犯“中项两次不周延”的逻辑错误，因为中项“导演”在题干和该选项中都不周延。选项C中，中项“导演”周延，所以正好可以作为题干推理的前提。

【例7.24】所有物质实体都是可见的，而任何可见的东西都没有神秘感。因此，精神世界不是物质实体。

以下哪项最可能是上述论证所假设？

A. 精神世界是不可见的
B. 有神秘感的东西都是不可见的
C. 可见的东西都是物质实体
D. 精神世界有时也是可见的
E. 精神世界具有神秘感

【解析】答案是E。题干中的结论为否定，而且前提中有一个为否定，则需要补充的前提必须是肯定的，因为两个否定的前提推不出结论。所以，选项A、B都不能作为假设。“物质实体”这个概念是大项，在题干的结论和前提中均已出现过，不能再出现。因此，假设应该是小项“精神世界”（结论的主项）和中项（结论中没有出现过的概念）“有神秘感”的连接。显然，选项C和D也都不能做假设。

【例7.25】有些通信网络维护涉及个人信息安全，因而，不是所有通信网络的维护都可以外包。

以下哪项可以使上述论证成立？

A. 所有涉及个人信息安全的都不可以外包
B. 有些涉及个人信息安全的不可以外包
C. 有些涉及个人信息安全的可以外包
D. 所有涉及国家信息安全的都不可以外包
E. 有些通信网络维护涉及国家信息安全

【解析】答案是A。题干从“有些通信网络维护涉及个人信息安全”推出结论“有些通信网络的维护不可以外包”。前提是特称判断，需要假设一个全称判断的前提；结论是否定判断，需要假设一个否定判断做前提。只有选项A“所有涉及个人信息安全的都不可以外包”满足这样的要求。注意选项D中讲到的概念“国家信息安全”，题干中没有提到过，不能作为假设。

【例7.26】想从事秘书工作的学生都报考中文专业。李芝报考了中文专业，他一定想从事秘书工作。

下述哪项如果为真，最能支持上述观点？

A. 所有报考中文专业的考生都想从事秘书工作
B. 有些秘书是大学中文专业的毕业生
C. 想从事秘书工作的人有些报考了中文专业
D. 有不少秘书都有中文专业学位

E. 只有中文专业毕业的，才有资格从事秘书工作

【解析】答案是A。题干是一个第二格的三段论，中项“报考中文专业”在两个前提中都处于肯定命题的谓项，犯了“中项两次不周延”的错误。如果选项A为真，就能使前提里的中项“报考中文专业”周延一次，从而使得题干的推理变为形式有效的推理。选项B、C、D、E均不能使中项“报考中文专业”周延一次，故都不是最能支持题干的。

六、三段论的削弱与评价

削弱一个论证从根本上就是要使得这个论证结论为假，对于三段论来说也是一样。如果题干给出的三段论本身有结论，则削弱这个三段论就是要寻找一个选项，和题干的前提加在一起，能够推出题干结论的相反者。如果题干给出的三段论本身没有结论，则需要首先推出结论，然后寻找一个选项来否定之。评价一个三段论主要表现为指出这个三段论的逻辑漏洞，其实也就相对于削弱这个三段论。

【例7.27】有些低碳经济是绿色经济，因此低碳经济都是高技术经济。

以下哪项如果为真，最能反驳上述论证？

A. 绿色经济都不是高技术经济

B. 绿色经济有些是高级技术经济

C. 有些低碳经济不是绿色经济

D. 有些绿色经济不是低碳经济

E. 低碳经济就是绿色经济

【解析】答案是A。反驳一个三段论从根本上就是要使得这个三段论的结论为假。题干论证中的结论是“低碳经济都是高技术经济”，前提是“有些低碳经济是绿色经济”。选项A“绿色经济都不是高技术经济”如果为真，则和题干的前提一起正好可以推出题干结论的相反者“有些低碳经济不是高技术经济”，从而否定了题干的结论。

【例7.28】在改革开放的中国社会，白领阶层以其得体入时的穿着、斯文潇洒的举止，在城市中逐渐形成一种新的时尚。张金力穿着十分得体，举止也十分斯文，一定是白领阶层的一员。

下列哪项陈述最准确地指出了上述判断在逻辑上的缺陷？

A. 有些白领阶层的人穿着也很普通，举止并不潇洒

B. 有些穿着得体，举止斯文的人并非从事令人羡慕的白领工作

C. 穿着举止是人的爱好、习惯，也与工作性质有一定的关系

D. 张金力的穿着举止受社会时尚的影响很大

E. 白领阶层的工作性质决定了他们应当穿着得体、举止斯文

【解析】答案是B。题干推理经过整理后是这样的：白领阶层都穿着得体，张金力也穿着得体，所以张金力是白领阶层的一员。显然犯有“中项两次不周延”的错误。选项B正好指出了这一点。

七、利用图解法解答概念之间的关系问题及三段论问题

图解法是利用欧拉图来求解结论的方法，所针对的主要是关于基本概念之间的关系、基本数据之间的关系以及直言命题推理等问题。图解法主要可利用来解答三段论的推结论问题，在解答这种问题时，先要画全称命题的图解，然后才画特称命题的图解。

【例7.29】某家饭店中，一桌人边用餐边谈生意。其中，1个人是哈尔滨人，2个人是北方

人，1个人是广东人，2个人只做电脑生意，3个人只做服装生意。

如果以上介绍涉及餐桌上所有的人，那么这一桌最少可能是几个人？最多可能是几个人？

A. 最少可能是3人，最多可能是8人

B. 最少可能是5人，最多可能是8人

C. 最少可能是5人，最多可能是9人

D. 最少可能是3人，最多可能是9人

E. 最少可能3人，最多可能7人

【解析】答案是B。题干中主要涉及到哈尔滨人（1人）、北方人（2人）、广东人（1人）、做电脑生意（2人）、做服装生意（3人）等概念。其中，哈尔滨人和北方人之间是真包含于关系，它们和广东人之间是排斥关系，做电脑生意和做服装生意之间也是排斥关系。“最多”意味着每两个概念之间尽可能互相排斥，“最少”意味着每两个概念之间尽可能互相重合。图解如下：

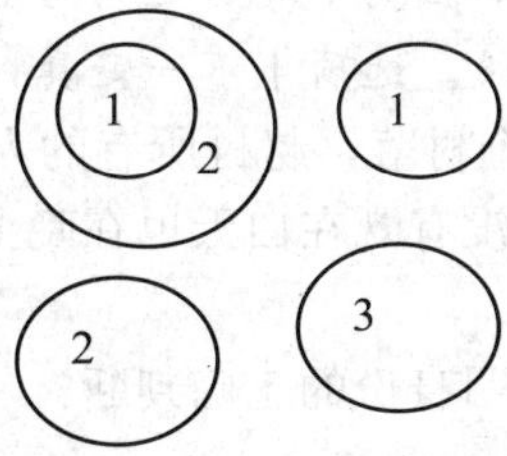

从上图可看出，最多即每两个概念之间尽可能互相排斥，但1个哈尔滨人不可能被北方人排斥出来，所以最多应为2＋1＋2＋3＝8人。最少即每两个概念之间尽可能互相重合，于是2个北方人完全可以属于做电脑生意的或者做服装生意的，1个广东人也可以属于做电脑生意或者做服装生意的，但是2个做电脑生意的和3个做服装生意的不可能互相重合，所以最少应为2＋3＝5人。

【例7.30】概念A与概念B之间有交叉关系，当且仅当，(1) 存在对象x，x既属于A又属于B；(2) 存在对象y，y属于A但不属于B；(3) 存在对象z，z属于B但不属于A。

根据上述定义，以下哪项中加点的两个概念之间有交叉关系？

A. 国画按题材分主要有人物画、花鸟画、山水画等等；按技法分主要有工笔画和写意画

B.《盗梦空间》除了是最佳影片的有力争夺者外，它在技术类奖项的争夺中也将有所斩获

C. 洛邑小学30岁的食堂总经理为了改善伙食，在食堂放了几个意见本，征求学生们的意见

D. 在微波炉清洁剂中加入漂白剂，就会释放出氯气

E. 高校教师包括教授、副教授、讲师和助教等

【解析】答案是A。题干是关于交叉关系的严格定义。选项A中，“人物画”和“工笔画”两个概念之间存在的是交叉关系。选项B中，“盗梦空间”与“最佳影片”之间是同一关系。选项C中，“洛邑小学30岁的食堂总经理”与“学生们”之间是全异关系。选项D中，“微波炉清洁剂”与“氯气”之间是全异关系。选项E中，“高校教师”和“教授”之间是真包含关系。

【例7.31】去年4月，股市出现了强劲反弹，某证券部通过对该部股民持仓品种的调查发现，大多数经验丰富的股民都买了小盘绩优股，所有年轻的股民都选择了大盘蓝筹股，而所有买小盘绩优股的股民都没有买大盘蓝筹股。

如果上述断定为真，以下哪项关于该证券部股民的调查结果也必定为真？

Ⅰ. 有些年轻的股民是经验丰富的股民

Ⅱ. 有些经验丰富的股民没买大盘蓝筹股

Ⅲ. 年轻的股民都没买小盘绩优股

A. 仅Ⅰ　　B. 仅Ⅰ和Ⅱ　　C. 仅Ⅱ和Ⅲ

D. 仅Ⅰ和Ⅲ　　E. Ⅰ、Ⅱ和Ⅲ

【解析】答案是C。题干给出了3个简单句，涉及到4个概念，分别表示为：a=经验丰富的股民；b=小盘绩优股；c=年轻的股民；d=大盘蓝筹股。图解如下：

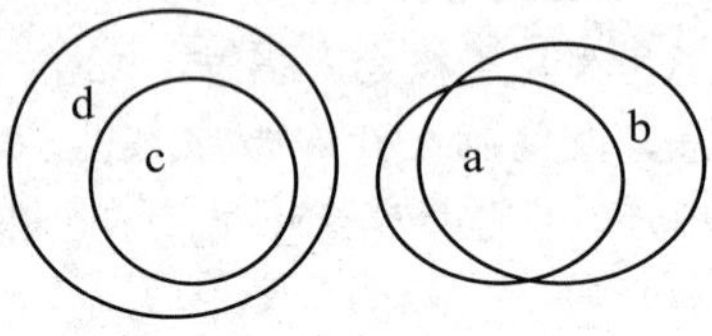

从上图可以看出，选项Ⅲ一定真，因为c和b之间为全异关系。选项Ⅱ也一定真，因为至少a和b的重合部分没有买大盘蓝筹股。选项Ⅰ不一定真，因为c和a之间可能具有全异关系。

【例7.32】在中国北部有这样两个村落，赵村所有的人都是在白天祭祀祖先，李庄所有的人都是在晚上才祭祀祖先，我们确信没有既在白天也在晚上祭祀祖先的人。我们也知道李明是晚上祭祀祖先的人。

依据以上信息，以下哪项是对李明身份的正确判断？

A. 李明是赵村的人

B. 李明不是赵村的人

C. 李明是李庄的人

D. 李明不是李庄的人

E. 李明既不是赵村的人，也不是李庄的人

【解析】答案是B。题干给出了4个简单句，涉及到5个概念，分别表示为：a=赵村人；b=白天祭祀祖先；c=李庄人；d=晚上祭祀祖先；e=李明。图解如下：

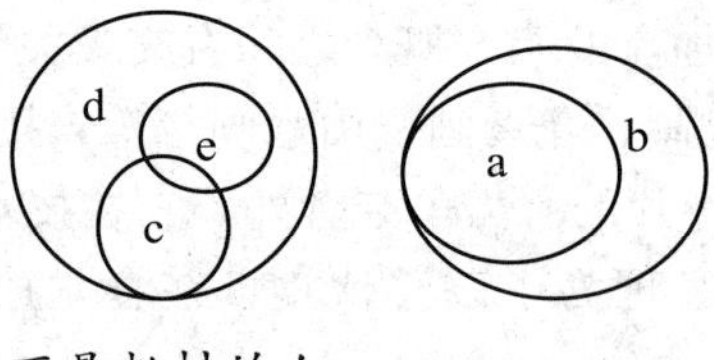

从上图可以看出，李明一定不是赵村的人。

【例7.33】所有校学生会委员都参加了大学生电影评论协会，张珊、李斯和王武都是校学生会委员。大学生电影评论协会不吸收大学一年级学生参加。

如果上述断定为真，则以下哪项一定为真？

Ⅰ. 张珊、李斯和王武都不是大学一年级学生

Ⅱ. 所有校学生会委员都不是大学一年级学生

Ⅲ. 有些大学生电影评论协会的成员不是校学生会委员

A. 仅Ⅰ　　B. 仅Ⅱ　　C. 仅Ⅲ

D. 仅Ⅰ和Ⅱ　　E. Ⅰ、Ⅱ和Ⅲ

【解析】答案是D。分别用a表示“校学生会委员”，b表示“大学生电影评论协会”，c表示“张珊、李斯和王武”，d表示“大学一年级学生”。则题干断定之间的关系可以图示如下：

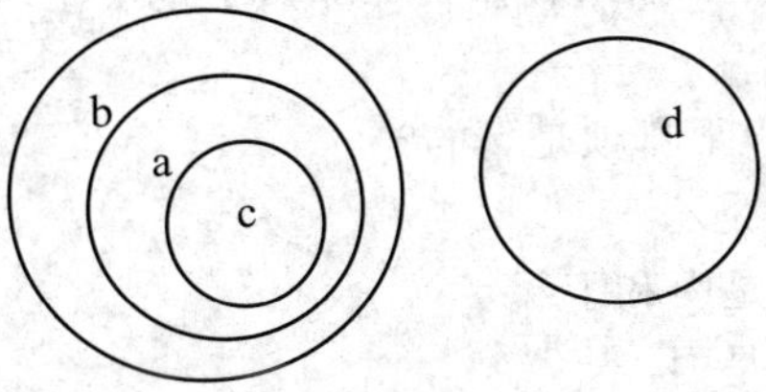

根据上图，选项Ⅰ和Ⅱ都一定真。Ⅲ不一定真，因为也可能a和b两个概念是重合的。

【例7.34】在某大型理发店，所有的理发师都是北方人，所有的女员工都是南方人，所有的已婚者都是女员工，所以，所有的已婚者都不是理发师。

下面哪一项为真，将证明上述推理的前提至少有一个是假的？

A. 该店内有一位出生在北方的未婚男性理发师

B. 该店内有一位不是理发师的未婚女员工

C. 该店内有一位出生南方的女理发师

D. 该店内有一位出生南方的已婚女员工

E. 该店内有二位出生南方的已婚女员工

【解析】答案是C。分别用a表示“理发师”，b表示“北方人”，c表示“女员工”，d表示“南方人”，e表示“已婚者”。则题干断定之间的关系可以图示如下：

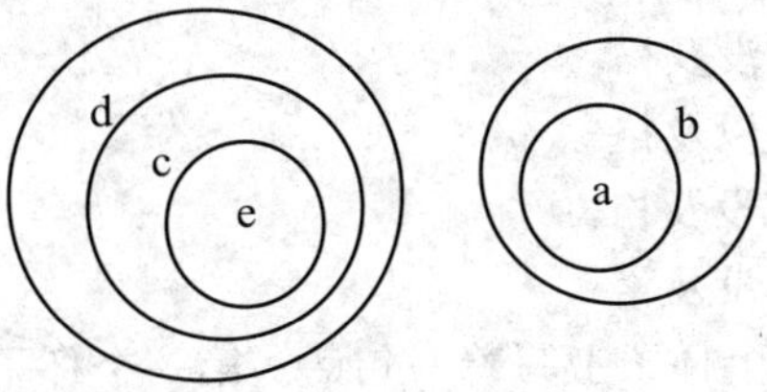

根据上图可知，南方人和理发师两个概念之间为排斥关系，不可能有一位出生南方的理发师。如果C为真，则题干断定至少有一个是假的。

八、学会利用关系的对称性和传递性解题

【例7.35】甲和乙任何一人都比丙、丁高。

如果上述为真，再加上以下哪项，可得出“戊比丁高”的结论？

A. 戊比甲矮　　B. 乙比甲高　　C. 乙比甲矮

D. 戊比丙高　　E. 戊比乙高

【解析】答案是E。由题干可以知道，甲比丙高、甲比丁高、乙比丙高、乙比丁高，如果要推出“戊比丁高”的结论，需要增加“戊比甲高”或“戊比乙高”作为前提。显然，选项E“戊比乙高”正好可以与题干中的“乙比丁高”进行传递关系推理，从而得出结论“戊比丁高”。

第三节　阶梯化训练题及解析

一、基础能力题

1. 某珠宝店失窃，甲、乙、丙、丁四人涉嫌被拘审。四人的口供如下：甲说：“案犯是

丙。”乙说：“丁是罪犯。”丙说：“如果我作案，那么丁是主犯。”丁说：“作案的不是我。”四个口供中只有一个是假的。

如果上述断定为真，那么以下哪项是真的？

A. 说假话的是甲，作案的是乙

B. 说假话的是丁，作案的是丙和丁

C. 说假话的是乙，作案的是丙

D. 说假话的是丙，作案的是丙

E. 说假话的是甲，作案的是甲

2. 某班有一位同学做了好事没留下姓名，他是甲、乙、丙、丁四人中的一个。当老师问他们时，他们各自说了这样的话。甲说：“这件好事不是我做的。”乙说：“这件好事是丁做的。”丙说：“这件好事是乙做的。”丁说：“这件好事不是我做的。”

这四人中只有一个人说了真话，请你推出是谁做了好事？

A. 甲　　B. 乙　　C. 丙

D. 丁　　E. 不能推出

3. 甲、乙、丙、丁是同班同学。甲说：“我班同学考试都及格了。”乙说：“丁考试没及格。”丙说：“我班有人考试没及格。”丁说：“乙考试也没及格。”

已知只有一个人说假话，则可推断以下哪项断定是真的？

A. 说假话的是甲，乙考试没及格

B. 说假话的是乙，丙考试没及格

C. 说假话的是丙，丁考试没及格

D. 说假话的是丁，乙考试没及格

E. 说假话的是甲，丙考试没及格

4. 桌子上有四个杯子，每个杯子上写着一句话。第一个杯子上的话是：“所有的杯子中都有水果糖。”第二个杯子上的话是：“本杯中有苹果。”第三个杯子上的话是：“本杯中没有巧克力。”第四个杯子上的话是：“有些杯子中没有水果糖。”

如果其中只有一句话真，那么以下哪项为真？

A. 所有的杯子中都有水果糖

B. 所有的杯子中都没有水果糖

C. 所有的杯子中都没有苹果

D. 第三个杯子中有巧克力

E. 第二个杯子中有苹果

5. 甲、乙、丙、丁四人在一起议论本班同学申请建行学生贷款的情况。甲说：“我班所有同学都已申请了贷款。”乙说：“如果班长申请了贷款，那么学习委员就没申请。”丙说：“班长申请了贷款。”丁说：“我班有人没有申请贷款。”

已知四人中只有一人说假话，则可推出以下哪项结论？

A. 甲说假话，班长没申请

B. 乙说假话，学习委员没申请

C. 丙说假话，班长没申请

D. 丁说假话，学习委员申请了

E. 甲说假话，学习委员没申请

6. 以下是关于某中学甲班同学参加夏令营的三个断定：

（1）甲班有学生参加了夏令营。

(2) 甲班所有学生都没有参加夏令营。

(3) 甲班的蔡明没有参加夏令营。

如果这三个断定中只有一项为真，则以下哪项一定为真？

A. 甲班同学并非都参加了夏令营

B. 甲班同学并非都没有参加夏令营

C. 甲班参加夏令营的学生超过半数

D. 甲班仅蔡明没有参加夏令营

E. 甲班仅蔡明参加了夏令营

7. 学校在为失学儿童义捐活动中收到两笔没有署真名的捐款，经过多方查找，可以断定是周、吴、郑、王中的某两个捐的。经询问，周说："不是我捐的。"吴说："是王捐的。"郑说："是吴捐的。"王说："我肯定没有捐。"最后经过详细调查证实四个人中有两个人说的是真话。

根据已知条件，请你判断下列哪项可能为真？

A. 是吴和王捐的　　B. 是周和王捐的　　C. 是郑和王捐的

D. 是郑和吴捐的　　E. 是郑和周捐的

8. 某商场失窃，员工甲、乙、丙、丁四人涉嫌被拘审。通过审问，四人口供如下：甲说："是丙作的案。"乙说："我和甲、丁三人至少有一人作案。"丙说："我没作案。"丁说："我们四人都没作案。"

如果四人中只有一人说真话，那么可以得出以下哪项结论？

A. 甲说真话，作案的是丙

B. 乙说真话，作案的是乙

C. 丙说真话，作案的是甲

D. 丙说真话，作案的是丁

E. 丁说真话，四人中无人作案

9. 某金库发生失窃案。公安机关侦查确定，这是一起典型的内盗案，可以断定金库管理员甲、乙、丙、丁至少有一人是作案者。办案人员对四人进行了询问，四人的回答如下：

甲："如果乙不是窃贼，我也不是窃贼。"

乙："我不是窃贼，丙是窃贼。"

丙："甲或者是窃贼。"

丁："乙或者丙是窃贼。"

后来事实证明：他们四人中只有一人说了真话。

根据以上陈述，以下哪项一定为假？

A. 丙说的是假话　　B. 丙不是窃贼　　C. 乙不是窃贼

D. 丁说的是真话　　E. 甲说的是真话

10. 在一次对全省小煤矿的安全检查后，甲、乙、丙三个安检人员各自都做出断言。甲说："有小煤矿存在安全隐患。"乙说："有小煤矿不存在安全隐患。"丙说："大运和宏通两个小煤矿不存在安全隐患。"

如果上述三个结论只有一个正确，则以下哪项一定为真？

A. 大运和宏通煤矿都不存在安全隐患

B. 大运和宏通煤矿都存在安全隐患

C. 大运存在安全隐患，但宏通不存在安全隐患

D. 大运不存在安全隐患，但宏通存在安全隐患

E. 上述断定都不一定为真

11. 某律师事务所共有12名工作人员。

(1) 有人会使用计算机。

(2) 有人不会使用计算机。

(3) 所长不会使用计算机。

上述三个判断中只有一个是真的。

以下哪项正确表示了该律师事务所会使用计算机的人数？

A. 12人都会使用　　B. 12人没人会使用　　C. 仅有一人不会使用

D. 仅有一人会使用　　E. 不能确定。

12. 某女生宿舍的女生全部报名参加了考研，关于录取情况有如下几项陈述：

(1) 该宿舍有的女生被录取了；

(2) 该宿舍有的女生没有被录取；

(3) 并非该宿舍有的女生没有被录取；

(4) 该宿舍的王玲以优异的成绩被录取了。

如果以上陈述中有两个是假的，则以下哪项必假？

A. 该宿舍的有些女生被录取了

B. 该女生宿舍所有人都被录取了

C. 该女生宿舍所有人都没有被录取

D. 在该女生宿舍中，所有成绩优秀的人都被录取了

E. 该宿舍有些女生没有被录取

13. 开学初，某学院发现有新生未到网络中心办理注册手续。

如果上述断定为真，则以下哪项不能确定真假？

Ⅰ. 该学院所有新生都未到网络中心办理注册手续

Ⅱ. 该学院所有新生都到网络中心办理了注册手续

Ⅲ. 该学院有的新生到网络中心办理了注册手续

Ⅳ. 该学院的新生王伟到网络中心办理了注册手续

A. Ⅰ、Ⅱ、Ⅲ和Ⅳ　　B. 仅Ⅰ、Ⅲ和Ⅳ　　C. 仅Ⅰ和Ⅲ

D. 仅Ⅰ和Ⅳ　　E. 仅Ⅱ和Ⅲ

14. 近期国际金融危机对于毕业生的就业影响非常大，某高校就业中心的陈老师希望广大同学能够调整自己的心态和预期。他在一次就业指导会上提出，有些同学对自己的职业定位还不都准确。

如果陈老师的陈述为真，则以下哪项不一定为真？

Ⅰ. 不是所有的人对自己的职业定位都准确

Ⅱ. 不是所有人对自己的职业定位都不够准确

Ⅲ. 有些人对自己的职业定位准确

Ⅳ. 所有人对自己的职业定位都不够准确

A. 仅Ⅱ和Ⅳ　　B. 仅Ⅲ和Ⅳ　　C. 仅Ⅱ和Ⅲ

D. 仅Ⅰ、Ⅱ和Ⅲ　　E. 仅Ⅱ、Ⅲ和Ⅳ

15. 只有公司相应部门的所有员工都考评合格了，该部门的员工才能得到年终奖金；财务部有些员工考评合格了；综合部所有员工都得到了年终奖金；行政部的赵强考评合格了。

如果以上陈述为真，则以下哪项可以为真？

Ⅰ. 财务部员工都考评合格了

Ⅱ. 赵强得到了年终奖金

Ⅲ. 综合部有些员工没有考评合格

Ⅳ. 财务部员工没有得到年终奖金

A. 仅Ⅰ、Ⅱ　　B. 仅Ⅱ、Ⅲ　　C. 仅Ⅰ、Ⅱ、Ⅳ

D. 仅Ⅰ、Ⅱ、Ⅲ　　E. 仅Ⅱ、Ⅲ、Ⅳ

16. 所有值得拥有专利的产品或设计方案都是创新，但并不是每一项创新都值得拥有专利；所有的模仿都不是创新，但并非每一个模仿者都应该受到惩罚。

根据以上陈述，以下哪项是不可能的？

A. 有些值得拥有专利的创新产品并没有申请专利

B. 有些创新者可能受到惩罚

C. 有些值得拥有专利的产品是模仿

D. 没有模仿值得拥有专利

E. 所有的模仿者都受到了惩罚

17. 以下诸项结论都是某理工大学学生处根据各个学院收到的2017—2018学年度奖助学金申请表综合得出的。在此项综合统计做出后，因为贫困地区政策，有的学院又收到了一些学生补交上来的申请表。

以下哪项结论最不可能被补交奖助学金申请表这一新事实所推翻？

A. 汽车学院仅有14名学生交申请表，总申请金额至少有57 000元

B. 物理学院最多有7名学生交申请表，总申请金额为28 000元

C. 数学学院共有8名学生交申请表，总申请金额等于30 000元

D. 化学学院至少有5名学生交申请表，总申请金额多于20 000元

E. 生物学院至少有7名学生交申请表，总申请金额不会多于汽车学院

18. 经过反复核查，质检员小李向厂长汇报说：“726车间生产的产品都是合格的，所以不合格的产品都不是726车间生产的。”

以下哪项和小李的推理结构最为相似？

A. 所有入场的考生都经过体温测试，所以没能入场的考生都没有经过体温测试

B. 所有出厂设备都是检测合格的，所以检测合格的设备都已出厂

C. 所有已发表的文章都是认真校对过的，所以认真校对过的文章都已发表

D. 所有真理都是不怕批评的，所以怕批评的都不是真理

E. 所有不及格的学生都没有好好复习，所以没有好好复习的学生都不及格

19. 有些自然物品具有审美价值，所有的艺术品都有审美价值。因此，有些自然物品也是艺术品。

以下哪个推理具有和上述推理最为类似的结构？

A. 有些有神论者是佛教徒，所有的基督教徒都不是佛教徒，因此，有些有神论者不是基督教徒

B. 某些律师喜欢钻牛角尖。李小鹏是律师，因此，李小鹏喜欢钻牛角尖

C. 有些南方人爱吃辣椒，所有的南方人都习惯吃大米，因此，有些习惯吃大米的人爱吃辣椒

D. 有些进口货是假货，所有国内组装的APR空调机的半成品都是进口货，因此，APR空调机的半成品是假货

E. 有些小保姆接受过专业培训，所有的保安人员都接受过专业培训，因此，有些小保姆兼当保安

20. 所有重点大学的学生都是聪明的学生，有些聪明的学生喜欢逃学，小杨不喜欢逃学，所以小杨不是重点大学的学生。

以下除哪项外，均与上述推理的形式类似？

A. 所有经济学家都懂经济，有些懂经济的学者爱投资企业，你不爱投资企业，所以，你不是经济学家

B. 所有的鹅都吃青菜，有些吃青菜的也吃鱼，兔子不吃鱼，所以，兔子不是鹅

C. 所有的人都是爱美的，有些爱美的还研究科学，亚里士多德不是普通人，所以，亚里士多德不研究科学

D. 所有被高校录取的学生都是超过录取分数线的，有些超过录取分数线的是大龄考生，小张不是大龄考生，所以，小张没有被高校录取

E. 所有想当外交官的都需要学外语，有些学外语的重视人际交往，小王不重视人际交往，所以，小王不想当外交官

21. 公司经理：我们招聘人才时最看重的是综合素质和能力，而不是分数。人才招聘中，高分低能者并不鲜见，我们显然不希望招到这样的“人才”，从你的成绩单可以看出，你的学业分数很高，因此我们有点怀疑你的能力和综合素质。

以下哪项和经理得出结论的方式最为类似？

A. 公司管理者并非都是聪明人，陈然不是公司管理者，所以陈然可能是聪明人

B. 猫都爱吃鱼，没有猫患近视，所以吃鱼可以预防近视

C. 人的一生中健康开心最重要，名利都是浮云，张立名利双收，所以可能张立并不开心

D. 有些歌手是演员，所有的演员都很富有，所以有些歌手可能不富有

E. 闪光的物体并非都是金子，考古队挖到了闪闪发光的物体，所以考古队挖到的可能不是金子

22. 最终审定的项目或者意义重大或者关注度高，凡意义重大的项目均涉及民生问题，但是有些最终审定的项目并不涉及民生问题。

根据以上陈述，可以得出以下哪项？

A. 意义重大的项目比较容易引起关注

B. 有些项目意义重大但是关注度不高

C. 涉及民生问题的项目有些没有引起关注

D. 有些项目尽管关注度高但并非意义重大

E. 有些不涉及民生问题的项目意义也非常重大

23. 克鲁特是德国家喻户晓的“明星”北极熊，北极熊是名副其实的北极霸主，因此，克鲁特是名副其实的北极霸主。

以下除哪项外，均与上述论证中出现的谬误相似？

A. 儿童是祖国的花朵，小雅是儿童，因此，小雅是祖国的花朵

B. 鲁迅的作品不是一天能读完的，《祝福》是鲁迅的作品，因此《祝福》不是一天能读完的

C. 中国人是不怕困难的，我是中国人，因此，我是不怕困难的

D. 康怡花园坐落在清水街，清水街的建筑属于违章建筑，因此，康怡花园的建筑属于违章建筑

E. 西班牙语是外语，外语是普通高等学校招生的必考科目，因此，西班牙语是普通高校招生的必考科目

24. 有一种长着红色叶子的草，学名叫 abana，在地球上极稀少。北美的人都认识一种红

色叶子的草，这种草在那里很常见。

从上面的事实不能得出以下哪项结论？

A. 北美的那种红色叶子的草就是 abana

B. abana 可能不是生长在北美

C. 并非所有长红色叶子的草都稀少

D. 北美有的草并不稀少

E. 并非所有生长在北美的草都稀少

25. 五洲外贸集团职员中，除母语外，所有从事欧美贸易的都只精通英语，所有从事日韩贸易的都只精通日语，有些从事亚太地区贸易的也只精通日语。

如果上述断定为真，以下哪项一定是真的？

A. 所有从事日韩贸易的都不从事亚太贸易

B. 有些从事亚太贸易的都不从事日韩贸易

C. 有些从事亚太贸易的不从事欧美贸易

D. 有些从事日韩贸易的也从事欧美贸易

E. 有些从事亚太贸易的也从事日韩贸易

26. 所有参加此次运动会的选手都是身体强壮的运动员，所有身体强壮的运动员都是很少生病的，但是有一些身体不适的选手参加了此次运动会。

以下哪项不能从上述前提中得出？

A. 有些身体不适的选手极少生病

B. 极少生病的选手都参加了此次运动会

C. 有些极少生病的选手感到身体不适

D. 有些身体强壮的运动员感到身体不适

E. 参加此次运动会的选手都是极少生病的

27. 翠竹的大学同学都在某德资企业工作，溪兰是翠竹的大学同学，洞松是该德资企业部门经理。该德资企业的员工有些来自淮安。该德资企业的员工都曾到德国研修，他们都会说德语。

以下哪项可以从以上陈述中得出？

A. 洞松与溪兰是大学同学

B. 翠竹的大学同学有些是部门经理

C. 翠竹与洞松是大学同学

D. 溪兰会说德语

E. 洞松来自淮安

28. 某些东方考古学家是美国斯坦福大学的毕业生。因此，美国斯坦福大学的某些毕业生对中国古代史很有研究。

为保证上述推断成立，以下哪项必须是真的？

A. 某些东方考古学家专攻古印度史，对中国古代史没有太多的研究

B. 某些对中国古代史很有研究的东方考古学家不是从美国斯坦福大学毕业的

C. 所有对中国古代史很有研究的人都是东方考古学家

D. 某些东方考古学家不是美国斯坦福大学的毕业生，而是芝加哥大学的毕业生

E. 所有的东方考古学家都是对中国古代史很有研究的人

29. 某些经济学家是大学数学系的毕业生。因此，某些大学数学系的毕业生是对企业经营很有研究的人。

以下哪项如果为真，能够保证上述论证的成立？

A. 某些经济学家专攻经济学的某一领域，对企业经营没有太多的研究

B. 某些对企业经营很有研究的经济学家不是大学数学系毕业的

C. 所有对企业经营很有研究的人都是经济学家

D. 某些经济学家不是大学数学系的毕业生，而是学经济学的

E. 所有的经济学家都是对企业经营很有研究的人

30. 如今这几年参加注册会计师考试的人越来越多了，可以这样讲，所有想从事会计工作的人都想要获得注册会计师证书。小朱也想获得注册会计师证书，所以，小朱一定是想从事会计工作了。

以下哪项如果为真，最能加强上述论证？

A. 目前越来越多的从事会计工作的人具有了注册会计师证书

B. 不想获得注册会计师证书，就不是一个好的会计工作者

C. 只有想获得注册会计师证书的人，才有资格从事会计工作

D. 只有想从事会计工作的人，才想获得注册会计师证书

E. 想要获得注册会计师证书，一定要对会计理论非常熟悉

31. 某科研机构对市民所反映的一种奇异现象进行研究，该现象无法用已有的科学理论进行解释。助理研究员小王由此断言，该现象是错觉。

以下哪项如果为真，最可能使小王的断言不成立？

A. 错觉都可以用已有的科学理论进行解释

B. 所有错觉都不能用已有的科学理论进行解释

C. 已有的科学理论尚不能完全解释错觉是如何形成的

D. 有些错觉不能用已有的科学理论进行解释

E. 有些错觉可以用已有的科学理论进行解释

32. 有些阔叶树是常绿植物，因此，所有阔叶树都不生长在寒带地区。

以下哪项如果为真，最能反驳上述结论？

A. 有些阔叶树不生长在寒带地区

B. 常绿植物都生长在寒带地区

C. 寒带的某些地区不生长阔叶树

D. 常绿植物都不生长在寒带地区

E. 常绿植物不都是阔叶树

33. 某大学某寝室中住着若干个学生。其中，一个是哈尔滨人，两个是北方人，一个是广东人，两个在法律系，三个是进修生。因此，该寝室中恰好有 8 人。

以下各项关于该寝室的断定是真的，都能加强上述论证，除了

A. 题干中的介绍涉及了寝室中所有的人

B. 广东学生在法律系

C. 哈尔滨学生在财经系

D. 进修生都是南方人

E. 该校法律系不招收进修生

34. 某学校校长在校庆大会上讲话时说："我们有许多毕业同学以自己的努力已在各自领域中获得了优异成绩。他们有的已成为科学家、将军、市长、大企业家，我们的学校以他们为骄傲。毋庸置疑，我们已毕业同学中有许多女同学……"

如果该校长讲话中的断定都是真的，那么以下哪项必定是真的？

A. 取得优异成绩的全部是女同学

B. 取得优异成绩的至少有女同学

C. 取得优异成绩的男同学多于女同学

D. 取得优异成绩的女同学多于男同学

E. 取得优异成绩的可能没有女同学

35. 郝大爷过马路时不幸摔倒昏迷，所幸有小伙子及时将他送往医院救治。郝大爷病情稳定后，有 4 位陌生小伙子陈安、李康、张幸、汪福来医院看望他。郝大爷问他们究竟是谁送他来医院，他们回答如下：

陈安：我们 4 人都没有送您来医院。

李康：我们 4 人有人送您来医院。

张幸：李康和汪福至少有一人没有送您来医院。

汪福：送你来医院的人不是我。

后来证实上述 4 人有两人说真话，两人说假话。

根据以上信息，可以得出以下哪项？

A. 说真话的是陈安和张幸

B. 说真话的是陈安和汪福

C. 说真话的是李康和张幸

D. 说真话的是李康和汪福

E. 说真话的是张幸和汪福

36. 在某校新当选的校学生会的七名委员中，有一个大连人，两个北方人，一个福州人，两个特长生（即有特殊专长的学生），三个贫困生（即有特殊经济困难的学生）。假设上述介绍涉及了该学生会中的所有委员，则以下各项关于该学生会委员的断定都不与题干矛盾，除了

A. 两个特长生都是贫困生　B. 贫困生不都是南方人　C. 特长生都是南方人

D. 大连人是特长生　E. 福州人不是贫困生

37. 参加某国际学术研讨会的 60 名学者中，亚裔学者 31 人，博士 33 人，非亚裔学者无博士学位的 4 人。

根据上述陈述，参加此次国际研讨会的亚裔博士有几人？

A. 1 人　B. 2 人　C. 4 人

D. 7 人　E. 8 人

38. 一位房地产信息员通过对某地的调查发现：护城河两岸房屋的租金都比较廉价；廉租房都坐落在凤凰山北麓；东向的房屋都是别墅；非廉租房不可能具有廉价的租金；有些单室套的两限房建在凤凰山南麓；别墅也都建筑在凤凰山南麓。

根据该房地产信息员的调查，以下哪项不可能存在？

A. 东向的护城河两岸的房屋　B. 凤凰山北麓的两限房　C. 单室套的廉租房

D. 护城河两岸的单室套　E. 南向的廉租房

39～40 基于以下题干：

本问题发生在一所学校内。学校的教授们有一些是球迷。学校的预算委员会的成员们一致要求把学校的足球场改建为一个科贸写字楼，以改善学校的收入状况。所有的足球迷都反对将学校的足球场改建成科贸写字楼。

39. 如果以上陈述均为真，下列哪项也必为真？

A. 学校所有的教授都是学校预算委员会的成员

B. 学校有的教授不是学校预算委员会的成员

C. 学校预算委员会有的成员是足球迷

D. 并不是所有的学校预算委员会的成员都是学校的教授

E. 有的足球迷是学校预算委员会的成员

40. 如果作为上面陈述的补充，明确以下条件：所有的学校教授都是足球迷，那么下列哪项一定不可能是真的？

A. 有的学校教授不是学校预算委员会的成员

B. 有的学校预算委员会成员是学校教授

C. 并不是所有的足球迷都是学校教授

D. 所有的学校教授都反对将学校的足球场改建为科贸写字楼

E. 有的足球迷不是学校预算委员会的成员

41～42 基于以下题干：

所有安徽来京打工人员，都办理了暂住证；所有办理了暂住证的人员，都获得了就业许可证；有些安徽来京打工人员当上了门卫；有些业余武术学校的学员也当上了门卫；所有业余武术学校的学员都未获得就业许可证。

41. 如果上述断定都是真的，那么除了以下哪项，其余的断定也必定是真的？

A. 所有安徽来京打工人员都获得了就业许可证

B. 没有一个业余武术学校的学员办理了暂住证

C. 有些安徽来京打工人员是业余武术学校的学员

D. 有些门卫没有就业许可证

E. 有些门卫有就业许可证

42. 以下哪个人的身份，不可能符合上述题干所做的断定？

A. 一个获得了就业许可证的人，但并非是业余武术学校的学员

B. 一个获得了就业许可证的人，但没有办理暂住证

C. 一个办理了暂住证的人，但并非是安徽来京打工人员

D. 一个办理了暂住证的业余武术学校的学员

E. 一个门卫，他既没有办理暂住证，又不是业余武术学校的学员

43. 甘蓝比菠菜更有营养。但是，因为绿芥蓝比莴苣更有营养，所以甘蓝比莴苣更有营养。

以下除了哪项外，都可以作为题干成立的一个必要前提？

A. 甘蓝与绿芥蓝同样有营养

B. 菠菜比莴苣更有营养

C. 菠菜比绿芥蓝更有营养

D. 菠菜与绿芥蓝同样有营养

E. 绿芥蓝比甘蓝更有营养

44. 某登山旅游小组成员互相帮助，建立了深厚的友谊。后加入的李佳已经获得其他成员多次救助，但是他尚未救助过任何人，救助过李佳的人均曾被王玥救助过，赵欣救助过小组的所有成员，王玥救助过的人也曾被陈蕃救助过。

根据以上陈述，可以得出以下哪项结论？

A. 陈蕃救助过赵欣　　B. 王玥救助过李佳　　C. 王玥救助过陈蕃

D. 陈蕃救助过李佳　　E. 王玥没有救助过李佳

基础能力题详解

1. 答案是 B。题干中乙与丁的话之间具有矛盾关系，根据矛盾关系的语句之间必有一假，

可知：四个口供中只有一个是假的，只能在乙与丁之中。于是，甲和丙的话都是真的。由甲和丙的话都为真做前提，可以推出结论：丁是主犯。丁是主犯，当然，丁也就是罪犯，所以，乙的话为真，丁的话为假。因此，罪犯是丙和丁，说假话的是丁。

2. 答案是A。乙的话和丁的话具有矛盾关系，二者必有一句是真的，所以，真话在乙和丁之中。所以，甲的话和丙的话都是假的。根据甲的话为假，可以推出：这件好事是甲做的。

3. 答案是A。甲的话和丙的话具有矛盾关系，二者必有一句是假的，所以，假话在甲和丙之中。所以，乙的话和丁的话都是真的。根据乙的话和丁的话都是真的，可以推出甲的话是假的，丙的话是真的。

4. 答案是D。第一个杯子的话和第四个杯子的话具有矛盾关系，二者必有一句是真的。所以，真话一定为第一个杯子的话或者为第四个杯子的话。所以，第二个杯子的话和第三个杯子的话都是假的。根据第三个杯子的话为假，可以推出结论，第三个杯子中有巧克力。

5. 答案是E。甲的话和丁的话具有矛盾关系，二者必有一个是假的，所以，假话在甲和丁之中。所以，乙的话和丙的话都是真的。根据乙的话和丙的话都是真的，可以推出结论：学习委员没有申请贷款。又由学习委员没有申请贷款，可以推出甲的话是假的，丁的话是真的。

6. 答案是B。由（1）和（2）之间具有矛盾关系，可知真话在这二者之中。所以，（3）是一句假话。由（3）假，可知蔡明参加了夏令营，进而可知（1）为真，而（2）为假。

7. 答案是C。题干中吴和王的话具有矛盾关系，必然有一真一假。根据已知条件，显然，周和郑的话也必有一真一假。由于吴和王的话具有矛盾关系，必须绕开，我们的推理只能先从周和郑必然有一真一假来考虑。具体地，如果周假郑真，则捐款人是周并且是吴，显然没有这样的选项。反过来，如果周真郑假，则捐款人不是周，也不是吴，只能是郑和王。

8. 答案是A。甲说的话和丙说的话具有矛盾关系，不能同假，必有一真，所以，真话一定在甲和丙之中。因此，乙的话是假的，丁的话也是假的。由乙的话假可知，乙、甲、丁三人都没有作案。再由丁的话假可知，四人中肯定有人作案。所以，作案人应该是丙。既然作案人是丙，所以，甲的话一定是真的。

9. 答案是D。甲的断定“如果乙不是窃贼，我也不是窃贼”，和丙的断定“甲或者是窃贼”（“或者”即可能的意思）之间必有一真，即当甲的话为假时后件必假，即甲是窃贼，这时丙的话必真；而当丙的话为假时甲的话为真，即甲不是窃贼时甲的话后件为真（充分条件假言判断在前件为假时必真）。所以，乙的话和丁的话都假。所以，选项D一定为假。注意，乙和丁的话不能说必有一真，如当丁的话为假时，乙和丙都不是窃贼，但这时乙的话就不是真的。

10. 答案是B。甲和乙的话之间具有下反对关系，必有一真；甲和丙的话之间也具有下反对关系，必有一真，丙的话是一个具体判断，可以看成是单称判断。所以，甲的话一定为真。乙和丙的话都为假。由乙的话假，可推出：所有煤矿都存在着安全隐患（这与丙的话为假不矛盾），进而可推出大运和宏通两个小煤矿都存在安全隐患。

11. 答案是A。（1）和（2）为下反对关系，必有一个是真的；（1）和（3）也是下反对关系，必有一个是真的。所以，（1）一定是真的，即有人会使用计算机是真的。根据题干的意思，（2）一定是假的，于是可以推出结论：所有人都会使用计算机。

12. 答案是C。题干中条件（3）说“并非该宿舍有的女生没有被录取”的意思是“该宿舍所有女生都被录取了”，与条件（2）“该宿舍有的女生没有被录取”之间具有矛盾关系，二者必有一真一假。所以，条件（1）“该宿舍有的女生被录取了”和（4）“该宿舍的王玲以优异的成绩被录取了”之间也必然是一真一假。由于（3）和（2）为矛盾关系，必须绕开，推理只能从（1）和（4）必有一真一假开始考虑。具体地，如果（4）为真，则（1）也真，所以，（4）一定假，（1）一定真，即“该宿舍有的女生被录取了”。因此，选项C断定“该女生宿舍所有人都没有被录取”一定是假的。

13. 答案是B。选项Ⅰ不能确定真假，因为“有新生未到网络中心办理注册手续”，不一定“所有新生都未到网络中心办理注册手续”。选项Ⅱ一定为假，因为该项说“所有新生都到网络中心办理注册手续”与题干断定“有新生未到网络中心办理注册手续”之间具有矛盾关系。选项Ⅲ不能确定真假，因为“有新生未到网络中心办理注册手续”，不一定就“有新生到网络中心办理注册手续”。选项Ⅳ不能确定真假，因为“有新生未到网络中心办理注册手续”，有可能“所有新生都未到网络中心办理注册手续”，所以不一定就“该学院的新生王伟到网络中心办理注册手续”。

14. 答案是E。题干断定“有些同学对自己的职业定位还不都准确”，首先要确定这是一个否定判断，即有些同学对自己的职业定位不准确。所以，选项Ⅰ“不是所有的人对自己的职业定位都准确”，即“有些同学对自己的职业定位不准确”一定真。选项Ⅱ“不是所有人对自己的职业定位都不够准确”，即“有些同学对自己的职业定位准确”不一定真，因为“有些”有可能涉及全部。选项Ⅲ“有些同学对自己的职业定位准确”不一定真。选项Ⅳ“所有同学对自己的职业定位都不够准确”不一定真，因为“有些”不一定就意味着全部。因此，选项Ⅱ、Ⅲ、Ⅳ都不一定真。

15. 答案是C。由题干断定“财务部有些员工考评合格”为真，可知“财务部员工都考评合格”可能真，也可能假，所以选项Ⅰ可能真。由“行政部的赵强考评合格”和“只有公司相应部门的所有员工都考评合格了，该部门的员工才能得到年终奖金”为真，可知“赵强得到年终奖金”可能真，也可能假，所以选项Ⅱ可能真。由“综合部所有员工都得到了年终奖金”和“只有公司相应部门的所有员工都考评合格了，该部门的员工才能得到年终奖金”为真，可得“综合部所有员工都考评合格”为真，因此选项Ⅲ“综合部有些员工没有考评合格”为假。由“财务部有些员工考评合格”为真，可知“财务部所有员工都考评合格”可真可假，再考虑“只有公司相应部门的所有员工都考评合格了，该部门的员工才能得到年终奖金”为真，可知“财务部员工没有得到年终奖金”可能真，也可能假，所以Ⅳ可能真。

16. 答案是C。题干断定：(1) 所有值得拥有专利的产品或设计方案都是创新；(2) 并不是每一项创新都值得拥有专利；(3) 所有的模仿都不是创新；(4) 并非每一个模仿者都应该受到惩罚。由 (1) 和 (3) 可得：所有的模仿都是不值得拥有专利的。选项C与此矛盾。注意，该项作为特称肯定判断可以倒过来说。

17. 答案是D。该项中的量词“至少有”和“多于”都只有下限，没有上限。所以都是最不容易被推翻的。

18. 答案是D。该项和题干的推理结构都是全称肯定命题先换质再换位的有效推理。题干的推理过程是这样的：由“726车间生产的产品都是合格的”，可以换质为“726车间生产的产品都不是不合格的”，再换位为“所有不合格的产品都不是726车间生产的”。还可以从充分条件假言推理来理解。D项和题干都属于充分条件否定后件到否定前件的有效推理，即充分条件的逆否推理。其他选项都与题干的结构有别。如选项A为充分条件否定前件到否定后件的推理，是无效推理。

19. 答案是E。该项和题干都是三段论的第二格，前提和结论都是肯定的，都是AII式，都是错误的推理。选项A虽是第二格，但大前提和结论都是否定的，是EIO式，是正确的推理。选项B是第一格。选项C是第三格。选项D是第一格。

20. 答案是C。该项中第三句话的谓项并不是对第二句话谓项的否定，从而与题干推理结构不同。其他选项均与题干推理结构相同。

21. 答案是E。题干断定可以整理为：“高分者未必高能，你高分，所以你未必高能”，为三段论的第一格。选项E：闪光者未必是金子，这些物体闪光，所以这些物体未必是金子，也是三段论第一格。该项和题干三段论的第一个前提和结论都为否定，而第二个前提都为肯定。选项A和B的结论都是肯定的。选项C和D的前提都是肯定的。

22. 答案是D。题干断定：(1) 最终审定的项目或者意义重大或者关注度高；(2) 凡意义重大的项目均涉及民生问题；(3) 有些最终审定的项目并不涉及民生问题。根据 (2) 和 (3) 可得：有些最终审定的项目不是意义重大的项目。再考虑 (1) 可得：有些最终审定的项目意义不大但关注度高。注意，选项D中“有些项目尽管关注度高但并非意义重大”，这句话可以运用交换律交换过来（联言命题可以运用交换律）。

23. 答案是D。“北极熊”在题干中的第一次出现表达的是一个非集合概念、具体概念，第二次出现则表达的是集合概念。犯了“混淆概念”错误。D项中“清水街的建筑”两次出现（前一次省略了“的建筑”）中的含义相同，属于有效的三段论。其他选项都犯有“混淆概念”错误。选项A中的“儿童”第一次出现是集合概念，第二次出现是非集合概念。选项B中“鲁迅的作品”第一次出现是集合概念，第二次是非集合概念。选项C中的“中国人”第一次出现是集合概念，第二次是非集合概念。选项E中的“外语”第一次出现是非集合概念，第二次是集合概念。

24. 答案是A。题干中的两个命题可以整理为：abana这种草很稀少，北美有一种长着红色叶子的草不稀少。根据这两个前提可以进行三段论第二格的推理，结论是：北美那种长着红色叶子的草不是abana。

25. 答案是C。三段论。题干断定：(1) 所有从事欧美贸易的都只精通英语；(2) 所有从事日韩贸易的都只精通日语；(3) 有些从事亚太地区贸易的也只精通日语。根据 (1) 和 (3)，可得：有些从事亚太地区贸易不从事欧美贸易。

26. 答案是B。题干断定： (1) 所有参加此次运动会的选手都是身体强壮的运动员；(2) 所有身体强壮的运动员都是很少生病的；(3) 有一些身体不适的选手参加了此次运动会。由 (1) 和 (2) 可得E：所有参加此次运动会的选手都很少生病。这句话倒过来说不一定真，所以选项B不能从中推出。由 (3) 和选项E，可以推出选项A，进而推出选项C。由 (1) 和 (3) 可以推出D。

27. 答案是D。题干断定：(1) 翠竹的大学同学都在某德资企业工作；(2) 溪兰是翠竹的大学同学；(3) 洞松是该德资企业部门经理；(4) 该德资企业的员工有些来自淮安；(5) 该德资企业的员工都曾到德国研修，都会说德语。由 (1) 和 (2) 可得 (6)：溪兰在该德资企业工作。由 (5) 和 (6)，可得：溪兰会说德语。

28. 答案是E。题干中的已知前提是特称命题。所以，另一个前提必须是全称命题。所以，A、B、D都不是真的。如果选C，就会出现“中项两次不周延”的错误。

29. 答案是E。前提中的已知命题是特称的，所以，另一个命题必须是全称的。所以，选项A、B、D都不成立。如果选C，就会出现“中项两次不周延”的错误。

30. 答案是D。题干的错误是“中项两次不周延”。选项D正好起到加强题干的作用。该项的意思是：所有想获得注册会计师证书的人都想从事会计工作。

31. 答案是A。要使小王的断言不成立，根本方法就是要找到一个选项和题干的前提一起推出小王断言的相反者。选项A“错觉都可以用已有的科学理论进行解释”如果为真，则该项与题干前提“该现象无法用已有的科学理论进行解释”一起可推出：该现象不是错觉，则小王的断言不成立。注意，选项B“所有错觉都不能用已有的科学理论进行解释”和题干的前提都是否定判断，不能推出结论，当然也就不能推出题干结论的相反者。

32. 答案是B。反驳一个三段论的结论的根本方法就是要找到一个选项和题干的前提一起推出题干结论的相反者。选项B“常绿植物都生长在寒带地区”和题干的前提“有些阔叶树是常绿植物”，即可推出：有些阔叶树生长在寒带地区。从而反驳了题干中的结论“阔叶树都不生长在寒带地区”。

33. 答案是B。如果广东学生在法律系，则该寝室中就只有7个人了。该题可图解如下：

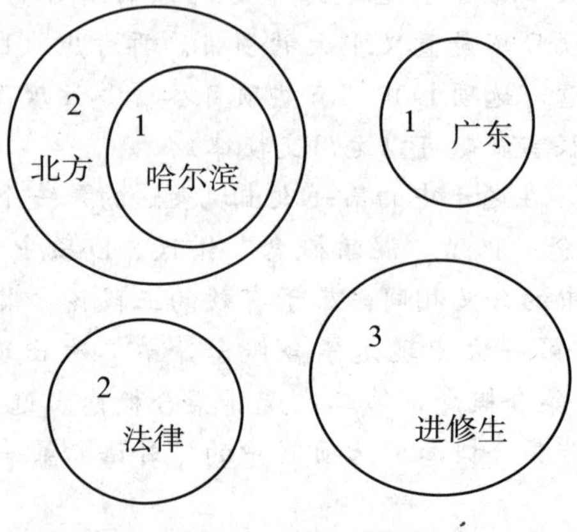

从上述图解来看，只有在每两个概念之间全都两两排斥（除了1个“哈尔滨人”必须真包含于2个“北方人”内之外）时，该寝室中恰好有8人。如果其中的1个广东人在法律系的话，则该寝室最多就只能有7人，这样就会出现矛盾，所以选项B肯定不能加强题干。选项C中说哈尔滨人在财经系，即不在法律系，加强题干；选项D说进修生都是南方人，不一定就是广东人，有可能加强题干；选项E和A也都能加强题干。

34. 答案是E。结论应该是可能性的，可能有女同学，但也可能没有女同学。

35. 答案是C。陈安和李康的话为矛盾关系，必有一真一假。所以，张幸和汪福的话也必有一真一假。然后，绕开陈安和李康这对矛盾关系的判断，从张幸和汪福的话一真一假来思考。由于假设汪福的话为真，会导致张幸的话也为真，所以，汪福的话一定是假的，因而张幸的话是真的。再由汪福的话为假，可知送郝大爷来医院是汪福，进而推出李康的话为真。因此，说真话的是张幸和李康。

36. 答案是A。大连人（1人）真包含于北方人（2人）之中，所以从“是哪里人”来看有三人。如果两个特长生都是贫困生，即“特长生”（2人）真包含于“贫困生”（3人）之中。总共加起来只有六人，这与题干中所说该学生会的全部委员有七名是相矛盾的。图解分析如下：

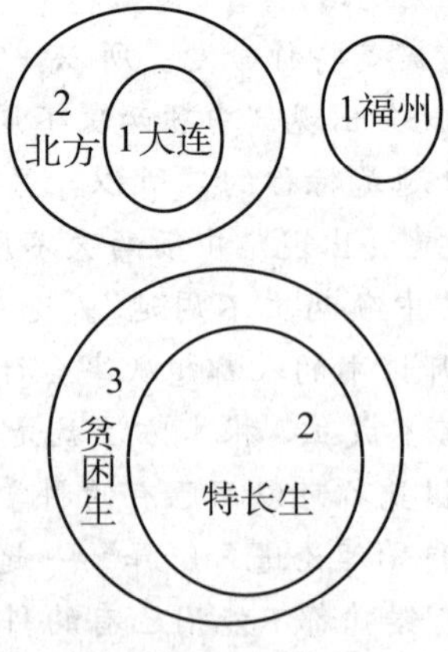

从上图看，如果两个特长生真包含于三个贫困生中，则最多的情况只能是六人，这和题干所说七名委员就发生了矛盾。

37. 答案是E。根据题干，亚裔学者31人，博士33，非亚裔学者中无博士学位4人，这三者加起来是68人，但实际总人数只有60人。亚裔学者和博士两个概念之间为交叉关系，这两个概念和非亚裔学者中无博士学位者之间都是全异关系。这说明，既是亚裔学者又是博士即亚裔博士有8人。也可以通过运用计算法来求解。设亚裔博士有 x 人，则可列方程如下：$31+33-x+4=60$。解这个方程，可得：$x=8$。

38. 答案是A。题干断定："护城河两岸房屋的租金都比较廉价"，而"廉租房都坐落在凤凰山北麓"，由此可得（1）：护城河两岸的房屋都坐落在凤凰山北麓。再由题干断定："东向的房屋都是别墅"，而"别墅也都建筑在凤凰山南麓"，由此可得（2）：东向的房屋都建筑在凤凰山南麓。根据（1）和（2）可知，选项A"东向的护城河两岸的房屋"不可能为真。其他选项均可能为真。

39. 答案是B。题干给出了3个简单句，涉及到4个概念，分别表示为：a=学校教授；b=足球迷；c=学校预算委员会的成员；d=把学校的足球场改建为一个科贸写字楼。图解如下：

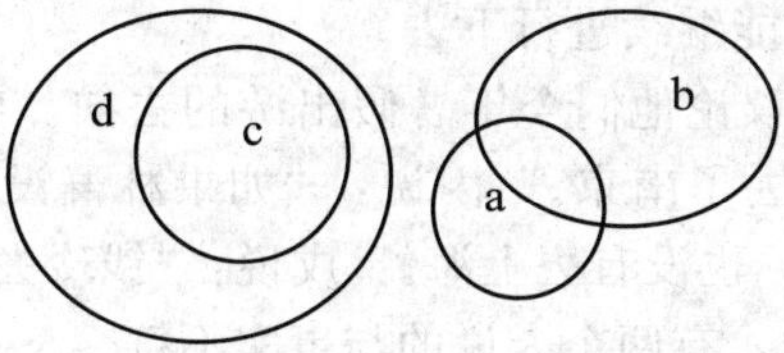

从上图可以看出，学校有些教授一定不是学校预算委员会的成员，因为至少a和b的重合部分肯定不是。选项D有可能假，因为概念a的范围不太确定。

40. 答案是B。该项不可能是真的，因为当a真包含于b时，a和c之间为全异关系。图解如下：

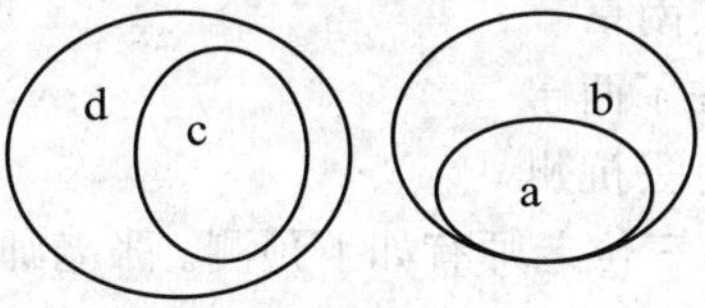

41. 答案是C。题干给出了5个简单句，涉及5个概念，分别表示为：a=安徽来京打工人员；b=办理了暂住证的人员；c=获得了就业许可证的人员；d=业余武术学校的学员；e=门卫。图解如下：

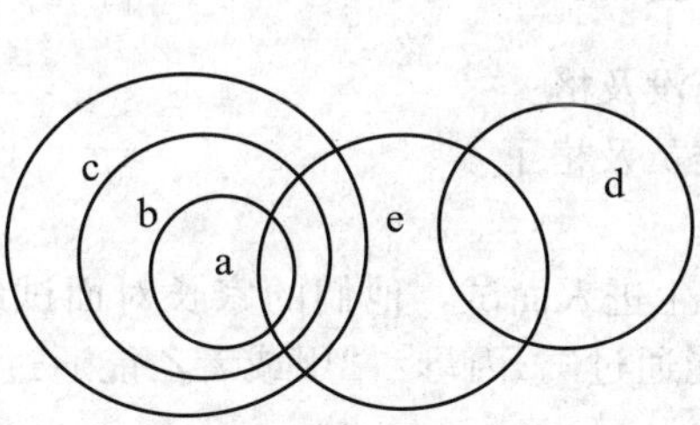

从上图可以看出，选项C不可能真，一定是假的，因为a和d之间为全异关系。其他选项都一定真。

42. 答案是D。该项不可能符合题干的断定，因为b和d之间为全异关系。其他选项都有可能符合题干断定。

43. 答案是E。令X、Y、Z、W分别表示"甘蓝""菠菜""绿芥蓝""莴苣"。题干中推理过程可以表示为：X>Y并且Z>W，所以X>W。选项A、B、C、D、E可分别表示为：X=Z、Y>W、Y>Z、Y=Z、Z>X。显然，只有Z>X不能保证题干推理的成立。

44. 答案是A。题干断定：（1）救助过李佳的人均曾被王玥救助过；（2）赵欣救助过小组的所有成员；（3）王玥救助过的人也曾被陈蓄救助过。由（1）和（2）可得：赵欣被王玥救助过。再考虑（3）可得：赵欣被陈蓄救助过。

二、综合提高题

1. 小东在玩“勇士大战”游戏，进入第二关时，界面出现四个选项。第一个选项是“选择任意选项都需支付游戏币”，第二个选项是“选择本项后可以得到额外游戏奖励”，第三个选项是“选择本项后游戏不会进行下去”，第四个选项是“选择某个选项不需支付游戏币”。

如果四个选项中的陈述只有一句为真，则以下哪项一定为真？

A. 选择任意选项都需要支付游戏币

B. 选择任意选项都无需支付游戏币

C. 选择任意选项都不能得到额外游戏奖励

D. 选择第二个选项后可以得到额外游戏奖励

E. 选择第三个选项后游戏能继续进行下去

2. 某班级的几位同学一起议论他们今年暑假出游的去向。甲说：“如果赵明没有去西藏，那一定去上海。”乙说：“钱玲去了南京。”丙说：“如果林群没有去西宁，那么，张红会去杭州。”丁说：“赵明没有去西藏，也没有去上海。”戊说：“钱玲去了广州。”己说：“张红没有去杭州。”事后了解，这次议论中，有两个人说的与事实不符。

根据上述情况，以下哪项必定是正确的？

A. 赵明没有去西藏，但是去了上海

B. 林群去了西宁，赵明可能去了西藏

C. 钱玲去了广州，但没有去南京

D. 赵明没有去上海，林群去了西宁

E. 钱玲去了南京，张红没有去杭州

3. 关于甲班体育达标测试，三位老师有如下预测。张老师说：“不会所有人都不及格”。李老师说：“有人会不及格”。王老师说：“班长和学习委员都能及格”。

如果三位老师中只有一人的预测正确，则以下哪项一定为真？

A. 班长和学习委员都没及格

B. 班长和学习委员都及格了

C. 班长及格，但学习委员没及格

D. 班长没及格，但学习委员及格了

E. 以上各项都不一定为真

4. 甲、乙、丙和丁四位考生进入面试，他们的家长对面试结果分别作了以下的猜测：甲父：“乙能通过”。乙父：“丙能通过”。丙母：“甲或者乙能通过”。丁母：“乙或者丙能通过”。其中只有一人猜对了。

根据以上陈述，以下哪项断定是假的？

A. 丙母猜对　　B. 丁母猜错　　C. 甲没有通过

D. 乙没有通过　　E. 丙没有通过

5. 林园小区有住户家中发现了白蚁。除非小区中有住户家中发现白蚁，否则任何小区都不能免费领取高效杀蚁灵。静园小区可以免费领取高效杀蚁灵。

如果上述断定都真，那么以下哪项据此不能断定真假？

Ⅰ. 林园小区有的住户家中没有发现白蚁

Ⅱ. 林园小区能免费领取高效杀蚁灵

Ⅲ. 静园小区的住户家中都发现了白蚁

A. 仅Ⅰ　　B. 仅Ⅱ　　C. 仅Ⅲ

D. 仅Ⅱ和Ⅲ　　E. Ⅰ、Ⅱ和Ⅲ

6. 所有持有当代商厦购物优惠卡的顾客，同时持有双安商厦的购物优惠卡。去年国庆，当代商厦和双安商厦同时给持有本商厦的购物优惠卡的顾客的半数，赠送了价值100元的购物奖券。结果，上述同时持有两个商厦的购物优惠卡的顾客，都收到了这样的购物奖券。

如果上述断定是真的，那么以下哪项断定也一定是真的？

Ⅰ. 所有持有双安商厦的购物优惠卡的顾客，也同时持有当代商厦的购物优惠卡

Ⅱ. 今年国庆，没有一个持有上述购物优惠卡的顾客分别收到两个商厦的购物奖券

Ⅲ. 持有双安商厦的购物优惠卡的顾客中，至多有一半收到当代商厦的购物奖券

A. 仅Ⅰ　　B. 仅Ⅱ　　C. 仅Ⅲ

D. 仅Ⅰ和Ⅱ　　E. Ⅰ、Ⅱ和Ⅲ

7. “有些好货不便宜。因此，便宜货不都是好货。”

与以下哪项推理作类比能说明上述推理不成立？

A. 湖南人不都爱吃辣椒。因此，有些爱吃辣椒的不是湖南人

B. 有些人不自私。因此，人并不都自私

C. 好的动机不一定有好的效果。因此，好的效果不一定都产生于好的动机

D. 金属都导电。因此，导电的都是金属

E. 有些南方人不是广东人。因此，广东人不都是南方人

8. 北方人不都爱吃面食，但南方人都不爱吃面食。

如果已知上述第一个断定真，第二个断定假，则以下哪项据此不能确定真假？

Ⅰ. 北方人都爱吃面食，有的南方人也爱吃面食

Ⅱ. 有的北方人爱吃面食，有的南方人不爱吃面食

Ⅲ. 北方人都不爱吃面食，南方人都爱吃面食

A. 仅Ⅰ　　B. 仅Ⅱ　　C. 仅Ⅲ

D. 仅Ⅱ和Ⅲ　　E. Ⅰ、Ⅱ和Ⅲ

9. 在MBA的《管理学》课期中考试后，班长想从老师那里打听成绩。班长说：“老师，这次考试不太难，我估计我们班同学们的成绩都在70分以上吧。”老师说：“你的前半句话不错，后半句话不对。”

根据老师的意思，下列哪项必为事实？

A. 多数同学的成绩在70分以上，有少数同学的成绩在60分以下

B. 有些同学的成绩在70分以上，有些同学的成绩在70分以下

C. 研究生的课程70分才算及格，肯定有的同学成绩不及格

D. 这次考试太难，多数同学的考试成绩不理想

E. 这次考试太容易，全班同学的考试成绩都在80分以上

10. 近期流感肆虐，一般流感患者可采用抗病毒药物治疗。虽然并不是所有流感患者均需接受达菲等抗病毒药物的治疗，但不少医生仍强烈建议老人、儿童等易出现严重症状的患者用药。

如果以上陈述为真，则以下哪项一定为假？

Ⅰ. 有些流感患者需接受达菲等抗病毒药物的治疗

Ⅱ. 并非有的流感患者不需要接受抗病毒药物的治疗

Ⅲ. 老人、儿童等易出现严重症状的患者不需要用药

A. 仅Ⅰ　　B. 仅Ⅱ　　C. 仅Ⅲ
D. 仅Ⅰ、Ⅱ　　E. 仅Ⅱ、Ⅲ

11. 一个足球教练这样教导他的队员："足球比赛从来就是以结果论英雄。在足球比赛中，你不是赢家就是输家；在球迷的眼里，你要么是勇敢者，要么是懦弱者。由于所有的赢家在球迷眼里都是勇敢者，所以每个输家在球迷眼里都是懦弱者。"

以下哪项是上述论证所必须假设的？

A. 在球迷看来，球场上勇敢者必胜
B. 球迷具有区分勇敢和懦弱的准确判断力
C. 球迷眼中的勇敢者，不一定是真正的勇敢者
D. 即使在球场上，输家也不是区别勇敢和懦弱的唯一标准
E. 在足球比赛中，赢家一定是勇敢者

12. 所有切实关心教员福利的校长，都被证明是管理得法的校长；而切实关心教员福利的校长，都首先把注意力放在解决中青年教员的住房上。因此，那些不首先把注意力放在解决中青年教员住房上的校长，都不是管理得法的校长 。

以下哪项是上述论证所必须假设的？

A. 中青年教员的住房问题，是教员的福利中最为突出的问题
B. 所有管理得法的校长，都是关心教员福利的校长
C. 中青年教员的比例，近年来普遍有了大的增长
D. 所有首先把注意力放在解决中青年教员住房上的校长，都是管理得法的校长
E. 老年教员普遍对自己的住房状况比较满意

13. 20 世纪早期的政治哲学家无论是社会主义者还是共产主义者都受到了罗萨・卢森堡的影响。没有一个受到卢森堡影响的人赞成独裁政体。

如果上述陈述为真，根据这些陈述，以下哪项陈述也必然是真的？

A. 每一位不赞成独裁政体的 20 世纪早期政治哲学家不是社会主义者，就是共产主义者
B. 每一位不是社会主义者的，受到卢森堡影响的 20 世纪早期政治哲学家都是共产主义者
C. 每一位不赞成独裁政体的 20 世纪早期的政治哲学家都受到了卢森堡的影响
D. 20 世纪早期的社会主义政治哲学家都不赞成独裁政体
E. 每一位共产主义者同时也必然都是社会主义者

14. 有些具有优良效果的护肤化妆品是诺亚公司生产的。所有诺亚公司生产的护肤化妆品都价格昂贵，而价格昂贵的护肤化妆品无一例外地受到女士们的信任。

以下各项都能从题干的断定中推出，除了：

A. 受到女士们信任的护肤化妆品中，有些实际效果并不优良
B. 有些效果优良的化妆品受到女士们的信任
C. 所有诺亚公司生产的护肤化妆品都受到女士们的信任
D. 有些价格昂贵的护肤化妆品是效果优良的
E. 所有不被女士们信任的护肤化妆品价格都不昂贵

15. 大山中学所有骑车上学的学生都回家吃午饭，因此，有些在郊区的大山中学的学生不骑自行车上学。

为使上述论证成立，以下哪项关于大山中学的断定是必须假设的？

A. 骑自行车上学的学生家都不在郊区
B. 回家吃午饭的学生都骑自行车上学
C. 家在郊区的学生都不回家吃午饭

D. 有些家在郊区的学生不回家吃午饭

E. 有些不回家吃午饭的学生家不在郊区

16. 某大学顾老师在回答有关招生问题时强调："我们学校招收一部分免费师范生，也招收一部分一般师范生。一般师范生不同于免费师范生。没有免费师范生毕业时可以留在大城市工作。而一般师范生毕业时都可以选择留在大城市工作，任何非免费师范生毕业时都需要自谋职业，没有免费师范生毕业时需要自谋职业。"

根据顾老师的陈述，可以得出以下哪项？

A. 该校需要自谋职业的大学生都可以选择留在大城市工作

B. 不是一般师范生的该校大学生都是免费师范生

C. 该校需要自谋职业的大学生都是一般师范生

D. 该校所有一般师范生都需要自谋职业

E. 该校可以选择留在大城市工作的唯一一类毕业生是一般师范生

17. 兰教授认为：不善于思考的人不可能成为一名优秀的管理者，没有一个谦逊的智者学习占星术，占星家均学习占星术，但是有些占星家却是优秀的管理者。

以下哪项如果为真，最能反驳兰教授的上述观点？

A. 有些占星家不是优秀的管理者

B. 有些善于思考的人不是谦逊的智者

C. 所有谦逊的智者都是善于思考的人

D. 谦逊的智者都不是善于思考的人

E. 善于思考的人都是谦逊的智者

18. 一位贫穷的农民喜欢这样说："所有穷人都是精明的，但精明的人却赚不到钱，只有赚到钱的人才是有钱人。"这位贫穷的农民希望通过上面这些话来驳斥"有些穷人也应当慷慨"这一观点。

为了能够使他的驳斥成立，需要补充以下哪一项？

A. 有钱人都应当慷慨

B. 没有钱的人就不应当慷慨

C. 有钱人也未必精明

D. 赚到钱的人也不一定是有钱人

E. 穷人就不会是有钱人

19. 在某住宅小区的居民中，大多数中老年教员都办了人寿保险，所有买了四居室以上住房的居民都办了财产保险。而所有办了人寿保险的都没办理财产保险。

如果上述断定是真的，以下哪项关于该小区居民的断定必定是真的？

Ⅰ. 有中老年教员买了四居室以上的住房

Ⅱ. 有中老年教员没办理财产保险

Ⅲ. 买了四居室以上住房的居民都没办理人寿保险

A. Ⅰ、Ⅱ和Ⅲ　　B. 仅Ⅰ和Ⅱ　　C. 仅Ⅱ和Ⅲ

D. 仅Ⅰ和Ⅲ　　E. 仅Ⅱ

20. 除了吃川菜，张涛不吃其他菜肴。所有林村人都爱吃川菜。川菜的特色为麻辣香，其中有大量的干鲜辣椒、花椒、大蒜、姜、葱、香菜等调料。大部分吃川菜的人都喜好一边吃川菜，一边喝四川特有的盖碗茶。

如果上述断定为真，则以下哪项一定为真？

A. 所有林村人都爱吃麻辣香的食物

B. 所有林村人都喝四川出产的茶

C. 大部分林村人喝盖碗茶

D. 张涛喝盖碗茶

E. 张涛是四川人

21. 大多数独生子女都有以自我为中心的倾向。有些非独生子女同样有以自我为中心的倾向。自我为中心倾向的产生有各种原因，但一个共同原因是缺乏父母的正确引导。

如果上述断定为真，以下哪项一定为真？

A. 每个缺乏父母正确引导的家庭都是独生子女

B. 有些缺乏父母正确引导的家庭有不止一个子女

C. 有些家庭缺乏父母正确引导，但子女并不以自我为中心

D. 大多数缺乏父母正确引导的家庭都是独生子女

E. 缺乏父母正确引导的多子女家庭，少于缺乏父母正确引导的独生子女家庭

22. 超过 20 年使用期限的汽车都应当报废。某些超过 20 年使用期限的汽车存在不同程度的设计缺陷，在应当报废的汽车中有一些不是 H 国进口车。所有的 H 国进口车都不存在设计缺陷。

如果上述断定为真，以下哪项一定为真？

A. 有些 H 国进口车不应当报废

B. 有些 H 国进口车应当报废

C. 有些存在设计缺陷的汽车应当报废

D. 所有应当报废的汽车的使用期限都超过 20 年

E. 有些超过 20 年使用期限的汽车不应当报废

23. 出席学术讨论会的有三个足球爱好者，四个亚洲人，两个日本人，五个商人。

以上叙述涉及了所有晚会参加者，其中日本人不经商。那么，参加晚会的人数是：

A. 最多 14 人，最少 5 人

B. 最多 14 人，最少 7 人

C. 最多 12 人，最少 7 人

D. 最多 12 人，最少 5 人

E. 最多 12 人，最少 8 人

24. 李栋善于辩论，也喜欢诡辩。有一次他论证道：“郑强知道数字 87654321，陈梅家的电话号码正好是 87654321，所以郑强知道陈梅家的电话号码。”

以下哪项与李栋论证中所犯的错误最为类似？

A. 中国人是勤劳勇敢的，李岚是中国人，所以李岚是勤劳勇敢的

B. 金砖是由原子构成的，原子不是肉眼可见的，所以金砖不是肉眼可见的

C. 黄兵相信晨星在早晨出现，而晨星其实就是暮星，所以黄兵相信暮星在早晨出现

D. 张冉知道如果 1∶0 的比分保持到终场，他们的队伍就会出线，现在张冉听到了比赛结束的哨声，所以张冉知道他们的队伍出线了

E. 所有蚂蚁是动物，所以所有大蚂蚁都是大动物

25. 某大学有位女教师默默资助一偏远山区的贫困家庭长达 15 年。记者多方打听，发现做好事者是该大学传媒学院甲、乙、丙、丁、戊 5 位教师中的一位。在接受采访时，5 位老师都很谦虚，他们是这样对记者说的：

甲：这件事是乙做的。

乙：我没有做，是丙做了这件事。

丙：我并没有做这件事。

丁：我也没有做这件事，是甲做的。

戊：如果甲没有做，则丁也不会做。

记者后来得知，上述5位老师中只有一人说的话符合真实情况。

根据以上信息，可以得出做这件好事的人是

A. 甲　　B. 乙　　C. 丙

D. 丁　　E. 戊

综合提高题详解

1. 答案是E。题干中第一个选项“选择任意选项都需支付游戏币”和第四个选项“选择某个选项不需支付游戏币”为矛盾关系，真话必在二者之中，所以，第二个选项和第三个选项都是假的。由第三个选项“选择本选项后游戏不会进行下去”为假，可知：选择第三个选项后游戏能进行下去。注意不要选D，因为由第二个选项“选择本项后可以得到额外游戏奖励”为假，只能推出“选择第二个选项后不可以得到额外游戏奖励”。

2. 答案是B。题干中甲的话和丁的话矛盾，必有一假；乙的话和戊的话也必有一假。所以，丙的话真，己的话真。即张红没有去杭州，林群去了西宁。选项B中的概念“可能”一般是作为结论的标志。

3. 答案是A。张老师的话的标准表达为“有人及格”，和李老师的话为下反对关系，二者必有一个为真；李老师的话“有人不及格”和王老师的话“班长和学习委员都能及格”（具体判断都可看成是单称判断）也是下反对关系，必有一个为真，所以李老师的话必然是真的。这样，张老师的话“不会所有人都不及格”（“有些人及格”）必然为假，即“所有人都不及格”为真，当然，班长和学习委员也都没及格。注意，不能选C和D。因为王老师的话“班长和学习委员都能及格”为假，即“班长和学习委员至少有一个不能及格”，但不一定就是班长没及格，所以不能选D；也不一定就是学习委员没及格，所以不能选C。C和D都仅是一种可能，不是必然的。本试题也可以这样来理解：张老师和李老师的话为下反对关系，二者必有一真，故真话在它们之中。所以，王老师的话为假。由王老师的话假，可以推出班长和学习委员至少有一个不能及格，于是李老师的话为真，而张老师的话为假，即“不会所有人都不及格”为假，也就是“所有人都不及格”为真。当然，班长和学习委员也都没及格。

4. 答案是C。从题干四个断定来看，不好确定哪两句话之间具有矛盾关系或者下反对关系，所以不能仿照特殊条件下的推理问题来解，而是要运用假设法进行分析。具体步骤如下：如果假设甲父的话“乙能通过”为真，就会导致丙母的话“甲或者乙能通过”也为真，所以，甲父的话是假的。同理，如果假设乙父的话“丙能通过”为真，就会导致丁母的话“乙或者丙能通过”也为真，所以，乙父的话是假的。在甲父和乙父的话都为假，即乙不能通过且丙不能通过的情况下，丁母的话“乙或者丙能通过”一定为假。因此，四位家长的话只有丙母的话“甲或者乙能通过”是真的，其他人的话都是假的。既然丙母的话“甲或者乙能通过”是真的，而乙又没有通过，所以，甲一定通过了。显然，选项C是假的，其他选项都是真的。

5. 答案是E。选项Ⅰ不能断定真假，因为“林园小区有住户家中发现白蚁”，不一定“林园小区有住户家中没有发现白蚁”。选项Ⅱ不能确定真假，题干断定“除非小区中有住户家中发现白蚁，否则任何小区都不能免费领取高效杀蚁灵”是一个表达形式为“除非……否则不……”是必要条件的假言命题，该命题可以整理为“只有小区中有住户家中发现白蚁，该小区才能免费领取高效杀蚁灵”；再根据题干断定“林园小区有住户家中发现白蚁”，必要条件假言推理肯定前件不能因此肯定后件（有之不必然），所以，选项Ⅱ“林园小区能免费领取高效杀蚁灵”不一定是真的。选项Ⅲ也不能确定真假，根据题干断定“只有小区中有住户家中发现白蚁，该小区才能免费领取高效杀蚁灵”和“静园小区可以免费领取高效杀蚁灵”，可以推出“静园小区有住户家中发现了白蚁”，但是，根据“静园小区有住户家中发现了白蚁”，不能推出“静园小区的住户家中都发现了白蚁”。

6. 答案是C。题干中断定：所有持当代商厦购物优惠卡的顾客都持有双安商厦的购物优惠卡。根据这个命题“倒过来说”只能是，有些持有双安商厦购物优惠卡的顾客持有当代商厦的购物优惠卡，所以，Ⅰ不一定真。如果持有当代商厦的购物优惠卡的顾客数量和持有双安商厦购物优惠卡的顾客数量一样多，那么Ⅱ是真的，但是，很可能有些持有双安商厦购物优惠卡的顾客并未持有当代商厦的购物优惠卡，所以Ⅱ不一定是真的。Ⅲ一定是真的，“至多”的意思就是说，“所有持有双安商厦购物优惠卡的顾客也都持有当代商厦的购物优惠卡”。

7. 答案是E。该项和题干的推理结构都是“有些S不是P。因此，P不都是S”，都是不正确的换位推理。注意，选项A和题干在结构上稍有差别，其结构是“S不都是P。因此，有些P不是S”。不能选B，其结构是“有些S不是P。因此，S不都是P”，没有进行换位推理。选项D的结构是“所有S都是P。因此，所有P都是S”。

8. 答案是D。由题干“北方人不都爱吃面食”，即“有些北方人不爱吃面食”为真，可以确定Ⅰ的前面部分“北方人都爱吃面食”为假，但不能确定Ⅱ的前面部分“有的北方人爱吃面食”的真假，也不能确定Ⅲ的前面部分“北方人都不爱吃面食”的真假。由题干“南方人都不爱吃面食”为假，可以确定Ⅰ的后面部分“有的南方人爱吃面食”为真，但不能确定Ⅱ的后面部分“有的南方人不爱吃面食”的真假，也不能确定Ⅲ的后面部分“南方人都爱吃面食”的真假。所以，Ⅰ的前面部分假而后面部分真，所以整个为假。Ⅱ和Ⅲ的前面部分和后面部分都不能确定真假，所以，整个地都不能确定真假。

9. 答案是C。因为根据老师的话，班长的前半句话不错，即这次考试不太难，所以D项不成立。又根据老师的话，班长的后半句话不对，即“我们班同学们的成绩都在70分以上”这个命题是假的，根据对当关系，可知：“我们班有些同学的成绩不在70分以上”为真。由于“我们班有些同学的成绩不在70分以上”并不意味着“我们班有些同学的成绩在70分以上”，所以，选项A和B都不成立，E项断定“多数同学的考试成绩都在80分以上”，就更不成立了。选项C一定为真，因为根据题干，如果“我们班同学们的成绩都在70分以上”这个命题为假，即“我们班有些同学的成绩不在70分以上”，而根据该项所说“如果研究生的成绩70分以上才算及格，则肯定有的同学成绩不及格”。值得注意的是，“70分以上”当然包括了70分，所以“不在70分以上”也就不包括70分的情况。

10. 答案是B。选项Ⅱ一定假，因为题干断定“并不是所有流感患者均需接受达菲等抗病毒药物的治疗”，即有些流感患者不需要接受达菲等抗病毒药物的治疗，该项断定“并非有的流感患者不需要接受抗病毒药物的治疗”则与此矛盾。选项Ⅲ不一定假，因为真的有“不少医生建议什么什么”，不能因此就推出“什么什么”就为真。选项Ⅰ有可能真，因为当题干断定“有些流感患者不需要接受达菲等抗病毒药物的治疗”为真，该项断定“有些流感患者需要接受达菲等抗病毒药物的治疗”可能真也可能假。

11. 答案是A。题干中从“所有的赢家都是勇敢者”推出“每个输家都是懦弱者”，即“所有输家都不是勇敢者”，“勇敢者”这个概念由不周延变得周延了，犯了“概念扩大”的错误。必须假设选项A“所有勇敢者都是胜利者”作为前提。因为如果该项为假，则意味着“有些勇敢者不胜”，通过换质推理可得“有些勇敢者是输家”，再换位可得“有些输家是勇敢者”，再换质可得“有些输家不是懦弱者”。这显然与题干中的论点“每个输家在球迷眼里都是懦弱者”相矛盾。选项A是题干成立的必要条件。选项E不是题干成立的必要条件，因为假设该项为假，只是意味着“有些赢家不是勇敢者”，通过换质推理可得“有些赢家是懦弱者”，这与题干的断定并不矛盾。其他选项也都不是题干成立的必要条件。

12. 答案是B。题干结论中的概念“管理得法的校长”是周延的，但是在前提中却不是周延的，犯有“概念扩大”的错误，这是题干论证的根本问题所在。选项B使概念“管理得法的校长”周延，所以能够保证题干论证的成立。

13. 答案是D。题干断定：(1) 20世纪早期的政治哲学家都受到了罗萨·卢森堡的影响；(2) 所有受到卢森堡影响的人都不赞成独裁政体。结论是：20世纪早期的政治哲学家都不赞成独裁政体。选项D说“20世纪早期的社会主义政治哲学家都不赞成独裁政体”，显然可以从中推导出来。

14. 答案是A。题干中断定了以下三个命题：(1) 有些具有优良效果的护肤化妆品是诺亚公司生产的；(2) 所有诺亚公司生产的护肤化妆品都是价格昂贵的；(3) 所有价格昂贵的护肤化妆品都是受到女士们信任的。选项E可以从(3)推出，即所有价格昂贵的护肤化妆品都是受到女士们信任的→所有价格昂贵的护肤化妆品都不是不受到女士们信任的→所有被女士们不信任的护肤化妆品价格都不昂贵。选项D可以从(1)和(2)推出。选项C可以从(2)和(3)推出。选项B可以从(2)和(3)的结论“所有诺亚公司生产的护肤化妆品都是受到女士们信任的”和(1)推出，即：有些具有优良效果的护肤化妆品受到女士们信任。选项A不能从题干中推出。

15. 答案是D。题干中要保证从前提推出结论，需要能够把小项“家在郊区的大山中学的学生”和中项“回家吃午饭”联系起来。根据题干中的结论是否定的，而已有前提是肯定的，可得三段论的另一个前提必然是否定的。题干中的结论是特称的，而已有前提是全称的，可得三段论的另一个前提可以是特称的。选项C不必假设，因为题干论证只需要假设“有些家在郊区的大山中学的学生不回家吃午饭”，不必假设“所有家在郊区的大山中学的学生不回家吃午饭”。

16. 答案是D。题干中一个最关键的断定是：“任何非免费师范生毕业时都需要自谋职业”，而“一般师范生”显然真包含于“非免师范生”。选项D“该校所有一般师范生都需要自谋职业”一定为真。其他选项均不成立。

17. 答案是E。题干断定：(1) 优秀的管理者都是善于思考的人；(2) 谦逊的智者都不学占星术；(3) 占星家均学习占星术；(4) 有些占星家却是优秀的管理者。由(3)和(4)，可得(5)：有些学占星术的是优秀的管理者。考虑(2)，可得(6)：有些优秀的管理者不是谦逊的智者。再考虑(1)，可得(7)：有些善于思考的人不是谦逊的智者。显然，只有选项E“善于思考的人都是谦逊的智者”能够反驳兰教授的观点。要注意的是：根据断定(1)和(6)，不能推出“有些谦虚的智者不是善于思考的人。”因为“善于思考的人”这个概念在断定(1)中，是肯定句的谓项，不周延，即不指称其全部范围，所以它在结论中也不得周延，即不能指称全部对象。因此，选项C不能反驳兰教授的观点。

18. 答案是B。题干这位贫穷的农民断言：“所有穷人都是精明人，但精明的人却赚不到钱”，从中可推出结论：“所有穷人都赚不到钱”，即所有穷人都不是有钱人。选项B说“没有钱的人就不应当慷慨”，即应当慷慨的都是有钱人。如果补充该项作为前提，可以构造推理如下：应该慷慨的人都有钱，所有穷人都不是有钱人，因此，所有穷人都不应该慷慨。该推理的结论“所有穷人都不应该慷慨”，正好驳斥了“有些穷人也应该慷慨”这个观点。

19. 答案是C。题干中的三个命题如下：(1) 大多数中老年教员都办了人寿保险；(2) 所有买了四居室以上住房的居民都办了财产保险；(3) 所有办了人寿保险的都没办理财产保险。首先，由(2)和(3)可以推出Ⅲ，即“买了四居室以上住房的居民都没办理人寿保险”，其中的中项是“办理财产保险”。其次，由（1）和（3）可以推出“大多数中老年教员都没有办理财产保险”，进而推出Ⅱ，即“有中老年教员没办理财产保险”，其中的中项是“办了人寿保险”。而（1）和（2）找不到一个共同的中项来联结，所以，选项Ⅰ即“有中老年教员买了四居室以上的住房”不能推出来。

20. 答案是A。题干给出了3个简单句：所有林村人都爱吃川菜；川菜都是麻辣香的食物；大部分吃川菜的人都喜好喝盖碗茶。涉及到4个概念，分别表示为：a=林村人；b=爱吃川菜；c=麻辣香的食物；d=喜好喝盖碗茶。图解如下：

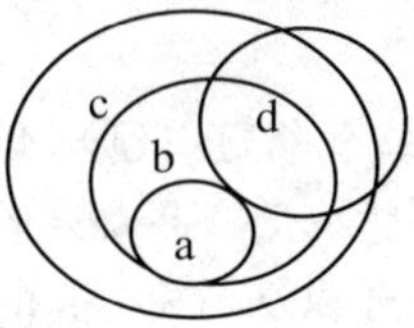

从上图可以看出，选项A必定是真的。选项C不一定真，因为虽然大部分喜欢吃川菜的人都喜好喝盖碗茶，但推不出林村人的大部分都喜好喝盖碗茶。

21. 答案是B。题干给出了3个简单句：大多数独生子女都有以自我为中心的倾向；有些非独生子女有以自我为中心的倾向；所有以自我为中心倾向的都缺乏父母的正确引导。涉及到4个概念，分别表示为：a=独生子女；b=以自我为中心；c=非独生子女；d=缺乏父母的正确引导。图解如下：

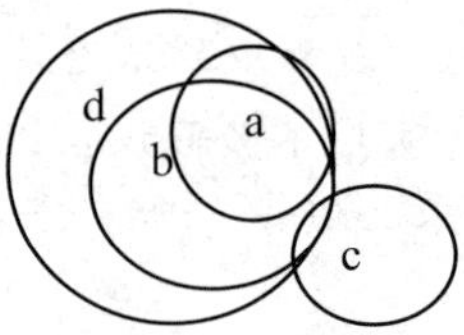

从上图可以看出，选项B一定真。选项C不一定真，因为可能b和d完全重合，即可能所有的d也都是b。

22. 答案是C。题干主要断定有：（1）所有超过20年使用期限的汽车都应当报废；（2）有些超过20年使用期限的汽车存在不同程度的设计缺陷；（3）所有的H国进口车都不存在设计缺陷。分别用a表示“使用20年期限的汽车”，b表示“应当报废”，c表示“存在设计缺陷”，d表示“H国进口车”。则题干断定之间的关系可以图示如下：

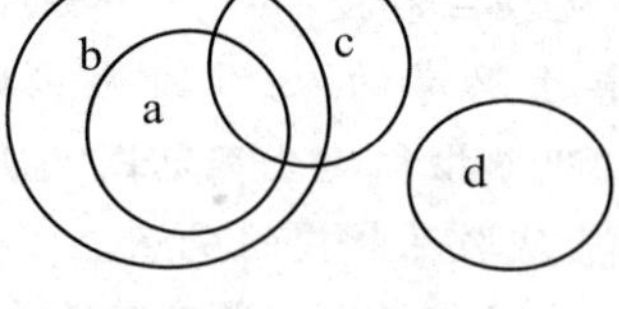

根据上图，选项C一定真。其他选项都不一定真。

23. 答案是C。由于题干中所说的两个日本人都是亚洲人，不可能存在不是亚洲人的日本人，所以，从来源上看，亚洲人最多、最少都是4个人。当三个足球爱好者、五个商人和这四个亚洲人都是排斥性的关系时，参加晚会的人数为最多，即12个人。由于两个日本人不经商，即这两个日本人和五个商人之间具有排斥性的关系，所以至少得有7个人。

24. 答案是C。题干中，郑强知道某个数字，不意味着他就知道了陈梅家的电话号码。因为，陈梅家的电话号码虽然就是这个数字，但郑强很可能并不知道。一个符号或数字可能有多种含义，知道某个符号或数字不等于就知道其含义。知道某个数字，和知道某个数字的具体含义，是不同的概念，前者为大概念或属概念，后者为小概念或种概念，题干推理将二者混为一谈，犯了“混淆概念”的错误。选项C也是一样，虽然黄兵相信晨星在早晨出现，但不意味着黄兵就相信暮星在早晨出现，因为虽然晨星是暮星，但是黄兵很可能不清楚这一点。晨星和暮星含义不同，前者为大概念或属概念，后者为小概念或种概念，将二者混为一谈，也犯了“混淆概念”的错误。其他选项虽然也都犯有“混淆概念”的错误，但却有所区别。选项A中，“中国人”的第一次出现为集合概念，第二次为非集合概念。选项B中，“原子”和“原子构成的”之间为全异关系。选项D中，“1∶0的比分保持到终场”和“比赛结束的哨声”，前者为小概念或种概念，后者为大概念或属概念。选项E中，“大”的第一次出现指的年龄大，是时间概念，第二次出现指的是体型大，是空间概念，两个“大”之间是全异关系，而且整个推理不是三段论。

25. 答案是D。题干中甲和乙的话必有一个为假，乙和丙的话必有一个为假，因此，乙的话必假，即或者这件事是乙做的，或者丙没有做这件事，也就是说或者甲的话为真，或者丙的话为真。总之，乙、丁、戊的话都是假的。由戊的话为假，可知：这件好事是丁做的。

第八章　基本复合命题及其推理

第一节　考试要点及内容精析

一、基本复合命题

复合命题也称为分子命题，是在基本命题的基础上所构成的，构成复合命题的基本命题也称为原子命题。将原子命题连接起来以构成复合命题的词称为联结词。基本的复合命题包括负命题、联言命题、选言命题和假言命题。

1. 负命题

负命题就是通过否定某个命题所得到的命题，又叫作命题的否定。设原命题为 p，则该命题的负命题为“并非 p”。例如，原命题为“所有文学家都是大学毕业的”，其负命题为“并非所有文学家都是大学毕业的”。

负命题的一般公式是：并非 p。

“并非”（逻辑上通常用符号“¬ ”表示，读作“并非”）称为联结词，p 是支命题。在日常语言的表达中，“非”“并不是”“不”“是假的”等，都是“并非”的意思。

负命题“并非 p”与其原命题 p 之间具有矛盾关系。即当原命题 p 为真时，负命题“并非 p”为假；当原命题 p 为假时，负命题“并非 p”为真。负命题的真假特征可以表示如下：

p	¬ p
真	假
假	真

2. 联言命题

联言命题就是断定几种事物情况同时存在的命题。例如，“鲁迅是文学家并且是思想家”。

联言命题的一般公式是：p 并且 q。

其中，“并且”（逻辑上通常用符号“∧”表示，读作“合取”）为联结词，p、q 称为联言支（联言命题的支命题）。日常语言中的“……和……”“既……又……”“不但……而且……”“虽然……但是……”等表示并列关系、递进关系、转折关系的语词都是“并且”的意思。例如，“甲和乙是工程师”，“他不但能力强，而且品行好”，“他虽然很有钱，但是他过得并不幸福”等都是联言命题。

一个联言命题是真的，则其每一个支命题都必须是真的。只要有一个支命题假，则联言命题就是假的。联言命题的真假特征可以表示如下：

p	q	p∧q
真	真	真
真	假	假
假	真	假
假	假	假

3. 选言命题

选言命题是断定几个可能的事物情况中至少有一个事物情况存在的命题。例如：

①他是共产党员或者是劳动模范。

②要么武松打死老虎，要么老虎吃掉武松。

③这份统计表格或者是计算有错误，或者是统计本身有错误。

构成选言命题的支命题叫作选言支。有的选言命题的选言支之间具有并存关系，有的选言命题的选言支之间不具有并存关系。由具有并存关系的选言支所构成的选言命题称为相容的选言命题，由不具有并存关系的选言支所构成的选言命题称为不相容的选言命题。

（1）相容的选言命题

相容的选言命题是断定几个可能的事物情况中至少有一个存在并且可以同时存在的选言命题。如上例①和③都是相容的选言命题。

相容选言命题的一般公式是：p或者q。

其中，“或者”（逻辑上通常用符号“∨”表示，读作“析取”）是联结词，p、q称为选言支。在日常语言中，“……或……”“或者……或者……”“也许……也许……”“可能……可能……”等联结词都能表达相容的选言关系。

一个相容的选言命题是真的，只要有一个选言支是真的。只有当全部选言支都假时，相容的选言命题才是假的。相容选言命题的真假特征可以表示如下：

p	q	p∨q
真	真	真
真	假	真
假	真	真
假	假	假

（2）不相容的选言命题

不相容的选言命题是断定几种可能的事物情况中有且只有一种事物情况存在的选言命题。如上例中的②就是不相容的选言命题。

不相容的选言命题的一般公式是：要么p，要么q。

其中，“要么……要么……”（可以用符号“$\boxed{\vee}$”表示，读作“不相容析取”）是联结词，p、q是选言支。在日常语言中，“或者……或者……二者必居其一”“或……或……二者不可得兼”“不是……就是……”等联结词都能表达不相容的选言命题。例如，“不是东风压倒西风，就是西风压倒东风”就是一个不相容的选言命题。

一个不相容的选言命题是真的，有且只有一个选言支是真的。当全部选言支都真或都假时，不相容的选言命题就是假的。不相容选言命题的真假特征可以表示为：

p	q	p $\boxed{\vee}$ q
真	真	假
真	假	真
假	真	真
假	假	假

4. 假言命题

假言命题又称条件命题，它是断定一个事物情况的存在是另一个事物情况存在的条件的命题。例如：

①如果天下雨，那么地湿。

②只有年满 18 岁，才有选举权。

③当且仅当一个数能被 2 整除，这个数才是偶数。

在假言命题中，表示事物情况存在的条件的部分称为前件，表示依赖条件而存在的部分称为后件。条件关系主要有三种，即充分条件关系、必要条件关系和充要条件关系。

充分条件关系是说，存在两个事物情况 p 和 q，如果有 p，就一定有 q，而没有 p 不一定没有 q，即可以有 q 也可以没有 q，那么 p 就是 q 的充分条件。如上例①中的“天下雨”和“地湿”这两个事物情况之间就具有充分条件关系。天下雨必然导致地湿，但天不下雨，其他的原因如天下雪、洒水车经过、有人浇水等都可以导致地湿。

必要条件关系是说，存在两个事物情况 p 和 q，如果没有 p，就一定没有 q，而有 p 却不一定有 q，即可以有 q 也可以没有 q，那么 p 就是 q 的必要条件。如上例②中的“年满 18 岁”与“有选举权”这两个事物情况之间就具有必要条件关系。没有年满 18 岁的人一定没有选举权，但即使已年满 18 岁的人也不一定就有选举权。

充要条件关系是说，存在两个事物情况 p 和 q，如果有 p，就一定有 q，如果没有 p，就一定没有 q，那么 p 就是 q 的充要条件。如上例③中的“一个数能被 2 整除”与“这个数是偶数”这两个事物情况之间就具有充要条件关系。一个能够被 2 整除的数一定是偶数，一个不能被 2 整除的数一定不是偶数。

（1）充分条件假言命题

充分条件假言命题是断定事物情况间具有充分条件关系的假言命题。

充分条件假言命题的一般公式是：如果 p，那么 q。

其中，“如果……那么……”（逻辑上通常用符号“→”表示，读作“蕴涵”）是联结词，p 和q 分别是前件和后件。在日常语言中，“如果……就……”“有……就有……”“倘若……就……”“一旦……就”“假若……则……”“只要……就……”等联结词都能表达充分条件假言命题。例如：

①如果甲是作案者，甲就有作案动机。

②只要割断牛头，牛就会死。

③倘若没有水，生命就会死亡。

④假若语言能够生产物质财富，则夸夸其谈的人就会成为世界上的富翁了。

另外，全称命题（所有 S 都是 P，所有 S 都不是 P）也都可以看成是充分条件的假言命题。如“所有作案者都有作案动机”的意思就是说，“一个人如果是作案者，那么他就是有作案动机的”。

要确定一个充分条件假言命题是真的还是假的，关键要看其前件是不是后件的充分条件，即有前件必然有后件，如果有前件却没有后件，这个充分条件假言命题就是假的。因此，对于一个充分条件假言命题来说，只有当其前件真而后件假时才假，在其他情况下皆为真。充分条件假言命题的真假特征可以表示为：

p	q	$p \rightarrow q$
真	真	真
真	假	假
假	真	真
假	假	真

（2）必要条件假言命题

必要条件假言命题就是断定事物情况之间具有必要条件关系的假言命题。

必要条件假言命题的一般公式是：只有 p，才 q。

其中，“只有……才……”（逻辑上通常用符号“←”表示，读作“反蕴涵”或“逆蕴涵”）是联结词，p 和 q 分别是前件和后件。在日常语言中，“没有……就没有……”“不……不……”“除非……不……”“除非……才……”“除非……否则不……”“如果不……那么不……”等联结词都能表达必要条件假言命题。例如：

①没有共产党，就没有新中国。

②不入虎穴，不得虎子。

③除非我们努力复习，否则不能通过最终的考试。

④除非认识自己的错误，才能改正自己的错误。

另外，“q，必须 p”所表达的是“只有 p，才 q”，必须引出必要条件；“以……为基础”“离不开……”等都能引出必要条件。而“除非 p，否则 q”所表达的则是“只有 p，才不 q”或者“如果非 p，则 q”。另外，“或者 p，或者 q”可以表达为“如果非 p，则 q”，也可以表达为“如果非 q，则 p”。

要确定一个必要条件假言命题是真的还是假的，关键要看其前件是不是后件的必要条件，即没有前件必然没有后件，如果没有前件也有后件，这个必要条件假言命题就是假的。因此，对于一个必要条件假言命题来说，只有当其前件假而后件真时才假，在其他情况下皆为真。必要条件假言命题的真假特征可以表示如下：

p	q	$p \leftarrow q$
真	真	真
真	假	真
假	真	假
假	假	真

（3）充要条件假言命题

充要条件假言命题就是断定事物情况之间具有充要条件关系的假言命题。

充要条件假言命题的一般公式是：当且仅当 p，才 q。

其中，“当且仅当……才……”（逻辑上通常用符号“↔”表示，读作“等值于”）是联结词，p 和 q 分别是前件和后件。在日常语言中，“如果……那么……并且只有……才……”“只要……就……并且只有……才……”“……当且仅当……”等联结词，均能表达充要条件假言命题。例如，在“人不犯我，我不犯人；人若犯我，我必犯人”这个命题中，前半部分表达了“人犯我”是“我犯人”的必要条件，后半部分表达了“人犯我”是“我犯人”充分条件，合起来就表达了“人犯我”是“我犯人”的充要条件，即“当且仅当人犯我，我才犯人”。

要确定一个充要条件假言命题是真的还是假的，关键要看其前件是不是后件的充要条件，即有前件必然有后件，没有前件必然没有后件。当有前件却无后件，或无前件有后件时，这个充要条件假言命题就是假的。因此，充要条件假言命题在前件与后件等值（前件真并且后件真，或者前件假并且后件假）时真，在前件与后件不等值（前件真时后件假，或者前件假时后件真）时假。所以，充要条件假言命题又称为等值命题。充要条件假言推理的真假特征可以表示如下：

p	q	p↔q
真	真	真
真	假	假
假	真	假
假	假	真

（4）充分条件和必要条件之间的关系

充分条件和必要条件之间存在着密切的联系，这就是：

如果p是q的充分条件，那么q就是p的必要条件；

如果p是q的必要条件，那么q就是p的充分条件。

因此：

①“如果p，那么q”等值于“只有q，才p”

②“只有p，才q”等值于“如果q，那么p”

如果用“→”表示“如果……那么……”，用“←”表示“只有……才……”，用“↔”表示“等值于”，我们就可以进一步把①和②分别表示为：

①（p→q）↔（q←p）

②（p←q）↔（q→p）

举例来说：

“如果张三患肺炎，那么他发烧”等值于“只有张三发烧，他才患肺炎”。

“张三患肺炎”是“张三发烧”的充分条件，同时，“张三发烧”是“张三患肺炎”的必要条件，即如果张三不发烧，他就不会患肺炎。

二、基本复合推理

根据各种基本复合命题的基本性质，可以进行一些最为基本的复合推理。

1. 联言推理

联言推理就是前提或结论为联言命题，并且根据联言命题的真假特征所进行的推理。一个联言命题是真的，当且仅当其所有支命题是真的。联言推理的推理形式有分解式和组合式。

分解式就是由前提中一个联言命题为真推出其任一支命题为真的联言推理。公式是：

$$\frac{p\text{并且}q}{p}\quad\text{或}\quad\frac{p\text{并且}q}{q}$$

例如，

常开窗户和勤洗手是预防感冒的有效方法
————————————————
勤洗手是预防感冒的有效方法

组合式就是由前提中一些支命题为真推出这些支命题所组成的联言命题为真的联言推理。公式是：

p
q
———
p并且q

例如：

曹操是文学家
曹操是军事家
———
曹操是文学家和军事家

2. 选言推理

选言推理就是前提中有一个选言命题，并且根据选言命题的真假特征所进行的推理。它包括相容的选言推理和不相容的选言推理。

（1）相容的选言推理

相容的选言推理就是前提中有一个相容的选言命题，并且根据相容的选言命题的逻辑特征所进行的推理。对于相容的选言命题来说，其选言支是可以并存、可以同真的。一个相容的选言命题为真，至少有一个选言支为真。

相容的选言推理有以下两条推理规则：

①否定一部分选言支，就要肯定另一部分选言支。

②肯定一部分选言支，不能因此否定另一部分选言支。

根据上述推理规则，相容的选言推理只有一种有效的推理形式即否定肯定式：

p或者q		p或者q
非p	或	非q
q		p

例如：

他或者是演员或者是导演
他不是演员
———
他是导演

相容的选言推理的肯定否定式是无效式。因为对于相容的选言命题来说，其选言支是可以并存、可以同真的。所以，断定了一部分选言支为真，不能因此就断定其他选言支为假，也可能所有的选言支都是真的。

（2）不相容的选言推理

不相容的选言推理就是前提中有一个不相容的选言命题，并且根据不相容的选言命题的逻辑特征所进行的推理。对于不相容的选言命题来说，其选言支之间不具有并存关系。一个不相容的选言命题为真，有且只有一个选言支为真。

不相容的选言推理有以下两条推理规则：

①否定除了一个选言支以外的其余选言支，就要肯定那个没有被否定的选言支。

②肯定一个选言支，就要否定其余的选言支。

根据上述推理规则，不相容的选言推理有两个有效的推理形式：

否定肯定式：

要么p要么q		要么p要么q
非p	或	非q
q		p

肯定否定式：

要么 p 要么 q	要么 p 要么 q
p	q
非 q	非 p

3. 假言推理

假言推理就是前提中有一个假言命题，并且根据假言命题前后件之间的关系所进行的推理。它包括充分条件的假言推理、必要条件的假言推理和充要条件的假言推理。

（1）充分条件的假言推理

充分条件的假言推理就是前提中有一个充分条件的假言命题，并且根据充分条件假言命题的前后件之间的关系所进行的推理。对于充分条件的假言命题来说，前件是后件的充分条件。前件真时后件必然真，当前件真而后件假时，充分条件的假言命题就是假的。所以，当后件假时前件也必须假；前件假时后件可真可假，后件真时前件可真可假。

充分条件的假言推理有两条推理规则：

①肯定前件就要肯定后件，否定后件就要否定前件。

②否定前件不能否定后件，肯定后件不能肯定前件。

根据上述推理规则，充分条件的假言推理有两个有效的推理形式：

肯定前件式：

如果 p，那么 q
p
q

否定后件式：

如果 p，那么 q
非 q
非 p

例如：

如果甲在现场，那么乙在现场
乙不在现场
甲不在现场

否定前件式和肯定后件式都不是充分条件的假言推理的有效式，对于充分条件的假言推理来说它们都是无效的。例如：

如果某人窒息时间过长，某人就会死亡
某人没有窒息时间过长
某人不会死亡

导致死亡的原因很多，不一定是窒息时间过长。此推理无效。

再如：

如果此物体受到摩擦，那么它就会生热
此物发热
此物体受到摩擦

物体发热的原因很多，不一定就是受到摩擦。此推理无效。

（2）必要条件的假言推理

必要条件的假言推理就是前提中有一个必要条件的假言命题，并且根据必要条件假言命题的前后件之间的关系所进行的推理。对于必要条件的假言命题来说，前件是后件的必要条件。没有前件必然没有后件，有后件必然要有前件，也就是说前件假时后件必然假，后件真时前件也必然真，当前件假而后件真时，必要条件的假言命题是假的。但是，当前件真时后件可真可假，后件假时前件可真可假。

必要条件的假言推理有两条推理规则：

①否定前件就要否定后件，肯定后件就要肯定前件。

②肯定前件不能肯定后件，否定后件不能否定前件。

根据上述推理规则，必要条件的假言推理有两个有效的推理形式：

否定前件式：

只有 p，才 q
非 p
———
非 q

例如：

只有张三年满 18 岁，他才有选举权
张三没有年满 18 岁
———
张三没有选举权

肯定后件式：

只有 p，才 q
q
———
p

例如：

只有他认识错误，他才能改正错误
他改正了错误
———
他认识了错误

肯定前件式和否定后件式都不是必要条件的假言推理的有效式，对于必要条件的假言推理来说它们都是无效的。例如：

只有努力学习，才能攀登科学高峰
他努力学习了
———
所以，他攀登科学高峰了

“努力学习”只是“能攀登科学高峰”的必要条件。努力学习的人很多，不一定都能攀登科学高峰。此推理无效。

再如：

只有老师教得好，学生才会学得好
学生学不好
———
老师教不好

学生学不好的原因很多，不一定是老师教不好。此推理无效。

(3) 充要条件的假言推理

充要条件的假言推理就是前提中有一个充要条件的假言命题，并且根据充要条件假言命题的前后件之间的关系所进行的推理。对于充要条件的假言命题来说，前件是后件的充要条件，有前件必然有后件，没有前件必然没有后件，有后件必然有前件，没有后件必然没有前件。

充要条件的假言推理有两条推理规则：

①肯定前件就要肯定后件，否定后件就要否定前件。

②否定前件就要否定后件，肯定后件就要肯定前件。

根据上述推理规则，充要条件的假言推理有四个有效的推理形式：

肯定前件式：

当且仅当p，才q

p

q

否定后件式：

当且仅当p，才q

非q

非p

否定前件式：

当且仅当p，才q

非p

非q

肯定后件式：

当且仅当p，才q

q

p

例如：

当且仅当一个数能被2整除，这个数才是偶数

251不能被2整除

251不是偶数

就是一个充要条件的假言推理的否定前件式。

三、模态命题与模态推理

1. 模态命题

模态命题主要是反映事物情况存在或发展的必然性或可能性的命题。模态命题包含“必然”（逻辑上通常用符号“□”表示）或“可能”（逻辑上通常用符号“◇”表示）等模态词。包含“必然”的命题称必然命题，包含“可能”的命题称可能命题。例如：

（1）经济过热必然导致通货膨胀。

（2）张三必然考不上大学。

（3）他可能对我有看法。

（4）强盗的儿子可能不是强盗。

上例中的（1）是必然肯定命题，（2）是必然否定命题，（3）是可能肯定命题，（4）是可能否定命题。

必然肯定命题的一般公式是“必然p”，也可以表示为：□p

必然否定命题的一般公式是“必然非p”，也可以表示为：□¬p

可能肯定命题的一般公式是“可能p”，也可以表示为：◇p

可能否定命题的一般公式是“可能非p”，也可以表示为：◇¬p

模态命题“必然p”“必然非p”“可能p”“可能非p”在真假方面存在着必然性的制约关

系。其中，“必然 p”与“可能非 p”之间，“必然非 p”与“可能 p”之间具有矛盾关系，“必然 p”与“必然非 p”之间具有反对关系，“可能 p”与“可能非 p”之间具有下反对关系，“必然 p”与“可能 p”之间，“必然非 p”与“可能非 p”之间具有从属关系。上述关系可以用一个正方图形来表示，该正方图形被称为模态方阵。即

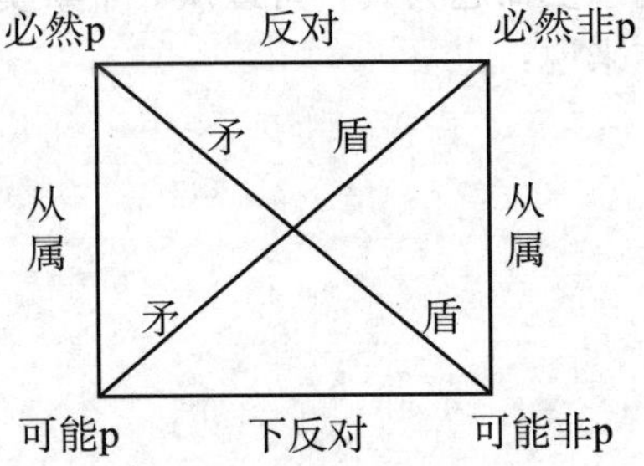

模态方阵图

如果再考虑实然命题，模态方阵可以拓展为模态六角阵图。

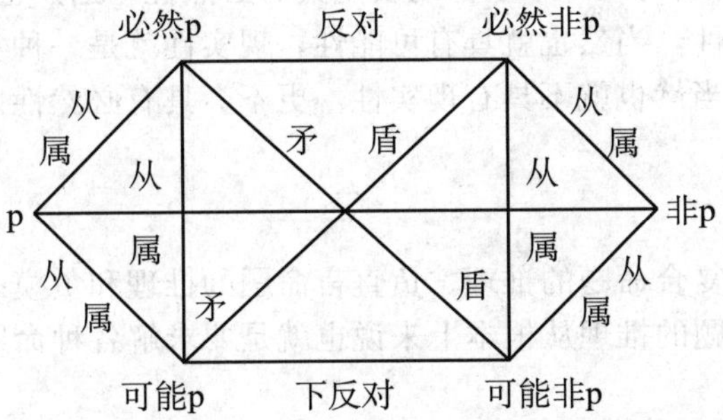

模态六角阵图

2. 模态推理

根据模态方阵中的矛盾关系，可以从一个模态命题为真推出与这个模态命题具有矛盾关系的命题为假，也可以从一个模态命题为假推出与这个模态命题具有矛盾关系的命题为真。一个模态命题与其具有矛盾关系的命题的否定可以互相推出。具体来说：

$\Box p \leftrightarrow \neg \Diamond \neg p$

$\Box \neg p \leftrightarrow \neg \Diamond p$

$\Diamond p \leftrightarrow \neg \Box \neg p$

$\Diamond \neg p \leftrightarrow \neg \Box p$

这就是说，一个模态命题的负命题等值于与该模态命题具有矛盾关系的命题。例如，“并非强盗的儿子必然是强盗”等值于“强盗的儿子可能不是强盗”。一个事件的发生不具有必然性，它的不发生当然也就具有可能性；一个事件的不发生具有可能性，它的发生就不具有必然性。

根据模态方阵中的反对关系，可以从一个模态命题为真推出与该模态命题具有反对关系的命题为假，即：

$\Box p \rightarrow \neg \Box \neg p$

$\Box \neg p \rightarrow \neg \Box p$

根据模态方阵中的下反对关系，可以从一个模态命题为假推出与该模态命题具有下反对关系的命题为真，即：

¬◇p→◇¬p

¬◇¬p→◇p

根据模态方阵中的从属关系，可以从一个必然命题为真推出与其具有从属关系的可能命题为真，可以从一个可能命题为假推出与其具有从属关系的必然命题为假，还可以从一个必然命题为真推出与其具有从属关系的事实命题为真，可以从一个事实命题为真推出与其具有从属关系的可能命题为真，等等。具体来说：

□p→◇p

□¬p→◇¬p

¬◇p→¬□p

¬◇¬p→¬□¬p

□p→p

p→◇p

例如，从“他必然是小偷”可推出“他是小偷”，从“他是小偷”可推出“他可能是小偷”。当然，也可以从“他一定是小偷”推出“他可能是小偷”，还可以从“他不可能是小偷”推出“他不必然是小偷”。因为，一个事件的发生具有必然性，当然也就具有现实性和可能性；一个事件的发生具有现实性，当然也就具有可能性，现实性就是一种实现了的可能性；一个事件的发生不具有可能性，当然也就不具有现实性，更不会具有必然性。

四、负命题推理

负命题的推理包括负复合命题的推理、负直言命题的推理和负模态命题的推理。它们都可以看成是复合推理。负命题的推理从根本上来说也就是要求解各种命题的负命题的等值命题。

1. 负复合命题推理

负复合推理，就是说当各种复合命题为假时应该是什么样的情况，其实也就是要求各种复合命题的负命题的等值命题。同时，负复合命题的等值命题和负复合命题的原命题之间具有矛盾关系。

（1）负联言命题推理

“并非（p并且q）”↔“非p或者非q”（德·摩根律）

“并且”变成“或者”，“p”变成“非p”，“q”变成“非q”。

“并非（p并且q）”的意思就是，“p并且q”是假的。这就意味着，当p和q至少有一个假时，则“p并且q”就是假的。这种情况就是“非p或者非q”。

（2）负相容选言命题推理

“并非（p或者q）”↔“非p并且非q”（德·摩根律）

“或者”变成“并且”，“p”变成“非p”，“q”变成“非q”。

“并非（p或者q）”的意思就是，“p或者q”是假的。这就意味着，当p和q都假时，“p或者q”才是假的。这种情况就是“非p并且非q”。

（3）负不相容选言命题推理

“并非（要么p要么q）”↔“（非p并且非q）或者（p并且q）”

“并非（要么p要么q）”的意思就是，“要么p要么q”是假的。这就意味着，当p和q都假，或者p和q都真时，“要么p要么q”是假的。这种情况就是“（非p并且非q）或者（p并且q）”。

（4）负充分条件假言命题推理

“并非（如果p，那么q）”↔“p并且非q”

“并非（如果 p，那么 q）”的意思就是，“如果 p，那么 q”是假的。这就意味着，当 p 真但 q 假时，“如果 p，那么 q”是假的。这种情况就是“p 并且非 q”。

（5）负必要条件假言命题推理

“并非（只有 p，才 q）”↔“非 p 并且 q”

“并非（只有 p，才 q）”的意思就是，“只有 p，才 q”是假的。这就意味着，当 p 假但 q 真时，“只有 p，才 q”是假的。这种情况就是“非 p 并且 q”。

（6）负充要条件假言命题推理

“并非（当且仅当 p，才 q）”↔“（p 并且非 q）或者（非 p 并且 q）”

“并非（当且仅当 p，才 q）”的意思就是，“当且仅当 p，才 q”是假的。这就意味着，当 p 真但 q 假，或者 p 假但 q 真时，“当且仅当 p，才 q”是假的。这种情况就是“（p 并且非 q）或者（非 p 并且 q）”。

2. 负直言推理

负直言推理，实际上也就是从各种直言命题是假的出发，看能推出什么样的结论。我们知道，由一个直言命题是假的，可以推出这个直言命题的矛盾命题是真的，当然，如果直言命题是真的，则其矛盾命题肯定是假的。具体来说，我们有

并非“所有 S 是 P”↔“有的 S 不是 P”

并非“所有 S 不是 P”↔“有的 S 是 P”

并非“有的 S 是 P”↔“所有 S 不是 P”

并非“有的 S 不是 P”↔“所有 S 是 P”

并非“某个 S 是 P”↔“某个 S 不是 P”

并非“某个 S 不是 P”↔“某个 S 是 P”

其中，“是”变为“不是”，“不是”变为“是”；“所有”变为“有些”，“有些”变为“所有”。

3. 负模态推理

（1）负模态一般推理

负模态一般推理，就是说当一个模态命题为假时，看能推出什么样的结论。从上面的分析可以看出，当一个模态命题为假时，这个模态命题的矛盾命题就是真的。当一个模态命题为真时，这个模态命题的矛盾命题就是假的。具体来说，有以下情况：

“并非必然 p”↔“可能非 p”

“并非必然非 p”↔“可能 p”

“并非可能 p”↔“必然非 p”

“并非可能非 p”↔“必然 p”

其中，“必然”变为“可能”，“可能”变为“必然”；“p”变为“非 p”，“非 p”变为“p”。

（2）负模态直言推理

负模态直言推理，实际上是模态词嵌套在直言命题中的一种推理。注意其中所涉及的逻辑概念的变化。具体推理公式如下：

“并非必然所有 S 都是 P”↔“可能有的 S 不是 P”

“并非必然所有 S 都不是 P”↔“可能有的 S 是 P”

“并非必然有的 S 是 P”↔“可能所有 S 不是 P”

“并非必然有的 S 不是 P”↔“可能所有 S 是 P”

“并非可能所有 S 是 P”↔“必然有的 S 不是 P”

“并非可能所有 S 不是 P”↔“必然有的 S 是 P”

“并非可能有的S是P”↔“必然所有S不是P”

“并非可能有的S不是P”↔“必然所有S是P”

其中，“必然”变为“可能”，“可能”变为“必然”；“所有”变为“有些”，“有些”变为“所有”。

（3）负模态复合推理

负模态复合推理，实际上也就是在模态词嵌套在复合命题上的一种推理。例如：

“并非必然（p并且q）”↔“可能非p或者非q”

“并非必然（p或者q）”↔“可能非p并且非q”

“并非可能（p并且q）”↔“必然非p或者非q”

“并非可能（p或者q）”↔“必然非p并且非q”

其中，“必然”变为“可能”，“可能”变为“必然”；“p”变为“非p”，“非p”变为“p”；“并且”变为“或者”，“或者”变为“并且”，等等。

第二节　题型归纳和专题点睛

一、把握联言命题与选言命题的真假情况

注意把握联言命题和选言命题的各种真假情况。尤其注意把握相容和不相容的选言命题的根本区别。二者的根本区别是：当各个组成部分都为真时，相容选言命题为真，而不相容选言命题为假。

【例8.1】中星集团要招聘20名直接参加中层管理的职员。最不可能被录用的是学历在大专以下，或是完全没有管理工作经验的人；在有可能被录用的人中，懂英语或懂日语将大大增加被录用的可能性。

如果上述断定是真的，那么以下哪项所言及的报名者最有可能被录用？

A. 张先生现年40岁，中专学历，毕业后一直没有放松学习，曾到京平大学经济管理学院进修过半年，收获很大。最近，他刚辞去已任职五年的华亭宾馆前厅经理的职务

B. 王女士是经济管理学院的副教授，硕士研究生学历，出版过管理学专著。出于经济收入的考虑，她表示如被录用，将立即辞去现职

C. 陈小姐是经贸大学专科班的应届毕业生，在学校学习期间，曾任过某商场业务部见习经理

D. 刘小姐是外国语学院1995年的本科毕业生，毕业后当过半年涉外导游和近两年专职翻译，精通英语和日语

E. 老孙曾是闻名遐迩的南方集团公司的老总，曾被誉为是无学历、无背景、白手起家的传奇式的企业家。南方集团的倒闭使他不得不从头做起

【解析】答案是C。题干中强调最不可能被录用的，是“学历在大专以下，或是完全没有管理工作经验的人”，这是一个相容的选言命题，只要满足其中任何一个情况的人都不可能被录用。“懂英语或懂日语”者，只有在“有可能被录用的人中”才能被考虑，所以，某人如果不属于“有可能被录用的人”，即使他的英语或日语很好，也不能被考虑。选项A中的张先生、选项E中的老孙，由于学历不合格，显然不能被录用。选项B中的王女士没有管理工作经验，选项D中的刘小姐也没有管理工作经验，所以都不能被录用。刘小姐虽然当过半年涉外导游和近两年专职翻译，但这都不是管理工作经验。所以，答案是C。尽管该项中的陈小姐只是

大专毕业，也只是“在学校学习期间，曾任过某商场业务部见习经理”，但是这些条件都符合题干中的要求，使陈小姐不属于“最不可能被录用”的范围。

【例 8.2】下面 6 张卡片，一面印的是汉字（动物或者花卉），一面印的是数字（奇数或者偶数）。

虎	6	菊	7	鹰	8

对于上述 6 张卡片，如果要验证“每张至少有一面印的是偶数或者花卉”，至少需要翻看几张卡片？

A. 2　　B. 3　　C. 4

D. 5　　E. 6

【解析】答案是 B。题干的 6 张卡片中，要验证“每张至少有一面印的是偶数或者花卉”，不需要翻“6”“8”“菊”。因此，只需要至少翻 3 张即可。

【例 8.3】奥尔特星云浮游在太阳系边缘，极易受附近星体作用的影响。据研究人员计算，有时这些力量会将彗星从奥尔特星云拖出。这样，它们更有可能靠近太阳。两位研究人员据此分别做出了以下两种有所不同的断定：一、木星的引力作用要么将它们推至更小的轨道，要么将它们逐出太阳系；二、木星的引力作用或者将它们推至更小的轨道，或者将它们逐出太阳系。

如果上述两种断定只有一种为真，可以推出以下哪项结论？

A. 木星的引力作用将它们推至更小的轨道，并且将它们逐出太阳系

B. 木星的引力作用没有将它们推至更小的轨道，但是将它们逐出太阳系

C. 木星的引力作用将它们推至更小的轨道，但是没有将它们逐出太阳系

D. 木星的引力作用既没有将它们推至更小的轨道，也没有将它们逐出太阳系

E. 木星的引力作用如果将它们推至更小的轨道，就不会将它们逐出太阳系

【解析】答案是 A。题干断定先后给出了一个不相容的选言命题和一个相容的选言命题，即“木星的引力作用要么将它们推至更小的轨道，要么将它们逐出太阳系”和“木星的引力作用或者将它们推至更小的轨道，或者将它们逐出太阳系”。这两个断定只有一个为真的情况，就是构成选言命题的两个部分都真的时候，这时不相容的选言命题为假而相容的选言命题为真。构成选言命题的两个部分都真的情况就是：木星的引力作用将它们推至更小的轨道，并且将它们逐出太阳系。也可以将各个选项分别代入题干的断定来考虑。选项 A 代入题干，断定一为假而断定二为真，正好满足只有一种为真的要求。选项 B、C 代入题干，断定一和二都真，选项 D 代入题干，断定一和二都假。

二、把握充分条件假言命题的真假情况

充分条件假言命题只有在前件为真并且后件为假时才假，其他情况下都是真的。

【例 8.4】小张是某公司的销售员工，公司经理对他说：“如果你争取到这个项目，公司就奖励你一台笔记本电脑或者给你项目提成。”

以下哪项如果为真，说明该经理没有兑现承诺？

A. 小张没有争取到这个项目，该经理没有给他项目提成，但送了他一台笔记本电脑

B. 小张没有争取到这个项目，该经理没有给他笔记本电脑，也没给他项目提成

C. 小张争取到了这个项目，该经理给他项目提成，但并未奖励他笔记本电脑

D. 小张争取到了这个项目，该经理奖励了他一台笔记本电脑，并且给他三天假期

E. 小张争取到了这个项目，该经理未给他项目提成，但奖励了他一台台式电脑

【解析】答案是E。题干中公司经理的断言是一个充分条件的假言命题。选项E意味着，题干公司经理的断定前件为真而后件为假，能够说明该经理没有兑现承诺。需要注意的是，题干这个充分条件判断的后件是一个相容的选言判断，只有在每一个部分都为假时才假。选项E断定，该经理未给他项目提成，但奖励了他一台台式电脑。这里，奖励他一台台式电脑，也就否定了奖励他一台笔记本电脑。

【例8.5】有人认为，任何一个机构都包括不同的职位等级或层级，每个人都隶属于其中一个层级。如果某人在原来级别岗位上干得出色，就会被提拔，而被提拔者得到重用后却碌碌无为，这会造成机构效率低下，人浮于事。

以下哪项为真，最能质疑上述观点？

A. 个人晋升常常会在一定程序上影响所在机构的发展

B. 不同岗位的工作方式不同，对新的岗位要有一个适应过程

C. 王副教授教学科研都很强，而晋升正教授后却表现平平

D. 李明的体育运动成绩并不理想，但他进入管理层后却干得得心应手

E. 部门经理王先生业绩出众，被提拔为公司总经理后工作依然出色

【解析】答案是E。题干的观点“如果某人在原来级别岗位上干得出色，就会被提拔，而被提拔者得到重用后却碌碌无为，这会造成机构效率低下，人浮于事”，是一个充分条件的假言判断。选项E如果为真，即如果“部门经理王先生业绩出众，被提拔为公司总经理后工作依然出色”，则题干的观点前件真而后件假，从而使得题干的观点为假。

【例8.6】小张承诺：如果天不下雨，我一定去听音乐会。

以下哪项为真，说明小张没有兑现承诺？

Ⅰ. 天没下雨，小张没去听音乐会

Ⅱ. 天下雨，小张去听了音乐会

Ⅲ. 天下雨，小张没去听音乐会

A. 仅Ⅰ　　B. 仅Ⅱ　　C. 仅Ⅲ

D. 仅Ⅰ和Ⅱ　　E. Ⅰ、Ⅱ和Ⅲ

【解析】答案是A。小张承诺的是一个充分条件，即“天不下雨”是“小张去听音乐会”的充分条件。充分条件假言命题只有当前件为真而后件为假时才是假的。题干小张承诺的前件是“天不下雨”，前件真即“天不下雨”真，后件假即“小张不去听音乐会”，选项Ⅰ正好说明了小张的承诺的前件为真而后件为假，所以能够说明小张没有兑现承诺。选项Ⅱ和Ⅲ都是说的“天下雨”，即小张承诺的前件是假的，当充分条件的前件为假时不管后件是真还是假，这个充分条件假言命题都是真的，所以选项Ⅱ和Ⅲ都没有能够说明小张没有兑现承诺。

【例8.7】 [A] [B] [4] [7]

以上四张卡片，一面是大写英文字母，另一面是阿拉伯数字。

主持人断定，如果一面是A，则另一面是4。

如果试图推翻主持人的断定，但只允翻动以上的两张卡片，正确的选择是

A. 翻动A和4　　B. 翻动A和7　　C. 翻动A和B

D. 翻动B和7　　E. 翻动B和4

【解析】答案是B。主持人的断定是一个充分条件的假言判断，只有在前件为真且后件为假的情况下才是假的。前件为真即一面是A，后件为假即另一面不是4而是7。注意：翻动B是不能推翻主持人断定的，因为这时主持人断定的前件为假（不是A），不论其背面是什么牌，

主持人的断定都是真的（充分条件假言判断在前件为假时总是真的）。翻动 4 也不能推翻主持人的断定，因为这时主持人断定的后件为真，不论其背面是什么牌，主持人的断定都是真的（充分条件假言判断在后件为真时总是真的）。

【例 8.8】以下关于某案件的四个断定中，只有一个是真的：（1）如果甲作案，那么乙是同案犯；（2）作案者是丙；（3）作案者是甲；（4）作案者是甲或丁。

这一真的断定是：

A.（1）　　B.（2）　　C.（3）

D.（4）　　E. 无法确定

【解析】答案是 A。根据选言命题的性质，如果条件（3）为真，则（4）也是真的，这显然与题干陈述“只有一个是真的”矛盾，所以（3）一定是假的。条件（1）是一个充分条件命题，当（3）为假，即作案者不是甲时，（1）这个充分条件假言命题的前件为假，因而整个命题是真的。

三、把握必要条件假言命题的基本性质

必要条件假言命题只有在前件为假并且后件为真时才是假的，其他情况下都为真。

【例 8.9】在中国，只有富士山连锁店经营日式快餐。

如果上述断定为真，以下哪项不可能为真？

Ⅰ. 苏州的富士山连锁店不经营日式快餐

Ⅱ. 杭州的樱花连锁店经营日式快餐

Ⅲ. 温州的富士山连锁店经营韩式快餐

A. 仅Ⅰ　　B. 仅Ⅱ　　C. 仅Ⅰ和Ⅱ

D. 仅Ⅱ和Ⅲ　　E. Ⅰ、Ⅱ和Ⅲ

【解析】答案是 B。题干断定：在中国“富士山连锁店”是“经营日式快餐”必要条件，意味着没有前件没有后件，但是有前件未必就有后件。选项Ⅰ断定有前件但没有后件，这是可能的。选项Ⅱ断定没有前件但有后件，这是不可能的。选项Ⅲ断定有前件但没有后件，这也是可能的。所以，只有选项Ⅱ不可能为真。

【例 8.10】已知某班共有 25 位同学，女生中身高最高者与最低者相差 10 厘米；男生中身高最高者与最低者则相差 15 厘米。小明认为，根据已知信息，只要再知道男生、女生最高者具体的身高，或者再知道男生、女生的平均身高，均可确定全班同学中身高最高者与最低者之间的差距。

以下哪项如果为真，最能构成对小明观点的反驳？

A. 根据已知信息，如果不能确定全班同学中身高最高者与最低者之间的差距，则也不能确定男生、女生最高者的具体身高

B. 根据已知信息，即使确定了全班同学中身高最高者与最低者之间的差距，也不能确定男生、女生的平均身高

C. 根据已知信息，如果不能确定全班同学中身高最高者与最低者之间的差距，则既不能确定男生、女生最高者的具体身高，也不能确定男生、女生的平均身高

D. 根据已知信息，尽管再知道男生、女生的平均身高，也不能确定全班同学中身高最高者与最低者之间的差距

E. 根据已知信息，仅仅再知道男生、女生最高者的具体身高，就能确定全班同学中身高最高者与最低者之间差距

【解析】答案是 D。题干中小明的观点“只要再知道男生、女生最高者具体的身高，或者

再知道男生、女生的平均身高，均可确定全班同学中身高最高者与最低者之间的差距”是一个充分条件的假言判断。选项 D 指出“根据已知信息，尽管再知道男生、女生的平均身高，也不能确定全班同学中身高最高者与最低者之间的差距”，使得小明的观点前件为真而后件为假，从而反驳了小明的观点。选项 A、B、C、E 均不能使小明的观点为假。

【例 8.11】只有具有一定文学造诣且具有生物学专业背景的人，才能读懂这篇文章。

如果上述命题为真，以下哪项不可能为真？

A. 小张没有读懂这篇文章，但他的文学造诣是大家所公认的

B. 计算机专业的小王没有读懂这篇文章

C. 从未接触过生物学知识的小李读懂了这篇文章

D. 小周具有生物学专业背景，但他没有读懂这篇文章

E. 生物学博士小赵读懂了这篇文章

【解析】答案是 C。题干“只有具有一定文学造诣且具有生物学专业背景的人，才能读懂这篇文章”，断定了一个必要条件的假言判断，这个判断只有在前件为假并且后件为真时才为假，即不可能真。选项 C“从未接触过生物学知识的小李读懂了这篇文章”，意味着题干的前件为假而且后件为真。注意，题干的前件是一个“且”，即“并且”的意思，只要有一部分为假即是假的。选项 A、B、D 都是说的“没有读懂这篇文章”，意味着题干断定的后件为假，可必要条件假言判断的后件为假时却是真的。

【例 8.12】在家电产品“三下乡”活动中，某销售公司的产品受到了农村居民的广泛欢迎，该公司总经理在介绍经验时表示：只有用最流行畅销的明星产品对农村居民，才能获得他们的青睐。

以下哪项如果为真，最能质疑总经理的论述？

A. 某品牌电视由于其较强的防潮能力，尽管不是明星产品，仍然获得农村居民的青睐

B. 流行畅销的明星产品由于价格偏高，没有赢得农村居民的青睐

C. 流行畅销的明星产品只有质量过硬，才能获得农村居民的青睐

D. 有少数娱乐明星为流行畅销产品作虚假广告

E. 流行畅销的明星产品最适合城市中的白领使用

【解析】答案是 A。题干中总经理的论断“只有用最流行畅销的明星产品对农村居民，才能获得他们的青睐”，是一个必要条件的假言判断，只有当前件为假且后件为真时才假。选项 A 意味着，题干总经理的论述的前件假而后件真，从而使他的整个断定是假的。“最能质疑总经理的论述”，就是要使该总经理的论述为假。

四、把握充分条件和必要条件之间的区别和联系

【例 8.13】“只有认识错误，才能改正错误。”

以下诸项都准确表达了上述断定的含义，除了：

A. 除非认识错误，否则不能改正错误

B. 如果不认识错误，那么不能改正错误

C. 如果改正错误，说明已经认识了错误

D. 认识错误，是改正错误的必不可少的条件

E. 只要认识错误，就一定改正错误

【解析】答案是 E。题干讲的是，“认识错误”是“改正错误”的必要条件，选项 A 的联结词是“除非……否则不……”，选项 B 的联结词是“如果不……那么不……”，与题干的意思完全一致。选项 C 说“改正错误”是“认识错误”的充分条件，选项 D 强调“认识错误”是“改

正错误”的必要条件，也与题干的意思是一致的。选项E则认为，“认识错误”是“改正错误”的充分条件，显然不能表达题干的意思。这里需要注意，“只要……就……”与“只有……才……”不同，前者表达充分条件，后者表达必要条件。

【例8.14】 对当代大学生来说，德育比智育更重要。学校的课程设计如果不注重培养学生的完美人格，那么，即使用高薪聘请著名的专家教授，也不能使学生在面临道德伦理、价值观念挑战的21世纪脱颖而出。

以下各项关于当代大学生的断定都符合上述断定的原意，除了：

A. 学校的课程设计只有注重培养学生的完美人格，才能使当代学生取得成就

B. 如果当代学生在21世纪脱颖而出，那一定是对他们注重了完美人格的教育

C. 不能设想学生在面临道德伦理、价值观念挑战的21世纪脱颖而出，而他的人格却不完善

D. 除非注重完美人格的培养，否则21世纪的学生难以脱颖而出

E. 即使不用高薪聘请著名的专家教授，学校的课程设计只要注重培养学生的完美人格，当代学生就能在21世纪脱颖而出

【解析】 答案是E。题干断定了“注重培养学生的完美人格”是“学生能够脱颖而出”的必要条件，选项A、B、C、D都是这样的意思，只有E所断定的是充分条件，与题干意思不符。

【例8.15】 一个产品要畅销，产品的质量和经销商的诚信缺一不可。

以下各项都符合题干的断定，除了：

A. 一个产品滞销，说明它或者质量不好，或者经销商缺乏诚信

B. 一个产品，只有质量高并且由诚信者经销，才能畅销

C. 一个产品畅销，说明它质量高并有诚信的经销商

D. 一个产品，除非有高的质量和诚信的经销商，否则不能畅销

E. 一个质量好并且由诚信者经销的产品不一定畅销

【解析】 答案是A。题干的断定可以整理为：只有一个产品的质量好并且经销商有诚信，这个产品才会畅销。选项B正好是这样的表达。根据必要条件假言推理的要求，将选项C中的“一个产品畅销”代入题干，可以推出：该产品质量好并且经销商有诚信。选项D是用“除非……否则不……”来表达题干中的必要条件关系。选项E的推理公式是“只有p且q，才r；p且q；所以，未必r”，与题干的意思一致。选项A的推理公式是“只有p且q，才r；非r；所以，非p且非q”，是不能成立的。

【例8.16】 除非不把理论当作教条，否则就会束缚思想。

以下各项都表达了与题干相同的含义，除了：

A. 如果不把理论当作教条，就不会束缚思想

B. 如果把理论当作教条，就会束缚思想

C. 只有束缚思想，才会把理论当作教条

D. 只有不把理论当作教条，才不会束缚思想

E. 除非束缚思想，否则不会把理论当作教条

【解析】 答案是A。题干断定“除非不把理论当作教条，否则就会束缚思想”，显然即选项D“只有不把理论当作教条，才不会束缚思想”的意思，因为“除非p，否则q”等价于“只有p，才不q”。选项D可以转换为“如果不会束缚思想，那么不把理论当作教条”，即选项C，该项又可转换为选项B，选项C也可以转换为选项E。题干断定“不把理论当作教条”是“不会束缚思想”的必要条件，而选项A断定为充分条件，与题干意思不符。

【例8.17】 甲：己所不欲，勿施于人。

乙：我反对。己所欲，则施于人。

以下哪项与上述对话方式最为相似？

A. 甲：不入虎穴，焉得虎子

乙：我反对。如得虎子，必入虎穴

B. 甲：不在其位，不谋其政

乙：我反对。在其位，则行其政

C. 甲：人无远虑，必有近忧

乙：我反对。人有远虑，亦有近忧

D. 甲：人非草木，孰能无情

乙：我反对。草木无情，但人有情

E. 甲：人不犯我，我不犯人

乙：我反对。人若犯我，我就犯人

【解析】 答案是E。该项和题干都具有共同的结构：甲认为“A是B的必要条件”；乙表示反对并认为“A是B的充分条件”。注意不要选B，因为该项中乙说的是“行其政”而不是“谋其政”。

【例8.18】 陈先生在鼓励他孩子时说道：“不要害怕暂时的困难和挫折，不经历风雨怎么见彩虹？”他孩子不服气地说：“您说得不对。我经历了那么多风雨，怎么就没见到彩虹呢？”

陈先生孩子的回答最适宜用来反驳以下哪项？

A. 如果想见到彩虹，就必须经历风雨

B. 只要经历了风雨，就可以见到彩虹

C. 只有经历风雨，才能见到彩虹

D. 即使经历了风雨，也可能见不到彩虹

E. 即使见到了彩虹，也不是因为经历了风雨

【解析】 答案是B。题干中陈先生的断定“不经历风雨怎么见彩虹？”即“只有经风雨才能见彩虹”，是一个必要条件的假言判断。他孩子的话：经历了风雨但没见到彩虹，只是意味着陈先生断言前件为真而后件为假，但必要条件的断定在前件为真而后件为假时却是真的，所以他孩子的话反驳不了。显然，陈先生孩子的回答适用于反驳B，因为B是一个充分条件的假言判断，而充分条件假言判断在前件为真后件为假时是假的。

【例8.19】 中国要拥有一流的国家实力，必须有一流的教育。只有拥有一流的国家实力，中国才能做出应有的国际贡献。

以下各项都符合题干的意思，除了

A. 中国难以做出应有的国际贡献，除非拥有一流的教育

B. 只要中国拥有一流的教育，就能做出应有的国际贡献

C. 如果中国拥有一流的国家实力，就不会没有一流的教育

D. 不能设想中国做出了应有的国际贡献，但缺乏一流的教育

E. 中国面临选择：或者放弃应尽的国际义务，或者创造一流的教育

【解析】 答案是B。题干断定：（1）中国要拥有一流的国家实力，必须有一流的教育；（2）只有拥有一流的国家实力，中国才能做出应有的国际贡献。由（1）和（2）进行必要条件假言连锁推理，可得“只有拥有一流的国家实力，才能做出应有的国际贡献”，“拥有一流的国家实力”是“能做出应有的国际贡献”的必要条件，但选项B所断定的则是充分条件。其他选项均

与题干的意思吻合。

五、把握联言推理和选言推理

把握选言推理，最关键是要注意相容选言推理，只能从否定相容选言命题的一个部分，推出肯定另一个部分做结论；不能从肯定相容选言命题的一个部分开始进行推理。

【例 8. 20】一桩投毒谋杀案，作案者要么是甲，要么是乙，二者必居其一；所用毒药或者是毒鼠强，或者是乐果，二者至少其一。

如果上述断定为真，以下哪项推断一定成立？

Ⅰ. 该投毒案不是甲投毒鼠强所为，因此，一定是乙投乐果所为

Ⅱ. 在该案侦破中，发现甲投了毒鼠强。因此，案中的毒药不可能是乐果

Ⅲ. 该投毒案的作案者不是甲，并且所投的毒药不是毒鼠强。因此，一定是乙投乐果所为

A. 仅Ⅰ　　B. 仅Ⅱ　　C. 仅Ⅲ

D. 仅Ⅰ和Ⅲ　　E. Ⅰ、Ⅱ和Ⅲ

【解析】答案是 C。选项Ⅰ不一定成立。因为该投毒案，如果不是甲投毒鼠强所为，还可能是甲投乐果所为、乙投毒鼠强所为，不一定就是乙投乐果所为。选项Ⅱ不一定成立。因为题干中的后一个命题是相容的，即所投的毒药可能既是毒鼠强又是乐果。选项Ⅲ一定成立，因为作案者不是甲便是乙，所投的毒药不是毒鼠强便是乐果，所以，一定是乙投了乐果（联言推理组合式）。

【例 8. 21】王涛和周波是理科（1）班的同学，他们是无话不说的好朋友。他们发现班里每一个人或者喜欢物理，或者喜欢化学。王涛喜欢物理，周波不喜欢化学。

根据以上陈述，以下哪项必定为真？

Ⅰ. 周波喜欢物理。

Ⅱ. 王涛不喜欢化学。

Ⅲ. 理科（1）班不喜欢物理的人喜欢化学。

Ⅳ. 理科（1）班一半人喜欢物理，一半人喜欢化学

A. 仅Ⅰ　　B. 仅Ⅲ　　C. 仅Ⅰ、Ⅱ

D. 仅Ⅰ、Ⅲ　　E. 仅Ⅱ、Ⅲ、Ⅳ

【解析】答案是 D。由题干断定“班里每一个人或者喜欢物理，或者喜欢化学”，和“周波不喜欢化学”，根据否定肯定式的相容选言推理可得选项Ⅰ：周波喜欢物理。但由“王涛喜欢物理”，不能推出选项Ⅱ“王涛不喜欢化学”，因为相容选言推理的肯定否定式是错误的。选项Ⅲ“理科（1）班不喜欢物理的人喜欢化学”必定为真，因为用“理科（1）班不喜欢物理的人”和题干断定“班里每一个人或者喜欢物理，或者喜欢化学”，进行否定肯定式的相容选言推理即可得到。选项Ⅳ显然推不出来。

【例 8. 22】小李考上了清华，或者小孙没考上北大。

增加了以下哪项条件，能推出小李考上了清华？

A. 小张和小孙至少有一人未考上北大

B. 小张和小孙至少有一人未考上清华

C. 小张和小孙都考上了北大

D. 小张和小李都未考上清华

E. 小张和小孙都未考上北大

【解析】答案是 C。该项“小张和小孙都考上了北大”如果为真，则可推出“小孙考上了北大”这个断定来，进而和题干断定“小李考上清华，或者小孙没考上北大”，构成否定肯定

式的选言推理，进而得到“小李考上清华”的结论。

【例8.23】这两个《通知》或者属于规章，或者属于规范性文件，任何人均无权依据这两个《通知》将本来属于当事人选择公证的事项规定为强制公证的事项。

根据以上信息，可以得出以下哪项？

A. 规章或者规范性文件既不是法律，也不是行政法规

B. 规章或规范性文件或者不是法律，或者不是行政法规

C. 这两个《通知》如果一个属于规章，那么另一个属于规范性文件

D. 这两个《通知》如果都不属于规范性文件，那么就属于规章

E. 将本来属于当事人选择公证的事项规定为强制公证的事项属于违法行为

【解析】答案是D。该项和题干断定“这两个《通知》或者属于规章，或者属于规范性文件”，可以构成一个否定肯定式的相容选言推理，是一个正确的推理。选项C是一个错误的推理。选项E不能得出，因为题干没有说是否属于违法行为的问题。

【例8.24】某学期学校新开设4门课程：“《诗经》鉴赏”“老子研究”“唐诗鉴赏”“宋词选读”。李晓明、陈文静、赵珊珊和庄志达4人各选修了其中一门课程。已知：

（1）他们4人选修的课程各不相同；

（2）喜爱诗词的赵珊珊选修的是诗词类课程；

（3）李晓明选修的不是“《诗经》鉴赏”就是“唐诗鉴赏”。

以下哪项如果为真，就能确定赵珊珊选修的是“宋词选读”？

A. 庄志达选修的是“老子研究”

B. 庄志达选修的不是“老子研究”

C. 庄志达选修的是“《诗经》鉴赏”

D. 庄志达选修的不是“《诗经》鉴赏”

E. 庄志达选修的不是“宋词选读”

【解析】答案是C。由题干条件（2）可得：赵珊珊选修的或者是“《诗经》鉴赏”，或者是“唐诗鉴赏”，或者是“宋词选读”。如果选项C为真，即庄志达选修的是“《诗经》鉴赏”，则根据题干条件（3）可得：李晓明选修的是“唐诗鉴赏”。通过相容选言推理的否定肯定式，可得：赵珊珊选修的是“宋词选读”。

六、把握充分条件假言推理

充分条件的假言推理只有肯定前件式和否定后件才是正确的推理；其他推理都无效。

【例8.25】如果鸿图公司的亏损进一步加大，那么是胡经理不称职；如果没有丝毫撤换胡经理的意向，那么胡经理就是称职的；如果公司的领导班子不能团结一心，那么是胡经理不称职。

如果上述断定真，并且事实上胡经理不称职，那么以下哪项一定是真的？

A. 公司的亏损进一步加大了

B. 出现了撤换胡经理的意向

C. 公司的领导班子仍不能团结一心

D. 公司的亏损进一步加大，并且出现撤换胡经理的意向

E. 领导班子不能团结一心，并且出现撤换胡经理的意向

【解析】答案是B。题干断定：（1）如果鸿图公司的亏损进一步加大，那么是胡经理不称职；（2）如果没有撤换胡经理的意向，那么胡经理就是称职的；（3）如果公司的领导班子不能团结一心，那么是胡经理不称职；（4）胡经理不称职。由（2）和（4）可得：出现了撤换胡经

理的意向。不能选 A，因为（1）和（4）只能构成充分条件肯定后件式，是不正确的推理；不能选 C，因为（3）和（4）只能构成充分条件肯定后件式，是不正确的推理。

【例 8.26】 如果他勇于承担责任，那么他就一定会直面媒体，而不是选择逃避；如果他没有责任，那么他就一定会聘请律师，捍卫自己的尊严。可是事实上，他不仅没有聘请律师，现在逃得连人影都不见了。

根据以上陈述，可以得出以下哪项结论？

A. 即使他没有责任，也不应该选择逃避

B. 虽然选择了逃避，但是他可能没有责任

C. 如果他有责任，那么他应该勇于承担责任

D. 如果他不敢承担责任，那么说明他责任很大

E. 他不仅有责任，而且他没有勇气承担责任

【解析】 答案是 E。由题干断定"如果他没有责任，那么他就一定会聘请律师"和"他没有聘请律师"，可以推出"他有责任"；再由题干断定"如果他勇于承担责任，那么他就一定会直面媒体"和"现在逃得连人影都不见了"，可以推出"他没有勇气承担责任"。再运用联言推理的组合式，可以得到：他不仅有责任，而且他没有勇气承担责任。

【例 8.27】 在美国，企业高级主管和董事们买卖他们手里的本公司股票是很普遍的。一般来说，某种股票内部卖与买的比率低于 2∶1 时，股票价格会迅速上升。近些天来，虽然 MEGA 公司的股票价格一直在下跌，但公司的高级主管和董事们购进的股票却九倍于卖出的股票。以上事实最能支持以下哪种预测？

A. MEGA 股票内部买卖的不平衡今后还将增长

B. MEGA 股票的内部购买会马上停止

C. MEGA 股票的价格会马上上涨

D. MEGA 股票的价格会继续下降，但速度放慢

E. MEGA 股票的大部分仍将由其高级主管和董事们持有

【解析】 答案是 C。题干断定：（1）如果某种股票内部卖与买的比率低于 2∶1，那么股票价格会迅速上升；（2）MEGA 公司的股票价格一直在下跌；（3）MEGA 公司高级主管和董事们股票卖与买的比率为 1∶9。由（1）和（3）可得：MEGA 公司股票的价格会迅速上升。注意不要选 B，因为由（1）和（2）只能推出 MEGA 公司股票内部卖与买的比率不会低于 2∶1，但不能推出"MEGA 股票的内部购买会马上停止"。

【例 8.28】 新常态下，消费需求发生深刻变化，消费拉开档次，个性化、多样化消费渐成主流。在相当一部分消费者那里，对产品质量的追求压倒了对价格的考虑。供给侧结构性改革，说到底是满足需求。低质量的产能必然会过剩，而顺应市场需求不断更新换代的产能不会过剩。

根据以上陈述，可以得出以下哪项？

A. 低质量的产能不能满足个性化需求

B. 只有质优价高的产品才能满足需求

C. 新常态下，必须进行供给侧结构性改革

D. 顺应市场需求不断更新换代的产能不是低质量的产能

E. 只有不断更新换代的产品才能满足个性化、多样化消费的需求

【解析】 答案是 D。题干断定：（1）低质量的产能必然会过剩；（2）而顺应市场需求不断更新换代的产能不会过剩。根据充分条件否定后件到否定前件的假言推理规则，可得结论：顺应市场需求不断更新换代的产能不是低质量的产能。

【例 8.29】世界级的马拉松选手每天跑步都不超过 6 小时。一名选手每天跑步超过 6 小时，因此他不是一名世界级马拉松选手。

以下哪项与上文推理形式相同？

A. 跳远运动员每天早晨跑步。如果某人早晨跑步，那么他是跳远运动员

B. 如果每日只睡 4 小时，对身体不利。研究表明，最有价值的睡眠都发生在入睡后的第 5 个小时

C. 家长和小孩做游戏时，小孩更高兴。因此，家长应该多做游戏

D. 如果某汽车早晨能起动，那么晚上也能起动。我们的车早晨通常能起动，同样，它晚上通常也能起动

E. 油漆三小时内都不会干。某涂料在三小时内干了，所以它不是油漆

【解析】答案是 E。题干中第一句话是一个全称否定命题，我们可以将它作为一个充分条件的假言命题来看待，即“如果一个人是世界级的马拉松选手，则他每天跑步不超过 6 小时”。同样，选项 E 的第一句话也可以看成是一个充分条件的假言命题，即“如果一种涂料是油漆，那么它在三小时内不会干”。这样，题干和选项 E 的推理形式都属于充分条件假言推理的否定后件式，即“如果 p，那么非 q；q；所以，非 p”。选项 A 是充分条件假言推理的肯定后件式，是一个不正确的推理。选项 B、C 都属于归纳推理。选项 D 则是充分条件假言推理的肯定前件式。

【例 8.30】陈经理今天将乘飞机赶回公司参加上午 10 点的重要会议。秘书小张告诉王经理：如果陈经理乘坐的飞机航班被取消，那么他就不能按时到达会场，但事实上该航班正点运行，因此，小张得出结论：陈经理能按时到达会场。王经理回答小张：“你的前提没错，但推理有缺陷。我的结论是：陈经理最终将不能按时到达会场。”

以下哪项对上述断定的评价最为恰当？

A. 王经理对小张的评论是正确的，王经理的结论也由此被强化

B. 虽然王经理的结论根据不足，但他对小张的评论是正确的

C. 王经理对小张的评论有缺陷，王经理的结论也因此被弱化

D. 王经理对小张的评论是正确的，但王经理的结论是错误的

E. 王经理对小张的评论有偏见，并且王经理的结论根据不足

【解析】答案是 B。秘书断定的大前提“如果陈经理乘坐的飞机航班被取消，那么他就不能按时到达会场”是一个充分条件假言命题。小前提是“事实上该航班正点运行”，否定前件，这时结论是不能确定的。小张直接否定后件是错误的推理。同样，王经理直接肯定后件也是错误的推理。注意，王经理的推理错误，不等于其结论就错误，所以不能选 D。

【例 8.31】如果赵川参加宴会，那么钱华、孙旭和李元将一起参加宴会。

如果上述断定是真的，那么以下哪项也是真的？

A. 如果赵川没参加宴会，那么钱华、孙旭和李元三人中至少有一人没参加宴会

B. 如果赵川没参加宴会，那么钱华、孙旭和李元都没参加宴会

C. 如果钱华、孙旭和李元都参加了宴会，那么赵川参加了宴会

D. 如果李元没参加宴会，那么钱华和孙旭不会都参加宴会

E. 如果孙旭没参加宴会，那么赵川和李元不会都参加宴会

【解析】答案是 E。题干断定“如果赵川参加宴会，那么钱华、孙旭和李元将一起参加宴会”，是一个充分条件的假言命题。选项 A 和 B 都从否定前件开始，均不成立。选项 C 从肯定后件开始，也不成立。选项 D 只是在后件内部进行推导，后件是一个联言命题，显然不能从一个联言支为假推出其他联言支是假的。选项 E 可以推出，因为由孙旭没参加宴会，可知：钱

华、孙旭和李元不会都参加宴会，即题干中充分条件假言命题的后件为假，进而可以推出该充分条件的假言命题的前件为假，即赵川没参加宴会。既然赵川没参加宴会，则赵川和李元肯定就不会都参加宴会。需要注意的是，不要将“不会都”理解为“都不会”。

【例 8.32】微波炉清洁剂中加入漂白剂，就会释放出氯气；在浴盆清洁剂中加入漂白剂，也会释放出氯气；在排烟机清洁剂中加入漂白剂，没有释放出氯气。现有一种未知类型的清洁剂，加入漂白剂后，没有释放出氯气。

根据上述实验，以下哪项关于这种未知类型的清洁剂的断定一定为真？

Ⅰ. 它是排烟机清洁剂

Ⅱ. 它既不是微波炉清洁剂，也不是浴盆清洁剂

Ⅲ. 它要么是排烟机清洁剂，要么是微波炉清洁剂或浴盆清洁剂

A. 仅Ⅰ　　B. 仅Ⅱ　　C. 仅Ⅲ

D. 仅Ⅰ和Ⅱ　　E. Ⅰ、Ⅱ和Ⅲ

【解析】答案是B。题干中前三个命题分别表达了三个充分条件假言命题。将第四个命题分别和前两个命题进行否定后件到否定前件的充分条件假言推理，可以得出结论：这种未知类型的清洁剂不是微波炉清洁剂，也不是浴盆清洁剂。将题干中第四个命题和第三个命题进行推理只能构成充分条件肯定后件到肯定前件的不正确推理。

七、把握必要条件假言推理

必要条件的假言推理只有否定前件式和肯定后件式才正确，其他的推理都是无效的。

【例 8.33】只有通过身份认证的人才允许上公司内网，如果没有良好的业绩就不可能通过身份认证，张辉有良好的业绩而王伟没有良好的业绩。

如果上述断定为真，则以下哪项一定为真？

A. 允许张辉上公司内网

B. 不允许王伟上公司内网

C. 张辉通过身份认证

D. 有良好的业绩，就允许上公司内网

E. 没有通过身份认证，就说明没有良好的业绩

【解析】答案是B。由题干断定“王伟没有良好的业绩”和“如果没有良好的业绩就不可能通过身份认证”，可以推出“王伟没有通过身份认证”。再考虑“只有通过身份认证的人才允许上公司内网”，即可推出“不允许王伟上公司内网”。其他选项均不能推出。

【例 8.34】某次学术会议的主办方发出会议通知：只有论文通过审核才能收到会议主办方发出的邀请函，本次学术会议只欢迎持有主办方邀请函的科研院所的学者参加。

根据以上通知，可以得出以下哪项？

A. 论文通过审核的学者都可以参加本次学术会议

B. 论文通过审核的学者有些不能参加本次学术会议

C. 本次学术会议不欢迎论文没有通过审核的学者参加

D. 论文通过审核并持有主办方邀请函的学者，本次学术会议都欢迎其参加

E. 有些论文通过审核但未持有主办方邀请函的学者，本次学术会议欢迎其参加

【解析】答案是C。题干断定：(1) 只有论文通过审核才能收到会议主办方发出的邀请函；(2) 本次会议只欢迎有主办方邀请函的科研院所的学者参加。注意，A、D均不能选，因为必要条件肯定前件不能因此肯定后件。

【例 8.35】若要人不知，除非已莫为；若要人不闻，除非己莫言。为之而欲人不知，言之

而欲人不闻，此犹捕雀而掩目，盗钟而掩耳者。

根据以上陈述，可以得出以下哪项？

A. 若己不为，则人不知

B. 若己不言，则人不闻

C. 若己为，则人会知；若己言，则人会闻

D. 若能做到捕雀而掩目，则可为之而人不知

E. 若能做到盗钟而掩耳，则可言之而人不闻

【解析】答案是C。题干最重要的两个断定可以整理为：（1）只有己莫为，人才不知；（2）只有己莫言，人才不闻（注意这里的表达和通常的情况有所区别）。选项C分别对两个断定做否定前件到否定后件的必要条件推理，即可得出。其他选项均与题干不一致。

【例8.36】森达集团规定，它的下属连锁分店，如果年营业额超过800万元的，雇员可获得优秀奖；只有年营业额超过500万元的，雇员才能获得激励奖。年终统计显示，该集团所属14个连锁分店，其中7个年营业额超过800万元，其余的不足500万元。

如果上述断定都是真的，那么以下哪项关于该集团的断定也一定是真的？

Ⅰ. 得激励奖的雇员，一定获得优秀奖。

Ⅱ. 得优秀奖的雇员，一定得激励奖。

Ⅲ. 森达集团的半数雇员获得了优秀奖。

A. 仅Ⅰ　　B. 仅Ⅱ　　C. 仅Ⅲ

D. 仅Ⅰ和Ⅱ　　E. Ⅰ、Ⅱ和Ⅲ

【解析】答案是A。题干断定：（1）年营业额超过800万元的，雇员可获得优秀奖；（2）只有年营业额超过500万元的，雇员才能获得激励奖。Ⅰ："得激励奖的雇员，一定获得优秀奖"一定真。因为将该项的前面部分"雇员获得了激励奖"，代入（2），可得：营业额超过了500万。超过500万则超过800万，因为14个连锁分店有7个超过了800万，另外7个都不足500万。再代入（1），可得：雇员可获得优秀奖（"可"即一定）。Ⅱ："得优秀奖的雇员，一定得激励奖"不一定真，将"得优秀奖的雇员"代入（1），不能推出"年营业额超过800万"，即使超过800万、超过500万，代入（2），也不能推出"获得激励奖"，因为年营业额超过500万只是获得激励奖的必要条件，不是充分条件。Ⅲ："森达集团的半数雇员获得了优秀奖"不一定真，因为森达集团14个连锁分店有7个年营业额超过800万，只能说"半数连锁分店的雇员可获得优秀奖"，但是并不意味着森达集团的"半数雇员可获得优秀奖"，因为半数连锁分店其雇员很可能并不占整个集团雇员的半数。

【例8.37】在一次围棋比赛中，参赛选手陈华不时地挤捏指关节，发出的声响干扰了对手的思考。在比赛封盘间歇时，裁判警告陈华：如果再次在比赛中挤捏指关节并发出声响，将判其违规。对此，陈华反驳说，他挤捏指关节是习惯性动作，并不是故意的，因此，不应被判违规。

以下哪项如果成立，最能支持陈华对裁判的反驳？

A. 在此次比赛中，对手不时打开、合拢折扇，发出的声响干扰了陈华的思考

B. 在围棋比赛中，只有选手的故意行为，才能成为判罚的根据

C. 在此次比赛中，对手本人并没有对陈华的干扰提出抗议

D. 陈华一向恃才傲物，该裁判对其早有不满

E. 如果陈华为人诚实、从不说谎，那么他就不应该被判违规

【解析】答案是B。题干中陈华从自己"挤捏指关节是习惯性动作，并不是故意的"，推出"不应被判违规"，意味着：只有故意的行为才应该被判违规。选项B如果为真，正好可以构成

否定前件到否定后件的必要条件假言推理，使得陈华的推理是正确的。

八、把握负复合命题推理

【例 8.38】 并非蔡经理负责研发或者负责销售工作。

如果上述陈述为真，以下哪项陈述一定为真？

A. 蔡经理既不负责研发也不负责销售

B. 蔡经理负责销售但不负责研发

C. 蔡经理负责研发但不负责销售

D. 如果蔡经理不负责销售，那么他负责研发

E. 如果蔡经理负责销售，那么他不负责研发

【解析】 答案是 A。题干是一个相容选言命题的负命题，结论要求："或者"变为"并且"，"或者"前后的两个部分都要进行否定。

【例 8.39】 总经理：我主张小王和小李两人中至少提拔一人。

董事长：我不同意。

以下哪项，最为准确地表述了董事长实际的意思？

A. 小王和小李两人都得提拔

B. 小王和小李两人都不提拔

C. 小王和小李两人中至多提拔一人

D. 如果提拔小王，那么不提拔小李

E. 如果提拔小李，那么不提拔小王

【解析】 答案是 B。总经理断定"小王和小李两人中至少提拔一人"的意思就是"或者提拔小王或者提拔小李"。董事长对此加以否定，即并非"或者提拔小王或者提拔小李"，也就是说"小王和小李两人都不提拔"。

【例 8.40】 总经理：我主张小王和小李两人中至多提拔一人。

董事长：我不同意。

以下哪项，最为准确地表述了董事长实际的意思？

A. 小王和小李两人都得提拔

B. 小王和小李两人都不提拔

C. 小王和小李两人中至多提拔一人

D. 如果提拔小王，那么不提拔小李

E. 如果提拔小李，那么不提拔小王

【解析】 答案是 A。题干中总经理的断定"小王和小李至多提拔一人"，意思就是"或者不提拔小王或者不提拔小李"。董事长对此加以否定，即"或者不提拔小王或者不提拔小李"这句话为假，也就是说小王和小李两人都得提拔。

【例 8.41】 不可能所有的错误都能避免。

以下哪项断定的含义，与上述断定最为接近？

A. 可能所有的错误都不能避免

B. 可能有的错误不能避免

C. 可能有的错误能避免

D. 必然所有的错误都不能避免

E. 必然有的错误不能避免

【解析】 答案是 E。题干断定"不可能所有的错误都能避免"，等值于"必然有的错误不能

避免”。注意，选项B虽然可以从题干中推出来，但不是在含义上与题干最接近的。题干断定“不可能”的意思，否定了肯定的“可能”就意味着否定的“必然”。

【例8.42】不可能宏大公司和亚鹏公司都没有中标。

以下哪项最为准确地表达上述断定？

A. 宏大公司和亚鹏公司可能都中标

B. 宏大公司和亚鹏公司至少有一个可能中标

C. 宏大公司和亚鹏公司必然都中标

D. 宏大公司和亚鹏公司至少有一个必然中标

E. 如果宏大公司中标，那么亚鹏公司不可能中标

【解析】答案是D。题干断定“不可能宏大公司和亚鹏公司都没有中标”，等值于“必然或者宏大公司中标或者亚鹏公司中标”，即必然宏大公司和亚鹏公司至少有一个中标。不能选B，因为题干断定“不可能”的意思，否定了否定的“可能”就意味着肯定的“必然”。

九、利用负复合命题推理解答特殊条件下的推理问题

【例8.43】一天，小方、小林做完数学题后发现答案不一样。小方说：“如果我的不对，那你的就对了。”小林说：“我看你的不对，我的也不对。”旁边的小刚看了看他们两人的答案后说：“小林的答案错了。”这时数学老师刚好走过来，听到了他们的谈话，并查看了他们的运算结果后说：“刚才你们三个人所说的话中只有一句是真的。”

请问下述说法中哪一个是正确的？

A. 小方说的是真话，小林的答案对了

B. 小刚说的是真话，小林的答案错了

C. 小林说对了，小方和小林的答案都不对

D. 小林说错了，小方的答案是对的

E. 小刚说对了，小林和小方的答案都不对

【解析】答案是A。题干中小方的断定是“如果非p，那么q”，小林的断定是“非p并且非q”，小林的断定是小方的断定的负命题的等值命题。所以，二者具有矛盾关系，必有一真一假，真话一定在小方和小林的话之中。所以，小刚的话是假的。根据小刚的话为假，可以推出：小林的答案是对的。根据小林的答案是对的，可以确定小林的话是假的，小方的话是真的。

【例8.44】某矿山发生了一起严重的安全事故。关于事故原因，甲、乙、丙、丁四位负责人有如下断定：

甲：如果造成事故的直接原因是设备故障，那么肯定有人违反操作规程。

乙：确实有人违反操作规程，但造成事故的直接原因不是设备故障。

丙：造成事故的直接原因确实是设备故障，但并没有人违反操作规程。

丁：造成事故的直接原因是设备故障。

如果上述断定只有一个人的断定为真，那么以下断定都不可能为真，除了：

A. 甲的断定为真，有人违反了操作规程

B. 甲的断定为真，但没有人违反操作规程

C. 乙的断定为真

D. 丙的断定为真

E. 丁的断定为真

【解析】答案是B。题干中甲的断定是“如果p，那么q”，丙的断定是“p并且非q”。丙的

断定是甲的断定的负命题的等值命题，所以，二者具有矛盾关系，必有一真一假，真话必在甲和丙的断定之中。所以，乙和丁的断定都是假的。根据丁的断定为假，可得：造成事故的直接原因不是设备故障。这就是说，乙的断定“确实有人违反操作规程，但造成事故的直接原因不是设备故障”后半部分为真，但整个乙的断定又是假的，所以，乙的断定的前面部分必须为假，即没有人违反操作规程。进而推出，丙的断定为假，甲的断定为真。

第三节　阶梯化训练题及解析

一、基础能力题

1. 马医生发现，在进行手术前喝高浓度加蜂蜜的热参茶可以使他手术时主刀更稳，用时更短，效果更好。因此，他认为，要么是参，要么是蜂蜜，其含有的某些化学成分能帮助他更好地进行手术。

以下哪项如果为真，能够削弱马医生的上述结论？

Ⅰ. 马医生在喝高浓度加蜂蜜的热柠檬茶后的手术效果比喝高浓度加蜂蜜的热参茶还要好

Ⅱ. 马医生在喝热白开水之后的手术效果与喝高浓度加蜂蜜的热参茶一样好

Ⅲ. 洪医生主刀的手术效果比马医生好，而前者没有术前喝高浓度加蜂蜜热参茶的习惯

A. 仅Ⅰ　　B. 仅Ⅱ　　C. 仅Ⅲ

D. 仅Ⅰ和Ⅱ　　E. Ⅰ、Ⅱ和Ⅲ

2. 使中国足球队真正能跻身世界强队之列，至少必须解决两个关键问题。一是提高队员基本体能，二是讲究科学训练。不切实解决这两点，即使临战时拼搏精神发挥得再好，也不可能取得突破性的进展。

下列诸项都表达了上述议论的原意，除了：

A. 只有提高队员的基本体能和讲究科学训练，才能取得突破性进展

B. 除非提高队员的基本体能和讲究科学训练，否则不能取得突破性进展

C. 如果取得了突破性进展，说明一定提高了队员的基本体能并且讲究了科学训练

D. 如果不能提高队员的基本体能，即使讲究了科学训练，也不可能取得突破性进展

E. 只要提高了队员的基本体能和讲究了科学训练，再加上临战时拼搏精神发挥得好，就一定能取得突破性进展

3. 帕累托最优，指这样一种社会状态：对于任何人来说，如果不使其他某个（或某些）人境况变坏，他的情况就不可能变好。如果一种变革能使至少有一人的境况变好，同时没有其他人境况因此变坏，则称这一变革为帕累托变革。

以下各项都符合题干的断定，除了

A. 对于任何一个人来说，只要他的情况可能变好，就会有其他人的境况变坏。这样的社会，处于帕累托最优状态

B. 如果某个帕累托变革可行，则说明社会并非处于帕累托最优状态

C. 如果没有任何帕累托变革的余地，则社会处于帕累托最优状态

D. 对于任何一个人来说，只有使其他某个（或某些）人境况变坏，他的情况才能变好。这样的社会处于帕累托最优状态

E. 对于任何一个人来说，只要使其他人境况变坏，他的情况就可能变好，这样的社会处于帕累托最优状态

4. 甲：只有加强知识产权保护，才能推动科技创新。

乙：我不同意。过分强化知识产权保护，肯定不能推动科技创新。

以下哪项与上述反驳方式最为类似？

A. 顾客：这件商品只有价格再便宜一些，才会有人来买

商人：不可能。这件商品如果价格再便宜一些，我就要去喝西北风了

B. 妻子：孩子只有刻苦学习，才能取得好成绩

丈夫：也不尽然。学习光知道刻苦而不能思考，也不一定会取得好成绩

C. 母亲：只有从小事做起，将来才有可能做成大事

孩子：老妈你错了。如果我们每天只是做小事，将来肯定做不成大事

D. 老师：只有读书，才能改变命运

学生：我觉得不是这样。不读书，命运会有更大的改变

E. 老板：只有给公司带来回报，公司才能给他带来回报

员工：不对呀。我上月帮公司谈成一笔大业务，可是只得到1%的奖励

5. 小林因未戴游泳帽被拒绝进入深水池。小林出示深水合格证说：根据规定我可以进入深水池。游泳池的规定是：未戴泳帽者不得进入游泳池；只有持有深水合格证，才能进入深水池。

小林最可能把游泳池的规定理解为：

A. 除非持有深水合格证，否则不能进入深水池

B. 只有持有深水合格证的人，才不需要戴泳帽

C. 如果持有深水合格证，就能进入深水池

D. 准许进入游泳池的人，不一定准许进入深水池

E. 有了深水证，就不需要戴泳帽

6. 10月6日晚上，张强要么去电影院看电影，要么拜访了他的朋友秦玲。如果那天晚上张强开车回家，他就没去电影院看电影。只有张强事先与秦玲约定，张强才能拜访她。事实上，张强不可能事先约定。

根据以上陈述，可以得出以下哪项？

A. 那天晚上张强没有开车回家

B. 那天晚上张强拜访了他的朋友秦玲

C. 那天晚上张强没有去电影院看电影

D. 那天晚上张强与秦玲一道去电影院看电影

E. 那天晚上张强开车去电影院看电影

7. 李诗、王悦、杜舒、刘默是唐诗宋词的爱好者，在唐朝诗人李白、杜甫、王维、刘禹锡中4人各喜爱其中一位，且每人喜爱的唐诗作者不与自己同姓。关于他们4人，已知：

（1）如果爱好王维的诗，那么也爱好辛弃疾的词；

（2）如果爱好刘禹锡的诗，那么也爱好岳飞的词；

（3）如果爱好杜甫的诗，那么也爱好苏轼的词。

如果李诗不爱好苏轼和辛弃疾的词，则可以得出以下哪项？

A. 杜舒爱好岳飞的词

B. 王悦爱好苏轼的词

C. 李诗爱好岳飞的词

D. 杜舒爱好辛弃疾的词

E. 刘默爱好苏轼的词

8. 李教授：每个人在自己的一生中，都要不断努力，否则就会像龟兔赛跑的故事一样，一时跑得快并不能保证一直领先。如果你本来基础好又能不断努力，那你肯定能比别人更早取得成功。

如果李教授的陈述为真，以下哪项一定为假？

A. 小王本来基础好并且能不断努力，但也可能比别人更晚取得成功

B. 不论是谁，只有不断努力，才能取得成功

C. 只要不断努力，任何人都可能取得成功

D. 一时不成功并不意味着一直不成功

E. 人的成功是有衡量标准的

9. 天下大雪，多条高速公路纷纷关闭，有些高速公路管理者认为，如果不关闭高速公路，就会发生重大交通事故，给人民生命财产带来巨大损失。但是，很多司机并不赞同这种做法。

以下哪项中的判断最可能是上述司机所要表达的意思？

A. 如果关闭高速公路，同样会发生重大交通事故

B. 如果不关闭高速公路，就不会发生重大交通事故

C. 关闭高速公路，但不发生重大交通事故

D. 不关闭高速公路，但发生重大交通事故

E. 不关闭高速公路，也不发生重大交通事故

10. 德国经济在席卷全球的金融危机当中受到的冲击与其他发达国家相比较小，主要原因是德国经济建立在先进制造业的基础上，德国的机械装备和汽车制造业保持了很强的竞争力。一些人根据德国的例子得出结论：除非具备强大的制造业竞争水平，一个国家的经济不可能有高度的稳定性。

如果以下哪项为真，能够质疑上述结论？

A. 某国制造业不发达，该国经济一直动荡不安

B. 有些制造业不发达的国家在金融危机中受影响较小

C. 有些国家保持长期经济稳定，却没有发达的制造业

D. 有些国家制造业很发达，但经济并没有长期保持稳定

E. 具备强大的制造业竞争水平只是一个国家经济有高度稳定性的必要条件而不是充分条件

11. 李明、王冰、马云三位股民对 A 股和 B 股分别做了如下预测：

李明：只有股票 A 不上涨，股票 B 才不上涨。

王冰：股票 A 和股票 B 至少有一种不上涨。

马云：股票 A 上涨当且仅当股票 B 上涨。

若三个人的预测都为真，则以下哪项符合他们的预测？

A. 股票 A 上涨，股票 B 不上涨

B. 股票 A 不上涨，股票 B 上涨

C. 股票 A 和股票 B 均上涨

D. 股票 A 和股票 B 均不上涨

E. 只有股票 A 上涨股票 B 才上涨

12. 2010 年上海世博会盛况空前，200 多个国家场馆和企业主题馆让人目不暇接，大学生王刚决定在学校放暑假的第二天前往世博会参观，前一天晚上，他特别上网查看了各位网友对相关热门场馆选择的建议，其中最吸引王刚的有三条：

（1）如果参观沙特馆，就不参观石油馆。

（2）石油馆和中国国家馆择一参观。

（3）中国国家馆和石油馆不都参观。

实际上，第二天王刚的世博会行程非常紧凑，他没有接受上述三条建议中的任何一条，关于王刚参观的热门场馆，以下哪项描述正确？

A. 参观沙特馆、石油馆，没有参观中国国家馆

B. 沙特馆、石油馆、中国馆都参观了

C. 沙特馆、石油馆、中国馆都没有参观

D. 没有参观沙特馆，参观石油馆和中国国家馆

E. 没有参观石油馆，参观沙特馆、中国国家馆

13. 近日，某集团高层领导研究了发展方向问题。王总经理认为：既要发展纳米技术，也要发展生物医药技术；赵副总经理认为：只有发展智能技术，才能发展生物医药技术；李副总经理认为：如果发展纳米技术和生物医药技术，那么也要发展智能技术。最后经过董事会研究，只有其中一位的意见被采纳。

根据以上陈述，以下哪项符合董事会的研究决定？

A. 发展纳米技术和智能技术，但是不发展生物医药技术

B. 发展生物医药技术和纳米技术，但是不发展智能技术

C. 发展智能技术和生物医药技术，但是不发展纳米技术

D. 发展智能技术，但是不发展纳米技术和生物医药技术

E. 发展生物医药技术、智能技术和纳米技术

14～15 基于以下题干：

只要不起雾，飞机就按时起飞。

14. 以下哪项正确地表达了上述断定？

Ⅰ. 如果飞机按时起飞，则一定没起雾。

Ⅱ. 如果飞机不按时起飞，则一定起雾。

Ⅲ. 除非起雾，否则飞机按时起飞。

A. 仅Ⅰ　　B. 仅Ⅱ　　C. 仅Ⅲ

D. 仅Ⅱ和Ⅲ　　E. Ⅰ、Ⅱ和Ⅲ

15. 以下哪项如果为真，说明上述断定不成立？

Ⅰ. 没起雾，但飞机没按时起飞。

Ⅱ. 起雾，但飞机仍然按时起飞。

Ⅲ. 起雾，飞机航班延期。

A. 仅Ⅰ　　B. 仅Ⅱ　　C. 仅Ⅲ

D. 仅Ⅱ 和Ⅲ　　E. Ⅰ、Ⅱ 和Ⅲ。

16. 经理说："有了自信不一定赢。"董事长回应说："但是没有自信一定会输。"

以下哪项与董事长的意思最为接近？

A. 不输即赢，不赢即输

B. 如果自信，则一定会赢

C. 只有自信，才不可能输

D. 除非自信，否则不可能输

E. 只有赢了，才可能更自信

17. 某公司规定，在一个月内，除非每个工作日都出勤，否则任何员工都不可能既获得当月绩效工资，又获得奖励工资。

以下哪项与上述规定的意思最为接近？

A. 在一个月内，任何员工如果所有工作日不缺勤，必然既获得当月绩效工资，又获得奖励工资

B. 在一个月内，任何员工如果所有工作日不缺勤，都有可能既获得当月绩效工资，又获得奖励工资

C. 在一个月内，任何员工如果所有工作日不缺勤，仍有可能获得当月绩效工资，或者获得奖励工资

D. 在一个月内，任何员工如果有某个工作日缺勤，必然或者获得不了当月绩效工资，或者获得不了奖励工资

E. 在一个月内，任何员工如果有某个工作日缺勤，必然既获得不了当月绩效工资，又获得不了奖励工资

18. 国际足联一直坚称，世界杯冠军队所获得的“大力神”杯是实心的纯金奖杯，某教授经过精密测量和计算认为，世界杯冠军奖杯——实心的“大力神”杯不可能是纯金制成的，否则球员根本不可能将它举过头顶并随意挥舞。

以下哪项与这位教授的意思最为接近？

A. 若球员能够将“大力神”杯举过头顶并自由挥舞，则它很可能是空心的纯金杯

B. 只有“大力神”杯是实心的，才可能是纯金的

C. 若“大力神”杯是实心的纯金杯，则球员不可能把它举过头顶并随意挥舞

D. 只有球员能够将“大力神”杯举过头顶并自由挥舞，它才由纯金制成，并且不是实心的

E. 若“大力神”杯是由纯金制成，则它肯定是空心的

19. 当企业处于蓬勃上升时期，往往紧张而忙碌，没有时间和精力去设计和修建“琼楼玉宇”。当企业所有重要工作都已经完成，其时间和精力就开始集中在修建办公大楼上。所以，如果一个企业的办公大楼设计得越完美，装饰越豪华，则该企业离解体时间就越近。当某个企业大楼设计和建造趋于完美之际，它的存在就逐渐失去意义，这就是所谓的“办公大楼法则”。

以下哪项为真，最能质疑上述观点？

A. 一个企业如果将时间和精力都耗在修建办公大楼上，则对其他重要工作就投入不足了

B. 某企业办公大楼修建的美轮美奂，入住后该企业的事业蒸蒸日上

C. 建造豪华的办公大楼，往往会增加运营成本，损害其利益

D. 企业的办公大楼越破旧，该企业就越来越有活力和生机

E. 建造豪华办公大楼并不需要投入太多时间和精力

20. 在 2006 年德国世界杯上，日本、韩国、伊朗、沙特 4 支球队入围 32 强，结果无一出线。如此糟糕的成绩令其他各大洲的足联对国际足联叫喊，对亚洲的 4.5 个参赛名额进行削减。2010 年南非世界杯上，亚洲的日本队和韩国队表现出色。

根据上述材料，再增加以下哪项陈述为前提，可以逻辑地推出结论：国际足联不会削减亚洲的参赛名额？

A. 不是亚洲球队在南非世界杯上表现不尽如人意，就是国际足联不会削减亚洲的参赛名额

B. 如果南非世界杯上亚洲队的表现仍不尽如人意，那么国际足联就不会削减亚洲的参赛名额

C. 亚洲足球队只有在南非世界杯上表现出色，国际足联才不会削减亚洲的参赛名额

D. 南非世界杯上非洲球队的表现不如亚洲队，非洲足联不会再叫喊削减亚洲的参赛名额

E. 除非亚洲球队在南非世界杯上表现出色，否则国际足联将会削减亚洲的参赛名额

21. 李进：这学期没有女生获得“银士达”奖学金。

王芳：这就是说这学期没人获得“银士达”奖学金。

李进：不，事实上有几个男生这学期获得了“银士达”奖学金。

王芳的回答可能假设了以下所有的断定，除了：

A. “银士达”奖学金只发给女生

B. 只有女生能申请“银士达”奖学金

C. 所有的女生“银士达”奖学金申请者要比男生申请者更为够格

D. 这学期“银士达”奖学金的申请者中，女生多于男生

E. 男生和女生将获得相等数额的“银士达”奖学金名额

22. 张教授：利益并非只是物质利益，应该把信用、声誉、情感甚至某种喜好等都归入利益的范畴。根据这种对“利益”的广义理解，如果每一个体在不损害他人利益的前提下，尽可能满足其自身的利益需求，那么由这些个体组成的社会就是一个良善的社会。

根据张教授的观点，可以得出以下哪项？

A. 只有尽可能满足每一个体的利益需求，社会才可能是良善的

B. 尽可能满足每一个体的利益需求，就会损害社会的整体利益

C. 如果某些个体的利益需求没有尽可能得到满足，那么社会就不是良善的

D. 如果有些个体通过损害他人利益来满足自身的利益需求，那么社会就不是良善的

E. 如果一个社会不是良善的，那么其中肯定存在个体损害他人利益或自身利益需求没有尽可能得到满足的情况

23. 在某届洲际杯足球大赛中，第一阶段某小组单循环赛共有 4 支队伍参加，每支队伍需要在这一阶段比赛三场。甲国足球队在该小组的前两轮比赛中一平一负。在第三轮比赛之前，甲国足球队主教练在新闻发布会上表示：“只有我们在下一场比赛中取得胜利并且本组的另外一场比赛打成平局，我们才有可能从这个小组出线。”

如果甲国队主教练的陈述为真，以下哪项是不可能的？

A. 甲国队第三场比赛取得了胜利，但他们未能从小组出线

B. 第三轮比赛该小组另外一场比赛打成平局，甲国队从小组出线

C. 第三轮比赛该小组两场比赛都分出了胜负，甲国队从小组出线

D. 第三轮比赛甲国足球队赢得了胜利，该小组另一场比赛打成平局，甲国队未能从小组出线

E. 第三轮比赛该小组两场比赛都打成了平局，甲国队未能从小组出线

24. 张教授指出，明清时期科举考试分为四级，即院试、乡试、会试、殿试。院试在县府举行，考中者称为“生员”，乡试每三年在各省省城举行一次，生员才有资格参加，考中者为举人，举人第一名称为“解元”，会试于乡试后第二年在京城元都举行，举人才有资格参加，考中者称为“贡士”，贡士第一名称为“会元”，殿试在会试当年举行，由皇帝主持，贡士才有资格参加，录取分为三甲，一甲三名，二甲三甲各若干名，统称为“进士”，一甲第一名称为“状元”。

根据张教授的陈述，以下哪项是不可能的？

A. 中举者不曾中进士

B. 中状元者曾为生员和举人

C. 中会元者不曾中举

D. 可有连中三元者（解元、会元、状元）

E. 未中解元者，不曾中会元

25. 一个社会是公正的，必须满足以下条件：第一，有健全的法律；第二，贫富差异是允许的，但必须同时确保消灭赤贫和每个公民都事实上有公平竞争的机会。

根据上述条件，最能得出以下哪项结论？

A. S社会有健全的法律，同时又在消灭了赤贫的条件下，允许贫富差异的存在，并且绝大多数公民都事实上有公平竞争的机会。因此，S社会是公正的

B. S社会有健全的法律，但这是以贫富差异为代价的。因此，S社会是不公正的

C. S社会允许贫富差异，但所有人都由此获益，并且每个公民都事实上有公平竞争的权利。因此，S社会是公正的

D. S社会不存在贫富差异，但这是以法律不健全为代价的，因此，S社会是不公正的

E. S社会法律健全，虽然有贫富差异，但消灭了赤贫。因此，S社会是公正的

26. 对冲基金每年提供给它的投资者的回报从来都不少于25%。因此，如果这个基金每年最多只能给我们20%的回报的话，它就一定不是对冲基金。

以下哪项的推理方法与上文相同？

A. 好的演员从来都不会因为自己的一点进步而沾沾自喜，谦虚的黄升一直注意不以点滴的成功而自傲，看来，黄升就是好演员

B. 移动电话的话费一般比普通电话贵。如果移动电话和普通电话都在身边时，我们选择了普通电话，那就体现了节约的美德

C. 如果一个公司在遇到像亚洲金融危机这样的挑战的时候还能够保持良好的增长势头，那么在危机过后就会更红火。秉东电信公司今年在金融危机中没有退步，所以明年会更旺

D. 一个成熟的学校在一批老教授离开自己的工作岗位后，应当有一批年轻的学术人才脱颖而出，勇挑大梁。华成大学去年一批老教授退休后，大批年轻骨干纷纷外流，一时间群龙无首，看来华成大学还算不上是一个成熟的学校

E. 练习武功有恒心的人一定会每天早上五点起床，练上半小时，今天武钢早上五点起床后，一口气练了一个小时，我看武钢是个练武功有恒心的好小伙子

27. 针对威胁人类健康的甲型H1N1流感，研究人员研制出了相应的疫苗，尽管这些疫苗是有效的，但某大学研究人员发现，阿司匹林、羟苯基乙酰胺等抑制某些酶的药物会影响疫苗的效果，这些研究人员指出："如果你服用了阿司匹林或者对乙酰氨基酚，那么你注射疫苗后就必然不会产生良好的抗体反应。"

如果小张注射疫苗后产生了良好的抗体反应，那么根据上述研究结果可以得出以下哪项结论？

A. 小张服用了阿司匹林，但没有服用对乙酰氨基酚

B. 小张没有服用阿司匹林，但感染了H1N1流感病毒

C. 小张服用了阿司匹林，但没有感染H1N1流感病毒

D. 小张没有服用阿司匹林，也没有服用对乙酰氨基酚

E. 小张服用了对乙酰氨基酚，但没有服用羟苯乙酰胺

28. 东山市威达建材广场每家商店的门边都设有垃圾桶。这些垃圾桶的颜色是绿色或红色。

如果上述断定为真，则以下哪项一定为真？

Ⅰ. 东山市有一些垃圾桶是绿色的

Ⅱ. 如果东山市的一家商店门边没有垃圾桶，那么这家商店不在威达建材广场

Ⅲ. 如果东山市的一家商店门边有一个红色垃圾桶，那么这家商店是威达建材广场

A. 仅Ⅰ　　B. 仅Ⅱ　　C. 仅Ⅰ和Ⅱ

D. 仅Ⅰ和Ⅲ　　E. Ⅰ、Ⅱ和Ⅲ

29. 刘先生一定是结了婚的，你看，他总是穿着得体、干干净净的。

上述结论是以下述哪项前提作为依据的？

A. 除非结了婚，男人都是一副不修边幅、胡乱穿着的样子

B. 所有结了婚的男人都穿着整齐、干净

C. 如果男人结了婚，他的穿着一定经常有人照料，自然就不同凡响喽

D. 公司有规定，结了婚的男人一定要穿着得体，给年轻一代做个榜样

E. 如果不是穿得体面又干净，刘先生恐怕现在还是单身一人

30. 甲说："我最近经常看到他带着孩子散步。"乙说："这么说，他已经做父亲了。"

以下哪项是乙谈话的逻辑前提？

A. 所有已经做父亲的人，一定经常带孩子散步

B. 有些经常带孩子散步的人已经做了父亲

C. 只有经常带着孩子散步的人才是已做父亲的人

D. 经常带着孩子散步的人，可能是已经做了父亲的人

E. 不是已做父亲的人，不可能经常带着孩子散步

31. 如果未来的父母在孩子出生前确实想要这个孩子，那么，孩子出生后肯定不会受虐待。

以下哪一项如果成立，那么以上的结论才会为真？

A. 未来的父母一旦有了自己的孩子，会改变原本只是想传宗接代的观念

B. 爱孩子的人不会虐待下一代

C. 不想要孩子的人通常也会抚养孩子

D. 不爱自己孩子的人通常会虐待孩子

E. 虐待孩子的人都是不想要孩子的

32. 赵默是一位优秀的企业家。因为如果一个人既拥有在国内外知名学府和研究机构工作的经历，又有担任项目负责人的管理经验，那么他就能成为一位优秀的企业家。

以下哪项与上述论证最为相似？

A. 李然是信息技术领域的杰出人才。因为如果一个人不具有前瞻性目光、国际化视野和创新思维，就不能成为信息技术领域的杰出人才

B. 风云企业具有凝聚力。因为如果一个企业能引导和帮助员工树立目标、提升能力，就能使企业具有凝聚力

C. 人力资源是企业的核心资源。因为如果不开展各类文化活动，就不能提升员工岗位技能，也不能增强团队的凝聚力和战斗力

D. 青年是企业发展的未来。因此，企业只有激发青年的青春力量，才能促其早日成才

E. 袁清是一位好作家。因为好作家都具有较强的观察能力、想象能力及表达能力

33. 小张约小李第二天去商场，小李说："如果明天不下雨，我去爬山。"第二天，天下起了毛毛细雨，小张以为小李不会去爬山了，就去小李的宿舍找他，谁知小李仍然去爬山了。待两人又见面时，小张责怪小李食言，既然天下雨了，为什么还去爬山；小李却说，他并没有食言，是小张的推论不合逻辑。

对于两人的争论，以下哪项论断是合适的？

A. 小张和小李的这个争论是没有意义的

B. 小张的推论不合逻辑

C. 两个人对毛毛细雨的理解不同

D. 由于小李食言，引起了这场争论

E. 由于小李的表达不够明确，引起了这场争论

34. 如果小李报考 MBA，那么，小孙、小王和小张三人中没有一人不报考 MBA。

如果上述断定真，那么以下哪项一定是真的？

A. 如果小王不报考 MBA，那么小孙也不报考 MBA

B. 如果小张不报考 MBA，那么小李也不报考 MBA

C. 如果小李和小孙报考 MBA，那么小王和小张不报考 MBA

D. 如果小孙、小王和小张报考 MBA，那么小李也报考 MBA

E. 如果小李不报考 MBA，那么小孙、小王和小张三人中至少有一人不报考 MBA

35. 只有她去，你和我才会一起去唱“卡拉 OK”；而她只到能跳舞的“卡拉 OK”厅唱歌，那些场所都在市中心。只有你参加，她妹妹才会去唱“卡拉 OK”。

如果上述断定是真的，那么以下哪项也一定为真？

A. 她不和她妹妹一起唱“卡拉 OK”

B. 你和我不会一起在市郊的“卡拉 OK”厅唱歌

C. 我不在，你不会和她一起去唱“卡拉 OK”

D. 她不在，你不会和她妹妹一起去唱“卡拉 OK”

E. 她妹妹也只到能跳舞的地方唱“卡拉 OK”

36. 某组织改选领导班子实行这样一条规则：如果候选人多于一个，那么候选人必须同意被提名，并且在表态之前，必须被告知其他的候选人是谁。

如果事实上只有当候选人同意被提名后才能知道实际的候选人是谁，那么以下哪项是对上述规则的最准确的评价？

A. 实行该规则，使得被提名的候选人的人数比不实行该规则要多

B. 实行该规则，使得被提名的候选人的人数比不实行该规则要少

C. 实行该规则，没有候选人可能被提名

D. 实行该规则，被提名的候选人最多只可能是一个

E. 实行该规则，被提名的候选人至少有一个

37. 蟋蟀是一种非常有趣的小动物，宁静的夏夜，草丛中传来阵阵清脆悦耳的鸣叫声，那是蟋蟀在歌唱。蟋蟀优美动听的歌声并不是出自它的好嗓子，而是来自它的翅膀。左右两翅一张一合，相互摩擦，就可以发出悦耳的声响了。蟋蟀还是建筑专家，与它那柔弱的挖掘工具相比，蟋蟀的住宅真可以算得上是伟大的工程了。在其住宅门口，有一个收拾得非常舒适的平台。夏夜，除非下雨或者刮风，否则蟋蟀肯定会在这个平台上歌唱。

根据以上陈述，以下哪项是蟋蟀在无雨的夏夜所做的？

A. 修建住宅

B. 收拾平台

C. 在平台上歌唱

D. 如果没有刮风，它就在抢修工程

E. 如果没有刮风，它就在平台上唱歌

38. 只要每个司法环节都能坚守程序正义，切实履行监督制的职能，结案率就会大幅度提高。去年某国结案率比上一年提高了 70%，所以，该国去年每个司法环节都能坚守程序正义，切实履行监督制的职能。

以下哪项与上述论证方式最为相似？

A. 在校期间品学兼优，就可以获得奖学金。李明在校期间不是品学兼优，所以就不可能获得奖学金

B. 李明在校期间品学兼优，但是没有获得奖学金。所以，在校期间品学兼优，不一定可以获得奖学金

C. 在校期间品学兼优，就可以获得奖学金。李明获得了奖学金，所以在校期间一定品学兼优

D. 在校期间品学兼优，就可以获得奖学金。李明没有获得奖学金，所以在校期间一定不是品学兼优

E. 只有在校期间品学兼优，才能获得奖学金。李明获得了奖学金，所以在校期间一定品学兼优

39. 如果在鱼缸里装有电动通风器，鱼缸的水中就有适度的氧气。因此，由于张文的鱼缸中没有安装电动通风器，他的鱼缸的水中一定没有适度的氧气。没有适度的氧气，鱼就不能生存，因此，张文鱼缸中的鱼不能生存。

上述推理中存在的错误也类似地出现在以下哪项中？

A. 如果把明矾放进泡菜的卤水中，就能去掉泡菜中多余的水分。因此，由于余涌没有把明矾放进泡菜的卤水中，他腌制的泡菜一定有多余的水分。除非去掉多余的水分，否则泡菜就不能保持鲜脆。因此，余涌腌制的泡菜不能保持鲜脆

B. 如果把胶质放进果酱，就能制成果冻。果酱中如果没有胶质成分，就不能制成果冻。因此，为了制成果冻，王宜必须在果酱中加大胶质成分

C. 如果贮藏的土豆不接触乙烯，就不会发芽。甜菜不会散发乙烯。因此，如果方宁把土豆和甜菜一起贮藏，他的土豆就不会发芽

D. 如果存放胡萝卜的地窖做好覆盖，胡萝卜就能在地窖安全过冬。否则，地窖里的胡萝卜就会被冻坏。因此，因为朱勇过冬前在胡萝卜地窖做好了覆盖，所以他的胡萝卜能安全过冬

E. 如果西红柿不放入冰箱就可能腐烂，腐烂的西红柿不能食用。因此，因为陈波没有把西红柿放入冰箱，他的一些西红柿可能没法食用

40. 反间谍组织已知：

（1）如果甲和乙都是间谍，则丙就不是间谍；

（2）如果丁是间谍，则乙就是间谍；

（3）甲和丙都是间谍。

如果上述断定为真，以下哪项必然是真的？

A. 乙和丁都是间谍　　B. 乙和丁都不是间谍　　C. 乙是间谍，丁不是间谍

D. 乙不是间谍，丁是间谍　　E. 乙和丁至少有一个是间谍

41. 某市音乐节设立了流行、民谣、摇滚、民族、电音、说唱、爵士这7大类的奖项评选。在入围提名中，已知：

（1）至少有6类入围；

（2）流行、民谣、摇滚中至多有2类入围；

（3）如果摇滚和民族类都入围，则电音和说唱中至少有一类没有入围。

根据上述信息，可以得出以下哪项？

A. 流行类没有入围　　B. 民谣类没有入围　　C. 摇滚类没有入围

D. 爵士类没有入围　　E. 电音类没有入围

42. 不必然任何经济发展都会导致生态恶化，但不可能有不阻碍经济发展的生态恶化。

以下哪项与上述断定的含义最为接近？

A. 任何经济发展都不必然导致生态恶化，但任何生态恶化都必然阻碍经济发展

B. 有的经济发展可能导致生态恶化，但任何生态恶化都可能阻碍经济发展

C. 有的经济发展可能不导致生态恶化，但任何生态恶化都可能阻碍经济发展

D. 有的经济发展可能不导致生态恶化，但任何生态恶化都必然阻碍经济发展

E. 任何经济发展都可能不导致生态恶化，但有的生态恶化必然阻碍经济发展

43. 唐代韩愈在《师说》中指出："孔子曰：三人行，则必有我师。是故弟子不必不如师，师不必贤于弟子，闻道有先后，术业有专攻，如是而已。"

根据上述韩愈的观点，可以得出以下哪项？

A. 有的弟子必然不如师　　B. 有的弟子可能不如师　　C. 有的师不可能贤于弟子

D. 有的弟子可能不贤于师　　E. 有的师可能不贤于弟子

44. 在报考研究生的应届生中，除非学习成绩名列前三位，并且有两位教授推荐，否则不能成为免试推荐生。

以下哪项如果为真，说明上述决定没有得到贯彻？

Ⅰ. 余涌学习成绩名列第一，并且有两位教授推荐，但未能成为免试推荐生

Ⅱ. 方宁成为免试推荐生，但只有一位教授推荐

Ⅲ. 王宜成为免试推荐生，但学习成绩不在前三名

A. 仅Ⅰ　　B. 仅Ⅰ和Ⅱ　　C. 仅Ⅱ和Ⅲ

D. Ⅰ、Ⅱ和Ⅲ　　E. 以上都不是

45. 一方面确保法律面前人人平等，同时又允许有人触犯法律而不受制裁，这是不可能的。

以下哪项最符合题干的断定？

A. 或者允许有人凌驾于法律之上，或者任何人触犯法律都要受到制裁，这是必然的

B. 任何人触犯法律都要受到制裁，这是必然的

C. 有人凌驾于法律之上，触犯法律而不受制裁，这是可能的

D. 如果不允许有人触犯法律可以不受制裁，那么法律面前人人平等是可能的

E. 一方面允许有人凌驾于法律之上，同时又声称任何人触犯法律都要受到制裁，这是可能的

46. 一把钥匙能打开天下所有的锁。这样的万能钥匙是不可能存在的。

以下哪项最符合题干的断定？

A. 任何钥匙都必然有它打不开的锁

B. 至少有一把钥匙必然打不开天下所有的锁

C. 至少有一把锁天下所有的钥匙都必然打不开

D. 任何钥匙都可能有它打不开的锁

E. 至少有一把钥匙可能打不开天下所有的锁

47. 人都不可能不犯错误，不一定所有人都会犯严重错误。

如果上述断定为真，则以下哪项一定为真？

A. 人都可能会犯错误，但有的人可能不犯严重错误

B. 人都可能会犯错误，但所有的人都可能不犯严重错误

C. 人都一定会犯错误，但有的人可能不犯严重错误

D. 人都一定会犯错误，但所有的人都可能不犯严重错误

E. 人都可能会犯错误，但有的人一定不犯严重错误

48. 某公司人力资源管理部人士指出：由于本公司招聘职位有限，在本次招聘考试中不可能所有的应聘者都能被录取。

基于以下哪项可以得出该人士的上述结论？

A. 在本次招聘考试中，可能有应聘者被录用

B. 在本次招聘考试中，可能有应聘者不被录用

C. 在本次招聘考试中，必然有应聘者不被录用

D. 在本次招聘考试中，必然有应聘者被录用

E. 在本次招聘考试中，可能有应聘者被录用，也可能有应聘者不被录用

49. 本杰明："除非所有的疾病都必然有确定的诱因，否则有些疾病可能难以预防。"

富兰克林："我不同意你的看法。"

以下哪项断定，能准确表达富兰克林的看法？

A. 有些疾病可能没有确定的诱因，但有些疾病可能加以预防

B. 所有的疾病都可能没有确定的诱因，但有些疾病可能加以预防

C. 有些疾病可能没有确定的诱因，但所有的疾病都必然可以预防

D. 有些疾病必然没有确定的诱因，但所有的疾病都可能加以预防

E. 所有的疾病都必然有确定的诱因，但有些疾病可能难以预防

50. 有关数据显示，2011年全球新增870万结核病患者，同时有140万患者死亡。因为结核病对抗生素有耐药性，所以对结核病的治疗一直都进展缓慢。如果不能在近几年消除结核病，那么还会有数百万人死于结核病。如果要控制这种流行病，就要有安全、廉价的疫苗。目前有12种新疫苗正在测试之中。

根据以上信息，可以得出以下哪项？

A. 2011年结核病患者死亡率已达16.1%

B. 有了安全、廉价的疫苗，我们就能控制结核病

C. 如果解决了抗生素的耐药性问题，结核病治疗将会获得突破性进展

D. 只有在近几年消除结核病，才能避免数百万人死于这种疾病

E. 新疫苗一旦应用于临床，将有效控制结核病的传播

51. 某商店失窃，甲、乙、丙、丁四名职员涉嫌被拘审。

甲：只有乙作案，丙才会作案。

乙：甲和丙两人中至少有一人作案。

丙：乙没作案，作案的是我。

丁：乙是作案者。

事实证明，四人中只有一个说假话。

如果上述断定都真，那么以下哪项一定是真的？

A. 甲说假话，丙作案　　B. 乙说假话，乙作案　　C. 丙说假话，乙作案

D. 丁说假话，丙作案　　E. 丙说假话，丙没作案

52. 小王参加了某公司招工面试，不久，他得知以下消息：(1) 公司已决定，他与小陈至少录用一人；(2) 公司可能不录用他；(3) 公司一定录用他；(4) 公司已录用小陈。其中两条消息为真，两条消息为假。

如果上述断定为真，则以下哪项为真？

A. 公司已录用小王，未录用小陈

B. 公司未录用小王，已录用小陈

C. 公司既录用了小王，也录用了小陈
D. 公司既未录用小王，也未录用小陈
E. 不能确定录用结果

基础能力题详解

1. 答案是B。题干断定了一个不相容选言命题，即马医生主刀效果更好的原因要么是参，要么是蜂蜜。选项Ⅱ意味着，既不是参，也不是蜂蜜，但主刀效果一样好，从而反驳了题干。选项Ⅰ为无关选项，不能削弱题干；选项Ⅲ不能削弱题干，因为洪医生的情况可能和马医生不一样，题干只是断定马医生自己。

2. 答案是E。题干断定了一个必要条件的假言命题：不切实解决提高队员基本技能和讲究科学训练这两点，不能取得突破性的进展。A、B、C、D都是讲的必要条件，只有E讲的是充分条件。

3. 答案是E。题干断定了帕累托最优状态为：一个人使其他某个人境况变坏是他的情况可能变好的必要条件，而该项则断定为充分条件。其他选项都和题干意思一致。

4. 答案是C。该项和题干都存在同样的结构：甲认为“只有A才B”，乙不同意并认为“如果A则非B”。

5. 答案是C。游泳池的规定是：只有持有深水合格证，才能进入深水池，是一个必要条件的假言判断。小林的理解是：如果持有深水合格证，就能进入深水池，是一个充分条件的假言判断。

6. 答案是A。题干断定：(1) 张强要么去电影院看电影，要么去拜访朋友秦玲；(2) 如果那天晚上张强开车回家，他就没去电影院看电影；(3) 只有张强事先与秦玲约定，张强才能拜访她；(4) 张强不可能事先约定。由 (3) 和 (4)，可得：张强没有拜访秦玲。再考虑 (1)，可得：张强去电影院看电影了。再考虑 (2)，可推出：张强没有开车回家。

7. 答案是C。题干断定：(1) 如果爱好王维的诗，那么也爱好辛弃疾的词；(2) 如果爱好刘禹锡的诗，那么也爱好岳飞的词；(3) 如果爱好杜甫的诗，那么也爱好苏轼的词；(4) 李诗不爱好苏轼的词；(5) 李诗不爱好辛弃疾的词；(6) 每人喜爱的唐诗作者不与自己同姓。由 (4) 和 (3) 可得：李诗不爱好杜甫的诗。由 (5) 和 (1) 可得：李诗不爱好王维的诗。再考虑 (6) 可得：李诗爱好刘禹锡的诗。再考虑 (2)，可得：李诗爱好岳飞的词。

8. 答案是A。题干中李教授陈述：如果你本来基础好又能不断努力，那你肯定能比别人更早取得成功，这是一个充分条件的假言命题。如果李教授的陈述为真，则选项A说“小王本来基础好并且能不断努力，但也可能比别人更晚取得成功”，意味着李教授陈述的前件为真而后件为假，所以一定是假的。

9. 答案是E。题干中，高速公路管理者的观点是：如果不关闭高速公路，就会发生重大交通事故。这是一个充分条件的假言命题。很多司机不赞同这种做法，即高速公路管理者的观点为假。根据“充分条件要为假，前真后假是唯一”，前真即“不关闭高速公路”，后假即不发生重大交通事故。注意，不要选B，条件关系为假，则不能再是条件关系，而应该是并列关系。

10. 答案是B。题干断定：除非具备强大的制造业竞争水平，一个国家的经济不可能有高度的稳定性。这是一个必要条件的判断。削弱要使结论假。必要条件判断要为假，前假后真是唯一的情况。前假即不具备强大的制造业竞争水平，后真，即这个国家的经济也有高度的稳定性。选项B正好能使题干的结论为假，所以，最能削弱题干的结论。

11. 答案是D。题干有三个断定。李明：只有股票A不上涨，股票B才不上涨；王冰：股票A和股票B至少有一种不上涨；马云：股票A上涨当且仅当股票B上涨。选项A和B都不能使马云的预测真，故排除。选项C不能满足王冰的预测，故排除。只有选项D“股票A和股票B均不上涨”能够满足三人的预测。

12. 答案是B。题干给出了三条建议：(1) 如果参观沙特馆，就不参观石油馆；(2) 石油馆和中国国家馆择一参观；(3) 中国国家馆和石油馆不都参观。选项B“沙特馆、石油馆和中国馆都参观”如果为真，则三条建议都是假的。其他选项均不能使三条建议同时为假。如当选项A“参观沙特馆、石油馆，没有参观中国国家馆”为真时，(1) 为假，但 (2)、(3) 都为真。

13. 答案是B。题干中给出了三个基本断定。王总经理：既要发展纳米技术，也要发展生物医药技术；赵副总经理：只有发展智能技术，才能发展生物医药技术；李副总经理：如果发展纳米技术和生物医药技术，那么也要发展智能技术。选项B“发展生物医药技术和纳米技术，但是不发展智能技术”如果为真，能够使赵、李两位副总经理的意见为假，而王总经理的意见为真，符合题干要求。其他选项均不符合题干要求。如选项A“发展纳米技术和智能技术，但是不发展生物医药技术”如果为真，意味着王总经理的意见为假，赵副总经理和李副总经理的话都为真。

14. 答案是D。题干断定：不起雾是飞机按时起飞的充分条件。选项Ⅰ断定飞机按时起飞是不起雾的充分条件，与题干意思不同。选项Ⅱ断定飞机不按时起飞是起雾的充分条件，与题干意思相同（充分条件假言推理否定后件就要否定前件）。选项Ⅲ的标准表达为“只有起雾，飞机才不按时起飞”，或者“如果不起雾，则飞机按时起飞”，与题干意思相同。这里值得注意的是：“除非p，否则q”，等价于“只有p，才不q”。

15. 答案是A。题干断定“只要不起雾，飞机就按时起飞”是一个充分条件的假言判断。这个判断要为假，要求不起雾并且飞机不按时起飞，只有选项Ⅰ符合这个条件。选项Ⅱ和Ⅲ都是说的“起雾”，这时题干断定的前件为假，而充分条件假言判断在前件为假时总是真的。

16. 答案是C。董事长的断定“没有自信一定会输”，即“如果没有自信，那么一定会输”，是一个充分条件的假言判断。选项C断定“只有自信，才不可能输”，转换为一个充分条件的假言判断就是“如果没有自信，那么就会输”，与董事长的意思完全相同。“只有p，才q”的意思就是“如果没有p，那么就没有q”。注意，不要选D，“除非p，否则不q”等价于“只有p，才q”，所以，该项“除非自信，否则不可能输”的意思是“只有自信，才可能输”，即“如果没有自信，则不会输”，与董事长的意思不符。

17. 答案是D。题干断定：在一个月内，除非每个工作日都出勤，否则任何员工都不可能既获得当月绩效工资，又获得奖励工资，意思是：只有任何员工每个工作日都出勤，才可能既获得当月绩效工资，又获得奖励工资。选项D：在一个月内，任何员工如果有某个工作日缺勤，则他必然不能获得绩效工资，或者不能获得奖励工资，和题干断定完全一致。因为“除非p，否则不q”等价于“只有p才q”，也等价于“如果不p，那么不q”。

18. 答案是C。题干某教授断言：(除非) 不是纯金的，否则球员不能够将“大力神”杯举过头顶并自由挥舞。根据公式“除非p，否则不q”等值于“只有p，才q”，可将该教授的断言转换为：只有不是纯金的，球员才能够将“大力神”杯举过头顶并自由挥舞。这意味着：如果“大力神”杯是纯金的，则球员不可能将之举过头顶并自由挥舞。

19. 答案是B。题干的观点：如果一个企业的办公大楼设计得越完美，装饰越豪华，则该企业离解体时间就越近，这是一个充分条件的假言判断。选项B为真，即：某企业办公大楼修建的美轮美奂，入住后该企业的事业蒸蒸日上，如果为真，则意味着题干这个充分条件假言判断的前件为真，而后件为假。

20. 答案是A。假设选项A，根据题干的已知条件即可推出其结论。选项A是一个不相容的选言命题，即要么亚洲球队在南非世界杯上表现不尽如人意，要么国际足联不会削减亚洲的参赛名额。考虑题干的条件“亚洲的日本队和韩国队表现出色”，进行否定肯定式的不相容选言推理，即可推出结论：国际足联不会削减亚洲的参赛名额。

21. 答案是D。题干中王芳的回答意味着，没有女生获得“银士达”奖学金，就可以说没有人获得“银士达”奖学金。即女生获得“银士达”奖学金是有人获得“银士达”奖学金的必要条件。选项A、B都指出了这个意思，都可以作为王芳回答的假设。选项C意味着，既然所有女生“银士达”奖学金申请者要比男生申请者更为够格，如果女生都没有获得，当然也就可以说没有人获得了。选项E，意味着，既然男生和女生将获得相等数额的“银士达”奖学金名额，而女生为0，当然男生也应该是0了。选项D说女生的申请者多于男生，但是申请者多未必就是够格的。所以，该项不能作为王芳回答的假设。

22. 答案是E。题干断定：如果每一个体在不损害他人利益的前提下，尽可能满足其自身的利益需求，那么由这些个体组成的社会就是一个良善的社会。选项E，通过否定后件到否定前件的充分条件假言推理得出结论。选项B属于无关项。选项A倒过来看，充分条件推理肯定后件到肯定前件为无效推理。选项C、D均为充分条件否定前件到否定后件为无效推理。

23. 答案是C。题干甲国足球队主教练的陈述为：只有我们在下一场比赛中取得胜利并且本组的另外一场比赛打成平局，我们才有可能从这个小组出线，这是一个必要条件的假言判断，只有当前件为假而后件为真时才不成立。选项C正好使得这个陈述为假。

24. 答案是C。题干断定：只有中举才能中“会元”。所以，不中举者不能中“会元”。选项C断定不曾中举者也中会元，不可能真。其他选项均有可能。

25. 答案是D。题干所给出的大前提，其结构是“只有p且q且r且s，才t”。选项D给出的推理形式是：“只有p且q且r且s，才t；非p且非q；所以，非t”，是一个有效的推理形式。其他选项的推理形式均不正确。如选项A中的推理形式是“只有p且q且r且s，才t；p且q且r且s，所以，t”，显然不正确。选项B中的推理形式是“只有p且q且r且s，才t；p且q，所以，非t”，显然不正确。

26. 答案是D。该项和题干的结构都是充分条件否定后件到否定前件的正确推理。A和E都是充分条件肯定后件到肯定前件的错误推理。C是充分条件肯定前件到肯定后件的错误推理。

27. 答案是D。由“小张注射疫苗后产生了良好的抗体反应”和“如果你服用了阿司匹林或者对乙酰氨基酚，那么你注射疫苗后就必然不会产生良好的抗体反应”，可得：小张没有服用阿司匹林，也没有服用对乙酰氨基酚。

28. 答案是B。题干断定：（1）东山市威达建材广场每家商店的门边都设有垃圾桶；（2）这些垃圾桶的颜色是绿色或红色。选项Ⅱ正好是通过否定（1）这个充分条件假言命题的后件进而否定其前件的正确推理。选项Ⅰ不能成立，因为根据（2），这些垃圾桶可以都是红色的，因为（2）是一个相容选言命题，只要有一个部分真，则整个命题就是真的。选项Ⅲ不能成立，因为根据（1）和（2）可得：东山市威达建材广场每家商店的门边的垃圾桶的颜色都是绿色或红色，但充分条件假言推理，肯定后件不能因此肯定前件。

29. 答案是A。题干以刘先生“总是穿着得体、干干净净的”为前提，推出结论：“刘先生一定是结了婚的”，意味着“凡是穿着得体、干干净净的男人都一定是结了婚的”，或者“只有结婚的男人才会穿着得体、干干净净”。选项A“除非结了婚，男人都是一副不修边幅、胡乱穿着的样子”，意思就是“只有结婚的男人才会穿着得体、干干净净”。因为“除非p，不q”等价于“只有p，才q”。以此为大前提就可以进行题干中肯定后件到肯定前件的必要条件假言推理。其他选项作为大前提都不能进行题干的有效推理。如假设选项B作为大前提，题干只能进行充分条件肯定后件式的推理，是不正确的。

30. 答案是E。该项“不……不……”表达的是必要条件假言命题，用前提就可以保证题干中乙进行肯定后件到肯定前件的必要条件假言推理成立。令该项为假，即如果不是已做父亲的人，也可能带孩子散步，那么题干中的乙从“他经常带孩子散步”推出“他已经做了父亲”，也就不能成立。其他选项均不能保证题干推理成立。

31. 答案是E。该项是一个充分条件的假言命题：如果是虐待孩子的人，那么就是不想要孩子的人。以此为大前提，进行否定后件到否定前件的充分条件假言推理，就可以得出题干中的结论。

32. 答案是B。该项和题干所具有的共同结构是：如果A那么B，所以B。这是错误的充分条件推理。

33. 答案是B。题干中小李的话是一个充分条件的假言命题，即如果明天不下雨，那么我就去爬山。小前提“天下雨了”否定了前件，但不能因此否定后件，即推出“我不去爬山了”是错误的。对于充分条件的假言命题来说，当前件假时后件可以是真的，也可以是假的。所以，小李并没有食言，小张的推论不合逻辑。

34. 答案是B。题干是一个充分条件假言命题。选项E从否定前件开始，不能成立。选项D从肯定后件开始，不能成立。选项A仅仅在后件里面推，不能成立。选项C不能成立，因为从小李报考MBA出发，可以推出，小孙、小王和小张都报考MBA。选项B成立，因为如果小张不报考MBA，则小孙、小王和小张都报考MBA不能成立，即题干中的充分条件假言命题的后件为假，根据否定后件必然否定前件的要求可得结论：小李不报考MBA。

35. 答案是B。题干中有一个大前提“只有她去，你和我才会一起去唱‘卡拉OK’”。要推出结论，还需要寻找一个否定前件或者肯定后件的命题作为小前提。题干中第二个命题正好能够起到否定该大前提前件的作用。于是结论就是：你和我不会一起在市郊的“卡拉OK”厅唱歌。题干中有些命题是用来起干扰作用的。

36. 答案是D。题干中说“事实上只有当候选人同意被提名后才能知道实际的候选人是谁”，这正好否定了题干中“在表态之前，必须被告知其他的候选人是谁”这一部分，于是，题干中的规则“如果候选人多于一个，那么候选人必须同意被提名，并且在表态之前，必须被告知其他的候选人是谁”的后件就是假的，根据充分条件假言推理否定后件就要否定前件的要求，可以得出结论：候选人不会多于一个。

37. 答案是E。题干中最后一句话：除非下雨或者刮风，否则蟋蟀肯定会在这个平台上歌唱，是一个必要条件的假言判断，可以整理为：只有下雨或者刮风，蟋蟀才不会在平台上歌唱，因为，“除非p，否则q”可以整理为：“只有p，才非q”。再考虑“蟋蟀在无雨的夏夜”，否定了上述必要条件假言判断的前件中的前面部分，选项E则通过进一步否定这个必要条件假言判断的前件中的后面部分，进而否定整个必要条件假言判断的前件，通过必要条件否定前件到否定后件的假言推理，可得：蟋蟀在平台上唱歌。注意不要选C，因为单有“蟋蟀在无雨的夏夜”这个小前提，并不能否定题干必要条件假言判断的整个前件。

38. 答案是C。该项和题干的论证方式都是“如果p那么q；q，所以p”。选项A的论证方式是“如果p那么q；非p，所以非q”。选项D的论证方式是“如果p那么q；非q，所以非p”。

39. 答案是A。该项和题干在结构上都是充分条件否定前件到否定后件的错误推理。其他选项和题干在结构上均存在区别。

40. 答案是B。复合推理。题干断定：（1）如果甲和乙都是间谍，则丙就不是间谍；（2）如果丁是间谍，则乙就是间谍；（3）甲和丙都是间谍。由（3）和（1），可得：甲或乙不是间谍，进而推出：乙不是间谍。再根据（2），可得丁不是间谍。

41. 答案是C。题干断定：（1）至少有6类入围；（2）流行、民谣、摇滚中至多有2类入围；（3）如果摇滚和民族类都入围，则电音和说唱中至少有一类没有入围。根据（1）和（2），可得：民族、电音、说唱、爵士这4大类都入围。再考虑（3），可得：摇滚或民族类没有入围。所以，摇滚类没有入围。

42. 答案是D。题干断定：（1）不必然任何经济发展都会导致生态恶化；（2）不可能有不阻碍经济发展的生态恶化。由（1）可得：可能有些经济发展不会导致生态恶化。由（2）可得：必然所有生态恶化都阻碍经济发展。

43. 答案是E。题干断定：（1）弟子不必不如师；（2）师不必贤于弟子。由（1）可得：弟子可能如师，肯定不能推否定，故不能选B。（1）是一个可能判断，故不能选A。由（2）可得：师可能不贤于弟子，故可推出选项E。（2）是一个可能判断，故不能选C。

44. 答案是C。题干断定：只有成绩名列前三位，并且有两位教授推荐，才能成为免试推荐生。该断定要为假，必须前件为假而后件为真，即成绩不名列前三位或者没有两位教授推荐，但成为免试推荐生。选项Ⅱ和Ⅲ都满足了这样的条件，而选项Ⅰ没有满足。

45. 答案是A。题干断定可以整理为：不可能既确保法律面前人人平等，又允许有人触犯法律而不受制裁。由该断定可得：必然或者不能确保法律面前人人平等，或者不允许有人触犯法律而不受制裁。也就是说，必然允许用人凌驾于法律之上，或者任何人触犯法律都要受到制裁。

46. 答案是A。题干断定可整理为：不可能存在一把钥匙能打开天下所有的锁。这句话也就是说：必然所有的钥匙都有它打不开的锁。

47. 答案是C。题干断定：（1）人都不可能不犯错误；（2）不一定所有人都会犯严重错误。由（1）可得：人都必然会犯错误。由（2）可得：可能有些人不会犯严重错误。

48. 答案是C。题干断定：不可能所有的应聘者都能被录取，即必然有些应聘者不被录取。前提否定，则结论否定，前提否定了“可能”，则结论为“必然”，前提否定了“所有”，则结论为“有些”。

49. 答案是C。题干中本杰明的看法表明了：如果不是所有疾病都必然有确定的诱因，那么有些疾病可能难以预防。富兰克林不同意本杰明的看法，即：不是所有疾病都必然有确定的诱因，但并非有些疾病可能难以预防。不是所有疾病都必然有确定的诱因↔有些疾病不必然有确定的诱因↔有些疾病可能没有确定的诱因。并非有些疾病可能难以预防↔所有疾病不可能难以预防↔所有疾病必然可以预防。

50. 答案是D。题干断定：如果不能在近几年消除结核病，那么还会有数百万人死于结核病。将选项D中的后面部分“能避免数百万人死于这种疾病”，代入这一断定，根据充分条件否定后件到否定前件的推理，即可得到“能够在近几年内消除结核病”。注意，选项D本身是一个必要条件的假言判断，倒过来看就是一个充分条件的假言判断。其他选项均不能推出。

51. 答案是C。题干中丙的话“乙没作案，作案的是我”，是甲的话“只有乙作案，丙才会作案”的负命题的等值命题，它们具有矛盾关系，必有一真一假。所以，假话一定在甲和丙之中，乙和丁的话都真。根据丁的话真，即乙是作案者，可以确定：丙的话假，甲的话真。

52. 答案是A。题干中语句（2）和（3）两个命题之间具有矛盾关系。二者必有一真一假。所以，（1）和（4）之间也必有一真一假。如果（4）真，则（1）真，矛盾。所以（4）为假，（1）为真。即公司不录用小陈，录用小王。

二、综合提高题

1. 某地有两个奇怪的村庄，张庄的人在星期一、三、五说谎，李村的人在星期二、四、六说谎。在其他日子他们说实话。一天，外地的王聪明来到这里，见到两个人，分别向他们提出关于日期的问题。两个人都说："前天是我说谎的日子。"

如果被问的两个人分别来自张庄和李村，以下哪项最可能为真？

A. 这一天是星期五或星期日

B. 这一天是星期二或星期四

C. 这一天是星期一或星期三

D. 这一天是星期四或星期五

E. 这一天是星期三或星期六

2. 已知：第一，《神鞭》的首次翻译出版用的或者是英语或者是日语，二者必居其一。第二，《神鞭》的首次翻译出版或者在旧金山或者在东京，二者必居其一。第三，《神鞭》的译者或者是林浩如或者是胡乃初，二者必居其一。

如果上述断定都是真的，那么以下哪项也一定是真的？

Ⅰ.《神鞭》不是林浩如用英语在旧金山首次翻译出版的，因此，《神鞭》是胡乃初用日语在东京首次翻译出版的

Ⅱ.《神鞭》是林浩如用英语在东京首次翻译出版的，因此，《神鞭》不是胡乃初用日语在东京首次翻译出版的

Ⅲ.《神鞭》的首次翻译出版是在东京，但不是林浩如用英语翻译出版的，因此，一定是胡乃初用日语翻译出版的

A. 仅Ⅰ　　B. 仅Ⅱ　　C. 仅Ⅲ

D. 仅Ⅱ和Ⅲ　　E. Ⅰ、Ⅱ和Ⅲ

3. 许多国家首脑在出任前都并未有丰富的外交经验，但这并没有妨碍他们做出过成功的外交决策。外交学院的教授告诉我们，丰富的外交经验对于成功的外交决策是不可缺少的，但事实上，一个人，只要有高度的政治敏感、准确的信息分析能力和果断的个人勇气，就能很快地学会如何做出成功的外交决策。对于一个缺少以上三种素养的外交决策者来说，丰富的外交经验没有什么价值。

如果上述断定为真，则以下哪项也一定是真的？

A. 外交学院的教授比出任前的国家首脑具有更多的外交经验

B. 具有高度的政治敏感、准确的信息分析能力和果断的个人勇气，是一个国家首脑做出成功的外交决策的必要条件

C. 丰富的外交经验，对于国家首脑做出成功的外交决策来说，既不是充分条件，也不是必要条件

D. 丰富的外交经验，对于国家首脑做出成功的外交决策来说，是必要条件，但不是充分条件

E. 在其他条件相同的情况下，外交经验越丰富，越有利于做出成功的外交决策

4. 法官：原告提出的所有证据，不足以说明被告的行为已构成犯罪。

如果法官的上述断定为真，则以下哪项相关断定也一定是真的？

Ⅰ. 原告提出的证据中，至少没包括这样一个证据，有了它，足以断定被告有罪

Ⅱ. 原告提出的证据中，至少没包括这样一个证据，没有它，不足以断定被告有罪

Ⅲ. 原告提出的证据中，至少有一个与事实不符

A. 仅Ⅰ　　B. 仅Ⅱ　　C. 仅Ⅲ

D. 仅Ⅰ和Ⅱ　　E. Ⅰ、Ⅱ和Ⅲ

5. 在接受治疗的腰肌劳损患者中，有人只接受理疗，也有人接受理疗与药物双重治疗。前者可以得到与后者相同的预期治疗效果。对于上述接受药物治疗的腰肌劳损患者来说，此种药物对于获得预期的治疗效果是不可缺少的。

如果上述断定为真，则以下哪项一定为真？

Ⅰ. 对于一部分腰肌劳损患者来说，要配合理疗取得治疗效果，药物治疗是不可缺少的

Ⅱ. 对于一部分腰肌劳损患者来说，要取得治疗效果，药物治疗不是不可缺少的

Ⅲ. 对于所有腰肌劳损患者来说，要取得治疗效果，理疗是不可缺少的

A. 仅Ⅰ　　B. 仅Ⅱ　　C. 仅Ⅲ

D. 仅Ⅰ和Ⅱ　　E. Ⅰ、Ⅱ和Ⅲ

6. 据《科学日报》消息，1998 年 5 月，瑞典科学家在研究中首次提出，一种对防治老年痴呆症有特殊功效的微量元素，只有在未经加工的加勒比椰果中才能提取。

如果《科学日报》的上述消息是真实的，那么，以下哪项不可能是真实的？

Ⅰ. 1977 年 4 月，芬兰科学家在相关领域的研究中提出过，对防治老年痴呆症有特殊功效的微量元素，除了未经加工的加勒比椰果，不可能在其他对象中提取

Ⅱ. 荷兰科学家在相关领域的研究中证明，在未经加工的加勒比椰果中，并不能提取对防治老年痴呆症有特殊功效的微量元素，这种微量元素可以在某些深海微生物中提取

Ⅲ. 著名的苏格兰医生查理博士在相关的研究领域中证明，该微量元素对防治老年痴呆症并没有特殊功效

A. 仅Ⅰ　　B. 仅Ⅱ　　C. 仅Ⅲ

D. 仅Ⅱ和Ⅲ　　E. Ⅰ、Ⅱ和Ⅲ

7. 在某项目招标过程中，赵嘉、钱宜、孙斌、李汀、周武、吴纪 6 人作为各自公司代表参与投标，有且只有一人中标。关于究竟谁是中标者，招标小组中有 3 位成员各自谈了自己的看法：

(1) 中标者不是赵嘉就是钱宜；

(2) 中标者不是孙斌；

(3) 周武和吴纪都没有中标。

经过深入调查，发现上述 3 人中只有一人的看法是正确的。

根据以上信息，以下哪项中的 3 人都可以确定没有中标？

A. 赵嘉、钱宜、李汀　　B. 赵嘉、孙斌、李汀　　C. 钱宜、孙斌、周武

D. 赵嘉、周武、吴纪　　E. 孙斌、周武、吴纪

8. 大嘴鲈鱼只在有鲦鱼出现的河中长有浮藻的水域里生活。漠亚河中没有大嘴鲈鱼。

从上述断定能得出以下哪项结论？

Ⅰ. 鲦鱼只在长有浮藻的河中才能发现

Ⅱ. 漠亚河中既没有浮藻，又发现不了鲦鱼

Ⅲ. 如果在漠亚河中发现了鲦鱼，则其中肯定不会有浮藻

A. 仅Ⅰ　　B. 仅Ⅱ　　C. 仅Ⅲ

D. 仅Ⅰ和Ⅱ　　E. Ⅰ、Ⅱ和Ⅲ都不是

9. 宏大汽车公司生产的小轿车都安装了驾驶员安全气囊。在安装驾驶员安全气囊的小轿车中，有 80%安装了乘客安全气囊。只有安装乘客安全气囊的小轿车才会同时安装减轻冲击力的安全杠和防碎玻璃。

如果上述断定为真，并且事实上李先生从宏大汽车公司购进的一辆小轿车中装有防碎玻璃，则以下哪项断定一定是真的？

Ⅰ. 这辆车一定装有安全杠

Ⅱ. 这辆车一定装有乘客安全气囊

Ⅲ. 这辆车一定装有驾驶员安全气囊

A. 仅Ⅰ　　B. 仅Ⅱ　　C. 仅Ⅲ

D. 仅Ⅰ和Ⅱ　　E. Ⅰ、Ⅱ和Ⅲ

10. 如果“鱼和熊掌不可兼得”是不可改变的事实，那么以下哪项也一定是事实？

A. 鱼可得但熊掌不可得

B. 熊掌可得但鱼不可得

C. 鱼和熊掌皆不可得

D. 如果鱼不可得，那么熊掌可得

E. 如果鱼可得，那么熊掌不可得

11. 针对作弊屡禁不止的现象，某学院某班承诺，只要全班同学都在承诺书上签字，那么，如果全班有一人作弊，全班同学的考试成绩都以不及格计。校方接受并实施了该班的这一承诺。结果班上还是有人作弊，但班长的考试成绩是优秀。

以下哪项是从上述断定逻辑地得出的结论？

A. 班长采取不正当的手段使校方没有严格实施承诺

B. 作弊的就是班长本人

C. 全班多数人没有作弊

D. 全班没有人在承诺书上签字

E. 全班有人没在承诺书上签字

12. 总经理：根据本公司目前的实力，我主张玉泉花园和远大小区这两项工程至少上马一个，但长虹桥改造工程不能上马。

董事长：我不同意。

以下哪项最为准确地表达了董事长实际同意的意思？

A. 玉泉花园、远大小区和长虹桥改造这三项工程都上马

B. 玉泉花园、远大小区和长虹桥改造这三项工程都不上马

C. 玉泉花园和远大小区两项工程中至多上马一个，但长虹桥改造工程要上马

D. 玉泉花园、远大小区两项工程至多上马一个，如果这点做不到，那也要保证长虹桥改造工程上马

E. 玉泉花园、远大小区两项工程都不上马，如果这点做不到，那也要保证长虹桥改造工程上马

13. 某个岛上的土著居民分为骑士和无赖两部分，骑士只讲真话，无赖只讲假话。甲和乙是该岛上的两个土著居民，关于他俩，甲说了以下这句话：

“或者我是无赖，或者乙是骑士。”

根据上述条件，可推出以下哪项结论？

A. 甲和乙都是骑士　　B. 甲和乙都是无赖　　C. 甲是骑士，乙是无赖

D. 甲是无赖，乙是骑士　　E. 条件尚不够充分以推出结论

14. 对所有的产品都进行了检查；没有发现假冒伪劣产品。

如果上述断定为假，那么以下哪项也一定是真的？

Ⅰ. 有的产品尚未经检查，但发现了假冒伪劣产品

Ⅱ. 或者有的产品尚未经检查，或者发现了假冒伪劣产品

Ⅲ. 如果对所有的产品都进行了检查，则可发现假冒伪劣产品

A. 仅Ⅰ　　B. 仅Ⅱ　　C. 仅Ⅲ

D. 仅Ⅰ和Ⅱ　　E. 仅Ⅱ和Ⅲ

15. 全国运动会举行女子 5 000 米比赛，辽宁、山东、河北各派了三名运动员参加。比赛前，四名体育爱好者在一起预测比赛结果。甲说："辽宁队训练就是有一套，这次的前三名非他们莫属。"乙说："今年与去年可不同了，金银铜牌辽宁队顶多拿一个。"丙说："据我估计，山东队或者河北队会拿牌的。"丁说："第一名如果不是辽宁队的，就该是山东队的了。"比赛结束后，发现以上四人只有一人言中。

以下哪项最可能是该项比赛的结果？

A. 第一名辽宁队，第二名辽宁队，第三名辽宁队

B. 第一名辽宁队，第二名河北队，第三名山东队

C. 第一名山东队，第二名辽宁队，第三名河北队

D. 第一名河北队，第二名辽宁队，第三名辽宁队

E. 第一名河北队，第二名辽宁队，第三名山东队

16. 红星中学的四位老师在高考前对某理科毕业班学生的前景进行推测，他们特别关注班里的两个尖子生。

张老师说："如果余涌能考上清华，那么方宁也能考上清华。"

李老师说："依我看这个班没人能考上清华。"

王老师说："不管方宁能否考上清华，余涌考不上清华。"

赵老师说："我看方宁考不上清华，但余涌能考上清华。"

高考的结果证明，四位老师中只有一人的推测成立。

如果上述断定是真的，则以下哪项也一定是真的？

A. 李老师的推测成立

B. 王老师的推测成立

C. 赵老师的推测成立

D. 如果方宁考不上清华大学，那么张老师的推测成立

E. 如果方宁考上了清华大学，那么张老师的推测成立

17. 某集团公司有四个部门，分别生产冰箱、彩电、电脑和手机。根据前三个季度的数据统计，四个部门经理对 2010 年全年的赢利情况作了如下预测：

冰箱部门经理：今年手机部门会赢利。

彩电部门经理：如果冰箱部门今年赢利，那么彩电部门就不会赢利。

电脑部门经理：如果手机部门今年没赢利，那么电脑部门也没赢利。

手机部门经理：今年冰箱和彩电部门都会赢利。

全年数据统计完成以后，发现上述四个预测只有一个符合事实。

关于该公司各部门的全年赢利情况，以下除哪项外，均可能为真？

A. 彩电部门赢利，冰箱部门没赢利

B. 冰箱部门赢利，电脑部门没赢利

C. 电脑部门赢利，彩电部门没赢利

D. 冰箱部门和彩电部门都没赢利

E. 冰箱部门和电脑部门都赢利

18. 企业要建设科技创新中心，就要推进与高校、科研院所的合作，这样才能激发自主创

新的活力。一个企业只有搭建服务科技创新发展的战略平台、科技创新与经济发展对接的平台以及聚集创新人才的平台，才能催生重大科技成果。

根据上述信息，可以得出以下哪项？

A. 如果企业推进与高校、科研院所的合作，就能激发其自主创新的活力

B. 如果企业搭建了服务科技创新发展战略的平台，就能催生重大科技成果

C. 能否推进与高校、科研院所的合作决定企业是否具有自主创新的活力

D. 如果企业搭建科技创新与经济发展对接的平台，就能激发其自主创新的活力

E. 如果企业没有搭建聚集创新人才的平台，就无法催生重大科技成果

19. 某县县委关于下周一几位领导的工作安排如下：

(1) 如果李副书记在县城值班，那么他就要参加宣传工作例会；

(2) 如果张副书记在县城值班，那么他就要做信访接待工作；

(3) 如果王书记下乡调研，那么张副书记或李副书记就需要在县城值班；

(4) 只有参加宣传工作例会或做信访接待工作，王书记才不下乡调研；

(5) 宣传工作例会只需分管宣传的副书记参加，信访接待工作只需一名副书记参加。

根据上述工作安排，可以得出以下哪项？

A. 王书记下乡调研

B. 张副书记做信访接待工作

C. 李副书记做信访接待工作

D. 张副书记参加宣传工作例会

E. 李副书记参加宣传工作例会

综合提高题详解

1. 答案是C。这一天不可能是星期天，因为星期天他们都说真话，星期天的前天是星期五，在星期五李村的人也说真话，所以，李村的人不可能在星期天说这句话。这一天不可能是星期六，因为星期六的前天是星期四，在星期六和星期四这两天张庄的人都说真话，所以，张庄的人不可能在星期六说这句话。这一天不可能是星期五，因为星期五的前天是星期三，在星期五和星期三这两天李村的人都说真话，所以，李村的人不可能在星期五说这句话。这一天不可能是星期四，因为星期四的前天是星期二，在星期四和星期二这两天张庄的人都说真话，所以，张庄的人不可能在星期四说这句话。这一天不可能是星期三，因为星期三的前天是星期一，在星期三和星期一这两天李村的人都说真话，所以，李村的人在星期三不可能说这句话。这一天不可能是星期二，因为星期二的前天是星期天，张庄的人在星期二和星期天这两天都说真话，所以张庄的人不可能在星期二说这句话。这一天只能是星期一，因为张庄的人在星期一说谎，而在星期一的前天即星期六说真话，可以说这句话；李村的人在星期一说真话，而在星期一的前天即星期六说谎，也可以说这句话。为什么要选C呢？因为既然这一天是星期一，也就可以说这一天是星期一或星期三。相容的选言命题只要有一个选言支真就是真的。

2. 答案是B。《神鞭》不是林浩如用英语在旧金山首次翻译出版的，这是一个联言命题的负命题，它的意思是：《神鞭》或者不是林浩如或者不是用英语或者不是在旧金山首次翻译出版的，包含多种情况，不一定就是某一种情况，所以，Ⅰ不一定真。《神鞭》不是林浩如用英语翻译出版的，也是一个联言命题的负命题，它的意思是：《神鞭》不是林浩如或者不是用英语翻译出版的，也不一定就是某一种情况，所以，Ⅲ不一定是真的。Ⅱ一定是真的。因为既然是其中的一种情况，就不可能是别的情况。

3. 答案是C。题干首先断定，丰富的外交经验并不是能够做出成功外交决策的必要条件，

即没有丰富的外交经验也可以做出成功的外交决策。题干中的最后一句话又说，丰富的外交经验也不是能够做出成功外交决策的充分条件，即对于一个缺少三种素养的外交决策者来说，即使有丰富的外交经验也不能做出成功的外交决策。选项A为无关选项。选项B不正确，因为题干说的是充分条件。选项D说的是外交学院教授的观点。选项E不是题干的意思。

4. 答案是A。“不足以”就是不充分的意思，选项Ⅰ正好是题干法官的意思。不充分并非就不是必要的，所以选项Ⅱ不一定真。不充分并非就是与事实不符，所以选项Ⅲ也不一定真。

5. 答案是D。题干断定：药物对于有些患者来说要取得预期的治疗效果是必要条件，所以，选项Ⅰ一定成立。而有些患者只接受理疗也得到了同样的治疗效果，说明对于另一部分患者来说，药物治疗并不是必要条件，所以选项Ⅱ也一定成立。选项Ⅲ不一定成立。因为题干并没有断定所有要取得治疗效果的患者都必须做理疗。

6. 答案是A。由于题干中所述瑞典科学家的发现是：只有在未经加工的加勒比椰果中，才能提取一种对防治老年痴呆症有特殊功效的微量元素。Ⅰ说芬兰科学家的发现是：除了未经加工的加勒比椰果，不可能在其他对象中提取对防治老年痴呆症有特殊功效的微量元素，讲的都是“未经加工的加勒比椰果”是“提取一种对防治老年痴呆症有特殊功效的微量元素”的必要条件。既然这一发现是1998年5月才由瑞典科学家首次提出，因此，也就不可能早在1977年4月就已经由芬兰科学家提出来了，所以，Ⅰ是不可能真实的。Ⅱ和Ⅲ与题干所说的发现不一致，所以还可以由别的科学家来提出，因此，它们都可能是真实的。这里需要注意的是，提问中所说“上述消息是真实的”，并不意味着该消息中的“科学发现一定是真实的”。

7. 答案是A。题干断定（1）是一个不相容的选言判断，该判断的准确表达为：要么赵嘉中标，要么钱宜中标。令（1）真，则赵嘉和钱宜必有一个中标，则（2）、（3）均为真，矛盾，所以（1）必假。由（1）假可推出：赵嘉和钱宜都中标，或者赵嘉和钱宜都不中标，但赵嘉和钱宜都中标是不可能的，因此，结论只能是：赵嘉和钱宜都不中标。所以，答案只能是选项A。

8. 答案是E。题干断定：（1）只有在有鲦鱼出现并且长有浮藻的水域里，才会有大嘴鲈鱼；（2）漠亚河中没有大嘴鲈鱼。（2）否定的是（1）这个必要条件假言判断的后件，显然不能推出任何必然性的结论。

9. 答案是C。题干断定：（1）宏大汽车公司生产的小轿车都安装了驾驶员安全气囊；（2）在安装驾驶员安全气囊的小轿车中，有80%安装了乘客安全气囊；（3）只有安装乘客安全气囊的小轿车才会同时安装减轻冲击力的安全杠和防碎玻璃。由（1）可知，李先生从宏大公司购买的小轿车也一定装有驾驶员安全气囊，因此，Ⅲ“这辆车一定装有驾驶员安全气囊”一定真。由（3）可知，虽然李先生购买的小轿车装有防碎玻璃，但还需要装有安全杠，才能推出李先生的小轿车装有乘客安全气囊，所以，Ⅱ“这辆车一定装有乘客安全气囊”不一定真。由于李先生的小轿车装有防碎玻璃和装有安全杠都是在（3）的后件中，不能由其中一个为真推出另外一个怎么样。所以，Ⅰ“这辆车一定装有安全杠”不一定真。

10. 答案是E。题干的意思就是说，鱼和熊掌是不能都得到的，即或者得不到鱼，或者得不到熊掌。选项E说，“如果鱼可得，那么熊掌不可得”，是以题干断定为大前提所进行的否定肯定式的相容选言推理，是正确的。选项D不正确，因为它是以题干断定为大前提所进行的肯定否定式的相容选言推理，是不正确的。选项A和B都不正确，因为可能鱼和熊掌皆不可得。选项C不正确，因为鱼和熊掌还可能得一个。注意，题干断定的是“鱼和熊掌不可兼得”，而不是“鱼或熊掌不可兼得”，前者意味着一个联言命题为假，后者才意味着一个不相容的选言命题，即要么得鱼，要么得熊掌。

11. 答案是E。题干中的第一个断定是“只要SAP，那么如果p，则q”，第二个断定是

“p但非q”，这第二个断定正好否定了第一个断定的后件“如果p，则q”，运用充分条件否定后件到否定前件的假言推理，可以得到：并非SAP，即SOP。这就是说，全班有人没有在承诺书上签字。

12. 答案是E。令p表示“玉泉花园上马”；q表示“远大小区上马”；r表示“长虹桥改造工程上马”。这样，总经理的意见是：p或者q，但并非r。董事长不同意，就意味着：并非（p或者q，但并非r），即或者并非（p或者q）或者r，也就是说，（非p并且非q）或者r。选项E是以这个命题作为大前提，运用相容选言推理的从否定到肯定的推理式，是一个正确的推理。即玉泉花园、远大小区两项工程都不上马，如果这点做不到，那也要保证长虹桥改造工程上马。推理公式为：（非p并且非q）或者r；并非（非p并且非q）；所以，r。

13. 答案是A。先令甲是无赖，则甲的话“或者甲是无赖或者乙是骑士”是假的，即甲不是无赖并且乙不是骑士。这样，从甲是无赖推出了甲不是无赖，矛盾，所以，甲不能是无赖，甲是骑士。既然甲是骑士，所以甲的话“或者甲是无赖或者乙是骑士”是真的。以这个命题为大前提，以甲是骑士为小前提，进行否定肯定式的相容选言推理，可以得到：乙是骑士。所以，甲和乙都是骑士。

14. 答案是E。题干断定“对所有的产品都进行了检查；没有发现假冒伪劣产品”为假，即题干这两句话至少有一句是假的。“对所有的产品都进行了检查”为假，意味着“有的产品尚未经检查”；“没有发现假冒伪劣产品”为假，意味着“发现了假冒伪劣产品”。选项Ⅰ说两句话都是假的，显然不一定，因为题干中只要有一句话是假的就为假，不一定两句话都是假的。选项Ⅱ说两句话至少有一句是假的，显然一定真。选项Ⅲ说两句话中如果前面一句为真，则后面一句就是假的，显然一定真。所以，只有选项Ⅱ和Ⅲ一定是真的。

15. 答案是D。甲的断定“辽宁队训练就是有一套，这次的前三名非他们莫属”和丙的断定“山东队或者河北队会拿牌的”，其中当一个为假时另一个必然是真的。所以，真的断定在甲和丙两人的话之中。乙和丁的断定都是假的。根据丁的断定“第一名如果不是辽宁队的，就该是山东队的了”假，可得：第一名不是辽宁队，也不是山东队。所以，第一名是河北队。再根据乙的断定“今年与去年可不同了，金银铜牌辽宁队顶多拿一个”假，可得：辽宁队要拿两块牌或三块牌。显然，由于第一名是河北队，辽宁队只能拿两块牌，即二、三名都是辽宁队。

16. 答案是E。题干中张老师的话与赵老师的话是矛盾的，因为张老师的话的负命题的等值命题正好与赵老师的话一致。所以，唯一成立的话必是张老师和赵老师的话之一。因此，李老师和王老师的话都是假的。由李老师的话假，可知：该班有人能考上清华。由王老师的话假，可知：余涌能考上清华。由“余涌能考上清华”，并不能得到赵老师的话成立，因为还不能确定“方宁考不上清华”是真的，所以，选项A、B、C均不成立。考虑选项D，在“方宁考不上清华”的条件下，可推知赵老师的推测成立，但该项说“张老师的推测成立”，显然不对。选项E是答案。因为由“余涌考上了清华”，再加上“方宁考上了清华”，此时张老师的话“如果余涌能考上清华，那么方宁也能考上清华”是真的。

17. 答案是B。题干中彩电部门经理和手机部门经理的断定之间具有矛盾关系，必有一真，真话必在二者之中。所以，冰箱部门经理和电脑部门经理的话都是假的。根据电脑部门经理的话“如果手机部门今年没赢利，那么电脑部门也没赢利”为假，可知：手机部门今年没有盈利，但电脑部门赢利了。在这种情况下，B项显然是假的。

18. 答案是E。题干断定：一个企业只有搭建服务科技创新发展战略的平台、科技创新与经济发展对接的平台以及聚集创新人才的平台，才能催生重大科技成果。将选项E中的“企业没有搭建聚集创新人才的平台”，代入此断定，可得：无法催生重大科技成果。

19. 答案是 A。根据题干条件（5）“宣传工作例会只需分管宣传的副书记参加，信访接待工作只需一名副书记参加”，可得：王书记不参加宣传工作例会，也不做信访接待工作。再根据条件（4）“只有参加宣传工作例会或做信访接待工作，王书记才不下乡调研”，即可推出：王书记下乡调研。

第九章　多重复合推理

第一节　考试要点及内容精析

多重复合推理是在基本复合推理的基础上所进行的综合运用，具有一定的复杂性。但只要摸清了规律，也是容易把握的。主要包括充分条件的逆否推理、假言连锁推理、反三段论和二难推理等。

一、充分条件逆否推理

充分条件逆否推理，也称为充分条件假言易位推理，它是将前提中一个充分条件的假言命题的前件和后件的位置进行交换，从而推出结论的假言推理。该种推理形式与充分条件否定后件到否定前件的推理是相通的。它的一般公式是：

如果 p，那么 q
————————
如果非 q，那么非 p

例如：

如果李工程师出席会议，则张工程师就会出席会议
————————
如果张工程师不出席会议，则李工程师就不会出席会议

二、假言连锁推理

假言连锁推理就是指从前提中几个同样性质的假言命题推出一个新的同样性质的假言命题的假言推理，通常又称假言三段论。假言连锁推理要求前提中的第一个假言命题的后件必须与第二个假言命题的前件相同。主要的假言连锁推理包括充分条件的假言连锁推理和必要条件的假言连锁推理：

①充分条件的假言连锁推理

如果 p，那么 q
如果 q，那么 r
————————
如果 p，那么 r

例如：

如果你犯了法，你就会受到法律制裁
如果你受到法律制裁，别人就会看不起你
————————
如果你犯了法，别人就会看不起你

②必要条件的假言连锁推理

只有 p，才 q
只有 q，才 r
————————
只有 p，才 r

例如：

只有有了第二味觉，哺乳动物才能边吃边呼吸

只有边吃边呼吸，哺乳动物才能进行高效率的新陈代谢

哺乳动物只有有了第二味觉，才能进行高效率的新陈代谢

三、反三段论

亚里士多德被称为“逻辑之父”，他所创立的逻辑学说主要就是三段论。亚里士多德的三段论是一种蕴涵式，即是以大前提和小前提作为前件、以结论作为后件所构成的充分条件假言命题形式。如果只从命题推理的角度来分析，三段论的一般形式就是：“如果 p 并且 q，那么 r”。三段论作为一种正确的推理形式，当前提都真时结论不可能假，如果结论假则说明前提至少有一个是假的。这就是反三段论的基本思想。用公式来表示就是：

如果 p 并且 q，那么 r

非 r

所以，并非（p 并且 q）

所以，非 p 或者非 q

p

所以，非 q

反三段论还可以有下列形式：

（1）如果 p 或者 q，那么 r；非 r 。所以，并非（p 或者 q）。所以，非 p 并且非 q。所以，非 q。

（2）只有 p 或者 q，才 r；r。所以，p 或者 q。非 p，所以，q。

（3）只有 p 并且 q，才 r；非 p 或者非 q。所以，非 r。

（4）只有 p 或者 q，才 r；非 p 并且非 q。所以，非 r。

四、二难推理

二难推理也称假言选言推理。它是由两个假言命题和一个选言命题做前提，推出结论的推理。它常常使人陷入左右为难、进退维谷的境地。主要的二难推理形式有四种。

1. 简单构成式

简单构成式是指前提中的两个假言命题的前件不同，后件相同，选言命题肯定不同的前件，结论肯定共同的后件的二难推理。推理公式是：

如果 p，那么 q

如果 r，那么 q

p 或者 r

q

例如：

如果上帝能够创造一块连他自己也举不起来的石头，那么上帝不是全能的

如果上帝不能创造一块连他自己也举不起来的石头，那么上帝也不是全能的

上帝或者能够创造这样一块石头或者不能创造这样一块石头

上帝都不是全能的

上例实际上是二难推理的简单构成式的一种最优形式，其第二个假言前提的前件与第一个假言前提的前件是相矛盾的，其选言前提则是一个逻辑真理，即“p 或者非 p”，可以不考虑。这就是说，如果我们从一个命题“p”和它的矛盾“非 p”都能推出“q”来，那么“q”就是必

然的。这时，二难推理的简单构成式可以表示如下：

如果p，那么q

如果非p，那么q

q

2. 简单破坏式

简单破坏式是指前提中的两个假言命题的前件相同，后件不同，选言命题否定不同的后件，结论否定共同的前件的二难推理。推理公式是：

如果p，则q

如果p，则r

非q或者非r

非p

例如：

如果这是一部好作品，那么其思想性一定好

如果这是一部好作品，那么其艺术性一定高

这部作品或者思想性不好或者艺术性不高

这不是一部好作品

二难推理的简单破坏式的最优形式是，当前提中的第二个假言命题的后件与第一个假言命题的后件相矛盾时，其选言命题是一个逻辑真理，即“非q或者非非q”，可以不考虑。这就是说，如果我们从同样一个命题“p”出发，既可以推出“q”，也可以推出“非q”，即推出了逻辑矛盾，则其出发点“p”就是不成立的，所以“非p”。这时，二难推理的简单破坏式可以表示如下：

如果p，那么q

如果p，那么非q

非p

例如下述推理：

如果你知道你死了，那么你死了

如果你知道你死了，那么你没有死

总之，你不知道你死了

两个假言前提的前件相同，后件矛盾，所以，结论否定共同的前提。

3. 复杂构成式

复杂构成式是指前提中的两个假言命题的前件不同，后件也不同，选言命题肯定不同的前件，结论以选言命题的形式肯定不同的后件的二难推理。推理公式如下：

如果p，那么q

如果r，那么s

p或者r

q或者s

4. 复杂破坏式

复杂破坏式是指前提中两个假言命题的前件不同，后件也不同，选言命题否定不同的后件，结论以选言命题的形式否定不同的前件。推理公式如下：

如果p，那么q

如果r，那么s

非q或者非s

非p或者非r

第二节　题型归纳和专题点睛

一、把握充分条件逆否推理

碰到充分条件假言命题时，应该随时考虑是否可以逆否过来考虑。

【例 9.1】 储存在专用电脑中的某财团的商业核心机密被盗窃。该财团的三名高级雇员甲、乙、丙三人涉嫌被拘审。经审讯，查明了以下事实：第一，机密是在电脑密码被破译后窃取的；破译电脑密码必须受过专门训练；第二，如果甲作案，那么丙一定参与；第三，乙没有受过破译电脑密码的专门训练；第四，作案者就是这三人中的一个或一伙。

从上述条件，可以推出以下哪项结论？

A. 作案者中有甲

B. 作案者中有乙

C. 作案者中有丙

D. 作案者中有甲和丙

E. 甲、乙、丙都是作案者

【解析】 答案是 C。根据题干中第二个条件可知，如果丙不作案，则甲也不作案。但根据第一和第三个条件，乙不可能单独作案，这样就和第四个条件相矛盾。所以，假设丙不作案是不成立的，作案者中必然有丙。这里用到了反证法，即假设某一个选项为假代入题干必然导致矛盾，所以该选项一定为真。注意，不能选 D 项，因为题干第二个条件断定，“如果甲作案，那么丙作案”，但当丙作案时推不出甲作案，因为充分条件假言推理在肯定后件时不能因此肯定前件。

二、把握假言连锁推理

【例 9.2】 19 世纪，技术、科学发展相对独立。而 19 世纪的电气革命，是建立在科学基础上的技术创新，它不可避免地导致了两者的结合与发展，而这又使人类不可避免地面对尖锐的伦理道德问题和资源环境问题。

以下哪项符合题干的断定？

Ⅰ. 产生当今尖锐的伦理道德问题和资源环境问题的一个重要根源是电气革命

Ⅱ. 如果没有电气革命，则不会产生当今尖锐的伦理道德问题和资源环境问题

Ⅲ. 如果没有科学和技术的结合，就不会有电气革命

A. 仅Ⅰ　　B. 仅Ⅱ　　C. 仅Ⅲ

D. 仅Ⅰ和Ⅲ　　E. Ⅰ、Ⅱ和Ⅲ

【解析】 答案是 D。题干断定了两个充分条件假言命题：(1) 如果有电气革命，那么就有科学和技术的结合；(2) 如果有科学和技术的结合，那么就会面对尖锐的伦理道德问题和资源环境问题。根据这两个断定进行连锁推理，可得：如果有电气革命，那么就会面对尖锐的伦理道德问题和资源环境问题，即选项Ⅰ。选项Ⅱ与这一断定不符，因为题干并没有断定电气革命是“产生当今尖锐的伦理道德问题和资源环境问题”的必要条件。再根据 (1) 进行假言易位推理，可得选项Ⅲ。

【例 9.3】 如果一个人只为自己劳动，他也许能够成为著名学者、大哲人、卓越诗人，然而他永远不能成为完美无瑕的伟大人物。如果我们选择了最能为人类福利而劳动的职业，那么，

重担就不能把我们压倒，因为这是为大家而献身；那时我们所感到的就不是可怜的、有限的、自私的乐趣，我们的幸福将属于千百万人，我们的事业将默默地、但是永恒发挥作用地存在下去，而面对我们的骨灰，高尚的人们将洒下热泪。

根据以上陈述，可以得出以下哪项？

A. 如果一个人只为自己劳动，不是为大家而献身，那么重担就能将他压倒

B. 如果我们为大家而献身，我们的幸福将属于千百万人，面对我们的骨灰，高尚的人们将洒下热泪

C. 如果我们没有选择最能为人类福利而劳动的职业，我们所感到的就是可怜的、有限的、自私的乐趣

D. 如果选择了最能为人类福利而劳动的职业，我们就不但能够成为著名学者、大哲人、卓越诗人，而且还能够成为完美无瑕的伟大人物

E. 如果我们只为自己劳动，我们的事业就不会默默地、但是永恒发挥作用地存在下去

【解析】答案是 B。题干断定：(1) 如果我们选择了最能为人类福利而劳动的职业，那么重担就不能把我们压倒，因为这是为大家而献身；(2) 那时我们所感到的就不是可怜的、有限的、自私的乐趣，我们的幸福将属于千百万人，我们的事业将默默地、但是永恒发挥作用地存在下去，而面对我们的骨灰，高尚的人们将洒下热泪。由 (1) 和 (2) 即可推出选项 B。注意，选项 A 错误地将必要条件当作充分条件来进行推理了。

【例 9.4】只有住在广江市的人才能够不理睬通货膨胀的影响；住在广江市的每一个人都要付税；每一个付税的人都会发牢骚。

根据上面这些句子，判断下列各项哪项一定是真的？

Ⅰ. 每一个不理睬通货膨胀影响的人都要付税

Ⅱ. 不发牢骚的人中没有一个能够不理睬通货膨胀的影响

Ⅲ. 每一个发牢骚的人都能够不理睬通货膨胀的影响

A. 仅Ⅰ　　B. 仅Ⅰ和Ⅱ　　C. 仅Ⅱ

D. 仅Ⅱ和Ⅲ　　E. Ⅰ、Ⅱ和Ⅲ

【解析】答案是 B。题干断定：(1) 只有住在广江市的人才能够不理睬通货膨胀的影响；(2) 住在广江市的每一个人都要付税；(3) 每一个付税的人都会发牢骚。由 (1) 和 (2) 进行充分条件假言连锁推理，可推出选项Ⅰ。由选项Ⅱ的前面部分“不发牢骚的人”，代入 (3)、(2) 和 (1)，可推出该选项的后面部分。选项Ⅲ不能从题干中推出，因为将该项的前面部分“发牢骚的人”代入 (3)，不能进行有效的推理。

该题也可以通过将上述断定 (1)、(2) 和 (3)，画图来考虑：

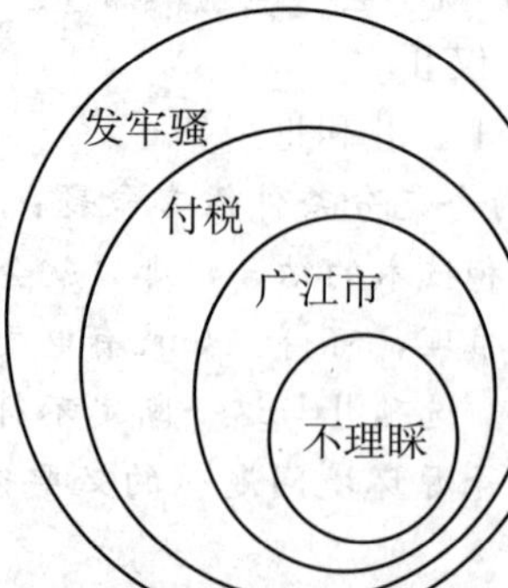

从上图来看，选项Ⅰ“每一个不理睬通货膨胀影响的人都要付税”一定真；选项Ⅱ“不发牢骚的人中没有一个能够不理睬通货膨胀的影响”一定真；选项Ⅲ“每一个发牢骚的人都能够不理睬通货膨胀的影响”不一定真。

【例 9.5】一本小说要畅销，必须有可读性；一本小说，只有深刻触及社会的敏感点，才能有可读性；而一个作者如果不深入生活，他的作品就不可能深刻触及社会的敏感点。

以下哪项可以从题干的断定中推出？

Ⅰ. 一个畅销小说作者，不可能不深入生活

Ⅱ. 一本不触及社会敏感点的小说，不可能畅销

Ⅲ. 一本不具有可读性的小说的作者，一定没有深入生活

A. 仅Ⅰ　　B. 仅Ⅱ　　C. 仅Ⅲ

D. 仅Ⅰ和Ⅱ　　E. Ⅰ、Ⅱ和Ⅲ

【解析】答案是D。题干断定：(1) 一本小说要畅销，必须有可读性；(2) 一本小说，只有深刻触及社会的敏感点，才能有可读性；(3) 一个作者如果不深入生活，他的作品就不可能深刻触及社会的敏感点。选项Ⅰ可推出，将该项中的前面部分“一个小说要畅销”代入 (1)，可得：“它必须具有可读性”。再考虑 (2)，可得：“它的作者必须深刻触及社会敏感点”。再考虑 (3)，可得：“它的作者不可能不深入生活”。选项Ⅱ可推出，将该项的前面部分“一本不触及社会敏感点的小说”代入 (2)，可得：“它不具有可读性”。再考虑 (1)，可得：“它不可能畅销”。选项Ⅲ不能推出，因为将该项的前面部分“一本不具有可读性的小说”代入 (1)，只能推出“它不畅销”，不能必然推出该项的后面部分。

【例 9.6】只有具备足够的资金投入和技术人才，一个企业的产品才能拥有高科技含量，而这种高科技含量，对于一个产品长期稳定地占领市场是必不可少的。

以下哪项情况存在，最能削弱上述断定？

A. 苹果牌电脑拥有高科技含量，并长期稳定地占领着市场

B. 西子洗衣机没能长期稳定地占领市场，因为该产品并不缺乏高科技含量

C. 长江电视机没能长期稳定地占领市场，因为该产品缺乏高科技含量

D. 清河空调长期稳定地占领着市场，但该产品的厂家缺乏足够的资金投入

E. 开开电冰箱没能长期稳定地占领市场，但该产品的厂家有足够的资金投入和技术投入

【解析】答案是D。题干断定：(1) 只有具备足够的资金投入和技术人才，一个企业的产品才能拥有高科技含量；(2) 这种高科技含量，对于一个产品长期稳定地占领市场是必不可少的。由 (1) 和 (2) 进行必要条件假言连锁推理，可得：只有具备足够的资金投入和技术人才，一个企业的产品才能长期稳定地占领市场。要削弱该命题，就是要指出，一个企业的产品或者没有足够的资金投入，或者没有足够的技术人才，但是也能长期稳定地占领市场。选项D正好表达了这样的思想。其他选项均支持了题干。

【例 9.7】一项产品要成功地占领市场，必须既有合格的质量，又有必要的包装；一项产品，不具备足够的技术投入，合格的质量和必要的包装难以两全；而只有足够的资金投入，才能保证足够的技术投入。

以下哪项结论可以从题干的断定中推出？

Ⅰ. 一项成功占领市场的产品，其中不可能不包含足够的技术投入

Ⅱ. 一项资金投入不足但质量合格的产品，一定缺少必要的包装

Ⅲ. 一项产品，只要既有合格的质量，又有必要的包装，就一定能成功占领市场

A. 仅Ⅰ　　B. 仅Ⅱ　　C. 仅Ⅲ

D. 仅Ⅰ和Ⅱ　　　　　　　　　　E. Ⅰ、Ⅱ和Ⅲ

【解析】答案是D。题干断定：(1) 一项产品要成功地占领市场，必须既有合格的质量，又有必要的包装；(2) 一项产品，不具备足够的技术投入，合格的质量和必要的包装难以两全；(3) 而只有足够的资金投入，才能保证足够的技术投入。选项Ⅰ可推出，将该项中的前面部分"一项成功占领市场的产品"代入 (1)，可得：该产品既有合格的质量，也有必要的包装。再考虑 (2)，可得"该产品具有足够的技术投入"。选项Ⅱ可推出，将该项中的前面部分"资金投入不足"代入 (3)，可得：不能保证足够的技术投入。考虑 (2)，可以推出：该产品质量和包装难以两全。考虑选项Ⅱ中的"该产品质量合格"，可得：该产品一定缺少必要的包装。选项Ⅲ不能推出，将该项的前面部分"既有合格的质量，又有必要的包装"，代入 (1)、(2) 和 (3)，并不能推出该项的后面部分。

【例 9.8】一个心理健康的人，必须保持自尊；一个人只有受到自己所尊敬的人的尊敬，才能保持自尊；而一个用"追星"方式来表达自己尊敬情感的人，不可能受到自己所尊敬的人的尊敬。

以下哪项结论可以从题干的断定中推出？

A. 一个心理健康的人，不可能用"追星"的方式来表达自己的尊敬情感

B. 一个心理健康的人，不可能接受用"追星"的方式所表达的尊敬

C. 一个人如果受到了自己所尊敬的人的尊敬，他（她）一定是个心理健康的人

D. 没有一个保持自尊的人，会尊敬一个用"追星"方式表达尊敬情感的人

E. 一个用"追星"方式表达自己尊敬情感的人，完全可以同时保持自尊

【解析】答案是A。题干断定：(1) 一个心理健康的人，必须保持自尊；(2) 一个人只有受到自己所尊敬的人的尊敬，才能保持自尊；(3) 一个用"追星"方式来表达自己尊敬情感的人，不可能受到自己所尊敬的人的尊敬。将选项A中的前面部分"一个心理健康的人"代入 (1) 可得："保持自尊"；考虑 (2)，可得：受到自己所尊敬的人的尊敬；再考虑 (3)，可得选项A的后面部分：不可能用"追星"方式来表达自己的尊敬情感。用同样的方式，其他选项均不能推出。

【例 9.9】若一个管理者是某领域优秀的专家学者，则他一定会管理好公司的基本事务；一位品行端正的管理者可以得到下属的尊重；但是对所有领域都一知半解的人一定不会得到下属的尊重。浩瀚公司董事会只会解除那些没有管理好公司基本事务者的职务。

根据以上信息，可以得出以下哪项？

A. 浩瀚公司董事会不可能解除品行端正的管理者的职务

B. 浩瀚公司董事会解除了某些管理者的职务

C. 浩瀚公司董事会不可能解除受下属尊重的管理者的职务

D. 作为某领域优秀专家学者的管理者，不可能被浩瀚公司董事会解除职务

E. 对所有领域都一知半解的管理者，一定会被浩瀚公司董事会解除职务

【解析】答案是D。题干断定：(1) 若一个管理者是某领域优秀的专家学者，则他一定会管理好公司的基本事务；(2) 一位品行端正的管理者可以得到下属的尊重；(3) 对所有领域都一知半解的人一定不会得到下属的尊重；(4) 浩瀚公司董事会只会解除那些没有管理好公司基本事务者的职务，即只有那些没有管理好公司基本事务的人浩瀚公司董事会才会解除其职务。将选项D中的前面部分"作为某领域优秀专家学者的管理者"代入 (1)，可得 (5)：他一定会管理好公司的基本事务。再将 (5) 代入 (4)，可得：他不可能被浩瀚公司董事会解除职务。A、B、C、E项均不能推出。

三、掌握反三段论

【例 9.10】 只要有足够的勇气和智慧，就没有办不成的事。

如果上述断定为真，则以下哪项一定为真?

A. 如果有事办不成，说明既缺乏足够的勇气，又缺乏足够的智慧

B. 如果有事办不成，说明缺乏足够的勇气，或者缺乏足够的智慧

C. 如果没有办不成的事，说明至少有足够的勇气

D. 如果缺乏足够的勇气和智慧，那就办不成任何事

E. 如果缺乏足够的勇气和智慧，就总有事办不成

【解析】 答案是B。题干断定“只要有足够的勇气和智慧，就没有办不成的事”，是一个充分条件的假言命题。将选项B中的前面部分“有事办不成”，与上述断定进行充分条件否定后件到否定前件的推理，即可得到该项后面部分。注意，题干这个充分条件假言命题的前件是一个“并且”命题，它的否定是一个“或者”命题。

【例 9.11】 域控制器储存了域内的账户、密码和属于这个域的计算机三项信息。当计算机接入网络时，域控制器首先要鉴别这台计算机是否属于这个域，用户使用的登录账户是否存在，密码是否正确。如果三项信息均正确，则允许登录；如果以上信息有一项不正确，那么域控制器就会拒绝这个用户从这台计算机登录。小张的登录账号是正确的，但是域控制器拒绝小张的计算机登录。

基于以上陈述能得出以下哪项结论?

A. 小张输入的密码是错误的

B. 小张的计算机属于这个域

C. 如果小张的计算机属于这个域，那么他输入的密码是错误的

D. 只有小张输入的密码是正确的，它的计算机才属于这个域

E. 如果小张输入的密码是正确的，那么它的计算机属于这个域

【解析】 答案是C。题干断定：(1) 如果三项信息均正确，则允许登录；(2) 域控制器拒绝小张的计算机登录。由 (1) 和 (2)，可得：三项信息并非都正确，即或者登录账号不正确，或者输入的密码不正确，或者计算机不属于这个域。考虑“小张的登录账号是正确的”，可得：或者输入密码不正确，或者计算机不属于这个域。选项C正好通过否定这个选言命题的后面部分，从而肯定其前面部分，是正确的推理。其他选项均不正确。

【例 9.12】 如果小张考试及格并且大田考试不及格，则小娜考试一定不及格。

如果以上命题是真的，那么再加上什么前提，可以得出结论：大田考试及格了。

A. 小张考试及格而大田考试不及格

B. 小张与小娜考试都不及格

C. 有人没参加考试

D. 小张考试不及格而小娜考试及格

E. 小张与小娜考试都及格了

【解析】 答案是E。题干断定“如果小张考试及格并且大田考试不及格，则小娜考试一定不及格”，是一个充分条件的假言命题。要推出结论“大田考试及格了”，其实就是要否定上述假言命题的前件的后面部分。而要否定这个充分条件假言命题的前件，首先需要一个小前提“小娜考试及格”来否定后件。再考虑前件是一个联言命题“并且”，要否定它，就要使得“并且”的前边部分为假或者后边部分为假。现在要推出的结论是“大田考试及格”，即“并且”的后边部分一定是假的，则其前边部分必须为真（小张考试及格了），因为“并且”为假也有

可能是前面部分为假而后面部分为真。

【例9.13】假设“如果甲是经理或乙不是经理，那么丙是经理”为真，由以下哪个前提可推出“乙是经理”的结论？

A. 丙不是经理　　B. 甲和丙都是经理　　C. 丙是经理

D. 甲不是经理　　E. 甲或丙有一个不是经理

【解析】答案是A。该选项否定了题干中的假设的“后件”，进而可以否定前件，得到结论：甲不是经理并且乙是经理。进而推出结论：乙是经理。选项E不能成立。因为当甲不是经理时就推不出“乙是经理”的结论。

【例9.14】除非年龄在50岁以下，并且能持续游泳在三千米以上，否则不能参加下个月举行的横渡长江活动。同时，高血压和心脏病患者不能参加。老黄能持续游泳三千米以上，但没被批准参加这项活动。

以上断定能推出以下哪项结论？

Ⅰ. 老黄的年龄至少50岁

Ⅱ. 老黄患有高血压

Ⅲ. 老黄患有心脏病

A. 仅Ⅰ　　B. 仅Ⅱ　　C. 仅Ⅲ

D. Ⅰ、Ⅱ、Ⅲ至少有一　　E. Ⅰ、Ⅱ、Ⅲ都不能从题干推出

【解析】答案是E。题干断定：(1) 除非年龄在50岁以下，并且能持续游泳在三千米以上，否则不能参加下个月举行的横渡长江活动；(2) 高血压和心脏病患者不能参加；(3) 老黄能持续游泳三千米以上；(4) 没被批准参加这项活动。由 (1) 可得 (5)：只有年龄在50岁以下，并且能持续游泳在三千米以上，才能参加下个月举行的横渡长江活动。选项Ⅰ“老黄的年龄至少50岁”不能推出，因为 (4) 作为小前提否定 (5) 这个必要条件假言命题的后件，不能进行有效推理。选项Ⅱ“老黄患有高血压”和Ⅲ“老黄患有心脏病”不能推出，因为 (4) 作为小前提，肯定 (2) 这个充分条件假言命题的后件，不能进行有效推理。所以，选项Ⅰ、Ⅱ和Ⅲ均不能从题干中推出来。

四、掌握二难推理

【例9.15】某地住着甲、乙两个部落，甲部落总是讲真话，乙部落总是讲假话。一天，一个旅行者来到这里，碰到一个土著人A。旅行者就问他：“你是哪一个部落的人？”A回答说：“我是甲部落的人。”这时又过来一个土著人B，旅行者就请A去问B属于哪一个部落。A问过B后，回来对旅行者说：“他说他是甲部落的人。”

根据这种情况，对A、B所属的部落，旅行者所做出的正确的判断是下列的哪一项？

A. A是甲部落的人，B是乙部落的人

B. A是乙部落的人，B是甲部落的人

C. A是甲部落的人，B所属部落不明

D. A所属部落不明，B是乙部落的人

E. A、B所属部落不明

【解析】答案是C。题干中的B无论是甲部落的人还是乙部落的人，他都会说“我是甲部落的人”。具体的推理结构是：

如果B是甲部落的人，而甲部落的人说真话，所以，他会说：“我是甲部落的人”

如果B是乙部落的人，而乙部落的人说假话，所以，他会说：“我是甲部落的人”

<u>B或者是甲部落的人或者是乙部落的人</u>

他都会说：“我是甲部落的人”

既然B总会回答说：“我是甲部落的人”，所以，A说真话。由A说真话，我们就可以推知：A是甲部落的人。由A说真话，A是甲部落的人，并不能推出B究竟是哪一个部落的人，因为不论B是哪一个部落的人，他都可以说“我是甲部落的人”。所以，B所属部落不明。

【例9.16】太阳风中的一部分带电粒子可以到达M星表面，将足够的能量传递给M星表面粒子，使后者脱离M星表面，逃逸到M星大气中。为了判定这些逃逸的粒子，科学家们通过三个实验获得了如下信息：

实验一：或者是x粒子，或者是y粒子；

实验二：或者不是y粒子，或者不是z粒子；

实验三：如果不是z粒子，就不是y粒子。

根据上述三个实验，以下哪项一定为真？

A. 这种粒子是x粒子　　B. 这种粒子是y粒子　　C. 这种粒子是z粒子

D. 这种粒子不是x粒子　　E. 这种粒子不是z粒子

【解析】答案是A。第一种解法：首先将实验二“或者不是y粒子，或者不是z粒子”转变为一个条件句，即“如果是z粒子，则不是y粒子”，这个命题和实验三：“如果不是z粒子，就不是y粒子”，通过运用二难推理的简单构成式，可得：不是y粒子。再结合实验一：“或者是x粒子，或者是y粒子”，可得：是x粒子。第二种解法：假设不是x粒子，代入实验一，可得：是y粒子。再代入实验二，可得：不是z粒子。再代入实验三，可得：不是y粒子。矛盾，所以，假设不成立，一定是x粒子。

【例9.17】某国大选在即，国际政治专家陈研究员预测：选举结果或者是甲党控制政府，或者是乙党控制政府。如果甲党赢得对政府的控制权，该国将出现经济问题；如果乙党赢得对政府的控制权，该国将陷入军事危机。

根据陈研究员上述预测，可以得出以下哪项？

A. 该国可能不会出现经济问题，也不会陷入军事危机

B. 如果该国出现经济问题，那么甲党赢得了对政府的控制权

C. 该国将出现经济问题，或者将陷入军事危机

D. 如果该国陷入了军事危机，那么乙党赢得了对政府的控制权

E. 如果该国出现了经济问题并且陷入了军事危机，那么甲党与乙党均赢得了对政府的控制权

【解析】答案是C。题干断定：(1) 如果甲党赢得对政府的控制权，该国将出现经济问题；(2) 如果乙党赢得对政府的控制权，该国将陷入军事危机；(3) 选举结果或者是甲党控制政府，或者是乙党控制政府。由(1)、(2)和(3)，构成二难推理的复杂构成式，可得：该国将出现经济问题，或者将陷入军事危机。其他选项均不成立。

【例9.18】如果李生喜欢表演，那么他报考戏剧学院，如果他不喜欢表演，那么他可以成为戏剧理论家。如果他不报考戏剧学院，那么不能成为戏剧理论家。

由此可推出李生：

A. 不喜欢表演　　B. 成为戏剧理论家　　C. 不报考戏剧学院

D. 报考戏剧学院　　E. 不成为戏剧理论家

【解析】答案是D。用p、q、r分别表示“李生喜欢表演”“李生报考戏剧学院”“李生成为戏剧理论家”。则题干中的三个充分条件的假言命题可以表示为：

①如果p，那么q

②如果非 p，那么 r

③如果非 q，那么非 r

④如果 r，那么 q（③假言易位）

⑤如果非 p，那么 q（②+④假言连锁）

⑥ q（①+⑤二难推理）

所以，结论是：李生报考戏剧学院。

【例 9.19】相传古时候有两座怪城，一座“真城”，一座“假城”。“真城”里的人个个说真话，“假城”里的人个个说假话。一位知晓这一情况的旅行者第一次来到其中一座城市，他只要问遇到的第一个人一个答案为“是”或“否”的问题，就会明白自己所到的是“真城”还是“假城”。

以下哪个问句是最恰当的？

A. 你是“真城”的人吗

B. 你是“假城”的人吗

C. 你是说真话的人吗

D. 你是说假话的人吗

E. 你是这座城市的人吗

【解析】答案是 E。对该项问题的回答，“真城”的人必须回答“是”，“假城”的人必须回答“不是”，这样，旅行者就知道了自己所到的城市是“真城”还是“假城”了。选项 A 和 C 的问题，“真城”和“假城”的人都会回答“是”。选项 B 和 D 的问题，“真城”和“假城”的人都会回答“不是”。

五、复合推理的综合运用

各种基本的复合推理，可以结合起来进行多种复合应用的推理。

【例 9.20】在本年度篮球联赛中，长江队主教练发现，黄河队五名主力队员之间的上场配置如下：

(1) 若甲上场，则乙也要上场；

(2) 只有甲不上场，丙才不上场；

(3) 要么丙不上场，要么乙和戊中有人不上场；

(4) 或者丁上场，或者乙上场。

若乙不上场，则以下哪项配置合乎上述规律？

A. 甲、丙、丁同时上场

B. 丙不上场，丁、戊同时上场

C. 甲不上场，丙、丁都上场

D. 甲、丁都上场，戊不上场

E. 甲、丁、戊都不上场

【解析】答案是 C。题干断定：(1) 若甲上场，则乙也要上场；(2) 只有甲不上场，丙才不上场；(3) 要么丙不上场，要么乙和戊中有人不上场；(4) 或者丁上场，或者乙上场。由“乙不上场”和 (1) “若甲上场，则乙也要上场”，可得：甲不上场。再由“乙不上场”和 (4) “或者丁上场，或者乙上场”，可得：丁上场。再由“乙不上场”和 (3) “要么丙不上场，要么乙和戊中有人不上场”，可得：丙上场。总之，丙上场、丁上场，甲不上场，所以，选 C 项。

【例 9.21】某地人才市场招聘保洁、物业、网管、销售等 4 种岗位的从业者，有甲、乙、丙、丁 4 位年轻人前来应聘。事后得知，每人只选择一种岗位应聘，且每种岗位都有其中一人应聘。另外，还知道：

（1）如果丁应聘网管，那么甲应聘物业；

（2）如果乙不应聘保洁，那么甲应聘保洁且丙应聘销售；

（3）如果乙应聘保洁，那么丙应聘销售，丁也应聘保洁。

根据以上陈述，可以得出以下哪项？

A. 甲应聘物业岗位　　B. 乙应聘网管岗位　　C. 丙应聘保洁岗位

D. 丁应聘销售岗位　　E. 甲应聘网管岗位

【解析】答案是 B。题干断定：（1）如果丁应聘网管，那么甲应聘物业；（2）如果乙不应聘保洁，那么甲应聘保洁且丙应聘销售；（3）如果乙应聘保洁，那么丙应聘销售，丁也应聘保洁。首先，丁不应聘网管，因为如果丁应聘网管，则根据（1），甲应聘物业，进而甲不应聘保洁，再根据（2），可得：乙应聘保洁。根据（3），可得：丁应聘保洁，矛盾。其次，乙不应聘保洁，因为如果乙应聘保洁，则根据（3），丁也应聘保洁，矛盾。再根据（2），可得：甲应聘保洁，丙应聘销售。因此，乙应聘网管，丁应聘物业。

【例 9.22】某市已开通运营一、二、三、四号地铁线路，各条地铁线每一站运行加停靠所需时间均彼此相同。小张、小王、小李三人是同一单位的职工，单位附近有北口地铁站。某天早晨，3 人同时都在常青站乘一号线上班，但 3 人关于乘车路线的想法不尽相同。已知：

（1）如果一号线拥挤，小张就坐 2 站后转三号线，再坐 3 站到北口站；如果一号线不拥挤，小张就坐 3 站后转二号线，再坐 4 站到北口站。

（2）只有一号线拥挤，小王才坐 2 站后转三号线，再坐 3 站到北口站。

（3）如果一号线不拥挤，小李就坐 4 站后转四号线，坐 3 站之后再转三号线，坐 1 站到达北口站。

（4）该天早晨地铁一号线不拥挤。

假定三人换乘及步行总时间相同，则以下哪项最可能与上述信息不一致？

A. 小张比小王先到达单位

B. 小王比小李先到达单位

C. 小李比小张先到达单位

D. 小张和小王同时到达单位

E. 小王和小李同时到达单位

【解析】答案是 C。由（3）和（4），可得：小李总共坐了 8 站，换乘两次。再由（1）和（4），可得：小张总共坐了 7 站，换乘一次。由于换乘时间、每个站运行和停靠时间一致，而且三人同时出发，因此，小李比小张晚到单位。显然，选项 C 和题干信息不一致。

【例 9.23】某国拟在甲、乙、丙、丁、戊、己 6 种农作物中进口几种，用于该国庞大的动物饲料产业。考虑到一些农作物可能含有违禁成分，以及它们之间存在的互补或可替代等因素，该国对进口这些农作物有如下要求：

（1）它们当中不含违禁成分的都进口；

（2）如果甲或乙含有违禁成分，就进口戊和己；

（3）如果丙含有违禁成分，那么丁就不进口了；

（4）如果进口戊，就进口乙和丁；

（5）如果不进口丁，就进口丙；如果进口丙，就不进口丁。

根据上述要求，以下哪项所列的农作物是该国可以进口的？

A. 甲、丁、己　　B. 乙、丙、丁　　C. 甲、乙、丙

D. 丙、戊、己　　　　　　　　E. 甲、戊、己

【解析】答案是C。选项A代入题干条件（3）和（1）可得：有丁则丙，但代入题干条件（5）可得：有丙则无丁。选项B代入题干条件（5）可得：有丙则无丁，矛盾。选项D代入题干条件（4）可得：有戊则有丁，但代入题干条件（5）可得：有丙则无丁，矛盾。选项E代入题干条件（4）可得：有戊则有乙和丁，考虑（1）可得：有丁则有丙，但代入题干条件（5）可得：有丁则无丙，矛盾。只有选项C代入题干条件，不矛盾。

【例9.24】张立是一位单身白领，工作5年积累了一笔存款。由于该笔存款金额尚不足以购房，他考虑将其暂时分散投资到股票、黄金、基金、国债和外汇等5个方面。该笔存款的投资需要满足如下条件：

（1）如果黄金投资比例高于1/2，则剩余部分投入国债和股票；

（2）如果股票投资比例低于1/3，则剩余部分不能投入外汇或国债；

（3）如果外汇投资比例低于1/4，则剩余部分投入基金或黄金；

（4）国债投资比例不能低于1/6。

根据上述信息，可以得出以下哪项？

A. 国债投资比例高于1/2

B. 外汇投资比例不低于1/3

C. 股票投资比例不低于1/4

D. 黄金投资比例不低于1/5

E. 基金投资比例低于1/6

【解析】答案是C。假设选项C为假，即股票投资比例低于1/4，当然股票投资比例也就低于1/3，代入题干条件（2），可得：剩余部分不能投入外汇或国债，这与题干条件（4）即“国债投资比例不能低于1/6”相矛盾。因此，假设不成立，股票投资比例不低于1/4。其他选项均不能得出，因为假设其他选项为假，都未必导致矛盾。

【例9.25】颜子、曾寅、孟申、荀辰申请一个中国传统文化建设项目。根据规定，该项目的主持人只能有一名，且在上述四位申请者中产生；包括主持人在内，项目组成员不能超过两位。另外，各位申请者在申请答辩时做出如下陈述：

（1）颜子：如果我成为主持人，将邀请曾寅或荀辰作为项目组成员；

（2）曾寅：如果我成为主持人，将邀请颜子或孟申作为项目组成员；

（3）荀辰：只有颜子成为项目组成员，我才能成为主持人；

（4）孟申：只有荀辰或颜子成为项目组成员，我才能成为主持人。

假定四人的陈述都为真，关于项目组成员的组合，以下哪项是不可能的？

A. 颜子、荀辰　　　　　　B. 颜子、孟申　　　　　　C. 曾寅、荀辰

D. 荀辰、孟申　　　　　　E. 孟申、曾寅

【解析】答案是C。将选项C代入题干条件（3）进行必要条件推理，可得：颜子成为项目组成员，这样就导致了三人成为项目组成员，与题干的条件矛盾。因此，选项C是不可能的。其他选项代入题干，均不会导致矛盾。

第三节　阶梯化训练题及解析

一、基础能力题

1. 语言在人类的交流中起重要的作用。如果一种语言是完全有效的，那么，其基本语音

的每一种可能的组合都能够表达有独立意义和可以理解的词。但是，如果人类的听觉系统接收声音信号的功能有问题，那么，并非基本语音的每一种可能的组合都能够成为有独立意义和可以理解的词。

如果上述断定为真，以下哪项一定是真的？

A. 如果人类的听觉系统接收声音信号的功能正常，那么一种语言的基本语音的每一种可能的组合都能够成为有独立意义和可以理解的词

B. 如果人类的听觉系统接收声音信号的功能有问题，那么语言就不可能完全有效

C. 语言的有效性导致了人类交流的实用性

D. 人体的听觉系统是人类交流中最重要的部分

E. 如果基本语音的每一种可能的组合都能够成为有意义和可以理解的词，则该语言完全有效

2. 在恐龙灭绝 6 500 万年后的今天，地球正面临着又一次物种大规模灭绝的危机。截至上个世纪末，全球大约有 20%的物种灭绝。现在，大熊猫、西伯利亚虎、北美玳瑁、巴西红木等许多珍稀物种面临着灭绝的危险。有三位学者对此作了预测。

学者一：如果大熊猫灭绝，则西伯利亚虎也将灭绝。

学者二：如果北美玳瑁灭绝，则巴西红木不会灭绝。

学者三：北美玳瑁灭绝，或者西伯利亚虎不会灭绝。

如果三位学者的预测都为真，则以下哪项一定为假？

A. 大熊猫和北美玳瑁都将灭绝

B. 巴西红木将灭绝，西伯利亚虎不会灭绝

C. 大熊猫和巴西红木都将灭绝

D. 大熊猫将灭绝，巴西红木不会灭绝

E. 巴西红木将灭绝，大熊猫不会灭绝

3. 如果甲贪污巨款或窝藏赃款，那么他一定和乙订立了攻守同盟。可事实上甲、乙互相指证的犯罪事实都是成立的，乙还揭发甲和丙共同占用巨额公款投入股市的重大犯罪。

如果上述断定都是成立的，以下哪项也一定是真的？

A. 甲和丙用公款投入股市的收益必须依法没收

B. 甲没有贪污，也没有窝藏赃款

C. 甲和乙没有共同参与同一个案件

D. 甲如果没有贪污就一定窝藏了赃款

E. 甲没有贪污但窝藏了赃款

4. 如果甲和乙都获得了签证，那么丙和丁也都能获得签证。遗憾的是丙没有获得签证。

如果上述断定都是真的，以下哪项也一定是真的？

A. 甲和乙都没有获得签证，而丁很可能获得了签证

B. 甲没有获得签证，但乙获得了签证

C. 要么甲没有获得签证，要么乙没有获得签证

D. 除非甲没有获得签证，否则乙没有获得签证

E. 除非甲获得了签证，否则乙没有获得签证

5. 相互尊重是相互理解的基础，相互理解是相互信任的前提；在人与人的相互交往中，自重、自信也是非常重要的，没有一个人尊重不自重的人，没有一个人信任他所不尊重的人。

以上陈述可以推出以下哪项结论？

A. 不自重的人也不被任何人信任

B. 相互信任才能相互尊重

C. 不自信的人也不自重

D. 不自信的人也不被任何人信任

E. 不自信的人也不受任何人尊重

6. 某公司在选派与外商谈判的人员时，有甲、乙、丙、丁四位候选人。为了组成最佳谈判阵容，公司有如下安排：如果派甲去，而且不派乙去，那么丙和丁中至少要派一人去。

如果公司没有派甲去，最能支持这一结论的是：

A. 派乙去，不派丙和丁去

B. 不派乙去，派丙和丁去

C. 乙、丙、丁都没派去

D. 乙、丙、丁都派去

E. 不派丙，派乙和丁去

7. 在一次古画鉴定会上，关于作品 008 号，仅仅从技术上进行分析的话，有如下结论：该作品如果是唐代或者五代时期的，那么它不是后唐和后周的作品。经过专家进一步鉴定得知：它不是唐代作品。

从上述断定可以推出以下哪项？

A. 它不是五代时期的作品

B. 它是五代时期的作品

C. 它是后唐时期的作品

D. 它可能是后周时期的作品

E. 它是后唐或后周时期的作品

8. 如果生产下降或浪费严重，那么将造成物资匮乏。如果物资匮乏，那么或者物价暴涨，或者人民生活贫困。如果人民生活贫困，政府将失去民心。事实上物价没有暴涨，而且政府赢得了民心。

如果上述陈述为真，那么以下哪项一定是真的？

A. 生产下降但是没有浪费严重

B. 生产没有下降但是浪费严重

C. 生产下降并且浪费严重

D. 生产没有下降并且没有浪费严重

E. 或者生产下降或者浪费严重

9. 每一位到过山西大同的人都会仰慕云冈石窟雕塑之美。张林一家只有在今年“十一”期间去山西大同旅游，他们才能去参观云冈石窟或者去参观悬空寺。

如果上述陈述都真，而且张林一家今年“十一”期间参观了悬空寺，那么以下哪项必然为真？

A. 张林一家仰慕云冈石窟雕塑之美

B. 张林一家在今年“十一”期间参观了云冈石窟

C. 张林一家在今年“十一”期间没有参观云冈石窟

D. 即使没有到过山西大同的人，也会仰慕云冈石窟雕塑之美

E. 云冈石窟是每一个去山西大同旅游的人所必去的地方

10. 如果品学兼优，就能获得奖学金。

假设以下哪项，能依据上述断定得出结论：李桐学习欠优。

A. 李桐品行优秀，但未能获得奖学金

B. 李桐品行优秀，并且获得了奖学金

C. 李桐品行欠优，未获得奖学金

D. 李桐品行欠优，但获得奖学金

E. 李桐并非品学兼优

11. 在某次综合性年会上，物理学会做学术报告的人都来自高校；化学学会做学术报告的人有些来自高校，但是大部分来自中学；其他做学术报告者均来自科学院。来自高校的做学术报告者都具有副教授以上职称，来自中学的做学术报告者都具有中高级以上职称。李默、张嘉参加了这次综合性学术年会，李默并非来自中学，张嘉并非来自高校。

以上陈述如果为真，可以得出以下哪项结论？

A. 张嘉如果做了学术报告，那么他不是物理学会的

B. 李默不是化学学会的

C. 李默如果做了学术报告，那么他不是化学学会的

D. 张嘉不具有副教授以上的职称

E. 张嘉不是物理学会的

12. 如果飞行员严格遵守操作规程，并且飞机在起飞前经过严格的例行技术检验，那么飞机就不会失事，除非出现如劫机这样的特殊意外。这架波音 747 在金沙岛上空失事。

如果上述断定是真的，那么以下哪项也一定是真的？

A. 如果失事时无特殊意外发生，那么飞行员一定没有严格遵守操作规程，并且飞机在起飞前没有经过严格的例行技术检验

B. 如果失事时有特殊意外发生，那么飞行员一定严格遵守操作规程，并且飞机在起飞前经过了严格的例行技术检验

C. 如果飞行员没有严格遵守操作规程，并且飞机在起飞前没有经过严格的例行技术检验，那么失事时没有特殊意外发生

D. 如果失事时没有特殊意外发生，那么可得出结论：只要飞机失事的原因是飞行员没有严格遵守操作规程，那么飞机在起飞前一定经过了严格的例行技术检验

E. 如果失事时没有特殊意外发生，那么可得出结论：只要飞机失事的原因不是飞机在起飞前没有经过严格的例行技术检验，那么一定是飞行员没有严格遵守操作规程

13. 粤西酒店如果既有清蒸石斑，又有白灼花螺，则一定会有盐焗花蟹；酒店在月尾从不卖盐焗花蟹；只有当粤西酒店卖白灼花螺时，老王才会与朋友到粤西酒店吃海鲜。

如果上述断定为真，以下哪项一定为真？

A. 粤西酒店在月尾不会卖清蒸石斑

B. 老王与朋友到粤西酒店不会既吃清蒸石斑，又吃白灼花螺

C. 粤西酒店只有在月尾才不卖白灼花螺

D. 老王不会在月尾与朋友到粤西酒店吃海鲜，因为那里没有盐焗花蟹

E. 如果老王在月尾与朋友到粤西酒店吃海鲜，他们肯定吃不到清蒸石斑

14～15 基于以下题干：

某花店只有从花农那里购得低于正常价格的花，才能以低于市场的价格卖花而获利；除非该花店的销售量很大，否则，不能从花农那里购得低于正常价格的花；要想有大的销售量，该花店就要满足消费者个人兴趣或者拥有特定品种的独家销售权。

14. 如果上述断定为真，那么以下哪项必定是真的？

A. 如果该花店从花农那里购得低于正常价格的花，那么就会以低于市场的价格卖花而获利

B. 如果该花店没有以低于市场的价格卖花而获利，则一定没有从花农那里购得低于正常价格的花

C. 该花店不仅满足了消费者的个人兴趣，而且拥有特定品种的独家销售权，但仍然不能以低于市场的价格卖花而获利

D. 如果该花店广泛满足了消费者的个人兴趣或者拥有特定品种的独家销售权，那么就会有大的销售量

E. 如果该花店以低于市场的价格卖花而获利，那么一定是从花农那里购得了低于正常价格的花

15. 如果上述断定为真，并且事实上该花店没有满足广大消费者的个人兴趣，则以下哪项不可能为真？

A. 如果该花店不能拥有特定品种的独家销售权，就不能从花农那里购得了低于正常价格的花

B. 即使该花店拥有特定品种的独家销售权，也不能从花农那里购得了低于正常价格的花

C. 该花店虽然没有拥有特定品种的独家销售权，但仍以低于市场的价格卖花而获利

D. 该花店通过广告促销的方法获利

E. 花店以低于市场的价格卖花而获利是花市的普遍现象

16. 世界乒乓球锦标赛男子团体赛的决赛前，S 国的教练在排兵布阵，他的想法是：如果 4 号队员的竞技状态好，并且伤势已经痊愈，那么让 4 号队员出场；只有 4 号队员不能出场，才派 6 号队员出场。

如果决赛时 6 号队员出场，则以下哪一项肯定为真？

A. 4 号队员伤势比较重

B. 4 号队员的竞技状态不好

C. 6 号队员没有受伤

D. 如果 4 号队员伤已痊愈，那么他的竞技状态不好

E. 6 号队员受伤了

17. 如果一个学校的大多数学生都具备足够的文学欣赏水平和道德自律意识，那么，像《红粉梦》和《演艺十八钗》这样的出版物就不可能成为在该校学生中销售最多的书。去年在 H 学院的学生中，《演艺十八钗》的销售量仅次于《红粉梦》。

如果上述断定为真，则以下哪项一定为真？

Ⅰ. 去年 H 学院的大多数学生都购买了《红粉梦》或《演艺十八钗》

Ⅱ. H 学院的大多数学生既不具备足够的文学欣赏水平，也不具备足够的道德自律意识

Ⅲ. H 学院至少有些学生不具备足够的文学欣赏水平，或者不具备足够的道德自律意识

A. 仅Ⅰ　　B. 仅Ⅱ　　C. 仅Ⅲ

D. 仅Ⅱ和Ⅲ　　E. Ⅰ、Ⅱ 和Ⅲ

18. 法制的健全或者执政者强有力的社会控制能力，是维持一个国家社会稳定的必不可少的条件。Y 国社会稳定但法制尚不健全。因此，Y 国的执政者具有强有力的社会控制能力。

以下哪项论证方式和题干的最为类似？

A. 一个影视作品，要想有高的收视率或票房，作品本身的质量和必要的包装宣传缺一不可。电影《青楼月》上映以来票房不佳但实际上质量堪称上乘。因此，看来它缺少必要的广告宣传和媒介炒作

B. 只有有超常业绩或者 30 年以上服务于本公司的工龄的雇员，才有资格获得本公司本年度的特殊津贴。黄先生获得了本年度的特殊津贴但在本公司仅供职 5 年，因此他一定

有超常业绩

C. 如果既经营无方又铺张浪费，那么一个企业将严重亏损。Z公司虽经营无方但并没有严重亏损，这说明它至少没有铺张浪费

D. 一个罪犯要实施犯罪，必须既有作案动机，又有作案时间，在某案中，W先生有作案动机但无作案时间。W先生不是该案的作案者

E. 一个论证不能成立，当且仅当，或者它的论据虚假，或者它的推理无误。J女士在科学年会上对她的发现之科学价值的论证尽管逻辑严密，推理无误，但还是被认定不能成立。因此，她的论证中至少有部分论据虚假

19. 一个产品要想稳固地占领市场，产品本身的质量和产品的售后服务二者缺一不可。空谷牌冰箱质量不错，但售后服务跟不上，因此，很难长期稳固地占领市场。

以下哪项推理的结构和题干的最为类似？

A. 德才兼备是一个领导干部胜任的必要条件。李主任富于才但疏于德，因此，他难以胜任

B. 如果天气晴朗并且风速在三级以下，跳伞训练场将对外开放。今天的天气晴朗但风速在三级以上，所以跳伞场地不会对外开放

C. 必须有超常业绩或者教龄在30年以上，才有资格获得教育部颁发的特殊津贴。张教授获得了教育部颁发的特殊津贴但教龄只有15年，因此，他一定有超常业绩

D. 如果不深入研究广告制作的规律，那么所制作的广告知名度和信任度不可兼得。空谷牌冰箱的广告既有知名度又有信任度，因此，这一广告的制作者肯定深入研究了广告制作的规律

E. 一个罪犯要作案，必须既有作案动机又有作案时间。李某既有作案动机又有作案时间，因此，李某肯定是作案的罪犯

20. 要选修数理逻辑课，必须已修普通逻辑课，并对数学感兴趣。有些学生虽然对数学感兴趣，但并没有修过普通逻辑课，因此，有些对数学感兴趣的学生不能选修数理逻辑课。

以下哪项中的逻辑结构与题干最为类似？

A. 据学校的规定，要获得本年度的特设奖学金，必须来自贫困地区，并且成绩优秀。有些本年度特设奖学金的获得者成绩优秀，但并非来自贫困地区，因此，学校评选本年度奖学金的规定并没有得到很好的执行

B. 一本书要畅销，必须既有可读性，又经过精心的包装。有些畅销书可读性不大，因此，有些畅销书主要是靠包装

C. 为初学骑士训练的马必须强健而且温顺，有些马强健但并不温顺，因此，有些强健的马并不适合于初学骑士训练的马

D. 高级写字楼要值得投资，必须设计新颖，或者提供大量办公用地。有些新写字楼虽然设计新颖，但不能提供大量的办公用地，因此，有些新写字楼不值得投资

E. 任何缺乏经常保养的汽车在使用了几年之后都需要维修，有些汽车用了很长时间以后还不需要维修，因此，有些汽车经常得到保养

21. 小李考上了清华，或者小孙未考上北大。如果小张考上了北大，则小孙也考上了北大。如果小张未考上北大，则小李考上了清华。

如果上述断定为真，则以下哪项一定为真？

A. 小李考上了清华　　B. 小李未考上了清华　　C. 小张考上了北大

D. 小张未考上北大　　E. 以上断定都不一定真

22. 公司派张、王、李、赵4人到长沙参加某经济论坛，他们4人选了飞机、汽车、轮船

和火车 4 种各不相同的出行方式。已知：

(1) 明天或者刮风或者下雨；

(2) 如果明天刮风，那么张就选择火车出行；

(3) 假设明天下雨，那么王就选择火车出行；

(4) 假如李、赵不选择火车出行，那么李、王也都不会选择飞机或者汽车出行。

根据以上陈述，可以得出以下哪项结论？

A. 赵选择汽车出行　B. 赵不选择汽车出行　C. 李选择轮船出行

D. 张选择飞机出行　E. 王选择轮船出行

23. 某中药配方有如下要求：(1) 如果有甲药材，那么也要有乙药材；(2) 如果没有丙药材，那么必须有丁药材；(3) 人参和天麻不能都有；(4) 如果没有甲药材而有丙药材，则需要有人参。

如果含有天麻，则关于该配方的断定哪项为真？

A. 含有甲药材　B. 含有丙药材　C. 没有丙药材

D. 没有乙药材和丁药材　E. 含有乙药材或丁药材

24. 一个人如果没有崇高的信仰，就不可能守住道德的底线；而一个人只有不断加强理论学习，才能始终保持崇高的信仰。

根据以上信息，可以得出以下哪项？

A. 一个人只有不断加强理论学习，才能守住道德的底线

B. 一个人如果不能守住道德的底线，就不可能保持崇高的信仰

C. 一个人只要有崇高的信仰，就能守住道德的底线

D. 一个人只要不断加强理论学习，就能守住道德的底线

E. 一个人没能守住道德的底线，是因为他首先丧失了崇高的信仰

25. 如果把一杯酒倒入一桶污水中，你得到的是一桶污水；如果把一杯污水倒入一桶酒中，你得到的依然是一桶污水。在任何组织中，都可能存在几个难缠人物。他们存在的目的似乎就是把事情搞糟。如果一个组织不加强内部管理，一个正直能干的人进入某低效的部门就会被吞没。而一个无德无才者就能将一个高效的部门变成一盘散沙。

根据上述信息，可以得出以下哪项？

A. 如果不将一杯污水倒进一桶酒中，你就不会得到一桶污水

B. 如果一个正直能干的人进入组织，就会使组织变得更为高效

C. 如果组织中存在几个难缠人物，很快就会把组织变成一盘散沙

D. 如果一个正直能干的人在低效部门没有被吞没，则该部门加强了内部管理

E. 如果一个无德无才的人把组织变成一盘散沙，则该组织没有加强内部管理

26. 生态文明建设事关社会发展方式和人民福祉。只有实行最严格的制度、最严密的法治，才能为生态文明建设提供可靠保障；如果实行最严格的制度、最严密的法治，就要建立责任追究制度，对那些不顾生态环境盲目决策并造成严重后果者，追究其相应的责任。

根据上述信息，可以得出以下哪项？

A. 只有筑牢生态环境的制度防护墙，才能造福于民

B. 如果对那些不顾生态环境盲目决策并造成严重后果者追究相应责任，就能为生态文明建设提供可靠保障

C. 如果要建立责任追究制度，就要实行最严格的制度、最严密的法治

D. 如果不建立责任追究制度，就不能为生态文明建设提供可靠保障

E. 实行严格的制度和最严密的法治是生态文明建设的重要目标

27. 为防御电脑受病毒侵袭，研究人员开发了防御病毒、查杀病毒的程序，前者启动后能使程序运行免受病毒侵袭，后者启动后能迅速查杀电脑中可能存在的病毒。某台电脑上现有甲、乙、丙三种程序，已知：

(1) 甲程序能查杀目前已知的所有病毒；

(2) 若乙程序不能防御已知的一号病毒，则丙程序也不能查杀该病毒；

(3) 只有丙程序能防御已知的一号病毒，电脑才能查杀目前已知的所有病毒；

(4) 只有启动甲程序，才能启动丙程序。

根据上述信息，可以得出以下哪项？

A. 只有启动丙程序，才能防御并查杀一号病毒

B. 只有启动乙程序，才能防御并查杀一号病毒

C. 如果启动丙程序，就能防御并查杀一号病毒

D. 如果启动了乙程序，那么不必启动丙程序也能查杀一号病毒

E. 如果启动了甲程序，那么不必启动乙程序也能查杀所有病毒

28. 倪教授认为，我国工程技术领域可以考虑与国外先进技术合作，但任何涉及核心技术的项目决不能受制于人；我国许多网络安全建设项目涉及信息核心技术，如果全盘引进国外先进技术而不努力自主创新，我国的网络安全将会受到严重威胁。

根据倪教授的陈述，可以得出以下哪项？

A. 我国工程技术领域的所有项目都不能受制于人

B. 如果能做到自主创新，我国的网络安全就不会受到严重威胁

C. 只要不是全盘引进国外先进技术，我国的网络安全就不会受到严重威胁

D. 我国有些网络安全建设项目不能受制于人

E. 我国许多网络安全建设项目不能与国外先进技术合作

29. 任何结果都不可能凭空出现，它们的背后都是有原因的；任何背后有原因的事物均可以被人认识，而可以被人认识的事物都必然不是毫无规律的。

根据以上陈述，以下哪项一定为假？

A. 人有可能认识所有事物

B. 任何结果出现的背后都是有原因的

C. 那些可以被人认识的事物必然有规律

D. 任何结果都可以被人认识

E. 有些结果的出现可能毫无规律

基础能力题详解

1. 答案是B。题干断定：(1) 如果一种语言是完全有效的，那么，其基本语音的每一种可能的组合都能够表达有独立意义和可以理解的词；(2) 如果人类的听觉系统接收声音信号的功能有问题，那么，并非基本语音每一种可能的组合都能够成为有独立意义和可以理解的词。将选项B的前面部分“人类的听觉系统接收声音信号的功能有问题”代入(2)，可以推出“并非基本语音的每一种可能的组合都能够成为有独立意义和可以理解的词”。再考虑(1)，可以推出“并非一种语言是完全有效的”。

2. 答案是C。题干给出三个预测。(1) 如果大熊猫灭绝，则西伯利亚虎也将灭绝；(2) 如果北美玳瑁灭绝，则巴西红木不会灭绝；(3) 北美玳瑁灭绝，或者西伯利亚虎不会灭绝。由(1)和(3)，可得：如果大熊猫灭绝，则北美玳瑁灭绝。再考虑(2)，可得：如果大熊猫灭绝，则巴西红木不会灭绝。这一结论和选项C相矛盾，所以该项必假。

3. 答案是B。题干断定：(1) 如果甲贪污巨款或窝藏赃款，那么他一定和乙订立了攻守同盟；(2) 甲和乙并没有订立攻守同盟。由 (1) 和 (2)，可得：甲没有贪污巨款并且没有窝藏赃款。

4. 答案是D。题干断定：(1) 如果甲和乙都获得了签证，那么丙和丁也都能获得签证；(2) 丙没有获得签证。由 (1) 和 (2)，可得：甲没有获得签证或者乙没有获得签证。即如果乙获得签证，则甲没有获得签证。选项D等价于："只有甲没有获得签证，乙才获得签证"，即"如果乙获得签证，则甲没有获得签证"。

5. 答案是A。题干断定：(1) 只有相互尊重才相互理解；(2) 只有相互理解才相互信任；(3) 没有一个人尊重不自重的人；(4) 没有一个人信任他所不尊重的人。由 (3) 可得："所有人都不尊重不自重的人"。由 (4) 可得："所有人都不信任他所不尊重的人"。由 (3) 和 (4) 可得：所有人都不信任不自重的人，即选项A。由 (1) 和 (2)，只能推出"只有相互尊重才相互信任"，故选项B不能推出。选项C、D、E都有"自信"这个不相干概念，故均不能被推出。

6. 答案是C。题干断定："如果派甲去，而且不派乙去，那么丙和丁中至少要派一人去"。要推出结论："公司没有派甲去"，首先必须假设：丙和丁都不派去。然后推出：不派甲去或者派乙去。要推出结论还必须假设：不派乙。所以，乙、丙、丁都不派去。

7. 答案是D。题干断定：(1) 该作品如果是唐代或者五代时期的，那么它不是后唐和后周的作品；(2) 它不是唐代作品。由 (1) 和 (2)，不能推出确定结论。所以，只有选项D"它可能是后周时期的作品"，是可以得出来的。

8. 答案是D。题干断定：(1) 如果生产下降或浪费严重，那么将造成物资匮乏；(2) 如果物资匮乏，那么或者物价暴涨，或者人民生活贫困；(3) 如果人民生活贫困，政府将失去民心；(4) 事实上物价没有暴涨；(5) 政府赢得了民心。由 (5) 和 (3)，可得：人民生活并不贫困。再考虑 (2) 和 (4)，可以推出：物资并不匮乏。再考虑 (1)，可得：生产没有下降并且浪费也不严重。

9. 答案是A。题干断定：(1) 每一位到过山西大同的人都会仰慕云冈石窟雕塑之美；(2) 张林一家只有在今年"十一"期间去山西大同旅游，他们才能去参观云冈石窟或者去参观悬空寺；(3) 张林一家今年"十一"期间参观了悬空寺。从 (2) 和 (3) 可以推出：张林一家今年"十一"期间去了山西大同旅游。再考虑 (1)，可以推出：张林一家仰慕云冈石窟之美。其他选项均不能被推导出来。

10. 答案是A。题干是一个充分条件假言命题，其前件是一个由"并且"构成的联言命题。选项A中的"未能获得奖学金"否定了题干的后件，进而否定前件，推出：或者品不优或者学不优。再增加条件"李桐品行优"，即可推出：李桐学习欠优。

11. 答案是A。题干断定：(1) 物理学会做学术报告的人都来自高校；(2) 张嘉并非来自高校。由 (1) 和 (2) 可以推出：张嘉不是物理学会做学术报告的人。选项A即"张嘉如果做了学术报告，那么他不是物理学会的"，显然可以从中推出来。

12. 答案是E。题干断定：(1) 如果飞行员严格遵守操作规程，并且飞机在起飞前经过严格的例行技术检验，并且没有出现例如劫机的特殊意外，那么飞机就不会出事；(2) 这架波音747在金沙岛上空失事。由 (1) 和 (2) 可得：(1) 的前件中所说的三个情况至少有一个情况得不到满足。选项E说，这三种情况，如果特殊意外没有，又不是飞行员没有严格遵守操作规程，那么一定是飞机在起飞前没有经过严格的例行技术检验，显然是正确的推理。其他选项均不成立。

13. 答案是E。题干断定：(1) 粤西酒店如果既有清蒸石斑，又有白灼花螺，则一定会有盐焗花蟹；(2) 酒店在月尾从不卖盐焗花蟹；(3) 只有当粤西酒店卖白灼花螺时，老王才会与朋友到粤西酒店吃海鲜。将选项E中的前面部分“老王在月尾与朋友到粤西酒店吃海鲜”，代入(3)，可得：粤西酒店卖白灼花螺。再由(1)和(2)，可得：粤西酒店或者没有清蒸石斑，或者没有白灼花螺。最后，运用相容选言推理的否定肯定式，可推出结论：没有清蒸石斑。

14. 答案是E。将该项的前面部分“该花店以低于市场的价格卖花而获利”代入题干中的命题“某花店只有从花农那里购得低于正常价格的花，才能以低于市场的价格卖花而获利”，可得“该花店从花农那里购得低于正常价格的花”。

15. 答案是C。将该项中“该花店没有拥有特定品种的独家销售权”和该题中新增加的前提“该花店没有满足广大消费者的个人兴趣”，代入题干中的命题“要想有大的销售量，该花店就要满足消费者个人兴趣或者拥有特定品种的独家销售权”，可以推出“该花店没有大的销售量”。再考虑题干中的命题：除非有大的销售量，否则不能从花农那里购得低于正常价格的花，可得：该花店不能从花农那里购得低于正常价格的花。再考虑题干中的命题“只有从花农那里购得低于正常价格的花，才能以低于市场的价格卖花而获利”，可得“该花店不能以低于市场的价格卖花而获利”。但选项C说该花店“仍以低于市场的价格卖花而获利”，显然是矛盾的。

16. 答案是D。题干中第一个命题是“如果4号队员的竞技状态好，并且伤势已经痊愈，那么让4号队员出场”，第二个命题是“只有4号队员不能出场，才派6号队员出场”，第三个命题是“6号队员出场”。由第三个命题和第二个命题，可知：4号队员不能出场。再考虑第一个命题，则有：或者4号队员的竞技状态不好，或者伤势未痊愈。D正好符合这个断定，即如果4号队员的伤势已经痊愈，则他的竞技状态不好。

17. 答案是C。题干断定：(1) 如果一个学校的大多数学生都具备足够的文学欣赏水平和道德自律意识，那么，像《红粉梦》和《演艺十八钗》这样的出版物就不可能成为在该校学生中销售最多的书；(2) 去年在H学院的学生中，《演艺十八钗》的销售量仅次于《红粉梦》。由(2)可得(3)：《红粉梦》和《演艺十八钗》这样的出版物是在该校学生中销售的书。选项Ⅲ一定真，因为由(1)和(3)，可得：或者H学院的有些学生不具备足够的文学欣赏水平，或者不具备足够的道德自律意识。选项Ⅱ不能成立，因为对“并且”的否定应该是“或者”。选项Ⅰ过强，推不出来。

18. 答案是B。题干中的推理形式是：“只有p或q，才r；r且非p；所以q”；选项B的推理形式是：“只有p或q，才r；r且非q；所以p”。逻辑结构基本相同，而且都是正确的推理。选项A的大前提的前件中是“和”；选项C的大前提是一个充分条件假言命题；选项D的大前提的前件是“既……又……”；选项E的大前提是充要条件假言命题，和题干的推理形式都存在较大的区别。

19. 答案是A。题干中的结构是：“只有p且q，才r；p但非q；所以，非r”；选项A的结构是：只有p且q，才r；非p但q；所以，非r。都是正确的推理，逻辑结构基本相同。选项B的大前提是一个充分条件假言命题；选项C的大前提的前件是“或”；选项D的大前提如果看成是一个必要条件命题，则其前件不是“且”，后件才是“且”；选项E的大前提和题干相同，但是小前提却是肯定必要条件命题的前件，是错误的推理。

20. 答案是。C。该项和题干的逻辑结构都是“只有p且q，才r；p但非q；所以，非r”。其他选项和题干的逻辑结构均有差别。如选项A的逻辑结构是“只有p且q，才r；q但非p；所以，非s”。选项B的逻辑结构是“只有p且q，才r；非p；所以，q”。

21. 答案是A。题干断定：(1) 小李考上了清华，或者小孙未考上北大；(2) 如果小张考上了北大，则小孙也考上了北大；(3) 如果小张未考上北大，则小李考上了清华。由(1)可得（4）：如果小孙考上北大，则小李考上清华。由（2）和（4）可得（5）：如果小张考上北大，则小李考上了清华。由（5）和（3），可以构造二难推理的简单构成式如下：

如果小张考上北大，则小李考上了清华；

如果小张未考上北大，则小李考上了清华；

总之，小李考上了清华。

22. 答案是C。题干断定：（1）明天或者刮风或者下雨；（2）如果明天刮风，那么张就选择火车出行；（3）假设明天下雨，那么王就选择火车出行；（4）假如李、赵不选择火车出行，那么李、王也都不会选择飞机或者汽车出行。由（1）、（2）、（3）构造二难推理的复杂构成式，可得：张选择火车或者王选择火车。再据张、王、李、赵4人选择飞机、汽车、轮船和火车4种各不相同的交通方式，而张选择火车或者王选择火车，因此李、赵肯定没有选择火车。再据（4）“假如李、赵不选择火车出行，那么李、王也都不会选择飞机或者汽车出行”，可得：“李、王不选择飞机或者汽车”，进而可得选项C“李选择轮船”。

23. 答案是E。由“含有天麻”和题干断定（3）“人参和天麻不能都有”，可得：没有人参。再考虑题干断定（4）“如果没有甲药材而有丙药材，则需要有人参”，可得：有甲药材或者没有丙药材。从这个结论来看，选项B和C都只是可能，不是必然的。现在关键是还要考虑题干断定（1）“如果有甲药材，那么也要有乙药材”和（2）“如果没有丙药材，那么必须有丁药材”，可以构成下列复杂构成式的二难推理，其中的结论就是必然可以推出来的：

如果有甲药材，那么也要有乙药材

如果没有丙药材，那么必须有丁药材

<u>有甲药材或者没有丙药材</u>

有乙药材或者丁药材

24. 答案是A。题干断定：（1）一个人如果没有崇高的信仰，就不可能守住道德的底线；（2）一个人只有不断加强理论学习，才能始终保持崇高的信仰。将选项A的后面部分“能守住道德的底线”，代入（1），可得：有崇高的信仰。再考虑（2），即可推出：不断加强理论学习。其他选项均不能推出。

25. 答案是D。题干断定：“如果一个组织不加强内部管理，一个正直能干的人进入某低效的部门就会被吞没”。将选项D中的前面部分“一个正直能干的人在低效部门没有被吞没”，代入这一断定，通过充分条件否定后件到否定前件的推理，即可得到“该部门加强了内部管理”。其他选项均不能推出。

26. 答案是D。题干断定：（1）只有实行最严格的制度、最严密的法治，才能为生态文明建设提供可靠保障；（2）如果实行最严格的制度、最严密的法治，就要建立责任追究制度。将选项D中的“不建立责任追究制度”，代入（2），可得：不能实现最严格的制度、最严密的法治。再代入（1），可得：不能为生态文明建设提供可靠保障。

27. 答案是C。将选项C的前面部分“启动丙程序”代入题干条件（4），可得：启动甲程序。考虑（1），可推出：甲程序能查杀目前已知所有病毒。再考虑（3），可推出：丙程序能防御已知的一号病毒。注意，不要选E。因为即使启动了甲程序，能查杀目前已知的所有病毒，但不一定就能查杀所有病毒。

28. 答案是D。题干断定：（1）我国工程技术领域可以考虑和国外先进技术合作，但是涉及核心技术的项目不能受制于人。（2）我国许多网络安全建设项目涉及信息核心技术。（3）如果全盘引进国外先进技术而不自主创新，我国的网络安全将会受到严重威胁。通过（1）和（2）进行充分条件推理，可得：我国许多网络安全技术不能受制于人。注意不能选C，因为充分条件推理否定前件不能否定后件。

29. 答案是E。题干断定：(1) 任何结果的背后都是有原因的。(2) 任何背后有原因的事物均可以被人认识。(3) 任何被人认识的事物都必然不是毫无规律的。通过 (1)、(2) 和 (3) 进行充分条件推理，可得：任何结果都必然不是毫无规律的。选项E与此矛盾，必然为假。

二、综合提高题

1. 如果能利用河槽或潮汐发电，那么工业用电的增加就不会影响民需用电。目前工业用电在增加，而且民需用电受到了影响。

如果上述断定为真，以下哪项不可能是真的？

A. 目前没有利用河槽发电，或者没有利用潮汐发电

B. 不利用河槽或潮汐发电，工业用电一旦增加，那么民需用电也会受到影响

C. 目前如果说风力发电得到了利用，则潮汐发电还没有得到利用

D. 即使利用了河槽和潮汐发电，如果工业用电过量，那么民需用电也会受到影响

E. 目前如果说潮汐发电还没有得到利用，那么河槽发电还是得到了利用

2. 如果所有的鸟都会飞，并且鸵鸟是鸟，那么鸵鸟会飞。

从这个前提出发，需加上下面那一组前提，才能逻辑地推出“有些鸟不会飞”？

A. 鸵鸟不是鸟，且鸵鸟会飞

B. 有的鸟会飞，且鸵鸟是鸟

C. 鸵鸟不会飞，但鸵鸟是鸟

D. 鸵鸟不会飞，且所有的鸟都会飞

E. 鸵鸟不会飞，且鸵鸟不是鸟

3. 只要天上有太阳并且气温在零度以下，街上总有很多人穿皮夹克。只要天下着雨并且气温在零度以上，街上总有人穿雨衣。有时，天上有太阳。

如果上述断定是真的，那么以下哪项一定是真的？

A. 有时街上有人在皮夹克外面套着雨衣

B. 如果街上有很多人穿着皮夹克但天没下雨，那么天上一定有太阳

C. 如果气温在零度以下并且街上没有多少人穿着皮夹克，那么天一定下着雨

D. 如果气温在零度以上并且街上有人穿着雨衣，那么天一定下着雨

E. 如果气温在零度以上但街上没有人穿雨衣，那么天一定没下雨

4. 某高校招收专业学位研究生，条件是：有实际工作经验，并且工科专业课考试或者管理专业课考试优秀。小王没有被学校录取，那是由于：

A. 如果小王有实际工作经验，那么他的工科专业课考试和管理专业课考试都不优秀

B. 小王只有工科专业课考试和管理专业课考试优秀，才会有实际工作经验

C. 小王有实际工作经验，工科专业课考试不优秀

D. 小王有实际工作经验，管理专业课考试不优秀

E. 小王有实际工作经验，但是他工科专业课考试不优秀或者管理专业课考试不优秀

5. 据目前所知，最硬的矿石是钻石，其次是刚玉，而一种矿石只能用与其本身一样硬度或更硬的矿石来刻痕。

如果以上陈述为真，以下哪项所指的矿石一定是可被刚玉刻痕的矿石？

Ⅰ. 这种矿石不是钻石

Ⅱ. 这种矿石不是刚玉

Ⅲ. 这种矿石不是像刚玉一样硬

A. 仅Ⅰ　　B. 仅Ⅲ　　C. 仅Ⅰ和Ⅱ
D. 仅Ⅰ和Ⅲ　　E. Ⅰ、Ⅱ和Ⅲ

6. 在黑、蓝、黄、白四种由深至浅排列的涂料中，一种涂料只能被它自身或者比它颜色更深的涂料所覆盖。

如果上述断定是真的，那么以下哪一项确切地概括了能被蓝色所覆盖的颜色？

Ⅰ. 这种颜色不是蓝色
Ⅱ. 这种颜色不是黑色
Ⅲ. 这种颜色不如蓝色深

A. 仅Ⅰ　　B. 仅Ⅱ　　C. 仅Ⅲ
D. 仅Ⅰ和Ⅱ　　E. Ⅰ、Ⅱ和Ⅲ

7. 大李和小王是某报新闻部的编辑，该报总编计划从新闻部抽调人员到经济部。总编决定：未经大李和小王本人同意，将不调动两人。大李告诉总编："我不同意调动，除非我知道小王是否同意调动。"小王说："除非我知道大李是否同意调动，否则我不同意调动。"

如果上述三人坚持各自的决定，则可推出以下哪项结论？

A. 两人都不可调动
B. 两人都可能调动
C. 两人至少有一人可能调动，但不可能两人都调动
D. 要么两人都调动，要么两人都不调动
E. 题干的条件推不出关于两人调动的确定结论

8. 临江市地处东部沿海，下辖临东、临西，江南、江北四个区。近年来，文化旅游产业成为该市新的经济增长点。2010年，该市一共吸引了全国数十万人次游客前来参观旅游。12月底，关于该市四个区当年吸引游客人数多少的排名，各位旅游局长作了如下预测：

临东区旅游局长：如果临西区第三，江北区第四。
临西区旅游局长：只有临西区不是第一，江南区才第二。
江南区旅游局长：江南区不是第二。
江北区旅游局长：江北区第四。

最终的统计表明，只有一位局长的预测符合事实，则临东区当年吸引游客人次的排名是：

A. 第一　　B. 第二　　C. 第三
D. 第四　　E. 在江北区之前

9. 专业人士预测：如果粮食价格稳定，那么蔬菜价格也保持稳定；如果食用油价格不稳，那么蔬菜价格也将出现波动。老李由此断定：粮食价格将保持稳定，但是肉类食品价格将上涨。

根据上述专业人士的预测，以下哪项为真，最能对老李的观点提出质疑？

A. 如果食用油价格稳定，那么肉类食品价格将会上涨
B. 如果食用油价格稳定，那么肉类食品价格不会上涨
C. 如果肉类食品价格不上涨，那么食用油价格将会上涨
D. 如果食用油价格出现波动，那么肉类食品价格不会上涨
E. 只有食用油价格稳定，肉类食品价格才不会上涨

10～12 基于以下题干：

东宇大学公开招聘3个教师职位，哲学学院、管理学院和经济学院各一个。每个职位都有分别来自南山大学、西京大学、北清大学的候选人。有位"聪明"人士李先生对招聘结果做出了如下预测：（1）如果哲学学院录用北清大学的候选人，那么管理学院录用西京大学的候选

人；（2）如果管理学院录用南山大学的候选人，那么哲学学院也录用南山大学的候选人；（3）如果经济学院录用北清大学或者西京大学的候选人，那么管理学院录用北清大学的候选人。

10. 如果哲学学院、管理学院和经济学院最终录用的候选人的大学归属信息依次如下，则哪项符合李先生的预测？

A. 南山大学、南山大学、西京大学
B. 北清大学、南山大学、南山大学
C. 北清大学、北清大学、南山大学
D. 西京大学、北清大学、南山大学
E. 西京大学、西京大学、西京大学

11. 若哲学学院最终录用西京大学的候选人，则以下哪项表明李先生的预测错误？

A. 管理学院录用北清大学候选人
B. 管理学院录用南山大学候选人
C. 经济学院录用南山大学候选人
D. 经济学院录用北清大学候选人
E. 经济学院录用西京大学候选人

12. 如果三个学院最终录用的候选人分别来自不同的大学，则以下哪项符合李先生的预测？

A. 哲学学院录用西京大学候选人，经济学院录用北清大学候选人
B. 哲学学院录用南山大学候选人，管理学院录用北清大学候选人
C. 哲学学院录用北清大学候选人，经济学院录用西京大学候选人
D. 哲学学院录用西京大学候选人，管理学院录用南山大学候选人
E. 哲学学院录用南山大学候选人，管理学院录用西京大学候选人

13～14 基于以下题干：

晨曦公园拟在园内东南西北四个区域种植四种不同的特色树木，每个区域只种植一种。选定的特色树种为北松、银杏、乌桕和龙柏。布局和基本要求是：

（1）如果在东区或者南区种植银杏，那么在北区不能种植龙柏和乌桕；

（2）北区或东区要种植北松或者银杏。

13. 根据上述种植要求，如果北区种植龙柏，以下哪项一定为真？

A. 西区种植北松　　B. 南区种植乌桕　　C. 南区种植北松
D. 西区种植乌桕　　E. 东区种植乌桕

14. 根据上述种植要求，如果北松必须种植于西区或南区，以下哪项一定为真？

A. 南区种植北松　　B. 西区种植北松　　C. 东区种植银杏
D. 北区种植银杏　　E. 南区种植乌桕

15～16 基于以下题干：

互联网好比一个复杂多样的虚拟世界，每台联网主机上的信息又构成了一个微观虚拟世界，若在某主机上可以访问本主机的信息，则称该主机相通于自身；若主机 X 能通过互联网访问主机 Y 的信息，则称 X 相通于 Y。已知代号分别为甲、乙、丙、丁的四台联网主机有如下信息：

（1）甲主机相通于任一不相通于丙的主机；

（2）丁主机不相通于丙；

（3）丙主机相通于任一相通于甲的主机。

15. 若丙主机不相通于自身，则以下哪项一定为真？

A. 若丁主机相通于乙，则乙主机相通于甲
B. 甲主机相通于丁，也相通于丙
C. 甲主机相通于乙，乙主机相通于丙
D. 只有甲主机不相通于丙，丁主机才相通于乙
E. 丙主机不相通于丁，但相通于乙

16. 若丙主机不相通于任何主机，则以下哪项一定为假？
A. 乙主机相通于自身
B. 丁主机不相通于甲
C. 若丁主机不相通于甲，则乙主机相通于甲
D. 甲主机相通于乙
E. 若丁主机相通于甲，则乙主机相通于甲

17～18 基于以下题干：

某单位拟派遣3名德才兼备的干部到西部山区进行精准扶贫。报名者踊跃，经过考察，最终确定了陈甲、傅乙、赵丙、邓丁、刘戊、张己6名候选人。根据工作需要，派遣还需满足以下条件：

（1）若派遣陈甲，则派遣邓丁但不派遣张己；
（2）若傅乙、赵丙至少派遣1人，则不派遣刘戊。

17. 以下哪项的派遣人选和上述条件不矛盾？
A. 陈甲、傅乙、赵丙　B. 赵丙、邓丁、刘戊　C. 陈甲、赵丙、刘戊
D. 傅乙、邓丁、刘戊　E. 邓丁、刘戊、张己

18. 如果陈甲、刘戊至少派遣1人，则可以得出以下哪项？
A. 派遣陈甲　B. 派遣傅乙　C. 派遣赵丙
D. 派遣邓丁　E. 派遣刘戊

19～20 基于以下题干：

某工厂有一员工宿舍住了甲、乙、丙、丁、戊、己、庚7人，每人每周需轮流值日一天，且每天仅安排一人值日。他们值日的安排还需满足以下条件：

（1）乙周二或者周六值日；
（2）如果甲周一值日，那么丙周三值日且戊周五值日；
（3）如果甲周一不值日，那么己周四值日且庚周五值日；
（4）如果乙周二值日，那么己周六值日。

19. 根据以上条件，如果丙周日值日，则可以得出以下哪项？
A. 甲周一值日　B. 乙周六值日　C. 丁周二值日
D. 戊周三值日　E. 己周五值日

20. 如果庚周四值日，那么以下哪项一定为假？
A. 甲周一值日　B. 乙周六值日　C. 丙周三值日
D. 戊周日值日　E. 己周二值日

21. 某民乐小组拟购买几种乐器，购买要求如下：
（1）二胡、箫至多购买一种；
（2）笛子、二胡和古筝至少购买一种；
（3）箫、古筝、唢呐至少购买两种；
（4）如果购买箫，则不购买笛子。

根据上述要求，可以得出以下哪项？

A. 古筝、二胡至少购买一种
B. 箫、笛子至少购买一种
C. 至多可以购买三种乐器
D. 至少要购买三种乐器
E. 一定要购买唢呐

22. 张云、李华、王涛都收到了明年2月初赴北京开会的通知。他们可以选择乘坐飞机、高铁与大巴等交通工具到北京。他们对这次进京方式有如下考虑：

(1) 张云不喜欢坐飞机，如果有李华同行，他就选择乘坐大巴；
(2) 李华不计较方式，如果高铁票价比飞机便宜，他就选择乘坐高铁；
(3) 王涛不在乎价格，除非预报二月初北京有雨雪天气，否则选择乘坐飞机；
(4) 李华和王涛家住得较近，如果航班时间合适，他们将同行乘坐飞机。

如果上述3人的考虑都得到满足，则可以得出以下哪项？

A. 如果李华没有选择乘坐高铁或飞机，则他肯定选择和张云一起乘坐大巴进京
B. 如果王涛和李华乘坐飞机进京，则二月初北京没有雨雪天气
C. 如果张云和王涛乘坐高铁，则二月初北京有雨雪天气
D. 如果三人都乘坐飞机，则飞机要比高铁便宜
E. 如果三人都乘坐大巴进京，则预报二月初北京有雨雪天气

综合提高题详解

1. 答案是E。复合命题与复合推理。题干断定：(1) 如果能利用河槽或潮汐发电，那么工业用电的增加就不会影响民需用电。(2) 目前工业用电在增加，而且民需用电受到了影响。根据充分条件假言推理否定后件式，由 (1) 和 (2)，可推出：目前不能利用河槽发电，也不能利用潮汐发电。选项A为真，选项B、D的后件都是真的，所以都为真。选项E前件真而后件假，所以一定为假。

2. 答案是C。所要推出的结论“有些鸟不会飞”，就是题干中的前件的一部分“所有的鸟都会飞”的矛盾命题。根据充分条件假言推理的规则，我们可以通过否定后件从而否定前件来推出所要的结论。所以，首先需要增加“鸵鸟不会飞”这样一个前提。增加该前提后，就可以进一步得到：并非（所有的鸟都会飞，并且鸵鸟是鸟）。根据联言命题的负命题的等值命题的知识，我们知道，该命题等值于：有的鸟不会飞或者鸵鸟不是鸟。这是一个相容的选言命题，我们只需要增加“鸵鸟是鸟”这样一个小前提，进行否定肯定式的相容的选言推理，即可得出结论“有些鸟不会飞”。

3. 答案是E。题干中前两个命题都具有“如果p并且q，那么r”的形式。以这样的命题作为大前提进行推理，关键是要找到肯定前件或者否定后件的小前提。选项E中“街上没有人穿雨衣”，正好起到否定题干中第二个充分条件假言命题的后件“街上总有人穿雨衣”的作用，从而推出：天不下雨或者气温不在零度以上。再考虑选项E中给出的另外一个条件“气温在零度以上”，于是运用相容选言推理的否定肯定式，推出“天不下雨”。其他选项都不一定是真的。

4. 答案是A。题干给出了一个大前提：只有有实际工作经验，并且工科专业课考试优秀或者管理专业课考试优秀，才能被录取。要推出的结论是：小王没有被录取。该结论是对大前提的后件的否定，要求增加的前提能够起到否定前件的作用。选项A正好能够起到这样的作用。该项意味着，或者小王没有实际工作经验，或者他的工科专业课考试和管理专业课考试都不优秀。现在令p表示“有实际工作经验”，q表示“工科专业课考试优秀”，r表示“管理专

业课优秀”，s表示“小王被学校录取”。则具体推理过程可以表示为：

(1) $p\wedge(q\vee r)\leftarrow s$（题干中的大前提）

(2) $p\rightarrow(\neg q\wedge\neg r)$（选项A）

(3) $\neg p\vee(\neg q\wedge\neg r)$（(2) 运用公式 $(p\rightarrow q)\leftrightarrow(\neg p\vee q)$）

(4) $\neg p\vee\neg(q\vee r)$（(3) 运用公式 $\neg(p\vee q)\leftrightarrow(\neg p\wedge\neg q)$）

(5) $\neg(p\wedge(q\vee r))$（(4) 运用公式 $\neg(p\wedge q)\leftrightarrow(\neg p\vee\neg q)$）

(6) $\neg s$（(1) 和 (5) 运用必要条件假言推理的否定前件式）

5. 答案是A。Ⅰ说“这种矿石不是钻石”，这种矿石就是“刚玉或非刚玉非钻石的其他矿石”，显然，无论是刚玉还是非刚玉非钻石的其他矿石，都可以被刚玉刻痕。Ⅱ说“这种矿石不是刚玉”，这种矿石就有可能是钻石，当然也就可以不被刚玉刻痕。Ⅲ说“这种矿石不是像刚玉一样硬”，钻石当然也不会像刚玉一样硬，显然，钻石不能被刚玉刻痕。解答此题的误区是，人们往往把“不像刚玉一样硬”理解为“不比刚玉硬”，其实这是一种错误的理解。

6. 答案是B。“这种颜色不是黑色”，那么这种颜色或者是蓝色或者是黄色或者是白色，不管是其中哪一种颜色，都能够被蓝色所覆盖，所以，Ⅱ能够确切概括能被蓝色覆盖的颜色。“这种颜色不是蓝色”，它就有可能是黑色，当是黑色时，这种颜色就不能被蓝色所覆盖。所以，Ⅰ不能确切概括能被蓝色覆盖的颜色。“这种颜色不如蓝色深”，这种颜色或者是黄色或者是白色，当然黄色或白色显然能被蓝色所覆盖，但是能够被蓝色所覆盖的颜色不只是黄色或者白色，蓝色自身也能够被蓝色所覆盖。所以，Ⅲ不是能够被蓝色所覆盖的颜色。

7. 答案是A。题干大李的话可以转换为：如果大李同意调动，则大李知道小王是否同意调动。小王的话可以转换为：如果小王同意调动，则小王知道大李是否同意调动。很显然，这两个充分条件假言命题的后件是互相矛盾的，必有一个是假的，即或者大李不知道小王是否同意调动或者小王不知道大李是否定同意调动。通过构造二难推理复杂破坏式，可得：或者大李不同意调动或者小王不同意调动。再考虑总编的决定，可以推出：不能调动两人。

8. 答案是D。题干临东区、临西区、江南区、江北区四位旅游局长的预测是：(1) 如果临西区第三，江北区第四；(2) 只有临西区不是第一，江南区才第二；(3) 江南区不是第二；(4) 江北区第四。假设 (3) 真，则 (2) 这个必要条件假言命题的后件为假，这时 (2) 整个断言就是真的，因为必要条件假言判断在后件假时一定是真的。这样，由于 (3) 真会导致 (2) 为真，所以，(3) 一定是假的（因为四个预测只有一个符合事实）。同理可知，(4) 也是假的，因为如果该断言真，则 (1) 这个充分条件假言命题的后件为真，从而整个断言为真，因为充分条件假言判断在后件为真时必定是真的。所以，由 (3) 为假，可知江南区第二；由 (4) 假，可知江北区不第四，即江北区是第一或者第三。最后，构造二难推理的简单构成式如下：

如果假设 (2) 为假，则临西区第一（因为必要条件假言判断只有当前件为假时才假），所以，江北区第三（江北区第一或者第三），这时临东区第四；

如果假设 (1) 为假，则临西区第三（因为充分条件假言判断只有当前件为真时才假），所以，江北区第一（江北区第一或者第三），这时临东区也第四。

总之，临东区一定第四。

9. 答案是B。题干断定：(1) 如果粮食价格稳定，那么蔬菜价格也保持稳定；(2) 如果食用油价格不稳，那么蔬菜价格也将出现波动；(3) 粮食价格将保持稳定；(4) 肉类食品价格将上涨。由 (1) 和 (3) 可得：蔬菜价格稳定。再考虑 (2)，可得：食用油价格稳定。结合选项B“如果食用油价格稳定，那么肉类食品价格不会上涨”，可得：肉类食品价格不上涨。与断定 (4) 矛盾。注意不要选D，因为即使该项为真，即“如果食用油价格出现波动，那么肉类食品价格不会上涨”，现假设肉类食品价格上涨，即断定（4）为真，可以推出：食用油价格稳定，由此出发并不能推出断定（3）就假，即不能否定题干的结论。

10. 答案是D。题干李先生预测：(1) 如果哲学学院录用北清大学的候选人，那么管理学院录用西京大学的候选人；(2) 如果管理学院录用南山大学的候选人，那么哲学学院也录用南山大学的候选人；(3) 如果经济学院录用北清大学或者西京大学的候选人，那么管理学院录用北清大学的候选人。选项D如果为真，即哲学学院、管理学院和经济学院最终录用的候选人依次为西京大学、北清大学、南山大学，则（1）前件假后件假，整个断定为真；（2）前件假后件假，整个断定为真；（3）前件假后件真，整个断定为真。其他选项均不符合李先生的预测。如选项A，若哲学学院、管理学院和经济学院最终录用的候选人依次为南山大学、南山大学、西京大学，则（3）前件真后件假，整个断定为假。

11. 答案是B。在“哲学学院最终录用西京大学的候选人”即哲学学院不录用南山大学的候选人的情况下，则李先生断定（2）“如果管理学院录用南山大学的候选人，那么哲学学院也录用南山大学的候选人”的后件为假。这时需要李先生断定的前件为真，即可断定李先生的预测是错误的。选项B“管理学院录用南山大学候选人”，即断定了李先生预测的前件为真，所以，这时李先生的断定即是假的。

12. 答案是B。如果该项为真，即哲学学院录用南山大学候选人，并且管理学院录用北清大学候选人，则经济学院录用西京大学候选人，符合李先生的预测。因为这时，题干李先生的断定（1）“如果哲学学院录用北清大学的候选人，那么管理学院录用西京大学的候选人”，前件假后件假，整个断定为真；(2)“如果管理学院录用南山大学的候选人，那么哲学学院也录用南山大学的候选人”，前件假后件真，整个断定为真；(3)“如果经济学院录用北清大学或者西京大学的候选人，那么管理学院录用北清大学的候选人”，前件真后件真，整个断定为真。

13. 答案是B。题干断定：(1) 如果在东区或者南区种植银杏，那么在北区不能种植龙柏和乌柏；(2) 北区或东区要种植北松或者银杏。由“北区种植龙柏”和（1），可得：东区和南区都不种银杏。所以，西区种银杏。考虑（2），可得：北区或东区要种植北松，所以，东区要种植北松，进而推出：南区种乌柏。

14. 答案是D。题干断定：(1) 如果在东区或者南区种植银杏，那么在北区不能种植龙柏和乌柏；(2) 北区或东区要种植北松或者银杏。如果“北松必须种植于西区或南区”，则“北松不能种植于东区或北区”，即东区或北区不能种植北松。由（2），可得：北区或东区种银杏。这就是说，如果北区不种银杏，则东区种银杏。考虑（1），可得：北区不能种植龙柏和乌柏，矛盾。所以，北区必须种银杏。

15. 答案是B。题干断定：(1) 甲主机相通于任一不相通于丙的主机；(2) 丁主机不相通于丙；(3) 丙主机相通于任一相通于甲的主机。由“丙主机不相通于自身”和（1），可得：甲相通于丙。再据（1）和（2），可得：甲相通于丁。所以，选项B“甲主机相通于丁，也相通于丙”一定为真。

16. 答案是C。题干断定：(1) 甲主机相通于任一不相通于丙的主机；(2) 丁主机不相通于丙；(3) 丙主机相通于任一相通于甲的主机。由“丙主机不相通于任何主机”和（3），可得：任何主机不相通于甲的主机，因此，选项C“若丁主机不相通于甲，则乙主机相通于甲”，前真而后假。所以，该项一定假。选项B“丁主机不相通于甲”一定真。选项E“若丁主机相通于甲，则乙主机相通于甲”前假后真，一定真。

17. 答案是E。题干断定：(1) 若派遣陈甲，则派遣邓丁但不派遣张己；(2) 若傅乙、赵丙至少派遣1人，则不派遣刘戊。选项A和C均与条件（1）矛盾。选项B和D均与条件（2）矛盾。只有选项E与题干条件不矛盾。

18. 答案是D。题干断定：(1) 若派遣陈甲，则派遣邓丁但不派遣张己；(2) 若傅乙、赵丙至少派遣1人，则不派遣刘戊。根据题干给定的具体条件，即陈甲、刘戊至少派遣1人，也就是说：如果不派陈甲，则派遣刘戊。结合条件 (2) 可得：不派遣傅乙、赵丙。所以，必须派遣邓丁和张己。再根据条件 (1) 进行二难推理，可得：必须派遣邓丁。

19. 答案是B。由丙周日值日，即丙周三不值日，和题干条件 (2) 可得：甲周一不值日。再考虑题干条件 (3)，可得：已周四值日且庚周五值日。再考虑题干条件 (4)，可得：乙周二不值日。再考虑题干条件 (1)，可得：乙周六值日。

20. 答案是D。由庚周四值日，结合题干条件 (3) 可得：甲周一值日。结合题干条件 (2) 可得：丙周三值日且戊周五值日。所以，戊周日值日必假。

21. 答案是A。题干断定整理如下：(1) 如果购买箫，则不购买二胡。(2) 购买二胡或者购买笛子或者购买古筝。(3) 如果不购买箫，则购买古筝和唢呐。(4) 如果购买箫，则不购买笛子。根据 (1)(4)(2)，可得 (5)：如果购买箫，则不购买二胡并且不购买笛子，则购买古筝。再根据 (5)(3) 构成二难推理的简单构成式，可得结论：购买古筝。

22. 答案是E。由题干条件 (3) 可得：除非预报二月初北京有雨雪天气，否则王涛选择乘坐飞机，即：只有预报二月初北京有雨雪天气，王涛才不选择乘坐飞机，或者：如果并非预报二月初北京有雨雪天气，则王涛选择乘坐飞机。将选项E的前面部分“三人都乘坐大巴进京”即“王涛不选择乘坐飞机”，代入上述断定，通过充分条件否定后件到否定前件的假言推理，可得该项的后面部分：预报二月初北京有雨雪天气。但预报有不一定事实上就有，也不一定事实上就没有。所以，选项B、C都不能推出来。

第十章　概括与分析推理

第一节　考试要点及内容精析

逻辑是关于推理的学问。逻辑推理能力测试，首先要考查的就是如何恰当地从已知的前提推导出结论来。凡是从前提推出结论的问题都可称为结论型问题，凡是有明确推理形式要求的结论型问题都可以叫形式推理，凡是没有明确推理形式要求的结论型问题都可以叫非形式推理。非形式推理就是不一定有明确的形式结构，也可以从已知前提推出结论来。

非形式推理主要包括抽象概括型和理解分析型。抽象概括型是根据已知前提最可能推出结论，理解分析型是根据已知前提必然推出结论。

解答非形式推理试题可以运用的方法很多。一般有分析法和概括法。分析法包括逻辑概念结构分析法、数据结构分析法、元素关系的列表、排序、组队等。概括法就是要在全面和系统地把握题干的基础上，通过比较、分析、综合、抽象、归纳，最后得出一个最合理的结论。具体情况列表如下：

<table>
<tr><th colspan="4">逻辑</th></tr>
<tr><td rowspan="3">论证</td><td rowspan="3">形式推理</td><td colspan="2">非形式推理</td></tr>
<tr><td>概括</td><td>分析</td></tr>
<tr><td>最可能、最不可能</td><td>数据关系，概念关系，元素关系的列表、排序、组队</td></tr>
</table>

一、抽象概括

抽象概括是指题干给出了一些具体事实，要求概括一个结论。通常提问为“以下哪项最可能推出?”“以下哪项最可能为真?”这类题型主要针对非必然性的、非充分性的推理问题。这就是说，并非由前提中所给出的条件就能够必然地或者充分地推出某个选项的结论来，即结论具有不充分性，不必然性，但具有最可能性。求解这样的问题，需要注意整体性原则，即牢牢把握题干的整体意思和总的论证意图、目的等。

二、协调与不协调

协调与不协调主要是要求分析并区分与题干陈述协调与不协调的信息。通常提问为“哪一项不可能被推导出来?”，或者“哪一项不可能真?”，或者“哪一项必然是假的?”。首先，需要将与题干相协调或相一致的选项排除。然后选出与题干不协调、不一致或不相干的选项。

三、分析

通过对题干给出的信息进行概念分析、数据分析、元素分析，可以做出相应的结论来。这种问题通常提问为“哪项一定是真?”“哪项可以为真?”解答分析推理问题有各种方法。

1. 反证法

否定某一个选项，即如果将一个选项的否定代入题干后出现矛盾，则该项一定真，一定是结论，是不能被否定的，必须肯定之。凡是问“一定真”或“不可能假”的时候，通常都是运用反证法来确定。

2. 排除法

当其他选项代入题干均会导致矛盾，而只有一个选项代入题干不会导致矛盾时，则这个不会导致矛盾的选项就是要推出来的结论。

3. 数据分析或概念分析法

有些逻辑试题，需要考生首先进行必要的数字计算或者数据、概念关系分析，尤其是当题干或备选项中出现了数据或者与概念有关的文字的时候。做这些题时，考生一定不要怕麻烦，如果考生动手计算计算，答案自然就出来了。

4. 列表法

如果题干所涉及或所列出的事物情况至少包括两类元素，而这两类元素之间又存在着某种对应关系，这时我们就可以采用列表法迅速寻找到答案。做此类题时，如果不列表而是单凭想像，往往容易混乱，难以理清头绪。

5. 排序法

当题干给出的元素之间存在着时间上的先后关系或者空间上的前后关系时，这时就需要对元素之间的顺序进行排列。在排序的过程中，先排定确定的元素，然后一一列出，最后排定最不确定的元素。

6. 组队法

组队法就是题干给出的元素未必存在某种顺序关系，但要求根据一定的约束条件或规则来确定某种结论。解法是将这些元素分成不同的组别，通过元素之间相容或不相容等约束条件来确定各组的成员或个数。求解这类问题需要运用前述命题推理的基本知识，通过运用代入法，随时将选项代入题干所给定的约束条件或规则，从而保证快速得出结论。

四、解答非形式推理问题的四大原则

从已知条件引申出结论，以下四大原则是需要注意的：

1. 整体性原则。即题干所有给出的条件，整个来说是要说什么，题干的宗旨和主题思想是什么。由于结论是接着题干的最后一句话来进行概括的，所以，结论一般不能离开题干最后一句话所表达的意思。

2. 协调性原则。结论和题干的前提条件之间必须是协调的，绝对不能和题干所给出的条件相冲突。和题干矛盾、相冲突的选项不可能是结论。

3. 从弱原则。结论一般地说不能做得太绝对、太过分，不能超出前提所表达的思想范围。

4. 贴近原则。结论是接着题干最后一句话说的，题干最后一句话往往也是题干整个陈述的落脚点。所以，结论要尽可能体现出题干最后一句话的意思。

具体情况可列表如下：

抽象与分析	
最可能真	整体原则、协调原则、从弱原则、贴近原则
最不可能真	逻辑上矛盾的说法最不可能为真，只要逻辑上不矛盾的说法都有可能为真
一定真	反证法、数据分析法、概念分析法、列表法、排序法、组队法

第二节　题型归纳和专题点睛

一、最可能为真

【例 10.1】 在西方经济发展的萧条期，消费需求的萎缩导致许多企业解雇职工甚至倒闭。在萧条期，被解雇的职工很难找到新的工作，这就增加了失业人数。萧条之后的复苏，是指消费需求的增加和社会投资能力的扩张。这种扩张需要增加劳动力。但是经历了萧条之后的企业主大都丧失了经商的自信，他们尽可能地推迟雇用新的职工。

上述断定如果为真，最能支持以下哪项结论？

A. 经济复苏不一定能迅速减少失业人数

B. 萧条之后的复苏至少需要两三年

C. 萧条期的失业大军主要由倒闭企业的职工组成

D. 萧条通常是由企业主丧失经商自信引起的

E. 在西方经济发展中出现萧条是解雇职工造成的

【解析】 答案是 A。题干重点是在说萧条之后的复苏期的事情，选项 C、D、E 都是讲的萧条期的事情，故都不是结论。再从题干最后一句话看，题干着重强调的是在萧条之后的复苏期，就业人数不会快速增加，失业人数不会快速减少的问题，因此只有选项 A 是最合适的结论。

【例 10.2】 神经化学物质的失衡可以引起人的行为失常，大到严重的精神疾病，小到常见的孤僻、抑郁甚至暴躁、嫉妒。神经化学的这些发现，使我们不但对精神疾病患者，而且对身边原本生厌的怪僻行为者，怀有同情和容忍。因为精神健康，无非是指具有平衡的神经化学物质。

以下哪项最为准确地表达了上述论证所要表达的结论？

A. 神经化学物质失衡的人在人群中只占少数

B. 神经化学的上述发现将大大丰富精神病学的理论

C. 理解神经化学物质与行为的关系将有助于培养对他人的同情心

D. 神经化学物质的失衡可以引起精神疾病或其他行为失常

E. 神经化学物质是否平衡是决定精神或行为是否正常的主要因素

【解析】 答案是 C。该项体现了题干的整体精神。注意题干最后一句话讲的是理由，不是题干陈述的关键部分。关键部分是神经化学物质的这些发现，有助于增进我们对身边原本生厌的怪癖行为者的同情和理解。其他选项都没有这个意思。

【例 10.3】 先天的遗传因素和后天的环境影响对人的发展所起作用到底哪一个重要？双胞胎的研究对于回答这一问题有重要的作用。唯环境影响决定论预言，如果把一对双胞胎完全分开抚养，同时把一对不相关的婴儿放在一起抚养，那么，待他们长大成人后，在性格等内在特征上，前两者之间决不会比后两者之间有更多的类似。实际的统计数据并不支持这种极端的观点，但也不支持另一种极端观点，即唯遗传因素决定论。

从以上论述最能推出以下哪个结论？

A. 为了确定上述两种极端观点哪一个正确，还需要进一步的研究工作

B. 虽然不能说环境影响对于人的发展起唯一决定作用，但实际上起最重要的作用

C. 环境影响和遗传因素对人的发展都起着重要的作用

D. 试图通过改变一个人的环境来改变一个人是徒劳无益的

E. 双胞胎研究是不能令人满意的，因为它得出了自相矛盾的结论

【解析】 答案是C。该题需要考虑整体性原则。题干所讨论的问题是：先天的遗传因素和后天的环境影响对人的发展所起作用到底哪一个重要，在这个问题上存在着“唯环境影响决定论”和“唯遗传因素决定论”的两种极端的观点，但是题干中认为“实际的统计数据并不支持这种极端的观点，但也不支持另一种极端观点”，即不能片面地强调两种因素中的任何一种，而是两种因素都起着重要的作用。这正是C所表明的结论。试题具有迷惑性的方面是，题干用了大量的文字来叙述“唯环境影响决定论”者的预言，似乎选项B是正确结论，但实际上并非如此。选项A不成立，因为题干中说已经进行了实验，而且得出了统计数据。选项D和E都与题干不相关。

【例10.4】 为了减少汽车追尾事故，有些国家的法律规定，汽车在白天行驶时也打开尾灯。一般地说，一个国家的地理位置离赤道越远，其白天的能见度越差；而白天的能见度越差，实施上述法律的效果越显著。事实上，目前世界上实施上述法律的国家都比中国离赤道远。

上述断定最能支持以下哪项相关结论？

A. 中国离赤道较近，没有必要制定和实施上述法律

B. 在实施上述法律的国家中，能见度差是造成白天汽车追尾事故的最主要原因

C. 一般地说，和目前已实施上述法律的国家相比，如果在中国实施上述法律，其效果将较不显著

D. 中国白天汽车追尾事故在交通事故中的比例，高于已实施上述法律的国家

E. 如果离赤道的距离相同，则实施上述法律的国家每年发生的白天汽车追尾事故的数量少于未实施上述法律的国家

【解析】 答案是C。题干最后一句话讲到：中国比实施上述法律的国家离赤道近，结论显然就是要说，如果在中国实施上述法律的话，情况将如何如何。

二、最不可能为真

【例10.5】 有球迷喜欢所有参赛球队。

如果上述断定为真，则以下哪项不可能为真？

A. 所有参赛球队都有球迷喜欢

B. 有球迷不喜欢所有参赛球队

C. 所有球迷都不喜欢某个参赛球队

D. 有球迷不喜欢某个参赛球队

E. 每个参赛球队都有球迷不喜欢

【解析】 答案是C。该项和题干矛盾，不可能为真。其他选项都有可能真。

【例10.6】 在一次歌唱竞赛中，每一名参赛选手都有评委投了优秀票。

如果上述断定为真，则以下哪项不可能为真？

Ⅰ. 有的评委投了所有参赛选手优秀票

Ⅱ. 有的评委没有给任何参赛选手投优秀票

Ⅲ. 有的参赛选手没有得到一张优秀票

A. 仅Ⅰ　　B. 仅Ⅱ　　C. 仅Ⅲ

D. 仅Ⅰ和Ⅱ　　E. 仅Ⅰ和Ⅲ

【解析】 答案是C。选项Ⅲ和题干矛盾，不可能真。选项Ⅰ和Ⅱ都有可能真。

【例 10.7】我想说的都是真话，但真话我未必都说。

如果上述断定为真，则以下各项都可能为真，除了：

A. 我有时也说假话

B. 我不是想啥说啥

C. 有时说某些善意的假话并不违背我的意愿

D. 我说的都是我想说的话

E. 我说的都是真话

【解析】答案是C。题干的意思说，假话都不是我想说的，当然也就不是我的意愿。选项C却说“并不违背我的意愿”，显然和题干的意思矛盾，不可能真。需要注意的是，善意的假话也是假话，假的真不了，真的也假不了。其他选项都有可能真。

【例 10.8】在潮湿的气候中仙人掌很难成活；在寒冷的气候中柑橘很难生长。在某省的大部分地区，仙人掌和柑橘至少有一种不难成活生长。

如果上述断定为真，则以下哪项一定为假？

A. 该省的一半地区，既潮湿又寒冷

B. 该省的大部分地区炎热

C. 该省的大部分地区潮湿

D. 该省的某些地区既不寒冷也不潮湿

E. 柑橘在该省的所有地区都无法生长

【解析】答案是A。该项与题干矛盾，因为如果该省的一半地区，既潮湿又寒冷，则不会在该省的大部分地区，仙人掌和柑橘至少有一种不难成活。其他选项和题干均不矛盾。

【例 10.9】张珊喜欢喝绿茶，也喜欢喝咖啡。他的朋友中没有人既喜欢喝绿茶，又喜欢喝咖啡，但他的所有朋友都喜欢喝红茶。

如果上述断定为真，则以下哪项不可能为真？

A. 张珊喜欢喝红茶

B. 张珊的所有朋友都喜欢喝咖啡

C. 张珊的所有朋友喜欢喝的茶在种类上完全一样

D. 张珊有一个朋友既不喜欢喝绿茶，也不喜欢喝咖啡

E. 张珊喜欢喝的饮料，他有一个朋友都喜欢喝

【解析】答案是E。题干断定，张珊喜欢喝绿茶且喜欢喝咖啡，而张珊的朋友却没有这样的情况，选项E则断定有和张珊一样的情况，矛盾。其他选项和题干断定均不矛盾。

【例 10.10】去年春江市的汽车月销售量一直保持稳定。在这一年中，“宏达”车的月销售量较前年翻了一番，它在春江市的汽车市场上所占的销售份额也有相应的增长。今年一开始，尾气排放新标准开始在春江市实施。在该标准实施的头三个月中，虽然“宏达”车在春江市的月销售量仍然保持在去年底达到的水平，但在春江市的汽车市场上所占的销售份额明显下降。

如果上述断定为真，以下哪项不可能为真？

A. 在实施尾气排放新标准的头三个月中，除了“宏达”车以外，所有品牌的汽车在春江市的月销售量都明显下降

B. 在实施尾气排放新标准之前的头三个月中，除了“宏达”车以外，所有品牌的汽车总销售量在春江市汽车市场所占的份额明显下降

C. 如果汽车尾气排放新标准不实施，“宏达”车在春江市汽车市场上所占的销售份额会比题干所断定的情况更低

D. 如果汽车尾气排放新标准继续实施，春江市的汽车月销售总量将会出现下降

E. 由于实施了汽车尾气排放新标准，在春江市销售的每辆“宏达”汽车的平均利润有所上升

【解析】答案是A。根据题干中的断定，在汽车尾气排放新标准实施的头三个月中，“宏达”汽车在春江市的月销售量保持了良好的势头，但是在春江市的汽车市场上所占的销售份额却明显下降，这说明其他品牌的汽车的销售量大增。显然，选项A说所有其他品牌的汽车在春江市的月销售量都明显下降，与题干的断定相矛盾。选项B讲的是之前三个月的情况，有可能真。其他选项也都有可能真。

【例10.11】在一盘扑克牌游戏中，某个人的手中有这样一副牌：

（1）正好有13张牌。

（2）每种花色至少有一张。

（3）每种花色的张数不同。

（4）红心和方块总共五张。

（5）红心和黑桃总共六张。

（6）属于“王牌”花色的有两张。

请问：红心、黑桃、方块和梅花这四种花色中，哪一种是“王牌”花色？

A. 红心　　B. 黑桃　　C. 方块

D. 梅花　　E. 无色

【解析】答案是B。该题可以采用代入法。如果红心是“王牌”花色，则据条件（6）可知红心有2张，据条件（5）知黑桃有4张，据条件（4）知方块有3张。根据条件（1），得梅花有4张。这样，梅花和黑桃都有4张，与条件（3）发生矛盾。所以，红心不是“王牌”花色。同样，可以确定，方块和梅花也都不是“王牌”花色。将黑桃作为“王牌”花色代入题干，不会出现矛盾。所以，“王牌”花色应该是黑桃。

【例10.12】捐助希望工程的动机，大都是社会责任，但也有的是个人功利，当然，出于社会责任的行为，并不一定都不考虑个人功利，对希望工程的每一项捐助，都是利国利民的善举。

如果上述断定为真，以下哪项不可能为真？

A. 有的行为出于社会责任，但不是利国利民的善举

B. 所有考虑个人功利的行为，都不是利国利民的善举

C. 有的出于社会责任的行为是善举

D. 有的行为虽然不是出于社会责任，但却是善举

E. 对希望工程的有些捐助，既不是出于社会责任，也不是出于个人功利，而是有其他原因，例如服从某种摊派

【解析】答案是B。该项和题干矛盾。题干断定：（1）有些对希望工程的捐助是考虑个人功利的；（2）对希望工程的每一项捐助都是利国利民的善举。由这两个断定可以推出：有些考虑个人功利的行为是利国利民的善举。选项B与此矛盾。

【例10.13】近10年来，某电脑公司的个人笔记本电脑的销量持续增长，但其增长率低于该公司所有产品总销量的增长率。

以下哪项关于该公司的陈述与上述信息相冲突？

A. 近10年来，该公司个人笔记本电脑的销量每年略有增长

B. 近10年来，该公司产品总销量增长率与个人笔记本电脑的销量增长率每年同时增长

C. 个人笔记本电脑的销量占该公司产品销量的比例近10年来由68%上升到72%

D. 近10年来，该公司个人笔记本电脑的销量占该公司产品总销量的比例逐年下降

E. 个人笔记本电脑的销量占该公司产品总销量的比例近 10 年来由 64%下降到 49%

【解析】答案是 C。题干陈述：近 10 年来，某电脑公司的个人笔记本电脑的销量持续增长，但其增长率低于该公司所有产品总销量的增长率，意味着近 10 年来该电脑公司的个人笔记本电脑的销售量占该公司产品销售量的比例在持续下降。选项 C 说：个人笔记本电脑的销量占该公司产品销量的比例近 10 年来由 68%上升到 72%，正好与上述陈述相矛盾。其余选项均与题干陈述不矛盾。

【例 10.14】某电脑公司正在研制可揣摩用户情绪的电脑。这种被称为“智能个人助理”的新装置主要通过分析用户敲击键盘的模式，来判断其心情是好是坏，还可通过不断监测用户的活动，逐渐琢磨出其好恶，能在使用者紧张或烦躁时自动减少其所浏览的电子邮件或网站的数量。

以下哪项最不可能是这种计算机提供的功能？

A. 在使用者连续使用计算机超过两个小时后，屏幕会显示“长时间看屏幕对眼睛有害，请您休息几分钟”

B. 在深夜时间，使用者敲击键盘的速度逐渐变慢时，计算机便得知主人已经疲劳，会播出孩子招呼爸爸睡觉的喊话

C. 在使用者经常出现习惯性拼写错误时，比如南方人难以分清“Z”和“ZH”，计算机可以自动加以更正，减轻主人的烦躁心理

D. 在使用者利用国际网络查找资料时，计算机可以根据主人的喜好，把常用的站点放在最显眼的地方，尽可能让主人多看一些

E. 在使用者心情烦躁时，计算机可以通过人机传递的信息觉察到，并及时放一段主人最喜欢的音乐

【解析】答案是 D。选项 A、B、C、E 都意味着这种电脑能够揣摩用户的情绪，都加强的题干，只有选项 D 不属于揣摩用户情绪的情况。

【例 10.15】尊重人的生命，是正义社会根本的道德基础。因此，废除死刑乃是社会达至文明漫长道路上重要的阶段之一。目前已有 70 多个国家废除了死刑，从而庄严地宣告了死刑的不合道德性。

对社会来说，死刑显然是得不偿失。然而，许多恼人的事例却足以显示，我们的复仇贪欲将仁爱之心压倒挤垮。死刑已无法对未来的杀人凶手威慑恐吓。有些研究曾经对实行死刑与不实行死刑的社区之中案件的发案率做过比较，结果显示，它们事实上不分高下。其实，我们无需对这些证据惊诧不已，因为杀人绝不合乎理性，它常常是感情冲动所造成的恶果。

以下哪一项是题干中没有提到的应该废除死刑的理由？

A. 许多其他国家已经废除了死刑

B. 死刑反映了社会的复仇心态，而不是仁慈思想

C. 死刑并未能够制止凶杀

D. 被害人已经被杀，对凶手实施死刑也于事无补

E. 废除死刑表现了对人类生命的尊重

【解析】答案是 D。选项 A、B、C、E 都是题干中已经提到过的。

三、一定真

【例 10.16】根据某位国际问题专家的调查统计可知，有的国家希望与某些国家结盟，有三个以上的国家不希望与某些国家结盟，至少有两个国家希望与每个国家建交，有的国家不希望与任一国家结盟。

根据上述统计可以得出以下哪项？

A. 有些国家之间希望建交但是不希望结盟

B. 至少有一个国家，既有国家希望与之结盟，也有国家不希望与之结盟

C. 每个国家都有一些国家希望与之结盟

D. 至少有一个国家，既有国家希望与之建交，也有国家不希望与之建交

E. 每个国家都有一些国家希望与之建交

【解析】 答案是E。题干断定：至少有两个国家希望与每个国家建交。由此即可推出：有些国家希望与每个国家建交。注意不要选A，因为题干断定“至少有两个国家希望与每个国家建交，有的国家不希望与任一国家结盟”中，“国家”在前面出现和后面出现所指可能不同。其他选项也都断定过强。

【例10.17】 某大学学生会换届选举，张华和其他四个竞选者报名竞选学生会主席一职。其他四个竞选者都没有同时具备张华所有的优点。

从上述断定可以合乎逻辑地得出以下哪项结论？

A. 其他四个竞选者都有一些缺点

B. 张华是最优秀的学生，具备当选学生会主席的条件

C. 其他四个竞选者都有不如张华的地方

D. 张华具有其他四个竞选者的所有优点

E. 张华不具有其他四个竞选者的所有优点

【解析】 答案是C。题干断定“其他四个竞选者都没有同时具备张华所有的优点”。由此可以推出：其他四个竞选者都有不如张华的地方。选项A过强。

四、数据分析或概念关系分析

【例10.18】 在某次思维训练课上，张老师提出“尚左数”这一概念的定义：在连续排列的一组数字中，如果一个数字左边的数字都比其大（或无数字），且其右边的数字都比其小（或无数字），则称这个数字为尚左数。

根据张老师的定义，在8，9，7，6，4，5，3，2这列数字中，以下哪项包含了该列数字中所有的尚左数？

A. 4、5、7和9　　B. 2、3、6和7　　C. 3、6、7和8

D. 5、6、7和8　　E. 2、3、6和8

【解析】 答案是B。根据题干中关于“尚左数”的定义：左边的数字都比其大（或无数字），而右边的数字都比其小（或无数字）。8、9、7、6、4、5、3、2这列数字中，同时满足定义的有7、6、3、2。注意，2也是满足定义的，因为尚左数的左边和右边，都可以是无数字。

【例10.19】 一份犯罪调研报告揭示，H市近三年来的严重刑事犯罪案件60%皆为已记录在案的350名惯犯所为。报告同时揭示，严重刑事案件的半数以上作案者同时是吸毒者。

如果上述断定都是真的，并且同时考虑到事实上一个惯犯可能作案多起，那么，下述哪项断定一定是真的？

A. 350名惯犯中可能没有吸毒者

B. 350名惯犯中一定有吸毒者

C. 350名惯犯中大多数是吸毒者

D. 吸毒者大多数在350名惯犯中

E. 吸毒是造成严重刑事犯罪的主要原因

【解析】 答案是A。该题需要考虑结论从弱原则。虽然H市严重刑事犯罪案件中的60%都为350名惯犯所为，但是这些惯犯有可能一人多起作案。所以，这350名惯犯在该市全部严重刑

事案件的作案者中的比例可能是一个很小的数字。因此，虽然严重刑事案件作案者的半数以上都是吸毒者，但却有可能这些吸毒者中没有惯犯。比如，该市有 1 000 名严重刑事案件的作案者，其半数以上假设为 600 名都是吸毒者，但是有可能这 350 名惯犯刚好都属于另外的 400 名不吸毒的严重刑事案件的作案者之中。所以，选项 B、C、D 都说得太绝对，选项 E 则是无关选项。

【例 10.20】最近南方某保健医院进行为期 10 周的减肥试验，参加者平均减肥 9 公斤。男性参加者平均减肥 13 公斤，女性参加者平均减肥 7 公斤。医生将男女减肥差异归结为男性参加者减肥前体重比女性参加者重。

从上文可推出以下哪个结论?

A. 女性参加者减肥前体重都比男性参加者轻

B. 所有参加者体重均下降

C. 女性参加者比男性参加者多

D. 男性参加者比女性参加者多

E. 男性参加者减肥后体重都比女性参加者轻

【解析】答案是 C。设男性参加减肥的人数为 x，女性参加减肥人数为 y。则有

$$9(x+y)=13x+7y$$

所以，$y=2x$

显然，女性参加减肥的人数多于男性。

【例 10.21】在国庆 50 周年仪仗队的训练营地，某连队一百多个战士在练习不同队形的转换。如果他们排成五列人数相等的横队，只剩下连长在队伍前面喊口令；如果他们排成七列这样的横队，只有连长仍然可以在前面领队；如果他们排成八列，就可以有两人作为领队了。在全营排练时，营长要求他们排成三列横队。

以下哪项是最可能出现的情况?

A. 该连队官兵正好排成三列横队

B. 除了连长外，正好排成三列横队

C. 排成了整齐的三列横队，另有两人作为全营的领队

D. 排成了整齐的三列横队，其中有一人是其他连队的

E. 排成了三列横队，连长在队外喊口令，但营长临时排在队中

【解析】答案是 B。这道题的关键在于算出该连队的具体人数。题干中说有一百多人，但具体是多少呢？根据题干，这个数字被 5 除会余 1，被 7 除也余 1，5 和 7 的公倍数是 35，往上是 70，105，140，175，等，所以这个数应该是 106，或者 141，或者 176。又根据题干，这个数被 8 除还余 2，于是该数只能是 106 了。由于 105 能被 3 除尽，所以 106 被 3 除后还余 1。

【例 10.22】据统计，去年在某校参加高考的 385 名文、理科考生中，女生 189 人，文科男生 41 人，非应届男生 28 人，应届理科考生 256 人。

由此可见，去年在该校参加高考的考生中：

A. 非应届文科男生多于 20 人

B. 应届理科女生少于 130 人

C. 应届理科男生多于 129 人

D. 应届理科女生多于 130 人

E. 非应届文科男生少于 120 人

【解析】答案是 B。题干中给出的数据中，189 和 256 之间是交叉关系，28 和 41 之间也是交叉关系。

设交叉部分分别为 x_1 和 x_2，则可列出下列表达式：$189+256+41+28-x_1-x_2=358$。于

是有 $x_1+x_2=129$，即 $x_1=129-x_2$，

这就是说，应届理科女生少于130人。

五、列表分析

【例10.23】方宁、王宜和余涌，一个是江西人，一个是安徽人，一个是上海人，余涌的年龄比上海人大，方宁和安徽人不同岁，安徽人比王宜年龄小。

根据上述断定，以下结论都不可能推出，除了：

A. 方宁是江西人，王宜是安徽人，余涌是上海人

B. 方宁是安徽人，王宜是江西人，余涌是上海人

C. 方宁是安徽人，王宜是上海人，余涌是江西人

D. 方宁是上海人，王宜是江西人，余涌是安徽人

E. 方宁是江西人，王宜是上海人，余涌是安徽人

【解析】答案是D。解这道题可以首先采用列表计算法。制表如下：

	江西人	安徽人	上海人
方宁		×	
王宜		×	
余勇		√	×

根据上表，既然方宁和王宜都不是安徽人，所以，余涌是安徽人。于是，选项A、B、C均可排除。再考虑到余涌的年龄大于上海人，王宜的年龄大于安徽人，即王宜的年龄大于余涌，所以，王宜的年龄大于上海人，王宜不是上海人。所以，方宁是上海人。

【例10.24】某省大力发展旅游产业，目前已经形成东湖、西岛、南山三个著名景点，每处景点都有二日游、三日游、四日游三种路线。李明、王刚、张波拟赴上述三地进行9日游，每个人都设计了各自的旅游计划。后来发现，每处景点他们三人都选择了不同的计划：李明赴东湖的计划天数与王刚赴西岛的计划天数相同，李明赴南山的计划是三日游，王刚赴南山的计划是四日游。

根据以上陈述，可以得出以下哪项？

A. 李明计划东湖二日游，王刚计划西岛二日游

B. 王刚计划东湖三日游，张波计划西岛四日游

C. 张波计划东湖四日游，王刚计划西岛三日游

D. 张波计划东湖三日游，李明计划西岛四日游

E. 李明计划东湖二日游，王刚计划西岛三日游

【解析】答案是A。题干断定：(1) 每处景点他们三人都选择了不同的计划；(2) 李明赴东湖的计划天数与王刚赴西岛的计划天数相同；(3) 李明赴南山的计划是三日游；(4) 王刚赴南山的计划是四日游。将上述(4)、(3)和(2)的断定情况先后填入下表，可知：李明赴东湖与王刚赴西岛的计划天数都应该是二日游。

	东湖	西岛	南山
李明	2 (2)		3 (3)
王刚		2 (2)	4 (4)
张波			

【例 10.25】学校田径运动会有 4 个径赛项目，100 米、200 米、400 米和 800 米。二班有三位男生建国、小杰、大牛和三位女生丹丹、小颖、淑珍参加。运动会有两个规定：一是每个项目必须男女同时参加或同时不参加；二是每人只能参加一个项目。

如果建国参加的是 100 米或 200 米，大牛参加的是 400 米，丹丹参加的是 800 米，则以下哪项一定为真？

A. 小杰参加的是 800 米　　B. 建国参加的是 100 米　　C. 小颖参加的是 200 米
D. 淑珍参加的是 400 米　　E. 建国参加的是 200 米

【解析】答案是 A。题干给出的条件有：(1) 建国参加的是 100 米或 200 米，即不参加 400 米和 800 米；(2) 大牛参加 400 米；(3) 丹丹参加 800 米。列表如下：

	100	200	400	800
建国			×（1）	×（1）
小杰				√（3）
大牛	×（2）	×（2）	√（2）	×（2）

根据题干要求，既然 800 米有了丹丹参加，所以还需要有男的参加。这个男的不能是建国，因为建国参加的是 100 米或 200 米；也不能是大牛，因为大牛参加的是 400 米。所以，只能是小杰了。

六、排序分析

【例 10.26】某次认知能力测试，刘强得了 118 分，蒋明的得分比王丽高，张华和刘强得分之和大于蒋明和王丽的得分之和，刘强的得分比周梅高；此次测试 120 分以上为优秀，五人之中有两人没有达到优秀。

根据以上信息，以下哪项是上述五人在此次测试中得分从高到低的排列？

A. 张华、王丽、周梅、蒋明、刘强
B. 张华、蒋明、王丽、刘强、周梅
C. 张华、蒋明、刘强、王丽、周梅
D. 蒋明、张华、王丽、刘强、周梅
E. 蒋明、王丽、张华、刘强、周梅

【解析】答案是 B。题干断定：(1) 刘强得了 118 分；(2) 蒋明的得分比王丽高；(3) 张华和刘强得分之和大于蒋明和王丽的得分之和；(4) 刘强的得分比周梅高；(5) 此次测试 120 分以上为优秀；(6) 五人之中有两人没有达到优秀。由 (1)、(4) 和 (5)，可得：刘强和周梅不是优秀。由 (6)，可得：其余三人优秀。由 (3)，可得：张华的得分分别大于蒋明和王丽。再由 (2)，可得：得分由高到低的排序是：张华、蒋明、王丽、刘强、周梅。排序如下：

优秀（6）	优秀（6）	优秀（6）	118	
张华（3）	蒋明（2）	王丽（2）	刘强（1）	周梅（6）

【例 10.27】张霞、李丽、陈露、邓强和王硕一起坐火车去旅游，他们正好在同一车厢相对两排的 5 个座位上，每人各坐一个位子。第一排的座位按顺序分别记作 1 号和 2 号。第二排的座位按顺序分别记作 3、4、5 号。座位 1 和座位 3 直接相对，座位 2 和座位 4 直接相对，座位 5 不和上述任何座位直接相对。李丽坐在 4 号位置；陈露所坐的位置不与李丽相邻，也不与邓强相邻（相邻指同一排上紧挨着）；张霞不坐在与陈露直接相对的位置上。

根据以上信息，张霞所坐的位置有多少种可能的选择？

A. 1种　　B. 2种　　C. 3种

D. 4种　　E. 5种

【解析】 答案是D。题干断定：（1）李丽坐在4号位置；（2）陈露所坐的位置不与李丽相邻，也不与邓强相邻（相邻指同一排上紧挨着）；（3）张霞不坐在与陈露直接相对的位置上。将上述（1）、（2）、（3）按先后顺序填入下表。据（1），将李丽排定在4号位置。据（2）可知，陈露只能在1号或2号位置，邓强在3号或者5号位置。再考虑（3），可得：张霞可坐在3号或5号位置（陈露坐1号时张霞坐5号），也可坐在1号或者2号（陈露坐1号时张霞坐2号）。

1陈露（2）张霞（3）	2陈露（2）张霞（3）	
3邓强（2）张霞（3）	4李丽（1）	5张霞（3）邓强（2）

【例10.28】 某单位有负责网络、文秘以及后勤的三名办公人员文珊、孔瑞和姚薇，为了培养年轻干部，领导决定她们三个在这三个岗位之间实行轮岗，并将她们原来的工作间110室、111室、112室也进行了轮换。结果，原本负责后勤的文珊接替了孔瑞的文秘工作，由110室调到了111室。

根据以上信息，可以得出以下哪项？

A. 姚薇接替孔瑞的工作　　B. 孔瑞接替文珊的工作　　C. 孔瑞被调到了110室

D. 孔瑞被调到了112室　　E. 姚薇被调到了112室

【解析】 答案是D。题干断定：原本负责后勤的文珊接替了孔瑞的文秘工作，由110室调到了111室。由这一断定，可得当下的情况是：110室为后勤工作，111室的文珊负责文秘工作；112室的孔瑞负责网络工作。排序如下：

110	111	112
后勤	文秘	网络
	文珊	孔瑞

【例10.29】 某小区业主委员会的4名成员晨桦、建国、向明和嘉媛围坐在一张方桌前（每边各坐一人）讨论小区大门旁的绿化方案。4人的职业各不相同，每个人的职业是高校教师、软件工程师、园艺师或邮递员之中的一种。已知：晨桦是软件工作师，他坐在建国的左手边；向明坐在高校教师的右手边；坐在建国对面的嘉媛不是邮递员。

根据以上信息，可以得出以下哪项？

A. 嘉媛是高校教师，向明是园艺师

B. 向明是邮递员，嘉媛是园艺师

C. 建国是邮递员，嘉媛是园艺师

D. 建国是高校教师，向明是园艺师

E. 嘉媛是园艺师，向明是高校教师

【解析】 答案是B。题干断定：（1）晨桦是软件工作师，他坐在建国的左手边；（2）向明坐在高校教师的右手边；（3）坐在建国对面的嘉媛不是邮递员。按（1）、（2）、（3）先后排序如下：

	嘉媛（3）园艺师	
晨桦（1）软件工程师		向明（2）邮递员（3）
	建国（1）高校教师（2）	

七、组队分析

【例 10.30】有三户人家，每家有一孩子，他们的名字是：小萍（女）、小红（女）、小虎（男）。孩子的爸爸是老王、老张和老陈；妈妈是刘蓉、李玲和方丽。对于这三家人，已知：

（1）老王家和李玲家的孩子都参加了少年女子舞蹈队。

（2）老张的女儿不是小红。

（3）老陈和方丽不是一家人。

根据以上条件，以下哪项是正确的？

A. 老王、刘蓉和小萍是一家

B. 老张、李玲和小红是一家

C. 老陈、方丽和小虎是一家

D. 老王、方丽和小红是一家

E. 老陈、刘蓉和小红是一家

【解析】答案是 D。根据老张的女儿不是小红，可知老张的女儿是小萍，老王的女儿是小红。所以，选项 A 说老王的女儿是小萍不能成立；选项 B 说老张的女儿是小红不能成立；选项 E 说老陈的女儿是小红也不能成立。根据老陈和方丽不是一家人，可知选项 C 不能成立。

【例 10.31】在某次考试中，有 3 个关于北京旅游景点的问题，要求考生每题选择某个景点的名称作为唯一答案，其中 6 位考生关于上述 3 个问题的答案依次如下：

第一位考生：天坛、天坛、天安门；

第二位考生：天安门、天安门、天坛；

第三位考生：故宫、故宫、天坛；

第四位考生：天坛、天安门、故宫；

第五位考生：天安门、故宫、天安门；

第六位考生：故宫、天安门、故宫。

考试结果表明，每位考生都至少答对其中 1 道题。

根据以上陈述，可知这 3 个问题的正确答案依次是：

A. 天坛、故宫、天坛　　B. 故宫、天安门、天安门　　C. 天安门、故宫、天坛

D. 天坛、天坛、故宫　　E. 故宫、故宫、天坛

【解析】答案是 B。将该项中的“故宫、天安门、天安门”作为正确答案代入题干的第一位到第六位考生的各种情况，发现正好每个考生都答对其中 1 道题，正好与题意相符。将选项 A 中的“天坛、故宫、天坛”作为正确答案代入题干的第一位到第六位考生的各种情况，会发现第六位考生全答错，与题意不符。将 C、D、E 分别作为正确答案代入题干的第一位到第六位考生的各种情况，都至少有一种情况与题意不符。

第三节　阶梯化训练题及解析

一、基础能力题

1. 人一般都偏好醒目的颜色。在婴幼儿眼里，红、黄都是醒目的题色，这与成人相同；但与许多成人不同的是，黑、蓝和白色是不醒目的。市场上红、黄色为主的儿童玩具，比同样价格的黑、蓝和白色为主的玩具销量要大。

以上信息最能支持以下哪项结论？

A. 市场上黑、蓝和白色的成人服装比同样价格的红、黄色成人服装销量要大

B. 市场上红、黄色为主的儿童服装，比同样价格的黑、蓝和白色为主的儿童服装销量要大

C. 儿童玩具的销售状况至少在某种程度上反映了婴幼儿的喜好

D. 儿童玩具的制造商认真研究了婴幼儿对颜色的喜好

E. 颜色是婴幼儿选择玩具的唯一标准

2. 蚂蚁在从蚁穴回到食物源的途中，会留下一种称为信息素的化学物质。蚂蚁根据信息素的气味，来回于蚁穴和食物源之间，把食物运回蚁穴。当气温达到摄氏 45 度以上时，这种信息素几乎都会不留痕迹地蒸发。撒哈拉沙漠下午的气温都在摄氏 45 度以上。

如果上述断定为真，最能支持以下哪项结论？

A. 蚂蚁只在上午或晚上觅食

B. 蚂蚁无法在撒哈拉沙漠存活

C. 在撒哈拉沙漠存活的蚂蚁，如果不在上午或晚上觅食，那么一定不是依靠信息素气味的引导把食物运回蚁穴

D. 如果蚂蚁不是依靠信息素的引导把食物运回蚁穴，那么一定依靠另一种物质，这种物质在气温达到摄氏 45 度以上时不会蒸发

E. 蚂蚁具有耐高温的生存能力

3. 水泥的原料是很便宜的，像石灰石和随处可见的泥土都可以用作水泥的原料。但水泥的价格会受石油价格的影响，因为在高温炉窑中把原料变为水泥要耗费大量的能源。

基于上述断定最有可能得出以下哪项结论？

A. 石油是水泥所含的原料之一

B. 石油是制水泥的一些高温炉窑的能源

C. 水泥的价格随着油价的上升而下跌

D. 水泥的价格越高，石灰石的价格也越高

E. 石油价格是决定水泥产量的主要因素

4. 大多数抗抑郁药物都会引起体重的增加。尽管在服用这些抗抑郁药物时，节食有助于减少体重的增加，但不可能完全避免这种体重的增加。

以上信息最能支持以下哪项结论？

A. 医生不应当给超重的患者开抗抑郁药处方

B. 至少有些服用抗抑郁药物的人的体重会超重

C. 至少有些服用抗抑郁药物的人会增加体重

D. 至少有些服用抗抑郁药物的患者应当通过节食来保持体重

E. 服用抗忧郁药物的人超重，是由于没有坚持节食

5. 在桂林漓江一些有地下河流的岩洞中，有许多露出河流水面的石笋。这些石笋是由水滴长年滴落在山石表面而逐渐积累的矿物质形成的。

如果上述断定为真，最能支持以下哪项结论？

A. 过去漓江的江面比现在高

B. 只有漓江的岩洞中才有地下河流

C. 漓江的岩洞中大都有地下河流

D. 上述岩洞内的地下河流是在石笋形成前出现的

E. 上述岩洞内地下河流的水比过去深

6. 母鼠对它所生的鼠崽立即显示出母性行为。而一只刚生产后的从未接触鼠崽的母鼠，在一个封闭的地方开始接触一只非己所生的鼠崽，七天后，这只母鼠显示出明显的母性行为。如果破坏这只母鼠的嗅觉，或者摘除鼠崽产生气味的腺体，上述七天的时间将大大缩短。

上述断定最能推出以下哪项结论？

A. 不同母鼠所生的鼠崽发出不同的气味

B. 鼠崽的气味是母鼠母性行为的重要诱因

C. 非己所生的鼠崽的气味是母鼠对其产生母性行为的障碍

D. 公鼠对鼠崽的气味没有反应

E. 母鼠的嗅觉是老鼠繁衍的障碍

7. 所有的极地冰都是由降雪形成的。特别冷的空气不能保持很多的湿气，因而不能产生大量的降雪。近几年来，两极地区的空气无一例外地特别寒冷。

上述资料最有力地支持了以下哪个结论？

A. 如果现在的极地冰有任何增加和扩张，它的速度也是极其缓慢的

B. 如果两极地区的气温不断变暖，大量的极地冰将会融化

C. 最近几年，两极地区的降雪实际上是连续不断的

D. 较厚的极地冰与较冷的空气是相互矛盾的

E. 在两极地区，为使雪转化成冰，空气必须特别冷

8. 盛夏时节的某一天，某市早报刊载了由该市专业气象台提供的全国部分城市当天的天气预报，择其内容列表如下：

天津	阴	上海	雷阵雨	昆明	小雨
呼和浩特	阵雨	哈尔滨	少云	乌鲁木齐	晴
西安	中雨	南昌	大雨	香港	多云
南京	雷阵雨	拉萨	阵雨	福州	阴

根据上述信息，以下哪项做出的论断最为准确？

A. 由于所列城市分处我国的东南西北中，所以上面所列的 9 类天气一定就是所有的天气类型

B. 由于所列城市盛夏天气变化频繁，所以上面所列的 9 类天气一定就是所有的天气类型

C. 由于所列城市并非我国的所有城市，所以上面所列的 9 类天气一定不是所有的天气类型

D. 由于所列城市在同一天不一定展示所有的天气类型，所以上面所列的 9 类天气可能不是所有的天气类型

E. 由于所列城市在同一天可能展示所有的天气类型，所以上面所列的 9 类天气一定是所有的天气类型

9. 人们在设计调查问卷时通常仅注意问题的设计，而往往忽略语言设计可能出现的各种问题（如语境、语言的歧义等）。最新研究结果确认：这些语言设计方面的问题对调查的结果可以产生十分重要的影响。

假设被调查者都能如实回答问卷，则以下哪项结论最可能从上述断定中推出？

A. 问卷调查结果通常不能完全反映实际情况

B. 问卷调查结果通常能完全反映实际情况

C. 被调查者都不具备识别语境、语言歧义的能力

D. 在设计调查问卷时，语言设计比问题设计更重要

E. 在设计调查问卷时，语言设计比问题设计更困难

10. 麦角碱是一种可以在谷物种子的表层大量滋生的菌类，特别多见于黑麦。麦角碱中含有一种危害人体的有毒化学物质。黑麦是在中世纪引进欧洲的。由于黑麦可以在小麦难以生长的贫瘠和潮湿的土地上有较好的收成，因此，就成了那个时代贫穷农民的主要食物来源。

上述信息最能支持以下哪项断定？

A. 在中世纪以前，麦角碱从未在欧洲出现

B. 在中世纪以前，欧洲贫瘠而潮湿的土地基本上没有得到耕作

C. 在中世纪的欧洲，如果不食用黑麦，就可以避免受到麦角碱所含有毒物质的危害

D. 在中世纪的欧洲，富裕农民比贫穷农民较多地意识到麦角碱所含有毒物质的危害

E. 在中世纪的欧洲，富裕农民比贫穷农民较少受到麦角碱所含有毒物质的危害

11. 地球在其形成的早期是一个熔岩状态的快速旋转体，绝大部分的铁元素处于其核心部分。有一些熔岩从这个旋转体的表面甩出，后来冷凝形成了月球。

如果以上这种关于月球起源的理论正确，则最能支持以下哪项结论？

A. 月球是唯一围绕地球运行的星球

B. 月球将早于地球解体

C. 月球表面的凝固是在地球表面凝固之后

D. 月球像地球一样具有固体的表层结构和熔岩状态的核心

E. 月球的含铁比例小于地球核心部分的含铁比例

12. 锐进软件股份有限公司是一个由四个子公司，即甲、乙、丙、丁组成的总公司。在总公司的利润方案下，每个子公司承担的利润份额与每年该子公司员工占锐进软件股份有限公司总员工数的份额相等。但是去年该公司的财务报告却显示，甲公司在员工数量增加的同时向总公司上缴利润的比例却下降了。

如果上述陈述为真，财务报告还能够说明下列哪项？

A. 在四个子公司中，甲的员工数量最少

B. 甲公司员工增长的比例比前一年小

C. 乙、丙、丁公司员工增长的比例都超过了甲公司员工增长的比例

D. 甲公司员工增长的比例至少比其他三个子公司中的一个小

E. 在四个子公司中，甲的员工增长数是最小的

13. 某年，哈佛毕业生临出校门前，校方对他们做了一个有关人生意义的调查，结果是27%的人完全没有目标，60%的人目标模糊，10%的人有近期目标，只有3%的人有清晰长远的目标。25年过去了，那3%的人不懈地朝着一个目标坚韧努力，成为社会的精英，而其余的人，成就就要差得多。这说明：

A. 应该尽快、尽早地确定自己的人生目标

B. 人生没有任何意义，但我们应该给它加一个意义

C. 是否有清晰长远的人生目标，对人生成就的大小有非常重要的影响

D. 如果有清晰长远的人生目标，就会获得人生的成功

E. 人生的成功不一定意味着人生的幸福

14. 曙光机械厂、华业机械厂、祥瑞机械厂都在新宁市辖区。它们既是同一工业局下属的兄弟厂，在市场上也是竞争对手。在市场需求的五种机械产品中，曙光机械厂擅长生产产品1、产品2和产品4，华业机械厂擅长生产产品2、产品3和产品5，祥瑞机械厂擅长生产产品3和产品5。如果两个厂生产同样的产品，一方面是规模不经济，另一方面是会产生恶性内部竞争。如果一个厂生产三种产品，在人力和设备上也有问题。为了发挥好地区经济合作的优势，

工业局招集三个厂的领导对各自的生产产品作了协调，做出了满意的决策。

以下哪项最可能是这几个厂的产品选择方案？

A. 曙光机械厂生产产品 1 和产品 5，华业机械厂只生产产品 2

B. 曙光机械厂生产产品 1 和产品 2，华业机械厂生产产品 3 和产品 5

C. 华业机械厂生产产品 2 和产品 3，祥瑞机械厂只生产产品 4

D. 华业机械厂生产产品 2 和产品 5，祥瑞机械厂生产产品 3 和产品 4

E. 祥瑞机械厂生产产品 3 和产品 5，华业机械厂只生产产品 2

15. 2017 年，鼻窦炎是 H 国最普遍的慢性病，然后依次是关节炎和高血压。关节炎和高血压的发病率随年龄增长而增高，但鼻窦炎的发病率在所有年龄段都是相同的。H 国人口的平均年龄在 2017—2030 年间将有所增加。

从以上信息，可以对该国慢性病状况做出的结论哪个最恰当？

A. 到 2030 年，H 国关节炎和高血压将比鼻窦炎更普遍

B. 到 2030 年，H 国关节炎将成为最普遍的慢性病

C. 2017—2030 年间，H 国鼻窦炎患者的平均年龄将增加

D. 到 2030 年，H 国鼻窦炎的人数将比 2017 年减少

E. 到 2030 年，H 国相当一部分人都将患上面所提到的慢性病中的一种

16. 农业中连续使用大剂量的杀虫剂会产生两种危害性很大的作用。第一，它经常会杀死农田中害虫的天敌；第二，它经常会使害虫产生抗药性，因为没被杀虫剂杀死的昆虫最具有抗药性，而且它们得以存活下来继续繁衍后代。

从上文中，我们可以推出以下哪项措施是解决以上问题的最好方法？

A. 只使用化学性稳定的杀虫剂

B. 培育更高产的农作物抵消害虫造成的损失

C. 逐渐增加杀虫剂的使用量使没被杀死的害虫尽可能地减少

D. 每年闲置一些耕地使害虫因没有充足的食物而死亡

E. 周期性地使用不同种类的杀虫剂

17. 群英和志强都是经营笔记本电脑的公司。它们是电子一条街上的两颗高科技新星。为了在笔记本电脑市场方面与几家国际大公司较量，群英公司和志强公司在加强管理、降低成本、提高质量和改善服务几方面实行了有效的措施，2015 年的笔记本电脑的销售量比 2014 年分别增加了 15 万台和 12 万台，令国际大公司也不敢小看它们。

根据以上事实，最能得出下面哪项结论？

A. 在 2015 年群英公司和志强公司的笔记本电脑的销售量超过了国外公司在中国的笔记本电脑的销售量

B. 在 2015 年群英公司和志强公司用降价倾销的策略扩大了市场份额

C. 在 2015 年群英公司的销售量的增长率超过志强公司的增长率

D. 在 2015 年群英公司的市场份额增长量超过了志强公司的市场份额增长量

E. 在价格、质量相似的情况下，中国的许多消费者更喜欢买进口笔记本电脑

18. 图示方法是几何学课程的一种常用方法。这种方法使得这门课比较容易学，因为学生们得到了对几何概念的直观理解，这有助于培养他们处理抽象运算符号的能力。对代数概念进行图解相信会有同样的教学效果，虽然对数学的深刻理解从本质上说是抽象的而非想象的。

上述议论最不可能支持以下哪项断定？

A. 通过图示获得直观，并不是数学理解的最后步骤

B. 具有很强的处理抽象运算符号能力的人，不一定具有抽象的数学理解能力

C. 几何学课程中的图示方法是一种有效的教学方法

D. 培养处理抽象运算符号的能力是几何学课程的目标之一

E. 存在着一种教学方法，既可以有效地用于几何学，又用于代数

19. “男女”和“阴阳”似乎指的是同一种区分标准，但实际上，“男人和女人”区分人的性别特征，“阴柔和阳刚”区分人的行为特征。按照“男女”的性别特征，正常人分为两个不重叠的部分；按照“阴阳”的行为特征，正常人分为两个重叠的部分。

以下各项都符合题干的含义，除了：

A. 人的性别特征不能决定人的行为特征

B. 女人的行为，不一定具有阴柔的特征

C. 男人的行为，不一定具有阳刚的特征

D. 同一个人的行为，可以既有阴柔又有阳刚的特征

E. 一个人的同一个行为，可以既有阴柔又有阳刚的特征

20. 在H公司，从董事长、总经理、总会计师到每一个人，没有人信任所有的人。董事长信任总经理；总会计师不信任董事长；总经理信任所有信任董事长的人。

如果上述断定为真，那么以下哪项不可能为真？

Ⅰ. 总经理不信任董事长

Ⅱ. 总经理信任总会计师

Ⅲ. 所有的人都信任董事长

A. 仅Ⅰ　　B. 仅Ⅱ　　C. 仅Ⅲ

D. 仅Ⅱ和Ⅲ　　E. Ⅰ、Ⅱ和Ⅲ

21. 烟斗和雪茄比香烟对健康的危害明显要小。吸香烟的人如果戒烟的话，则可以免除对健康的危害，但是如果改吸烟斗或雪茄的话，则对健康的危害和以前差不多。

如果上述断定为真，那么以下哪项最不可能真？

A. 香烟对所有吸香烟者健康的危害基本相同

B. 烟斗和雪茄对所有吸烟斗和雪茄者健康的危害基本相同

C. 同时吸香烟、烟斗和雪茄所受到的健康危害，不大于只吸香烟

D. 吸烟斗和雪茄的人戒烟后如果改吸香烟，则所受到的健康危害比以前大

E. 烟斗比雪茄对健康的危害要大

22. 清朝雍正年间，市面流通的铸币，其金属构成是铜六铅四，即六成为铜，四成为铅。不少商人出以利计，纷纷熔币取铜，使得市面的铸币严重匮乏，不少地方出现以物易物。但朝廷征于市民的赋税，须以铸币缴纳，不得代以实物或银子。市民只得以银子向官吏购兑铸币用以纳税，不少官吏因此大发了一笔。这种情况，明清两朝以来从未出现过。

从上述陈述，可推出以下哪项结论？

Ⅰ. 上述铸币中所含铜的价值要高于该铸币的面值

Ⅱ. 上述用银子购兑铸币的交易中，不少并不按朝廷规定的比价成交

Ⅲ. 雍正以前明清诸朝，铸币的铜含量，均在六成以下

A. 仅Ⅰ　　B. 仅Ⅱ　　C. 仅Ⅲ

D. 仅Ⅰ和Ⅱ　　E. Ⅰ、Ⅱ和Ⅲ

23. 制作和销售假文凭、假证件，已经成为社会的一大公害。公安和司法部门对此进行了多次突击整治，破获了一批窝点，惩治和宣判了一批罪犯。但是，社会上制作和销售假文凭、假证件的势头并不见多大扭转。

如果上述断定是真的，则以下哪项断定也一定是真的？

Ⅰ. 假文凭、假证件的买方市场依然存在

Ⅱ. 所破获的制假和销假窝点只占这样的窝点的很少的比例

Ⅲ. 文凭和证件缺乏有效的辨伪设施

A. 仅Ⅰ　　B. 仅Ⅱ　　C. 仅Ⅰ和Ⅱ

D. 仅Ⅰ和Ⅲ　　E. Ⅰ、Ⅱ和Ⅲ

24. 宇宙中穿过地球运行轨道的大行星有 1 000 多颗。虽然一颗行星与地球碰撞的概率极小，但人类仍必须尽其所能来减少这种概率，因为如果这种碰撞一旦发生，对地球将是灾难性的。避免这种灾难的最好方法是使行星的运行轨道发生一定的偏斜。而要使行星的运行轨道发生偏斜，唯一的方法是使用储存在空间站中的核武器对行星进行袭击。

从上述断定能推出以下哪项结论？

Ⅰ. 人类应当在空间站中储存核武器

Ⅱ. 在防止空间灾难方面，核技术是唯一有效的技术

Ⅲ. 在地球的发展史上，已出现过多次地球与行星的碰撞

A. 仅Ⅰ　　B. 仅Ⅱ　　C. 仅Ⅲ

D. 仅Ⅰ和Ⅱ　　E. Ⅰ、Ⅱ和Ⅲ

25. 崂山牌酸奶中含有丰富的亚 1 号乳酸，这种乳酸被全国十分之九的医院用于治疗先天性消化不良。

如果上述断定是真的，那么以下哪项也一定是真的？

Ⅰ. 全国有十分之九的医院使用崂山牌酸奶作为药用饮料

Ⅱ. 全国至少有十分之一的医院不治疗先天性消化不良

Ⅲ. 全国只有十分之一的医院不向患有先天性消化不良的患者推荐使用崂山牌酸奶

A. 仅Ⅰ　　B. 仅Ⅱ　　C. 仅Ⅲ

D. 仅Ⅰ和Ⅱ　　E. Ⅰ、Ⅱ和Ⅲ都不一定是真的

26. 美国有一种叫作“小兔读书”的学习软件，通过动画教孩子认字念书，很受孩子和家长的欢迎，目前已售出 200 多万套。但儿童教育专家通过对 49 名学龄前儿童的对比研究发现，儿童使用“小兔读书”及类似软件 6 个月，创造力下降了 50%，而阅读能力并没有明显提高。

从以上介绍中可以得出下述哪项结论？

A. 电脑不能取代蜡笔和纸这样最原始的学习工具，因为后者能任儿童的思维自由驰骋

B. 电脑对儿童智力的其他方面的发展有积极影响，如反应速度

C. 电脑对学龄前儿童的作用不如对已入学的儿童大

D.“小兔读书”受欢迎程度足以说明其积极作用

E. 儿童使用电脑会妨碍其社会交往能力

27. 有一种通过寄生方式来繁衍后代的黄蜂，它能够在适合自己后代寄生的各种昆虫的大小不同的虫卵中，注入恰好数量的自己的卵。如果它在宿主的卵中注入的卵过多，它的幼虫就会在互相竞争中因为得不到足够的空间和营养而死亡；如果它在宿主的卵中注入的卵过少，宿主卵中的多余营养部分就会腐败，这又会导致它的幼虫的死亡。

如果上述断定是真的，则以下哪项有关断定也一定是真的？

Ⅰ. 在上述黄蜂的寄生繁衍机制中，包括它准确区分宿主虫卵大小的能力

Ⅱ. 在虫卵较大的昆虫聚集区出现的上述黄蜂比在虫卵较小的昆虫聚集区多

Ⅲ. 黄蜂注入过多的虫卵比注入过少的虫卵更易引起寄生幼虫的死亡

A. 仅Ⅰ　　B. 仅Ⅱ　　C. 仅Ⅲ

D. 仅Ⅰ和Ⅱ　　E. Ⅰ、Ⅱ和Ⅲ

28. 环境学家认为，随着许多野生谷物的灭绝，粮食作物的遗传特性越来越单一化，这是人类面临的最严重的环境问题之一。人类必须采取措施，阻止野生谷物和那些不再种植的粮食作物的灭绝，否则，不同遗传特性的缺乏，很可能使我们的粮食作物在一夜之间遭到毁灭性破坏。例如，1980 年，萎叶病横扫了整个美国的南部，使得粮食作物减产大约 20%，只有个别几个品种的谷物没有受到萎叶病的影响。

从上述信息能推出以下哪项结论？

A. 容易感染某种植物疾病，是一种通过遗传获得的特性

B. 1980 年在美国南部种植的粮食作物中，大约 80%具有抵抗萎叶病的能力

C. 目前种植的粮食作物的遗传特性都不利于它们抵抗植物疾病

D. 已经灭绝的野生谷物，都具有抵抗萎叶病的能力

E. 萎叶病只对植物中的谷物产生危害

29. 如果一个人增加每天吃饭的次数，但是，只当他所吃的食物总量没有显著增加的时候，这个人的胆固醇含量才会明显下降。然而，大多数每日增加就餐次数的人都会多吃更多的食物。

如果上述陈述为真，那么以下哪项一定是真的？

A. 对于大多数人来说，胆固醇的含量不会受每天所吃的食物量的影响

B. 对于大多数人来说，每顿饭所吃的食物量由吃饭的时间来决定

C. 对于大多数人，增加每天吃饭的次数将不能导致胆固醇含量的显著下降

D. 对于大多数人，每天吃饭的总量不被每天吃饭的顿数所影响

E. 对于大多数人，增加每天吃饭的次数将导致每天所吃的食物种类有显著变化

30. 甲：上周去医院，给我看病的医生竟然还在抽烟。

乙：所有抽烟的医生都不关心自己的健康，而不关心自己健康的人也不会关心他人的健康。

甲：是的，不关心他人健康的医生没有医德。我今后再也不会让没有医德的医生给我看病了。

根据上述信息，以下除了哪项，其余各项均可得出？

A. 甲认为上周给他看病的医生不会关心甲的健康

B. 乙认为上周给甲看病的医生不会关心乙的健康

C. 乙认为上周给甲看病的医生没有医德

D. 甲认为上周给他看病的医生不关心医生自己的健康

E. 甲认为他不会再找抽烟的医生看病

31. 思考是人的大脑才具有的机能。计算机所做的事（如深蓝和国际象棋大师对弈）更接近于思考，而不同于动物（指人以外的动物，下同）的任何一种行为。但计算机不具有意志力，而有些动物具有意志力。

如果上述断定为真，则以下哪项一定为真？

Ⅰ. 具备意志力不一定要经过思考

Ⅱ. 动物的行为中不包括思考

Ⅲ. 思考不一定要具备意志力

A. 仅Ⅰ　　B. 仅Ⅱ　　C. 仅Ⅲ

D. 仅Ⅰ和Ⅱ　　E. Ⅰ、Ⅱ和Ⅲ

32. 蓝星航线上所有货轮的长度都大于 100 米，该航线上所有客轮的长度都小于 100 米。蓝星航线上的大多数轮船都是 2010 年以前下水的。金星航线上的所有货轮和客轮都是 2010 年

以后下水的，其长度都小于 100 米。大通港一号码头只对上述两条航线的轮船开放，该码头设施只适用于长度小于 100 米的轮船。捷运号是最近停靠在大通港一号码头的一艘货轮。

如果上述断定为真，则以下哪项一定为真？

A. 捷运号是 2010 年以后下水的

B. 捷运号属于蓝星航线

C. 大通港只适用于长度小于 100 米的货轮

D. 大通港不对其他航线开放

E. 蓝星航线上的所有轮船都早于金星航线上的轮船下水

33. 某校以年级为单位，把学生的学习成绩分为优、良、中、差四等。在一学年中，各门考试总分前 10%的为优；后 30%的为差，其余的为良与中。在上一学年中，高二年级成绩为优的学生多于高一年级成绩为优的学生。

如果上述断定为真，则以下哪项一定为真？

A. 高二年级成绩为差的学生少于高一年级成绩为差的学生

B. 高二年级成绩为差的学生多于高一年级成绩为差的学生

C. 高二年级成绩为优的学生多于高一年级成绩为良的学生

D. 高二年级成绩为优的学生少于高一年级成绩为良的学生

E. 高二年级成绩为差的学生多于高一年级成绩为中的学生

34. 某实验室一共有 A、B、C 三种类型的机器人，A 型能识别颜色，B 型能识别形状，C 型既不能识别颜色也不能识别形状。实验室用红球、蓝球、红方块和蓝方块对 1 号和 2 号机器人进行实验，命令它们拿起红球，但 1 号拿起了红方块，2 号拿起了蓝球。

如果上述断定都是真的，那么以下哪项一定是真的？

A. 1 号和 2 号都是 C 型

B. 1 号和 2 号中有且只有一个是 C 型

C. 1 号是 A 型且 2 号是 B 型

D. 1 号不是 B 型且 2 号不是 A 型

E. 1 号可能不是 A、B、C 三种类型的任何一种

35. 在丈夫和妻子至少有一个是中国人的夫妻中，中国女性比中国男性多 2 万。

如果上述断定为真，则以下哪项一定为真？

Ⅰ. 恰有 2 万中国女性嫁给了外国人

Ⅱ. 在和中国人结婚的外国人中，男性多于女性

Ⅲ. 在和中国人结婚的人中，男性多于女性

A. 仅Ⅰ　　B. 仅Ⅱ　　C. 仅Ⅲ

D. 仅Ⅱ和Ⅲ　　E. Ⅰ、Ⅱ和Ⅲ

36. 现有甲、乙两所高校，根据上年底的教育经费实际投入统计，若仅仅比较在校本科生的学生人均投入经费，甲校等于乙校的 86%，但若比较所有学生（本科生加上研究生）的人均经费投入，甲校是乙校的 118%。各校研究生的人均经费投入均高于本科生。

根据以上信息，最可能得出以下哪项？

A. 上年度，甲校学生总数多于乙校

B. 上年度，甲校研究生人数少于乙校

C. 上年度，甲校研究生占该校学生的比例高于乙校

D. 上年度，甲校研究生人均经费投入高于乙校

E. 上年度，甲校研究生占该校学生的比例高于乙校，或者甲校研究生人均经费投入高于

乙校

37. 今年夏天，赵伟在H公司工作刚刚超过3年，他计划与家人一起度过他全部4周的带薪假期。赵伟今年有资格休假。任何一位在H公司工作1到4年的员工每年都有资格享受正好3周的带薪假期，但到年底仍然没有用过的假期只能折半加入下一年的假期之中。

如果上述陈述为真，以下哪项也必然是真的？

A. 赵伟不会继续在H公司工作

B. 赵伟去年只休了一周带薪假

C. 如果赵伟继续在H公司工作，他下一年只能有资格休3周的带薪假

D. 赵伟在上一年有两个星期的带薪假没有用过

E. H公司有时允许给需要更多时间与家人在一起的人额外的假期

38. 华光高科技公司在进行人才招聘时，有小张、小李、小王、小赵、小钱等5人入围。从学历看，这5人中有2人为硕士，3人为博士；从年龄看，这5人中有3人小于30岁，2人大于30岁。已知，小张、小王属于相同的年龄段，而小赵、小钱属于不同的年龄段；小李与小钱的学位相同，小王和小赵的学位不同。最终，只有一位年龄大于30岁的硕士应聘成功。

如果上述断定都是真的，那么以下哪项正确地指出了这位成功的应聘者？

A. 小张　　B. 小王　　C. 小钱

D. 小李　　E. 小赵

39. 一个盒子里有100只分别涂有红、黄、绿三种颜色的球。张三说："盒子里至少有一种颜色的球少于33只。"李四说："盒子里至少有一种颜色的球不少于34只。"王五说："盒子里任意两种颜色的球的总数不会超过99只。"

以下哪项论断是正确的？

A. 张三和李四的说法正确，王五的说法不正确

B. 李四和王五的说法正确，张三的说法不正确

C. 王五和张三的说法正确，李四的说法不正确

D. 张三、李四和王五的说法都不正确

E. 张三、李四和王五的说法都正确

40. 本保险柜所有密码都是4个阿拉伯数字和4个英文字母的组合。已知：

（1）若4个英文字母不连续排列，则密码组合中的数字之和大于15；

（2）若4个英文字母连续排列，则密码组合中的数字之和等于15；

（3）密码组合中的数字之和或者等于18，或者小于15。

根据上述信息，以下哪项是可能的密码组合？

A. 58bcde32　　B. 18ac42de　　C. 37ab26dc

D. 1adbe356　　E. 2acgf716

41. 我国天山是垂直地带性的典范。已知天山的植被形态分布具有如下特点：

（1）从低到高有荒漠、森林带、冰雪带等；

（2）只有经过山地草原，荒漠才能演变成森林带；

（3）如果不经过森林带，山地草原就不会过渡到山地草甸；

（4）山地草甸的海拔不比山地草甸草原的低，也不比高寒草甸高。

根据以上信息，关于天山植被形态，按照由低到高排列，以下哪项是不可能的？

A. 荒漠、山地草原、山地草甸草原、森林带、山地草甸、高寒草甸、冰雪带

B. 荒漠、山地草原、山地草甸草原、高寒草甸、森林带、山地草甸、冰雪带

C. 荒漠、山地草甸草原、山地草原、森林带、山地草甸、高寒草甸、冰雪带

D. 荒漠、山地草原、山地草甸草原、森林带、山地草甸、冰雪带、高寒草甸

E. 荒漠、山地草原、森林带、山地草甸草原、山地草甸、高寒草甸、冰雪带

42. 有一 6×6 的方阵，它所含的每个小方格中可填入一个汉字，已有部分汉字填入。现要求该方阵中的每行和每列均含有礼、乐、射、御、书、数 6 个汉字，不能重复，也不能遗漏。

根据上述要求，以下哪项是方阵底行 5 个空格中从左至右依次应填入的汉字？

	乐		御	书	
			乐		
射	御	书		礼	
	射			数	礼
御		数			射
					书

A. 数、礼、乐、射、御　　B. 乐、数、御、射、礼　　C. 数、礼、乐、御、射

D. 乐、礼、射、数、御　　E. 数、御、乐、射、礼

43. “二十四节气”是我国农耕社会生产生活的时间指南，反映了从春到冬一年四季的气温、降水、物候的周期性变化规律。已知各节气的名称具有如下特点：

(1) 凡含“春”“夏”“秋”“冬”字的节气各属春、夏、秋、冬季；

(2) 凡含“雨”“露”“雪”字的节气各属春、秋、冬季；

(3) 如果“清明”不在春季，则“霜降”不在秋季；

(4) 如果“雨水”在春季，则“霜降”在秋季。

根据以上信息，如果从春至冬每季仅列两个节气，则以下哪项是不可能的？

A. 立春、清明、立夏、夏至、立秋、寒露、小雪、大寒

B. 惊蛰、春分、立夏、小满、白露、寒露、立冬、小雪

C. 雨水、惊蛰、夏至、小暑、白露、霜降、大雪、冬至

D. 清明、谷雨、芒种、夏至、秋分、寒露、小雪、大寒

E. 立春、谷雨、清明、夏至、处暑、白露、立冬、小雪

44. 中国是全球最大的卷烟生产国和消费国，但近年来政府通过出台禁烟令、提高卷烟消费税等一系列公共政策努力改变这一形象。一项权威调查数据显示，在 2014 年同比上升 2.4% 之后，中国卷烟消费量在 2015 年同比下降了 2.4%，这是 1995 年来首次下降。尽管如此，2015 年中国卷烟消费量仍占全球的 45%，但这一下降对全球卷烟总消费量产生巨大影响，使其同比下降了 2.1%。

根据以上信息，可以得出以下哪项？

A. 2015 年中国卷烟消费量恰好等于 2013 年

B. 2015 年中国卷烟消费量大于 2013 年

C. 2015 年世界其他国家卷烟消费量同比下降比率高于中国

D. 2015 年世界其他国家卷烟消费量同比下降比率低于中国

E. 2015 年发达国家卷烟消费量同比下降比率高于发展中国家

45～46 基于以下题干：

某海军部队有甲、乙、丙、丁、戊、己、庚 7 艘舰艇，拟组成两个编队出航，第一编队编列 3 艘舰艇，第二编队编列 4 艘舰艇。编列需满足以下条件：

(1) 航母己必须编列在第二编队；

（2）戊和丙至多有一艘编列在第一编队；

（3）甲和丙不在同一编队；

（4）如果乙编列在第一编队，则丁也必须编列在第一编队。

45. 如果甲在第二编队，则下列哪项中的舰艇一定也在第二编队？

A. 乙　　B. 丙　　C. 丁

D. 戊　　E. 庚

46. 如果丁和庚在同一编队，则可以得出以下哪项？

A. 甲在第一编队　　B. 乙在第一编队　　C. 丙在第一编队

D. 戊在第二编队　　E. 庚在第二编队

47. 古人以干支纪年。甲乙丙丁戊己庚辛壬癸为十干，也称天干。子丑寅卯辰巳午未申酉戌亥为十二支，也称地支。顺次以天干配地支，如甲子、乙丑、丙寅……癸酉、甲戌、乙亥、丙子等，六十年重复一次，俗称六十花甲子。根据干支纪年，公元 2014 年为甲午年，公元 2015 年为乙未年。

根据以上陈述，可以得出以下哪项？

A. 现代人已用干支纪年

B. 干支纪年有利于农事

C. 21 世纪会有甲丑年

D. 根据干支纪年，公元 2024 年为甲寅年

E. 根据干支纪年，公元 2087 年为丁未年

48. 某著名风景区有“妙笔生花”“猴子观海”“仙人晒靴”“美人梳妆”“阳关三叠”“禅心向天”等 6 个景点。为方便游人，景区提示如下：

（1）只有先游“猴子观海”，才能游“妙笔生花”；

（2）只有先游“阳关三叠”，才能游“仙人晒靴”；

（3）如果游“美人梳妆”，就要先游“妙笔生花”；

（4）“禅心向天”应第四个游览，之后才可游览“仙人晒靴”。

张先生按照上述提示，顺利游览了上述 6 个景点。

根据上述信息，关于张先生的游览顺序，以下哪项不可能为真？

A. 第一个游览“猴子观海”　　B. 第二个游览“阳关三叠”　　C. 第三个游览“美人梳妆”

D. 第五个游览“妙笔生花”　　E. 第六个游览“仙人晒靴”

49～50 基于以下题干：

丰收公司邢经理需要在下个月赴湖北、湖南、安徽、江西、江苏、浙江、福建 7 省进行市场需求调研，各省均调研一次。他的行程需满足如下条件：

（1）第一个或最后一个调研江西省；

（2）调研安徽省的时间早于浙江省，在这两省的调研之间调研除了福建省的另外两省；

（3）调研福建省的时间安排在调研浙江省之前或刚好调研完浙江省之后；

（4）第三个调研江苏省。

49. 如果邢经理首先赴安徽省调研，则关于他的行程，可以确定以下哪项？

A. 第二个调研湖北省　　B. 第五个调研湖北省　　C. 第五个调研浙江省

D. 第五个调研福建省　　E. 第二个调研湖南省

50. 如果安徽省是邢经理第二个调研省份，则关于他的行程，可以确定以下哪项？

A. 第一个调研江西省　　B. 第四个调研湖北省　　C. 第五个调研浙江省

D. 第五个调研湖南省　　E. 第六个调研福建省

51～52 基于以下题干：

某皇家园林依中轴线布局，从前到后依次排列着七个庭院。这七个庭院分别以汉字“日”“月”“金”“木”“水”“火”“土”来命名。已知：

（1）“日”字庭院不是最前面的那个庭院；

（2）“火”字庭院和“土”字庭院相邻；

（3）“金”“月”两庭院间隔的庭院数与“木”“水”两庭院间隔的庭院数相同。

51. 根据上述信息，下列哪个庭院可能是“日”字庭院？

A. 第六个庭院　　B. 第五个庭院　　C. 第四个庭院

D. 第二个庭院　　E. 第一个庭院。

52. 如果第二个庭院是“土”字庭院，可以得出以下哪项？

A. 第一个庭院是“火”字庭院

B. 第三个庭院是“月”字庭院

C. 第四个庭院是“金”字庭院

D. 第五个庭院是“木”字庭院

E. 第七个庭院是“水”字庭院

53. 甲、乙、丙、丁、戊和己等 6 人围坐在一张正六边形的小桌前，每边各坐一人。已知：（1）甲与乙正面相对；（2）丙与丁不相邻，也不正面相对。

如果乙与己不相邻，则以下哪一项为真？

A. 戊与乙相邻

B. 甲与丁相邻

C. 己与乙正面相对

D. 如果甲与戊相邻，则丁与己正面相对

E. 如果丙与戊不相邻，则丙与己相邻

54～55 基于以下题干：

天南大学准备派 2 名研究生、3 名本科生到山村小学支教。经过个人报名和民主决议，最终人选将在研究生赵婷、唐玲和殷倩等 3 人和本科生周艳、李环、文琴、徐昂、朱敏等 5 人中产生。按规定同一学院或者同一社团至多选派一人。已知：

（1）唐玲和朱敏均来自数学学院；

（2）周艳和徐昂均来自文学院；

（3）李环和朱敏均来自辩论协会。

54. 根据上述条件，以下必定入选的是：

A. 文琴　　B. 唐玲　　C. 段倩

D. 周艳　　E. 赵婷

55. 如果唐玲入选，下面必定入选的是：

A. 赵婷　　B. 殷倩　　C. 周艳

D. 李环　　E. 徐昂

56～57 基于以下题干：

某大学运动会即将召开，经管院拟组建一支 12 人的代表队参赛，参赛队员将从该院 4 个年级学生中选拔，每个年级须在长跑、短跑、跳高、跳远、铅球等 5 个项目中选 1～2 项比赛，其余项目可任意选择，一个年级如果选择长跑，就不能选短跑或跳高，一个年级如果选跳远，就不能选长跑或铅球，每名队员只参加一项比赛，已知该院：

（1）每个年级均有队员被选拔进入代表队；

（2）每个年级被选拔进入代表队的人数各不相同；

（3）有两个年级的队员人数相乘等于另一个年级的队员人数。

56. 根据以上信息一个年级最多可选拔：

A. 8人　　B. 7人　　C. 6人

D. 5人　　E. 4人

57. 如果某年级队员人数不是最少的，且选择长跑，那么对该年级来说，以下哪项不可能？

A. 选择铅球或跳远　　B. 选择短跑或铅球　　C. 选择短跑或跳远

D. 选择长跑或跳高　　E. 选择铅球或跳高

58. 在编号壹、贰、叁、肆的4个盒子中装有绿茶、红茶、花茶和白茶四种茶，每只盒子只装一种茶，每种茶只装一个盒子。已知：

（1）装绿茶和红茶的盒子在壹、贰、叁号范围之内；

（2）装红茶和花茶的盒子在贰、叁、肆号范围之内；

（3）装白茶的盒子在壹、叁号范围之内。

根据上述信息，可以得出以下哪项？

A. 绿茶装在壹号盒子中　　B. 红茶装在贰号盒子中　　C. 白茶装在叁号盒子中

D. 花茶装在肆号盒子中　　E. 绿茶装在叁号盒子中

59. 为了加强学习型机关建设，某机关党委开展了菜单式学习活动，拟开设课程有“行政学”“管理学”“科学前沿”“逻辑”和“国际政治”等5门课程，要求其下属的4个支部各选择其中两门课程进行学习。已知：第一支部没有选择“管理学”“逻辑”。第二支部没有选择“行政学”“国际政治”。只有第三支部选择了“科学前沿”。任意两个支部所选课程均不完全相同。

根据上述信息，关于第四支部的选课情况可以得出以下哪项？

A. 如果没有选择“行政学”，那么选择了“逻辑”

B. 如果没有选择“行政学”，那么选择了“管理学”

C. 如果没有选择“管理学”，那么选择了“国际政治”

D. 如果没有选择“管理学”，那么选择了“逻辑”

E. 如果没有选择“国际政治”，那么选择了“逻辑”

60～61 基于以下题干：

某公司年度审计期间，审计人员发现一张发票，上面有赵义、钱仁礼、孙智、李信4个签名，签名者的身份各不相同，是经办人、复核、出纳或审批领导之中的一个，且每个签名都是本人所签，询问4位相关人员，得到以下回答：赵义：“审批领导的签名不是钱仁礼。”钱仁礼：“复核的签名不是李信。”孙智：“出纳的签名不是赵义。”李信：“复核的签名不是钱仁礼。”

已知上述每个回答中，如果提到的人是经办人，则该回答为假；如果提到的人不是经办人，则为真。

60. 根据以上信息，可以得出经办人是：

A. 赵义　　B. 钱仁礼　　C. 孙智

D. 李信　　E. 无法确定

61. 根据以上信息，该公司的复核与出纳分别是：

A. 李信、赵义　　B. 孙智、赵义　　C. 钱仁礼、李信

D. 赵义、钱仁礼　　E. 孙智、李信

基础能力题详解

1. 答案是C。该项体现了题干的整体意图。题干主要讲的是儿童的情况，所以选项A不能成立。选项B也不能成立，因为玩具销量大，并不能说明服装销量就大。

2. 答案是C。题干最后一句讲到撒哈拉沙漠的气温情况，显然结论就是要说撒哈拉沙漠的蚂蚁会如何。选项C体现了题干的整体意思。

3. 答案是B。题干中的核心句是“水泥的价格会受石油价格的影响”，显然就是要说至少有一些高温炉窑需要用石油做燃料。选项A、C均和题干意思不协调。

4. 答案是C。题干的最后一句话也是题干的整体意思，即节食不可能完全避免抗抑郁药物所引起的体重增加。但会增加体重并不一定就会超重，所以不能选B。

5. 答案是E。题干的整体在说，在桂林漓江的一些岩洞中的石笋，述说的对象是石笋。选项E的意思是说，上述岩洞内地下河流的水过去比现在浅，于是形成了石笋。选项A讲的是漓江的江面，选项B和C讲的都是有无地下河流，都不得要领。选项D不是答案，因为该项不符合题干的整体意思。

6. 答案是C。题干最后一句话说，破坏母鼠的嗅觉，或者摘除鼠崽产生气味的腺体，母鼠就能更快地显示出母性行为，这说明，非己所生的鼠崽的气味是母鼠对其产生母性行为的障碍。选项A过强，也不是题干的整体意思。选项B中的“鼠崽”到底是非己所生的呢还是自己所生的呢？不明确。

7. 答案是A。题干的整体意思是，近几年来，两极地区的空气特别寒冷，而特别寒冷的天气又不能产生大量的降雪，显然结论就是：现在的极地冰即使有任何增加也是非常少的。选项D过强。选项B是真理，但不是题干的结论。

8. 答案是D。根据推出结论的从弱原则，该项中的“不一定”“可能不”所体现出来的概括情况最为准确。其他选项均属过度推理。

9. 答案是A。题干的整体意思是说，由于调查问卷通常忽视了语言设计可能出现的各种问题，因而对调查的结果将产生十分重要的影响，所以结论是：调查问卷通常不能完全反映实际情况。调查问卷因忽视了语言设计可能出现的问题而不能完全反映实际情况，这并不意味着语言设计就比问题设计更重要，故不能选D。

10. 答案是E。由于麦角碱是在黑麦等谷物种子的表层大量滋生的菌类，该菌类含有一种危害人体的有毒化学物质，又由于黑麦是中世纪时代欧洲贫穷农民的主要食物来源，所以结论显然是，中世纪时代欧洲贫穷农民更多地受到麦角碱所含有毒物质的危害。

11. 答案是E。题干的前一句话是大前提，后一句话是小前提。整体意思是说，地球核心部分所含铁元素的比例要大于地球表面或者月球所含铁元素的比例。

12. 答案是D。甲公司在员工数量增加的情况下而向总公司上缴的利润却下降了，说明其他公司的员工数量的增加比例比甲公司多。选项D中的“至少”这样的概念往往是结论的一个标志。选项E和C都太强。

13. 答案是C。解答该题需要注意整体性原则和从弱原则。选项A不合适，因为题干并没有断定确定自己的人生目标越早越好。选项D不是题干的整个意思。

14. 答案是E。选项A不好，因为曙光原来没有生产产品5。选项B不好，因为如果这样，那么祥瑞生产什么呢？选项C不好，因为祥瑞原来没有生产产品4。选项D不好，因为祥瑞原来没有生产产品4。选项E最为合适。这样，祥瑞生产产品3和5，华业只生产产品2，而曙光则生产产品1和4。

15. 答案是C。根据题干中“H国人口的平均年龄在2017—2030年间将有所增加”，和H

国“鼻窦炎的发病率在所有年龄段都是相同的”，显然可以推出结论：2017—2030 年间，H 国鼻窦炎患者的平均年龄将增加。

16. 答案是 E。题干的意思是，农业中连续使用大剂量的杀虫剂，一是将益虫杀了，害虫得以泛滥，二是害虫产生了抗药性，更大量地繁殖起来。采取选项 A、B、C、D 等措施，题干中的问题依然存在。只有选项 E 是最好的办法。周期性地使用不同种类的杀虫剂，农田中的害虫就很难生存了。

17. 答案是 D。从题干中所说的群英公司和志强公司的笔记本电脑销售量分别增加了 15 万台和 12 万台，可以直接推出结论 D。题干没有和国外公司的销售量进行比较，所以 A 不是结论。题干强调了四个方面的有效措施，但并不只强调“降价”，所以选项 B 不是结论。题干只给出了销售量的增加值，而增长率则与销售量有关，所以选项 C 不是结论。

18. 答案是 B。题干断定，无论教授几何还是代数，图示方法都是非常有效的方法，因为它把数学概念形象化了。但数学教学的目的却是为了获得抽象而不是形象。选项 A、C、D、E 都与题干相一致，只有 B 的意思与题干的意思不一致。

19. 答案是 E。该项和题干意思相矛盾，其他选项均与题干意思一致。

20. 答案是 C。如果选项Ⅲ为真，即所有的人都信任董事长，而总经理又信任所有信任董事长的人，这样就会出现总经理信任所有人的情况，但是题干中又说“没有人信任所有的人”，显然出现了矛盾。所以，选项Ⅲ不可能为真。虽然董事长信任总经理，但是总经理不一定就信任董事长；虽然总经理信任所有信任董事长的人，但是不一定就信任董事长本人，所以，选项Ⅰ总经理不信任董事长有可能为真。所有信任董事长的人总经理都信任，但是不信任董事长的人总经理也可能信任，所以，选项Ⅱ总经理信任总会计师也可能为真。

21. 答案是 B。如果烟斗和雪茄对所有吸烟斗和雪茄者健康的危害基本相同，则原来吸香烟的人如果改吸烟斗或雪茄的话，则对健康的危害就要小得多，这样就出现了与题干相矛盾的现象。所以，选项 B 不可能真。

22. 答案是 D。选项Ⅰ可以推出。因为如果事实上上述铸币中所含铜的价值不高于该铸币的面值，那么熔币取铜就会无利可图，就不会出现题干中所说的商人纷纷熔币取铜，从而造成铸币严重匮乏的现象。选项Ⅱ可以推出。因为如果上述银子购兑铸币的交易都能严格按朝廷规定的比价成交，就不会有官吏通过上述交易大发一笔了。选项Ⅲ不能从题干中推出。因为铸币铜含量在六成以上，有可能导致商人熔币取铜，但是不一定导致商人纷纷熔币取铜，例如如果有严明的王法。

23. 答案是 D。如果假文凭和假证件的买方市场不存在，那么社会上制作和销售假文凭和假证件的势头显然就会好转；如果文凭和证件存在有效的辨伪措施，那么假文凭和假证件的市场就不会存在了。所以，选项Ⅰ和Ⅲ都一定是真的。但选项Ⅱ未必真，因为所破获的制假和销假窝点所占的比例，不等于这些窝点的制假和销假产品在整个这样的产品中所占的比例。事实上可能破获 90%的窝点，但其制假和销假产品只占整个这样的产品的不到 10%。这显然不足以扭转社会上制作和销售假文凭和假证件的势头。

24. 答案是 A。题干中说：避免空间灾难的最好办法是使行星的运行轨道发生一定的偏斜，而要使行星的运行轨道发生一定偏斜的唯一方法是使用储存在空间站中的核武器对行星进行袭击。所以，选项Ⅰ人类应当在空间站中储存核武器是必然能推出来的结论。Ⅱ说得太绝对。Ⅲ题干中没说。

25. 答案是 E。选项Ⅰ不一定真，因为题干中断定的是：崂山牌酸奶中含有的亚 1 号乳酸被全国十分之九的医院用于治疗先天性消化不良，从中得不出结论：全国有十分之九的医院使用崂山牌酸奶作为药用饮料，因为题干中并没有断定：只有崂山牌酸奶才含有亚 1 号乳酸。选项Ⅱ和Ⅲ也都不一定真，因为题干中断定的是：全国十分之九的医院都使用亚1号乳酸治疗先天性消化不良，从中可以推出全国有十分之一的医院或者不治疗先天性消化不良，或者治疗先天性消化不良但不使用亚1号乳酸，而不能推出全国至少有十分之一的医院不治疗先天性消化不良，也不能推出全国只有十分之一的医院不向患有先天性消化不良的患者推荐使用崂山牌酸奶。

26. 答案是A。题干强调了电脑软件的负面作用，选项A是最恰当的结论。

27. 答案是A。选项Ⅰ一定真。否则，如果上述黄蜂的寄生繁衍机制中，不包括它准确区分宿主虫卵大小的能力，那么它就不能在适合自己后代寄生的各种昆虫的大小不同的虫卵中注入恰好数量的自己的卵。选项Ⅱ不一定真。因为可能虫卵大而昆虫数量少，虫卵小而昆虫数量多。选项Ⅲ为无关选项。

28. 答案是A。解答此题需要着重考虑整体性原则和从弱原则。选项B没有考虑题干的整体意思。选项D和E都断定得过分。

29. 答案是C。题干先是断定，要导致胆固醇含量显著下降必须满足两个条件：一是增加每天吃饭的次数，二是没有显著增加所吃的食物总量。题干然后又断定，人们往往在满足条件一时不能满足条件二。显然结论应该是：大多数人增加每天吃饭的次数不能导致胆固醇含量的显著下降。其余选项均不能推出。

30. 答案是C。选项A、D、E均可从甲的第二次说话中推出。选项B可以从乙说的话中直接推出。选项C不能被推出来，因为乙的话没有谈到医生有没有道德的问题。

31. 答案是D。题干断定，思考是人的大脑才具有的机能，根据必要条件假言推理的否定前件到否定后件的推理，可得：动物不会思考，选项Ⅱ一定真。题干又断定，有些动物（人以外的动物）具有意志力，与上述结论"动物不会思考"进行三段论推理可得：具备意志力不一定要经过思考，所以选项Ⅰ一定真。选项Ⅲ不一定真，因为根据"计算机所做的事更接近于思考"和"计算机不具有意志力"，并不能推出"思考不一定要具备意志力"，"接近于"不等于"是"。

32. 答案是A。捷运号是停靠在大通港一号码头的一艘货轮，而大通港一号码头只适用于长度小于100米的轮船，蓝星航线上所有货轮的长度都大于100米，所以，捷运号不是蓝星航线上的，而是金星航线上的，金星航线上的货轮都是2010年以后下水，所以，捷运号自然也是2010年以后下水的。其他选项均不合适。

33. 答案是B。根据题干条件，既然高二年级成绩为优的学生多于高一年级成绩为优的学生，因此高二年级的学生数量一定也多于高一年级的学生数量，因此高二年级成绩为差的学生也一定多于高一年级成绩为差的学生。

34. 答案是D。根据题干条件，命令拿红球，1号机器人却拿起了红方块，说明1号不能识别形状，所以1号不是B型。2号拿起了蓝球，说明2号不能识别颜色，所以，2号不是A。注意，1号拿起红方块，不能说明1号就能识别颜色，因为很可能是碰巧。

35. 答案是D。和中国人结婚的人包括中国人和外国人两部分。在和中国人结婚的中国人中，男性和女性一样多。既然在和中国人结婚的人中，中国女性比中国男性多2万，这说明在和中国人结婚的外国人中，男性多于女性，选项Ⅱ一定真。既然和中国人结婚的中国人中，男性和女性一样多，而在和中国人结婚的外国人中，男性又多于女性。由此可得结论：在和中国人结婚的人中，男性多于女性，选项Ⅲ一定真。选项Ⅰ不一定真。

36. 答案是E。仅算本科生人均投入经费，甲校远少于乙校。但加上研究生经费后，所有学生人均投入经费，却是甲校远多于乙校。这说明，上年度甲校研究生占该校学生的比例高于乙校，或者甲校研究生人均经费投入高于乙校。否则，如果甲校研究生占该校学生比例不高于乙校，而甲校研究生人均经费投入也不高于乙校，则会导致矛盾。注意，不能选 C，因为即使甲校研究生占该校学生比例不高于乙校，但如果甲校研究生人均经费投入高于乙校，也能恰当解释题干的情况。

37. 答案是 D。赵伟在 H 公司工作了 3 年，根据公司规定他每年可以休 3 周的带薪假期。但题干却断定他计划与家人度过全部 4 周的带薪假期。那另外一周带薪假期从何而来呢？根据题干断言“到年底仍然没有用过的假期只能折半加入下一年的假期之中”，可以推出：赵伟在上一年有两个星期的带薪假没有用过，即选项 D 可以被推导出来。注意，不能选 C。因为题干中赵伟只是计划休假，并没有说已经休过假了，如果最终没有休成带薪假，他还可以折半加入下一年的假期之中。不能选 B，因为赵伟去年完全可以休了两周的带薪假期，因为他可能前年有两周带薪假期没有休完，正好又留到去年可以多休一周，这样他即使去年休了两周带薪假，但他还可以剩余两周没有休。选项 E 无从谈起。

38. 答案是 E。题干断定：（1）小张、小王属于相同的年龄段；（2）小赵、小钱属于不同的年龄段；（3）小李与小钱的学位相同；（4）小王和小赵的学位不同。根据（1）和（2），可得：小张和小王都小于 30 岁。否则就会矛盾。再由（3）和（4）可得：小李和小钱都是博士。否则就会矛盾。最后根据只有一位年龄大于 30 岁的硕士应聘成功最终，可知：这位成功的应聘者不是小张、小王、小钱、小李，只能是小赵。

39. 答案是 B。李四说得对，如果三种颜色的球各自都少于 34 只，总数最多为 $33\times3=99$ 只，而不是 100 只。王五说得也对，因为盒子里有三种颜色的球，每种至少有 1 个，其他两种颜色的球至多为 99，不会超过 99 只。张三说得不对，因为三种颜色的球可以分别为 33，33，34。

40. 答案是 C。题干断定：（1）若 4 个英文字母不连续排列，则密码组合中的数字之和大于 15；（2）若 4 个英文字母连续排列，则密码组合中的数字之和等于 15；（3）密码组合中的数字之和或者等于 18，或者小于 15。选项 A 违反了条件（2）。选项 B 违反了条件（3）。选项 D 违反了条件（3）。选项 E 违反了条件（2）。

41. 答案是 B。题干断定：（1）荒漠＜森林带＜冰雪带；（2）荒漠＜山地草原＜森林带；（3）山地草原＜森林带＜山地草甸；（4）山地草甸草原＜山地草甸＜高寒草甸。选项 B 代入题干，和条件（4）矛盾，故该项不可能为真。其他选项皆可能为真。

42. 答案是 A。第 5 列中已有“礼”，所以不能选 B 和 E。第 4 列中已有“御”，所以不能选 C。第 3 行第 4 列只能选“数”，因为该列已有“乐”，所以，不能选 D。

43. 答案是 E。该项与“从春至冬每季仅列两个节气”矛盾，春季列了三个节气。注意不要选 C，因为题干条件（3）虽然说：如果“清明”不在春季，则“霜降”不在秋季，但选项 C 中“清明”只是不列出来，但不等于就不在。

44. 答案是 D。题干断言：在 2015 年，中国卷烟消费量同比下降了 2.4%，而全国卷烟消费量同比下降了 2.1%。显然，2015 年世界其他国家卷烟消费量同比下降比率低于中国。选项 E 属于无关项，选项 A、B、C 均不一定真。

45. 答案是 D。根据甲在第二编队，考虑题干条件（3）可得：丙在第一编队。再根据题干条件（2）可得：戊在第二编队。

46. 答案是 D。由题干条件（1）：己在第二编队。据题干条件（4），如果乙在第一编队，则丁也必须在第一编队，同时庚也必须在第一编队，因为丁和庚在同一编队。同时，根据题干条件（3），甲和丙必有一个在第一编队。矛盾，所以，乙不能在第一编队，乙必须第二编队。这时考虑到题干条件（3），甲和丙必有一个在第二编队。于是，丁和庚不能在第二编队，而只能在第一编队。再考虑题干条件（3），甲和丙必有一个在第一编队。所以，戊不能在第一编队，戊只能在第二编队。

47. 答案是E。根据公元2015年为乙未年，可以推出：2075年为乙未年，2085年为乙巳年，2086年为丙午年，2087年为丁未年。不能选C，因为六十年一个花甲子，天干的甲只能对应地支六次，即甲子、甲寅、甲辰、甲午、甲申、甲戌，然后又是六十花甲子轮回。

48. 答案是D。根据题干条件（4），可知第四个游览"禅心向天"，而其后第五个和第六个必有一个游览"仙人晒靴"。如果选项D为真，即第五个游览"妙笔生花"，第六个游览"仙人晒靴"。但题干条件（3）则断定：只有游览"妙笔生花"才能游览"美人梳妆"。那么，"美人梳妆"又该安排在第几个游览呢？显然矛盾，所以，第五个游览"妙笔生花"是不可能为真的。列表如下：

1	2	3	4	5	6
			禅心向天（4）	妙笔生花（假设）	仙人晒靴（推出）

49. 答案是D。如果邢经理首先赴安徽省调研，则可得安徽省排第1。再根据题干条件（1），可知江西省排第7。根据题干条件（4），江苏省排第3。再考虑题干条件（2），可得浙江省排第4。结合题干条件（2）和（3），可得福建省排第5。列表如下：

1	2	3	4	5	6	7
安徽		江苏（4）	浙江（2）	福建（3）		江西（1）

50. 答案是C。根据该题的具体条件"第二个调研安徽省"，可得安徽省排第2。根据题干条件（4），可得江苏省排第3。根据题干条件（2），可得浙江省排第5。注意不要选E，因为福建省还可以安排在第1个调研。列表如下：

1	2	3	4	5	6	7
	安徽	江苏（4）		浙江（2）		

51. 答案是B。据（1），不选E。不能选D，因为"日"字庭院不能在第二个庭院，否则后面只有五个位置，不能满足条件（2）或（3）的要求。同理，"日"字庭院不能在第六个位置。"日"字庭院不能在第四个位置，否则违反条件（2）或（3）的要求。列表如下：

七	一	二	三	四	五	六
A						日×
B					日	
C				日×		
D		日×				
E	日×（1）					

52. 答案是A。如果第二个庭院为"土"，则据条件（2），可知："火"字庭院在第一个位置或者第三个位置。但如果"火"字庭院在第三个位置，要满足条件（1），"日"字庭院不能在第一个位置，则违反条件（3）。因此，"火"字庭院只能在第一个位置。列表如下：

一	二	三	四	五	六	七
火√	土					
	土	火×				

53. 答案是E。如下图，甲和乙正面相对。由乙和己不相邻和（2），可得：己在甲的左边或右边，丙、丁都和乙相邻。因此，无论什么情况，选项E都是真的。选项A、B、C都一定为假。选项D可能假，因为戊也可以处于甲的左边，己在甲的右边，则丁与己就不正面相对了。

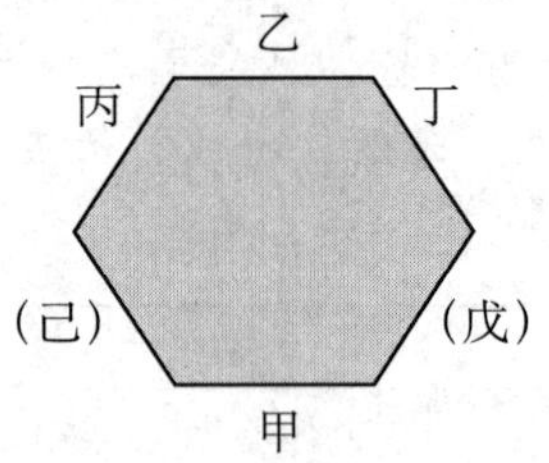

54. 答案是A。由题干断定（2），可得：来自文学院的本科生周艳和徐昂至多派一人。由（3），可得：来自辩论协会的本科生李环和朱敏至多派一人。由此可知：文琴必须派出。

55. 答案是D。由题干断定（1），可得：如果唐玲入选，则朱敏不能入选。再据（2）和（3），可得：李环必须入选。

56. 答案是C。由题干断定（1）、（2）和（3），可知：四个年级各自可能被选拔的人数应该为1，2，3，6。所以，一个年级最多可选拔的人数为6。

57. 答案是C。由“该年级队员选择长跑”和题干断定：“一个年级如果选择长跑，就不能选短跑或跳高”，可得：该年级队员不能选择短跑，也不能选择跳高。再由题干断定“一个年级如果选跳远，就不能选长跑或铅球”，可得：该年级队员不选择跳远。所以，选项C一定为假。

58. 答案是D。根据条件（1）、（2）和（3），分别将元素填入下表，可得：花茶装在肆号盒子中。

	绿茶	红茶	花茶	白茶
壹		×（2）	×（2）	
贰				×（3）
叁				
肆	×（1）	×（1）	√（推出）	×（3）

59. 答案是D。题干断定：（1）第一支部没有选择管理学、逻辑；（2）第二支部没有选择行政学、国际政治；（3）只有第三支部选择科学前沿；（4）任意两个支部所选课程均不完全相同。如果选项D为假，即如果第四支部没有选择管理学，也没有选择逻辑，则第四支部只能选择行政学和国际政治，但第一支部也只能选择行政学和国际政治，这就会与条件（4）矛盾。所以，选项D不可能是假的，一定为真。假设其他选项为假，均不会导致矛盾。列表如下：

	行政学	管理学	科学前沿	逻辑	国际政治
1	√（推出）	×（1）	×（3）	×（1）	√（推出）
2	×（2）	√（推出）	×（3）	√（推出）	×（2）
3			√（3）		
4		×假设	×（3）	×假设	

60. 答案是C。将选项A代入题干，即经办人是赵义，则孙智的回答为假，即出纳的签名

是赵义，矛盾，故经办人不是赵义。将选项B代入题干，即经办人是钱仁礼，则赵义的回答为假，审批领导的签名是钱仁礼，李信的回答为假，复核的签名是钱仁礼，矛盾，故经办人不是钱仁礼。将选项C代入题干，没有发现矛盾。将选项D代入题干，即经办人是李信，则钱仁礼的回答为假，复核的签名是李信，矛盾，故经办人不是李信。

61. 答案是D。根据上题的情况，赵义、钱仁礼、李信都不是经办人，只有孙智是经办人。在这种情况下，题干中赵义、钱仁礼、孙智、李信都说真话。由此可得：(1) 审批不是钱仁礼；(2) 复核不是李信；(3) 出纳不是赵义；(4) 复核不是钱仁礼。列表如下：

	赵义	钱仁礼	孙智	李信
经办人	×（上题结论）	×（上题结论）	√（上题结论）	×（上题结论）
复核	√（推出）	×（4）	×（推出）	×（2）
出纳	×（3）	√（推出）	×（推出）	
审批		×（1）	×（推出）	

从上表可以看出，复核是赵义，出纳是钱仁礼。

综合提高题

1. K市是重要高科技工业城市，H镇位于K市近郊，是正在筹建中的K市的卫星城市。为了发挥K市在发展高科技产业中的作用，H镇必须吸引足够的外来居民，其中包括大量高科技人才。吸引外来居民的关键措施是改建火车站，近来K市的就业机会急剧增加，就业人口中选择在近郊城镇居住的人数也急剧增加。随着公路收费点的增设，坐火车进出K市远比自己开车便宜。因此，人们更愿意选择在坐火车便利的地方居住。

以下哪项最为恰当地表达了上述断定所要表达的结论？

A. H镇必须吸引足够的外来居民

B. 改建火车站不但有利于K市高科技产业发展，也有利于H镇的居民

C. 在K市周边应当减少公路收费点，并适当减少收费额

D. 选择在近郊城镇居住的人大都有私人汽车

E. H镇的发展对于K市的高科技产业具有重要作用

2. 某地区国道红川口曾经是交通事故的频发路段，自从8年前对此路段限速每小时60公里后，发生在此路段的交通伤亡人数大幅下降。然而，近年来此路段超速车辆增多，但发生在此路段的交通伤亡人数仍然下降。

上述断定最能支持以下哪项结论？

A. 车辆限速与此路段8年来交通伤亡人数大幅下降没有关系

B. 8年来在此路段行驶的车辆并未显著减少

C. 8年来对本地区进行广泛的交通安全教育十分有效

D. 近年来汽油费用的上升限制了本地区许多家庭购买新车

E. 此路段8年来交通伤亡人数下降不仅是车辆限速的结果

3. 在青崖山区，商品通过无线广播电台进行密集的广告宣传将会迅速获得最大程度的知名度。

上述断定最能推出以下哪项结论？

A. 在青崖山区，无线广播电台是商品打开市场的最重要途径

B. 在青崖山区，高知名度的商品将拥有众多消费者

C. 在青崖山区，无线广播电台的广告宣传可以使商品的信息传到每户人家

D. 在青崖山区，某一商品为了迅速获得最大程度的知名度，除了通过无线广播电台进行密集的广告宣传外，不需要利用其他宣传工具做广告

E. 在青崖山区，某一商品的知名度与其性能和质量的关系很大

4. 生命仪进入控制系统——运用指纹、声模等来管理对限制区域的进入，根据相似程度而非身份吻合来工作。毕竟，即使同一个手指也很少会留下完全相同的指纹。这些系统能被调节到对合法的寻求进入者的拒绝最小化的程度。但是，这些调节增加了允许冒名顶替者进入的可能性。

上述信息最有力地支持了下面哪个结论？

A. 如果一个生命仪进入控制系统被设计成根据是否身份吻合来工作，它不会形成任何正确的准入决策

B. 如果一个生命仪进入控制系统可靠地防止了冒名顶替者进入，它有时会拒绝合法的寻求进入者

C. 仅仅在冒名顶替者被允许进入的情况不如错误地拒绝进入情况严重时，生命仪进入控制系统才是恰当的

D. 非生命仪进入控制系统，例如根据的是数字代码，比生命仪进入控制系统更少可能允许冒名顶替者进入

E. 每个选择进入控制系统的人都应该只把其选择依托于错误拒绝与错误准入的比率

5. 一个人饮食中摄入的胆固醇和脂肪越多，他的血清胆固醇指标就越高。存在着一个界限，在这个界限内，二者成正比。超过了这个界限，即使摄入的胆固醇和脂肪急剧增加，血清胆固醇指标也只会缓慢地有所提高。这个界限，对于各个人种是一样的，大约是欧洲人均胆固醇和脂肪摄入量的 1/4。

上述断定最能支持以下哪项结论？

A. 中国的人均胆固醇和脂肪摄入量是欧洲的 1/2，但中国的人均血清胆固醇指标不一定等于欧洲人的 1/2

B. 3/4 的欧洲人的血清胆固醇含量超出正常指标

C. 如果把胆固醇和脂肪的摄入量控制在上述界限内，就能确保血清胆固醇指标的正常

D. 血清胆固醇的含量只受饮食的影响，不受其他因素，例如运动、吸烟等生活方式的影响

E. 上述界限可以通过减少胆固醇和脂肪的摄入量而得到降低

6. 完全依赖蜜蜂授粉的植物，用丰富的花蜜和花粉来吸引授粉者，而花蜜和花粉是蜜蜂的全部食物。随着某种授粉植物适应程度的提高，蜜蜂只为单一的某种植物授粉，并从那里获得营养。同样，有些种类的植物的花朵已经进化到了只能由某一种蜜蜂来授粉的地步。这类植物冒着灭绝的巨大危险，如果不经意地使用杀虫剂把授粉蜜蜂毁灭的话，这种植物也就不能再生存了。

以上资料如果为真，最强地支持了以下哪项结论？

A. 最早的开花植物种类与最早的蜜蜂种类同时在地球上出现

B. 如果某种植物的唯一授粉者不存在灭绝的危险的话，那么这种被授粉的植物也不可能灭绝

C. 大部分的开花植物种类的花朵吸引某些种类蜜蜂而不吸引另一些种类的蜜蜂

D. 某些植物产地的彻底灭绝会导致某些蜜蜂种类的灭绝

E. 人们从现在起就应该注意适当采取措施来实现植物授粉蜜蜂的多样性

7. 上个世纪60年代，新加坡的人均寿命不断上升，到本世纪已超过日本，成为世界之最。与此同时，和一切发达国家一样，由于饮食中的高脂肪含量，新加坡人的心血管疾病的发病率也逐年上升。

从上述断定，最可能得出以下哪项结论？

A. 上个世纪60年代造成新加坡人死亡的那些主要疾病，到本世纪，如果该国的发病没有实质性的降低，那么对这些疾病的医疗水平一定有实质性的提高

B. 目前新加坡对于心血管疾病的治疗水平是全世界最高的

C. 目前新加坡人新血管疾病的发病率低于日本

D. 新加坡人比日本人更喜欢吃脂肪含量高的食物

E. 新加坡人的心血管疾病的发病率虽然逐年上升，但这种疾病不是造成目前新加坡人死亡的主要杀手

8. 某公司在一次招聘中，对所有申请者进行了一次书面测试，其中包括这样一个问题：“你是不是一个诚实的人?”有2/5的申请者的回答是：“我至少有一点不诚实。”该公司在这次测试中，很可能低估了申请者中不诚实的人所占的比例，因为

以下哪项作为上文的后续最为恰当？

A. 在这次测试中，有些非常诚实的申请者可能作了不诚实的回答

B. 在这次测试中，那些回答“我至少有一点不诚实”的申请者可能是非常不诚实的

C. 在这次测试中，那些回答自己是不诚实的申请者，他所作的这一回答可能是诚实的

D. 在这次测试中，有些不诚实的申请者可能宣称自己是诚实的

E. 在这次测试中，其余3/5的申请者，可能很多人的回答是“我非常不诚实”

9. 彗星自身不发光，只是反射其他光源例如太阳的光。科学家根据彗星的亮度来估计其质量：质量越大，反射的光越多。但是，卫星探测器显示，哈雷彗星每单位质量所反射的光比科学家原先估计的要少60倍。

上述断定最能支持以下哪项结论？

A. 有些彗星每单位质量所反射的光比哈雷彗星高出60倍

B. 原先基于亮度所估计的哈雷彗星的质量显著偏低

C. 哈雷彗星所反射的光的总量，比科学家原先认为的要高

D. 构成不同彗星的物质反射光的性能有极大的差异

E. 科学家需要更多的信息来准确估计彗星的质量

10. A地区与B地区相邻，如果基于耕种地和休耕地的总面积计算最近12年的平均亩产，A地区是B地区的120%，如果仅基于耕种地的面积，A地区是B地区的70%。

如果上述陈述为真，最可能推出以下哪项？

A. A地区生产的谷物比B地区多

B. A地区休耕地比B地区耕种地少

C. A地区少量休耕地是可利用的农田

D. 耕种地占总农田的比例，A地区比B地区高

E. B地区休耕地面积比A地区耕种地面积多

11. 公司规定，将全体职工按工资数额从大到小排序。排在最后5%的人提高工资，排在最前5%的人降低工资。小王的工资数额高于全体职工的平均工资，小李的工资数额低于全体职工的平均工资。

如果严格执行公司决定，以下哪种情况是不可能发生的？

Ⅰ. 小王和小李都提高工资

Ⅱ. 小王和小李都降低了工资

Ⅲ. 小王提高了工资；小李降低了工资

Ⅳ. 小王降低了工资；小李提高了工资

A. Ⅰ、Ⅱ、Ⅲ和Ⅳ　　B. 仅Ⅰ、Ⅱ、Ⅲ　　C. 仅Ⅰ、Ⅱ、Ⅳ

D. 仅Ⅲ　　E. 仅Ⅳ

12～13 基于以下题干：

对于上市公司而言，有分红的企业才能发行新的股票。可是，如果一个企业有分红，那它就不需要融资。如果它需要融资，就没有办法分红。

12. 如果以上陈述为真，以下哪项陈述不可能假？

A. 一个上市公司不需要融资，或者不是有分红的企业

B. 一个上市公司需要融资，或者是没有分红的企业

C. 一个上市公司不需要发行股票，或者不是有分红的企业

D. 一个上市公司融资的唯一渠道是发行新股票

E. 一个上市公司不需要融资，但是有分红的企业

13. 如果以上陈述为真，以下哪项陈述不可能真？

A. 一个上市公司需要融资，而且没有办法分红

B. 一个上市公司不需要融资，就是有办法分红

C. 一个上市公司不需要融资，就一定会分红

D. 一个上市公司既需要融资，也有办法分红

E. 一个上市公司既不需要融资，也没有办法分红

14. 散文家：智慧与聪明是令人渴望的品质。但是，一个人聪明并不意味着他很有智慧，而一个人有智慧也不意味着他很聪明。在我所遇到的人中，有的人聪明，有的人有智慧，但是，却没有人同时具备这两种品质。

若散文家的陈述为真，以下哪项陈述不可能真？

A. 没有人聪明但没有智慧，也没有人有智慧却不聪明

B. 大部分人既聪明，又有智慧

C. 没有人既聪明，又有智慧

D. 大部分人既不聪明，也没有智慧

E. 大部分人聪明但缺乏智慧

15. 甲（男）、乙（男）、丙（女）、丁（女）、戊（女）五个人有亲戚关系，其中凡有一个以上兄弟姐妹并且有一个以上儿女的人总说真话；凡只有一个以上兄弟姐妹或只有一个以上儿女的人，所说的话真假交替；凡没有兄弟姐妹，也没有儿女的人总说假话。他们各说了以下的话：

甲：丙是我的妻子，乙是我的儿子，戊是我的姑姑。

乙：丁是我的姐妹，戊是我的母亲，戊是甲的姐妹。

丙：我没有兄弟姐妹，甲是我的儿子，甲有一个儿子。

丁：我没有儿女，丙是我的姐妹，甲是我的兄弟。

戊：甲是我的侄子，丁是我的侄女，丙是我的女儿。

根据题干给定的条件，能够推出下面哪一个选项是真的？

A. 甲说的都是真话，丙是他的妻子

B. 乙说的话真假交替，他的母亲是戊

C. 丁说的都是假话，她是甲的姐妹

D. 戊说的都是真话，丙是她的姐妹

E. 丙说的话真假交替，她是甲的母亲

16. 一对夫妻带着他们的一个孩子在路上碰到一个朋友。朋友问孩子："你是男孩还是女孩？"朋友没听清孩子的回答。孩子的父母中某一个说，我孩子回答的是"我是男孩"，另一个接着说："这孩子撒谎。她是女孩。"这家人中男性从不说谎，而女性从来不连续说两句真话，但也不连续说两句假话。

如果上述断定是真的，那么以下哪项一定是真的？

Ⅰ. 父母俩第一个说话的是母亲

Ⅱ. 父母俩第一个说话的是父亲

Ⅲ. 孩子是男孩

A. 仅Ⅰ　　B. 仅Ⅱ　　C. 仅Ⅰ和Ⅲ

D. 仅Ⅱ和Ⅲ　　E. Ⅰ、Ⅱ和Ⅲ

17. 对于东明市的居民来说，购买新房是一项高昂的消费，居民一般购买 45 万元左右的中低档房，少数富有的家庭购买 100 万元以上的高档房。每年购买房子的人群中 25 岁至 35 岁的人约占 50%，其中高于 65%的购房者没有私家车。

如果上述断定为真，则以下哪项一定为真？

Ⅰ. 每年东明市约有 50%的购房者的年龄要么小于 25 岁，要么大于 35 岁

Ⅱ. 每年东明市约有 35%的购房者拥有私家车

Ⅲ. 东明市的房产将严重滞销

A. 仅Ⅰ　　B. 仅Ⅱ　　C. 仅Ⅰ和Ⅱ

D. 仅Ⅰ和Ⅲ　　E. Ⅰ、Ⅱ、Ⅲ

18. 现在已经没有数学家会一概拒绝通过繁复计算完成的定理证明。但是在 1976 年，情况却不是这样。那时，有些数学家不接受关于映射定理的计算机证明，理由仅仅是：定理是简单的，而证明太繁复了。尽管现在有些数学家仍然坚持简单的数学定理的证明应当是简短的，但所有的数学家都认识到，有些简单的数学定理确实少不了繁复的证明。

如果上述断定为真，则以下哪项一定是真的？

Ⅰ. 有些坚持简单定理应当简短证明的数学家，由于注意到简单的数学定理确实少不了繁复的证明，一定会考虑简单定理的复杂证明

Ⅱ. 那些坚持简单定理应当简短证明的数学家，由于认识到"应当"不等于"可行"，一定不会拒绝任一定理的繁复证明

Ⅲ. 现在一概拒绝通过繁复计算完成定理证明的人，一定不是数学家

A. 仅Ⅰ　　B. 仅Ⅱ　　C. 仅Ⅲ

D. 仅Ⅰ和Ⅲ　　E. Ⅰ、Ⅱ和Ⅲ

19. 在多个选择项中，有且只有一个答案的试题称为单选题，至少有一个但也可以有一个以上答案的称为多选题。对于一道严格的单选试题来说，作为答案的选项一定满足两个条件：第一，正确性；第二，唯一性。所谓正确性是指，答案是对问题的正确回答；所谓唯一性是指，不存在其他选项是对问题的正确回答。因此，如果对同一道单选试题，我们感觉两个或两个以上的选项都满足正确性，那么一定是遇到了干扰项，即似乎成立但实际上不成立的选项。

如果上述断定为真，那么以下哪项一定是真的？

Ⅰ. 一道严格的单选试题的选项，如果满足正确性，则一定满足唯一性

Ⅱ. 一道严格的多选试题的选项，如果满足正确性，则一定不满足唯一性

Ⅲ. 一道不严格的单选试题，至少存在一个选项，满足正确性，但不满足唯一性

A. 仅Ⅰ　　B. 仅Ⅱ　　C. 仅Ⅲ
D. 仅Ⅰ和Ⅲ　　E. Ⅰ、Ⅱ和Ⅲ

20. 某机关精简机构，计划减员25%，撤销三个机构，这三个机构的人数正好占全机关的25%。计划实施后，上述三个机构被撤销，全机关实际减员15%。此过程中，机关内部人员有所调动，但全机关只有减员，没有增员。

如果上述断定为真，以下哪项一定是真的？

Ⅰ. 上述计划实施后，有的机构调入新成员

Ⅱ. 上述计划实施后，没有一个机构，调入的新成员的总数，超出机关原总人数的10%

Ⅲ. 上述计划实施后，被撤销机构中的留任人员，不超过机关原总人数的10%

A. 仅Ⅰ　　B. 仅Ⅱ　　C. 仅Ⅲ
D. 仅Ⅰ和Ⅱ　　E. Ⅰ、Ⅱ和Ⅲ

21. 员工诚实的个人品质，对于一个企业来说至关重要。一种新型的商用测谎器，可以有效地帮助贵公司聘用诚实的员工。著名的3Q公司在一次招聘面试时对300名面试者使用了测谎器，结果完全有理由让人相信它的有效功能。有1/3的应聘者在这次面试中撒谎。当被问及他们是否知道法国经济学家道尔时，他们都回答知道；当被问及是否知道比利时的卡达特公司时，有1/5的人回答知道。但事实上这个经济学家和公司都是不存在的。测试结果证明：该测谎器的准确率是100%。

如果上述断定为真，并且测谎器测试的结果是：上述应聘者中撒谎的人数不多于160人，那么以下哪项关于该项测试的断定一定是真的？

Ⅰ. 应聘者只被问了上述两个问题

Ⅱ. 没有一个应聘者在回答上述两个问题时都撒了谎

Ⅲ. 测谎器测定的未撒谎的人数不多于200人

A. 仅Ⅰ　　B. 仅Ⅱ　　C. 仅Ⅲ
D. Ⅰ、Ⅱ和Ⅲ　　E. Ⅰ、Ⅱ和Ⅲ都不一定是真的

22. 左撇子的人比右撇子的人更容易患某些免疫失调症，例如过敏。然而，左撇子也有优于右撇子的地方，例如，左撇子更擅长于由右脑半球执行的工作。而人的数学推理的工作一般是由右脑半球执行的。

从上述断定能推出以下哪个结论？

Ⅰ. 患有过敏或其他免疫失调症的人中，左撇子比右撇子多

Ⅱ. 在所有数学推理能力强的人当中左撇子的比例，高于所有数学推理能力弱的人中左撇子的比例

Ⅲ. 在所有左撇子中，数学推理强的比例，高于数学推理能力弱的比例

A. 仅Ⅰ　　B. 仅Ⅱ　　C. 仅Ⅲ
D. 仅Ⅰ和Ⅲ　　E. Ⅰ、Ⅱ和Ⅲ

23. 随着心脏病成为人类的第一杀手，人的血液中胆固醇的含量越来越引起人们的重视。一个人血液中的胆固醇含量越高，患致命的心脏病的风险也就越大。至少有三个因素会影响人的血液中胆固醇的含量，它们是抽烟、饮酒和运动。

如果上述断定为真，那么以下哪项一定为真？

Ⅰ. 某些生活方式的改变，会影响一个人患心脏病的风险

Ⅱ. 如果一个人血液中的胆固醇含量不高，那么他患致命的心脏病的风险也不高

Ⅲ. 血液中的胆固醇高含量是造成当今人类死亡的主要原因

A. 仅Ⅰ　　B. 仅Ⅱ　　C. 仅Ⅲ

D. 仅Ⅰ和Ⅱ　　E. Ⅰ、Ⅱ和Ⅲ

24. 有人养了一些兔子。别人问他有多少只雌兔，多少只雄兔，他回答说：在他所养的兔子中，每一只雄兔的雌性同伴比它的雄性同伴少一只；而每一只雌兔的雄性同伴比它的雌性同伴的两倍少两只。

根据上述回答，可以推断他养了多少只雌兔、多少只雄兔？

A. 8 只雄兔，6 只雌兔　　B. 10 只雄兔，8 只雌兔　　C. 12 只雄兔，10 只雌兔

D. 14 只雄兔，8 只雌兔　　E. 14 只雄兔，12 只雌兔

25. 某研究所对该所上年度研究成果的统计显示：在该所所有的研究人员中，没有两个人发表的论文的数量完全相同；没有人恰好发表了 10 篇论文；没有人发表的论文的数量等于或超过全所研究人员的数量。

如果上述统计是真实的，则以下哪项断定也一定是真实的？

Ⅰ. 该所研究人员中，有人上年度没有发表 1 篇论文

Ⅱ. 该所研究人员的数量，不少于 3 人

Ⅲ. 该所研究人员的数量，不多于 10 人

A. 仅Ⅰ和Ⅱ　　B. 仅Ⅰ和Ⅲ　　C. 仅Ⅰ

D. 仅Ⅲ　　E. Ⅰ、Ⅱ和Ⅲ

26. 在 H 国 2000 年的人口普查中，婚姻状况分为四种：未婚、已婚、离婚和丧偶。其中，已婚分为正常婚姻和分居，分居分为合法分居和非法分居，非法分居指分居者与无婚姻关系的异性非法同居。普查显示，分居者中，女性比男性多 100 万。

以下哪项如果为真，有助于解释上述普查结果？

Ⅰ. 分居者中的男性非法同居者多于女性非法同居者

Ⅱ. 未在上述普查中登记的分居男性多于分居女性

Ⅲ. 离开 H 国移居他国的分居男性多于分居女性

A. 只有Ⅰ　　B. 只有Ⅱ　　C. 只有Ⅲ

D. 只有Ⅱ和Ⅲ　　E. Ⅰ、Ⅱ和Ⅲ

27. 某综合性大学的理科学生多于文科学生，女生多于男生。

如果上述断定是真的，以下哪项也一定是真的？

Ⅰ. 文科的女生多于文科的男生

Ⅱ. 理科的男生多于文科的男生

Ⅲ. 理科的女生多于文科的男生

A. 仅Ⅰ和Ⅱ　　B. 仅Ⅲ　　C. 仅Ⅱ和Ⅲ

D. 仅Ⅰ和Ⅲ　　E. Ⅰ、Ⅱ和Ⅲ

28. 李赫、张岚、林宏、何柏、邱辉五位同事，近日他们各自买了一辆不同品牌小轿车，分别为雪铁龙、奥迪、宝马、奔驰、桑塔纳。这五辆车的颜色分别与五人名字最后一个字谐音的颜色不同。已知李赫买的是蓝色的雪铁龙。

以下哪项排列可能对应张岚、林宏、何柏、邱辉所买的车？

A. 灰色的奥迪，白色的宝马，灰色的奔驰，红色的桑塔纳

B. 黑色的奥迪，红色的宝马，灰色的奔驰，白色的桑塔纳

C. 红色的奥迪，灰色的宝马，白色的奔驰，黑色的桑塔纳

D. 白色的奥迪，黑色的宝马，红色的奔驰，灰色的桑塔纳

E. 黑色的奥迪，灰色的宝马，白色的奔驰，红色的桑塔纳

29～30 基于以下题干：

某食堂采购4类（各种蔬菜名称的后一个字相同，即为一类）共12种蔬菜：芹菜、菠菜、韭菜、青椒、红椒、黄椒、黄瓜、冬瓜、丝瓜、扁豆、毛豆、豇豆，并根据若干条件将其分成3组，准备在早、中、晚三餐中分别使用。已知条件如下：

（1）同一类别的蔬菜不在一组；

（2）芹菜不能在黄椒那一组，冬瓜不能在扁豆那一组；

（3）毛豆必须与红椒或韭菜同一组；

（4）黄椒必须与豇豆同一组。

29. 根据以上信息，可以得出以下哪项？

A. 芹菜与豇豆不在同一组

B. 芹菜与毛豆不在同一组

C. 菠菜与扁豆不在同一组

D. 冬瓜与青椒不在同一组

E. 丝瓜与韭菜不在同一组

30. 如果韭菜、青椒与黄瓜在同一组，则可以得出以下哪项？

A. 芹菜、红椒与扁豆在同一组

B. 菠菜、黄椒与豇豆在同一组

C. 韭菜、黄瓜与毛豆在同一组

D. 菠菜、冬瓜与豇豆在同一组

E. 芹菜、红椒与丝瓜在同一组

31. 某大学读书会开展"一月一书"活动。读书会成员甲、乙、丙、丁、戊5人在《论语》《史记》《唐诗三百首》《奥德赛》《资本论》中各选一种阅读，互不重复。已知：

（1）甲爱读历史，会在《史记》和《奥德赛》中挑一本；

（2）乙和丁只爱读中国古代经典，但现在都没有读诗的心情；

（3）如果乙选《论语》，则戊选《史记》。

事实上，各人都选了自己喜爱的书目。

根据上述信息，可以得出以下哪项？

A. 甲选《史记》　　B. 乙选《奥德赛》　　C. 丙选《唐诗三百首》

D. 丁选《论语》　　E. 戊选《资本论》

32～33 基于以下题干：

某园艺公司打算在如下形状的花圃中栽种玫瑰、兰花和菊花三个品种的花卉。该花圃的形状如下所示：

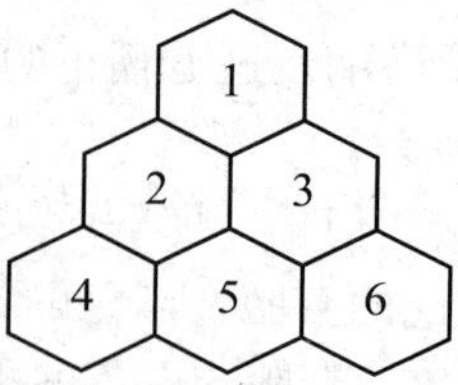

拟栽种的玫瑰有紫、红、白3种颜色，兰花有红、白、黄3种颜色，菊花有白、黄、蓝3种颜色。栽种需满足如下要求：

（1）每个六边形格子中仅栽种一个品种、一种颜色的花；

（2）每个品种只栽种两种颜色的花；

(3) 相邻格子中的花，其品种与颜色均不相同。

32. 若格子 5 中是红色的花，则以下哪项是不可能的？

A. 格子 2 中是紫色的玫瑰

B. 格子 1 中是白色的兰花

C. 格子 1 中是白色的菊花

D. 格子 4 中是白色的兰花

E. 格子 6 中是蓝色的菊花

33. 若格子 5 中是红色的玫瑰，且格子 3 中是黄色的花，则可以得出以下哪项？

A. 格子 1 中是紫色的玫瑰

B. 格子 4 中是白色的菊花

C. 格子 2 中是白色的菊花

D. 格子 4 中是白色的兰花

E. 格子 6 中是蓝色的菊花

34～35 基于以下题干：

一江南园林拟建松、竹、梅、兰、菊 5 个园子。该园林拟设东、南、北 3 个门，分别位于其中的 3 个园子。这 5 个园子的布局满足如下条件：

(1) 如果东门位于松园或菊园，那么南门不位于竹园；

(2) 如果南门不位于竹园，那么北门不位于兰园；

(3) 如果菊园在园林的中心，那么它与兰园不相邻；

(4) 兰园与菊园相邻，中间连着一座美丽的廊桥。

34. 根据以上信息，可以得出以下哪项？

A. 梅园不在园林的中心　B. 菊园在园林的中心　C. 菊园不在园林的中心

D. 兰园在园林的中心　E. 兰园不在园林的中心

35. 如果北门位于兰园，则可以得出以下哪项？

A. 东门位于竹园　B. 南门位于梅园　C. 东门位于松园

D. 东门位于梅园　E. 南门位于菊园

36～37 基于以下题干：

某校四位女生施琳、张芳、王玉、杨虹与四位男生范勇、吕伟、赵虎、李龙进行中国象棋比赛。他们被安排到四张桌上，每桌一男一女对弈，四张桌从左到右分别记为 1、2、3、4 号，每对选手需要进行四局比赛。比赛规定：选手每胜一局得 2 分，和一局得 1 分，负一局得 0 分。前三局结束时，按分差大小排列，四对选手的总积分分别是 6∶0、5∶1、4∶2、3∶3。已知：

(1) 张芳跟吕伟对弈，杨虹在 4 号桌比赛，王玉的比赛桌在李龙比赛桌的右边；

(2) 1 号桌的比赛至少有一局是和局，4 号桌双方的总积分不是 4∶2；

(3) 赵虎前三局总积分并不领先他的对手，他们也没有下成过和局；

(4) 李龙已连输三局，范勇在前三局总积分上领先他的对手。

36. 根据上述信息，前三局比赛结束时谁的总积分最高？

A. 施琳　B. 张芳　C. 范勇

D. 王玉　E. 杨虹

37. 如果下列有位选手前三局均与对手下成和局，那么他（她）是谁？

A. 施琳　B. 张芳　C. 范勇

D. 王玉　E. 杨虹

38. 某剧组招募群众演员。为配合剧情，需要招 4 类角色：外国游客 1 到 2 名，购物者 2

到3名，商贩2名，路人若干。仅有甲、乙、丙、丁、戊、己等6人可供选择，且每个人在同一场景中只能出演一个角色。已知：

（1）只有甲、乙才能出演外国游客；

（2）上述4类角色在每个场景中至少有3类同时出现；

（3）每一场景中，若乙或丁出演商贩，则甲和丙出演购物者；

（4）购物者和路人的数量之和在每个场景中不超过2。

根据上述信息，可以得出以下哪项？

A. 在同一场景中，若戊和己出演路人，则甲只可能出演外国游客

B. 甲、乙、丙、丁不会在同一场景中同时出现

C. 至少有2人需要在不同的场景中出演不同的角色

D. 在同一场景中，若丁和戊出演购物者，则乙只可能出演外国游客

E. 在同一场景中，若乙出演外国游客，则甲只可能出演商贩

39～40基于以下题干：

某影城将在"十一"黄金周7天（周一至周日）放映14部电影，其中，有5部科幻片、3部警匪片、3部武侠片、2部战争片及1部爱情片。限于条件，影城每天放映2部电影。已知：

（1）除2部科幻片安排在周四外，其余6天每天放映的2部电影都属于不同类别；

（2）爱情片安排在周日；

（3）科幻片与武侠片没有安排在同一天；

（4）警匪片和战争片没有安排在同一天。

39. 根据上述信息，以下哪项中的两部电影不可能安排在同一天放映？

A. 科幻片和警匪片　　B. 武侠片和警匪片　　C. 警匪片和爱情片

D. 科幻片和战争片　　E. 武侠片和战争片

40. 根据上述信息，如果同类影片放映日期连续，则周六可能放映的电影是以下哪项？

A. 科幻片和警匪片　　B. 科幻片和武侠片　　C. 警匪片和战争片

D. 科幻片和战争片　　E. 武侠片和警匪片

41～42基于以下题干：

六一节快到了，幼儿园老师为班上的小明、小雷、小刚、小芳、小花等5位小朋友准备了红、橙、黄、绿、青、蓝、紫等7份礼物。已知所有礼物都送了出去，每份礼物只能由一人获得，每人最多获得两份礼物。另外，礼物派送还需满足如下要求：

（1）如果小明收到橙色礼物，则小芳会收到蓝色礼物；

（2）如果小雷没有收到红色礼物，则小芳不会收到蓝色礼物；

（3）如果小刚没有收到黄色礼物，则小花不会收到紫色礼物；

（4）没有人既能收到黄色礼物，又能收到绿色礼物；

（5）小明只收到橙色礼物，而小花只收到紫色礼物。

41. 根据上述信息，以下哪项可能为真？

A. 小明和小雷都收到两份礼物

B. 小雷和小刚都收到两份礼物

C. 小刚和小花都收到两份礼物

D. 小明和小芳都收到两份礼物

E. 小芳和小花都收到两份礼物

42. 根据上述信息，如果小刚收到两份礼物，则可以得出以下哪项？

A. 小雷收到红色和绿色两份礼物

B. 小刚收到黄色和青色两份礼物

C. 小芳收到绿色和蓝色两份礼物

D. 小刚收到黄色和蓝色两份礼物

E. 小芳收到青色和蓝色两份礼物

43～44 基于以下题干：

江海大学的校园美食节开幕了，某女生宿舍有 5 人积极报名参加此次活动，她们的姓名分别为金粲、木心、水仙、火珊、土润。举办者要求，每位报名者只做一道菜品参加评比，但需自备食材。限于条件，该宿舍所备食材仅有五种：金针菇、木耳、水蜜桃、火腿和土豆。要求每种食材只能有 2 人选用。每人又只能选用 2 种食材，并且每人所选食材名称的第一个字与自己的姓氏均不同。已知：

（1）如果金粲选水蜜桃，则水仙不选金针菇；

（2）如果木心选金针菇或土豆，则她也须选木耳；

（3）如果火珊选水蜜桃，则她也须选木耳和土豆；

（4）如果木心选火腿，则火珊不选金针菇。

43. 根据上述信息，可以得出以下哪项？

A. 金粲选用木耳、土豆　　B. 木心选用水蜜桃、土豆　　C. 水仙选用金针菇、火腿

D. 火珊选用木耳、水蜜桃　　E. 土润选用金针菇、水蜜桃

44. 如果水仙选用土豆，则可以得出以下哪项？

A. 金粲选用木耳、火腿　　B. 木心选用金针菇、水蜜桃　　C. 水仙选用木耳、土豆

D. 火珊选用金针菇、土豆　　E. 土润选用水蜜桃、火腿

45～46 基于以下共同题干：

某高校数学、物理、化学、管理、文秘、法学等 6 个专业毕业生要就业，现有风云、怡和、宏宇三家公司前来学校招聘。已知，每家公司只招聘该校 2 至 3 个专业若干毕业生，且需要满足以下条件：

（1）招聘化学专业的公司也招聘数学专业；

（2）怡和公司招聘的专业，风云公司也招聘；

（3）只有一家公司招聘文秘专业，且该公司没有招聘物理专业；

（4）如果怡和公司招聘管理专业，那么也招聘文秘专业；

（5）如果宏宇公司没有招聘文秘专业，那么怡和公司招聘文秘专业。

45. 如果只有一家公司招聘物理专业，那么可以得出以下哪项？

A. 风云公司招聘化学专业

B. 怡和公司招聘管理专业

C. 宏宇公司招聘数学专业

D. 风云公司招聘物理专业

E. 怡和公司招聘物理专业

46. 如果三家公司都招聘了三个专业若干毕业生，那么可以得出以下哪项？

A. 风云公司招聘化学专业

B. 怡和公司招聘法学专业

C. 宏宇公司招聘化学专业

D. 风云公司招聘数学专业

E. 怡和公司招聘物理专业

47～48 基于以下题干：

年初，为激励员工努力工作，某公司决定根据每月工作绩效评选“月度之星”，王某在当年前10个月恰好只在连续的4个月中当选“月度之星”，他的另三位同事郑某、吴某、周某也做到了这一点。关于这四人当选“月度之星”的月份，已知：

（1）王某和郑某仅有三个月同时当选；

（2）郑某和吴某仅有三个月同时当选；

（3）王某和周某不曾在同一个月当选；

（4）仅有2人在7月同时当选；

（5）至少有1人在1月当选。

47. 根据以上信息，有3人同时当选“月度之星”的月份是：

A. 1～3月　　B. 2～4月　　C. 3～5月

D. 4～6月　　E. 5～7月

48. 根据以上信息，王某当选“月度之星”的月份是：

A. 1～4月　　B. 3～6月　　C. 4～7月

D. 5～8月　　E. 7～10月

综合提高题详解

1. 答案是B。题干作了两个根本性的断定：一是K市要发展高科技就需要吸引外来居民，其关键在改建火车站，二是改建火车站有利于在近郊城镇居住的居民的生活。选项B是这两个断定的恰当结论。其余选项均不能推出。

2. 答案是E。题干意味着，此路段8年来交通伤亡人数下降还有别的原因。其余选项均不能推出。

3. 答案是D。否定该项就会和题干意思相矛盾。否定其他选项和题干意思不矛盾。

4. 答案是B。题干断定：控制系统拒绝化程度最小，则会导致冒名顶替者的进入。选项B断定，如果控制系统拒绝化程度最大，则会使得合法进入者被拒绝，正好支持其结论。

5. 答案是A。如果一个人摄入的胆固醇和他的血清胆固醇指标无条件成正比，那么，如果中国的人均胆固醇和脂肪摄入量是欧洲的1/2，那么其人均血清胆固醇指标也等于欧洲人的1/2。但是题干断定，以欧洲人均胆固醇和脂肪摄入量的1/4为界限，在该界限内，上述二者成正比，一旦超过这个界限则不能成正比。

6. 答案是D。题干的重点是：随着某种授粉植物适应程度的提高，蜜蜂只为单一的某种植物授粉，并从那里获得营养。选项D“某些植物产地的彻底灭绝会导致某些蜜蜂种类的灭绝”正好可以从中推出。

7. 答案是A。如果该项为假，即如果上个世纪60年代造成新加坡人死亡的那些主要疾病，到本世纪在该国的发病没有实质性的降低，并且对这些疾病的医疗水平一定也没有实质性的提高，那么新加坡人的寿命不可能不断上升，更难以在本世纪初成为世界之最。这说明，如果题干为真，则选项A为真。其他选项皆不是结论。

8. 答案是D。该公司低估了申请者中不诚实的人所占的比例，说明至少有一些不诚实的人声称自己是诚实的。

9. 答案是B。题干断定“哈雷彗星每单位质量所反射的光比科学家原先估计的要少60倍”，意味着同样的光需要更多的质量才能反射，所以原先基于亮度所估计的哈雷彗星的质量显著偏低。

10. 答案是D。仅就耕种地面积，A地区的平均亩产是B地区的70%，可是就总面积来说，A地区的平均亩产则是B地区的120%，这说明A地区的耕种地占总农田的比例一定比B地区要高。

11. 答案是D。选项Ⅲ与题干条件相矛盾，不可能真。选项Ⅳ可能真是显然的。选项Ⅰ为什么可能真呢？因为虽然小王的工资数额高于全体职工的平均工资，小李的工资数额低于全体职工的平均工资，但他们的工资数却可能都排在全体职工数额排列的最后5%的人中，而其他95%的职工工资数额均不低，所以小王和小李都应提高工资。选项Ⅱ为什么可能真呢？因为小王和小李的工资数额都可能排在全体职工工资数额排列的最前5%的人中，而其他95%的职工工资数额均不高，所以小王和小李都应降低工资。如某公司有员工100人，工资最高者每月10 000元，第二高者210元，另外还有3人各200元，其余95人均为每月100元。该公司员工的平均工资约为203元。假设小王为第二高者，工资数额高于全体职工的平均工资，小李为200元，工资数额低于全体职工的平均工资，但由于他们的工资都处于全体职工工资数额排列的最前5%的人中，所以小王和小李都得降低工资。

12. 答案是A。题干意味着融资和有分红的企业对一个上市公司来说是不相容的。选项A一定真，因为如果否定A，即既需要融资又有办法分红，就会和题干的意思发生矛盾。

13. 答案是D。该项与题干的意思矛盾，不可能是真的。其他选项都有可能真。

14. 答案是A。该项代入题干，会导致矛盾，所以，不可能真。题干断定：一个人聪明并不意味着他很有智慧，而一个人有智慧也不意味着他很聪明。但选项A则对上述断定说“没有”，显然是矛盾的。选项B有可能真，因为我遇到的人中没有人同时既聪明又有智慧，但我遇到的人可能只是很少的一部分人，而我没有遇到的人则是基本上都是既聪明又有智慧的人。选项C和D也都有可能真，因为我所遇到的人也许能够代表所有的人。

15. 答案是A。解答此题需要运用代入法。将选项A代入题干，则甲说真话，甲是男性，乙是男性，丙和戊都是女性，丙是甲的妻子，乙是甲的儿子，戊是甲的姑姑，没有出现矛盾。将选项D代入题干，则戊说真话，丙是戊的女儿但又是戊的姐妹，出现了矛盾。同理可知，将选项B、C、E代入题干都会导致矛盾。所以，答案是A。

16. 答案是A。选项Ⅱ和Ⅲ代入题干都会导致矛盾。如果选项Ⅱ为真，即父母俩第一个说话的是父亲，第二个说话的是母亲。如果孩子是女孩，则母亲说的两句话都真；如果孩子是男孩，则母亲说的两句话都假。均导致矛盾。如果Ⅲ为真，即孩子是男孩，则父母中第二个说话的所说的两句话都是假的。这与题干中这家人男性从不说谎，而女性从来不连续说两句真话，但也不连续说两句假话相矛盾。选项Ⅰ代入题干不会导致矛盾，因为如果父母俩第一个说话的是母亲，则第二个说话的就是父亲，父亲说真话，所以，“孩子撒谎。她是女孩”。这就意味着孩子说的话是“我是男孩”。这样母亲说的是真话。没有出现矛盾。

17. 答案是A。选项Ⅰ一定真。选项Ⅱ不一定真，因为题干只意味着25岁到35岁的每年购买房子的人群中有不到35%的人有私家车，而不能因此推出整个东明市的情况都是这样。选项Ⅲ不一定真，该项和题干没有直接关系。

18. 答案是D。选项Ⅰ一定真。因为题干已经断定了“所有的数学家都认识到，有些简单的数学定理确实少不了繁复的证明”，当然也就包括那些“坚持简单定理应当简短证明的数学家”也认识到了。选项Ⅲ一定真。因为既然所有数学家都已经认识到了有些定理确实少不了繁复证明，所以现在如果还一概拒绝通过繁复计算完成定理证明的人，那一定不是数学家。选项Ⅱ不一定真。“一定不会拒绝”过强，不必然为真。

19. 答案是A。运用反向代入法。选项Ⅰ一定真，因为如果否定该项就会出现矛盾，即一道选择题满足正确性但却不满足唯一性，这样的单选试题显然是不严格的。选项Ⅱ不一定真，因为否定该项，不会导致矛盾，即满足正确性又满足唯一性的多项选择题还是严格的（注意题干关于多项选择题的定义）。选项Ⅲ不一定真，因为否定该项并不一定会导致矛盾，即任何选项，或者不满足正确性或者满足唯一性，都可以是不严格的单选试题。

20. 答案是A。选项Ⅰ一定真，因为如果所有机构都没有调入新成员，就会与题干中的情况发生矛盾。三个机构被撤销的人数为25%，但实际上减员只有15%。选项Ⅱ不一定真，因为题干所说的人员调动，不一定局限于被撤销机构的人员调入被保留机构，也可能包括被保留机构人员的互相调动。选项Ⅲ不一定真，因为完全可能被撤销的三个机构的人员全部留任，而被保留机构的成员被减员。

21. 答案是C。选项Ⅲ一定真，因为如果测谎器测定的未撒谎的人数多于200人，则撒谎人数就会少于100人，这就与测谎器的准确率为100%相矛盾。选项Ⅰ和Ⅱ都不一定真，因为它们即使为假，也不会导致与题干相矛盾的情况。

22. 答案是C。题干论点应该是：左撇子比右撇子更擅长数学推理，数学推理能力更强。选项Ⅲ一定真，因为说左撇子比右撇子更擅长数学推理，需要有一个逻辑基础，这就是：左撇子是擅长数学推理的。否则就不能说“更擅长”。选项Ⅰ不一定真。左撇子的人比右撇子的人更容易患免疫失调症，并不意味着患有免疫失调症的人中左撇子比右撇子多，因为可能右撇子的人数本来就多。选项Ⅱ不一定真。说左撇子比右撇子更擅长数学推理，主要看左撇子中数学推理能力强的人的比例和右撇子中数学推理强的人的比例，而不是看数学推理强的人中左撇子的比例和数学推理能力弱的人中左撇子的比例。

23. 答案是A。选项Ⅰ一定真，需要把握题干的整体意思。选项Ⅱ不一定真，题干说的是血液中的胆固醇含量增高是患心脏病的充分条件，并没有说是必要条件。选项Ⅲ不一定真，题干说的是血液中的高胆固醇含量是患心脏病死亡的主要原因，并没有说是人类死亡的主要原因。

24. 答案是A。选项B、C、D、E代入题干都会导致矛盾。只有选项A代入题干不会导致矛盾。如果选项A为真，则每只雄兔的雄性同伴有7只，雌性同伴有6只，即每一只雄兔的雌性同伴比它的雄性同伴少一只；每只雌兔的雌性同伴有5只，雄性同伴有8只，即每一只雌兔的雄性同伴比它的雌性同伴的两倍少两只。没有出现矛盾的情况。

25. 答案是B。设该所人员数量为n。由题干中“没有两个人发表的论文数量完全相同”和“没有人发表的论文的数量等于或超过全所研究人员的数量”可得该所发表文章数量为：0，1，2，3，4，5，6，…，$n-1$。所以，选项Ⅰ一定真。又根据题干中“没有人恰好发表了10篇论文”可得Ⅲ一定真。因为如果Ⅲ假，则该研究所研究人员的数量多于10人，则有人发表论文数量等于10篇，与题干中“没有人恰好发表了10篇论文”矛盾。选项Ⅱ不能成立。因为如果研究人员的数量为2，则发表文章数量可以为0和1。

26. 答案是D。在一夫一妻制的正常情况下，分居者中两性的数量应该是相等的。题干断定分居者中女性比男性多100万，这一定是由于非正常情况产生的。选项Ⅱ和Ⅲ都说的是这种非正常情况，从而都解释了题干。选项Ⅰ不能解释，因为即使分居者中男性非法同居者多于女性非法同居者，但整个分居者中女性何以比男性多出100万并未得到解释。

27. 答案是B。选项Ⅰ不一定真，虽然女生多于男生，但文科女生未必多于文科男生，因为可能文科女生少而男生多。选项Ⅱ不一定真，虽然理科学生多于文科学生，但理科男生未必多于文科男生，因为有可能理科男生少而女生多。选项Ⅲ一定真，因为在女生多于男生的条件下，如果理科女生少于或等于文科男生，则理科生少于文科生，这与题干断定相矛盾，所以要保证理科学生多于文科学生，要求理科女生必须多于文科男生。

28. 答案是A。题干断定：每人所买车的颜色都与其名字的最后一个字谐音的颜色不同。由这一断定，可得：张岚不能买蓝色、林宏不能买红色、何柏不能买白色、邱辉不能买灰色。

再分别将张岚、林宏、何柏、邱辉对应各个选项即可得出答案。D项意味着邱辉买了灰色，排除；C项和E项都意味着何柏买了白色，排除；B项意味着林宏买了红色，排除。

29. 答案是A。根据条件（1）可知，每一组都有一个带有“菜”“椒”“瓜”“豆”的蔬菜。根据条件（2）和（4）可知，黄椒和豇豆一组，但是没有和芹菜一组。

30. 答案是B。首先，根据韭菜和青椒一组，结合题干条件（2），可知芹菜和红椒一组，黄椒和菠菜一组。其次，结合题干条件（4），可知豇豆、黄椒、菠菜一组。列表如下：

组别	蔬菜
第一组	韭菜、青椒、黄瓜
第二组	芹菜、红椒
第三组	菠菜、黄椒、豇豆

31. 答案是D。根据题干条件（2），可知乙和丁应该选择的是《论语》或《史记》。因此，戊不能选择《史记》，也不能选《论语》，则根据题干条件（3）进行推理，可知：乙不选《论语》。因此，乙选择《史记》，丁选择《论语》。列表如下：

	甲	乙	丙	丁	戊
《论语》	☒(1)	☒		☑	☒
《史记》		☑			☒
《唐诗三百首》	☒(1)	☒(2)		☒(2)	
《奥德赛》		☒(2)		☒(2)	
《资本论》	☒(1)	☒(2)		☒(2)	

32. 答案是C。首先，根据题干条件（3），可知2号、3号和1号不是同一品种；而5号和2号、3号也不是同一品种。又由于仅有3种品种，因此5号和1号品种相同。同理2号和6号品种相同，3号和4号品种相同。其次，由于5中是红色，则其必然是玫瑰或者兰花，又由于1号和5号品种相同，因此1号只能是玫瑰或者兰花。因此，选项C是不可能的。

33. 答案是D。首先，根据3是黄色的花，5是玫瑰，可得：3是黄兰花或者黄菊花。其次，若3是黄菊花，则2必定是兰花，则2只能是白色的兰花。由于6的品种和2相同，因此6也是兰花。而6不能是黄色（和3相同），不能是红色（和5相同），不能是白色（和2相同），所以矛盾，因此，3只能是黄兰花。最后，当3是黄兰花，则4也为兰花。而4不能是红色（和5相同），也不能是黄色（和3相同）。因此4只能是白色兰花。因此，D项正确。

34. 答案是C。根据题干条件（3）和（4）可得：菊园不在园林的中心。

35. 答案是D。由北门位于兰园，考虑题干条件（2），可得：南门位于竹园。再考虑题干条件（1），东门不位于松园，也不位于菊园。所以，东门位于梅园。

36. 答案是A。根据题干条件（4）可得：李龙前三局的总积分应该是6∶0中的0。那么总积分为6的是谁呢？这个人不可能是男性。所以，不能选C。根据题干条件（1），这个人不是张芳，也不是杨虹或王玉。所以，这个人只能是施琳。

37. 答案是B。考虑题干条件（1）、（2）、（3）和（4），可得：赵虎应该以2∶4对王玉在3号桌，范勇应该以5∶1在4号桌对杨虹，张芳以3∶3在1号桌跟吕伟对弈。所以，前三局均与对手下和局的只能是张芳。

38. 答案是D。首先，根据题干条件（4），若丁和戊饰演购物者，则必然没有路人。再根据题干条件（2），可得：必然有外国游客和商贩。结合题干条件（3），可知，乙不能饰演商贩，否则将会导致有甲、丙、丁、戊四个购物者，矛盾，故乙只能是外国游客。

39. 答案是C。根据题干信息列表如下：

1	2	3	4	5	6	7
			科幻（1）			爱情（2）
科幻（3）	科幻（3）	科幻（3）	科幻（1）	武侠（3）	武侠（3）	武侠（3）

显然，警匪片不可能和爱情片安排在同一天放映。

40. 答案是D。从上一题的列表可以看出，周六放映的电影可能是武侠片、科幻片、战争片，但不可能是警匪片。而据条件（3），科幻片和武侠片又不能在同一天放映，只能是D。

41. 答案是B。根据题干条件（1）（2）（5）可知：小明收到橙色礼物，小芳收到蓝色礼物，小雷收到红色礼物，小花收到紫色礼物。再根据题干条件（3）可知：小刚收到黄色礼物。结合题干条件（4），可知小刚不能收绿色礼物，但他可收青色礼物。列表如下：

	小明	小芳	小雷	小刚	小花
礼物种数	1（5）				1（5）
礼物颜色	橙色（5）	蓝色（1）	红色（2）	黄色，非绿色（3）	紫色（5）

显然，仅仅B可能为真。其他选项均有小明或小花，都不可能为真。

42. 答案是B。根据上题分析，可知：若小刚收到两份礼物，则第二份必然是青色。

43. 答案是E。根据题干条件“每人所选食材名称的第一个字与自己的姓氏均不同”，可知：金粲不选用金针菇、木心不选用木耳、水仙不选用水蜜桃、火珊不选用火腿、土润不选用土豆。再由条件（2）可知：木心不选用金针菇、土豆，因此木心只能选火腿、水蜜桃。再由条件（4）可知，火珊不选金针菇。再由条件（3）可知，火珊不选水蜜桃。所以，火珊只能选木耳、土豆。而且，既然金粲、木心、火珊都没有选用金针菇，所以，只能是水仙、土润选金针菇。再由条件（1）可知，金粲不选水蜜桃，所以，只能是木心、土润选水蜜桃。由此可得结论：土润选用金针菇、水蜜桃。见下表。

	金针菇	木耳	水蜜桃	火腿	土豆
金粲	×		×（1）		
木心	×（2）	×	√	√	×（2）
水仙	√		×		
火珊	×（4）	√	×（3）	×	√
土润	√		√		×

44. 答案是A。承接上一题的表格，如果水仙选用土豆，则可得：金粲不选用土豆。进而推出：金粲只能选用木耳、火腿。见下表。

	金针菇	木耳	水蜜桃	火腿	土豆
金粲	×	√	×（1）	√	×
木心	×（2）	×	√	√	×（2）
水仙	√		×		√
火珊	×（4）	√	×（3）	×	√
土润	?		√		×

45. 答案是D。如果只有一家公司招聘物理专业，则根据题干条件（2），可得：怡和公司不可能招聘物理。再据（3），可得：怡和公司也不招聘文秘。再据（5），可得：宏宇公司招聘文秘。再据（3），可得：宏宇公司不招聘物理。因此，风云公司招聘物理专业。

	数学	物理	化学	管理	文秘	法学
风云		√				
怡和		×（2）＋小条件			×（3）＋小条件	
宏宇		×（3）			√（5）	

46. 答案是D。根据题干断定（2）和（3），可得：怡和公司不招聘文秘。据（5），可得：宏宇公司招聘文秘。据（3），可得：风云公司不招聘文秘。据（4），可得：怡和公司不招聘管理。据（1），可得：如果怡和公司不招聘数学，则怡和公司也不招聘化学。于是，怡和公司不招聘数学、不招聘化学、不招聘管理、不招聘文秘，这与三家公司都招聘了三个专业若干毕业生的已知条件相矛盾。所以，怡和公司招聘数学。据（2），可得：风云公司招聘数学专业。

	数学	物理	化学	管理	文秘	法学
风云	√（2）				×（3）	
怡和	？×（1）反证法		×？（1）矛盾	×（4）	×（2）＋（3）	
宏宇					√（5）	

47. 答案是D。由题干断定（3）、（5）和（4），可得：如果周某在1，2，3，4，则王某在5，6，7，8。如果王某在6，7，8，9或7，8，9，10，则会违背（4）。由（1），可得：郑某在4，5，6，7当选。由（2），可得：吴某在3，4，5，6当选。所以，有3人同时当选的月份即4，5，6。

	1	2	3	4	5	6	7	8	9	10
周	√5	√3	√3	√3						
吴			√2	√2	√2	√2				
郑				√1	√1	√1	√1			
王					√4	√3	√3	√3		

48. 答案是D。由上题可知，王某当选的月份不可能是7～10月，否则会违背（4）。王某当选的月份也不可能在3～6月，或者4～7月，否则就会违背（5）。所以，王某当选的月份只可能是1～4月，或者5～8月。但如果令王某在1～4月当选，则周某在5～8月当选，郑某当选的月份是2～5，吴某当选的月份是3～6月，这就违背了（4）。所以，王某当选的月份是5～8月。

附录：全真模拟试题

MBA、MPA、MPAcc、MEM 联考逻辑模拟试题一及解析

1. 根据夏天戏剧节的票房统计显示，那些购买 1 场戏票的观众缺席率不到 1%，而那些一次购买 10 场戏票的观众缺席率高达近 30%。这至少部分地因为观众对每一场戏的票价记得越清楚，他们越可能不会浪费票。

下面哪一个陈述，如果真的话，可以是对上述现象的最好的解释？

A. 事先购买 10 场戏票的每一张的价格要便宜一点

B. 很多参加戏剧节的人很愿意对这个活动给予经济支持

C. 凡是 10 场剧都到场的人可以获得部分的退款

D. 单买 1 场戏票的人一般是在开演之前不久买的

E. 开演之前到场的人不能肯定能够得到理想的座位

2. 尽管苹果公司的产品一直持续打破盈利纪录，iPad 近二年来销售数字却稳步下降。不过，近两年来 iPhone 的销售额却增长了几乎一倍。所以，由于苹果公司产品的购买者中更多地选择了 iPhone，从而导致了 iPad 的下降。

以下哪项，最能说明上述推理过程中的问题所在？

A. 假设消费者对一个产品有根深蒂固的偏好

B. 缺乏对结论的具体数据支持

C. 没有考虑对现象的替代解释

D. 隐含着 iPad 和 iPhone 的销售商是同一的

E. 只考虑了苹果公司的两个产品

3. 杨明资助过李涛，李涛资助过王伟。而如今，王伟比杨明更富有，而杨明生活得最幸福。

根据以上陈述，能够得出以下哪项？

A. 有人曾经资助过现在比自己富有的人

B. 富有的人曾经得到过其他穷人的资助

C. 资助别人可以获得幸福

D. 幸福与财富无关

E. 幸福与财富有关

4. 某地方法院做出一项判决：要求该生产商在咖啡包装上标志警告，让消费者知道咖啡里含有一种“可能致癌的物质”丙烯酰胺。该判决公布后，网上随处可见“咖啡致癌警告”。但有专家认为，这一警告并不合适，人们喝咖啡并不会导致癌症。

以下哪项如果为真，最能支持上述专家的观点？

A. 咖啡里的丙烯酰胺是在烘烤的过程中产生的，很多食物中都存在丙烯酰胺

B. 现实生活中人们靠喝咖啡吸收的丙烯酰胺的量还不足实际致癌量的千分之一

C. 饮用 65℃以上的任何饮料都会增加食道癌风险，不管是咖啡还是绿茶

D. 在上述案例中，有些成为被告的公司会上诉，地方法院的判决可能被推翻

E. “可能致癌”并不意味着“一定致癌”，喝咖啡致癌目前没有事实证据支持

5. 野菜承载着春天的味道，荠菜、香椿、马兰头都是人们津津乐道的美味。但有专家指出，并不是所有的野菜都能端上餐桌。

以下哪项如果为真，不能支持上述专家的论断？

A. 长在马路边的野菜吸附了重金属等有害物质，反复清洗也无济于事

B. 长在城市公共绿地里的野菜，虽然长势茂盛，但往往被喷洒了农药

C. 有的野菜难以满足人体所有的营养需求，并不比普通蔬菜更好

D. 长在垃圾堆上的野菜已被严重污染，带有多种可怕的细菌

E. 有的野菜中含有大量的硝酸盐和亚硝酸盐，人吃了有害健康

6. 西方人喜欢银壶的奢华，迷恋瓷壶的精致，而历代中国人大都偏爱古朴雅致的紫砂壶。北宋诗人梅尧臣那句“小石冷泉留早味，紫泥新品泛春华”真乃一语中的。

根据上述信息，可以得出以下哪项？

A. 西方人不偏爱中国古朴雅致的紫砂壶

B. 中国人不喜欢西方银壶的奢华和瓷壶的精致

C. 有的西方人偏爱中国古朴雅致的紫砂壶

D. 北宋诗人大都偏爱古朴雅致的紫砂壶

E. 有的北宋诗人偏爱古朴雅致的紫砂壶

7. 近年有研究发现，怀孕的女性出现了部分脑区灰质体积明显缩小的现象，而那些没有怀过孕的女性的大脑结构并没有发生类似的改变。因此，有研究者断言，“一孕傻三年”的说法有据可依，怀孕的确会降低孕妇的认知能力。

以下哪项如果为真，最能质疑上述研究者的结论？

A. 正常人处于青春期时，大脑会出现灰质体积缩小的现象，但认知能力正趋于成熟

B. 有些女性怀孕前后的行为没有显著变化，她们的言语、记忆力都未受影响

C. 怀孕期间，女性的大脑发生进一步的功能变化，她们对宝宝的需求更加敏感

D. 部分分娩 2 年后未再次怀孕的女性，其脑区灰质体积缩小的现象依旧存在

E. 有些男性部分脑区灰质体积并没有发生改变，但却出现了认知能力衰退的现象

8. 陈晓义、苏明诚、王素辉和马秀苇都是某所大学的教师。他们每人均有不同的专业，分别是法学、哲学、数学和文学，每人也仅攻一个专业。在他们四人中，已知：

（1）某晚哲学教师开设讲座，陈晓义和王素辉正好都在听众席上。

（2）苏明诚和文学教师两人曾一起邀请法学教师作为他们的法律顾问。

（3）文学教师曾与马秀苇一道爬过山，但不认识文学爱好者陈晓义。

（4）王素辉不曾与陈晓义打过交道。

根据以上信息，可以得出以下哪项？

A. 王素辉的专业是数学

B. 陈晓义的专业是法学

C. 苏明诚的专业是文学

D. 马秀苇的专业是哲学

E. 陈晓义的专业是数学

9. 当今时代，人类知识更新的周期已经大大缩短。在 18 世纪以前，人类知识的更新速度

为90年左右翻一番。20世纪90年代以来，知识更新加速到3至5年翻一番。近50年来，人类社会创造的知识比过去3 000年的总和还要多。

以下哪项最有可能是上述论证所必须假设的？

A. 人类社会过去3 000年创造的知识都已经得到记载和传承

B. 如果我们不努力学习，就很难跟上知识快速更新的步伐

C. 人们可以准确计算某一时期人类社会所创造的知识总和

D. 人类社会实践推动了人类知识的更新与发展

E. 18世纪以来，人类的知识更新一直在加速进行

10. 智能手机让我们这一代人获得了拍照神器。通常，旅行过程中我们总是走一路拍一路，我们想通过拍照留下远方更多美好的记忆。但有专家指出，不断拍照实际上会削弱我们的记忆。

以下哪项如果为真，最能支持上述专家的论点？

A. 拍照会分散我们的注意力，让我们无法专注于当下

B. 拍照会让我们产生独特的视角，留下的记忆更为深刻

C. 记在手机里比记在脑子里，更能让我们减轻认知负担

D. 智能手机翻检照片方便快捷，能让我们反复回忆拍过的风景

E. 不带相机的旅行会让我们直面大自然，增加与陌生人的交流

11. 如果你的目标是为身体排毒，那么就不要再浪费时间和金钱了。对于“有毒物质”，人体有三道防线：皮肤、呼吸系统和消化系统；免疫系统；肝脏和肾脏。毒素不会在身体的某个部分累积起来，你也不需要听从某些商业广告来“排毒”，否则，你有可能出现腹泻等身体不适症状。

根据上述信息，得不出以下哪项？

A. 人体的三道防线能让“有毒物质”在身体内无法累积

B. 经常进行“果汁排毒”的人会出现流感症状或肌肉疼痛

C. 吃了“排毒药物”后，可能会出现腹泻等身体不适症状

D. 真正的排毒专家是我们的身体，而不是那些排毒药物

E.“排毒”只是一个营销概念，目前并没有任何科学依据

12. 早在一百年前，眼科医生威廉·贝茨就创立了一套“锻炼眼睛改善视力”的自然疗法。这一疗法主张，闭目转动眼球，放松眼外肌肉，就可以改善视力。这一观点与现代眼科学理论相矛盾。但是，有不少近视患者在体验了“贝茨疗法”后认为，他们的视力暂时变好了。

以下哪项如果为真，最能合理解释这一看似矛盾的现象？

A. 人类的眼外肌只能改变眼球的方向，而控制眼球聚焦的是眼球内的睫状肌

B. 每次做眼保健操放松了眼外肌肉，人们都会感到视力暂时变好了

C. 贝茨声名卓著，有人在经历“贝茨疗法”之前，可能就已经接受疗法有效的暗示

D. 贝茨在眼科手术中使用肾上腺素止血的创举，至今仍被视为一项重大医学贡献

E. 角膜表面的泪膜可以暂时改善视力，闭目转动眼球其实是在涂抹泪膜

13～15 基于以下题干：

某单位的外评专家有赵、钱、孙、李、周、吴、郑、王等8人。该单位正高级职称评审外评专家组必须由其中的5位专家组成。外评专家组的组成需要满足以下条件：

（1）赵、钱、孙3人不能同时参加。

（2）李、周至多有1人参加。

（3）如果吴参加，则郑也参加。

（4）如果王参加，则李不参加。

13. 如果李参加，则可以得出以下哪项？

A. 王参加　B. 王不参加　C. 钱参加

D. 钱不参加　E. 孙参加

14. 以下人员组成的外评专家组符合上述要求的是：

A. 钱、赵、周、吴、郑　B. 赵、孙、李、郑、王　C. 赵、钱、李、吴、王

D. 钱、孙、李、周、吴　E. 赵、钱、孙、李、周

15. 如果吴不参加，则以下哪项是不可能的？

A. 赵参加　B. 钱参加　C. 孙参加

D. 王参加　E. 李参加

16.《蒙娜丽莎》是意大利文艺复兴巨匠达·芬奇的传世之作。几百年来，人们对画中女子的神秘微笑莫衷一是，甚至有人认为她并没有笑。最近有专家指出，自身情绪会改变人们对于中性面部表情的判断。大多数人之所以认定蒙娜丽莎在微笑，是因为他们处于快乐情绪当中。

根据以上信息，以下哪项是题干中的专家做出结论所必需的前提？

A. 蒙娜丽莎的面部表情看上去并不快乐

B. 蒙娜丽莎的面部表情看上去非常快乐

C. 达·芬奇在创作《蒙娜丽莎》时心情是快乐的

D. 蒙娜丽莎嘴角略微上扬，但其双眼透着深沉的忧郁

E. 蒙娜丽莎的面部表情具有一定的中性特征

17. 某次面试结束后，甲、乙、丙、丁四人对陈林、张华、王山和李扬四人最终将被录用的情况进行了猜测。甲说："如果陈林没有被录用，那么张华就被录用。"乙说："陈林和张华两个人中只有一人被录用。"丙说："只有陈林被录用，王山才不被录用。"丁说："如果王山被录用，李扬也被录用。"事后证明，前面两人的猜测为假而后面两人的猜测为真。

由此，可以得出以下哪项结论？

A. 陈林和张华被录用，但王山和李扬没有被录用

B. 王山和李扬被录用，但陈林和张华没有被录用

C. 陈林和王山被录用，但张华和李扬没有被录用

D. 张华和李扬被录用，但陈林和王山没有被录用

E. 陈林和李扬被录用，但张华和王山没有被录用

18. 或者所有客人尽情玩乐，或者有些客人隐藏他们的真实感受，没有坦率的人会隐藏他们的真实感受，所有客人都是坦率的人。

以下哪项可以从上述断定中推出？

A. 只有表达自己真实情感的人才能尽情玩乐

B. 有些客人隐藏了他们的真实感受

C. 所有客人都尽情玩乐

D. 尽情玩乐才能表达自己的真实感受

E. 有些客人玩得不高兴

19. 某个会议的与会人员的情况如下：3 人是由基层提拔上来的，4 人是北方人，2 人是黑龙江人，5 人具有博士学位，黑龙江人没有博士学位。

上述情况包含了与会的所有人员，那么，与会人员的人数是：

A. 最少 5 人，最多 12 人　B. 最少 7 人，最多 12 人　C. 最少 5 人，最多 14 人

D. 最少7人，最多14人　　E. 不能确定

20. 老虎属猫科动物，是亚洲陆地上最强大的食肉动物之一。老虎拥有猫科动物中最长的犬齿、最大号的爪子，集速度、力量、敏捷于一身，前肢一次挥击力量可达1 000公斤，爪刺入深度达11厘米，擅长跳跃，一次跳跃的最长距离可达6米，且擅长捕食。

以下哪项可以从上述段落中推出？

A. 最凶猛的老虎也是最凶猛的猫科动物

B. 猫科动物都擅长捕食

C. 有些猫科动物不是食肉动物

D. 擅长跳跃的动物有些是猫科动物

E. 擅长跳跃的动物有些不是猫科动物

21. 通常认为，每天走一万步左右能够促进身体健康、延长寿命。不过，最近的统计数据表明，坚持每天走一万步的人与不经常步行的人寿命相同。由此可见，每天步行一万步并不能强身健体、延长寿命。

如果以下陈述均为真，则哪项能够最有力地削弱上述论证？

A. 身体不健康的人通常不太喜欢每天走一万步

B. 每天走一万步，能够舒筋活血、身体健壮

C. 有些运动员身体强健，但寿命却低于普通人

D. 每天一万步运动容易开展，对场地、运动者和身体素质没有太大的要求

E. 坚持每天一万步的人中有很多体弱多病者

22. 如果发动机转速过快且水箱温度过高，则汽车会因为过热而发生故障。

如果上述断定为真，那么以下哪项不可能是真的？

A. 如果发动机转速不过快且水箱温度不过高，则汽车不会因为过热而发生故障

B. 如果发动机转速不过快或者水箱温度不过高，则汽车不会因为过热而发生故障

C. 如果发动机转速过慢且水箱温度过低，则汽车不会因为过热而发生故障

D. 某汽车发动机转速过快并且水箱温度过高，该汽车没有因为过热而发生了故障

E. 某汽车发动机转速过慢或者水箱温度过高，该汽车因为过热而发生了故障

23. 无论是从全球范围看，还是从我国的实际情况来看，人类文明都发展到了这样一个阶段，即除非保护好生态环境，确保人与自然之间的和谐，我们的经济才可能得到可持续发展，人类的文明才会得以延续。

以下哪项可能从上述断定中推出？

A. 如果经济不可持续发展，就是没有搞好环境保护

B. 除非搞好环境保护，否则不能实现经济的可持续发展

C. 即使没有搞好环境保护，也能实现经济的可持续发展

D. 只有实现了经济的可持续发展，环境保护才能搞得好

E. 只有人类文明能得以延续，才可能有经济的可持续发展

24. 所有人工智能专家都是数学家。有些逻辑学家是人工智能专家。因此，所有逻辑学家都不是历史学家。

以下哪项最能对上述论证提出质疑？

A. 所有逻辑学家都不是历史学家

B. 有些历史学家是数学家

C. 有些数学家不是历史学家

D. 所有数学家都不是历史学家

E. 所有数学家都是历史学家

25. 最近一项调研发现，H 国 30 岁至 45 岁的人群中，去医院治疗冠心病、骨质疏松等病症的人越来越多，而原来患有这些病症的大多是老年人。调研者由此认为，该国年轻人中“老年病”发病率有不断增加的趋势。

以下哪项如果为真，最能削弱上述调研结论？

A. 尽管冠心病、骨质疏松等病症是常见的“老年病”，老年人患的病未必都是“老年病”

B. 近年来，由于大量移民涌入，该国 45 岁以下年轻人的数量急剧增加

C. 由于国家医疗保障水平的提高，相比以往，该国民众更有条件关注自己的身体健康

D.“老年人”的最低年龄比以前提高了，“老年病”的患者范围也有所变化

E. 近几十年来，该国人口老龄化严重，但健康老龄人口的比重在不断增大

26. 公共泳池正在威胁人们的健康。最近一则调查表明，60％的公共泳池水中的氯含量没有达到正常水平。这些游泳池没有执行卫生管理的相关规定，为水生细菌的繁殖提供了空间，很多游泳者在使用公共泳池之后不久就开始患病。

以下哪项如果为真，最能支持上述论证？

A. 如果公共泳池水中的氯含量达到正常水平，就能杀灭绝大部分水生细菌

B. 如果公共泳池水中的氯含量过高，就会对游泳者的皮肤造成一定的伤害

C. 如果公共泳池执行了卫生管理的相关规定，就不会为水生细菌繁殖提供空间

D. 如果池水中的氯含量达到正常水平，公共泳池就执行了卫生管理的相关规定

E. 如果公共泳池水中的氯含量没有达到正常水平，水生细菌就会大量繁殖，从而感染游泳者

27.“十三五”期间，中国进入以社会主义建设为重点的新时期，社会主义建设的顺利进行离不开产业结构调整与民生问题的有效解决。要解决民生问题，需要在关系人民群众切身利益的领域加大财政投入，并创新社会管理模式。

根据上述陈述，可以得出以下哪项信息？

A. 只要加大财政投入就能保证社会主义建设的顺利进行

B. 不创新社会管理模式就无法有效解决民生问题

C. 产业结构调整有利于创新社会管理模式

D. 加大财政投入是产业结构调整的基础

E. 如果加大财政投入就能有效解决民生问题

28～30 基于以下题干：

根据侦查，曾有 8 人先后（各不同时）进入过某案发现场，留下的不同鞋印分别将其编号为一至八型。经过进一步勘察，发现：

（1）七型鞋印不是在最后进入现场的。

（2）最先进入现场的是一型鞋印、八型鞋印中的一个。

（3）六型鞋印是在二型鞋印和四型鞋印之后进入现场的。

（4）三型鞋印在四型鞋印之前进入，在它们之间有另外两个型号的鞋印进入了现场。

（5）五型鞋印在二型鞋印之前进入现场，在它们之间有另外一个型号的鞋印进入了现场。

28. 根据先后顺序，五型鞋印不可能是哪一项？

A. 第 2 个进入现场　　B. 第 3 个进入现场　　C. 第 6 个进入现场

D. 第 5 个进入现场　　E. 第 4 个进入现场

29. 根据先后顺序，以下哪项可能是六型鞋印？

A. 第 7 个进入现场　　B. 第 6 个进入现场　　C. 第 5 个进入现场

D. 第4个进入现场　　E. 第3个进入现场

30. 如果三型鞋印是第2个进入现场的，则五型鞋印是第几个进入现场的？

A. 3个　　B. 第4个　　C. 第5个

D. 第6个　　E. 第7个

模拟试题一答案及解析

1. 答案是D。该项最能解释题干所叙述的矛盾。即如果单买1场戏票的人一般都是在开演之前不久买的，则说明了他们确实是因为对票价记得清楚才可能不浪费票的。

2. 答案是C。题干推理中存在着“单因”的错误。选项C指出了造成某一个结果的原因还有其他方面的。

3. 答案是A。由题干不能看出李涛现在是否比杨明富有，如果李涛现在比杨明富有，那么由题干“杨明资助过李涛”，可以得出有人曾资助过现在比自己富有的人。如果李涛现在不比杨明富有，结合题干“如今，王伟比杨明更富有”，可以得出王伟现在比李涛富有，再结合题干“李涛资助过王伟”，同样可以得出有人曾资助过现在比自己富有的人。总之，由题干陈述均可得出：有人曾资助过现在比自己富有的人。

4. 答案是B。该项非常确定，能够最大可能地加强题干的观点。其他选项均与题干不存在直接关系。

5. 答案是C。选项A、B、D、E的断定都与专家的意思一致，支持了题干观点。选项C说的是营养需求问题，和题干中的观点能够端上餐桌是两回事情，无关选项不能支持题干。

6. 答案是E。推出结论问题。选项A、B、C均缺乏根据，不能推出。选项D过强。只有选项E是可以推出来的。

7. 答案是C。因果关系分析问题。该项指出了结果是由别的因素导致的，从而对题干的结论提出了质疑。选项B和D说的是个别情况，并不影响题干所述整体的现象。

8. 答案是E。列表法。题干给出了两类元素，首先列出这两类元素的对应表格。

	法学	哲学	数学	文学
陈晓义	☒(4) ＋ (2)	☒(1)	☑	☒(3)
苏明诚	☒(2)		☒	☒(2)
王素辉		☒(1)	☒	☑(2) ＋ (3)
马秀苇			☒	☒(3)

在表中，由条件（2）和（3），可推出王素辉是文学教师。再考虑条件（2）和（4），可得：陈晓义不是法学教师，因为王素辉不曾与陈晓义打过交道，而王素辉是文学教师，并且邀请法学教师作为其法律顾问。从而推出：陈晓义是数学教师。

9. 答案是A。该项是题干论证成立的最基本条件。选项B属于进一步的推论。选项C过强。选项E是题干本身就陈述过的，不是题干的假设。

10. 答案是A。该项进一步指出了原因和理由，最能支持题干的观点。选项B削弱了题干。其他选项均与题干不存在直接关系。

11. 答案是B。该项的断定比较肯定，而题干要做出的只是一个可能性的结论。其他选项均可以从题干中推导出来。

12. 答案是E。题干中存在着的表面上的矛盾非常清楚。该项最能解释这一表面上的矛盾。选项C和D均与题干没有直接关系。选项B讲的做眼保健操，和题干中讲的“贝茨疗法”不相同。选项A只是指出了“贝茨疗法”的不足，但无法解释为何还是有不少人认为视力暂时变好了的情况。

13. 答案是B。组队问题。根据条件（4），“如果王参加，则李不参加”，考虑李参加，可以推出：王不参加。

14. 答案是A。组队问题。选项B和C均违反条件（4）。选项D违反条件（3）。选项E违反条件（2）。

15. 答案是E。组队问题。如果吴不参加，则考虑题干条件（4）有，王和李中有1人不参加。考虑条件（1），赵、钱、孙中有1人不参加，考虑条件（2），李和周至少有1人不参加，则总共就会有4人不参加，这就与题干叙述情况矛盾，所以，“王和李中有1人不参加”与“李和周至少有1人不参加”中，必然是李不参加而王和周都参加。

16. 答案是E。假设型问题。该项是题干论证成立的最起码条件，否则题干论证不能成立。

17. 答案是B。根据甲的话为假，可以得到陈林和张华都没有被录用。根据丙的话为真，可以推出王山被录用。再根据丁的话为真，可以推出李扬被录用。

18. 答案是C。由“没有坦率的人会隐藏他们的真实感受”和“所有客人都是坦率的人”，可以推出“没有人隐藏他们的真实感受”。再根据“或者所有客人尽情玩乐，或者有些客人隐藏他们的真实感受”进行选言推理，可以得出结论：所有客人都尽情玩乐。

19. 答案是B。（1）3人是由基层提拔上来的；（2）4人是北方人；（3）2人是黑龙江人；（4）5人具有博士学位；（5）黑龙江人没有博士学位；（6）上述情况包含了与会的所有人员。由（4）和（5）可得，黑龙江人和博士学位之间是全异关系，因此，最少有2＋5＝7人，此时3个由基层提拔上来的人和2个非黑龙江的北方人都具有博士学位。当与会人员的情况尽量不重叠时，人数最多，由于黑龙江人真包含于北方人，因此最多为3＋4＋5＝12人。

20. 答案是D。题干中说老虎是猫科动物，无法得出最凶猛的老虎就是最凶猛的猫科动物，所以不能选A。由题干只能推出有些猫科动物擅长捕食，所以不能选B。由老虎是猫科动物，又是食肉动物，不能推出有些猫科动物不是食肉动物，所以不能选C。由老虎是猫科动物，又擅长跳跃，可以推出有些擅长跳跃的动物是猫科动物。

21. 答案是E。虽然每天走一万步的人与不经常步行的人寿命相同，但并不能因此就认为每天走一万步并不能强身健体、延长寿命。因为坚持每天走一万步的人很可能本来身体就弱，如果这些人不坚持每天走一万步，很可能寿命更短。

22. 答案是D。题干是一个充分条件的假言判断，只有当前件为真而后件为假时才不可能是真的，只有选项D符合这种要求。其他选项都是有可能真的。

23. 答案是B。题干断言：除非搞好环境保护，才能实现经济的可持续发展。这个判断等价于：除非搞好环境保护，否则不能实现经济的可持续发展。“除非……才……”等价于“除非……否则不……”。

24. 答案是E。题干断定：所有人工智能专家都是数学家；有些逻辑学家是人工智能专家。由这两个前提出发，可以推出：有些逻辑学家是数学家。这个断定和选项E“所有数学家都是历史学家”，可以推出：有些逻辑学家是历史学家。这个断定正好可以反驳题干“所有逻辑学家都不是历史学家”这个结论。

25. 答案是B。题干根据“H国30岁至40岁的人群中，去医院治疗冠心病、骨质疏松等病症的人越来越多”，推出“该国年轻人中‘老年病’发病率有不断增加的趋势”。选项B则指出：近年来，由于大量移民涌入，该国45岁以下年轻人的数量急剧增加。这就是说，分子不变，分母增大，则比例变小，从而减少了题干结论的证据支持度。注意，不能选C，因为该项说“相比以往，该国民众更有条件关注自己的身体健康”，这里的“该国民众”包括所有人群，不足以质疑题干结论。选项D中说的“患者范围也有所变化”属于论据不足。选项A、E均缺乏相关性。

26. 答案是A。归纳论证。选项A从反面场合支持题干论证。选项E不足以支持题干观点。

27. 答案是B。由“要解决民生问题，需要在关系人民群众切身利益的领域加大财政投入，并创新社会管理模式”，可知，创新社会管理模式是解决民生问题的必要条件。所以，选项B可以从题干信息中推出来。

28. 答案是C。选项A有可能，因为有排序“□五三二□四六□”。同理，选项B有可能，是因为有排序“□□五三二□四六”。选项D有可能，因为有排序“□□三□五四二六”。选项E有可能，因为有排序“□三□五四二六□”。

29. 答案是A。如上一题所示，六型鞋印只可能是第7个或者第8个进入现场。

30. 答案是B。如上一题所示，如果三型鞋印是在第2个进入现场的，则五型鞋印是在第4个进入现场的。

MBA、MPA、MPAcc、MEM联考逻辑模拟试题二及解析

1. 有一段时间，电视机生产行业竞争激烈。由于电视机品牌众多，产品质量成为消费者考虑的首要因素。某电视机生产厂家为了扩大市场份额，一方面加大研发力度，进一步提高了电视机产品的质量；另一方面在价格上调整，适当降低了产品的价格。然而，调整之后的头三个月，其电视机产品的市场份额不但没有提高反而有所下降。

以下哪项如果为真，最能解释上述现象？

A. 消费者通常会考虑不同产品的价格差异，而非同一产品在不同时期的价格差异

B. 一个家庭再次购买电视机产品时会首先考虑原来的品牌

C. 消费者通常是通过价格来衡量电视机产品质量的

D. 其他电视机生产厂家也调整了产品价格

E. 电视机产品的价格通常会随着市场情况的变化而变化

2. 某国的科研机构跟踪研究了出生于20世纪50年代至70年代的1万多人的精神健康状况，期间测试了他们在13岁至18岁时的语言能力、空间感知能力和归纳能力。结果发现，在此期间语言能力远低于同龄人水平的青少年，成年后患精神分裂症等精神疾病的风险较高。研究人员认为，青少年语言能力的高低将是预测成年后精神疾病的重要指标。

以下哪项如果为真，最能够质疑上述观点？

A. 青少年期激素分泌水平异常，影响大脑发育，导致语言能力发展迟缓

B. 患精神分裂症的青少年，其归纳能力比语言能力的发展更加缓慢

C. 适当的教育可显著提高青少年的语言能力，但对中老年人影响不大

D. 许多精神健康的脑肿瘤患者在青少年时期也经常出现语言能力发展迟缓的问题

E. 某权威人士认为，青少年语言能力的高低与成年后精神疾病的发生没有什么关系

3. 研究人员在观察开普勒太空望远镜发现的数千颗太阳系外行星后，发现银河系内拥有大量的行星，几乎每一颗恒星周围都存在行星，许多恒星系统内存在两至六颗行星，其中约三分之一的行星处于宜居带上，行星表面的温度适合液态水存在，这可能意味着银河系内几乎处

处有宜居的星球。

以下哪项如果为真，最能支持上述结论？

A. 只要存在水资源，就有生命存在的可能性，但不一定能完成进化

B. 许多宜居带行星与恒星之间的距离小于地球和太阳的间距，恒星释放的耀斑可能扼杀生命

C. “恒星系统内存在两至六颗行星”这一结论是根据200多年前的提丢斯－波得定则推算而出，非实测结果

D. 银河系内2 000亿～4 000亿颗恒星中有80%是红矮星，超过一半的红矮星周围环绕的行星与地球类似，并存在水和大气层

E. 水是万物的源泉，只有有了水，生命才有可能，没有水，就不会有任何生命存在的可能性

4. 如果用户手机里安装了企业的手机客户端，那么就可以大大提高用户浏览手机时看到企业标识和名称的机会，进而达到宣传企业形象和品牌的目的，提高企业的知名度。

以下哪项，最有可能是上述论证所假设的？

A. 手机用户数量增长势头强劲

B. 手机客户端是项成熟的技术

C. 手机用户有浏览手机的习惯

D. 手机营销的时效强且成本低

E. 手机已经成为人们的必备工具

5. 某大型晚会的导演组在对节目进行终审时，有六个节目尚未确定是否通过，这六个节目分别是歌曲A、歌曲B、相声C、相声D、舞蹈E和魔术F，综合考虑各种因素，导演组确定了如下方案：

（1）歌曲A和歌曲B至少要上一个。

（2）如果相声C不能通过或相声D不能通过，则歌曲A也不能通过。

（3）如果相声C不能通过，那么魔术F也不能通过。

（4）只有舞蹈E通过，歌曲B才能通过。

导演组最终确定舞蹈E不能通过。

如果上述断定都是真的，那么以下哪项可以从中推出？

A. 无法确定魔术F是否能通过

B. 歌曲A不能通过

C. 无法确定两个相声节目是否能通过

D. 歌曲B能通过

E. 相声C不能通过

6. 一个人生活虽然很难，但也必须学会一个人生活，不要轻易依赖别人，这样以后身边的人都离开你的时候，你还可以好好活下去。

如果上述断定都是真的，以下哪项可以从中推导出来？

A. 不能独自生活的人，在身边的人都离开他的时候，就无法好好活下去

B. 一个人生活虽然很艰难，但也比身边的人都离开他的时候来得容易些

C. 不要轻易依赖别人，因为一个人生活的时候会很艰难无法好好活下去

D. 身边人都离开时还可以好好活，未必是因为你以前学会如何一个人生活

E. 一个人在生活中应该学会自主，独立生活对于任何一个人来说都是非常重要的

7. 在防治癌症方面，橙汁有多种潜在的积极作用，尤其由于它富含橙皮素和柚苷素等类

黄酮抗氧化剂。研究证据已经表明，橙汁可以减少儿童患白血病的风险，并有助于预防乳腺癌、肝癌和结肠癌。根据研究结果，橙汁的生物效应在很大程度上受到其成分的影响，而其成分的变化又依赖于气候、土壤、水果成熟度以及采摘后的存储方法条件。

如果上述断定都是真的，以下哪项也可以是真的？

A. 并非所有的橙汁都有相同的防癌功效

B. 过度饮用橙汁会给身体健康造成不良影响

C. 相对于健康儿童而言，白血病患儿的橙汁饮用量较小

D. 生长于良好的气候土壤条件下，成熟并避光保存的橙子最有功效

E. 常吃橙子和喝橙汁通常可以去火，橙子是比较好的水果类型

8. 记者采访时的提问要具体、简洁明了，切忌空泛、不着边际。《采访技巧》一书中尖锐地剖析了“您感觉如何”等问题的弊端，认为这些提问实际上在信息获取上等于原地踏步。它使采访对象没法回答，除非用含混不清或枯燥无味的话来应付。

如果上述断定都是真的，以下哪项断定也可以是真的？

A. 记者采访时的提问如果具体、简单明了，就不会给采访对象带来回答的困难

B. 采访对象如果没法回答提问，说明他没有用含混不清或枯燥无味的话来应付

C. 采访对象只有用含混不清或枯燥无味的话来应付，才能回答“您感觉如何”等提问

D. 诸如“您感觉如何”这样的问题，只能使采访对象抓不住问题的要点而作泛泛的或言不由衷的回答

E. 如果采访对象用含混不清或枯燥无味的话来应付，说明他们没法回答提问

9. 格陵兰岛是地球上最大的岛屿，形成于38亿年前，大部分地区被冰雪覆盖。有大量远古的岩石化石埋藏在格陵兰岛地下，它们的排列就像是一个整齐的堤坝，也被称为蛇纹石，通过这些蛇纹石，人们可以断定格陵兰岛在远古时可能是一块海底大陆。

补充以下哪项作为前提可以得出上述结论？

A. 这些蛇纹石化石的年代和特征与伊苏亚地区发现的一致，而后者曾是一片海底大坝

B. 蛇纹石是两个大陆板块在运动中相互碰撞时挤压海底大陆而形成的一种岩石

C. 蛇纹石中的碳在形状上呈现出生物组织特有的管状和洋葱型结构，类似于早期的海洋微生物

D. 由于大陆板块的运动才创造了许多新的大陆，在板块运动发生之前，地球上绝大部分地区是一片汪洋大海

E. 格陵兰岛的情况是大陆板块学说的一个有力论据，对于大陆板块学说具有很大的支持作用

10. 碎片化时代人们的注意力很难持久。让用户在邮件页面停留更长时间已经成为营销者不断努力的方向。随着富媒体化的逐步流行，邮件逐步从单一静态向动态转变，个性化邮件的特征也逐步凸显。GIF制作简单，兼容性强，在邮件中可以增加视觉冲击力。因此，在邮件中插入GIF动态图片，更能吸引用户的目光，增加用户的点击率。

以下哪项如果为真，最能支持上述结论？

A. 如果针对特定用户群而制定个性化营销邮件，那么销售机会会增加20%

B. 过去没有插入GIF动态图片的个性化营销邮件，也为很多企业带来了成功

C. 20世纪70年代出生的人习惯于电子邮件的静态界面，不喜欢花里胡哨的东西

D. 插入GIF动态图片的个性化营销邮件，比普通发送的邮件给企业带来的收入多18倍

E. GIF动态图片是当今最好的宣传载体之一，其所发挥出来的潜在作用还有很多不为人们所知

11. 为了熟悉各个部门的工作，某部门实施轮岗制度。人事部门的张三，后勤部门的李四，综合办的王五三人进行转岗。其中，李四不去人事部。

根据上述要求，以下哪项是轮岗的结果？

A. 张三去后勤部，李四去综合办，王五去人事部

B. 张三去综合办，李四去后勤部，王五去人事部

C. 张三去综合办，李四去人事部，王五去后勤部

D. 张三去人事部，李四去综合办，王五去后勤部

E. 张三去人事部，李四去后勤部，王五去综合办

12. 某学校要从甲、乙、丙、丁、戊、己、庚七名学生中挑选四人组成一个辩论队，去参加全市的辩论比赛。根据平时的训练情况，挑选必须满足以下条件：

（1）如果戊参加，则丙也要参加。

（2）除非乙参加，否则庚不参加。

（3）甲和乙中至少有一人参加，但不能都参加。

（4）戊和己中至少有一人参加，但不能都参加。

根据以上陈述，以下哪项中的学生一定会参加辩论比赛？

A. 乙或庚，或者二人都参加

B. 戊或庚，或者二人都参加

C. 丙或丁，或者二人都参加

D. 丙或戊，或者二人都参加

E. 甲或戊，或者二人都参加

13. 某书店有10个书架按序号1、2、3、…、10依次摆放。其中只放置儿童书籍的书架有1个；只放置科技书籍的书架有2个，并且连号排列；只放置历史书籍的书架有3个，并且不与放置儿童书籍的书架连号排列；只放置文学书籍的书架有4个，并且不与放置科技书籍的书架连号排列。

如果1、3、10号书架放置历史书籍，4号书架放置科技书籍，那么儿童书籍一定放置在几号书架上？

A. 2号书架　　B. 3号书架　　C. 5号书架

D. 6号书架　　E. 7号书架

14. 某国际小组对从已灭绝的一种恐鸟骨骼化石中提取的DNA进行遗传物质衰变速率分析发现，虽然短DNA片段可能存在100万年，但30个或者更多碱基对序列在确定条件下的半衰期只有大约15.8万年。某位科学家据此认为，利用古代DNA再造恐龙等类似于电影《侏罗纪公园》中的故事不可能发生。

以下哪项如果为真，最能反驳该科学家的观点？

A.《侏罗纪公园》虽然是一部科幻电影，但也要有事实依据

B. 上述研究的化石样本可能受到人类DNA的“污染”

C. 环境因素会影响DNA等遗传物质的衰变速率

D. 恐鸟与恐龙的碱基对序列排列顺序不同

E. 一切皆有可能

15. 研究发现，试管婴儿的出生缺陷率约为9%，自然受孕婴儿的出生缺陷率约为6.6%。这两部分婴儿的眼部缺陷比例分别为0.3%和0.2%，心脏异常缺陷比例分别为5%和3%，生殖系统缺陷的比例分别为1.5%和1%。因而可以说明，试管婴儿技术导致试管婴儿比自然受孕婴儿出生缺陷率高。

以下哪项如果为真，最能质疑上述结论？

A. 试管婴儿要经过体外受精和胚胎移植过程，人为操作都会加大受精卵受损的风险

B. 选择试管婴儿技术的父母大都有生殖系统功能异常，这些异常会令此技术失败率增加

C. 试管婴儿在体外受精阶段可以产生很多受精卵，只有最优质的才被拣选到母体进行孕育

D. 试管婴儿的父母比自然受孕婴儿的父母年龄大很多，父母年龄越大，新生儿出生缺陷率就越高

E. 试管婴儿属于科学技术，任何科学技术都存在着这样那样的负效应

16. 经过全力检测和排查，疾控中心的专家确定了如下事实：如果蒋某和张某都感染了H7N9 新型禽流感病毒，则李某没有被感染；李某感染了 H7N9 新型禽流感病毒，而且王某的陈述正确；只有王某的陈述不正确，张某才没有感染 H7N9 新型禽流感病毒。

如果上述断定都是真的，那么以下哪项也一定是真的？

A. 蒋某没有感染 H7N9 新型禽流感病毒，张某感染了

B. 蒋某和李某都感染了 H7N9 新型禽流感病毒

C. 李某和王某都感染了 H7N9 新型禽流感病毒

D. 蒋某感染了 H7N9 新型禽流感病毒，张某没有感染

E. 蒋某和张某都感染了 H7N9 新型禽流感病毒

17. 在南极大陆冰冷的海水中，有一种独特的鱼类，它们的血液和体液中具有一种防冻蛋白，因为该蛋白它们才得以存活并演化至今。但时至今日，该种鱼类的生存却面临巨大挑战。有人认为这是海水升温所导致的。

以下哪项如果为真，最能支持上述论证？

A. 南极海水中的含氧量随着气温上升而下降，缺氧导致防冻蛋白变性，易沉积于血管，导致供血不足，从而缩短鱼的寿命

B. 防冻蛋白能够防止水分子凝结，从而保证南极鱼类正常的活动，气候变暖使得该蛋白变得可有可无

C. 南极鱼类在低温稳定的海水中能够持续地演化，而温暖的海水不利于南极鱼类的多样性

D. 并非所有南极物种都具有防冻蛋白，某些生活于极地的物种并没有这种蛋白

E. 全球气温升高使得人类的生存环境越来越恶劣

18. 大学毕业的张、王、李、赵 4 人应聘到了一家大型公司，每人负责一项工作。其中，一人负责行政管理，一人负责销售，一人做研发，一人做安保。已知：

（1）张不做行政管理，也不做安保。

（2）王不做行政管理，也不做研发。

（3）如果张没有做研发，那么赵也没有做行政管理。

（4）李不做行政管理，也不做安保。

（5）赵不做研发，也不做安保。

如果上述断定都是真的，则以下哪项也一定是真的？

A. 张做销售，李做研发　　B. 赵做研发，李做销售　　C. 李做销售，张做研发

D. 李做研发，赵做安保　　E. 李做安保，赵做研发

19. 5 000 多年前某地是大汶口文化，但在距今约 4 400 年的时候，为龙山文化所替代。是什么原因导致这两种文化的更迭？考古人员发现，在距今约 4 400 年的时候，发生了一次严重的“冷事件”，环境由原来的温暖湿润转变为寒冷干燥，植被大量减少，藻类、水生植物基本

绝迹了，大汶口文化向南迁移，而龙山文化由北迁到此地。他们据此认为，距今 4 400 年左右的极端气候变化，可能是导致这次文化变迁的主要原因。

以下哪项如果为真，最能支持上述论证？

A. 大汶口文化有不断向南方迁移的传统

B. 龙山文化刚迁来的时候，人口较多，但之后逐渐减少，在距今 4 000 年的时候消失了

C. 大汶口文化的族群以藻类和水生植物作为食物的主要来源

D. 不同生存方式的族群对气候和环境都有相对稳定的需求

E. 大汶口文化比龙山文化更重要

20. 有研究者认为，有些人罹患哮喘病是由于情绪问题。焦虑、抑郁和愤怒等消极情绪，可促使机体释放组织胺等物质，从而引发哮喘病。但是，反对者认为，迷走神经兴奋性的提高和交感神经反应性的降低才是引发哮喘病的原因，与患者的情绪问题无关。

以下哪项如果为真，最能削弱反对者的观点？

A. 消极情绪会提高患者迷走神经的兴奋性并降低交感神经的反应性

B. 现代医学已经证实，消极情绪也可诱发身体疾病

C. 哮喘病发作会造成患者情绪焦虑、抑郁和愤怒等

D. 焦虑、抑郁和愤怒等消极情绪是现代人的普遍问题

E. 某医学权威专家认为，哮喘病通常都是由于焦虑、抑郁和愤怒等消极情绪引起的

21～22 基于以下题干：

黑茶、白茶、黄茶、绿茶、红茶等 5 种茶叶装在 1 到 5 号盒子中，每个盒子只装 1 种茶叶，每种茶叶只装在 1 个盒子中。已知：

（1）黄茶装在 2 号或者 4 号盒子中。

（2）如果白茶装在 3 号盒子中，则绿茶装在 5 号盒子中。

（3）红茶装在 1 号或者 2 号盒子中，当且仅当黑茶装在 5 号盒子中。

21. 如果白茶装在 3 号盒子中，则黑茶装在哪个盒子中？

A. 1 号　　B. 2 号　　C. 3 号

D. 4 号　　E. 5 号

22. 如果绿茶装在 2 号盒子中，白茶没有装在 1 号盒子中，则黑茶装在哪个盒子中？

A. 1 号　　B. 2 号　　C. 3 号

D. 4 号　　E. 5 号

23. 某家有爸爸、妈妈、哥哥和妹妹四口人。一天，家里突然出现了一份为奶奶准备的神秘生日礼物，对于生日礼物是谁准备的，四人有如下对话：

爸爸说：“我们四人都没准备。”

妈妈说：“不是我准备的。”

哥哥说：“妈妈和妹妹至少有一人没准备。”

妹妹说：“这是我们四人中的某人准备的。”

已知四人中有两人说的是真话，两人说的是假话。

如果上述断定都是真的，则以下哪项也一定是真的？

A. 爸爸和妈妈说的是真话

B. 妈妈和哥哥说的是真话

C. 爸爸和妹妹说的是真话

D. 爸爸和哥哥说的是真话

E. 哥哥和妹妹说的是真话

24. 据一项小规模研究显示，身材偏瘦的人并不一定比其他人吃得更好或锻炼更多，他们只是早起多晒了一会儿太阳。曙光对体重指数的影响约为 20%，起床晒太阳的时间越早，体重指数就越低，反之亦然。因此，研究人员提出，想要降低体重，只需早起晒一会儿太阳。

以下哪项如果为真，最能说明上述研究结果不成立？

A. 有些地区的农民起早摸黑地辛苦劳动，一直都很瘦

B. 某海滩度假区光照十分充足，但当地人都很胖

C. 与坚持室内健身者相比，迎着曙光慢跑者体重变化相对较小

D. 某大学号召学生晨练，坚持下来的同学晒黑不少，体重却没有减轻

E. 某小区居民大多起得很早，但他们的体重也没有变轻多少

25. 研究人员对父母及其子女进行 DNA 测序，发现父亲生孩子的年龄与子女基因突变存在相关。高龄父亲的子女 DNA 存在着与孤独症、精神分裂症等有关的基因突变。因此，研究人员得出结论认为，男性要趁早要孩子，年纪越大，孩子的疾病风险越高。

以下哪项如果为真，最能对上述观点提出质疑？

A. 男性年龄越大，精子质量下降，包含基因突变的片段越多

B. 受试群体中男性孤独症、精神分裂症的发病率显著高于女性

C. 许多受试夫妻年龄相仿，子女的基因突变更可能来自高龄母亲

D. 男性最佳育龄期晚于女性，但整个育龄期显著长于女性

E. 女性的情况和男性类似

26. 一个没有普通话一级甲等证书的人不可能成为一个主持人，因为主持人不能发音不标准。上述论证基于以下哪一个前提？

A. 没有一级甲等证书的人都会发音不标准

B. 发音不标准的主持人可能没有一级甲等证书

C. 一个发音不标准的人有可能获得一级甲等证书

D. 一个发音不标准的主持人不可能成为一个受人欢迎的主持人

E. 主持人一般都是获得过普通话一级甲等证书的人

27. 人类的到来着实给这个世界的某些自然法则带来了不少的挑战。比如说，植物的种子之所以味道鲜美，就是因为它需要吸引动物前来将它的果实中附赠的种子带往更远的地方，当然同时也将富含大量营养物质的果实作为对传播种子的动物的报酬。这是一桩完美的公平交易，可是，人类对于果实中的种子要么集中处理成垃圾，要么集中种植成果园。

以下哪项可以从上述断定中推出？

A. 人类违背自然法则是为了改造自然

B. 动植物之间的交易总是完美的

C. 人类挑战自然法则的勇气可敬可佩

D. 人类有时会破坏自然界的公平交易

E. 人和动物都是自然界的附属品

28. 某学院共有 42 名员工，他们或者做教学科研工作，或者做行政工作。在该学院中，教授都不担任行政工作，而 30 岁以下的年轻博士都在做行政工作。学院中有不少人是从海外招聘来的，他们都具有博士学位。李明是该学院最年轻的教授，他只有 29 岁。

如果上述陈述都是真的，那么以下哪项也一定是真的？

A. 该学院从海外招聘来的博士大多是教授

B. 该学院从海外招聘来的博士都不做行政工作

C. 该学院教授大多是 30 岁以上的海外博士

D. 该学院有的教授不是从海外招聘来的

E. 该学院有的教授是从海外招聘来的

29～30 基于以下题干：

某办公室有王莉、李明和丁勇 3 名工作人员，本周有分别涉及网络、财务、管理、人事和教育的 5 项工作需要他们完成。关于任务安排，需要满足下列条件：

(1) 每人均需至少完成其中的一项工作，一项工作只能由一人完成。

(2) 人事和管理工作都不是由王莉完成的。

(3) 如果人事工作由丁勇完成，那么财务工作由李明完成。

(4) 完成教育工作的人至少还需完成一项其他工作。

到了周末，3 人顺利地完成了上述 5 项工作。

29. 以下哪项的工作安排符合上述条件？

A. 王莉：管理、网络　　李明：教育、人事　　丁勇：财务

B. 王莉：教育、财务　　李明：管理、人事　　丁勇：网络

C. 王莉：网络　　李明：人事、管理、财务　　丁勇：教育

D. 王莉：网络　　李明：教育、管理　　丁勇：人事、财务

E. 王莉：人事、网络　　李明：教育、财务　　丁勇：管理

30. 如果李明只完成 5 项工作中的一项，那么包括该工作的所有可能性是以下哪项？

A. 人事、财务　　B. 人事、管理、财务　　C. 人事、网络

D. 管理　　E. 网络

模拟试题二答案及解析

1. 答案是 C。题干中存在的矛盾现象是：提升了质量，降低了价格以后，其产品的销量不但没增长反而有所下降。题干并未说明此电视机与其他产品的价格比较，所以选项 A 不能解释。选项 B 无关。选项 C 说明降低了产品的价格后，人们就会认为其质量也会降低，所以减少购买，很好地解释了题干中的现象。选项 D 并未说明其他厂家具体是如何调整价格的，不能解释题干。选项 E 无关。

2. 答案是 D。题干的观点为：青少年期语言能力的高低将是预测成年后精神疾病的重要指标。选项 D 指出精神健康的脑肿瘤患者在青少年时期也经常出现语言能力发展迟缓的问题，也就是说明青少年语言能力较低不代表成年后会患精神疾病，从而有力地质疑了上述观点。

3. 答案是 D。题干的观点是：银河系内几乎处处有宜居的星球。题干只是说明，行星表面的温度适合液态水存在意味着银河系内存在宜居环境。选项 A 说的生命的存在跟宜居不是一个概念，不能支持题干结论。选项 B 削弱了题干中的结论。选项 C 无关。选项 D 指出银河系内的许多行星存在适合人类生存的水和大气层，最能支持题干结论。

4. 答案是 C。题干论证为：如果用户手机里安装了企业客户端，那么就可以提高用户浏览手机时看到企业标识和名称的机会，那么就可以提高企业的知名度。要使题干这一论证成立，必须在安装企业客户端和提高企业知名度之间建立联系，即手机用户要经常浏览手机，这样才能看见安装的企业客户端。选项 A 中手机用户数量增长、选项 B 中手机客户端技术成熟、选项 D 中手机时效强且成本低等，都不是题干论证所必须假设的。

5. 答案是 A。根据 E 不能通过和题干条件 (4)，可得 B 不能通过。又根据题干条件 (1)，可得 A 可以通过。再根据题干条件 (2)，可得 C 和 D 都能通过。再根据题干条件 (3)，可知：

无法确定F是否能通过。

6. 答案是D。题干断言：必须学会一个人生活，不要轻易依赖别人，这样以后身边的人都离开你的时候，你还可以好好活下去，这个断定可以转换为：学会一个人生活，不要轻易依赖别人以后，即使身边的人都离开你，你还可以活下去。也就是说，如果学会了一个人生活，那么就能好好活。肯定后件不能肯定前件，选项D正确。选项A否定前件否定后件，错误。其他选项均和题干不相关。

7. 答案是A。选项B中"过度饮用橙汁"、选项C中"白血病患儿的橙汁饮用量较小"、选项D中"成熟并避光保存的橙子最有功效"在题干中都找不到依据。由题干可知橙汁有助于预防某些癌症，又知橙汁的生物效应受其成分影响，橙汁成分又会受到气候等因素的影响，可推出"并非所有的橙汁都有相同的防癌功效"。

8. 答案是C。题干断定：(1) 如果问题空泛、不着边际，那么采访对象就没法回答；(2) 如果采访对象回答，那么就是用含混不清或者枯燥无味的话来应付。选项A否定前件不能推出否定后件，所以无法推出。选项B否定前件不能推出否定后件，也无法推出。选项C可以推出。选项D中的"泛泛的或言不由衷"，题干中并未提及。

9. 答案是B。题干通过格陵兰岛地下存在蛇纹石断定格陵兰岛在远古时可能是一块海底大陆。选项B指出蛇纹石是海底大陆受到挤压而形成的，即格陵兰岛地下存在蛇纹石说明远古时代格陵兰岛可能是一块海底大陆，是必需的前提。选项A的类比不一定成立。选项C、选项D和选项E均为无关项。

10. 答案是D。题干结论为：在邮件中插入GIF动态图片，更能吸引用户的目光，增加用户的点击率。选项A，将"GIF动态图片"偷换为"个性化营销邮件"，为无关选项。选项B，没有GIF动态图片也给企业带来了成功，不能支持题干结论。选项C，习惯于静态界面，反驳题干结论。选项D，插入GIF动态图片带来了营销上的效益，支持了题干结论。

11. 答案是A。题干要求李四不去人事部，而李四本来在后勤部，则轮岗后李四只能去综合办。张三本来在人事部，李四去了综合办，则张三只能去后勤部，因此王五只能去人事部。

12. 答案是C。根据题干的条件（3）和（4），可得：甲、乙、戊、己四人中有两人参加。已知七人中有四人参加辩论赛，可得剩下的丙、丁、庚三人中只有一人不参加，纵观五个选项，只有选项C符合。

13. 答案是D。根据题干信息，可以画出书架序号和其放置书籍类别的表格：

1号	2号	3号	4号	5号	6号	7号	8号	9号	10号
历史		历史	科技						历史

根据"只放置科技书籍的书架有2个，并且连号排列"，可知5号放科技书籍，根据"只放置文学书籍的书架有4个，并且不与放置科技书籍的书架连号排列"可知，文学书籍放在2、7、8、9号书架，则儿童书籍放6号。

14. 答案是C。科学家通过恐龙骨骼化石中的DNA中的碱基对序列半衰期时间短，得出无法利用古代DNA再造恐龙的结论。选项C意味着通过改变环境因素可能使恐鸟的半衰期更长，则利用古代DNA再造恐龙是有可能的，反驳了题干结论。选项B，只是"可能"，且受到人类DNA的"污染"未必会影响其半衰期的长短，反驳力度不足。选项D，排列顺序未必会影响半衰期，不能质疑提干结论。

15. 答案是D。题干通过试管婴儿和自然出生婴儿出生缺陷率的数据对比，得出是试管婴儿技术导致了试管婴儿缺陷率高的结论。选项A说明试管婴儿技术在操作过程中的确会加大风险，加强了题干。选项B说的是试管婴儿技术失败率，与题干试管婴儿出生缺陷率无关。选项C指出试管婴儿的受精卵是最优质的，与题干论证无关。选项D指出试管婴儿的父母年龄较大导致新生儿缺陷率高，指出了他因，从而削弱了题干结论。

16. 答案是A。题干断定：(1) 如果蒋某和张某都感染了H7N9新型禽流感病毒，则李某没有被感染；(2) 李某感染了H7N9新型禽流感病毒，而且王某的陈述正确；(3) 只有王某的陈述不正确，张某才没有感染H7N9新型禽流感病毒。由(1)和(2)，可得：蒋某没有或者张某没有感染H7N9新型禽流感病毒。由(2)和(3)，可得：张某感染了H7N9新型禽流感病毒。因此，蒋某没有感染H7N9新型禽流感病毒。

17. 答案是A。题干断定：海水升温导致具有防冻蛋白的鱼类的生存面临挑战。选项A从升温对防冻蛋白的影响这一角度说明了海水升温对鱼类生存的影响，加强了题干的观点。选项B中说的"可有可无"，没有明确鱼类的生存面临挑战。选项C中"鱼类的多样性"题干未提及，为无关选项。选项D和E也都是无关选项。

18. 答案是C。由张、李、赵不做安保，可得王做安保。由张、王、李不做行政管理，可得赵做行政管理。考虑题干条件(3)，可得张做研发。因此，李做销售。

19. 答案是D。题干由气候变化导致植被减少，藻类、水生植物绝迹，同时产生了大汶口文化向南迁移，而龙山文化由北迁到此地的现象，得出气候变化是这次文化变迁的主要原因。选项D说明了两种文化的迁移均是由于气候的变迁，加强了题干观点。选项C只能解释大汶口文化的迁移，而不能解释龙山文化的迁移，加强力度不如选项D。

20. 答案是A。反对者的观点是：迷走神经兴奋性的提高和交感神经反应性的降低才是引发哮喘病的原因，与患者的情绪问题无关。选项A指出消极情绪会提高迷走神经的兴奋性和降低交感神经的反应性，因此归根结底还是情绪问题引发了哮喘病，有力地削弱了反对者的观点。选项B和E都存在"诉诸权威"的错误。

21. 答案是A。根据该题具体条件："白茶装在3号盒子中"和条件(2)，可得：绿茶装在5号盒子中。所以，黑茶不装在5号盒子中。根据条件(5)，可得：红茶不在1号盒子，也不在2号盒子，所以，红茶装在4号盒子中。再考虑条件(1)，可知：黄茶装在2号盒子中。因此，黑茶装在1号盒子中。

22. 答案是A。根据该题具体条件："绿茶装在2号盒子中，白茶没有装在1号盒子中"，可知：绿茶不在5号盒子中。考虑题干条件(2)，可得：白茶不在3号盒子中。同时，白茶也不在2号盒子中。再考虑条件(1)，可得：黄茶装在4号盒子中。所以，白茶也不在4号盒子中。因此，白茶装在5号盒子中。所以，黑茶不装在5号盒子中。再考虑题干条件(3)，可得：红茶不在1号也不在2号盒子中。所以，红茶装在3号盒子中。因此，黑茶装在1号盒子中。

23. 答案是E。题干中爸爸的话和妹妹的话之间具有矛盾关系，二者必有一真一假。所以，妈妈的话和哥哥的话之间也必有一真一假。由于爸爸的话和妹妹的话之间具有矛盾关系，对此先不考虑，先要考虑的是矛盾之外的妈妈的话和哥哥的话之间的真假情况。现在，假设妈妈的话为真，则哥哥的话也是真的，矛盾，所以妈妈的话一定是假的，即妈妈准备的礼物，而哥哥的话是真的。进而可以推出妹妹的话也是真的。

24. 答案是D。题干断定：早起晒太阳能够降低体重。选项A加强了该观点。选项B削弱力度不足。选项C削弱力度不足。选项E削弱力度不足。

25. 答案是C。选项A加强了题干。选项B和D均与题干相关度不足。选项E间接加强了题干。只有选项C指出了他因，削弱题干。

26. 答案是A。题干前提为：主持人发音要标准。结论为：主持人必然有普通话一级甲等证书。需要在"发音标准"和"有普通话一级甲等证书"之间建立联系。

27. 答案是D。由题干内容不能得出人类违背自然法则的目的，所以不能选A。选项B过强。由题干不能得出对人类挑战自然法则的态度，所以不能选C。选项E和题干断定没有直接关系。

28. 答案是D。由题干可知，教授和30岁以下的年轻博士是全异关系，李明是教授，则一定不是30岁以下的年轻博士，因为他只有29岁，说明李明不具有博士学位。学院从海外招聘的人都具有博士学位，因此李明不是从海外招聘来的。因此，该院有的教授不是从海外招聘来的。

29. 答案是B。据（2），不能选A和E。据（3），不能选D。据（4），不能选C。

30. 答案是A。如果李明只完成人事或财务工作，根据题干并无矛盾。但如果李明只完成管理或网络工作，则根据（2），可知人事工作肯定要由丁勇完成，再根据（3），李明还需完成财务工作，与题干矛盾，所以不能选B、C、D、E。

MBA、MPA、MPAcc、MEM联考逻辑模拟试题三及解析

1. 以往的研究认为，火山喷发会释放大量热量，引发全球变暖，但近日的研究发现，火山喷发不仅不会引发全球温度上升，而且还可以削弱全球变暖的影响。

以下哪项如果为真，最能支持上述结论？

A. 研究表明，火山喷发时地下岩溶喷发到地面，与空气接触产生氧化反应，引起局部温度升高

B. 火山喷发能够抑制某种分解有机物的细菌，其分解的有机物中含有甲烷。甲烷是一种可燃性气体，可产生热量

C. 火山喷发后会带来大规模的酸雨，酸雨能够在短期内降低火山喷发地区的气温，但同时也引发了农作物的虫害

D. 研究表明，火山喷发的物质二氧化碳可与大气物质形成“水粒”并将阳光反射，减少对地面的热辐射，延缓全球变暖

E. 火山喷发是全球变暖的部分原因，不是主要原因

2. 英国约克大学和曼切斯特大学考古人员在北约克郡的斯塔卡发现了一处有一万多年历史的人类房屋遗迹。测试结果显示，它为一个高约3.5米的木质圆形小屋，存在于公元前8 500年，比之前发现的英国最古老房屋至少早500年。考古人员还在附近发现了一个木头平台和一个保存完好的大树树干。此外，他们还发现了经过加工的鹿角饰品，这说明当时的人已经有了一些仪式性的活动。

以下哪项如果为真，最能支持上述观点？

A. 当时的英国人已经有了相对稳定的住址，而不是之前认为的居无定所的游猎者

B. 木头平台是人类建造小木屋的工作场所

C. 人类在一万多年前就已经在约克郡附近进行农耕活动

D. 人类是群居动物，附近还有更多的木屋等待发掘

E. 只有举行仪式性的活动，才会出现经过加工的鹿角饰品

3. 卫星旅行社组织了美国、英国、法国、新加坡等旅游者中华环视旅行活动。其中有些人游览中国西部，而有些人游览中国东北，所有游览中国东北的人都游览中国西部，而所有没有游览中国西部的人都是新加坡人。

上述陈述最能支持以下哪项结论？

A. 有些新加坡人没有游览中国东北

B. 有些新加坡人游览中国西部

C. 所有的新加坡人都游览中国东北

D. 有些新加坡人游览中国东北

E. 有些游览中国西部的人没有游览中国东北

4. 如果面粉价格继续上涨，佳食面包店的面包成本必将大幅度增加。在这种情况下，佳食面包店将会考虑以扩大饮料的经营来弥补面包销售利润的下降。但是，佳食面包店只有保证面包销售利润不下降，才可避免整体收益明显减少。

以下哪项陈述可以从上文逻辑地推出？

A. 如果佳食面包店的整体收益减少，它购买面粉的成本将继续增加

B. 如果佳食面包店的整体收益减少，要么扩大饮料的经营，要么减少面包的销售

C. 要么购买面粉的成本将继续增加，要么佳食面包店的面包销售量将增加

D. 即使佳食面包店的整体收益不减少，购买面粉的成本也不会降低

E. 如果面粉的价格继续上涨，佳食面包店的整体收益将明显减少

5. 某山区发生了较大面积的森林病虫害。在讨论农药的使用时，老许提出："要么使用甲胺磷等化学农药，要么使用生物农药。前者过去曾用过，价钱便宜，杀虫效果好，但毒性大；后者未曾使用过，效果不确定，价格贵。"

从老许的提议中，不可能推出的结论是以下哪一项？

A. 或者使用化学农药，或者使用生物农药，两者必居其一

B. 如果使用化学农药，那么就不使用生物农药

C. 化学农药比生物农药好，应该优先考虑使用

D. 如果不使用化学农药，那么就使用生物农药

E. 化学农药和生物农药是两类不同的农药，两类农药不要同时使用

6. 宋刚、常达、王欣、柳大文、刘莺 5 人参加电视大奖赛共同闯关成功，荣获赴三亚旅游的机会。5 人约定在三亚会面。宋刚到三亚后，已有两人先到，王欣比常达先到、比刘莺后到，柳大文最后到达。

根据上述断定，5 人到达三亚的后、先顺序是：

A. 柳大文、王欣、宋刚、常达、刘莺

B. 柳大文、常达、宋刚、王欣、刘莺

C. 柳大文、常达、宋刚、刘莺、王欣

D. 柳大文、宋刚、常达、王欣、刘莺

E. 柳大文、常达、王欣、宋刚、刘莺

7. 荷叶为多年水生草本植物莲的叶片，其化学成分主要有荷叶碱、柠檬酸、苹果酸、葡萄糖酸、草酸、琥珀酸及其他抗有丝分裂作用的碱性成分。荷叶含有多种生物碱及黄酮甙类、荷叶甙等成分，能有效降低胆固醇和甘油三脂，对高血脂症和肥胖病人有良效。荷叶的浸剂和煎剂更可扩张血管，清热解暑，有降血压的作用。有专家指出，荷叶是减肥的良药。

以下哪项如果为真，最能加强上述专家的观点？

A. 荷叶有清热解暑、升发清阳、除湿祛瘀、利尿通便的作用，还有健脾升阳的效果

B. 荷叶茶是一种食品，而非药类，具有无毒、安全的优点

C. 荷花茶泡水后成了液态食物，在胃里很快被吸收，时间很短，浓度较高，刺激较大

D. 服用荷叶制品后在人体肠壁上形成一层脂肪隔离膜，可以有效阻止脂肪的吸收

E. 荷叶促进胃肠蠕动，清除体内宿便

8. 使用空间卫星研究地球环境是地球环保史上的一个重大发展。地球的环境问题可以在它们酿成危机以前早就被观察到，因而有充分的时间加以预防。如此重大的发展使环保主义者看不到太空飞行器会破坏地球的臭氧层，就不足为怪了。

基于以上陈述，概括出以下哪项结论最为合理？

A. 对人有用的东西，其优点容易被夸大

B. 对人无用的东西，其优点容易被忽略

C. 对人有用的东西，其缺点容易被忽略

D. 对人无用的东西，其缺点容易被夸大

E. 任何对人有用的东西，总有对人不利的方面

9. 有100个受访者被问及：你是否支持在电视节目中穿插播放女性内衣广告？其中，31%的人表示无例外地反对；24%的人表示无例外地支持；38%的人只支持在娱乐、时尚频道播放，反对在其他频道，特别是少儿频道播放；7%的人表示不反对也不支持。这100个受访者都是成年人，是采访者精心挑选的，他们的观点在目前电视观众中具有代表性。有意思的是，采访后发现，这些被采访者中，绝大多数10年前当女性内衣广告开始在电视中播出时被问过同样的问题，现在都仍然持原有的观点。

如果以上陈述为真，最能支持以下哪项相关断定？

A. 对于上述问题，10年来，电视观众的观点总体上无大变化

B. 目前多数电视观众主张任一电视节目频道都禁止此类广告

C. 目前多数电视观众主张任一电视节目频道都允许此类广告

D. 目前多数电视观众主张不要禁止所有电视节目频道播放此类广告

E. 目前有电视观众认为上述问题无意义，不值得认真回答

10. 几乎没有动物能受得了撒哈拉沙漠中午的高温，只有一个动物是例外，那就是银蚁。银蚁选择这个时段离开巢穴，在烈日下寻找食物，通常是被晒死动物的尸体。当然，银蚁也必须非常小心，弄得不好，自己也会成为高温下的牺牲品。

以下哪项最无助于解释银蚁为什么要选择中午时段觅食？

A. 银蚁靠辨别自身分泌的信息素返回巢穴，这种信息素即使在烈日下也不会挥发

B. 随着下午气温的下降，剩下的动物尸体很快会被其他觅食动物搬走

C. 银蚁的天敌食蚁兽在中午的烈日下不会出现

D. 中午银蚁巢穴中的气温比地表更高

E. 银蚁辨别外界信息的能力在中午最为灵敏

11. 只有既打“苍蝇”，又打“老虎”，才能有效地铲除腐败；除非有效地铲除腐败，否则国家就不能长治久安；要进一步改革开放，国家必须长治久安。

以下各项均能从上述陈述中推出，除了：

A. 国家要长治久安，必须在反腐败中既打“苍蝇”，又打“老虎”

B. 只要有效地铲除腐败，就能保证进一步推进改革开放

C. 如果只打“苍蝇”，不打“老虎”，就不能有效地铲除腐败

D. 除非国家长治久安，否则不能进一步推进改革开放

E. 不能设想改革开放得到了进一步的推进，但腐败没有得到有效的铲除

12. 一种香烟尼古丁含量较高，另一种较低。厂家生产的这两种香烟是为了适应吸烟者的不同需求。但是，一项针对每天吸一包烟的吸烟者的研究发现，他们在吸烟当晚临睡前单位血液中尼古丁的含量并没有大的区别。

以下哪项如果为真，最能解释上述现象？

A. 在上述研究对象中，低尼古丁烟吸烟者的比例，低于高尼古丁吸烟者

B. 吸烟者吸入的尼古丁大多数都被血液吸收，吸入的尼古丁越多，单位血液中尼古丁的含量越高

C. 除了吸烟，人还可能从其他途径吸入尼古丁

D. 每天吸一包烟的吸烟者都已成瘾，选择低尼古丁吸烟者的烟瘾并不亚于高尼古丁吸烟者

E. 不管吸哪一种烟，每天吸一包烟的吸烟者血液中尼古丁含量都超出了人的血液能吸收的限度

13. 李老师给数学兴趣小组的同学出了一套趣味试题，他说，这些试题不都有解。

如果李老师的这一断定为真，则有关这套试题的以下断定中，哪项能确定真假？

Ⅰ. 所有试题都有解

Ⅱ. 所有试题都没有解

Ⅲ. 有的试题有解

Ⅳ. 有的试题没有解

A. 仅Ⅰ　　B. 仅Ⅳ　　C. 仅Ⅰ和Ⅳ

D. 仅Ⅱ和Ⅲ　　E. Ⅰ、Ⅱ、Ⅲ和Ⅳ

14. 医生不应当给失眠者开镇静剂。心理医生所处置的大多数失眠者其症状都是由精神压力引起的。这说明，失眠者需要的是缓解他们精神压力的心理治疗，而不是改变他们生化机能的药物治疗。

以下各项均能说明上述论证存在的漏洞，除了：

A. 上述论证的论据不能确保失眠者都是由精神压力引起的

B. 上述论证忽视了这种可能性：对于某些失眠者来说，缓解精神压力的心理治疗是完全无效的

C. 上述论证假设，但没有证明：心理医生所处置的失眠对于所有的失眠者来说具有代表性

D. 上述论证忽视了这种可能性：镇静剂有利于帮助某些失眠者缓解精神压力

E. 上述论证忽视了这种可能性：造成失眠的精神压力有各种不同的类型，不同的失眠者因而需要不同的心理治疗

15. 理论上说，模拟系统比数字系统先进。在纯模拟系统中，一个信号可以无限制地细化，而数字系统不可能得出比其数字单位所能表达的更精确信号。但是，此种理论上的优点也带来实践上的短处。在模拟系统中，初始信号的每一步细化都对初始信号有极细微的改变，因为此种细化没有限制。因此，此种一开始微不足道的“杂音”，通过无限制地积累，就可以把初始信号所包含的信息变得面目全非。

如果上述断定为真，最能支持以下哪项结论？

A. 有些想法在理论上说得通，但在实践中无法操作

B. 对初始信号的细化，数字系统得出的结果比模拟系统更可靠

C. 信息的模拟表达是不可取的，因为我们不需要无限制细化的信息

D. 尽管有某些缺点，但模拟系统不仅在理论上，而且在实际应用中还是比数字系统先进

E. 如果信号要复制的次数非常多，使用数字系统比模拟系统更可靠

16. 在人类文明遗迹中发现的大量战争题材的绘画和雕塑，一直可以追溯到新石器时代，当时，农业刚刚出现。而在新石器时代以前，从未发现战争题材的绘画和雕塑。这说明，人类最早的战争，发生于人类社会向农耕社会转变时期。

以下哪项是上述论证所假设的？

A. 绘画和雕塑是新石器时代主要的艺术形式

B. 新石器时代的战争主要起因于耕地的争夺

C. 在绘画和雕塑出现以前人类未发生过战争

D. 战争是人类文明发展不可避免的结果

E. 战争比农耕更适合作为绘画和雕塑的题材

17. 张老师：用同一种方式来教育所有的孩子是不足取的。例如，有的孩子生长于多交流的环境，对这些孩子来说，集体活动的方式更有助于他们的学习。孩子习惯的学习方式，决定哪种学习方式适合他们。

李老师：不尽然。孩子从小既要学习集体工作，也要学习独立工作。他们将来面临的社会需要同时训练这两种能力。

在以下哪个问题上，张老师和李老师最可能有不同意见？

A. 用同一种方式来教育所有的孩子是否不足取

B. 是否需要让孩子从小学习独立工作

C. 所有孩子是否都需要学会适应不同的学习方式

D. 适应将来面临的社会需要是否应当成为教育孩子的目的

E. 是否大多数孩子都生长于多交流的环境

18. 拥有一个国家的国籍，意味着就是这个国家的公民，这二者是同一个意思。有的国家允许本国公民有双重国籍，但中国的法律规定，中国公民不能拥有双重国籍。欧洲H国公民查尔斯拥有中国国籍。

如果上述断定为真，以下哪项也一定是真的？

Ⅰ. 中国有关双重国籍的法律没有得到严格实施

Ⅱ. H国允许本国公民有双重国籍

Ⅲ. H国有关双重国籍的法律没有得到严格实施

A. 仅Ⅰ　　B. 仅Ⅰ和Ⅱ　　C. 仅Ⅰ和Ⅲ

D. 仅Ⅱ和Ⅲ　　E. Ⅰ、Ⅱ和Ⅲ

19. 如果有足够丰富的合客人口味的菜肴和上档次的酒水，并且正式邀请的客人都能出席，那么一个宴会虽然难免有不尽人意之处，但总的来说一定是成功的。张总举办的这次家宴准备了足够丰富的菜肴和上档次的酒水，并且正式邀请的客人悉数到场，因此，张总举办这次家宴是成功的。

以下哪项对上述推理的评价最为恰当？

A. 上述推理是成立的

B. 上述推理有漏洞，这一漏洞也类似地存在于以下的推理中：如果保持良好的心情，并且坚持适当的锻炼，一个人的免疫能力就能增强。王老先生心情一向不错，但就是不好好锻炼，因此，他的免疫能力一定下降

C. 上述推理有漏洞，这一漏洞也类似地存在于以下的推理中：一个饭店如果有名厨掌勺，并且广告到位，就一定能有名气。鸿门楼饭庄在业内小有名气，因此一定有名厨掌勺

D. 上述推理有漏洞，这一漏洞也类似地存在于以下推理中：如果有能力并且又善于抓住机会，一个创业者一定能成功。李思创业屡遭挫折，因此，他一定不善于抓住机会

E. 上述推理有漏洞，这一漏洞也类似地存在于以下推理中：如果来自西部并且家庭贫困，就能获得特别助学贷款。张珊是否家庭贫困尚在审核中，但他确实来自西部，因此，他一定能获得助学贷款

20. 张教授：历史学不可能具有客观性。且不说历史学所涉及的历史事件大多数缺乏绝对真实的证据，即使这样的事件确实发生过，历史学家对此的解读都不可避免受到其民族、宗教和阶级地位的影响。

李研究员：当然有历史学家难免存有偏见，但不能由此说历史学家都有偏见。是谁指出历史学理论中存在的偏见，并且有说服力地分析此种偏见产生的根源？不是别人，还是历史学家！

以下哪项最为恰当地指出了李研究员的反驳中存在的漏洞？

A. 忽视了这种可能性：能识别偏见的历史学家也可能存在偏见

B. 忽视了这种可能性：即使历史学家对某个事件的解读没有个人偏见，但这个事件在历史上并没有发生过

C. 使用某种偏见来反驳张教授的论证，而类似的偏见恰恰存在于张教授的论证中

D. 忽视了这种可能性：历史学家对同一历史事件的不同解读都有其合理性

E. 忽视了这种可能性：历史学家对同一历史事件的解读会发生变化

21～22 基于以下题干：

目前以人体艺术为名义充斥网络的裸体画面，究竟是艺术还是色情，从法律角度很难界定。但是，并非任何依据法律不能明确禁止的事都是应当做的。当然，在网络出现以前，色情早就存在，但是，色情网络画面无疑具有作用人的心理和行为的重要影响力。

21. 以下哪项最可能是上述陈述所要表达的主要意思？

A. 有些冠以人体艺术名义的女性裸体画面不应当在网络上传播

B. 应当完善相应法律准确区分人体艺术和色情

C. 艺术和色情并不存在确定的界限

D. 网络画面具有作用人的心理和行为的重要影响力

E. 冠以人体艺术名义的女性裸体画面不应当在网络上传播

22. 如果题干的断定都是真的，以下哪项也一定是真的？

A. 以网络方式制作或传递女性裸体画面是违法的

B. 冠以人体艺术名义的女性裸体画面不应当在网络上传播

C. 有些依据法律不能明确禁止的事是不应当做的

D. 网络已经成为目前传播色情的重要途径

E. 所有依据法律明确禁止的事是不应当做的

23. 一个法制健全的国家，不能保证所有犯罪都一定会受到应有的制裁，事实上天网恢恢，难免疏漏。但是，在一个法制健全的国家中，不可能有人凭借权力可以逃避法律的追究。

如果上述断定为真，以下哪项一定为真？

Ⅰ. 一个法制健全的国家，能保证大多数犯罪一定会受到应有的制裁

Ⅱ. 即使在一个法制健全的国家中，也有罪犯可能逃避应有的制裁

Ⅲ. 一个法制健全的国家可以保证，任何人都不能凭借权力逃避法律的追究

A. 仅Ⅰ和Ⅱ　　B. 仅Ⅱ　　C. 仅Ⅲ

D. 仅Ⅱ和Ⅲ　　E. Ⅰ、Ⅱ和Ⅲ

24. 丈夫：你不要因为这次交通事故埋怨我。你完全知道，这次驾车出问题，是我的视力近日明显减退造成的。我不应当对自己的视力减退负责。

妻子：但是你应当对这次交通事故负责。一个人，如果明明知道某种行为有风险，仍然自愿去做，他就要对此种行为及其后果负责。

如果上述妻子的陈述为真，最能支持以下哪项断定？

A. 李小姐误了从巴黎返回北京的航班，她本人应对此结果负责，因为她不听导游的安排，明明知道会耽误航班，仍然擅自增加游览埃菲尔铁塔的项目

B. 张先生见一老人猝然倒地，立即将其背往医院急救，不期老人中途死亡。张先生不应对此负责，因为当时他并不知道老人是急性心肌梗死，正确的处置应是平躺，立即叫120急救

C. 赵女士的新车在两周前被盗，她本人应对此负责，因为她未听从厂家的劝告安装机动车自动防盗系统

D. 赵局长明明知道官员受贿要被追究，但迫于妻子的压力还是接收了商家的钱财，结果受到纪检部门的查处。赵局长自然要对自己的这一行为及其后果负责

E. 王医生和某患者发生争执被暴力袭击致伤，该患者当然要负法律责任，但王医生也要吸取教训，注意改进服务态度和提高医护质量

25. 张教授：一个孩子的外向个性，并不是由生物学因素决定的。个性内向的父母所生的孩子，被个性外向的继父母领养，这些孩子的个性，和那些由个性内向的父母所生但并不是过继的孩子相比，更易于外向。

李研究员：你的结论难以成立。你所说的这些由个性外向的继父母领养的孩子中，有些不管领养时多么小，他们的个性一直是内向的。

针对李研究员的反驳，以下哪项可以成为张教授的合理辩护？

Ⅰ. 一个孩子的外向个性，并不是由生物学因素决定的，不能误读为：生物学因素对于一个孩子外向性格的形成不起任何作用

Ⅱ. 要证明一个孩子外向个性并不是由生物学因素决定的，只需证明，个性内向的父母所生的孩子，有些个性并不内向，无须证明，所有个性都不内向

Ⅲ. 被个性外向的继父母领养的孩子中，个性内向的只占较小的比例

A. 仅Ⅰ　　B. 仅Ⅱ　　C. 仅Ⅲ

D. 仅Ⅰ和Ⅱ　　E. Ⅰ、Ⅱ和Ⅲ

26. 在巴西，通过非洲蜂和当地蜂进行比较研究而得出的结论是，非洲蜂的蜂蜜产量远远高于本地蜂的蜂蜜产量。因此，没有理由担心美国的蜂蜜产量会下降，可以用非洲蜂来替代美国当地的蜜蜂。

以下哪项如果为真最不能构成对上述论证的质疑？

A. 巴西本地的蜂蜜与美国养蜂业中常见的蜜蜂品种是不同的

B. 用非洲蜜蜂酿制商业性的蜂蜜要比美国当地更易驯养的蜜蜂复杂而且成本昂贵

C. 如果用非洲蜂取代美国当地的蜜蜂，将影响某些类型的观赏植物的受粉的效果

D. 在巴西进行比较研究的地区比美国的大部分地区更适合非洲蜂寻找食物的习惯

E. 巴西的特有地理环境和气候类型比世界上的其他地方都更适合非洲蜂的生存

27. 张教授：应当创造条件让孩子们参加体育比赛，培养他们超越对手的竞争精神和尽全力获胜的荣誉感，这对他们今后的成长有重要的意义。

李研究员：我不同意你的看法。体育比赛不像数学竞赛，数学竞赛的参加者成绩可以都是优，但每次体育比赛的优胜者只是少数，多数是失败者，只是胜利者的陪衬。因此，让孩子们参加体育比赛，对其中的大多数来说，结果是挫伤自信，这对他们今后的成长不利。

以下各项都能指出李研究员的反驳中存在的漏洞，除了：

A. 体育比赛中的失败者或失败方，其成绩和表现可以是很优秀的

B. 和任何竞争一样，要在体育比赛中获胜，不可能不经历多次的失败

C. 每次体育比赛中的优胜者只是少数人，不等于体育参赛者只有少数人可能成为优胜者

D. 失败的结果不一定挫伤参赛者的自信

E. 大多数家长都支持自己的孩子有机会参加体育比赛

28. 财政专家指出，公共风险不仅产生于因政府政策不当导致的国有资产流失，而且由于政府直接积极参与经济生活，如政府直接参与国有企业、调控金融机构，这些重要经济领域一旦发生大面积损失，将会直接酿成公共风险，从而造成财政赤字、债务偿还压力。因此，如果要想实施稳健的财政和货币政策，仅仅调整财政政策是不够的。

如果上述陈述为真，以下哪项可以被推导出来？

A. 只要政府保证国有资产不流失，即使决策失误，也不会产生公共风险

B. 只要政府不直接参与经济生活，或者国有企业、金融机构这些重要的经济领域不发生大面积损失，就不会产生公共风险

C. 如果能够防范公共风险的产生，就可以实施稳健的财政和货币政策

D. 由于重要经济领域发生大面积损失，所以即使政府决策正确，仍有可能产生公共风险

E. 政府直接参与经济生活是导致公共风险的最主要原因

29～30 基于以下题干：

甲、乙、丙三人各自举着红旗、绿旗和黄旗，分别从东面、南面和西面三个方向朝山顶攀登。甲不举红旗，也不从东面上山；举红旗的人从西面上山；乙举着绿旗。

29. 如果上述断定都是真的，以下哪项可以从中推出？

A. 举绿旗者从南面上山　　B. 丙从东面上山　　C. 举黄旗者不是甲

D. 乙不从南面上山　　E. 甲不从南面上山

30. 以下哪项必定是假的？

A. 如果丙不从西面上山，则乙不从南面上山

B. 如果丙从南面上山，则乙不从西面上山

C. 如果乙不从南面上山，则丙从南面上山

D. 如果甲不举黄旗，则乙从南面上山

E. 如果甲不从南面上山，则乙从东面上山

模拟试题三答案及解析

1. 答案是D。题干中的结论认为：火山喷发不仅不会引发全球温度上升，而且还可以削弱全球变暖的影响。选项D说：火山喷发的物质二氧化碳可与大气物质形成“水粒”并将阳光反射，减少对地面的热辐射，延缓全球变暖。指出了火山喷发之所以能够削弱全球变暖的原因，从而支持了题干中的结论。

2. 答案是E。选项E如果为真，即如果只有举行仪式性的活动，才会出现经过加工的鹿角饰品。则题干就可以从“他们还发现了经过加工的鹿角饰品。”推出结论“当时的人已经有了一些仪式性的活动。”

3. 答案是A。题干断定：(1) 有些人游览中国西部；(2) 有些人游览中国东北；(3) 所有游览中国东北的人都游览中国西部；(4) 所有没有游览中国西部的人都是新加坡人。由 (4)，可得：有些新加坡人没有游览中国西部。再考虑 (3)，可得：有些新加坡人没有游览中国东北。

4. 答案是E。题干断定：(1) 如果面粉价格继续上涨，佳食面包店的面包成本必将大幅度增加。在这种情况下，佳食面包店将会考虑以扩大饮料的经营来弥补面包销售利润的下降。

(2) 但是，佳食面包店只有保证面包销售利润不下降，才可避免整体收益明显减少。选项E可以从中推出，即将该项的前面部分“面粉的价格继续上涨”，代入（1），可得：佳食面包店的面包成本必将大幅度增加，当然佳食面包店不能保证面包销售利润不下降。再考虑（2），可得：佳食面包店的整体收益将明显减少。这个结论也就选项E的后面部分。其他选项均不能推出。

5. 答案是C。题干中老许断定：（1）要么使用甲胺磷等化学农药，要么使用生物农药；（2）前者过去曾用过，价钱便宜，杀虫效果好，但毒性大；（3）后者未曾使用过，效果不确定，价格贵。由（1），可得选项A、B、D、E。选项C不能确定。

6. 答案是B。由“宋刚到三亚后，已有两人先到”，可排除D和E项。由“王欣比常达先到、比刘莺后到”，可排除A和C项。

7. 答案是D。题干中专家的观点是：荷叶是减肥的良药。选项D进一步指出了其原因，即“服用荷叶制品后在人体肠壁上形成一层脂肪隔离膜，可以有效阻止脂肪的吸收。”从而加强了题干专家的观点。其他选项均不能加强题干专家的观点。

8. 答案是C。题干断定：（1）使用空间卫星研究地球环境是地球环保史上的一个重大发展。（2）如此重大的发展使环保主义者看不到太空飞行器会破坏地球的臭氧层，就不足为怪了。综合上述两个方面的意思，题干要说的是当人们看到一个东西的好处时往往容易忽视其坏处。选项C说“对人有用的东西，其缺点容易被忽略。”就是这个意思。选项E过强。

9. 答案是D。题干断定：24%的人表示无例外地支持；38%的人只支持在娱乐、时尚频道播放，反对在其他频道，特别是少儿频道播放。这两个数据加起来，可以推出选项D，即目前多数电视观众主张不要禁止所有电视节目频道播放此类广告。注意，不要选A，因为题干只是说“在这些被采访者中”，绝大多数10年前当女性内衣广告开始在电视中播出时被问过同样的问题，现在都仍然持原有的观点。而选项A说的“整个电视观众”的观点总体上都没有大的变化。

10. 答案是A。题干中，银蚁选择这个时段离开巢穴，在烈日下寻找食物，通常是被晒死动物的尸体。但是银蚁这样做也是必须冒风险的，弄得不好，自己也会成为高温下的牺牲品。既然如此，那为何银蚁还要在烈日下寻找食物呢？选项B、C、D、E都能解释上述银蚁如此行动的原因。选项A最无助于解释。

11. 答案是B。题干断定：（1）只有既打“苍蝇”，又打“老虎”，才能有效地铲除腐败；（2）除非有效地铲除腐败，否则国家就不能长治久安；（3）要进一步改革开放，国家必须长治久安。由（1）和（2），可推出选项A。由（1），可推出选项C。由（3），可推出选项D。由（2）和（3），可推出选项E。选项B不能推出。

12. 答案是E。题干所陈述的矛盾现象是：既然一种香烟尼古丁含量较高，另一种较低，那为什么一项针对每天吸一包烟的吸烟者的研究发现，他们在吸烟当晚临睡前单位血液中尼古丁的含量并没有大的区别。选项E正好解释了其中的原因，即不管吸哪一种烟，每天吸一包烟的吸烟者血液中尼古丁含量都超出了人的血液能吸收的限度。其他选项均不能解释。

13. 答案是C。题干中李老师的断定是：这些试题不都有解。这句话的规范表达是：这些试题有些没有解。显然，选项Ⅰ“所有试题都有解”一定假。选项Ⅱ“所有试题都没有解”不能确定真假。选项Ⅲ“有的试题有解”不能确定真假。选项Ⅳ“有的试题没有解”一定真。因此，能够确定真假的是选项Ⅰ和Ⅳ。

14. 答案是E。题干从前提“心理医生所处置的大多数失眠者其症状都是由精神压力引起的。这说明，失眠者需要的是缓解他们精神压力的心理治疗，而不是改变他们生化机能的药物治疗。”推出结论“医生不应当给失眠者开镇静剂。”其中存在的主要漏洞就是：前提中所说的需要进行心理治疗的失眠者是“大多数”，而结论中说的不应该给开镇静剂的失眠者是“所有”。因此，选项A、B、C、D都能削弱题干论证。选项E说“造成失眠的精神压力有各种不同的类型，不同的失眠者因而需要不同的心理治疗。”支持了题干。

15. 答案是E。题干断定：(1) 理论上说，模拟系统比数字系统先进。在纯模拟系统中，一个信号可以无限制地细化，而数字系统不可能得出比其数字单位所能表达的更精确信号。(2) 但是，此种理论上的优点也带来实践上的短处。在模拟系统中，初始信号的每一步细化都对初始信号有极细微的改变，因为此种细化没有限制。因此，此种一开始微不足道的“杂音”，通过无限制地积累，就可以把初始信号所包含的信息变得面目全非。由 (1)，可排除选项B。由 (2)，可排除选项D。选项A和C为无关选项。只有选项E能够推出来，即如果信号要复制的次数非常多，使用数字系统比模拟系统更可靠。

16. 答案是C。题干从前提“在人类文明遗迹中发现的大量战争题材的绘画和雕塑，一直可以追溯到新石器时代，当时，农业刚刚出现。而在新石器时代以前，从未发现战争题材的绘画和雕塑。”推出结论“人类最早的战争，发生于人类社会向农耕社会转变时期。”需要假设选项C，即在绘画和雕塑出现以前人类未发生过战争。否则，很可能在新石器时代以前，人类发生过战争，但由于没有出现绘画和雕塑，所以也就没有出现关于战争的雕塑和绘画。

17. 答案是C。题干中张老师说“用同一种方式来教育所有的孩子是不足取的。”即必须要用不同的方式来教育不同的孩子。李老师说“不尽然。”即未必要用不同的方式来教育所有孩子。所以，选项C说“所有孩子是否都需要学会适应不同的学习方式”对这个问题的回答正好可以评价二者的争论。显然，张老师的回答为“是”，李老师的回答为“否”。注意，不要选A。该项说“用同一种方式来教育所有的孩子是否不足取”张老师肯定回答“是”，李老师并不就回答“否”，因为李老师也并不全都否定“同一种方式”，他所要否定的是“所有的孩子”。

18. 答案是A。题干断定：(1) 拥有一个国家的国籍，意味着就是这个国家的公民，这二者是同一个意思。(2) 有的国家允许本国公民有双重国籍，但中国的法律规定，中国公民不能拥有双重国籍。(3) 欧洲H国公民查尔斯拥有中国国籍。由上述断定，可得选项Ⅰ“中国有关双重国籍的法律没有得到严格实施。”否则上述断定至少有一个为假。选项Ⅱ“H国允许本国公民有双重国籍。”不一定真，因为还有选项Ⅲ的情况，即“H国有关双重国籍的法律没有得到严格实施。”选项Ⅲ也不一定真，因为还有选项Ⅱ的情况。

19. 答案是E。题干陈述到“如果有足够丰富的合客人口味的菜肴和上档次的酒水，并且正式邀请的客人都能出席，那么一个宴会虽然难免有不尽人意之处，但总的来说一定是成功的。张总举办的这次家宴准备了足够丰富的菜肴和上档次的酒水，并且正式邀请的客人悉数到场，因此，张总举办这次家宴是成功的。”大前提中说的是“有足够丰富的合客人口味的菜肴和上档次的酒水”，但小前提中说的则是“准备了足够丰富的菜肴和上档次的酒水”，是否合客人的口味呢？没确定，因此整个推理存在“推不出”的错误。选项E最能评价题干中存在的漏洞，即“如果来自西部并且家庭贫困，就能获得特别助学贷款。张珊是否家庭贫困尚在审核中，但他确实来自西部，因此，他一定能获得助学贷款。”大前提中说的是“家庭贫困”，在小前提中“张珊是否家庭贫困尚在审核中”，所以，同样存在“推不出”的错误。

20. 答案是A。李研究员在反驳中说“当然有历史学家难免存有偏见，但不能由此说历史学家都有偏见。是谁指出历史学理论中存在的偏见，并且有说服力地分析此种偏见产生的根源？不是别人，还是历史学家！”论点是：有些历史学家没有偏见。理由是：能指出历史学理论中存在偏见的还是历史学家。其论据并不能推出论点，因为能指出历史学理论中存在偏见的历史学家也可能存在偏见。选项A说“忽视了这种可能性：能识别偏见的历史学家也可能存在偏见。”正好评价了其漏洞。

21. 答案是A。题干断定：(1) 目前以人体艺术为名义充斥网络的裸体画面，究竟是艺术还是色情，从法律角度很难界定。(2) 并非任何依据法律不能明确禁止的事都是应当做的。(3) 色情网络画面无疑具有作用人的心理和行为的重要影响力。由 (2)，可得 (4) 有些依据法律不能明确禁止的事并不应当做。由 (1)、(3) 和 (4)，可得选项A，即有些冠以人体艺术名义的女性裸体画面不应当在网络上传播。选项E过强。选项D不是题干最想要表达的。选项B和C和题干陈述没有直接关系。

22. 答案是C。题干断定：并非任何依据法律不能明确禁止的事都是应当做的。由此可以推出选项C，即有些依据法律不能明确禁止的事是不应当做的。

23. 答案是D。题干断定：(1) 一个法制健全的国家，不能保证所有犯罪都一定会受到应有的制裁，事实上天网恢恢，难免疏漏。(2) 但是，在一个法制健全的国家中，不可能有人凭借权力可以逃避法律的追究。由 (1)，可得选项Ⅱ一定为真，即使在一个法制健全的国家中，也有罪犯可能逃避应有的制裁。由 (2)，可得选项Ⅲ一定为真，即一个法制健全的国家可以保证，任何人都不能凭借权力逃避法律的追究。选项Ⅰ“一个法制健全的国家，能保证大多数犯罪一定会受到应有的制裁”不一定为真。

24. 答案是A。题干中妻子所做的陈述是“一个人，如果明明知道某种行为有风险，仍然自愿去做，他就要对此种行为及其后果负责”。关键是“明明知道”还“自愿去做”，就得对此造成的后果负责。选项A所陈述的与这个妻子的陈述是一致的，即李小姐误了从巴黎返回北京的航班，她本人应对此结果负责，因为她不听导游的安排，明明知道会耽误航班，仍然擅自增加游览埃菲尔铁塔的项目。选项B中的张先生是“不应对此负责”。选项C中的赵女士是不作为行为。选项D中的赵局长是“迫于妻子的压力”，非自愿。选项E中的王医生与患者发生争执，是否“自愿”不清楚。

25. 答案是D。题干中的张教授说“一个孩子的外向个性，并不是由生物学因素决定的。个性内向的父母所生的孩子，被个性外向的继父母领养，这些孩子的个性，和那些由个性内向的父母所生但并不是过继的孩子相比，更易于外向”，即孩子的外向个性不是绝对由生物学因素决定，后天因素也会有影响。选项Ⅰ支持张教授的观点，即一个孩子的外向个性，并不是由生物学因素决定的，不能误读为：生物学因素对于一个孩子外向性格的形成不起任何作用。选项Ⅱ也支持张教授的观点，即要证明一个孩子外向个性并不是由生物学因素决定的，只需证明，个性内向的父母所生的孩子，有些个性并不内向，无须证明，所有个性都不内向。选项Ⅲ“被个性外向的继父母领养的孩子中，个性内向的只占较小的比例”和张教授的观点没有直接关系。

26. 答案是C。题干断定，既然非洲蜂产量远高于巴西本地蜂的蜂蜜产量，所以也完全可以非洲蜂来代替美国本地蜂，而不必担心美国本地蜂蜜产量会下降。这是一个类比推理。削弱之，需要指出存在不可比性。选项A削弱了题干，指出了巴西本地的蜂蜜和美国当地的蜂蜜在品质上不同，所以在巴西可以用非洲蜂替代本地蜂而不必担心对蜂蜜产量的影响，而在美国就要担心了。同理，选项B、D、E也都削弱了题干。只有选项C说的是用非洲蜂取代美国当地蜂，会影响到某些类型的观赏植物的授粉效果，指出的是负效应，不能从根本上削弱题干。

27. 答案是E。题干中李研究员在反驳中说：“我不同意你的看法。体育比赛不像数学竞赛，数学竞赛的参加者成绩可以都是优，但每次体育比赛的优胜者只是少数，多数是失败者，只是胜利者的陪衬。因此，让孩子们参加体育比赛，对其中的大多数来说，结果是挫伤自信，这对他们今后的成长不利”，主要观点是认为在体育比赛中的“失败”对于今后的成长不利。选项A、B、C、D都能削弱李研究员的观点。选项E支持了张教授的说法。

28. 答案是D。题干断定：公共风险不仅产生于因政府决策不当导致的国有资产流失，而且产生于政府直接积极参与经济生活。选项D断定，由于重要经济领域发生大面积损失，所以即使政府决策正确，仍有可能产生公共风险，显然可以从中推导出来。其他选项均不能推导出来。

29. 答案是D。题干断定：(1) 甲不举红旗，也不从东面上山；(2) 举红旗的人从西面上山；(3) 乙举着绿旗。由(1)和(3)，可得：甲举黄旗，丙举红旗。由(2)和(1)，可得：甲从南面上山。所以，选项D说“乙不从南面上山”可以从中推出。如下表：

甲	举黄旗(1)	从南面上山(1)(2)
乙	举绿旗(3)	从东面上山
丙	举红旗	从西面上山(2)

30. 答案是C。该项说“如果乙不从南面上山，则丙从南面上山”是一个充分条件的假言判断。前件“乙不从南面上山”为真，而后件“丙从南面上山”为假，所以，选项C一定是假的。其他选项都是真的。如选项A的前件“丙不从西面上山”为假，所以该项的整个判断是真的。